〔監修〕
加賀野井秀一＋伊藤泰雄＋本郷均＋加國尚志

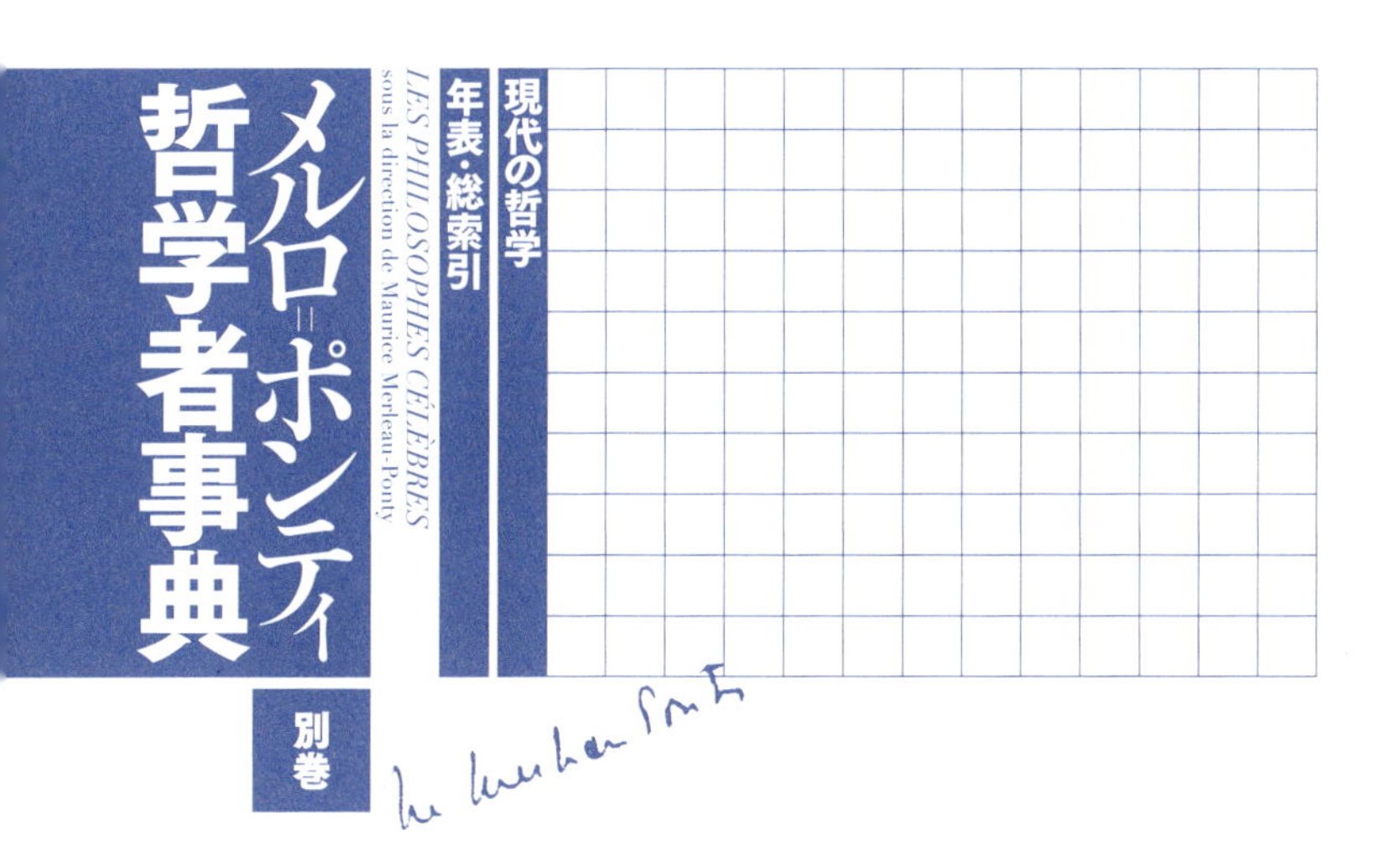

白水社

メルロ＝ポンティ哲学者事典　別巻

——現代の哲学／年表・総索引

LES PHILOSOPHES CÉLÈBRES
sous la direction de Maurice Merleau-Ponty

はじめに

本書は、モーリス・メルロ゠ポンティの総監修のもと、一九五六年にパリのリュシアン・マズノ社から刊行された『著名な哲学者たち(*Les Philosophes célèbres*)』の全訳を基礎として、それを今日的な視点から増補するとともに、わが国の読者のニーズに応えられるよう考慮して作成されたものです。

実存主義、現象学、構造主義、さらにはポスト構造主義といった思想潮流のなかで、常に注目され続けてきたメルロ゠ポンティが、当時のフランス思想界を担うメンバーを糾合し、哲学の全歴史を包括しながら、個々の哲学者たちを生き生きと蘇らせようとする稀有な企画がそこにはありました。

とはいえ、哲学の全歴史を包括することなどできるのか？ 哲学者たちを現代に蘇生させるとはどういうことなのか？ すぐさま、数々の問いが生じてくることになるでしょう。メルロ゠ポンティはこうした問いにも配慮して、各章の冒頭に付した彼自身の総論で、それらを見事に論じてまいります。

そのようなメルロ゠ポンティの巨視的なとらえ方を背景に、彼のもとに参集したメンバーは、各自の得意分野ばかりではなく、思いもかけぬような領域の哲学者たちさえ取り上げ、かなり自由なスタイルでその姿を描き出していくのです。ベルクソンを論じる若き日のジル・ドゥルーズ、モンテーニュを論じるジャン・スタロバンスキー、ヘラクレイトスやパルメニデスを論じるジャン・ボーフレ、等々……。執筆者はフランスのみにとどまらず、そこには、オックスフォードのギルバート・ライル、ハイデルベルクのカール・レーヴィット、さらにはニューヨークのハロルド・ローゼンバーグまでが名を連ねています。

この書は、まさしく編纂された当時（一九五〇年代）の熱気あふれるフランス思想界の状況を髣髴させてくれることでしょう。ただし、それだけでは、わが国の読者にとって、その後の現代哲学の流れは途絶えてしまいます。私たちは考慮のあげく、メルロ＝ポンティの精神を生かしながら、現代日本の代表的研究者の方々に、その後の哲学動向と「著名な哲学者たち」を描き出していただくべく別巻（「現代の哲学」）を作成しました。

こうして本書の日本語版は、以下の四巻から構成されることになったのです。

第一巻――東洋と哲学
　哲学の創始者たち
　キリスト教と哲学

第二巻――大いなる合理主義
　主観性の発見

第三巻――歴史の発見
　実存と弁証法
　「外部」の哲学者たち

別巻——現代の哲学
　年表・総索引

このような過程を経ながら、本書は、メルロ＝ポンティの精神を継承しつつ、現代なお、哲学事典としても、哲学史事典としても、はたまた哲学者列伝としても読んでいただけるような、わが国における希有な出版物になったと自負しております。訳者の皆さんには、現代的視点からの増補をお願いするとともに、フランス語的レトリックや哲学的専門性に拘泥しすぎぬよう、また、日本の読者にとってすっきりとした訳文になるようご配慮願いました。座右の「友」としていただければ幸いです。

監訳者を代表して　加賀野井　秀一

本書の構成・凡例

［構成］

❖本書は、*LES PHILOSOPHES CÉLÈBRES*（Éditions d'art Lucien Mazenod, 1956）を三分冊で邦訳し、日本語版オリジナルの別巻で補完する『メルロ＝ポンティ哲学者事典』の別巻（現代の哲学／年表・総索引）である。

❖まず、メルロ＝ポンティの遺志を受け継ぐかたちで監修者による別巻への**《総論》**が提示される。

❖次に、著名な哲学者たちの「列伝項目」の紹介が続いて、**《哲学史要覧》**の体裁となる（二段組み）。

❖また、哲学史という流れのなかでもとりわけ**エポックメイキング**と思われる「哲学の巨人たち」については、くわしく紹介すべく**《肖像》**が描き出され、思潮のなかに挿入されて論じられている。

❖列伝項目のなかでも大きく言及された哲学者たちの**《顔触れ》**を**レファレンス**として巻頭にまとめて紹介している（一四頁、二四頁）。あわせて該当頁ならびに論考の執筆者の名前も記した。

❖そして、監修者による別巻の**《肖像鑑賞》**をもって締め括られる（《肖像》のクレジット一覧も併記した）。

❖**《総索引》**と**《年表》**は、監修者・執筆者の略歴に続く順番で、巻末からの逆ノンブルで収録した。

〔凡例〕

*哲学者の立項名は「姓、名」の順で、併置するアルファベットと数字は欧文表記と生没年を示す。立項は生年順で、**同年生まれの場合は五十音順**とする。

*亀甲括弧〔 〕は、人名表記の揺れや書誌情報の挿入、補足説明を表わす。

*註は**○**印で表わし、註本文はそれぞれの項目末尾に収録する。

*執筆者は、列伝項目および《肖像》の各末尾に〔執筆者〕として示す。

*列伝項目の作成に当たっては、邦訳書、概説書、事典など既存の多くの資料を参考にさせていただいた。

メルロ＝ポンティ哲学者事典［別巻］――目次

ナンシー

基本フォーマットデザイン・装丁――小沼宏之

ボーヴォワール

188
［澤田直］

アドルノ

128
［細見和之］

インガルデン

094
［加國尚志］

ユング

047
［原和之］

ヴェイユ

230
［澤田直］

アーレント

145
［國領佳樹］

バタイユ

097
［石井洋二郎］

ブーバー

049
［合田正人］

オースティン

233
［中村昇］

ゲーデル

147
［田中一之］

ガダマー

101
［國領佳樹］

クライン

053
［松葉祥一］

バルト

250
［千葉文夫］

ブランショ

169
［郷原佳以］

ブローデル

126
［加賀野井秀一］

ブロッホ

054
［小田智敏］

私たちに見えはじめるもの

「著名な哲学者たちを集めて一冊の書物を編むという企画は、一見単純で、問題なさそうに思えるが、そこにもためらいがないわけではない。こうした企画は、哲学の歴史、さらには哲学そのものについて、どのように考えねばならないかという問いを呼び起こすからである」。

本事典全体の「序文」をそう書き起こし、各章の冒頭に付した総論でこの問いに答え続けてきたメルロ＝ポンティ。そんな彼の姿勢を受け継ぎ、同様のコメントを加えながら、その後のさらに錯綜した哲学の展開を跡づけることなど、到底、私どもには望むべくもないが、とはいえ、本別巻にも、各哲学者のそれなりの配置と脈絡は必要となってくる。心もとない限りではあるが、拙い総論を試みてみることにしよう。

メルロ＝ポンティの世代に対し、後続の私たちが何らかの特権を持っているとすれば、それはただひとつ、当時、彼らには見えなかったものが、いささかなりと、私たちに見えはじめていることだろう。もちろん、これはひとえに時のしからしめるところであり、彼らに見えなかったのは彼らの落度ではなく、同時代人として原理的に見えなかったのであって、それは後に、ルイ・アルチュセールの「プロブレマティック」やミシェル・フーコーの「エピステーメー」によって主題化される事柄となってくる。眼には当の眼自身が見えないように、時代というものは必然的に、その時代に対して一種盲目たらざるを得ない。遅れてやってきたおかげで「離見の見」の持てる私たちには、その後人口に膾炙した「実存主義」や「構造主義」といった枠組のなかに、臆面もなくメルロ＝ポンティたちを投げ入れることができるのである。

もっとも、ここでそうした不毛な分類に拘泥するつもりはないが、時代を構造化するためには適宜これらの分類も用いざるを得ず、いずれにしても、メルロ＝ポンティ以降の現代哲学の展開を理解しようとすれば、私たちには、まず、この哲学者事典の原著が公刊された時代を出発点として、かなりスパンの長い哲学史のコンテクストを辿ってみる必要が生じてくる。そうすることによって私たちは、本事典の公刊時期が、いかに大きな時代の転換点となっていたのか、また、私たちの編纂するこの別巻が、いかなる意味で現代哲学というひとまとまりのものを扱い得るのか、つぶさに知ることとなるだろう。

メルロ＝ポンティが本事典を公刊したのは一九五六年。この頃、ヨーロッパ諸国は一〇年の時を経て、ようやく第二次世界大戦の痛手から恢復しつつあり、思想的には、ジャン＝ポール・サルトルを中心とした実存主義の最盛期にあたっていた。「実存主義」の呼称は、すでに両次大戦間からカール・ヤスパースやマルティン・ハイデガーらの思想をめぐってささやかれはじめていたが、決定的な形で世に知られるようになるのは戦後のフランスにおいてであり、サルトル、シモーヌ・ド・ボーヴォワール、アルベール・カミュ、そしてメルロ＝ポンティなどが主要メンバーと目されている。やがてこれが、サンジェルマン＝デ＝プレ界隈のカフェやキャバレーにたむろするボリス・ヴィアンやジュリエット・グレコらのファンをも巻き込みながら、一大風俗と化していくのである。

この思想潮流は、総じて、サルトルの「実存は本質に先立つ」とか「われわれは自由の刑に処せられている」とかの大見得を切るようなセリフで知られているが、実のところ、そうした麗々しさとは裏腹に、彼らの内には、ぽっかりと空虚な穴が穿たれていたとでも言うべきか。「実存は本質に先立つ」とは、結局、神に代表されるようなあらゆる既存の価値が崩壊していることの謂いであり、この言葉は、人間存在の徹底した偶然性を露呈しながら、「本質（エッセンツィア）」が「実存（エクシステンツィア）」よりも優位に置かれてきた従来の西洋思想の考え方を、すっかり逆転させてしまうものでもあった。私たちは、あらかじめ決まった本質を持たず、ただ理由もなく存在しはじめ、やがて、何者になるかを自らが選び取っていかねばならない。その当然の帰結が、「われわれは自由の刑に処せられている」ということであり、また、ボーヴォワールの「人は女として生まれるのではなく、女になるのだ」ということでもあるわけだ。つまるところ実存主義においては、二度にわたる大戦を経て、あらゆる権威が崩れ去り、あらゆる絆が喪われ、すべてが瓦礫の山と化した世界のなかで、ゼロからの出発を試みる悲壮な模索が行なわれていたのである。

だが、戦争が、たとえどれほど苛酷なものであろうとも、いやしくも哲学者と呼ばれるべき人々にそこまでの価値の転換をもたらしたのだと言えば、哲学的動機について、いささか短絡のそしりはまぬかれまい。まずは、この二度の大戦が担っていた哲学的意味を、歴史的コンテクストのなかで正しく読み取っておく必要があるだろう。

こうした大戦の持つ意味を、いち早く感じ取っていたのは、あの知性の権化ともいうべき詩人ポール・ヴァレリーだった。彼は、第一次大戦の直後に「精神の危機」と題する評論を発表し、そこで「戦火の教訓」を述べ、「異常な戦慄がヨーロッパの骨の髄をかけめぐった」と記している。なるほど、ひとまず軍事的危機は去り、経済的試練もそれなりに耐え忍ばれてはいるが、ヨーロッパは「意識を失いかけており」、「知性の危機」は「容易にその基本点、その様相をとらえさせない」ほどだと言うのである。

当時、ヴァレリーの祖国フランスは、戦勝の喜びにわきたっていたものの、その裏では、総人口の一六パーセントにあたる人命が失われ、とりわけ青年層の二七パーセントが戦死していた。戦勝国にしてさえこうである。敗戦の憂目にあったドイツ、オーストリア、イタリアをはじめ、ヨーロッパ全体がこうむった痛手には計り知れぬものがあっただろう。非戦闘員を含めると、死者は二〇〇〇万人にものぼったと伝えられている。そのうえ、この第一次世界大戦は、従来の戦争と比べて、決定的に異なる側面を持っていた。いまだヨーロッパがその表舞台であったとはいえ、まがりなりにも戦争は世界規模のものとなり、おのおのの国家の利益を背景に、国民エネルギーの総動員によって戦われるものとなっていたのである。結集された近代の叡知は、大規模な合理化と組織化とによって、ひたすら殺戮の道具に仕立て上げられていたと言っていい。

だからこそ歴史家のなかには、第二次大戦に比べればまだまだ小規模であるとはいえ、あえてこの第一次大戦のほうが、ヨーロッパ人には大きなショックを与えたと論じる者もいるほどなのだ。かくもすばらしい文明を築き上げてきた近代知が、かくも痛ましい殺戮の道具になりさがるとは……おそらく、その惨状を「わが眼をもって見た」と言うヴァレリーをはじめ、多くの知識人たちが、自分自身の根拠を疑い、ヨーロッパ近代の根拠を疑ったのも当然と思われる。

それればかりではない。ほとんど時を同じくして、隣国ドイツでも象徴的な書物が出版されていた。かのオスヴァルト・シュペングラーの手になる『西洋の没落』である。彼は「歴史的比較形態学」なるものを提唱し、これを「非哲学的な哲学」あるいは「西欧最後の哲学」と呼びながら、その手法を用いて当時のヨーロッパの運命を占ってみせたのである。

彼はまず、古代ギリシアから近代ヨーロッパへと一直線に続く歴史観をしりぞけ、世界を、「古代ギリシア・ローマ」「近代ヨーロッパ」「エジプト」「バビロニア」「インド」「中国」「アラビア」「メキシコ」の八つの文化(後にロシアも加わる)に分類し、それらを並置してパターン分析をほどこす。そしてそこから、文化というものは有機体のように発生・成長・老衰・死滅のプロセス、あるいは、春夏秋冬の季節をたどるという結論を導き出してくる。つまるところ、近代ヨーロッパ文化の運命も例外ではなく、今やそれは、秋から冬へとさしかかり、しだいに死滅の時に近づいているというわけだ。

シュペングラーによれば、「文化」はその終焉に近づくと「文明」の状態へと移行する。そこには、高度に発達した技術や政治制度は残っているが、もはや生命力や創造力はない。好例はローマ帝国であり、その土木技術や政治の発達と、芸術的な趣味の悪さとが、まぎれもなく文明の段階を物語っているという。ここに同時代的な例として、ミケランジェロのピエタ像に群がるアメリカ人観光客がひきあいに出されるのは、なんと痛烈な皮肉だろうか。いずれにもせよ、文明化によって世界都市が実現し、人々は大地や伝統文化から離れ、故郷のない根無し草の文明人となる。彼らは群集し、高層の賃貸住宅の中でみじめに眠り、日常的労働の知的緊張を、快楽、スポーツ、賭博などで解消し、実用と経済的目的のみを求めて、金に支配された大衆となってゆく。大地や伝統文化の喪失で宗教は生命を失い、大衆がエリートに代わって政治を牛耳り、日々の知的緊張は母性を失わせ、過度のセックスをもたらしながら、不妊の状態が生じてくる。人口の減少が数百年にわたって続き、世界都市は廃墟となる。知性は空洞化した民主主義とともに破壊され、無制限の戦争をともなって帝国主義が完成されてゆく。文明の終末である。

そんな不安をかきたてるヴァレリーやシュペングラーの予言の果てに、ついにはアウシュヴィッツ、カティンの森、ヒロシマ、ナガサキを含む殲滅戦としての第二次世界大戦が到来する。この大戦の死者については諸説あるものの、フランスではおよそ六〇万、ドイツでは七〇〇万から九〇〇万、わが日本では三〇〇万、世界全体では、何と八〇〇〇万にものぼるという。こうしてみれば、あの実存主義者たちに決定的な価値の転換をうながし、ゼロからの出発を余儀なくさせたもの、それは戦争のもたらした直接の災厄であるとともに、さらには戦争が露呈させた西洋近代の終焉という哲学的意味でもあったと言うことができるだろう。つまるところ実存主義の登場そのものが、思想史上、まさに一大転換点を画すものであったのだ。

ただしこれは、あくまでも大戦をきっかけにして、おおかたの目に見えてきた時代の転換点なのであり、こうした転換が生じる思想的必然性は、すでに十九世紀末に、幾人かの人々によって先取りされていた。烱眼の士は、ニーチェ、マルクス、フロイトである。

かのニーチェの有名な言葉「神は死んだ」が、キリスト教の神の死にはとどまらず、ありとあらゆる価値観の喪失を意味し、ニヒリズムの到来を告げていたことは、今さらくり返すまでもあるまいが、その点で彼は、後に実存主義者たちがおかれる状況を、はるか時代に先駆けて体現していたと見ることができるだろう。あえて言うならば、神はすでに十七世紀頃には殺されていたのであり、そのあたりから、神の肩代わりとして世の価値観を担うさまざまな理念が必要とされてきた。筆頭は、デカルトの打ち立てた「理性」であり、それが十八世紀には「啓蒙」、十九世紀には「進歩」へと姿を変えながら、近代西洋社会の主導理念を形成していくわけである。

この間、コギトに由来する「心身関係」「主客関係」をもとに、自然を対象化し、合理化し、ついには「科学」なるものを確立した人々は、産業革命によって、そこから導き出される富を謳歌するようになってくる。

こうした風潮のなかで、エルネスト・ルナンは科学の未来がバラ色であることを語り、サン＝シモンはこの未来に資本家と労働者とが手をたずさえて歩み行く姿を描き、ボン・マルシェ・デパート創立者のアリスティド・ブシコーは、それを実現しようと試みる。だが、世間もそう甘くはない。実際には、富める資本家はますます富み、無一物の労働者は極貧のままに捨ておかれる。この容赦のない社会構造を赤裸々に抉り出し、近代理性の下部構造として白日の下にさらしたのが、マルクスということになるだろう。彼は、未成年者の苛酷な炭坑労働から帝国主義下での大国のふるまいに至るまで、ひとしなみに理解可能となるような思考法を提供していたのである。

また、このように複雑化した社会のなかでは、家族に対して愛情深い工場経営者が、労働者に対しては非情な搾取者であったり、生真面目な帳簿係が怪しげな夜の街の遊歩者であったりと、近代理性の首尾一貫した精神や人格のなかに、さまざまな歪みや亀裂が生じることになるだろう。いや、むしろ、首尾一貫した近代理性というものこそが、ひとつの虚構だったのではないか。そんな疑いを人々が抱きはじめる頃、そもそも精神や心といったものは、本来の意味における「コンプレクス（複合体）」なのであり、そこでは多種多様な人格がうごめき合っていて、均衡のとれた理性的な状態でいるほうが稀なのだ、という立場を唱導する者が現われる。フロイトである。

つまり、ニーチェ、マルクス、フロイトたちは、すでに十九世紀末には明白な形で近代理性批判を行なっていたのであり、ここで私たちの哲学史的視野は、彼らを介して、そのスパンを実存主義の時代から一挙にデカルトあたりにまで広げることになってくる。だが、厄介なことに、それではまだ足りない。ニーチェの「神は死んだ」は、近代理性の段階をはるかに越え、遠くプラトニズムの問題にまで溯るものではなかったか。「私の哲学は逆転されたプラトニズムである」。「キリスト教は民衆のためのプラトニズムである」。そう彼は言っていたはずである。その伝でいけば、カントの「英知界」もヘーゲルの「絶対精神」も、すべてはプラトニズムのヴァリエーションとなってこよう。

加えて、このニーチェを論じながら、後に続くハイデガーは言う。まさしく、プラトンあたりが天上界と地上界とを分かち、イデア論を唱えて、「制作」モデルをもとに、理想と現実、本質と現象、精神と身体など二元論の土壌を整備したあたりから、西洋形而上学の「存在忘却」が始まったのであり、これにうすうす気づいていたニーチェですら、それを逆転するにとどめ、逆転したまま形而上学的秩序を保ったという点において、やはり罪なしとはし得ないのだ、と。

いかがだろうか。ここに、さらにアルフレッド・ノース・ホワイトヘッドの言葉「ヨーロッパの哲学伝統の最も安全な一般的性格づけは、それがプラトンについての一連の脚注からなっているということである」を加味しておくならば、ようやくにして、あの実存主義世代の遭遇していた時代の転換点が、実は、どれほどスパンの長い、どれほど根の深いものであったのかということが、おわかりいただけることだろう。本哲学者事典が、まさしく時宜にかなった出版となっていたことも、おのずと理解されようというものだ。

さて、そんなわけで、まさしく本事典の原書刊行の頃からが、西洋哲学における新たな時代の幕開けとなるのであり、私たちが独自に編纂するこの別巻こそが、以後、現代哲学と呼ばれるべき領域を俯瞰するものとなるのである。

詳細は本文の各項目に委ねるとして、そのとば口のみ粗描し、思想潮流と個々の哲学者との関係を少しく考察しておくならば、まず着目すべきは「実存主義」と「構造主義」とが交代する地点であるだろうか。現代思想の第一歩を踏み出した実存主義は、戦後の復興期にこそ威勢のいいスローガンをかかげて人々を鼓舞したが、やがて一九七〇年代を迎え、社会が高度に成長してくると、新しく台頭してきた「構造主義」思想の前で、急速に色あせてしまう。社会の複雑化とブラック・ボックス化が、「自由の刑」の執行される余地を大幅に制限してしまったのである。構造主義者は言うだろう。自由の幻影に浮かれるよりも前に、まずはきみたちの足元にある知られざる構造に気づきたまえ、と。

構造主義の中心人物に祭り上げられたクロード・レヴィ＝ストロースが、たとえば未開社会の個々の成員には意識されないままに機能している親族の基本構造を探り当てたように、現代社会にも個々人が意図的には統御できないさまざまな構造が隠されている。アルチュセールやフーコーは、各時代にはそれぞれ独自の認識形態が課せられていることを発見し、ジャック・ラカンは、各人の無意識が言語（ランガージュ）のように構造化されていることを指摘する。ロラン・バルトは文学、モード、都市など、ありとあらゆるものに潜む記号論的構造を追究した。つまり、実存主義者が自由に選び取ったと思い込んでいる生き方にも、実はその下部や背後で、すでにそう選びとるよう促すたぐいの構造が機能していたのかもしれず、そうであるならば、まずは誰もがその構造に気づくことから始めねばなるまい、というわけだ。そして当然、こうした構造が明らかになり、そこに私たちが籠絡されていることが知られるならば、さてそれでは、ここから自分をどのようにして解放するのだろうか……と、問いは次々に増殖し、とどまるところがない。こうして時代は、さらに「ポスト構造主義」の世に移り、それがさらに、といった形で論じられてきた現代哲学ではあるけれど、もはやポストと言うには構造主義もいささか遠くなりにけり。その後も思想潮流は、「言語」や「記号」から「差異」や「他者」や「数理化」などの問題圏を次々と経めぐりながら、「グラマトロジー」に「メディオロジー」、「ドロモロジー」に「思弁的実在論」と錯綜をきわめることになるだろう。

とはいえ、こうしたイズムや思想潮流と、そのはざまでそれぞれに形成された個々人の哲学とは、また一味違っている。メルロ＝ポンティが「哲学事典」ではなくあえて「哲学者事典」の体裁をとった所以であるだろう。実存主義の波は去ったとはいえ、サルトルやメルロ＝ポンティの著作は今日でもやはり読み継がれているわけだし、前者の「主体のない意識」がジル・ドゥルーズに取り上げ直されたり、後者の「肉」の概念がジャック・デリダの興味を惹いたり、いや、そもそも、青年期にそのデリダやドゥルーズから教えを受けた私どもが、いまだにこうした『メルロ＝ポンティ哲学者事典』を刊行していること自体、個々の哲学者には汲み尽くせない魅力がある、ということの証左となるに違いない。

なぜ私たちは、いまだにプラトンやデカルト、カントやベルクソンの書物を読み続けるのか？　この問いに対し、最後に説得的な答えを与えてくれるのは、またもやメルロ＝ポンティ自身の言葉である。果たして、あなたは、これほどにも生き生きとした「古典」の定義を目にしたことがあるだろうか。

> 思想の歴史は、これは真であり、あれは偽であるという具合に、簡単に判決をくだすことはない。あらゆる歴史と同じく、それはひそやかに決断をくだす。ある種の理論については、その雷管をはずしたり、防腐処置を施したりする。それらを「永遠のことば（メッセージ）」や博物館用の品物に変えたりする。逆に、思想の歴史によって、活動を持続させられる理論もある。[…]それらの理論が、言表とか命題とか、さらに先へ進もうとするものにとっては避け難い媒体を越えて、言葉を話すもの(parlant)として存続しているからである。これこそ古典（クラシック）なのだ。あるものが古典であると認められるのは、だれもそれを文字どおりには受けとらないが、にもかかわらず、新たな事実も決して完全にその管轄外にあることはなく、そのなかからこそ新たな反響をひき出し、その中にこそ新たな起伏を浮きあがらせる、という点においてである。[…]「あなたはデカルト主義者なのか、そうではないのか？」この問いにはほとんど意味がない。なぜならデカルトにおけるあれこれの部分を認めない人々も、その認めない理由は、多くをデカルトに負うているからだ。
>
> （『シーニュ』I、一一二―一一三頁）

参考文献

▼アルチュセール『資本論を読む』今村仁司訳、ちくま学芸文庫、一九九六。
▼フーコー『言葉と物』渡辺一民・佐々木明訳、新潮社、一九七四。
▼サルトル『実存主義とは何か』伊吹武彦訳、人文書院、一九五五。
▼ボーヴォワール『第二の性』生島遼一訳、新潮文庫、一九五九。
▼ヴァレリー『精神の危機』恒川邦夫訳、岩波文庫、二〇一〇。
▼シュペングラー『西洋の没落』村松正俊、中公クラシックス、二〇一七。
▼ニーチェ「華やぐ智慧」氷上英廣訳(『ニーチェ全集』第十巻所収)、白水社、一九八〇。
▼マルクス『資本論』今村仁司・鈴木直・三島憲一訳、筑摩書房、二〇〇五。
▼フロイト『精神分析学入門』懸田克躬訳、中公クラシックス、二〇〇一。
▼ハイデガー『ニーチェ』細谷貞雄監訳、平凡社ライブラリー、一九九七。
▼ホワイトヘッド『過程と実在』山本誠作訳(ホワイトヘッド著作集第10巻)、松籟社、一九八四。
▼レヴィ＝ストロース『野生の思考』大橋保夫訳、みすず書房、一九七六。
▼ラカン『エクリ』宮本忠雄・竹内迪也・高橋徹・佐々木孝次訳、弘文堂、一九七二。
▼バルト『記号学の冒険』花輪光訳、みすず書房、一九八八。
▼ドゥルーズ、ガタリ『哲学とは何か』財津理訳、河出書房新社、一九九七。
▼デリダ『触覚、ジャン＝リュック・ナンシーに触れる』松葉祥一・榊原達哉・加國尚志訳、青土社、二〇〇六。

〔加賀野井秀一〕

IX 現代の哲学

アガンベン
466
［横田祐美子］

コルバン（アラン）
432
［石井洋二郎］

ガタリ
373
［増田靖彦］

アンリ
286
［本郷均］

リシール
471
［澤田哲生］

クリステヴァ
439
［松葉祥一］

セール
375
［清水高志］

チョムスキー
354
［加賀野井秀一］

マリオン
476
［本郷均］

ラクー＝ラバルト
460
［澤田直］

エーコ
426
［國領佳樹］

スタイナー
356
［加賀野井秀一］

スティグレール
484
［伊藤泰雄］

ランシエール
462
［松葉祥一］

サイード
429
［石井洋二郎］

ボードリヤール
372
［横田祐美子］

ル・ボン、ギュスターヴ 1841-1931

❖Gustave LE BON

フランスの心理学者、社会学者。はじめ医学を学び、その後、北アフリカやインドなどで考古学・民族学的調査を行なう。そこから社会学、心理学への関心が広がっていった。主著に、群衆における非合理的性質を分析した『群衆心理』（一八九五）。〔本郷均〕

カントール、ゲオルク・フェルディナント・ルートヴィヒ・フィリップ 1845-1918

❖Georg Ferdinand Ludwig Philipp CANTOR

ロシア生まれで、ドイツのハレ大学で教鞭を執る。集合論の創始者の一人。濃度、順序数の概念などによって集合論と無限の研究を推進した。特に対角線論法で知られる。現在、論文は、ツェルメロによって一冊にまとめられている。〔本郷均〕

フレーゲ、フリードリヒ・ルートヴィヒ・ゴットロープ 1848-1925

❖Friedrich Ludwig Gottlob FREGE

ドイツの数学者、論理学者、哲学者。ヴィスマールに生まれ、一八六九年からイエーナ大学で数学、化学、哲学を学ぶ。ゲッティンゲンに移り、一八七三年に哲学の博士号を取得、翌年にイエーナにもどって教授資格論文を提出し、イエーナ大学の私講師となる。その後は『概念記法』や『算術の基礎』を発表、イエーナ大学の員外教授、ついで一八九六年に客員正教授（員外教授と正教授のあいだの地位で学内行政に参加できない）となり、数学や論理学、物理学などを教える。一九一八年に退官。フレーゲは、最初の著書『概念記法』で、算術を論理学の一部とする、いわゆる「論理主義」の構想に基づき、算術の概念や定理を形式的な人工言語で表記し、算術に対してより厳密で確固たる基盤を築こうとする。つぎの『算術の基礎』では、より平易な言葉でこの論理主義のプログラムを実行するが、そこでたてられた三つの原則、とくに〈語の意味は命題の脈絡のなかで求めらる〉という「文脈原理」は、ウィトゲンシュタインに大きな影響を与えた。その後フレーゲは、論文「意味と意義」で、名辞や命題に「意味（Bedeutung）」（指示される対象）と「意義（Sinn）」（対象の与えられ方）を区別するなど（例えば明けの明星と宵の明星は「意味」は同一だが「意義」が異なり、命題に関しては「意味」が「真理値」とされる）、論理主義の基礎をさらに固め、主著といえる『算術の基本法則』（全二巻）を発表する。しかし第一巻の段階で、ラッセルからフレーゲの論理体系では素朴集合論に関して矛盾が生じること（「ラッセルのパラドックス」）が告げられ、論理主義は破綻する。フレーゲはこのパラドックスを解消することができなかったが、それでも彼は、概念記法により現代の記号論理学の創始者となり、意味論では言語哲学や分析哲学にも道を開いており、疑いなく現代哲学の中心にいる人物である。著書は、ほぼすべての業績が『フレーゲ著作集』（全六巻）で邦訳されている。〔八幡恵一〕

ソシュール、フェルディナン・ド

❖Ferdinand de SAUSSURE 1857-1913

ソシュールについて語るなら、いまだに『一般言語学講義』(一九一六)という書物と、その基となった「一般言語学」という表題をもつ講義を区別する必要がある。すでに周知の事実となっているように、ソシュールは最晩年の一九〇七年から一一年にかけて、ジュネーヴ大学で全三回にわたって「一般言語学」講義を行なった。出席した学生たちが残した聴講ノートと教師自身が残したわずかな準備ノートを二人の弟子シャルル・バイイ(一八六五〜一九四七年)とアルベール・セシュエ(一八七〇〜一九四六年)が師の没後に「編集」というより、ほとんど「執筆」して出版したのが『一般言語学講義』という書物であることも、今日ではよく知られている。

この書物は、言語学者のみならず、人類学者、哲学者、精神分析家、文学批評家に注目され、一九六〇年代に隆盛を迎える「構造主義」という一大潮流を生み出すきっかけとなった。そうして『一般言語学講義』は「構造主義のバイブル」の地位を獲得し、多くの者が「ラング/パロール」、「共時態/通時態」、「シニフィアン/シニフィエ」といった概念をそれぞれの領域に適用することになる。構造主義が残した成果に疑問はないし、構造主義に問題を見出し、それを克服する試みが今日まで姿を変えて継続していることも、また明らかだろう。

そうした観点から見るソシュールは、すでに受容され、展開され、可能性を汲み上げられた「過去の遺産」にすぎない。入門書や概説書は出版され続けているのに、本格的な研究書はわずかな例外を除いて登場しないという状況は、その事実と呼応している。ソシュールは「入門」したり「概説」したりする対象でしかなくなって久しい。その状況に抗う者は、『一般言語学講義』はソシュールの「虚像」にすぎず、「実像」は聴講ノートや草稿の中にしかない、という対立を強調した。また、『一般言語学講義』にせよ、その基となった講義にせよ、そこに見られる姿とは別人のような、アナグラムに没頭したソシュールを発見し、賛美する、という形で対立を強調する者もいた。雑誌の特集タイトルになった「二人のソシュール」という表現は、その端的な表現である。

これらの事実から明らかなように、ソシュールは単純には評価できない対象にすでになっている。「表」のソシュールは否定し、「裏」のソシュールを肯定しなければならない、あるいは、「表」のソシュールは過去の遺産になったが、「裏」のソシュールにはまだ可能性が潜んでいる、というわけである。このような屈折した態度をとらなければソシュールを評価できなくなったことには、もちろん理由がある。

❖ Ferdinand de SAUSSURE

第一に、「構造主義の祖」を見ようとするあまり、ソシュールがいかなる場所と時代に生きたのか、ソシュールが受容した言語学がいかなる学問だったのかが顧みられることが少なかった。文脈と関係なく突如として出現した彗星のようにソシュールを捉えるなら、見失われるものはあまりに多い。

第二に、「一般言語学」講義の聴講ノートを通読しても、『一般言語学講義』との違いは容易に見て取れない。これは二人の弟子が行なった作業がそれだけ的確だったということでもある。大した違いが見出せないなら、苦労して学生のノートなど読む必要はない。しかも、講義の原資料の大部分はソシュール自身の言葉ではなく「ソシュールの言葉を聞いた学生が残した言葉」であり、そこには誤解や曲解が含まれている。バイイとセシュエに頼らずに聴講ノートを読むには、それゆえ講義が行なわれるおよそ十五年前、一八九〇年代に「書物」の出版を目指して執筆されたソシュールの自筆草稿を参照することが要請されるが、これは簡単な作業ではない。

第三に、一八九〇年代の「書物」の企てが表面的には断念されるのと呼応するように注力されていく研究をどう捉えるのか、という問題がある。アナグラムだけでなく、霊媒が語る「異言」、そして地名や伝説にソシュールは没頭した。それらは一見して狭義の言語学とは関わりがない。これらの研究は言語学とは無関係だったのか。そうだとすれば、ここには「二人のソシュール」がいると言ってもよいが、事はそう単純ではない。

本項では、以上の三点について、ありうべき回答を追求する。『一般言語学講義』だけで事足りるのか否かという問いには、その追求のあとでなければ答えられないし、答えるべきでもない。そして、それは構造主義を経たあとでソシュールについて考える意味を追求することでもあるだろう。

I——比類なき言語学者の誕生

ソシュールの言語に対する関心の始まりはどこにあったのか。その画期をなす出来事ははっきりしている。のちに記された回想録に従うなら「十二歳か十三歳」の頃、ソシュールはジュネーヴの北方、レマン湖畔の村で一人の老人と知り合った。ジュネーヴ大学の前身であるアカデミーで教授を務め、言語学をはじめとする多彩な領域で才能を発揮した学者アドルフ・ピクテ（一七九九〜一八七五年）である。

一八五七年十一月二十六日にフェルディナンがジュネーヴで生を享けたソシュール家は、古くから学者一族として知られていた。第一級の自然学者で、同郷のルソーと同時代人だったオラス＝ベネディクト・ド・ソシュール（一七四〇～九九年）をはじめ、その息子ニコラ＝テオドールは化学と植物学で、その弟アルフォンスの息子アンリ（一八二九～一九〇五年）は昆虫学で業績を残している。フェルディナンは、このアンリの息子、つまりオラス＝ベネディクトの曾孫にあたる。そして、ピクテはアンリの伯父ニコラ＝テオドールの妻と親交をもち、ソシュール家と関係が深かった。

言語研究に関するピクテの集大成と言える全二巻の大著『インド＝ヨーロッパ諸語の起源あるいは原初アーリア人』（一八五九－六三）の第一巻が刊行されたのは、フェルディナンが生まれて二年後のことである。この著作でピクテは、言語学の手法を用いて失われた語を復元し、それが使われていた場所を特定するとともに、当地の自然環境や生活習慣を推測した。ソシュールは回想録に記している。「サンスクリットの一つか二つの音節を用いて［…］消滅した民族の生活を取り戻せるという見解は、その無邪気さにおいて比類のない熱狂で私を燃え上がらせていた」。そして「言語に対する偏執は、この時期以来、明白に私に働きかけていた」と。

この出会いから生まれた「偏執」こそ、言語学者の源にあり続けたものにほかならない。一八七〇年秋にマルティーヌ学院に入学して古典ギリシア語の学習を始めたソシュールは、七二年から一年間通ったコレージュ・ル・クルトルを経て、七三年にはギムナジウムに入る。そして、翌七四年の夏、十六歳の少年はピクテに宛てて「ギリシア語、ラテン語、ドイツ語の語を少数の語根に還元するための試論」と題された論文を執筆した。回想録で明言されているとおり、これは「言葉の一般体系」を抽出し、描き出す試みである。

ピクテの著作が準拠していた当時の言語学は、複数の言語から採った語根を比較し、それらのあいだに生じた音声変化を推定する。変化を遡っていった果てには、それらの言語を生み出した「祖語」があるだろう。ピクテが対象としたのは、ラテン語、ギリシア語、サンスクリットの源にあるはずの、今は失われたインド＝ヨーロッパ祖語だった。「比較文法」と呼ばれるこの手法こそ、十九世紀に確立された言語学にほかならない。

2——近代の学問としての言語学

複数の類似した言語を比較して過去に遡行すれば、それらの源にある祖語を復元（再構）できる——この発想は、すでに十八世紀末、法律家としてインドに赴任したウィリアム・ジョーンズ（一七四六～九四年）に見出される。東洋学の専門家でもあったジョーンズは、カルカッタでベンガル・アジア協会を設立した。その初代会長として行なった第三年次記念講演（一七八六年二月二日）には、こんな言葉がある。「サンスクリットは、その古さがどうあれ、驚くべき構造をもっています。ギリシア語より完全で、ラテン語より豊かで、それらのいずれより優美に洗練され、動詞の語根においても、文法の形式においても、偶発事によってことによると生み出されえた以上に強い類似性を両者に対してまだもっています。実際、その類似性はあまりに強いため、いかなる文献学者も、それら三つの言語すべてを、それらがおそらくはもはや存在していない何らかの共通の源泉から湧き出たと信じずに調査することはできないでしょう」。ここには、歴史の遡行によって祖語を復元できるという発想だけでなく、祖語はそこから派生した言語より「完全」で「豊か」で「優美」であるという発想がある。「起源」に完全なものを想定する、このロマン主義的な発想が比較文法の根底に息づいていることは、同様にサンスクリットを賞揚した『インド人の言語と英知について』（一八〇八）の著者がドイツ・ロマン主義の指導的人物フリードリヒ・フォン・シュレーゲル（一七七二～一八二九年）だったこと、そしてこの著作で「比較文法」という名称が初めて用いられたことに、はっきり示されている。

このような性格を帯びて誕生した言語学は、近代的国民国家が誕生し、植民地獲得競争に象徴される国家間の争いが激化していく十九世紀にあって、明確な役割を課された。それを伝えるのが、ヨハン・ゴットリープ・フィヒテ（一七六二～一八一四年）の『ドイツ国民に告ぐ』である。ナポレオン率いるフランス軍の占領下にあったベルリンの地で行なわれたこの講演で、フィヒテは言う。「これで、他のゲルマン系民族からドイツ人を区別する根本的特徴を見出すという私たちのさしあたりの課題は解決されました。その違いは、共同体的な部族の最初の分裂の際にすぐ生じたもので、ドイツ人は自然の力からの最初の流出まで遡る生き生きした言語を語り、他のゲルマン部族は表面だけでは活動しているけれども根っこでは死んでいる言語を語るという点にあります」。賞揚されるべき「起源」の言語を直に受け継ぐ言語こそ正統な言語であり、それを語る民族と国民こそが正統な民族であり国民であること、それを証明する役割を担ったのが言語学だった。その意味で、フィヒテの講演が公刊されたのが『インド人の言語と英知について』と同じ一八〇八年だったというのは象徴的である。

比較文法としての言語学は、フランツ・ボップ（一七九一～一八六七年）による『ギリシア語、ラテン語、ペルシア語、ゲルマン語との比較におけるサンスクリットの活用体系について』（一八一六）で、その方法を確立する。五年後の一八二一年にはボップがベルリン大学教授に就任しているように、それは言語学が大学制度に組み込まれた国家公認の学問として確立されていく動きと軌を一にしていた。その後、ヤーコプ・グリム(一七八五～一八六三年)が音声変化を支配する法則性を発見したのを機に、言語学は自然科学の姿をまとう。この方向を推し進めたのが、アウグスト・シュライヒャー(一八二一～六八年)だった。その著作『ダーウィン理論と言語学』(一八六三)でシュライヒャーは進化論と言語学の結合を掲げ、生物と同様、言語は生存競争の原理に基づいて「自然選択(自然淘汰)」にさらされ、環境に適合した言語が生き延びる、と断言する。言語にも下等なものと高等なものがあり、言語の歴史とは下等言語から高等言語への「進化」にほかならない。そして、その進化はグリムが発見した法則性に基づいて生じる必然的な結果だとされる。

こうして言語学は自然科学の衣装をまとうことに成功したが、そこからロマン主義的な装いを除去し、言語学に実証科学としての姿を与えたのが、ソシュールと因縁浅からぬ「青年文法学派」だった。

3――『覚え書き』出版へ

その中心人物カール・ブルークマン(一八四九～一九一九年)が青年文法学派の誕生を告げる論文「インド=ヨーロッパ基語における鼻音ソナント」を発表したのは、一八七六年のことである。この論文でブルークマンは、子音であるにもかかわらず特定の場合には母音として機能する「ソナント」がインド=ヨーロッパ祖語に存在していた、という仮説を提示した。これに従うなら、インド=ヨーロッパ諸語に見られるaには、もともとaだったものの他に、祖語でソナントだったのがaに変化したものも含まれていることになる。こうして実証科学としての言語学は、複数のaの由来を確定し、祖語の母音体系を解明することを目指した。青年文法学派にとってのインド=ヨーロッパ祖語は、もはや憧憬の対象ではなかったが、「起源」への遡行を志す点では旧来の言語学と変わるところはない。

十六歳で論文を書いたソシュールに対して、ピクテは少年の試みをやんわり否定する内容の返事を送った。深く落胆し、早すぎる挫折を味わった少年は、失敗の原因と考えられたサンスクリットの知識の欠如を補うべく、ほかでもないボップが執筆した文法書を手にし、学習を始めた。一八七四年の秋から冬にかけてのことである。その書に見られる記述を目にしたとき、少年は二年前にコレージュのギリシア語の授業で目にした語を思い出す。それはnがaに交替する事例のように見えるが、サンスクリットには流音の母音rが存在することを知った途端、これはかつて母音として機能していたnが子音として残存したものではないか、という直感が舞い降りた。つまり、ソシュールはブルークマンの論文より二年も前にソナントの存在を察知していたわけである。
だが、早すぎる挫折を味わった少年は、サンスクリットにおける流音の母音を重視すべきではない、というボップの記述に盲従して、それ以上追求せず、翌一八七五年秋にはジュネーヴ大学に入学し、両親の意向に従って化学と物理学を専攻する。学生生活に飽き足らないフェルディナンは、翌七六年十月には反対を押しきって実現した留学生活を開始するが、同郷の友人が多く留学しているという理由で選ばれた留学先は、誰あろうブルークマンが教鞭を執るライプツィヒ大学だった。

この大学で青年文法学派に属する学者たちの講義を受け始めたソシュールは、ブルークマンの論文が大変な話題になっているのを知る。すぐに目を通して驚愕した。その論文で世紀の大発見とされていたのは、みずからがボップに従って等閑視した、あのnの存在だったからである。これはソシュールが自信を回復する出来事でもあったが、と同時に、ソシュールが十六歳にしてすでに当時の言語学と隔絶していたことを示してもいる。先に見たnとaのあいだにブルークマンは歴史的変化、すなわち通時的現象を見た。だから、その変化の由来を確定することは、そのまま祖語の母音体系の解明につながると考えられた。だが、ソシュールはといえば「類推」と呼ばれる共時的現象をそこに見ている。振り返れば、ピクテに宛てて執筆された論文で行なわれていたのも、語根が語根として機能する可能性の条件を追求すること、つまり共時的現象の分析だった。ここにはすでに、のちにソシュールを執筆もままならない状態に追い込んでいくものの正体があらわになっている。共時態と通時態の断絶がそれである。

まだこの断絶を自覚していなかったソシュールは、みずからの洞察を言語学の流儀に合わせる術を学ぶ。会得するのに必要な時間はわずかだった。ブルークマンの論文を知ってからわずか二年後、一八七八年十二月には『インド＝ヨーロッパ祖語における母音の原初体系に関する覚え書き』が出版される。この著作でソシュールは、ブルークマンが想定したものとは異なるa以外の母音がインド＝ヨーロッパ祖語に存在していた、という仮説を提示したが、通時態を前提に比較文法の手法で二つの母音を想定したあと、その仮説の正しさを証明するために「内的再構法」と呼ばれる手法を用いて分析されたのは、祖語の体系、すなわち共時態だった。

当時の最高水準を示すこの著作には、もはや誰も異を唱えられなかった。だが、一八七八年七月からベルリン大学に移籍し、当地の講義を受けたあと、翌七九年の秋から年末に学位論文提出のためライプツィヒに戻ったソシュールを待ち受けていたのは、感情的とも思える批判、徹底した黙殺、そして「ブルークマンの説の盗用」という濡れ衣だった。この仕打ちの背景にあったのは、ジュネーヴからの留学生という身分に対するドイツ人の無根拠な優越感のように思われた。しかし、その優越感に科学的根拠があるように見せているものこそ、ソシュールが懸命に修得した言語学にほかならなかった。そのことに気づいたかのように、一八八〇年二月には学位論文「サンスクリットにおける絶対属格の用法について」を提出し、最高点で博士号を授与されたソシュールは、およそ半年後にはドイツを離れ、パリに赴くことになる。

4――言語学への疑念

一八八〇年秋にパリ高等研究院に入学したソシュールをフランス人は高く評価し、歓迎した。翌八一年十月にはコレージュ・ド・フランス教授という最高の地位にあったミシェル・ブレアル(一八三二～一九一五年)が、高等研究院で担当していた講座を当時二十三歳だった若き言語学者に委ねると提案して、実現している。以降、一八九一年まで十年間にわたってパリで教壇に立ったソシュールに、フランス人たちがライプツィヒとは正反対の反応を示した理由の中に、その卓越した能力のみならず、この若者がフランス語を母語としているという事実があったことは否定できない。国家の教育機関である高等研究院に雇用される上で若者がフランス国籍を有していないことが障害になったという事実は、そのことを裏側から証している。講座長が高等教育局長に「ジュネーヴでフランス人亡命者の家系に生まれたのだから、彼がフランス人資格を回復するには市役所に届け出るだけで十分でしょう」という文書を送ったように、フランス語を語る者はフランス人であるはずだし、あるべきだ、という要請がパリのジュネーヴ人を陰に陽に取り巻いていた。

高等研究院で教鞭を執るようになったソシュールは、アントワーヌ・メイエ(一八六六～一九三六年)をはじめ、のちに名をなす学者を育てるとともに、一八八二年末にはパリ言語学会の副幹事に就任するなど、輝かしい日々を送った。しかし、毎年の授業を重ねていく中で、徐々に共時態と通時態の断絶を自覚するようになる。その表れは授業の内容に見て取られる。各年度末に提出された報告書を見ると、一八八二年度の授業では、ある言語について考察する際、時間的・空間的に類似した他の言語を介在させないよう配慮しなければならなかったと記されている。これは共時態と通時態を区別する必要があるということにほかならず、八四年度ではこれらを交互に扱う形式が採用され、八七年度と八八年度には週一日を「形態論」に、別の一日を「歴史音声学」にあてる形に落ち着いている。

共時的現象を通時的現象にすり替えてきた言語学が、そのすり替えを利用して生み出し続けてきたのが複数の言語の優劣であり、それを語る民族、国民、そして国家の優劣だったとすれば、フランス語を母語としながらジュネーヴに生まれたソシュールには居場所がない。就任時にも見られたこの出自がもたらす苦難は、一八九一年初頭、パリを去ることを決意したソシュールに追い討ちをかける。ソシュールをひきとめようとしたブレアルがコレージュ・ド・フランス教授の地位を譲ると提案してきたが、その地位を手にするにはフランス国籍を取得しなければならない。そこに「フランスに残ってフランス人として生きるか、ジュネーヴに戻ってジュネーヴ人として生きるか」という二者択一が現れ、「フランスに残ってジュネーヴ人として生きる」という選択肢、「フランス語を語るフランスのジュネーヴ人」という選択肢は消去された。

5——ジュネーヴ帰還と「書物」の企て

ブレアルの提案を断ったソシュールは、一八九一年秋には故郷に帰還し、ジュネーヴ大学が文学・社会科学部に新設した「インド＝ヨーロッパ諸語の比較・歴史言語学」講座の非専任教授に就任した。五年後には専任教授に昇格し、死の年までその地位にあり続ける。帰還した翌年の三月にはジュネーヴ有数の資産家の娘マリー・フェッシュと結婚し、同じ年に長男ジャックが、二年後には次男レイモンが誕生しているように、ソシュールは平穏な生活を手にしたように見える。

しかし、パリ時代の後期に自覚された共時態と通時態の断絶は、ソシュールを執筆から遠ざけつつあった。短文を別にすれば、パリで最後に論文を発表したのは一八八八年。ジュネーヴに戻って初めて論文を発表したのは一八九四年であり、その後も公刊された論文数は十に満たない。私信を見れば、一八九四年一月に「書簡恐怖症」と記されているのをはじめ、九六年三月には「ペンをもつことにほとんど病的な恐怖を抱いている」、「学問的な執筆のすべてが本当に激しい苦痛を課してくる」と吐露されている。ところが、この言葉とは裏腹に、他人の目に触れないところでソシュールは膨大な量の草稿を記していた。

ソシュールは何を書こうとしていたのか。なぜそれらは公表されず、草稿のままになったのか。この疑問に対する回答は、故郷に帰還した直後、一八九一年十二月三十日付の書簡に見出される。パリ高等研究院での上司に挨拶が遅れたことを詫びるその手紙で、ソシュールは「私の講座の開講講演の準備がひどく遅れていた」と理由を述べたあと、こう記している。「その講演の主題は、私が没頭するという誤りを犯した、まったく新奇な仕事に私を導きました」と。「没頭する」のが「誤り」だったと言われる「まったく新奇な仕事」。それは「書物」を書き、言語学に決着をつける、という仕事だった。

先に触れた一八九四年一月の手紙では「いやいやながら、それは最後に一冊の書物になるでしょう。そこで私は、熱狂も情熱もなく、なぜ言語学では私が何らかの意味を認める用語がただの一つも用いられていないのかを説明するでしょう」と言われている。なぜその「書物」は「言語学では私が何らかの意味を認める用語がただの一つも用いられていないのかを説明する」ものになるほかなかったのか。この「まったく新奇な仕事」が次のようなものだったからである。元上司宛の書簡には、こう記されている。「「継起」と「意味の完全な捨象」を想定する言語の歴史音声学的な見方と——「時代の単位」と「意味、価値、用法を考慮した理解」を想定する形態論的な（文法学的な）見方のあいだには、最も重要な対立と両立不可能性があるでしょう……私はこの見方を展開し、正当化しようとしています」。二つの「見方」が通時態と共時態を指すことは言うまでもない。「最も重要な対立」であるにもかかわらず「両立不可能」な共時態と通時態の二重性に正面から向き合うこと。そして、その二重性を不可避的に抱え込む言語学が、なお一つの学問として成立しうるのかどうかを考え抜くこと。それだけを目的とする「書物」の執筆という「まったく新奇な仕事」は、ソシュールを確実に追いつめていった。

執筆はジュネーヴ帰還直後に開始されている。当初の目論見では、「書物」には『言葉の二重の本質について』という表題が与えられるはずだった。共時態と通時態という「二重の本質」を主題とする以上、その「書物」は出発点をもつことができない。事実、「序文」という見出しを付された草稿には、次のような記述が見られる。「しかし、あまりに強く相互に結びついているため、そのいずれからでも区別なく出発でき、いずれから出発しても論理的には他のすべての真理に、そして同じ帰結のあらゆる微細な分枝に到達することになる基本的真理が五つか六つある」。どこを出発点にしても、それが同時に到達点でもあることを、出発点である「序文」で確認する「書物」。言語学の論文を書くことが困難になる理由を言語学が不可能になるまで暴くという、うんざりする目的を課された「書物」を書かないかぎり、進むことも戻ることもできない地点に、今やソシュールは立たされていた。

6——「書物」は断念されたのか

「書物」の企ては十年近くにわたって断続的に中断と再開を繰り返される。そこで一貫して試みられているのは、「二重の本質」から逃れられない言語学には対象があるか、という問いに答えることである。すでに見たように、言語学は十九世紀に生まれた新しい学問だった。文献学や文学をはじめ、言語を扱っているように見える学問がすでにある以上、言語学の対象は言語である、と言って済ませることはできない。ところが、たった一つの語を取り上げようとする時ですら、どの視点で取り上げるのかを問題にしなければならないのが言語学である。cantareは、共時態の視点で見ればラテン語として「歌う」を意味するcantareと同一だが、通時態の視点で見ればフランス語のchanter（歌う）と同一だと言われる。これらの視点の前あるいは外で語りうるcantareなど存在しない。だから、ソシュールはこう書きつける。「視点の外側で前もって決定されるものが何もないばかりか、他より適切な視点すらない」。この絶望的な結論をもたらす二重性の原因はどこにあるか。その答えなら、はっきりしている。「言葉において自然的に与えられる事物という幻想は深い」。視点とは関係なく、それ自体として存在することを保証された「与えられた対象」は「自然」が与える。そのようなあり方から隔絶した言語とは、徹底した「反自然」でなければならない。

「書物」の企ては、一八九七年頃からアフォリズムの形式をとるようになった。それは「あらゆる出発点の必然的な不在」を強いられ、したがって始まりも終わりももつことができない「書物」が行き着くべくして行き着いた形式である。そして、形式自体が始まりも終わりももちえないことの必然的な結果として、これらのアフォリズムもまた公刊されることなく途絶えている。これが「書物」の企ての敗北だとすれば、その後も大学で講義を続けたソシュールが行なっていたのは、言語学が不可能であることを知りながら言語学を教える、という不誠実なふるまいだったのか。この疑念は、半分は正しく、半分は間違っている。正しいのはその企てもまた終わりをもちえない点で変わらないからであり、間違っているのは「書物」の企ては形を変えて続けられたからである。

形を変えた企ては、言語学とは無関係に見える。その最初のものが、アフォリズムによる「書物」の草稿と同じ時期に進められた「異言」研究だった。ソシュールと大学の同僚であり、ユングが父のように慕ったことでも知られる心理学者テオドール・フルールノワ（一八五四〜一九二〇年）が関心をもち、交霊会に参加するようになった女性霊媒エレーヌ・スミスは、三つの周期に分かれる物語を語り、十五世紀のインドを舞台とする第一周期では「インド語」を語っていた。これがエレーヌが学んだことのないサンスクリットと酷似していることに気づいたフルールノワは、同僚の言語学者に分析を依頼する。ソシュールは依頼に応えたばかりか、一八九七年六月には交霊会に参加すらした。フルールノワによるエレーヌに関する書『インドから火星へ』（一九〇〇）の刊行を機にソシュールの異言研究も収束を迎えるが、それに呼応するように、一八九〇年代末に開始された方言調査から派生し、やがて伝説研究に吸収されていく地名研究が、一九〇一年以降、本格化していく。そして、この伝説研究と同時進行で、一九〇六年からほぼ三年間にわたってアナグラム研究がなされている。
こうした研究に没頭するソシュールは、後世の者が評したように、「書物」の失敗から目を逸らすための「気晴らし」をしていたのか。この疑問に答えるには、アナグラム研究のただなかにあったソシュールに打診され、担当することになった「一般言語学」講義でなされたことを見なければならない。

7――第一回講義（一九〇七年）

長らくジュネーヴ大学で教鞭を執った老教授ジョゼフ・ヴェルトハイマーが退官を迎えたのは、一九〇六年夏のことだった。これを受けて、大学は秋に始まる新年度から「一般言語学」講座を担当するようソシュールに要請した。初学者を相手に講義し、試験を行なって評価しなければならない内容が「一般言語学」であることにソシュールが大きな躊躇を覚えたのは当然である。「言語学」に付された「一般」の語が中断されたままの「書物」の草稿を想起させたとしても不思議はない。およそ十五年前、ソシュールは『言葉の二重の本質について』の草稿に、言語学では「個体、すなわちそれ自体として確定され、次いでそれに基づいて一般化がなされる存在物（あるいは量）を見出すことは決してできない」と記していた。だとすれば、共時態と通時態の断絶を統合する「一般言語学」など存在しうるはずはない。

にもかかわらず、ソシュールはこの講座を引き受けることを決意した。その真意は推測するしかないが、決意するに至るまでの逡巡の深さは、秋に開始されるはずだった第一回講義が半年遅れて一九〇七年一月十六日から始まったことに表れている。

第一回講義は「前置き」と第一部「諸々の進化」から成る。通時態を扱う第一部だけで最終日を迎え、共時態を扱うはずだった第二部は行なわれずに終わった。この事実が象徴しているように、第一回講義は「書物」の草稿でなされた格闘を回避するものになる。

そのことは冒頭に置かれた「前置き」に示されている。その第一節では「外側から言語学を定義することで満足しなければならない」と明言される。これは「何が言語学でないか」を示すことで言語学を提示する方法であり、実際に「言語学でない」学問として民族学、文献学、心理学、文法学、社会学が列挙される。これは「言語とは何か」（言語学の対象は何か）という最も根本的な問いに内側から答えるのを講義の冒頭で放棄したことを意味する。続く第二節では「理論的方法（総合）」ではなく「実際的方法（分析）」を採用すると宣言され、言語学の中の「言語学でない」ものが挙げられる。つまり、一般理論を提示してからそれを個別事象に演繹的に適用するのではなく、個別事象を分析した結果として一般理論を帰納的に導き出すということである。しかし、言語学では個別事象を対象として取り出した瞬間、すでに特定の視点を選択したことを意味する以上、ここには教師の虚偽が混じっていると言わざるをえない。その結果、「前置き」の最後に位置する「言語学」と題された節では、「歴史的側面」(通時言語学、歴史音声学)こそが特別に学ぶ意味のあるものだと宣言されることになる。

そうして始められた第一部では、第一章「歴史音声学的進化」で歴史的な音声変化がいかに認識されるか(第一節)、それはどのような変化なのか(第二節)、変化の原因は何か(第三節)、変化の結果は何か(第四節)が説明される。これは通時言語学の説明であり、視点と対象の問題に触れないかぎり困難はない。ところが、第四節で「交替」に触れるとき、講義は揺れを見せ始める。交替とは、あのピクテに宛てた論文で扱われていた現象にほかならない。十六歳のソシュールが明言していたように、それは「言葉の一般体系」、すなわち共時態に足を踏み入れることを意味している。

この事実を前にしたソシュールの迷いが聴講ノートには見て取られる。第一部第二章で扱われる「類推」は、交替をもたらすメカニズムをなす。当初、この章が「類推変化」と題されたことに表れているように、ソシュールは類推を通時的現象として扱おうとした。しかし、第二章が始まってまもなく、突如として掲げられた「類推、言語の創造の一般原理」という新たな表題が示しているように、教師は共時態に足を踏み入れる決意をした。「類推的創造は文法的次元に属する」、「文法的と言うとき、私たちは歴史音声学的現象に適用されえない付加形容詞を手にしている」という聴講ノートの記述は、その証である。

共時態の導入は「ラング」と「パロール」の区別をもたらした。この区別は第一回講義で初めて提示され、類推が成立するメカニズムを説明するために持ち出されている。類推は「生み出す形態」(＝ラング)と「生み出される形態」(＝パロール)によって成立する。以降の部分で類推によって分析可能になる接尾辞や語根などの下位単位が扱われているように、類推は言語の単位を生み出すメカニズムである。そこで提示されるのが「語る主体の意識」であり、これは一八九〇年代の草稿で示された最も重要な基準であるとともに、バイイとセシュエが徹底的に排除したものでもあった。第一回講義が図らずもあらわにした共時態は『一般言語学講義』から理解される共時態とはおよそ異なるものだったことが、こうして明らかになる。

8——第二回講義（一九〇八～〇九年）

共時態と通時態の断絶を隠して講義を行なっても必ず無理が生じる。第一回講義を経た教師は、そのことを悟っただろう。のちにソシュールは学生に述懐している。「私はジレンマを前にしています。主題をそのあらゆる複雑さの中で述べ、自分の迷いをすべて白状するか。［…］それとも、言語学者ではない聴衆の学生にもっと合った、何か単純化されたことを行なうか」。ジレンマに直面していることを認めた教師は、初めて通年で行なわれる「一般言語学」講義となった第二回講義に、まったく異なる方法で臨むことになる。

第二回講義は「序説」と「一般言語学への序説としてのインド＝ヨーロッパ語言語学の概観」から成る。つまり、これは二つの序説だけで本論がない講義である。最初の「序説」は、言語学とその対象は何か、という第一回講義が排除した問いをまず掲げた。それに対してソシュールは言語は「単純」ではないと明言し、ついに「二重性」を提示する。二重性の例として「発声音／言語音」、「音／意味」のあとに挙げられる「個人的／社会的」は、そのまま「パロール／ラング」の二重性につながる。個人の行為であるパロールはラングなしには実行されえないが、パロールという実行行為がなければラングは想定できない。それはまさに「絶えず対応し合い、一方が他方によってしか価値をもたない二重の側面」である。

こうして新たな側面から示されたラングは、その「社会的協定」という本質を浮かび上がらせる。これはアメリカの言語学者ウィリアム・ドワイト・ホイットニー（一八二七～九四年）が提示した「社会的制度としての言語」という見解に想を得たものであり、ホイットニーが死去した年に執筆された追悼文の草稿で追求されていたものだった。そこに記されているように、「法律」や「服装の流行」などの制度は、制度の前あるいは外に存在する「自然」によって与えられた事物に対する人為による規制を意味するが、言語という制度は根底的に異なっている。そのような異様な制度を内的に見たものこそ「言葉の一般体系」にほかならない。それは音と意味の協定から成るが、ソシュールが準備ノートに記しているように、その協定は社会的でなければ体系の名に値しない。しかも、学生が記録しているように、「記号には二つの価値（それ自体としての価値と集団から記号に来る価値！）があるように思われるが、結局、それは同じものである」とされる。

体系による価値と社会的協定による価値が「同じもの」であるというのは、どういうことか。音と意味の協定である単位は「精神の操作」なしには画定されない、と言われる。精神の操作とは第一回講義で「語る主体の意識」と呼ばれていたものだが、それがなぜ社会的なのかを解明するには、共時態が胚胎する時間性を扱わねばならない。その時間性は、一八九〇年代の草稿では「連続性」と呼ばれていた。「あらゆる個人は前日に語っていたのと同じ特有語を翌日に用い、そのことは常に同様に生じてきました。[…]前日serôと言い合って眠りについたあと、フランスの人々がフランス語でbonjourと言い合いながら起きたことは絶対にありませんでした」。ここに示されているのは、二つの対象を並列して俯瞰することを可能にする直線的で等質的な時間とはまったく異なる時間性の中の「同じ」という様相である。言語は「異なる」と決して対にならない「同じ」というあり方から逃れられない。それは「反自然」であるとともに、個別的でしかありえない人為の介入を許さない「非人為」でもあるという意味で、社会的であるほかない。

ところが、第二回講義は、この連続性を回避する。それは「共時的同一性」と「通時的同一性」の区別を同じ問いに還元することでなされた。「交替」と「歴史音声学的変化」が同じ表の中に置かれるかのように示されることで連続性は抹消され、最初の「序説」は閉じられる。だが、この「序説」の末尾にこんな記述を残した学生がいる。「文法的なものは歴史をもつとか、文法的なものは変化をこうむる、と言うのは何か矛盾したことのように思われる? これはド・ソシュールが言ったことではない。なお解決すべき問題点。ド・ソシュール氏はまだ完全には見抜いていない。結果は単純ではないだろう。序説終わり」。「文法的なもの」とは共時的なものであり、それが「歴史をもつ」のだとすれば、共時態には時間性が見出されるのでなければならない。「ド・ソシュール氏はまだ完全には見抜いていない」と学生に書かしめた、逡巡する教師の姿がここにはある。

そうして開始されたもう一つの「序説」は、出席していた学生との対話の中でソシュール自身が「言語学の哲学的講義のための準備になることだろう」と予告していたものである。一見したところ、十九世紀に誕生した言語学の変遷を概観する内容にしか見えないこの「序説」が、なぜ「言語学の哲学的講義」につながるのか。その可能性は、ボップに始まり、グリムを経て、シュライヒャーに至る「第一の時代」が犯した誤りを指摘する箇所で、あのピクテの大著を取り上げ、言語の優劣を人種の優劣に結びつける見解に疑念を突きつけるところに見出される。早すぎる挫折をもたらしたピクテと訣別したソシュールは、言語学の「第二の時代」である青年文法学派の功績として、ほかならぬ類推に対する理解を挙げた。そうして、ついに教師は告げる。「何度太陽が昇ろうと、前日に語られていたものの連続ではない言語[…]は決してない」と。この連続性の中では、言語に優劣がつけられることも、その優劣が人種や国家の優劣に結びつけられることもない。そのことを宣言するかのように、ソシュールは準備ノートに「民族不在のヨーロッパ」という言葉を刻んだ。

9——第三回講義（一九一〇〜一一年）

第三回講義の冒頭には、全体の計画が示されている。それは、第一部「諸言語」、第二部「言語」、第三部「個人における言葉の能力と実行」というものだった。これは、実際に観察できる具体的な諸言語の多様性を見たあと（第一部）、そこから抽象された言語の一般的な特徴を提示し（第二部）、最後に具体的な言語事象を産出する個人の行為を考察する（第三部）、という計画である。しかし、実際の講義では、第二部の途中で異変が起き、第三部は行なわれずに終わった。

第一部は、まず地理的多様性を取り上げる。これは言語学者にとっても、そうでない者にとっても「不可欠な最初の事実」であり、この多様性に注意を向けるところから言語学は生まれた（第一章）。続いて、複数の言語が一つの領域に共存する場合など、多様性が「交錯」させられる事例を取り上げたあと（第二章）、講義は地理的多様性の原因を追求する（第三章）。その際、地理的多様性は「近親性の中の多様性」と「識別可能な近親性なき多様性」に分類される。前者から生まれたのが十九世紀の言語学であるのに対して、後者は「言葉の起源」の問題に行き着く。しかし、聴講ノートには「私たちは、この問題を無視するだろう」と記されている。ソシュールにとって、言語の「起源」と「生命」（毎日の言語活動の中で起きていること）に区別はない。言葉が実際に語られていることと言葉が発生することは端的に同じ事象である。これは連続性として示された「いつでも前日と同じ」というあり方そのものであり、そこには時間の中で数えられる言語は存在しない。こうして言語の複数性は消滅する。

しかし、教師は、そのことを明言せずにいるために「言葉の起源」という問題を「無視」することにした。これは時間的多様性を連続性によって消去するのを回避したことを意味する。同じことは地理的多様性にも言える。教師は第二回講義と同様に共時態と通時態が同一平面上に並列された表で地理的多様性の原因を示したが、時間の経過（通時態）の結果として生み出された多様性は実は多様性（複数性）ではないことを明らかにしてしまう。これは共時態のありようにほかならない。第四章で「文字言語批判」が行なわれたのは、そのためだった。複数の言語や方言が明確な境界線をもって存在するように見せているものこそ文字だからである。

続く第二部では、冒頭で「ランガージュ」、「ラング」、「パロール」の定義を示すとともに、言語記号が産出され、コミュニケーションが成立するメカニズムが「パロール回路」によって提示される。しかし、続く第二章で第二部の出発点として示される言語記号は、他の記号との関係から切り離されたものだった。これは「第一原理あるいは初歩的真理」として提示された「恣意性」が「反自然」から「偶然性」にすり替えられたことを意味する。当初の計画では、その出発点から始めて記号体系としての言語の説明に移るはずだった。つまり、聴覚像と概念の結びつきという具体的な本質体（言語記号を言語記号として機能させているもの）（第三章）、語順やゼロ記号といった抽象的な本質体（第四章）、そして冒頭で示された恣意性に対する制限として現れる相対的恣意性の事例（第五章）と進むことで、記号間の関係（体系）を示すことが予定されていた。

しかし、ソシュールは突然、第二部の全面的なやり直しを宣言する。この尋常ならざる決断の理由は何か。手がかりは、準備ノートの記述「あらゆる言語の体系における絶対的恣意性の相対的恣意性への還元、「体系」をなすもの」にある。これを認めるなら、「偶然性」として理解された恣意性は否定しなければならないが、相対的恣意性の説明を推し進めれば、そうせざるをえなくなる。こうして「体系」としての言語（ラング）（共時態）に向かう決意がなされた結果、第二章の表題は「言語記号の本性」から「記号体系としての言語」に変更され、「聴覚像」と「概念」に代えて「シニフィアン」と「シニフィエ」という用語が初めて導入される。

新たな第三章「言語の不易性と可易性」は、表題のとおり「変化するとともに変化しない」という言語のありようを提示する。言語はなぜ変化するのかといえば、十九世紀の言語学がしていたように、共時態と通時態を同一平面に置く視点をとっているからであり、そのとき恣意性は「偶然性」にすり替えられている。他方、なぜ変化しないのかといえば、言語は「自然的関係に基づいていない」ためであり、ここで恣意性は「反自然」として捉えられる。そして、自然的な根拠をもたないにもかかわらず言語を不易的にしているのは、共時態に固有の時間性、すなわち連続性にほかならない。準備ノートを見れば、ソシュールが連続性を導入する決意をしたこと、その導入が共時態の体系における「価値」の問題と関わっていたことは明らかである。これは予定外の決意だっただろう。学生のノートには「支離滅裂」という表現さえ見られる。新たな第四章のあと「章」の表示なしで掲げられた「静態言語学」の節から新たな第五章に至る授業のノートは、その記録である。

言語を体系として捉えるとき、体系をなす辞項は「価値」として現れる。ここで言われる価値は、他の事物と言語で、まったく性格を異にする。言語体系の辞項が価値として現れるのは、(1)他の辞項との関係の中、(2)社会（集団）の中、(3)時間の中である。ここには「体系による価値」と「社会的協定による価値」は「同じもの」である、という第二回講義の記述に対する回答がある。

他の事項との関係は、連辞関係と連合関係に分けられる。連合関係には、(1)シニフィアンとシニフィエ両方の共通性によるもの、

⑵シニフィエのみの共通性によるもの、⑶シニフィアンのみの共通性によるものがある。ここから導かれる帰結は、連合を形成するグループは無限であるということにほかならない。実際、聴講ノートには「名詞」という共通性だけで連合関係が結ばれると記されている。それこそが「肯定的辞項なき差異」の領域をなしているということ、これが「一般言語学」講義の最終的な到達点だった。

10——「書物」のゆくえ

「体系による価値」と「社会的協定による価値」が「同じもの」である言語。この到達点から振り返るなら、ホイットニーのための追悼文に記された一節がもつ意味は大きい。「言葉は人間の理性によって修正可能あるいは管理可能な〔…〕人間の規則に含まれない」と断じるソシュールは、続いてこう書きつけた。「一夫一婦の形式に従う結婚制度は、おそらく一夫多妻の形式に従うより理性的である（＝理にかなっている）。〔…〕だが、何らかの記号、例えば音sを表示するためのσあるいはsや、牝牛という観念を表示するための cow あるいは vacca の制度は非理性そのものに基づく」。ここに「非理性」の語を見るとき、無限の連合は「非理性」（狂気）に分類される現象すら生み出すことに気づかされる。

霊媒が習ったこともないサンスクリットと酷似した言葉を語ったのは、偶然だろうか。「意図的か、偶然か」という問い方をするかぎり、そう言われるだろう。だが、その二者択一から離れれば、そこには「非理性」としか言いようのない無限の連合が見出される。ソシュールはフルールノワに宛てて書いている。「この（エレーヌの）サンスクリットは決して子音fを含みません。それは否定的ですが重大な事実です。fは実際にサンスクリットとは無縁で、他方、この子音は知識が豊富でなければ他と同じくらい正当のように思われますから、自由な創案でfをもつサンスクリットの語を作り出す確率は百倍でしょう」。偶然の一言では片づけられないこの事実は、第三周期の物語でエレーヌが語った「火星語」にも見られる。これを分析した言語学者ヴィクトル・アンリ（一八五〇～一九〇七年）が指摘したように、トランス状態にあるエレーヌは、その「下意識」において、みずからの母語であるフランス語を語るまいとしていたために「フランス語（français）」の頭文字であるfを避けたのかもしれない。そのとおりだとすれば、fという文字と「自分の語る言葉はフランス語ではない」という観念のあいだに連合が成立していることになる。

スキピオの石棺に刻まれた墓碑銘の一節「Taurasia Cinsauna Samnio cepit（彼はタウラシア、キサウナ、サムニウムを奪った）」に「Scipio（スキピオ）」の名が潜んでいる、というようなアナグラムと呼ばれる現象に没頭したとき、ソシュールは「意図的か、偶然か」の二者択一から逃れられなかった。だが、詩が表層で語る観念とその観念に関わる固有名を構成する文字が連合を形成しないと誰が言えるだろうか。

そして、ソシュールは最晩年に至るまでニーベルンゲン伝説に固執した。この伝説は五世紀から六世紀頃に発祥したとされ、十三世紀初頭に『ニーベルンゲンの歌』に統合される。それはフランク王国の最初期の歴史をモデルにしたものだと考えられている。実際、メロヴィング朝アウストラシア王の妻は『ニーベルンゲンの歌』前篇の主人公である女性と同じブリュンヒルトという名をもち、フランク王クローヴィス（在位四八一〜五一一年）の妻となったクロティルドは伝説のブリュンヒルトと酷似する役割を演じた。伝説が歴史的事実をモデルにして作られたと考えるなら、これらの類似は「偶然」ではなく「意図的」である。だが、ソシュールは伝説を構成するのは「一連の象徴」であるとした上で、こう書いている。「あらゆる象徴は、ひとたび交通の中に投げ込まれると――ところで、いかなる象徴も交通の中に投げ込まれるがゆえにのみ存在する――、まさにその瞬間、その同一性が次の瞬間どこに存するかを絶対に言えない」。続く箇所で「これらの象徴は、他のあらゆる系列の象徴、例えば言語の語という象徴と同じ変転と同じ法則に気づくことなく従っている」と言われているように、歴史であろうが伝説であろうが「言語の語という象徴」であることに変わりはない。そして、それが存在するのは「交通」の中にあるかぎりでだとソシュールは言う。交通の中にあるとは連続性の中にあることであり、連続性の中では「同一性」を問題にすること自体が無意味になる。その理由は伝説研究のノートに記されている。同一性とは「二、三の観念の束の間の結合から獲得された亡霊でしかない」と。無限の連合を並列して俯瞰することなど不可能だと悟るなら、歴史と伝説を区別する根拠は消滅するだろう。

第三回講義が閉じられたのは、一九一一年七月四日。翌年夏に肉体の異変に気づいたソシュールは、四回目の「一般言語学」講義が行なわれるはずだった一九一二年度の授業をすべて休講にする。すでに末期を迎えていた喉頭癌で死去するのは、わずか半年後、一九一三年二月二十二日のことである。妻の実家から譲り受け、生涯最後の日々を過ごしたのは、レマン湖の北岸に程近いヴュフランの地にひっそりと建つ城だった。

このヴュフランという名をかつてソシュールは取り上げたことがある。それはもともと「ブルグントの領地」で「ゲルマン的なもの」とは無縁の地名である、と。伝説のブリュンヒルトと連合を結ぶクロティルドは、ブルグント族の生まれだったが、ゲルマン民族であるフランク族の王と結婚し、ブルグント王国を滅亡に追いやった。ニーベルンゲン伝説が「ゲルマン民族のブルグント族に対する勝利」を描いたものならば、ブルグントの名をもつヴュフランを臨終の地に選んだソシュールが没したのは、まさに「民族」不在のヨーロッパ」だっただろう。

主要著作

生前刊行

▼Ferdinand de Saussure, *Mémoire sur le système primitif des voyelles dans les langues indo-européennes*, Leipsick: B. G. Teubner, 1879; repr. in *Recueil des publications scientifiques de Ferdinand de Saussure*, publié par Charles Bally et Léopold Gautier, Heidelberg: Carl Winters Universitätsbuchhandlung, 1922.

死後刊行

▼Ferdinand de Saussure, *Cours de linguistique générale*, publié par Charles Bally et Albert Sechehaye avec la collaboration d'Albert Riedlinger, Lausanne / Paris: Payot, 1916.(『一般言語学講義』小林英夫訳、岩波書店、一九七二)

▼——, *Cours de linguistique générale*, édition critique par Rudolf Engler, Wiesbaden: Otto Harrassowitz, tome 1, 1967-68, tome 2, 1974.

▼——, *Troisième cours de linguistique générale (1910-1911)*, d'après les cahiers d'Emile Constantin, edited and translated by Eisuke Komatsu & Roy Harris, Oxford: Pergamon, 1993.(『ソシュール一般言語学講義——コンスタンタンのノート』影浦峡・田中久美子訳、東京大学出版会、二〇〇七／『一般言語学第三回講義——コンスタンタンによる講義記録+ソシュールの自筆講義メモ』(増補改訂版)相原奈津江・秋津伶訳、エディット・パルク、二〇〇九)

▼——, *Premier cours de linguistique générale (1907)*, d'après les cahiers d'Albert Riedlinger, edited and translated by Eisuke Komatsu & George Wolf, Oxford: Pergamon, 1996.(『一般言語学第一回講義——リードランジェによる講義記録』相原奈津江・秋津伶訳、エディット・パルク、二〇〇八)

▼——, *Deuxième cours de linguistique générale (1908-1909)*, d'après les cahiers d'Albert Riedlinger et Charles Patois, edited and translated by Eisuke Komatsu & George Wolf, Oxford: Pergamon, 1997.(『一般言語学第二回講義——リードランジェ／パトワによる講義記録』相原奈津江・秋津伶訳、エディット・パルク、二〇〇六)

▼——, *Ecrits de linguistique générale*, texte établi et édité par Simon Bouquet et Rudolf Engler, Paris: Gallimard, 2002.(『フェルディナン・ド・ソシュール「一般言語学」著作集』第I巻、松澤和宏校註・訳、岩波書店、二〇一三)

参考文献

伝説研究

▼Ferdinand de Saussure, *Le leggende germaniche*, scritti scelti e annotati a cura di Anna Marinetti e Marcello Meli, Este: Zielo, 1986.（一部が『伝説・神話研究』金澤忠信訳、月曜社、二〇一七に収録）

アナグラム研究

▼Jean Starobinski, *Les mots sous les mots: les anagrammes de Ferdinand de Saussure*, Paris: Gallimard, 1971.（『ソシュールのアナグラム――語の下に潜む語』金澤忠信訳、水声社、二〇〇六）

異言研究

▼Théodore Flournoy, *Des Indes à la planète Mars: étude sur un cas de somnambulisme avec glossolalie*, Paris: Félix Alcan, 1900.

〔互盛央〕

ウナムーノ(・イ・フーゴ)、ミゲル・デ

❖Miguel de UNAMUNO y Jugo　1864-1936

スペインの思想家、作家。一八九一年、サラマンカ大学のギリシア語教授に就任。「一八九八年の世代」を代表する作家である。著作には『生粋主義をめぐって』(一八九五)、『ドン・キホーテとサンチョの生涯』(一九〇五)、『生の悲劇的感情』(一三)などがある。またそのほかに『霧』(一四)、『三つの模範小説と序』(一六)などの小説もある。一八九八年のアメリカ・スペイン戦争敗北を契機に、反近代・反理性主義的傾向を強めていった。主著『ドン・キホーテとサンチョの生涯』ではドン・キホーテの狂気の根源に「不滅への渇望」を見出し、近代ヨーロッパの理性主義と対置した。〔飯盛元章〕

ユクスキュル、ヤーコプ・ヨハン・バロン・フォン

❖Jakob Johann Baron von UEXKÜLL　1864-1944

エストニア出身、ドイツの生物学者。ハンブルク大学環境世界研究所名誉教授。「環(境)世界」の概念は、カッシーラー、ハイデガーなどの哲学への影響が大きい。『動物の環境世界と内的世界』(一九〇九)、『生物から見た世界』(三四)、『生命の劇場』(五〇)など。〔本郷均〕

デュ・ボイス、ウィリアム・エドワード・バーグハード〔バーガード〕

❖William Edward Burghardt DU BOIS　1868-1963

アメリカの公民権運動指導者。アフリカ系アメリカ人として初めてハーバード大学から博士号を授与。実証的に黒人の歴史等を研究し、社会改革運動を指導。『黒人の魂』(一九〇三)、『ザ・ニグロ』(一五)、『アメリカにおける黒人の再構築』(三五)など。〔本郷均〕

グラープマン、マルティン

❖Martin GRABMANN　1875-1949

ウィーン大学、ミュンヘン大学で教鞭を執る。カトリック神学者、中世思想史の先駆的研究者。特にトマス・アクィナスを中心とした研究で知られる。『スコラ的方法の歴史』(一九〇九〜一一)、『トマス・アクィナス』(一二)などの著作がある。〔本郷均〕

ユング、カール・グスタフ

❖Carl Gustav JUNG　1875-1961

スイスの精神科医、心理学者。「分析心理学」の創始者。一八七五年、ボーデン湖畔の小邑ケスヴィルにて、牧師の家に生まれる。一八九五年にバーゼル大学医学部に入学、一九〇〇年に卒業後、ブルクヘルツリ精神病院のオイゲン・ブロイラーのもとで精神医学を学ぶ。一九〇二年に霊媒の現象を取り扱った学位論文『いわゆるオカルト現象の心理学と病理学のために』を公刊。同じ頃パリに数か月滞在し、ピエール・ジャネの講義を聴講、帰国した一九〇三年二月には実業家の娘エンマ・ラオシェンバッハと結婚した(彼女はユングの分析を受け、のちに分析家となる)。

ユングが帰国後にブルクヘルツリで行なった研究は「連想実験」の名で知られる。被験者に単語（「刺激語」）を聞かせて連想することを答えさせ、その反応時間を計測するこの実験は、もともと知能の測定のために用いられていたが、ユングはそこで見られる「乱れ」が被験者自身も気づいていないこころのありようを反映するものと考え、その原因となる観念や感情の総体を「コンプレックス」と名づけた（精神分析の「コンプレックス」はこれに由来する）。

ユングはブロイラーを介してフロイトの仕事を知り、「抑圧」の理論を「連想実験」の結果の解釈に用いていたが、一九〇六年に編著『診断学的連想研究』（第一巻一九〇六）を送ったのをきっかけにフロイトとの文通が始まり、一九〇七年には直接の会見が実現、蜜月ともいえる関係が始まった。フロイトはユングが精神分析をユダヤ人のサークルの外へと連れ出してくれると信じ、また彼の仕事が精神分析を精神病の領野に拡張する道を拓くと考えて、彼を自らの後継者とみなし大きな期待をよせていた。このことは一九〇九年のアメリカ旅行にユングを帯同したこと、またユングが一九一〇年に創設された国際精神分析協会の会長に選ばれたことなどにも表われている。しかしユングはテオドール・フルールノワやピエール・ジャネ等に由来する「潜在意識」の系譜に連なる独自の「無意識」概念をすでに持ち、精神病者の無意識的空想としばしば照応する神話的形象に大きな関心を寄せ、またフロイトの専ら性的な「リビドー」概念や幼児のセクシュアリティ、エディプスコンプレックスをめぐる議論については批判的であった。こうした立場の違いは、ユングが『リビドーの変容と象徴』（第一部は一九一一年、第二部は一九一二年に雑誌で発表。後に『変容の象徴』として全集に収録）でより一般的な心的エネルギーとしての「リビドー」概念や神話への関心を明らかにすると表面化し、一九一三年一月にフロイトはユングに個人的な関係を断つことを提案、ユングはこれを受け入れ、「分析心理学」に言及した同年八月の講演では「ウィーン学派」の専ら性的な夢解釈に自らの象徴的な解釈を対置した。

ユングは一九〇八年にチューリヒ近郊のキュスナハトに居を構え、一九〇九年にはブルクヘルツリを離れて開業していたが、フロイトとの訣別以降チューリヒ大学の講師や国際精神分析協会会長等の公的な立場から退き、一九一二年末から一九一八〜一九年にかけて「無意識との対決」（『思い出・夢・思想』）と呼ばれる時期に入る。豊かな幻覚や空想を含む精神病的な危機と、それに対する自覚的な関わり（いわゆる「能動的想像法」）のなかで得られた経験は後年のユングの研究の「第一の素材」（*ibid.*）となったが、その最初の成果が大著『心理学的類型（タイプ）』（一九二〇）であった。ユングはこのなかで、人間の心理の類型を論ずるにあたり「内向型」と「外向型」を区別する一方、その根本機能として、思考、感情、感覚、直観の四つをあげ、その一つの優位が一定の類型を定義するとして、古代から二十世紀に至る心理の類型をめぐる議論を通覧した。また最終章では彼の重要概念である「元型」「アニマ、アニムス」「個性化」「集合的無意識」

「リビドー（心的エネルギー）」等についての定義が示されている。

神話への興味は早い時期からユングの目を広くヨーロッパの外へと向けていたが、「無意識との対決」の時期に描かれたマンダラ図形（その多くは『赤の書』に収められている）の理解が一九一八～一九年頃に進んだことが危機を脱するきっかけとなったことから、ユングは東洋の精神的伝統に強い関心を寄せるようになった。彼はマンダラを意識ないし自我と無意識との葛藤のなかで「個体」が生ずる過程（「個性化」）の象徴として重視したが、やがて錬金術にもこれに対応するものを見出し、以後その研究に踏み込んでゆく（一九二八年、リヒャルト・ヴィルヘルムを介して中国の錬金術書『黄金の花の秘密』を知ったことがその直接の契機となった）。一九三〇年代半ばに「エラノス学会」で行なわれた錬金術に関する二つの講演は、大幅な増補改訂を経て一九四四年に大著『心理学と錬金術』として公刊された。

なおユングは一九三三年ナチスが影響力を拡大しつつあったドイツに拠点を置く精神療法一般医学協会（AÄGP）の会長に就任、一九四〇年までこれを務めたが、この時期の彼のナチズムや反ユダヤ主義との関係については議論がある。

一九四四年に病で生死の境をさまよった際、ユングはさまざまな幻視（ヴィジョン）に襲われる経験をしたが、これを境に臨床実践を離れ錬金術の研究と著述に専心するようになった。『転移の心理学』（四六）や『結合の神秘』（五五）などの重要な著作がこの時期に発表されている。一九六一年、キュスナハトの自宅にて病没。一九五七年から口述等により準備されていた伝記的著作『思い出・夢・思想』は翌一九六二年に出版された。

〔原和之〕

ブーバー、マルティン

❖Martin BUBER　1878-1965

二十世紀の代表的なユダヤ系哲学者で、『我と汝』（一九二三）という著作によって知られる。マルティン・ブーバーはウィーンに生まれたが、母親の出奔によって家庭は崩壊、マルティン少年は三歳のときにガリチア地方のリボフ（レンベルク）に住む祖父母のもとに預けられた。両親はそれぞれ再婚。二度と戻らぬものとしての母、後年の母とのに一度だけの再会（すれちがい）を語るブーバーの言葉は、彼の言う「汝」（Du）のあり方を知るうえできわめて重要である。また、馬との関係も忘れてはならない。父親の農場で出会った一頭の馬について、彼は「それは、私ではない、私とはまったく似ていない何か、すぐに他者とわかるが、しかし単なる他者ではなく、真に他者そのものである何ものかだった。それでいて、それは近づくことを許し、私に身をゆだね、根本的に私と、汝と汝の関係に立っていたのである」（モーリス・フリードマン『評伝マルティン・ブーバー――狭い尾根での出会い』ミルトス、上三六頁）。祖父は数多の言語に通じた人物で、彼のもとでブーバーはドイツ語、ヘブライ語、イディッシュ語、ポーランド語、英語、フランス語、さらにはスペイン語、ラテン語、ギリシア語、オランダ語などを学んだ。

後にブーバーはフランツ・ローゼンツヴァイク（Franz ROSENZWEIG, 1886-1929）とともにヘブライ語聖書のドイツ語訳を試みるが（この点についてはピエール・ブーレッツ『二〇世紀ユダヤ思想家たち』〔邦訳みすず書房〕所収のブーバーの章を参照されたい）、「原典」をすでにして「翻訳」であるものと捉えるブーバーの見地もこのような多言語使用と無縁ではなかった。また、ブーバーのユダヤ教理解は、十八世紀にポーランドでバール・シェム・トーヴによって開始されたハシディズムのそれを源泉としており、ユダヤ人民衆の言葉たるイディッシュ語で伝えられたハシディズム説話の集成にもブーバーは、大いに貢献した。大学時代からブーバーが関心を持った学問領域は極めて多様で、彼の思想形成についてはいまだ判然せざる部分が多々ある。ヘルマン・コーエンやアハド・ハアームとの交渉はもとより、「ともにある人間」カール・シュトンプのようなゲシュタルト心理学者との関連、「二人集団」と「三人集団」との差異に立脚したゲオルク・ジンメルの社会学からの影響、ニーチェや精神病理学との係わりなどについてより詳細な調査が必要だろう。二十世紀がまさに終わりを迎えた頃、テオドーア・ヘルツルを通じて「シオニズム」運動に加わるが、まったくユダヤ思想・文化の独自性に基づくことのないヘルツルの政治的シオニズムとは袂を分かつことになる。その一方で、グスタフ・ランダウアー（Gustav LANDAUER, 1870-1919）のアナーキスト的社会主義から新たな「共同体」（ゲマインシャフト）の理念を学んだ。ドイツとユダヤの共生にせよ、パレスティナの地でのユダヤ人とアラブ人との共生にせよ、ブーバーの活動はいずれもこの社会主義的「共同体」の実現をめざすもので、その孤独な闘いの記録として『ひとつの土地にふたつの民』〔邦訳みすず書房〕を読むことができる。「二民族国家」（この構想はアーレントに受け継がれて「連邦制国家」の構想を生んだ）の創設を一貫して主張したブーバーにとっては、「ユダヤ人国家」（Judenstaat）としてのイスラエルの独立は敗北の日であった。「汝」に比して「それ」が軽視されているのではないかというローゼンツヴァイクの指摘を初めとして、カバラー主義的要素の看過を断じるゲルショム・ショーレム（Gershom SCHOLEM, 1897-1982）、「我と汝」の向かい合いと対話の捉え方が敬虔な精神主義にとどまっているとするレヴィナスなど、ブーバーの哲学に対してはさまざまな批判がなされたが、ロナルド・レインのような精神病理学者がブーバーに多大な関心を向けていたこと、ジャック・デリダによってブーバーの動物論の重要性が改めて指摘されていること、いや何よりも、ブーバーの巨大な営為のほんの一端しかいまだ知られていないことを銘記しなければならないだろう。〔合田正人〕

グレトゥイゼン、ベルンハルト 1880-1946

❖Bernhard GROETHUYSEN

ドイツの哲学者。ベルリンで、オランダ人の父とロシア人の母のあいだに生まれる。ウィーン大学、ミュンヘン大学、ベルリン大学で、ジンメルらに哲学や心理学を学び、またディルタイから強い影響を受ける。一九〇四年に哲学の博士号を取得。パリでジッドやポーランと知りあうなどして、一九〇六年からはベルリン大学で教え、ドイツ哲学に関する著書を発表しながら、フランスの思想についても講じる。一九三一年にはベルリン大学の教授となるが、ナチスが政権をとったあと、これに抗するかたちで職を辞し、一九三四年にフランスに移住する。パリでガリマール書店に務め、すでにポーランとつくっていた〈イデー叢書〉の企画、編集にあたる。厳格な共産主義者であったグレトゥイゼンは、フランスでポーランら当代の多くの知識人と交流を重ね、大きな尊敬を集めながら、在野の学者として活躍する。ドイツ哲学や心性史の研究のほか、フランスにおけるカフカの紹介者としても知られる。著書には、初期に『ニーチェ以後のドイツ哲学思想入門』が書かれた一方で、『フランスにおけるブルジョワ精神の起源』(邦題『ブルジョワ精神の起源』)、死後に出版された『フランス革命の哲学』『ジャン＝ジャック・ルソー』など、フランスにかかわるものも多い。そのほか、カフカ論を含む『神話と肖像』や、ディルタイの影響のもと人間学の変遷を辿る『哲学的人間学』がある。〔八幡恵一〕

ヴォリンガー、ヴィルヘルム

❖Wilhelm WORRINGER　1881-1965

ドイツの美術史家。アーヘンに生まれ、ベルリン大学とボン大学の私講師を経て、ケーニヒスベルク大学、ハレ大学などの教授を歴任、ミュンヘンで亡くなる。ヴォリンガーは、美術様式の歴史的な変遷に、時代や民族によって異なる内在的で精神的な要因を考慮する、アロイス・リーグルの「芸術意思」の概念を発展させ、さらにテオドール・リップス(Theodor LIPPS, 1851-1914)の「感情移入」の理論もとりいれながら、独自の芸術論を展開する。学位論文である主著『抽象と感情移入』では、人間と外界の安定した調和に基づく「感情移入」の衝動から生まれる芸術と、その不調和に基づく「抽象」の衝動から生まれる芸術を理論的に区別し、それぞれに独立した地位を認める。これによって、それまで低く見られがちであった原始民族や東方民族の芸術(抽象の衝動から生まれる芸術)に対して、芸術能力の欠乏という一方的で否定的な判断が覆され、西洋の伝統的な価値観では評価できないものとして、新たな意味が与えられた。著書は、『抽象と感情移入』のほか、『ゴシックの形式問題』『問いと反問』などが邦訳されている。〔八幡恵一〕

ナベール、ジャン

❖Jean NABERT　1881-1960

フランスの哲学者。イゾーに生まれ、グルノーブルで学士号を取得、ついでリヨンで学び、一九一〇年に哲学の教授資格を取得する。ブレストの高校で教師を務めたあと、一九一四年から第一次世界大戦に従軍、負傷してスイスの病院に収容される。

一九二四年に博士論文『自由の内的経験』を刊行。その後はいくつかの高校で教え、一九三一年から一九四一年まではアンリ四世高校で教鞭をとる。第二次世界大戦中は隠棲し、一九四四年に哲学の視学官、ついでヴィクトール・クザン図書館の館長を務める。著書も少なく目立った哲学者ではなかったが、ポール・リクールの紹介により注目されるようになる。ナベールは、カントやメーヌ・ド・ビランを祖とし、フランスでラシュリエやラニョーに継承された、いわゆる「反省哲学」の系譜に位置づけられる。反省哲学とは、精神を、その働きやそれが生みだすものから(遡行的に)考察する哲学であるが、ビランが、とりわけ身体運動や身体による抵抗感に基づいて精神の反省を行なうのに対して、ナベールは、道徳に関する「否定的な経験」(過ち、失敗、孤独)を通じて、精神をその内へと深めようとする。ナベールでは、過去に犯した過ちの反省が出発点となって、本来の自分とあるべき自分とのずれが自覚され、このためナベールの反省哲学は、ビランにくらべより道徳的で規範的な性格の強いものとなる。ナベールはさらに、「悪」について重要な考察を行なっており、それによれば、悪とは「正当化できないもの」であって、この悪への倫理的な(ときに倫理を超える)感情や抵抗もまた、彼の反省哲学の根本的な契機のひとつとなっている。著書は、『自由の内的経験』『倫理学要項』『悪についての試論』と、遺稿集の『神の欲望』があり、このうち『悪についての試論』が邦訳されている。〔八幡恵一〕

ビンスワンガー、ルートヴィヒ

❖Ludwig BINSWANGER 1881-1966

スイス、クロイツリンゲン生まれ。一九〇四年以後、ローザンヌ大学、ハイデルベルク大学、チューリッヒ大学で医学を学び、一九〇七年に学位論文を提出し、チューリッヒ大学から医学の学位を取得。学生時代、カント、ナトルプ、リッケルトを学び、また精神医学の分野では特にボンヘッファー、ブロイラー、ユング、フロイトらの影響を受けた。一九一一年以後、父ロベルト・ビンスワンガーの後を継いで、クロイツリンゲンの私立精神病院の院長になり、患者の診療に従事しつつ、研究、著作活動を行なった。ビンスワンガーの功績のひとつとして、現象学的方法によって患者の経験世界の構造分析を試みたことが挙げられる。「現象学について」という講演のなかでは、患者の言葉の口調や意味からその語義が示そうとしている事象そのものへと注意を向け、患者という異なる精神領域で活動するひとりの人間を見ることを試みる者を精神病理学的現象学者と呼び、患者の心的事象を包摂的で、思考的で、判断的なやり方で研究する記述的精神病理学者に対置させている。ビンスワンガーは、現象学と精神病理学とを融合させ、現象学的方法に基づいて、病にある人間存在の根本構造を明らかにしようと試みたのである。〔中澤瞳〕

クライン、メラニー

❖Melanie KLEIN　1882-1960

ウィーンで生まれ、結婚(一九〇三年)を期にブダペストに移る。S・フェレンツィにうつ病の治療を受けたのをきっかけに精神分析に興味を抱き、フェレンツィの教育分析を受け、児童分析を始めた(一九年頃)。離婚(二三年)を期にベルリンに移住し、K・アブラハムの指導を受けた。アブラハムの没後ロンドンに移住し(二五年)、成人の分析を開始、臨床を通して独自の理論を発展させ、クライン学派(英国学派)を生んだ。

児童分析の技法について、A・フロイトと長年にわたる激しい論争を行なった。クラインはA・フロイトに対して、(1)児童の遊びや発話は、無意識の葛藤の象徴的表現として理解可能、(2)特殊な導入技法は不必要、(3)家族の治療参加は不必要、(4)児童の精神内界要因を重視することが必要、と主張した。この論争は、境界例や分裂病など自我の脆弱な成人患者に対する精神療法をめぐる論議につながった。

児童分析における業績としては、乳幼児の最初の対象である母(と乳房)に対する無意識的幻想が、人格発達過程で重要な役割を果たすことを明らかにしたことがあげられる。外界の客観的対象とは別に、投影、取り入れ、分裂、同一視、投影性同一視などの働きによって心の内部に形成される内的対象が、無意識的な幻想を生む上で重要な働きをするとした。この理論が、後にウィニコットやビオンらの「対象関係論」へと発展するとともに、境界例・分裂病などの精神力動の理解、さらに集団心理の精神分析的解明の基礎になった。

またクラインは、フロイトの口唇期－肛門愛期－男根期という生物学的な発達段階に対比させた精神発達理論に対して、態勢(ポジション)の概念を導入した。この語が用いられたのは、乳幼児期の一定の期間にのみあてはまる特徴ではなく、成人後の精神生活のなかにも存続する特徴であることを強調するためであった。クラインは、妄想的・分裂的態勢と抑鬱的態勢を区分した。妄想的・分裂的態勢とは、乳児が攻撃性を母に投影する結果、母によって迫害されるという被害的不安を抱き、これを分裂によって防衛しようとする心の傾向を意味する。この態勢では、対象を全体としてとらえることはできないが、対象の良い面と悪い面の統合ができるようになると、悪い対象とみなしていたものが実は同一対象の一面であったことがわかって、乳児は罪悪感を抱いて抑鬱状態に陥るという。クラインは、フロイトが四〜五歳のエディプス期を重視したのに対し、とくに乳児期の母子関係を重視し、各態勢で働く分裂、投影的同一視などの原始的防衛機制を解明して、境界例や分裂病の精神力動の理解に貢献した。

他方で、彼女は、フロイトの二元論を引き継いで、生の本能と死の本能の葛藤とその変遷が人格発達に基本的な影響を与えるという立場に立つ。彼女に対する批判は、主にこの点に集中している。

クラインの理論は、ラカンやドゥルーズ、クリステヴァらの思想にも影響を与えた。またメルロ＝ポンティは、「幼児の対人関係」（五〇～五一年度）の講義で、幼児における身体意識と他者の知覚の発達過程を分析し、人間の身体の発達段階を構造化したものとしてクライン理論を評価している。また、「自然」講義（五九～六〇年度）でも、クラインの議論を援用して、身体を他者の取り込みと投影の循環の場としている。

主要著作に『メラニー・クライン著作集』（小此木啓吾ほか監修、全七巻、誠信書房）。参考文献に、ハンナ・スィーガル『メラニー・クライン入門』（岩崎徹也訳、岩崎学術出版社、一九七七）、ジュリア・クリステヴァ『メラニー・クライン』（松葉祥一ほか訳、作品社、二〇一二）。〔松葉祥一〕

ローウィ、ロバート・ハインリッヒ（通称ハリー）

❖Robert Heinrich (Harry) LOWIE　1883-1957

オーストリア、ウィーン生まれ。一八九三年、両親とアメリカに渡り、一九〇一年にニューヨーク市立カレッジを卒業。〇四年にコロンビア大学大学院入学。フランツ・ボアズのもとで人類学を学ぶ。〇七年には、クラーク・ウィスラーのもとでアメリカ博物館助手に着任し、翌年にコロンビア大学で博士号を取得した。一九二五年にはカリフォルニア大学教授に就任し、三一年にはワシントン国立科学アカデミーに選出、五〇年にはカリフォルニア大学の名誉教授となった。社会学あるいは人類学において、国家の起源を論じる際には、征服説と内的発生説が対立する。主著のひとつ『国家の起源』で、ローウィは、国家とは征服と服従を通じて成立するものだと主張する征服説に対抗し、征服という外的干渉による国家成立の可能性よりも、社会の内部にあるいくつかの条件によって国家が成立する可能性が高いこと、つまり内的発生説を擁護し、論じた。〔中澤瞳〕

ブロッホ、エルンスト

❖Ernst BLOCH　1885-1977

ドイツの工業都市ルートヴィヒスハーフェンに生まれる。ミュンヒェンとヴュルツブルクで哲学・音楽・物理学を学び、一九〇七年『リッケルトならびに現代認識論の諸問題についての批判的論究』で学位取得。一八年、黙示録思想とマルクス主義を大胆に結合した『ユートピアの精神』を刊行後、ベルリンで批評家として活動するが、三三年ナチスの政権奪取とともに亡命、三八年以降アメリカで主著『希望の原理』の執筆に取り組む。戦後ライプツィヒ大学教授に招かれるが、五七年に強制退職、六一年ベルリンの壁が築かれたのを機に西ドイツに移住、テュービンゲン大学客員教授となり、七七年に没するまで精力的な言論活動を展開した。

早熟の哲学少年であったブロッホは、当時のマッハの要素一元論、ベルクソンの持続など、意識の直接的経験に立ち返ろうとする思想的風潮のなかで自らの哲学を形成した。「SはPである」という判断がなされるとき、主語Sにはそこから零れ落ちてしまう感覚可能な残余が認められ、直接的経験からすでに離れている。直接的経験に定位すれば、「SはPである」という言明は、つねに「SはまだPではない」につきまとわれていると言える。ブロッホの特徴は、この「SはまだPではない」をたんに認識能力の不足とは考えないところにある。もちろん、認識能力の不足によって不十分な主語・述語しか見つけられない場合もありうるが、だからと言って、主語や述語そのものがまだ形成されていない可能性を排除することはできない。そう考えるとき、まだ述語づけられていない主語Sは、既存の概念を適用される受動的な所与ではなく、「自分自身を分娩する可能態」として現われ、「SはまだPではない」を視野に収めながら再度「SはPである」と言明を試みることは、認識論的・論理学的な営みであるにとどまらず、世界の形成を助けて推し進める実践・実験となる。

この「自分自身を分娩する可能態」を物質ととらえるところにブロッホの唯物論哲学が成立する。この物質は、人間の認識や労働に受動的に従うものではないが、自分自身の存在形式を自動的に産出する存在論的原理でもなく、自分自身を分娩するために人間の認識や労働を必要とする。人間の認識や労働も、物質ないし自然を一方的に支配するものではなく、物質ないし自然と同盟し、これに媒介されたものでなければならない。人間の認識や労働が正しく真のものであるかどうかは、ユートピアという未来を俟って初めて確証されるのであって、まだ来ぬユートピアを口実に現在の実践を正当化することはできない。ブロッホの掲げるユートピアは、彼がマルクスの初期思想に認めた「人間の自然化、自然の人間化」だが、これが成功する保証はどこにもなく、ユートピアは希望されるのみである。「SはまだPではない」は、私たちにつきまとう「生きる瞬間の暗闇」でもあれば、倫理的には、歴史のなかで志を遂げぬまま倒れて行った人々がまだ報われていない徴でもある。この「まだない」がたんなる「ない」に転じる危険はつねに顔をのぞかせている。だからこそ私たちは希望することを学び、世界という実験が失敗に帰するのを防がなければならないのである。

「SはPである」を「SはまだPではない」との緊張関係においてとらえ、マルクスの初期思想の核心を「人間の自然化、自然の人間化」に見るブロッホの発想には、対立する両極の絡み合いを注視するメルロ＝ポンティのキアスムに一脈通ずるところがある。しかし、メルロ＝ポンティの著作活動が始まった頃にはすでに思想の骨格を作り上げていたブロッホと、ブロッホが『希望の原理』(一九五四－五九)を刊行して国際的な反響を呼び始めた時期に世を去ったメルロ＝ポンティとの間に思想的な影響関係は見られず、ブロッホの公表された著書・書簡類にもメルロ＝ポンティへの言及はない。知的伝統も資質も異なる二人の哲学者が、対立する両極を一方に還元することなく、これを綜合・統一する第三項の想定も拒否する姿勢を共有していることは、両者が二十世紀哲学の重要課題に真摯に向き合った刻印と解するべきであろう。〔小田智敏〕

ミンコフスキー、ウジェーヌ

❖Eugène MINKOWSKI　1885-1972

ロシアのサンクトペテルブルクに生まれる。ドイツのミュンヘン大学で医学を学び、一九〇九年に医師の資格を得たあと、一〇年にはロシアの医師国家資格を取得。妻フランソワーズ・ミンコフスキーは後に精神医学者となるが、他方で、ミンコフスキーは数学と哲学の研究を始め、医学から遠ざかった。第一次世界大戦が勃発し、チューリッヒに逃れた夫妻は、そこで精神分裂病という疾病概念の創始者でもある精神医学者オイゲン・ブロイラーの助手になった。ミンコフスキーの主要な著作のひとつとして、『生きられる時間』が挙げられるだろう。ミンコフスキーによれば、われわれの体験する時間にはつねに空間が結びついている。しかし両者はあまりにも密接に結びついているために、それらは一括して時間とみなされてしまうのであり、両者が区別されることもなければ、われわれが純粋な時間と考えているものが、実は、空間‐時間的なものであることが気づかれることもない。ミンコフスキーは現象学的方法を精神病理学へと導入しながら、われわれの生きる空間の分析を行なった。［中澤瞳］

ヴァイツゼッカー、ヴィクトーア・フォン

❖Viktor von WEIZSÄCKER　1886-1957

ドイツの医学者、哲学者。シュトゥットガルトの名家に生まれ、テュービンゲン大学の医学部に入学。やがてフライブルク大学に移籍、ついでベルリン大学、ハイデルベルク大学で生理学や神経学、哲学などを学ぶ。一九一〇年に医学の博士号、翌年に医師免許を取得し、その後は内科学を専門とする。第一次世界大戦では軍医として出征、このあいだ一九一七年に教授資格を取得する。戦後は、二〇年よりハイデルベルク大学の病院で神経内科の主任、二三年には神経内科学の教授となり、ブレスラウ大学でも同じく神経内科学の教授を務め、第二次世界大戦をはさんで、四六年にハイデルベルク大学の臨床医学総論研究所で教授に就任。五二年に退官。ヴァイツゼッカーは、自然科学を範とする機械論、唯物論的な医学に異を唱え、それを相対する生気論や唯心論と対立させることなく、有機体と環境との動態的な「相即（Kohärenz）」の関係や、それが織りなす構造的な円環（「ゲシュタルトクライス」）に基づく新たな「医学的人間学」をつくりあげた。具体的で豊かな実験や臨床の経験をふまえ、さらに人間をひとつの全体として捉えて病の意味そのものに目を向けようとするヴァイツゼッカーの思想は、主体や知覚といった概念にも新たな展望をもたらし、狭義の医学や神経学にとどまらず、哲学的にも重要な意義をもっている。ヴァイツゼッカーは、シェーラーやローゼンツヴァイク、ブーバー、フロイトとも親交をむすび、とくにフロイトの思想から大きな影響を受けている。晩年には「パトゾフィー」という概念のもとで独自の生命論も構想された。著書は、医学や臨床に関わるもの、自伝の『自然

と精神』など多数あるが、『神・人間・自然』『ゲシュタルトクライス』『パトゾフィー』『病因論研究』などが邦訳されている。〔八幡恵一〕

ブロック、マルク・レオポール・バンジャマン

❖Marc Léopold Benjamin BLOCH　1886-1944

フランスの歴史学者。リヨンで古代史の教授であるギュスターヴ・ブロックの子として生まれる。一九〇四年にパリ高等師範学校に入学。〇八年に歴史と地理の教授資格を取得。同年からドイツに留学し、ベルリンとライプチヒの大学で学ぶ。帰国後ティエール財団の研究員となり、一二年からモンペリエやアミアンで高校の教師を務めるが、一四年に第一次世界大戦が勃発、従軍する。一九年にストラスブール大学で講師となり、翌年にソルボンヌで博士論文を提出、ストラスブール大学の教授となる。二九年にリュシアン・フェーヴルと『アナール』誌を創刊。三六年にソルボンヌに移るが、三九年に第二次世界大戦がおこり、動員される。休戦協定後、ユダヤ人であったブロックは公職復帰に苦労しながらも、四一年からモンペリエ大学で教える。しかし四三年に解任され、リヨンでレジスタンスに加わるが、四四年にドイツ軍により逮捕、銃殺される。ブロックはフェーヴルとともにアナール学派の第一世代を代表する歴史学者であり、彼らが創設した『アナール』誌（『社会経済史年報』）は学際的で総合的な歴史学の礎石となって、その後の研究に大きな影響を与えた。中世史を専門とするブロックの特徴は、まずは「比較研究」という方法であり、これにより彼は、異なる文化や社会の関係性、歴史性を自在かつ横断的に探求する。さらにブロックは、一貫して過去よりも現在に重きを置き、過去（＝起源）のみを神聖視して歴史を研究するのではなく、まずは現在を理解し、そのうえで過去へ遡行するという方法をとる。アナール学派の一人として、言語学や地理学、人類学など多様な分野をとりいれ、民衆の集団的な「心性」を重視するのもブロックの大きな特徴である。著書は、代表作である『フランス農村史の基本的性格』『封建社会』をはじめ、『奇跡を行なう王』（邦題『王の奇跡』）、第二次大戦中の経験を伝える『奇妙な敗北』、方法論に関する『ヨーロッパ社会の比較史のために』（邦題『比較史の方法』）、『歴史のための弁明』など、多くが邦訳されている。〔八幡恵一〕

ローゼンツヴァイク、フランツ

❖Franz ROSENZWEIG　1886-1929

ドイツ生まれで、マイネッケの指導の下、ヘーゲル政治哲学について研究したが、自らのルーツであるユダヤ教に目覚める。第一次大戦従軍中に「新しい哲学」の着想を得て、一九二一年に『救済の星』としてまとめ上げる。「常識の思考」を掘り下げ、その鍵となる言語と時間の観点から対話を重視し、その立場から宗教について考察する。レヴィナスなどに多大な影響を与えた。〔本郷均〕

ウィトゲンシュタイン、ルートヴィヒ・ヨーゼフ・ヨーハン

❖Ludwig Josef Johann WITTGENSTEIN 1889-1951

I——哲学とは何か

ドゥルーズは、哲学を「概念の創造」だと言った（ドゥルーズ＋ガタリ『哲学とは何か』）。例えば、ベルクソンは、「純粋持続」（durée pure）という概念を創造し、「空間化された時間」ではなく、「持続」というあり方によって、世界の見方を一変させた。「純粋持続」という真新しい液体を、世界という海に一滴おとし、海全体の色合いを、がらっと変えたのだ。あるいは、ドゥルーズが、英米系の最後の偉大な哲学者と言ったホワイトヘッドは、「現実的存在」（actual entity）という原子的な概念を創出し、宇宙を生成消滅する関係の網にした。「現実的存在」は、生成したとたんに消滅する。どこにも、〈それ〉は登場しない。世界全体は、非連続的に連続していく。仏教の「刹那滅」に似た世界だ。いままで存在しなかった新たな地平（ドゥルーズは、「内在平面」と言う）をそっくり創りだすこと。世界の見方を根底から変える「概念の創造」こそ、哲学だとジル・ドゥルーズは、言った。

ベルクソンは、自然科学と哲学をその方法論のちがいによって区別する（『思考と動くもの』）。「分析」を武器に自然を解明する科学と、「直観」をつかい実在の内在的あり方を記述する哲学。同じ〈実在〉を異なる仕方で解明するというわけだ。むろん、どちらにも優劣はつけられない。ホワイトヘッドも、自然科学に寄りそいつつ、それとは異なる立場から形而上学を構築していく。相対性理論や量子論をじゅうぶん咀嚼したうえで、みずからの有機体の哲学をかたちづくる。ベルクソンやホワイトヘッドは、こうした位置から「概念を創造」していく。

それでは、ウィトゲンシュタインにとって「哲学」とは、どのような営為なのか。「概念の創造」とは、あきらかに異なる。なんといっても、彼は、ドゥルーズから「悲しい出来事」あるいは「哲学の暗殺者」と名指しで批判されたのだから。

生前唯一刊行された哲学書である『論理哲学論考』（一九二二）の「哲学」観をみてみよう。まずは、いままでの哲学を批判するものから。

❖ Ludwig Josef Johann WITTGENSTEIN

4.003

哲学的なことについて書かれてきた命題や問のほとんどは、まちがいではなく、ナンセンスだ。だから私たちは、その種の問に答えることはできない。それらがナンセンスであると確認することしかできない。哲学者たちの問や命題のほとんどは、私たちが自分の言語の論理を理解していないことに基づく。

例えば、ホワイトヘッドの『過程と実在』を初めて読むとき、創造された概念群（「現実的存在」「永遠的客体」「抱握」など）の関係をじっくりたどると、その全体像（「内在平面」）がかいまみえるだろう。その概念同士の関係によって世界は説明される。しかし、こんな哲学はウィトゲンシュタインによればナンセンスだ。なぜなら、その概念の正しさを判定する基準はどこにもなく、真偽はけっして確定できないのだから。ベルクソンの「純粋持続」も「イマージュ」もそうだ。これらの概念が正しいかどうかを、はっきりさせる術をわれわれはもってはいない。だから、ナンセンスなのだ。

では、これら既存の哲学に対して、真の哲学とはどのようなものなのか。ウィトゲンシュタインは、次のように言う。

4.112

哲学の目的は、考えを論理的にクリアにすることである。
哲学は学説ではなく、活動だ。
哲学の仕事の核心は、説明することである。
哲学の成果は、「哲学の命題」ではなく、命題がクリアになることなのだ。

4.114

哲学のすべきことは、考えることのできる境界を定めると同時に、考えることのできないものの境界を定めることである。

哲学のすべきことは、考えることのできるものによって内側から、考えることのできないものを、境界の外に締めだすことである。

4.115
哲学は、言うことのできるものをクリアに描くことによって、言うことのできないものを指し示すだろう。

ウィトゲンシュタインにとって哲学とは、われわれがさまざまな事物を考える際の「思考」の明晰化なのだ。人がもっている思考の道具を、ちゃんとしたものにすることこそ、哲学という「活動」なのである。使う道具がよくなければ、なにごともうまくいかない。建築も料理も、そして科学も。だから、その道具をとても鋭利なものにし、よく使えるものにすること、これが哲学なのである。そして、その道具は、もちろんわれわれの「思考」であり、それはとりもなおさず「言語」だということになる。言葉を正しく使うように導くこと。これ以外に哲学の営為はない。だから

4.0031
すべての哲学は「言語批判」である。

この姿勢は、『論理哲学論考』執筆時のいわゆる前期だけではなく、後期といわれる時期まで一貫している。学説ではなく活動であり、その活動とは、「言語批判」なのだから、自然科学と同じような体系をつくることは、思いもよらない。自然科学と哲学との関係については、つぎのように言う。

4.111
哲学は、もろもろの自然科学のうちのひとつではない。（「哲学」という言葉は、さまざまな自然科学の上にあるか、下にあるかを意味しているにちがいない。自然科学とならんでいるものを意味しているはずがない）

4.113

哲学は、自然科学が異論を唱えることができる領域の境界を決める。

先述したように、ベルクソンは、『思考と動くもの』のなかで、哲学(形而上学)と科学との関係を論じたとき、同じ実在に対する異なったアプローチといった。方法がちがうだけで、扱う対象は同じだというわけだ。つまり、このウィトゲンシュタインの比喩を使用するなら、ベルクソンにとって、「「哲学」という言葉は、自然科学とならんでいるものを意味しているにちがいない」ということになるであろう。ホワイトヘッドの形而上学も同様だ。物理学や生物学の知見を使い、みずからの有機体の哲学をつくりあげたのだから。

このような哲学の考え方とは、まったく異なるのが、ウィトゲンシュタインの考えだと言えるだろう。この哲学者のめざす哲学とは、ベルクソンの言う意味での科学の方法論である「分析」の精緻化にあると言えるかも知れない。つまり、分析するときの道具である「思考＝言語」を明晰にすること、これこそが哲学だというわけである。だからこそ、『論理哲学論考』の最後の有名な命題(「7. 語ることができないことについては、沈黙するしかない。」)の二つ前の節で、次のように言う。

6.53

哲学の正しい方法があるとすれば、それは実のところ、言うことのできること以外、何一つ言わないことではないか。つまり、自然科学の命題——つまり、哲学とは関係のないこと——しか言わず、そして誰かが形而上学的なことを言おうとしたら、かならずその人に、「あなたは、自分の命題のいくつかの記号に意味を与えていませんね」と教えるのだ。この方法は、その人を満足させないかもしれない。——その人は、哲学を教えてもらった気がしないかもしれない。——けれども、こ、れ、こ、そ、が、ただひとつの厳密に正しい方法ではないだろうか。

こうして『論理哲学論考』の哲学観を見てくると、ベルクソンやホワイトヘッドのような哲学を、全面的に否定しているように見えるかもしれない。しかし、そうではない。「ナンセンス」だと言っているだけで否定しているわけではない。むしろ敬意を表しているのだ。

キルケゴールやハイデガーのような哲学者の営為、あるいは、倫理や宗教的言説に対して、次のような思いを吐露している。

すなわち、このようなナンセンスな表現は、私が未だ正しい表現を発見していないからナンセンスなのではなくて、それらのナンセンスさこそがほかならぬそれらの本質だからだ、ということが私には今やわかります。なぜなら、それらの表現を使って私がしたいことは、世界を超えてゆくこと、そしてとりもなおさず有意義な言語を超えてゆくことにほかならないからです。私の全傾向、そして私の信ずるところでは、およそ倫理とか宗教について書き、あるいは語ろうとした全ての人の傾向は、言語の限界にさからって進むということでした。このようにわれわれの獄舎の壁にさからって走るのは、まったく、絶対的に望みのないことです。倫理学が人生の究極の意味、絶対的善、絶対的に価値あるものについて何かを語ろうとする欲求から生ずるものである限り、それは科学ではありえません。それが語ることはいかなる意味においてもわれわれの知識を増やすものではありません。しかし、それは人間の精神に潜む傾向をしるした文書であり、私は、個人的にはこの傾向に深く敬意を払わざるをえませんし、また、生涯にわたって、それをあざけるようなことはしないでしょう(「倫理学講話」『ウィトゲンシュタイン全集 第五巻』所収、三九四頁)。

言語の限界を超えようとするわれわれの衝動は、じゅうぶん理解できるし尊いものだという。これこそ、ウィトゲンシュタインが、凡百の分析哲学者(とくに「論理実証主義者」)とは異なるところだ。「ナンセンス」だと言いながら、それに敬意を表する。この哲学者は、複雑で深く、ときに矛盾もはらんでいると言ってもいいだろう。そこが、大いなる魅力でもある。

後期の「哲学」観についても、ざっと見てみよう。後期の代表的著作『哲学探究』において、彼の哲学は、言語に焦点をあわせる。ウィトゲンシュタインによれば、言語そのもののもつ性質によって、われわれはしばしば錯覚をおかす。そのような錯覚や錯誤を丁寧に指摘していくのが哲学だというわけだ。ウィトゲンシュタインは言う。

哲学とは、言語という手段によって、われわれの知性をまどわしているものにいどむ戦いだ。(『哲学探究』一〇九節)

われわれは、言語を使うことによってものを考える。つまり、純粋な思考などできない。言語が、ある意味で、かならず「邪魔」をしてくる。だから、邪魔者である言語によりだまされる知性を正気に戻さなければならない。こうして、ウィトゲンシュタインは、真の哲学を「治療」にたとえる。

> 哲学者は、病気を扱うように問を扱う。（同書、二五五節）

哲学者が、言葉によって形而上学をうちたてるとき、しばしば「病」にかかってしまう。だからこそ「われわれは、これらの語を、その形而上学的用法から、ふたたび日常的な用法へと連れ戻す」（同書、一一六節）必要がある。言葉の本来の場所（日常的用法）へ戻し、誤解を解かなければならない。もともとそのような誤解などする必要はないのだと教えなければならない。壺には出口があるのに、それを見つけられない蠅を助けなければならない。

> 哲学におけるあなたの目的はなにか。——蠅に蠅とり壺からの出口を示してやること。（同書、三〇九節）

このような後期の考えは、前期と地続きであることがわかる。そして、こうした哲学の方法をウィトゲンシュタインは「記述」と言う。

> だから、われわれは、どのような種類の理論もたててはならない。われわれの考察において、仮説のようなものが許されてはならない。あらゆる説明が捨てられ、記述だけがその代わりになされるのでなければならない。そして、このような記述は、みずからの光明、すなわち目的を、哲学的な諸問題から受けとるのだ。これらの問題は、もちろん経験的な問題ではなく、われわれの言語のはたらきを洞察することで解決され、しかも、そのはたらきが、それを誤解しようとする衝動にさからい認識されるようなしかたで解決される（同書、一〇九節）。

ウィトゲンシュタインが哲学という活動において忌避したのは、「理論」や「仮説」であって、いわば自然科学の模倣である。科学と同じような精密な道具もないのに、言葉の魔法にかかって、世界を説明しつくそうとすること。そんなものは、哲学ではないというわけだ。哲学は、あくまでも、われわれの周りのさまざまな事態を、何の先入見もなしに「記述」しつづけることで満足しなければならない。

2——生涯

ルートヴィヒ・ウィトゲンシュタインは、一八八九年四月二十六日にウィーンで生まれる。マルティン・ハイデガー、ガブリエル・マルセル、アーノルド・トインビー、和辻哲郎、あるいは、ヒトラー、チャップリンと同年生まれである。姉三人、兄四人の八番目の末子であった。長子ヘルミーネとは、十五歳離れている。幼くしてカトリックの洗礼を受けた。父カールは、オーストリアの鉄鋼業界の重鎮であり、高名な富豪である。母レオポルディーネは、音楽の才能にたけていた。彼の家は、〈ウィトゲンシュタイン宮殿〉と呼ばれ、この「宮殿」では、ブラームス、マーラー、ブルーノ・ワルターらが集い、音楽の夕べが催されていた。

兄三人は、自殺で世を去る。一九〇二年に長兄ハンス、一九〇四年に三男ルドルフ、第一次大戦の終わり（一九一八年）に次男クルトが、自死を遂げた。すぐ上の兄パウルは、著名なピアニストになったが、戦場で右手を失い、片腕のピアニストとなる。一九三一年、ラヴェルは彼のために「左手のための協奏曲」を書く。ウィトゲンシュタイン自身も自殺の傾向をもち、精神の均衡を保つのに生涯苦労した。

幼いころから家庭教師による教育を受ける。ウィトゲンシュタイン家は、八人の子供に、二六人の家庭教師をつけていた。ルートヴィヒが、ウィーンの生家を離れ、リンツの実家学校に通うようになったのは、十四歳のときだ。同じ学校に行ったアドルフ・ヒトラーとは、一年だけ重なっている。機械に対する並々ならぬ関心をもった少年だったので、実家学校を選んだ。

この時期、ショーペンハウアー、オットー・ワイニンガー、カール・クラウスなどを耽読した。『論理哲学論考』には、ショーペンハウアーの『意志と表象としての世界』の影響がはっきりと見てとれる。また、ハインリッヒ・ヘルツの『力学原理』やボルツマンの『講演集』なども読む。当時ウィーン大学の物理学教授であったボルツマンに、進学先について相談したこともあったらしい。だが、一九〇六年、この熱力学者は自殺してしまう。

リンツを離れ、ベルリンのシャルロッテンブルクの工科大学に入る。二年間そこで過ごし、一九〇八年に卒業。さらに航空力学を学ぶために、十九歳になったウィトゲンシュタインは、マンチェスターに向かう。そこで、純粋数学へと関心が移り、リトルウッドの数学的解析論の講義に出席。バートランド・ラッセルの『数学の原理』(一九〇三)に出会う。おそらくこの時期にウィトゲンシュタインは、『数学の原理』と同じ問題にとりくんでいるフレーゲの『算術の基本法則』(一八八四)の研究にも没頭していた。

一九一一年にウィトゲンシュタインは、イエナのフレーゲを訪れる。彼に、ケンブリッジのラッセルのもとに行くようすすめられた。同年、ラッセルのもとで数学の論理学にのめりこむ。またたくまに論理学を習得、一九一二年、トリニティ・カレッジの一員となる。学部学生として入り、のちに大学院生として登録した。また、ラッセルのもとで研究するかたわら、G・E・ムーアの講義にも出席する。ラッセルは自らの『自伝』のなかで、ウィトゲンシュタインについて次のように描写している。

おそらく彼は、私がこれまで知る範囲で、最も完全な天才の実例だった。深く、激しく、情熱的で、周囲を威圧せずにいない、といった伝統的に天才と考えられてきた型の天才だ。

一九一四年、第一次世界大戦に志願兵として最前線の戦闘に加わる。ここで、『論理哲学論考』を執筆。一九一八年になって、この本は完成する。しかし、なかなか出版にいたらず、最終的にラッセルの序文の独訳をつけ、一九二一年に『自然哲学年報』に掲載された。翌年、英訳とともにキーガン・ポール社から刊行される。

『論理哲学論考』執筆後、哲学の問題は、すべて片がついたと考え、一九二〇年、オーストリアの僻村トラッテンバッハの小学校に教員として赴任。その後、プッフベルクに行き、最後はオッタータールの小学校に移った。ここで、『小学校のための辞書』を一九二六年に出版した。しかし、その年の四月末、体罰を加えた生徒が失神し、裁判騒ぎを起こす。結局、無罪となったものの、オッタータールを去った。

その頃、姉のマルガレーテ(ストンボロウ夫人)が、自宅を建てようとしていた。旧知の建築家エンゲルマンが設計し建築する予定であったが、オッタータールからウィーンに帰ってきていた、傷心のウィトゲンシュタインにも、この仕事をすすめた。途中から、ストンボロウ邸建設に熱中しはじめたウィトゲンシュタインは、最後には、彼一人がつくったといっても過言ではないほど専心する。姉ヘルミーネの証言によれば、建物が完成し掃除が始まったのに、広間の天井を、あらためて三センチメートルあげさせるほどの執着ぶりだった。『論理哲学論考』の形式が、そのまま建築物となったような簡素で厳密な家だった。エンゲルマンの建築の師でもあるアドルフ・ロースともとても親しかったウィトゲンシュタインだからこそできた仕事だと言えるだろう。

著者本人は、哲学からはなれたにもかかわらず、『論理哲学論考』は、ケンブリッジやウィーンで波紋をひろげていた。一九二二年にウィーン大学に招聘されたシュリックを中心に、「ウィーン学団」ができる。自然科学者や数学者を中心としたこのグループは、「論理実証主義」の哲学を唱えた。『論理哲学論考』は、この集団に甚大な影響を与え、シュリックは、一九二七年にウィトゲンシュタインに会う。その後、ワイスマン(Friedrich WAISMANN1896-1959)、カルナップも、シュリックとともに『論理哲学論考』の著者との会合を重ねた。

一九二八年三月、「ウィーン学団」のワイスマンとファイグル(Herbert FEIGL, 1902-1988)に誘われて、直観主義の数学者ブラウアー(Luitzen Egbertus Jan BROUWER, 1881-1966)の講演に行った。「数学・科学・言語」という話だった。その講演後、コーヒー店でウィトゲンシュタインに目覚ましい変化がおこる。おそろしく雄弁になり、後期哲学のきっかけとなるような構想を口にしはじめたのだ。ただ、ブラウアーの講演の内容が、ウィトゲンシュタインにどのような影響を与えたのかは、はっきりしない。というのも、一九三九年の講義では、「直観主義は、ナンセンスだ」と言っているからだ。「数学は論理学に基礎づけられない」という考えや、ブラウアーが数学の客観性を拒否したことに共感したのではないかと、伝記を書いたモンクは言っている。

哲学への情熱が、ふたたびよみがえったウィトゲンシュタインは、一九二九年、ケンブリッジに戻ってきた。一月、トリニティ・カレッジの大学院に再入学。一年後の一九三〇年一月から講義を始める。同年十二月には、トリニティ・カレッジのリサーチ・フェローに選出されたので、翌年四月からは自室で講義が行なわれるようになった。この講義には、一九三三年の春学期までムーアも出席する。

一九二九年二月二日から翌年四月二四日まで、ウィトゲンシュタインは、手稿を書きつづけた。これが、現在『哲学的考察』と呼ばれているものだ。ひきつづき、一九三〇年七月から一九三二年七月にかけて、『哲学的文法』として出版された大部の原稿を書く。これらは、後期の思想への橋渡しとなる著作である。

ウィトゲンシュタインは、一九三三年十一月八日から次の年六月にかけて、六人の学生たちに口述筆記をさせる。そのコピーは、表紙が青色だったので、『青色本』と呼ばれた。この本から、ウィトゲンシュタインの後期哲学が始まると言っていいだろう。さらに一九三四年から翌年にかけて、二人の学生（スキナーとアンブローズ）だけを相手に口述筆記をする。これは、コピーを三部しかつくらず、ごく親しい友人や学生だけに見せた。これが茶色い表紙の『茶色本』である。この本の口述が終わると、ロシアを訪問。その後、一九三五年十月八日から、この時期最後の講義が始まった。

翌年六月、春学期が終わると、ブルターニュ地方を旅行したり、弟子のドゥルーリーをダブリンに訪ねたりする。その後ノルウェーのショルデンで、『哲学探究』の第一部を書きだす。まず、同年十一月から十二月にかけて、一節から一八八節までを一気に書きあげた。一時、ウィーン、ケンブリッジに行き、一九三七年一月末、ふたたびショルデンにもどり、九月から十一月にかけて一八八節につづく節を書きついだ。

一九三八年八月、ケンブリッジ大学出版局に、『哲学探究』の原稿の出版を申し入れる。しかし、一八八節以下の部分がさらにふくれあがり、出版を断念。この部分は、のちに『数学の基礎』第一部として出版された。一九三九年にケンブリッジで講義を再開。数学の基礎について講義した。この講義には、アラン・チューリングも出席していた。一九三九年二月、ムーアの退職にともない、ウィトゲンシュタインがその後任の教授になる。

一九四四年秋までに『哲学探究』の四二一節までを書く。翌年、第一部から四二一節までの原稿の序文を執筆。一九四四年から翌年にかけて、『哲学探究』で書かれた問題について講義を始める。アンスコム、ギーチといった新しい学生が加わった。一九四五年から四六年春まで、『哲学探究』第一部六九三節までを書きつぎ、第一部が完成する。その後一九四七年十二月にケンブリッジ大学の哲学教授を辞職、執筆に専念し、『心理学の哲学』『哲学探究』第二部などの手稿を書く。

一九四九年七月、アメリカのノーマン・マルコムのもとに行き、ムーアが書いた『常識の擁護』と『外界の証明』をきっかけにした議論を行なう。この議論を発展させたものが、のちに『確実性について』になった。一九四九年十月イギリスにもどったウィトゲンシュタインは、病に倒れる。前立腺癌という診断がくだった。死の数日前まで、『色彩について』や『確実性について』の原稿を書きつづけた。

一九五一年四月二十九日死去。最期の言葉は、「彼らに言ってください。私は、素晴らしい人生を送った」だった。

3——「論理」と「形式」

ウィトゲンシュタインの前期から後期への哲学の流れを、「論理」と「形式」という二つの語によってたどってみよう。『論理哲学論考』においては、すべての基礎に「論理」があった。フレーゲ、ラッセルの論理主義の影響のもと、世界と命題とが論理空間のなかで、一対一対応するという考えである。そのとき、日常の言葉は、純化されれば、論理そのものの反映である理想言語になるはずだった。このような論理的なイデア主義において、世界の事態と命題との一対一対応を、具体的に支えるのが「形式」ということになるだろう。命題と世界が、同じ「形式」を共有しているからこそ、基礎となる論理空間はなりたつ。この「形式」を「論理形式」とウィトゲンシュタインは言った。

直観主義者ブラウアーの講演を機に、こうした論理的基盤から離れはじめたウィトゲンシュタインは、『哲学的考察』『哲学的文法』という「中期」といわれる時期の著作では、「体系」という概念に着目している。「記号体系」における位置こそが、語(記号)の意味だというわけだ。使う概念や素材は、ことごとく異なるけれども、言語を「体系」という概念から描出しようとしている点では、ソシュール言語学と似ていないこともない。しかし、ウィトゲンシュタインは、このソシュール的「ラング」も、すぐさま捨て去ることになる。イデア的な世界から言語そのものの「体系」に降り、さらに、その潜在的な「ラング」さえも放棄し、現場の「パロール」活動だけを対象にするのだ。

後期の代表作『哲学探究』の第一部においては、「言語ゲーム」という新しい概念を提唱し、この概念によって、言葉の意味や言語活動のあり方を記述していく。「言語ゲーム」は、さまざまなあり方をし、多くの異なったゲームが複雑に折り重なることによって成りたっている。個別のそのつどの言語行為も、ひとつの「言語ゲーム」であり、あらゆる言語活動とそれにかかわる行為全体をもて、「言語ゲーム」と呼ぶ。このような「言語ゲーム」は、「家族(親族)的類似」というあり方で関係している。「同じ」言語活動だからといって、共通の特徴があるわけではなく、それぞれの言語ゲームが、部分的に類似しているというわけだ。その類似性の束が、「家族(親族)」をなしているのである。

このようなあり方をしている言語には、もはや単一の「形式」(前期の「論理的形式」のようなもの)は、存在しない。それぞれの言語ゲームが、独自の「形式」を有している。それが、「生の形式」(Lebensform)である。ひとつの言語ゲームが成りたっているということは、とりもなおさず、そこにひとつの「生の形式」があるというわけだ。こうして、前期のただひとつの堅固な「論理形式」は、後期にいたると、そのつどの複数の「生の形式」となった。

ウィトゲンシュタインは、そのような「言語ゲーム」という概念とともに、「私的言語批判」という議論もする。感情や感覚といった私的な体験を表現する言語は不可能だというものだ。言語は言語であるかぎり、特定の言語ゲームにおいて、複数の人間によって、「生の形式」を共有して行なわれている行為なのだから、自分一人の感情や感覚を純粋に私的に表現することは、原理的に不可能なのである。

言語は、あくまで、誰にでも確かめられるあり方でなされる行為なのだ。もちろん、このことによってウィトゲンシュタインは、〈私的体験そのもの〉を否定したわけではない。〈私的なもの〉は、言語ゲームという公共の場においては、「無」でもなく、「何か」でもないものというあり方をしているという。こうしてウィトゲンシュタインは、言語活動のなかの、複数の人たちによる行為的側面を強調した。

『哲学探究』第二部では、知覚について多く論じられる。ウィトゲンシュタインが、このとき最も意識していたのは、ウォルフガング・ケーラーだ。ケーラーの著『ゲシュタルト心理学』(一九二九)を、ウィトゲンシュタインは、一九四七年に読む。同年最後の学期には、毎回最初に、この本の短い文章を読み、講義を始めた。ケーラーの「ゲシュタルト」という概念をたかく評価しながらも、この概念を、ひとつの実在的対象であるかのように考えていると言って批判する。

『哲学探究』第二部にもでてくる、ジョゼフ・ジャストローの『心理学における事実と寓話』(一九〇〇)からの「アヒル－ウサギの絵」を例にとれば、「アヒルとして」知覚するときと「ウサギとして」知覚するとき、ケーラーは、それぞれ異なった「知覚的実在」を見ているという。しかし、ウィトゲンシュタインによれば、それほどことは単純ではない。このような知覚を、彼は「アスペクト知覚」と呼び、この知覚が成立しているとき、どのような変化が生じているのかということを、わかりやすい定式化を避けて、執拗に考えつづけた。この知覚を、言葉の「意味」とも結びつけながら探究していく。つまり、「アスペクト知覚」の「アスペクト」とは、語の「意味」のようなはたらきをしているというわけだ。

周知のように、メルロ＝ポンティは、『行動の構造』(一九四二)と『知覚の現象学』(一九四五)で、ケーラー、ウェルトハイマー、コフカなどを多く引用し、ゲシュタルト心理学をじっくりと検討した。そして、自らの哲学の基礎に据え、批判的に展開している。こうしてみると、ウィトゲンシュタインとメルロ＝ポンティは、ほぼ同時期に、ゲシュタルト心理学の影響のもとで、それぞれの知覚論を考察していたと言えるだろう。

さて、死の直前まで書きつづっていた『確実性について』では、先にのべた「論理」や「形式」は、どうなったのだろうか。中期から後期にかけて、おもてだっては登場しなかった「論理」という語が、この最晩年にふたたび顔を出す。前期の「論理」は、世界の構造を決める単一の碁盤の目だった。ところが、『確実性について』にでてくる「論理」は、これとはまったく異なっている。死の三日前まで書いていたこの手稿においては、ウィトゲンシュタインは、われわれの言語ゲームの基底をなす「確実なもの」に着目する。そこにあるのは、『論理哲学論考』にでてくるようなアプリオリな「論理」ではなく、その言語共同体だけに特有の、ある意味で、アポステリオリな「論理」なのだ。

同じ「論理」という言葉をつかいながら、はっきりとちがう事態をウィトゲンシュタインは指す。われわれの言語活動において、けっして疑うことができない諸命題(これをウィトゲンシュタインは、「蝶番命題」あるいは「世界像命題」と呼ぶ)があって、それらの確実な命題群がなす岩盤の上で、日々の言語ゲームは進行していく。例えば、それは、「私には、手がある」「地球は昔から存在していた」などの命題であり、これらの命題を疑うことはできない。もし、これらの命題群を疑いはじめたら、われわれの言語ゲーム自体が、瓦解してしまうからだ。

ウィトゲンシュタインは、若いころ世界の枠組である鞏固な「論理」から出発しながら、最晩年にいたって、それぞれの「言語ゲーム」のなかの、相対的な「論理」という基盤を発見したと言えるだろう。

主要著作

- ▼『論理哲学論考』「草稿一九一四―一九一六」「論理形式について」(『ウィトゲンシュタイン全集』第一巻、奥雅博訳、大修館書店)
- ▼『論理哲学論考』(野矢茂樹訳、岩波文庫)
- ▼『論理哲学論考』(丘沢静也訳、光文社古典新訳文庫)
- ▼『論理哲学論考』(中平浩司訳、ちくま学芸文庫)
- ▼『論理哲学論考』(木村洋平訳、社会評論社)
- ▼『『論考』『青色本』読解』(黒崎宏訳、産業図書)
- ▼『哲学的考察』(『ウィトゲンシュタイン全集』第二巻、奥雅博訳、大修館書店)
- ▼『哲学的文法一』(『ウィトゲンシュタイン全集』第三巻、山本信訳、大修館書店)

▼『哲学的文法二』(『ウィトゲンシュタイン全集』第四巻、坂井秀寿訳、大修館書店)
▼『ウィトゲンシュタインとウィーン学団』「倫理学講話」(『ウィトゲンシュタイン全集』第五巻、黒崎宏、杖下隆英訳、大修館書店)
▼『青色本・茶色本』「個人的経験および感覚与件について」(『ウィトゲンシュタイン全集』第六巻、大森荘蔵、杖下隆英訳、大修館書店)
▼『青色本』(大森荘蔵訳、ちくま学芸文庫)
▼『数学の基礎』(『ウィトゲンシュタイン全集』第七巻、中村秀吉、藤田晋吾訳、大修館書店)
▼『哲学探究』(『ウィトゲンシュタイン全集』第八巻、藤本隆志訳、大修館書店)
▼『哲学探究』(丘沢静也訳、岩波書店)
▼『『哲学的探求』読解』(黒崎宏訳、産業図書)
▼『確実性の問題』「断片」(『ウィトゲンシュタイン全集』第九巻、黒田亘、菅豊彦訳、大修館書店)
▼『講義集』(『ウィトゲンシュタイン全集』第十巻、藤本隆志訳、大修館書店)
▼『心理学の哲学一』(『ウィトゲンシュタイン全集』補巻一、佐藤徹郎訳、大修館書店)
▼『心理学の哲学二』(『ウィトゲンシュタイン全集』補巻二、野家啓一訳、大修館書店)
▼『色彩について』(中村昇他訳、新書館)
▼『原因と結果:哲学』(羽地亮訳、晃洋書房)
▼『反哲学的断章──文化と価値』(丘沢静也訳、青土社)
▼『ウィトゲンシュタイン 哲学宗教日記』(鬼界彰夫訳、講談社)
▼『ウィトゲンシュタインの講義(一)ケンブリッジ一九三〇-一九三二年──ジョン・キングとデズモンド・リーのノートより』(山田友幸他訳、勁草書房)
▼『ウィトゲンシュタインの講義 ケンブリッジ一九三二-一九三五年』(野矢茂樹訳、講談社学術文庫)
▼『ウィトゲンシュタインの講義 数学の基礎篇 ケンブリッジ 一九三九年』(大谷弘他訳、講談社学術文庫)

〔中村昇〕

パノフスキー、エルウィン〔アーウィン〕

❖Erwin PANOFSKY　1892-1968

ドイツ出身、アメリカのユダヤ系美術史学者。一九二六年、ハンブルク大学教授に就任。一九三三年にナチスに追われ、アメリカに亡命。一九三五年、プリンストン大学高等研究所の教授に就任する。主要な著書として、『イコノロジー研究』（一九三九）、『視覚芸術の意味』（五五）などが挙げられる。イコノグラフィー（図像学）に対して、イコノロジー（図像解釈学）を提唱し、二十世紀の美術史学にきわめて大きな影響を及ぼした。パノフスキーは、美術作品の解釈を、三段階の過程として示した。第一の段階は、絵画の画面に描かれた対象や色彩、形状といった自然的主題を扱う段階である。第二の段階は、例えば「剣」が正義を意味するといった当時の伝習的主題を文献資料の調査によって明らかにする段階である。この段階がイコノグラフィーと呼ばれる。第三の段階は総合的な内的意味を解釈する段階であり、この段階がイコノロジーと呼ばれる。パノフスキーのイコノロジーの着想はカッシーラーの『シンボル形式の哲学』（一九二三-二九）に起因する。イコノロジーは二十世紀の美術史学に大きな影響を与えた一方で、エルンスト・ハンス・ヨーゼフ・ゴンブリッチ（Ernst Hans Josef GOMBRICH, 1909-2001）らによって批判もされている。

〔飯盛元章〕

プレスナー、ヘルムート

❖Helmuth PLESSNER　1892-1985

ドイツの哲学者、社会学者。シェーラーなどと並んで哲学的人間学創始者の一人。生理学、動物学を学びつつ、ヴィンデルバントの講義にも出席、一九一三年、二十一歳で著わした『学的理念』でヴィンデルバントに高く評価されるが、その後フッサールに師事する。ユダヤ系のため大戦中は教職に就けずオランダに避難していたが、戦後オランダ・フローニンゲン大学、ドイツ・ゲッティンゲン大学にて教鞭を執る。一九二八年の『有機的なものの諸段階と人間』では、人間を捉えるにあたって、環境世界との関わりを重視するだけでなく、植物や動物のあり方との比較から人間が「脱中心的」であることに特性を見出す。また、二四年の『共同体の限界』や五九年の『ドイツロマン主義とナチズム　遅れてきた国民』などの著作で、社会学者としても知られていた。他に、『泣きと笑いの人間学』（一九四〇）、『人間の条件を求めて』（六一）などの著書がある。

〔本郷均〕

ベンヤミン、ヴァルター

❖Walter BENJAMIN　1892-1940

I――ベンヤミンの哲学の特徴

「コーヒーの残り滓(かす)から予言する可能性を含み入れることも、その可能性を解明することもない哲学など、真の哲学ではありえない」[01]。ベンヤミンが友人のゲルショム・ショーレムに語ったと伝えられるこの言葉は、ベンヤミンの哲学的思考の特徴を表わすものとして、つとに知られている。早くから筆跡学や観相学に興味をもっていた彼は、「模倣」と「類似」の概念を論じた短い論考「模倣の能力について」(一九三三)などが示すように、占星術などとして現われる神秘的な知の領域にも独特の地位を認めようとしていた。そこにある「交感(コレスポンデンス)」や「類推(アナロジー)」が、太古から自然と人間の関係を規定していたことを、彼の思考は、概念的な知によるその排除に抗して見つめ直そうとしたのだ。こうして、シャルル・ボードレールが語った「万物照応」にも開かれたかたちで経験の概念を捉え返そうとする思考は、テオドーア・W・アドルノがベンヤミンの思考の際立った特質として見て取った、「哲学に反する哲学」を形づくっているにちがいない[02]。

ただし、ベンヤミンの思考は、魔術的な経験の領野をそれ自体として神秘化することはない。一九三〇年代の彼の著作がはっきりと示すように、概念的な知による自然支配の進展に伴って経験が変質したために、自然との生き生きとした交感の場が、もはや取り戻しがたく失われていることを、彼は誰よりも熟知していた。それゆえ彼は、脱呪術化した世界における「万物照応」の喪失を見据えながら、その喪失のただなかに、自然と呼応し合う経験の回路を探ろうとするのだ。その際彼は、それこそ「コーヒーの残り滓」のような、些細な現象に目を留める。鳥瞰的に全体を語る「哲学」に抗して、儚(はかな)く、また微細な現象を救い出すこの微視的(ミクロロギー)思考も、ベンヤミンの「哲学に反する哲学」をなしているのである。それは例えば、看板や広告、パノラマやからくり人形など、都市の些末な断片を文字として捉え、それを批評的に読み解く思考をエピグラムのように書き留めたアフォリズム集『この道、一方通行』(一九二五)に結晶している。

❖ Walter BENJAMIN

こうして微細な現象を解読するとき、ベンヤミンの思考は、そこに眼前の現実を総体として捉え返す突破口を見て取っている。現実の断片を取り出すとき、その全体は神話的な輝きを失い、廃墟として立ち現われる。それとともに露呈した現実の亀裂や矛盾を見通しながら、この現実を構成する合理性が抑圧してきた経験の古層を、批評的な緊張を湛えた「像（ビルト）」のうちに救い出していくことが、未完に終わった『パサージュ論』に取り組む一九二〇年代後半以降の彼の思考の方法をなす。こうして、二十世紀前半に二度の世界大戦を引き起こすに至った近代の「進歩」の矛盾を見据えつつ、それとは別の歴史の可能性を示すかたちで、太古の神話素をも歴史に掬（すく）い取って救出する『パサージュ論』の「根源史（ウアゲシヒテ）」の叙述の試みは、当時それ自体一つの神話と化しつつ、巨大な殺戮機構を現出させていた「進歩」の破局的な現実に立ち向かいながら、「万物照応」を生きる経験の余地を、儚く過ぎ去ったものを想起し、救い出すことのうちに探るのである。

このように、後にマックス・ホルクハイマーとアドルノが提示する「啓蒙の弁証法」の洞察を先取りするかたちで、文明の発展そのものが神話の世界の野蛮に転化して、未曾有の破局を現出させているのを正視しながら、ベンヤミンの哲学的思考は、最終的に、「根源史」の構成に結びつく想起の経験のうちに、新たな、生を深く肯定する経験を見出そうとする。そして、ここに至る経験の概念の深化を貫くのは、神話との対決にほかならない。[03] 法秩序の「神話的暴力」となって回帰する神話の魔力と対峙するなかで、ベンヤミンは、言語を媒体として世界と呼応する経験の場を、「根源史」としての歴史のうちに見出しているのだ。このような哲学の萌芽が見られるのが、一九一七年に書かれた「来たるべき哲学のプログラムについて」である。彼がショーレムに「コーヒーの残り滓から予言する可能性」をも解き明かす「真の哲学」を語ったのは、まさにこの「プログラム」を書いていた時期だった。では、その時期にどのような「来たるべき哲学」が構想されつつあったのだろうか。この点に立ち入る前に、まずはベンヤミンの生涯を概観しておこう。

2——ベンヤミンの生涯

ベンヤミンは、一八九二年の七月十五日に、ユダヤ人の富裕な商家の長男としてベルリンに生を享けている（出生届に記された名は、ヴァルター・ベネディクス・シェーンフリース・ベンヤミン：Walter Benedix Schönflies Benjamin）。当時彼の父親は、とくに美術品の競売所の経営で成功し、ベルリンで十指に入る資産家となっていた。彼の家は、ベルリン西部の徐々に西へ延びていく高級住宅街で威容を誇っていたという。この「ヴェステン」地区を「ゲットー」に喩える「ベルリン年代記」(一九三二)の回想が示すように、幼年期のベンヤミンは、そこでの暮らしに息苦しさを感じていたようだが、その一方でブルジョワの子弟としての豊かな生活は、彼の身体に染みついていた。コーヒーを自分で淹れることすら教わらなかった彼は、後年の亡命生活の困窮のなかでも、幼年期の生活に絶ちがたい愛着を覚えていた。一九〇二年、ベンヤミンはフリードリヒ・ヴィルヘルム・ギムナジウムに入学するが、その権威主義的な校風に馴染めず、一九〇五年にテューリンゲンのハウビンダ田園教育舎に転校する。これが彼にとって転機となった。

当時の自由教育運動のなかから生まれたこの学校で、ベンヤミンは、ドイツ青年運動の指導者グスタフ・ヴィネケンに出会う。彼の影響の下、ベンヤミンは青年運動にのめり込んでいき、やがて青春の解放を求めるこの運動において指導的な役割を果たすようになる。一九一四年には、自由学生連合の議長にも選出された。しかし、この年勃発した第一次世界大戦のために、彼は青年運動の表舞台から退くことを余儀なくされる。戦争に絶望した親友の自殺に深く傷ついていたベンヤミンは、師と仰いだヴィネケンが戦争讃美の言辞を弄したのを耳にし、彼に絶縁状を送ったのだ。この頃ベンヤミンは、フライブルクとベルリンの大学で学んでおり、フライブルクではハインリヒ・リッケルトの講義を聴講している。ベンヤミンが最初に学んだのは、新カント学派の哲学だった。ベルリンでは、エルンスト・レーヴィの講義に接して、ヴィルヘルム・フォン・フンボルトの言語哲学に興味を抱き始めたという。

ミュンヘンを経て、徴兵を避けて移ったスイスのベルン大学で、ベンヤミンは博士論文『ドイツ・ロマン主義における芸術批評の概念』(一九一九)をまとめている。一九二〇年にベルリンに帰った彼は、敗戦直後の革命の挫折を目の当たりにしながら、「暴力批判論」(一九二一)など政治的な内容の論考も執筆している。その後バロック悲劇の研究に取り組み、教授資格論文として『ドイツ悲劇の根源』(一九二五)を書くが、審査員の無理解により撤回を余儀なくされた。それ以後ベンヤミンは、在野の文筆家として生きる道を探ることになる。それを助けた一人が、一九二四年に出会った作家フーゴー・フォン・ホーフマンスタールだった。同じ年には、ベンヤミンがマルクス主義に接近するのに大きな影響を与えた女性活動家アーシャ・ラツィスとも知り合っている。一九二六年からは、ベンヤミンはたびたびパリを訪れ、『パサージュ論』の構想を徐々に膨らませている。

一九三三年、権力を掌握したナチスがユダヤ人と左翼知識人への弾圧を始めると、ベンヤミンはパリへ亡命する。亡命生活は窮迫の一途を辿ったが、それをかろうじて支えたのが、アドルノらの社会研究所からの奨学金と原稿料だった。その機関誌『社会研究』のために書かれた論文に、現代美学の古典として名高い「複製技術時代の芸術作品」（第一稿、一九三五）などがある。これを含めベンヤミンの論稿はしばしばアドルノの手厳しい批判に遭い、『パサージュ論』の梗概「パリ――十九世紀の首都」（ドイツ語版、一九三五）や「ボードレールにおける第二帝政期のパリ」（一九三八）は、大幅な改稿を余儀なくされた。友人たちから脱出の誘いがあったにもかかわらず、ベンヤミンは、一九三九年に第二次世界大戦が始まってもなおパリに留まっていたが、一九四〇年六月、ナチス・ドイツの軍靴の音が迫るなか、『パサージュ論』の草稿をジョルジュ・バタイユに託してついにパリを脱出する。ベンヤミンは、スペインを通過してリスボンからアメリカへ逃れようと企てたが、フランスとスペインの国境の町ポルボウ（ポルトボウ）で、国境警察に入国を拒まれたのに絶望し、致死量を超えるモルヒネを嚥んで自殺を遂げる。九月二十六日の深夜のことだった。[04]

3――「来たるべき哲学」における経験への問い

こうしてベンヤミンの生涯を辿ると、彼の一九二〇年代以降の短い後半生における公的な活動は、在野の文筆家としてのそれであったことがわかる。とくに一九二〇年代後半から三〇年代初頭にかけては、批評家として、翻訳家として、そして類い稀なエッセイの書き手として、雑誌、新聞、ラジオを舞台に、多彩な活動を旺盛に繰り広げており、その時期に彼はショーレムに、ドイツを代表する文芸批評家になりたいという野望すら表白している。それゆえ、ベンヤミンの後半生における哲学的思考は、批評やエッセイなどのなかにちりばめられていると言ってよい。しかし、青年期の彼は、大学で哲学を専攻し、哲学の道に進もうと考えていた。青年運動から退いた一九一〇年代後半には、身近で触れていた新カント学派の動向を見据えながら、独自の哲学の構想を温めてもいる。それが最も明確に表われているのが、先に触れた「来たるべき哲学のプログラムについて」にほかならない。ここには、彼の哲学的思考を貫く問いが提起されている。

ベンヤミンにとってこの「来たるべき哲学」とは、個別科学の基礎づけへ向かった新カント学派とは異なったかたちでカントの哲学に立ち返り、それを批判的に継承するものであった。その際、カント自身も、新カント学派も、経験の領野を科学の対象の世界としての現象界に局限してしまっていることが、何よりもまず乗り越えられなければならない。カントは、科学的認識によって飼い馴らされた対象の世界における低次の経験、さらに言えば、「意味の極小値にまで切り約められた経験」（II/159）のみに依拠して批判哲学を組み立ててしまっており、新カント学派も、このようなカント哲学の問題を見過ごしたままである。[05] これに対してベンヤミンの「来たるべき哲学」は、高次の、意味の充溢した経験の領域、すなわち彼が「宗教」と呼ぶ領域をも包括するものとして構想されている。それゆえ彼は、「カントの思考という範型の下、より高次の経験概念の認識論的な基礎づけがなされなければならず、またなされうる」（II/160）と述べているのだ。

そのようにベンヤミンが、宗教の経験を、さらには「教理」として語られるべき領域をも視野に収めながら「来たるべき哲学」を構想する背景には、彼が青年運動期から抱いていた、当時の大人たちがまことしやかに吹聴していた「経験」に対する根本的な疑念がある。青年運動の雑誌『出発』に寄せた短い文章のなかで彼は、大人が「経験」の大切さを説くのは、既存の合理化された社会構造に組み込まれた生の空虚さを覆い隠す仮面にすぎないと批判している。ことさらに「経験」が語られるとき、すでに経験そのものが貧しくなっており、哲学における経験概念の貧弱化は、このことを映し出しているのだ。若きベンヤミンは、こうした経験の空疎化に抗して、何かの存在が真に生きられる経験の拠点を、「来たるべき哲学」のうちに築こうとする。こうして、充実した経験を哲学的に基礎づけようとする際に、彼が「宗教」の領域をとくに重視することは、近代の人間中心主義に対する批判とも表裏一体になっている。

ベンヤミンは「来たるべき哲学のプログラムについて」のなかで、認識を主観と客観の対立関係において考え、その際に人間の意識を認識の場としてあらかじめ想定する近代の認識論の基本的な構図は、低次の経験だけにしか開かれておらず、そのこと自体が経験の空疎化を物語っていると論じる。それに抗して彼が「宗教」の次元にまで視野を広げるとき、彼は経験そのものの根本に、宗教における「信」の次元に保たれてきた、自己を超越したもの、あらゆる予測を超えて到来するものとの関係を見届けている。飼い馴らすことのできない自然でもあるようなその存在を肯定し、それに応えるなかで初めて自己が——時に従来の自己の否定を経て——形成されるところでこそ、真に何かが経験されるのだ。そして、この意味の充溢する経験——これをベンヤミンは後に、通過儀礼にも喩えられうる「閾の経験」と呼ぶ——から、合理的「知」のうちにある経験に至る連続性が、「来たるべき哲学」によって新たに基礎づけられなければならない。

こうして、「物理的な経験のみならず、宗教的な経験をも可能にする認識概念」（II/164）を見いだす哲学は、ベンヤミンによれば、同時に「神学とさえ呼ぶことができる」(II/168)。このような「来たるべき哲学」の位置づけのうちには、後に彼の言う「史的唯物論」と「メシア的」救済の神学の相即として浮上する、彼の思考を貫く世俗的な理論と神学の表裏一体の関係が表われていよう。そして、神学的次元を組み込むことによってこそ捉えられる、生そのものをその深みから形づくる経験は、言葉においてのみ表現されうるという。ここで若きベンヤミンは、ヨハン・ゲオルク・ハーマンによるカント批判に共鳴しながら「認識の言語的本質」を語ることによって、言語においてこそ何かが真に経験されることを示そうとしている。ただし、ここで言語とは、概念を表わす記号では断じてなく、遭遇する事物や他人に呼応するなかで自己を形成する、生成の相にある媒体にほかならない。まさにそのような「媒体(メディウム)」としての言語の本質が、「来たるべき哲学のプログラムについて」のおよそ一年前に書かれた言語論「言語一般および人間の言語について」(一九一六)のなかで探究されているのだ。では、この経験の場をなす言語についての省察は、言語そのものをどのように照らし出しているのだろうか。

4——名としての言語の理論

ベンヤミンの思考を貫くのは言語哲学である。書くことによって生きた彼は、みずからが書き記す言葉をその本質まで突き詰めながら、そこに宿る力を発揮させる回路を探り続けていた。そのような彼の思考こそ、哲学としての独自性を呈するものと言えるが、その最初の足跡が、先に触れた「言語一般および人間の言語について」である。ショーレムに宛てた書簡を書き変えるかたちで書かれたこの初期の言語論は、生前に公刊されることはなく、ごく限られた友人のあいだで回覧されただけであったが、ベンヤミンにとって、言語とその可能性を考える際に繰り返し立ち返るべき理論を提示するものであり続けた。その理論は、基本的に「名」から言語そのものを捉えるものと言えるが、そのモティーフは、晩年の歴史哲学的な著作にも現われる。そして、この理論のうちには、今日「情報化」とともにさらに進行している言語の手段化に対する根底的な批判が込められていることも忘れられてはならない。

第一次世界大戦のさなかに書かれた「言語一般および人間の言語について」のなかで、言語は原初的に、情報伝達の手段として機能するのではなく、「媒体」としてつねに生成しつつあると述べるとき、ベンヤミンの念頭にはまず、空虚な言葉が戦争遂行のプロパガンダの道具として使われている状況があった。その前提となるのが言語の手段化であるが、そこに彼は言語の危機を見て取っている。カントが認識のモデルとした科学による世界の合理化の進展が意味するのは、記号としての言葉によって世界が覆われていくことであるが、その網目が稠密になればなるほど、言葉そのものは、実質的には何も語らなくなるのだ。言葉が、外在的かつ恣意的に一定の情報を指示する記号と化していくなか、この初期言語論のなかに繰り返し引かれるセーレン・キルケゴールの「お喋り」(『現代の批判』)という語が言い当てる、記号の空虚な喧騒だけが独り歩きする。それとともに人は何も経験できなくなり、その現実は崩壊していく。

そのような危機と向き合いながら、ベンヤミンは言語そのものが、真に何かを語る言葉の姿で生じてくる出来事に目を向ける。このとき、言語は手段ではなく「媒体」として捉えられるのである。彼は、言語が媒体であることを、ドイツ語の再帰動詞やフランス語の代名動詞に痕跡を残す、ギリシア語などの動詞の中動態から着想を得ながら考察している。言語とは「中動態にあるもの(ダス・メディアーレ)」(II/142)なのだ。中動態とは、言語学者のエミール・バンヴェニスト(『一般言語学の諸問題』)らが論じるところによれば、主語となるもの自身が変化ないし生成する出来事を表わす動詞の態である。それゆえ、言語が中動態にあるとは、自己自身を生成させて言語の姿を取る、具体的には、個々の言葉となる出来事であるということにほかならない。つまり、言語とは媒体であるというベンヤミンの洞察は、自己自身が直接に語り出される出来事そのものであるという、言葉の存在の核心を見抜くものなのである。

したがって、言語とは、「それによって(デゥルヒ)」何かを間接的に伝える記号ではなく、「みずからにおいて(イン)自己を伝える」媒体である。このとき言語は、「名(ナーメ)」であることを本質として真に何かを語る。「名こそ、言語の最も深奥の本質である」(II/144)。ただし、ベンヤミンが言語の本質と考える「名」の概念は、事物の「名前」として固定された語のあり方としてではなく、「名づける」働きから理解されなければならない。彼は、神が世界を名そのものであるような言葉(ロゴス)をもって創造し、その言葉を人間に吹き込んだと聖書を解釈する。そして、最初の人間アダムが地上の被造物を名づけたと「創世記」に書かれていることを念頭に、人間の言語を「名づける言語」(II/143)と規定しているのである。では、名づけるとはどういうことか。このことを論じる際に、ベンヤミンは新生児の命名を重視している。彼によれば、固有名を与え、呼ぶ場面において、人間の言語は、神の言葉と境を接しているのだ。そのとき、言語の名という本質が地上に具現するのである。

両親が子どもに与える名は、唯一無二の名として、子どもの誕生を世界の出来事として証し立てる。それとともに両親の前に、子どもとともに生きる世界が開かれるのだ。そのように、子どもの特異な存在を現実として語り出す名は、その存在に向かうなかで、おのずと一つの言葉となり、この子どもに語りかけられる。ベンヤミンによれば、このとき言語は、媒体として生成するなかで、神から授けられたとされる創造力を発揮しているのである。そこに言語の名という本質が実現しているとすれば、言語そのものは、一定の情報を伝達する記号として機能する以前に、人や事物の存在を肯定し、それを証言する言葉として絶えず新たに生まれていることになる。しかも、その言葉は、それ自体一つの呼びかけとして自己自身を伝えている。それは、「一つの伝達可能性そのもの」(II/145)を伝えているのだ。

このように、言語はその本質において名であると考えるとともに、人間の言語におけるその具現を、固有名を命名する働きに見るベンヤミンの言語哲学は、個々の言葉が一般概念の記号として抽象性ないし否定性——人や事物を対象化し、一般概念で同定するとき、その個としての特異な存在は否定されざるをえない——を帯びる以前に、誕生の初めにおいて、肯定性と創造性を発揮しながら、人や事物の存在を証し立てることを浮き彫りにしている。しかも、それによって言語の存在の根拠にも触れていよう。そもそもなぜ言葉が発せられるのか。それは、他の人や事物の存在に、その存在の驚異に応えようとするからであり、同時に未だ開かれていない、これらと呼応し合う回路を開こうとするからである。言語とは名であるというベンヤミンのテーゼは、言葉が原初的に自己自身を賭けた呼びかけであることを指摘しながら、言語そのものは、けっして同類のあいだの「コミュニケーション・ツール」の機能に還元されるものではなく、むしろ異質で共約不可能なものたちのあいだで呼び交わされる言葉として、つねに新たに生まれていることも指摘しているのだ。だからこそ言語は、「万物照応」にも開かれた豊饒な経験の媒体をなすのである。

5——翻訳としての言語

ただし、ここで確認しておくべきは、名を本質とする言葉として語り出されるとき、人間の言語は、神の言葉とは異なって、人や事物それ自身を無から創造することはないことである。この点で人間の言語は、神の言葉から分かたれる。ベンヤミンによれば、人間の言語はあくまで、「事柄がみずからをどのように人間に伝えるかに基づいている」(II/150)のであり、それゆえ人間の発語とは、受容と自発性が一体になった応答である。呼びかけはすでにして応答なのだ。しかもこのとき、未だ言葉になっていない他の人や事物の言語が、もう一つの言語のうちに聴き出される。したがって、地上において言葉が発せられるという出来事は、すなわち媒体としての言語の存在は、それ自体として「翻訳（ユーバーゼッツング）」である。この翻訳が、それぞれ異質な言語の呼応し合う関係を築いていくのだ。「言語一般および人間の言語について」において、「翻訳の概念を言語理論の最深の層において基礎づける」(II/151)ことが要請される所以である。

言語という出来事を形づくるのは翻訳である。そして、ここで言う翻訳とは、一般的に「翻訳」ということで考えられている、二つの言語がそれぞれ統一体としてあることを前提とした、「外国語」を解さない人のための補助手段ではない。ベンヤミンが言語の存在の深奥に見届ける翻訳は、言語自体の生成の過程で、それぞれの言語を最初に、かつ他の言語との呼応関係において形成するのだ。他の言語に応えるもう一つの言語を構成する翻訳が最初にある。とすれば、翻訳を「補助手段」と見る際に前提とされる二つの言語の区別自体、翻訳によって初めて分節されることになる。このように、言語の存在を不断の翻訳と考えることで、ベンヤミンの言語哲学は、言語を自己産出の活動において捉えるフンボルトの言語哲学をさらに徹底させつつ、「語るとは翻訳することである」(『美学提要』)とするハーマンの思考とも呼応する。それはさらに、言葉の語り手が、「準拠の極なき、起源の極なき、出発の言語なき翻訳」としての「絶対的翻訳」のなかへ投げ出されているとする、ジャック・デリダの洞察をも先取りしていよう。[06] そして、デリダも述べているように、翻訳とともにつねに新生を遂げる言語にとって、「メタ言語」はありえないのである。

ところで、ベンヤミンが「言語一般および人間の言語について」のなかで、名を本質とする言語の生成の出来事として論じている翻訳は、楽園にあっては「名なきものを名へ翻訳する」(II/151)ものであったという。それは言葉なきものからその言葉を聴き出し、「万物照応」を生きながら世界を言葉で満たしていた。しかし、聖書において楽園追放とバベルの塔の建設が象徴する堕罪の後、人間の言語は、生き生きと呼応する言葉であることから離反し、無数の言語に分散してしまった。しかも、それとともに言語は、名という本質を見失った、仲間内の意思疎通の手段に堕し、抽象的な概念の記号に硬直してしまっている。「言語精神の堕罪」以後の人間は、このような言語を習い覚えているところから、言葉を話しているのだ。そのようなバベル以後の世界のただなかで、言語自体の生成の運動を賦活し、その呼応する力を呼び起こす可能性を、ベンヤミンは「翻訳者の課題」(一九二一)のなかで、詩的作品の翻訳のうちに探っている。[07]

「翻訳者の課題」は当初、ベンヤミンが編集する雑誌『新しい天使』の創刊号に掲載されるはずだったが、雑誌が発刊に至らなかったために、結局彼の翻訳によるボードレールの「パリ情景」（詩集『悪の華』の一部）の独仏対訳版の序文として、一九二三年に公刊されている。この翻訳論においてベンヤミンは、翻訳を、「言語のあいだの内的な関係を表現するのにとくに合目的的」（IV/12）な働きと規定している。翻訳は、「外国語」の言葉を「母語」で理解できるようにする操作ではない。この操作のうちにある意訳は、彼によればむしろ、とくに詩的作品の翻訳においては劣悪なものである。彼が「翻訳者の課題」において「純粋言語」と呼ぶ、名そのものであるような創造的な言語であることへ向けた、言語どうしの相互補完的で共鳴し合う——「原作の谺（こだま）」を響かせることが「翻訳者の課題」なのだ——関係を示すために、むしろ翻訳は、「字句通りであること（ヴェルトリヒカイト）」を旨としなければならないのである。

ベンヤミンによると、字句通りに翻訳するとは、異なった言語で書かれた、翻訳者の言語にとっては異質な表現の細部に、統辞法（シンタクス）に至るまで、愛をもって寄り添うことである。そのような文字に対する忠実さによって、たしかに翻訳する言語は軋み、意味の理解を寸断する訳文が出来上がるにちがいない。しかし、「母語」の動揺のなかに原作が反響し、原作の「死後の存続」の新たな段階が刻まれるとき、翻訳する言語も、情報伝達の手段としての体系から解き放たれながら、「純粋言語」へ向けた生成の運動を、他の言語と呼応しながら再び活性化させる。こうして言語が、記号の意味から自由になりながら、それ自身の息吹を取り戻すために、「翻訳者は、固有の言語の朽ちた柵を打ち破る」（IV/21）のだ。まさにこのことが、個々の言語の表現可能性を拡げる。ベンヤミンの翻訳論は、言語という出来事自体を翻訳と考えるとともに、バベル以後の世界における翻訳において、個々の言語に、異質なものを文字のうちに迎え入れる歓待性を発揮させることが、言語を——「母語」の観念を越えて——その可能性において見つめ直させることを示しているのである。[08]

6——アレゴリーの理論と美学

ベンヤミンの思考は、このように詩的作品を翻訳することのうちに、言語がその生成のダイナミズムを取り戻す余地を切り開く一方で、『ドイツ悲劇の根源』では、一種の記号としても機能する寓意的形象（アレゴリー）が、自己自身を伝える言葉に反転する可能性を追求している。ドイツのバロック期の悲劇（トラウアーシュピール）——これは文字通りには「哀しみの劇」である——を論じたこの著作において、彼はとくにそれを形づくるおびただしいアレゴリーに注目し、その言語的表現としての潜在力を汲み出そうとするのである。それまでドイツのバロック悲劇が文学史から無視されてきたのとパラレルなかたちで、アレゴリーは、表現としては蔑視されてきた。象徴（シンボル）が、超感性的な理念を具体的な形象の全体において生き生きと表現するのに対して、アレゴリーは、球に乗った女神が「運命」を表わすような寓意画（エンブレム）が典型的に示すように、形象を硬直させ、抽象的な概念と恣意的に結びつけるものでしかないというのだ。このような通念に抗して、まさに象形文字（ヒエログリフ）のように石化する瞬間に、アレゴリーは、象徴とは異なった独特の内発的な表現と化すとベンヤミンは論じている。

ベンヤミンによれば、三十年戦争（一六一八〜四八年）をはじめとする宗教戦争などによる世界の荒廃を目の当たりにしていたバロックの悲劇詩人たちは、「哀しみ（トラウアー）」のなかからアレゴリーを産み出している。この世のすべてに儚さが刻印されているのを見通しているからこそ、アレゴリーが指し示す意味の永遠性に執着するのだ。ただし、このとき詩人たちは、言語を寸断し、言葉を徹底的に断片化することによって、アレゴリーを作っている。そうして破片に破片を積み重ねることによって、廃墟が現出すると同時に、個々のアレゴリーも、その文字としての空間性と物質性を主張し始める。たしかにアレゴリーは、特定の形象を概念と恣意的に結びつけるところに生まれるが、バロック悲劇においてそれは、やがて言葉の欠片ないし骸骨として、記号としての意味を剝落させながら、一つの像であるような文字として、「勝ち誇ったかのように」（I/401）自己自身を剝き出しにするのだ。しかも、それはみずからの「髑髏の相貌」に、ベンヤミンが「自然史（ナトゥーアゲシヒテ）」と呼ぶ歴史、すなわち死を刻印された自然として現われる、いかなる救済も知らない歴史を浮き彫りにしているのである。

「バロック悲劇とともに歴史が舞台の上に入り込んでくるとき、歴史は文字として登場する」（I/353）。このとき、アレゴリーとしての文字は、仮借のない衰滅の過程に巻き込まれたものを、儚さのままに掬い取っている。こうして、名という言語の本質をも想起するアレゴリーであるが、その姿が、文字自体の物質的な存在と、記号としての機能とのあいだの緊張の上に成り立っていることは、忘れられてはならない。しかも、その文字としての姿は、言葉の自然な流れを遮断し、言語を破壊することによって構成されたものである。とすれば、彼のアレゴリーの理論は、現代の詩的創造に通じるかたちで、言語の批評的解体のなかから詩的言語を創造する可能性を指し示してもいよう。ただし、『ドイツ悲劇の根源』におけるベンヤミンの力点は、アレゴリーという引き裂かれた「文字像」のうちに、「自然史」としての歴史が浮かび上がる点に置かれている。そして、緊張を孕んだ「像」としての言葉を媒体に歴史を描くというモティーフは、後年の歴史哲学にも引き継がれることになる。

したがって、ベンヤミンのアレゴリーの理論は、彼の言語哲学と歴史哲学の結節点をなしている。さらにその理論は、これらと美学の接点をも示している。この美学に含まれるのはまず、彼がすでに「ゲーテの『親和力』」（一九二二）で繰り広げていた仮象批判である。それは『親和力』論では、「美しい仮象（シャイン）」の呈する調和的な全体が、「宥和の仮象」、すなわち見せかけの和解を表わしながら、結局は神話の運命的な力に服従するものにすぎないことを見抜き、『ドイツ悲劇の根源』では、世界の廃墟の相を見据えつつ、象徴の「有機的な総体性」を打ち砕くのである。「像の象徴的な美しさは、神学の光が当たると雲散霧消してしまう。総体性という偽りの仮象は消え去ってしまうのだ」（I/351）。このような仮象批判は、さらに「複製技術時代の芸術作品」における「アウラ」を帯びた全体としての形象の批判にも結びついている。ベンヤミンによれば、人間の知覚経験の歴史的変質と複製技術の浸透によって、「遠くにあるものの一回的な現われ」（I/479）を告げる「アウラ」そのものが凋落している以上、それを帯びた全体など、大衆の動員のために捏造されたスペクタクルでしかありえない。ファシズムは、最新の技術を駆使してそれを利用するのである。

芸術作品が伝統のなかで礼拝され、保存されてきたことを、一回的な今ここで作品の「礼拝価値」とともに示してきた「アウラ」は、真正なオリジナルとそのコピーが区別されえない映像や録音が生活世界を覆い、作品の「展示価値」のほうが優勢になる複製技術の時代には衰滅せざるをえない。そのことは同時に、断片的な情報への即座の反応によって織りなされる都市生活が示すように、知覚経験そのものが、瞬間ごとの「ショック防御」に寸断されて「気の散った」ものになり、伝統から切り離されてしまっていることを意味している。体験を物語に落とし込むなかでみずからの経験にし、それを他者と交換することで伝統を形成する力が、人間から決定的に失われてしまっているのだ。ベンヤミンは、こうした「経験の貧困」を前にして、それを嘆き、「真の経験」への郷愁に浸ろうとはしない。むしろ、「経験の貧困」のうちに踏み止まり、現代の生活世界に遍在する「触覚的」な「ショック」のただなかに、何かを経験する可能性を探っている。そして、彼にとってその可能性を大衆社会の初期において体現していたのが、「現代性（モデルニテ）」の詩人ボードレールであった。

ベンヤミンによると、ボードレールの詩作を貫くのは「ショックの経験」である。その経験は、不断の防御反応とも言うべき群衆の「ショックの体験」とは峻別される。この「十九世紀のアレゴリー詩人」は、都市生活のショックをありのままに身体に刻み込むことをつうじて、マルセル・プルーストが創作の源泉とした「無意志的記憶（メモワール・アンヴォロンテール）」のうちにそれが回帰してくるのを、「破局の形象」をなす詩句に定着させているのだ。そのように「ショックの経験」を「芸術活動の核心に据えた」（I/616）ボードレールは、最新の「モード」の華やかさの裏で、人と物が絶えず使い捨てられていく「恒常的な破局」を都市の内部に見届けながら、儚く消え去ろうとするものを、「アウラ」なきアレゴリーのうちに掬い上げているのである。ただし、そうした彼の詩作の本質をなす経験そのものは、けっして詩人の独占物ではない。「無意識の織り込まれた空間」を現出させる映像のモンタージュによって構成されることで、ショックの作用を全面的に解き放った映画を見ることは、大衆にとって、ショックを潜り抜けるような知覚経験の「練習」でありうる。「複製技術時代の芸術作品」とその周辺の著作で展開されるベンヤミンの「感覚的知覚の理説」としての美学は、「進歩」の夢からの「目覚め」をも引き起こしうる感性的経験を、新たな芸術の動向を見据えつつ探究するものなのだ。そして、彼は同時期に、この覚醒の経験のうちにある「想起(アインゲデンケン)」を起点として描き出されるもう一つの歴史、「根源史」の可能性も探究しているのである。

7――歴史哲学

近代の「進歩」史観の批判と緊密に結びついたベンヤミンの歴史哲学の萌芽は、すでに青年運動期の演説「学生の生活」(一九一四)に見られるが、それが理論化されるのは、パリのパサージュから「十九世紀の根源史」を浮かび上がらせる書物として構想された『パサージュ論』の方法論的考察においてである。[09] とくに「N 認識論に関して、進歩の理論」の表題の下にまとめられた覚え書きをはじめ、『パサージュ論』のための理論的な覚え書きは、プルーストが語った「無意志的記憶」から歴史そのものを捉え直そうとするベンヤミンの思考の消息を伝えているが、彼によるとそれは「歴史観のコペルニクス的転回」をも招来させる。歴史主義をはじめ、従来の歴史観は、恣意的な回想によって過去の事実を現前化し、それを選別してひと続きの物語を作り上げる。そうした行き方が、死者の記憶の簒奪と、「歴史」を手にしうる現在の支配者の立場に同一化する大勢順応主義(コンフォーミズム)とに結びつくことを批判しながら、ベンヤミンは、過去が突如として思い起こされる「非随意的想起」から、従来の「歴史」が排除してきた記憶にも開かれた、新たな歴史の概念を構想するのである。

この「非随意的想起」のうちにあるのは、未知の過去との遭遇である。例えば、「進歩」の過程で忘れ去られた出来事の痕跡を目の当たりにする瞬間、あるいはこれまで「歴史」が抑圧してきた記憶が証言されるのが耳に入る瞬間、時に戦慄とともに立ち止まらせられる。ベンヤミンによると、そこにあるのは、過去と現在が一つの「布置(コンステラツィオーン)」を形づくるのに立ち会う「思考の静止」である。さらに、この静止した瞬間に、「進歩」をはじめとする「時代の夢」からの覚醒も生じているという。夢からの「目覚め」とともに、「進歩」の精華を誇ってきた文物も、きらびやかな輝きを失って廃墟と化し、「文化財」と顕彰されてきたものも、「野蛮の記録」であることを露わにする。こうして、現在の空間が過去の回帰する場へ変貌するなかで、「かつてあったもの」こそが「覚醒した意識の閃く場」（V/490）となる。従来の「歴史」の他者であるような過去に目が開かれ、それが今に語りかけてくるのに耳が開かれるのだ。それとともに、過去は未完結となって甦ってくる。その瞬間を捉えて想起を「像」に結晶させるのが、新たな歴史の課題にほかならない。

このように、「非随意的想起」に基づいて、また「像」を媒体として「根源史」を構成するという『パサージュ論』の方法論的構想は、ベンヤミンの遺稿となった「歴史の概念について」（一九四〇）のテーゼに引き継がれることになる。ナチス・ドイツとソビエト連邦の相互不可侵条約の締結、第二次世界大戦の開戦と続く破局的な情勢を見据えつつ、それに抗う思考の枠として書かれたそのテーゼの一つは、レオポルド・フォン・ランケに由来する歴史主義のモットーを否定しつつ、過去の記憶が不意に甦ってくるのを捉えるところに、新たな歴史の在り処を見ている。「過ぎ去ったことを歴史としてはっきりと言い表わすとは、これを『もともとあったとおりに』認識することではない。それは危機の瞬間に閃くままに、一つの回想を捕らえることを言う」（I/695）。この一節で注目されるのは、過去と遭遇する瞬間が、「危機の瞬間」と規定されていることである。この瞬間を「認識が可能となる今」と捉えなければ、その過去は忘却に委ねられ、死者も生者も「支配階級の道具」にされてしまう。だからこそベンヤミンは、先に引いた一節に続いて、「危機の瞬間に思いがけず立ち現われてくる、そのような過去の像をしかと留めておくこと」の重要性を強調するのである。

それゆえ歴史を語るとは、まずは「自分自身の時代が過去のきわめて特定の時代とともに入り込んだ布置を摑む」（I/704）ことにほかならない。それは、「非随意想起」を起点としながら、今ここで遭遇した過去の出来事を拾い出し、これまでの忘却に抗して、その記憶を呼び覚ますことである。このことは同時に、従来これこそ「歴史」とされてきた物語の連続性を破壊することでもある。歴史を構成するとは、「今という時が充満した過去を、歴史の連続をこじ開けて取り出す」（I/701）ことであり、「『構成』は『破壊』を前提とする」（V/587）のである。ベンヤミンは、そのように既存の「歴史」の批判的解体をつうじて新たに歴史を語ることを、『パサージュ論』のための覚え書きのなかで、一つの言葉をもとの文脈から引き剝がして取り出す「引用」になぞらえている。「歴史を書くとは、すなわち歴史を引用（ツィティーレン）することである」（V/595）。彼はさらに、「引用する」ことを意味するドイツ語の動詞が、「呼び出す」ことも意味することを念頭に、「歴史の概念について」のテーゼにおいては、「救済された人類にして初めて、その過去がどの瞬間でも呼び出せる（ツィティールバー）ようになっている」（I/694）と述べている。「歴史を引用する」とは、一つの出来事をその名で今ここに呼び出すことにほかならない。

したがって、既存の「歴史」の破壊をつうじて新たな歴史を構成する媒体をなす「像」とは、第一義的には、一つひとつの出来事をその名で呼び出す言葉である。この言葉は、彼が初期の言語論で論じた「名」という言語の本質をみずからのうちに甦らせながら、ある特異な出来事を名づけ、その記憶を今に呼び覚ます。そうして出来事の存在を証し立てる「名」であるとき、「像」は「過去の真の像」として立ち現われるわけだが、それがけっして自己完結を装う形象ではないことには留意しておかなければならない。ベンヤミンが語る「過去の像」とは、過去と現在が時の断絶の上で一つの「布置」を形成する、静止した瞬間における想起の結晶であり、それは両者の飛躍を含んだ関係の上に成り立っている。この「像」は何よりもまず、彼の言う「静止状態にある弁証法」、すなわち過去と現在双方の変貌をもたらしながら、けっして止揚されることのない緊張関係を体現しているのだ。だからこそ、この「像」において、過去はけっして完結することはなく、むしろつねに新たに想起されうるし、それとともに現在が新たに照らし出される。ベンヤミンは、このように絶えず更新される歴史認識の媒体をなす「弁証法的像」のかたちで、「進歩」の過程で捨て去られた「歴史の屑」を拾い上げて、名もなき者たちに捧げられるべき歴史を構成しようとしたのである。

このような、もう一つの歴史へ向けたベンヤミンの思考が、「歴史の概念について」のなかで「歴史の天使」の像に結晶している。この天使は、戦慄とともに「進歩」の歴史の残骸の前に立ち止まり、その歴史を貫く破局へ眼差しを向ける。そして、現在に留まって、瓦礫を一つひとつ継ぎ合わせ、死者を一人ひとり呼び覚まそうとするが、翼が「進歩」の嵐に煽られ、やがて天使は未来へ追いやられてしまう。たしかに、そのような天使の無力さが示すように、「抑圧された者たち」に応える歴史の構成が、全面的な救済に結びつくことはない。ベンヤミンは、ギリシア教父オリゲネスに由来する「万物復興（アポカタスタシス）」という言い方で、すべての過去が救い出されるところに真の救済があることを暗示しているが、それは人間の手では成し遂げられない。しかし、彼の歴史哲学は、こうしたメシア的な救済の神学的理念を抱きつつ、未知の過去と遭遇するなかで、その過去の求めに応えて「微（かす）かなメシアの力」を発揮させるところに、死者とともに生きる道が開かれることも示している。

歴史の傷痕であるその痕跡を辿り、出来事の記憶を呼び覚ましながら、死者をその名で呼ぶことが一つの「像」を結ぶとき、この「像」としての言葉のうちに、死者とともに生きる場が、死を強いる歴史に対する抵抗の拠点として開かれる。今や歴史を語るとは、ここにある「過去とともにある唯一無二の経験」（I/702）のなかで、死者とともに生きることを深く肯定しつつ、破局の歴史を中断しようとする――この歴史の中断こそが「革命」であるという――ことなのだ。ベンヤミンの哲学は最終的に、名という言語の肯定的な本質を分有する言葉を、死者にも呼応しながら、新たな歴史を語る言葉として見いだしつつ、青年期から一貫してその可能性を問い続けてきた、生きること自体を形づくる「照応（コレスポンデンス）」の経験の場を、想起に基づく新たな歴史のうちに見届けているのである。

註

01 Gershom Scholem, *Walter Benjamin – die Geschichte einer Freundschaft*, Frankfurt am Main: Suhrkamp, 1975, S. 77. 日本語訳：ゲルショム・ショーレム『わが友ベンヤミン』野村修訳、晶文社、一九七八、七七頁。

02 Theodor W. Adorno, »Charakteristik Walter Benjamins«, in: *Über Walter Benjamin*, Frankfurt am Main: Suhrkamp, 1970, S. 21. 日本語訳：テオドール・W・アドルノ「ベンヤミンの特性描写」、『ヴァルター・ベンヤミン』大久保健治訳、河出書房新社、一九九一、二一頁。

03 神話との対決という観点からベンヤミンの思考を特徴づけた重要な研究として、以下のものがある。Winfried Menninghaus, *Schwellenkunde: Walter Benjamins Passage des Mythos*, Frankfurt am Main: Suhrkamp, 1986. 日本語訳：ヴィンフリート・メニングハウス『敷居学――ベンヤミンの神話のパサージュ』伊藤秀一訳、現代思潮新社、二〇〇〇。森田團『ベンヤミン――媒質の哲学』水声社、二〇一一。

04 比較的新しい資料に基づいてベンヤミンの生涯を詳述した伝記として、以下のものがある。Momme Brodersen, *Spinne im eigenen Netz: Walter Benjamin Leben und Werk*, Darmstadt: Wissenschaftliche Buchgesellschaft, 1990; Howard Eiland and Michael Jennings, *Walter Benjamin: A Critical Life*, Cambridge and London: The Belknap Press of Harvard University Press, 2014.

05 ベンヤミンの著作からの引用については、項目末の主要著作一覧を参照されたい。

06 Jacques Derrida, *Le monolinguisme de l'autre: ou la prothèse d'origine*, Paris: Galilée, 1996, p. 117. 日本語訳：ジャック・デリダ『たった一つの、私のものではない言葉――他者の単一言語使用』守中高明訳、岩波書店、二〇〇一、一一六頁。

07 このようなベンヤミンの言語哲学を、ドイツの言語哲学の伝統とデリダの脱構築的な言語理論の双方を視野に納めつつ論じた先駆的研究に、以下のものがある。Bettine Menke, *Sprachfiguren: Name – Allegorie – Bild nach Benjamin*, Weimar: Verlag und Datenbank für Geisteswissenschaften, 2001. また、「言語一般および人間の言語について」の詳細な読解に基づいて、ベンヤミンの言語哲学の内実を解きほぐし、その射程を明らかにする論考に、以下のものがある。細見和之『ベンヤミン「言語一般および人間の言語について」を読む――言葉と語りえぬもの』岩波書店、二〇〇九。なお、以下の拙著は、初期言語論の読解を基盤に、先に触れたデリダの言語哲学との関連も視野に入れながら、ベンヤミンの言語哲学を、歴史哲学に至るまで彼の哲学を一貫するものとして論じている。柿木伸之『ベンヤミンの言語哲学――翻訳としての言語、想起からの歴史』平凡社、二〇一四。

08 ベンヤミンの「翻訳者の課題」を解釈しながら、このような翻訳の可能性に触れた論考に、以下のものがある。Antoine Berman, *La traduction et la lettre ou l'auberge*

du lointain, Paris: Seuil, 1999. 日本語訳：アントワーヌ・ベルマン『翻訳の倫理学――彼方のものを迎える文学』藤田省一訳、晃洋書房、二〇一四。

○09 この方法論を含めた『パサージュ論』の構想を検討することで、ベンヤミンの「根源史」の試みを、現代の大衆文化の歴史的批判を視野に入れつつ救出した先駆的研究に、以下のものがある。Susan Buck-Morss, *The Dialectics of Seeing: Walter Benjamin and the Arcades Project*, Cambridge: The MIT Press, 1989. 日本語訳：スーザン・バック＝モース『ベンヤミンとパサージュ論――見ることの弁証法』高井宏子訳、勁草書房、二〇一四。

主要著作

ベンヤミンの完結した著作全集として、現在以下のものが出版されている。本文での引用も、この全七巻の著作全集に基づいている。引用に際し、括弧内に全集の巻数をローマ数字で、頁数をアラビア数字で記した。

▼*Walter Benjamin Gesammelte Schriften in sieben Bänden*, unter Mitwirkung von Theodor W. Adorno und Gershom Scholem herausgegeben von Rolf Tiedemann und Hermann Schweppenhäuser, Frankfurt am Main: Suhrkamp, 1972–1989.

主要著作の日本語訳として現在最も簡便なのが、山口裕之編訳『ベンヤミン・アンソロジー』（河出書房新社、二〇一一）である。これに収録されている著作を、以下に成立年代順に挙げる。

▼»Über Sprache überhaupt und über die Sprache des Menschen« in: *Gesammelte Schriften* (*GS*) Bd. II, 1977.「言語一般および人間の言語について」（一九一六）

▼»Das Theologisch-politische Fragment«, in: *GS* Bd. II.「神学的＝政治的断章」（一九二〇／二一）

▼»Zur Kritik der Gewalt«, in: *GS* Bd. II.「暴力批判論」（一九二一）

▼»Die Aufgabe des Übersetzers«, in: *GS* Bd. IV, 1972.「翻訳者の課題」（一九二一）

▼»Karl Kraus«, in: *GS* Bd. II.「カール・クラウス」（一九三〇／三一）

▼»Lehre vom Ähnlichen«, in: *GS* Bd. II.「類似したものについての理説」（一九三三）

▼»Über das mimetische Vermögen«, in: *GS* Bd. II.「模倣の能力について」（一九三三）

▼»Über einige Motive bei Baudelaire«, in: *GS* Bd. I, 1974.「ボードレールにおけるいくつかのモティーフについて」（一九三九）

▼»Das Kunstwerk im Zeitalter seiner technischen Reproduzierbarkeit« (Dritte Fassung), in: *GS* Bd. I.「複製技術時代の芸術作品」（第三稿、一九三九）

▼»Über den Begriff der Geschichte«, in: *GS* Bd. I.「歴史の概念について」（一九四〇）

上記以外の主要著作とその日本語訳として、以下のものがある。

▼*Der Begriff der Kunstkritik in der deutschen Romantik*, in: *GS* Bd. I.『ドイツ・ロマン主義における芸術批評の概念』（一九一九）浅井健二郎訳、筑摩書房、二〇〇一。

▶»Goethes Wahlverwandtschaften«, in: *GS* Bd. I「ゲーテの『親和力』」(一九二一／二二)浅井健二郎編訳、久保哲司訳『ベンヤミン・コレクション一——近代の意味』筑摩書房、一九九五、所収。

▶*Ursprung des deutschen Trauerspiels*, in: *GS* Bd. I.『ドイツ悲劇の根源』(一九二五)浅井健二郎訳、筑摩書房、一九九九、『ドイツ悲哀劇の根源』岡部仁訳、講談社、二〇〇〇。

▶*Einbahnstraße*, in: *GS* Bd. IV.『この道、一方通行』(一九二六)細見和之訳、みすず書房、二〇一四。

▶»Berliner Chronik«, in: *GS* Bd. VI, 1895.「ベルリン年代記」(一九三二)浅井健二郎編訳『ベンヤミン・コレクション六——断片の力』筑摩書房、二〇一二、所収。

▶*Deutsche Menschen: Eine Folge von Briefen*, in: *GS* IV.『ドイツの人びと』(一九三二)丘沢静也訳、晶文社、一九八四。

▶»Das Paris des Second Empire bei Baudelaire«, in *GS* Bd. I.「ボードレールにおける第二帝政期のパリ」(一九三八)野村修編訳『ボードレール——ベンヤミンの仕事二』岩波書店、一九九四、所収。

▶»Berliner Kindheit um neunzehnhundert« (Fassung letzter Hand), *GS* Bd. VII, 1989.「一九〇〇年頃のベルリンの幼年時代」(最終稿、一九三八)浅井健二郎編訳『ベンヤミン・コレクション三——エッセイの思想』筑摩書房、一九九七、所収。

▶*Das Passagen-Werk*, *GS* Bd. V, 1982.『パサージュ論』(全五巻)今村仁司、三島憲一他訳、岩波書店、二〇〇三。

ベンヤミンの著作の日本語訳に関して言えば、浅井健二郎編訳『ベンヤミン・コレクション』全七巻(筑摩書房、一九九五〜二〇一四)で、上記の著作の多くを含むほとんどの著作の翻訳を読むことができる。また、精選された著作の翻訳により一つのベンヤミン像を提示した野村修編訳『ベンヤミンの仕事』全二巻(岩波書店、一九九四)も、忘れられないアンソロジーである。そして、道籏泰三編訳『来たるべき哲学のプログラム』(晶文社、一九九二)は、一九一七年に書かれた「来たるべき哲学のプログラムについて」(»Über das Programm der kommenden Philosophie«, in: *GS* Bd. II)をはじめとする初期の著作や断章の集成として、きわめて重要である。

なお、現在ベンヤミンの著作と遺稿の以下のような批判版全集が刊行されつつある。

▶*Walter Benjamin Werke und Nachlaß: Kritische Gesamtausgabe*, herausgegeben von Christoph Gödde und Henri Lonitz in Zusammenarbeit mit dem Walter Benjamin Archiv, Frankfurt am Main/Berlin: Suhrkamp, 2008–.

「手紙の人」ベンヤミンのテクストとして、書簡も非常に重要である。現在、以下の書簡全集が出版されている。

▶*Walter Benjamin Gesammelte Briefe in sechs Bänden*, herausgegeben von Theodor W. Adorno Archiv, Frankfurt am Main: Suhrkamp, 1995–2000.

この書簡全集以前に出ていた二巻本の書簡集 (Walter Benjamin, *Briefe in zwei Bänden*, herausgegeben und mit Anmerkungen versehen von Gershom Scholem und Theodor W. Adorno, Frankfurt am Main: Suhrkamp, 1966) に基づく日本語訳として、野村修編訳の『書簡Ｉ』と『書簡Ⅱ』(ヴァルター・ベンヤミン著作集第一四・一五巻、晶文社、一九七五)がある。

往復書簡集は、以下の三点が出版されている。

▼*Walter Benjamin / Gershom Scholem Briefwechsel 1933–1940*, herausgegeben von Gershom Scholem, Frankfurt am Main: Suhrkamp, 1980. ゲルショム・ショーレム編『ベンヤミン－ショーレム往復書簡』山本尤訳、法政大学出版局、一九九〇。

▼*Theodor W. Adorno / Walter Benjamin Briefwechsel 1928–1940*, herausgegeben von Henri Lonitz, Frankfurt am Main: Suhrkamp, 1994. アンリ・ローニツ編『ベンヤミン／アドルノ往復書簡』(全二巻)野村修訳、みすず書房、二〇一三。

▼*Gretel Adorno / Walter Benjamin Briefwechsel 1930–1940*, herausgegeben von Christoph Gödde und Henri Lonitz, Frankfurt am Main: Suhrkamp, 2005. クリストフ・ゲッデ、アンリ・ローニツ編『ベンヤミン／グレーテル・アドルノ往復書簡』三島憲一他訳、みすず書房、二〇一七。

〔柿木伸之〕

インガルデン、ローマン・ヴィトルト

❖Roman Witold INGARDEN　1893-1970

フッサールに師事し、現象学的美学、現象学的文学理論を打ち立てた。彼の著作は主にポーランド語で執筆されたため知名度は低かったが、『文学的芸術作品』が後のヤウス（Hans Robert JAUSS, 1921-1997）やイーザー（Wolfgang ISER, 1926-2007）らの「受容美学」理論の先駆として評価されるなど、文学理論と現象学を結びつける仕事をした。

インガルデンは一八九三年二月五日に、ポーランドのクラクフに生まれた。一九一一年にレンベルク大学でトワルドフスキー（Kazimierz TWARDOWSKI, 1866-1938）に哲学を学び、一九一二年にゲッティンゲン大学に留学し、一九一五年までフッサールに哲学を学んだ。さらにフッサールが一九一六年にフライブルク大学に転出すると、その後を追い、一九二一年に博士論文『アンリ・ベルクソンにおける直観と知性』を提出。インガルデンの回想によると、フッサールは一九一五年当時、ベルクソンについてはよく知らなかったが、ベルクソンの述べる純粋持続と自分の述べる根源的に体験された持続が近しいものであることを認めたという。この時期にインガルデンとフッサールが交わした書簡は一九六八年にマルティヌス・ナイホフ社の『現象学叢書（Phaenomenologica）』第二十五巻（邦訳『フッサール書簡集1915-1938』桑野耕三・佐藤真理人訳、せりか書房、一九八二）として公刊され、フッサールの人柄を伝える資料となっている。

その後、レンベルク大学私講師、同助教授となるが、ポーランドがナチスに占領されていた時期にはポーランドの大学が閉鎖されてしまう。終戦後、一九四五年に正教授となるが、スターリン独裁下に一九五〇年から一九五七年まで教授資格を停止されてしまう。ナチズムとスターリニズムによって迫害される東欧の知識人の苦難をインガルデンも味わったのである。その後、クラクフ大学教授として一九六三年に退官するまで哲学を講じた。一九七〇年六月十八日にクラクフで死去。インガルデンの著書は多数に及ぶが、『文学的芸術作品』（一九三一、邦訳八二）、『芸術存在論研究』（六二）、『世界の現実存在をめぐる争い』全三巻（六四－七四）、『人間論』（七二、邦訳八三）、『音楽作品とその同一性の問題』（七三、邦訳二〇〇〇）などが挙げられる。一九九二年からはマックス・ニーマイヤー社からドイツ語版の全集が刊行されている。

フッサールに師事し、敬意をもって師に接したが、哲学的な立場としてはフッサールの観念論的側面を批判する存在論的な観点をとった。インガルデンの関心は、世界の実在を意識に依拠させる超越論的観念論ではなく、実在－観念の対立に対して適切な存在論的立場を開くことにあった。全三巻からなる大著『世界の現実存在をめぐる争い』（ポーランド版四七－四八、ドイツ版六四－七四）では、「現実存在的存在論」「形式存在論」「実在的世界の因果的構造について」が論じられ、「存在様式」に応じての実在の諸相が論じられた。

インガルデンは当初からこうした存在論的関心から美学理論を

打ち立てようとしていたが、『文学的芸術作品』では「志向的対象」として独自の存在様式を備えたものとして文学作品を考察し、サルトルやプーレやスタロバンスキーらの現象学的文学論の先駆けとなると同時に、文学作品における「未規定的部分」を読者が埋めていくという考え方が、一九六〇年代ドイツでのコンスタンツ学派の「受容理論」の先駆けとなり、二十世紀の文学批評と美学理論に大きな影響を与えた。また『音楽作品とその同一性の問題』でも、志向的対象としての音楽作品の存在への現象学的理論の寄与が試みられており、彼の仕事が存在論と現象学的美学の緊密な結びつきの上に成り立っていることをうかがわせる。〔加國尚志〕

ホルクハイマー、マックス

❖Max HORKHEIMER　1895-1973

ドイツの哲学者、社会学者。いわゆるフランクフルト学派の中心的人物。一九三一年、フランクフルト大学社会研究所所長に就任。ナチスの台頭により、一九三三年から一九四四年までアメリカに亡命。亡命中も、機関誌『社会研究』の編集を通じて理論的抵抗を貫く。戦後はドイツに戻り、社会研究所を再建し、フランクフルト大学総長にも就任した。著作には、アドルノとの共著『啓蒙の弁証法』(一九四八)、『理性の腐食』(四七)、『道具的理性批判』(六七)など。カント、ヘーゲル、マルクスの影響のもと、独自の唯物論に基づいた実践的な「批判的理論」を展開した。〔飯盛元章〕

ウィニコット、ドナルド・ウッズ

❖Donald Woods WINNICOTT　1896-1971

イギリスの小児科医、精神分析家。プリマスに生まれ、裕福で恵まれた家庭環境で育つ。ケンブリッジ大学で生物学を修めてから、医学部に進学。小児科医として働くかたわら、ストレイチーによる教育分析を受け、一九三四年に分析家の資格を取得後もメラニー・クラインからスーパーヴィジョンを受けている。イギリス精神分析協会の会長を務めたこともあり、小児科医を本職としながら、イギリスを代表する分析家とみなされる。ウィニコットの理論で最も注目すべきは、その発達論あるいは母子関係論であり、彼は、母親と子どもを一体の存在とみなし、その(分離を含めた)関係のなかで、子どもの発達や病理、治療の可能性を考える(この点で内的な世界を重視するクラインと対立する)。母親は、〈抱えること〉によって子どもの環境そのものとなり、この環境が不十分である場合には、なんらかの病理につながる。子どもが母親から独立するさいに、その環境的な代理としてみずからつくりあげ、自己の万能感を錯覚によって支える「移行対象」、およびその過渡期を表わす「移行現象」も、ウィニコットの理論を代表するものである。彼は、子どもの発達、あるいは治療において、この移行対象や「遊び」がもつ重要さ、子どもの創造性を育むその役割を強調する。邦訳もある『ウィニコット著作集』をはじめ、『情緒発達の精神分析理論』や『遊ぶことと現実』ほか多数の臨床の記録が出版されている。〔八幡恵一〕

ヤコブソン、ロマン・オシポヴィチ

❖Roman Osipovich JAKOBSON 1896-1982

ロシア出身の言語学者。モスクワで生まれ、ラザレフ東洋語学院、ついでモスクワ大学で言語学や文献学を学ぶ。一九一五年に学生が主導するモスクワ言語学サークルの初代会長となる。二〇年にプラハを訪問、当地の言語学者マテジウスと会い、プラハ言語学サークルを設立する。三〇年にプラハのカレル大学で学位を取得、三三年にブルノのマサリク大学で助教授となる。ナチスドイツのチェコスロバキア侵攻にともない、デンマークやスウェーデンを経て、最終的にアメリカに亡命。ニューヨークの高等研究自由学院やコロンビア大学で言語学を教えるかたわら、ニューヨーク言語学サークルを設立、副会長となる。四九年からハーバード大学の教授を務め、五七年からはマサチューセッツ工科大学の教授も兼任する。退官後は各地で講演を行ない、執筆に専念する。

ヤコブソンは、民俗学から古代チェコ文学、音韻論、失語症、さらには詩学まで、多方面で重要な業績を残した二十世紀を代表する言語学者である。彼は、各地でさまざまなサークルをつくり、つねに中心人物として活躍しながら、言語学の領域をたえず拡張していく。プラハですでに言語の構造的な分析に着手していたヤコブソンは、アメリカで同じく亡命中であったレヴィ＝ストロースに出会い、彼の構造主義人類学に大きな影響を与えた。音韻論において、それまで最小単位であった音素を、さらに小さい「弁別素性」にわけ、また言語のもつ六つの機能を区別したことなどが、ヤコブソンの業績としてとくに知られている。そのほか、言語の類型論や情報理論にも関心を寄せ、現代の記号論にも彼の影響をみることができる。著書は論集や選集が多いが、主なものが『ロマーン・ヤーコブソン選集』(全三巻)などで邦訳されている。

〔八幡恵一〕

ショーレム、ゲルショム・ゲルハルト

❖Gershom Gerhard SCHOLEM 1897-1982

ドイツ出身のイスラエルの宗教史家。ベルリンのユダヤ系家庭に生まれる。ベルリン大学、フライブルク大学でユダヤ宗教学を学び、ヴァルター・ベンヤミンなどと交流をもつ。シオニズム運動に参加し、一九二三年、イスラエルに移住。一九三三年、ヘブライ大学のユダヤ神秘主義・カバラ学の教授に就任。一九六八年、イスラエル科学・人間性アカデミー会長に就任。著作には『ユダヤ神秘主義』(一九四一)、『カバラとその象徴的表現』(六〇)、『わが友ベンヤミン』(七五)、『ベルリンからエルサレムへ』(七七)などがある。それまでまったく無視されてきたカバラに着目し、ユダヤ神秘主義研究という新たな学問領域を創設した。ベンヤミンのほかに、マルチン・ブーバーやフランツ・ローゼンツヴァイクなどさまざまなユダヤ思想家と交流をもっていた。

〔飯盛元章〕

バタイユ、ジョルジュ

❖Georges BATAILLE 1897-1962

フランスの思想家・作家。中部フランス、オーヴェルニュ地方のビヨンに生まれ、シャンパーニュ地方のランスとエペルネーで中等教育を受けた。第一次世界大戦中の一九一六年に動員され、復員後の一九一八年にパリに出て国立古文書学校に入学。一九二二年に同校を卒業後、国立図書館の司書となる。

一九二九年に雑誌『ドキュマン』の編集長となり、一九三〇年代前半には左翼の政治活動に参加した。一九三四年から三九年まで、アレクサンドル・コジェーヴのヘーゲル講義に出席する。一九三六年には反ナショナリズムの政治団体「コントル・アタック」を結成するが、すぐに解散。その後は政治から遠ざかり、秘密結社「無頭人」と「社会学研究会」を主宰して執筆・講演活動を続けた。

やがて結核を患い、一九四三年から二度にわたってブルゴーニュ地方のヴェズレーに転地療養する。この間に批評誌『クリティック』を創刊、一九五一年にはオルレアン市立図書館長となるが、頸部動脈硬化を発症し、これが原因で一九六二年に死去。享年六十四。

バタイユは十七歳でカトリックに入信し、若い頃は熱心な信者であったが、二十代前半に信仰を棄て、その後はエロティシズムと死、「聖なるもの」と至高性といった主題をめぐって多彩な執筆活動を展開した独創的な思想家である。青年時代にミシェル・レリス、四十代になってからモーリス・ブランショと知り合い、いずれも相互に刺激しあう親しい友人となった。またミシェル・フーコー、ジャック・デリダ、ジョルジョ・アガンベンなど、後発世代にも大きな影響を与え、二十世紀の最も重要な著述家のひとりと評価されている。

偽名で出版された処女小説、『眼球譚』(一九二八)は、当時精神的均衡を失いかけていた自らの治癒のために書かれたもので、通常のポルノグラフィーの概念を越えた問題作である。健全な倫理感覚を徹底的に冒瀆し蹂躙する過激な描写には、著者の生涯を貫く侵犯的思考の萌芽がはっきりうかがえる。

思想家としてのバタイユの神髄は、トマス・アクィナスの『神学大全』をもじって『無神学大全』と総称される三部作(『内的体験』『有罪者』『ニーチェについて――好運への意志』)に集約されている。一九四三年から四五年にかけて相次いで刊行されたこれら三冊の著作は、言語化することの不可能な内面の神秘体験を言語化するという根源的な矛盾をはらんだ試みであるがゆえに難解な部分が多く、断章という形式ゆえに書物としての体系性・一貫性も稀薄であるが、ニーチェの『ツァラトゥストラ』を彷彿させるスタイルそのものが、そのまま思想家としてのバタイユの体質を反映している。

三部作の内容を要約することは困難であるが、これらの著作からうかがえるのは、彼が「主体の哲学」に立脚する西欧の近代合理主義に真っ向から異議を申し立てた思考者であるということだ。論理を越えた恍惚状態のなかで主体/客体という対立関係は消滅し、両者が融合するというのが、彼の基本的なヴィジョンであった。

他方でバタイユは、科学的・学問的色彩の濃い一連の著作群も残しており、第二次世界大戦後に書かれた『呪われた部分』はその代表である。これは「普遍経済論の試み」というサブタイトルをもつ三部作で、『消尽』という原題で一九四九年に刊行された第一巻は、「エネルギーの過剰」という視点から従来の経済学の発想を「生産」から「消費」へ、「国家」から「地球」へと根本的に転換・拡大することを目指した野心作である（第二巻『エロティシズムの歴史』と第三巻『至高性』は死後出版）。

このほか、バタイユには『空の青み』『マダム・エドワルダ』『わが母』など、特異な愛や性を主題とした小説群もある。しかし表現スタイルこそ多様であるものの、彼の著作は一貫して、理性よりは感性、調和よりは破綻、生産よりは消費、蓄積よりは蕩尽、といった志向によって貫かれている。合理的思考によっては把捉しきれない「非‐知の夜」を探索する彼の言葉は、二十一世紀に入ってもなおその強烈な喚起力を失っていない。

主要著作（著作名の後の括弧内は原著刊行年）は以下のとおりである。

『ジョルジュ・バタイユ著作集』全一五巻、生田耕作・澁澤龍彦他訳、二見書房、一九六九‐七三。

『ランスの大聖堂』（一九一八ほか）酒井健訳、みすず書房、一九九八年／ちくま学芸文庫、二〇〇五。

『眼球譚（初稿）』（二八）生田耕作訳、河出文庫、二〇〇三。

『マダム・エドワルダ　目玉の話』（一九二八、一九四二）中条省平訳、光文社古典新訳文庫、二〇〇六。

『ドキュマン』（二九‐三一）江澤健一郎訳、河出文庫、二〇一四。

『青空』（三四）天沢退二郎訳、晶文社、一九九八。

『空の青み』（三四）伊東守男訳、河出文庫、二〇〇四。

『マダム・エドワルダ』（四一）生田耕作訳、角川文庫クラシックス、一九七六。

『内的体験』（四三）出口裕弘訳、現代思潮社、一九七〇／平凡社ライブラリー、一九九八。

『有罪者』（四四）出口裕弘訳、現代思潮社、一九七一。

『ニーチェについて――好運への意志』（一九四五）酒井健訳、現代思潮新社、一九九二。

『宗教の理論』（四八頃執筆）湯浅博雄訳、ちくま学芸文庫、二〇〇二。

『呪われた部分――有用性の限界』（四九）中山元訳、ちくま学芸文庫、二〇〇三。

『エロティシズムの歴史』（五〇‐五一頃執筆）湯浅博雄・中地義和訳、哲学書房、一九八七／哲学文庫、二〇〇一／ちくま学芸文庫、二〇一一。

『至高性』（五三‐五四頃執筆）湯浅博雄他訳、人文書院、一九九〇。

『純然たる幸福』酒井健訳、ちくま学芸文庫、二〇〇九。

『非‐知　閉じざる思考』西谷修訳、哲学書房、一九八六／新訂増補版、平凡社ライブラリー、一九九九。

『文学と悪』(五七)山本功訳、ちくま学芸文庫、一九九八。
『エロティシズム』(五七)室淳介訳、ダヴィッド社、一九六八／酒井健訳、ちくま学芸文庫、二〇〇四。
『エロスの涙』(六一)森本和夫訳、現代思潮社、一九六四／ちくま学芸文庫、二〇〇一。

〔石井洋二郎〕

レーヴィット、カール

❖Karl LÖWITH　1897-1973

ドイツのミュンヘンで、ドイツ人画家である父と、ユダヤ人の母のもとに生まれる。第一次世界大戦に志願兵として従軍。一九一五年、イタリア戦線で負傷し、捕虜となる。そして、その後の三年間をジェノバ近郊の捕虜収容所にて生活する。一九年、ミュンヘン大学、フライブルク大学で生物学、人類学、社会学、哲学を学ぶ。マックス・ウェーバーの「職業としての学問」を聴講後、フッサールのもとで哲学を学ぶためにフライブルクに移る。そこで、当時フッサールの助手であったハイデガーに大きな影響を受ける。二三年、ニーチェに関する論文で学位を取得。ハイデガーを追ってマールブルクへ移ると、二八年、ハイデガーの指導のもとで、教授資格論文「人間存在の倫理」を執筆する。三三年のナチス政権成立の翌年、イタリアに出国。一九三六年から四一年までの約四年間は、九鬼周造の紹介で来日し、仙台の東北帝国大学に招聘される。この間に書かれた「ナチズムと私の生活」では、師であるハイデガーに対して厳しい批判が加えられている。四一年からはアメリカへ移住。第二次世界大戦後、五二年には、ガダマーの呼びかけによって、カール・ヤスパースの後任としてハイデルベルク大学教授に就任した。

〔中澤瞳〕

デュメジル、ジョルジュ

❖Georges DUMÉZIL　1898-1986

フランスの言語学者、神話学者。パリに生まれ、一九一六年に高等師範学校に首席で入学するが、翌年から第一次世界大戦に従軍。一九一九年に復学し、文学の教授資格を取得。ボーヴェのリセやワルシャワ大学で教え、一九二四年にフランスで博士論文を提出する。二五年からトルコのイスタンブール大学で宗教史の講座を担当、三一年にはスウェーデンのウプサラ大学でフランス語の講師となる。やがてフランスに戻って高等研究実習院に勤め、四八年に、コレージュ・ド・フランスで新たに創られた〈インド＝ヨーロッパ文明〉講座の教授に就任、七九年にはアカデミー・フランセーズの会員に選ばれる。デュメジルは、インド＝ヨーロッパ神話の比較研究——とくにその世界観を三つの階層に分類する「三機能体系」もしくは「三区分イデオロギー」——で知られる。それによれば、インド＝ヨーロッパ語族の神話の多くには、主権者である祭司(神聖性)、武力をもつ戦士(戦闘性)、豊かさを象徴する農耕民(生産性)の三つの異なる階級が、共通の原理として働いており、デュメジルはこの原理に従って、多様な神話を構造的に秩序づけようとする。神話に登場するさまざまな要素を個別に分析するのではなく、各要素の関係性や機能性に注目するこのような発想は、レヴィ＝ストロースや構造主義に対して大きな影響を与えた。著書は、博士論文である『不死の饗宴』や三部作の『神話と叙事詩』のほか多数あるが、そのうち『ミトラ＝ヴァルナ』『ユピテル・マルス・クイリヌス』『インド＝ヨーロッパ語族の三区分イデオロギー』（邦題『神々の構造』）、『ゲルマン人の神々』などが邦訳されている。〔八幡恵一〕

マルクーゼ、ヘルベルト

❖Herbert MARCUSE　1898-1979

ドイツ、ベルリン生まれ。二十歳の頃、第一次世界大戦に歩兵として出征。敗戦後、社会民主党の代議員に選出される。当時、ローザ・ルクセンブルクに強い関心をもっていたが、一九一九年、ベルリンでのローザ・ルクセンブルクとカール・リープクネヒトの虐殺によって革命の挫折を感じ、社会民主党を離れ、マルクス主義に傾倒する。一九年から二二年にかけて、ベルリン大学とフライブルク大学で学び、哲学の学位を取得。二七年にはフライブルク大学のフッサールのもとで、そして二八年から三二年にかけては、マールブルクからフライブルクへ戻ったハイデガーのもとで哲学を学ぶ。ハイデガーのもとでの最初の論文は『史的唯物論の現象学への寄与』という題で二八年に発表された。この後、三二年に教授資格申請論文『ヘーゲル存在論と歴史性の理論』を公刊した。三三年、マルクーゼはファシズムの手からジュネーブに逃れ、亡命生活を続けた。この間、ナチスに追われたホルクハイマーやアドルノらとともに研究を続けていた。激動の時代のなかで、マルクーゼの思想は発展したが、その経過は通常三つの時期に区分される。まず、ハイデガーのもと、現象学と弁証法、史的唯物論を統合しようとした時期。次に、ホルクハイマー、アドルノとの一緒に「社会研究所」のメンバーとして、批判的理論の構築作業を行なった時期、そして『理性と革命』の刊行以後、フロイト研究、マルクス主義のソビエト的形態の分析などの研究が行なわれた時期である。〔中澤瞳〕

ハイエク、フリードリヒ・アウグスト・フォン

❖Friedrich August von HAYEK　1899-1992

オーストリアの理論経済学者、政治哲学者。一九七四年、グンナー・ミュルダールとともにノーベル経済学賞を受賞。著書には、『貨幣と景気』（一九二九）、『価格と生産』（三一）、『資本の純粋理論』（四一）、『隷属への道』（四四）、『個人主義と経済秩序』（四八）、『自由の条件』（六〇）など多数のものがある。オーストリア学派の代表的な理論家の一人。貨幣的景気理論を展開し、景気安定のために貨幣の中立を維持すべきであるとした。また、徹底的な自由主義を主張し、ケインズ主義や社会主義を批判。一九四七年

に自由主義者たちの国際団体モンペルラン協会を設立して初代会長となり、新自由主義の指導的人物として活躍した。〔飯盛元章〕

エー、アンリ

❖Henri EY　1900-1977

フランスの精神医学者。南フランスのバニュルス・デル・ザスプルに生まれ、トゥールーズとパリで医学を学ぶ。一九三五〜七〇年までボンヌヴァル精神病院で院長を務める。ブロイラーの統合失調症の分析などを出発点とする研究のほか、教育と啓蒙活動にも熱心であり、第二次大戦後には、ミンコフスキーと『精神医学の発展』誌を復刊させ、同誌の編集に携わるかたわら、六一年に世界精神医学会の創設に加わり、六年のあいだ事務局長を務める。エーは、十九世紀のイギリスの神経学者J・H・ジャクソンが提唱した神経機能の進化と解体の理論（「ジャクソン学説」）を精神医学に導入し、〈器質力動論〉と呼ばれる新たな理論（「新ジャクソン学説」）を展開する。それに従えば、精神疾患の理解にとって重要なのは、従来のような外因性か内因性かの区別ではなく、急性（意識野の解体）か慢性（人格の解体）かの区別である。エーは精神病について器質的な要因を強調したうえで、心的機能は有機的な階層構造をなすものであると考え、上位と下位の秩序の弁証法的な関係によって、さまざまな疾患を説明しようとする（そこではジャクソンにならい陰性症状と陽性症状が区別される）。著書には、主著である『精神医学研究』（全三巻）に加え、ベルクソンや現象学も扱う『意識』、リクール、メルロ＝ポンティ、ラカン、イポリット、アンリ・ルフェーヴルなど、錚々たる人物が参加した「ボンヌヴァル・コロック」の記録である『無意識』があり、そのほか教科書や辞典も執筆している。〔八幡恵一〕

ガダマー、ハンス＝ゲオルク

❖Hans-Georg GADAMER　1900-2002

二十世紀における解釈学の進展に決定的な役割を果たした哲学者の一人。ドイツのマールブルクに生まれ、一九一九年にマールブルク大学に入るまで、ブレスラウ（現在ポーランドのヴロツワフ）で過ごす。マールブルク大学では、パウル・ナトルプ、ニコライ・ハルトマンらに哲学を学び、一九二二年にナルトプのもとで学位論文「プラトンの諸対話篇からみた快楽の本質」で学位を取得した。しかし彼に決定的な影響を与えたのは、二三年からマールブルク大学に赴任してきたマルティン・ハイデガーである。二九年に、ハイデガーのもとで、教授資格論文「プラトンのフォレボスについての解釈」を提出し、マールブルク大学の私講師になる。三九年には、ライプツィヒ大学の教授に就任し、その後、四四年にカール・ヤスパースの後任として退官までハイデルベルク大学に務めた。

ガダマーの仕事は多岐にわたる。プラトン、アリストテレスを中心にしたギリシア哲学の研究から出発し、ハイデガーの強い影響のもと展開された哲学的解釈学のほかにも、その応用として、文学（とりわけ詩）および美学、そして現代の政治・倫理的問題に関わる実践哲学の取り組みもある。

とはいえ、いずれにしても、彼の仕事の根幹に位置するのは、哲学的解釈学である。一九六〇年、ガダマーは、これまでの自分の研究をまとめて主著『真理と方法』を出版する。この本は「理解」ないし「解釈」の哲学ともいうべき哲学的解釈学を、ハイデガーの影響を受けつつも、新たに構築するものであった。

デカルトに由来する考えによれば、認識には「即断と偏見」がまとわりついている。したがって、まずその即断と偏見を真に明晰なものから区別し排除しなければ、私たちは明証性を獲得できず、真理に接近することもできない。ガダマーの解釈も基本的にこれと同じプロセスを辿るが、彼は「偏見」ないし「先入観」の積極的価値を重視する。「先入観」は必ずしも偽ではない。「即断」を避け、「先入観」を先入観として認識することができれば、当初「先入観」と思われた認識に真理が含まれていてもおかしくはない。いや、ある認識が、たとえ先入観としてであれ、受け入れられていたからには、その認識に何かしらの真理が含まれていると考えなければならない。というのも、一切の真理を含まない認識はそもそも「先入観」にさえなれないからである。その先入観をいかにして積極的に生かしてゆくのか。そこに解釈学の学問的努力が注がれる。学問が繰り返す真理要求の本義は、吟味されていない先入観を疑問に付すこと、またそのようにして、これまでに認識されたものをよりよく認識することにある。

こうした発想に基づいて採用される方法論としての解釈学とは、元々のシュライアマハーやディルタイにおいてそうであったようにテキストの解釈学であった。しかしガダマーはそれを「状況」に対する解釈学へと拡張した。彼によれば、状況の真の理解は、他者との対話なしに成立しえない。テキスト読解から他者との対話を介して世界の解釈へ。これがガダマー解釈学の論筋である。こうしてガダマーは、真理探求の唯一の方法を科学的方法とする見解を退け、ロマン主義的解釈学とディルタイの歴史主義的解釈学を批判的に継承しつつ、自分の哲学的解釈学を展開しているのである。

この『真理と方法』という哲学書がドイツのアカデミズムの枠組を越えて世に広く知れ渡ったのは、一九六七年のユルゲン・ハーバーマスとの論争によるところが大きいだろう。ハーバーマスは、ガダマーに同意して、言語的世界から構成される先入観が認識の地平として機能していることを認める。しかし彼は、ガダマーが積極的な価値を認める先入観の正当性そのものを疑問に付したのである。

これを契機にして、その後、ガダマーは数々の論争を行なうことになる。そのなかでも、とりわけ有名なのは、ジャック・デリダとの論争であろう。一九八一年に、パリのドイツ文化センターで「テクストと解釈」という講演を行なったガダマーに対して、デリダは批判的なコメントを発表した。それによると、ガダマーは、他者との対話ないし解釈において「善き意志」を前提ないし要求にしている。デリダはハイデガーを援用しつつ、そうした意志の絶対化を時代遅れの「意志の形而上学」とみなし、その暴力性を指摘した。そして、これに対してガダマーが応答し、その後、デリダも再批判を行なうことになった。ガダマーは一九六八年にハイデルベルク大学を退官した後も精力的に知的活動に従事し、百二歳でその人生の長い幕を閉じた。〔國領佳樹〕

タルスキ、アルフレト

❖Alfred TARSKI 1901-1983

ポーランドの哲学者、数学者、論理学者。ワルシャワに生まれ、一九一八年にワルシャワ大学に入学、数学や論理学、哲学を学び、二四年に大学史上最年少で数学の博士号を取得する。三〇年代には旅行でウィーンに滞在し、ウィーン学派の数学者や哲学者と親交をもつ。ワルシャワの大学や高校で講師として教えたが、三九年に会議に参加するためアメリカにわたったおり、ドイツ軍のポーランド侵攻から第二次世界大戦が始まり、そのためポーランドには戻らず（妻と娘は戦後に再会できたが、両親や弟はナチスに殺害されている）、以後はハーバードをはじめアメリカの大学で教える。四五年にカリフォルニア大学バークレー校でポストを得て、四八年には数学の教授となり、その後はバークレーで教えるかたわら、ヨーロッパやアメリカの大学に客員教授として招かれ、多くの重要な論文を著わしている。タルスキは、〈三次元空間内で一つの球を有限個に分割してそれぞれを組み合わせると、もとの球とおなじ大きさの球を二つつくることができる〉という、「バナッハ・タルスキのパラドックス」のほか、『形式言語における真理の概念』などで展開された論理的な真理の分析で知られ、とくに後者では、意味論的な観点から、彼の言う文の真理を厳密に定義する画期的な試みがなされており、現代の論理学や分析哲学に大きな影響を与えた。いわゆる「モデル理論」の定式化にも寄与しており、数学の分野でも重要な業績がある。著書は、論文集である『論理学・意味論・数学』などがあり、邦訳は「真理の意味論的観点と意味論の基礎」という論文が『現代哲学基本論文集II』に収録されている。〔八幡恵一〕

ハイゼンベルク、ヴェルナー・カール

❖Werner Karl HEISENBERG 1901-1976

ドイツの物理学者。著作には『現代物理学の自然像』（一九五六）、『現代物理学の思想』（五八）、『部分と全体』（七一）などがある。一九二五年に「行列力学」を創始し、二七年に「不確定性原理」を確立。不確定性原理とは、粒子の位置と運動量、エネルギーと時間などの一組の物理量に関して、その両者を同時に決定することはできないというものである。この原理は、ボーアの相補性原理とともに量子力学の観測問題に関するコペンハーゲン解釈の支柱をなす。量子力学創設への貢献が認められ、三二年ノーベル物理学賞を受賞。第二次大戦中は、ナチス政権下で原爆開発に従事させられたが、けっきょく完成させることはなかった。〔飯盛元章〕

ラカン、ジャック＝マリ・エミール

❖ Jacques-Marie Émile LACAN　1901-1981

ジャック・ラカン（ジャック＝マリ・エミール・ラカン）はフランスの精神科医、精神分析家。パリの食酢醸造販売を生業とする裕福な家庭に生まれる。カトリックの影響の色濃い伝統的な環境の中で育つが、早くから哲学に傾倒して無神論的な傾向を示し、同時代のシュルレアリスム運動にも参加、やがてジグムント・フロイトの精神分析に興味を持つようになる。はじめ精神医学を志し、一九三二年には博士論文を提出するが、同年に自身の精神分析を開始、自らを「分析の第二世代」[01]と位置づけつつ、先行する世代とは一線を画した思索を展開しはじめた。第二次世界大戦後は、競合する精神医学、心理学との鬩ぎ合いのなかで精神分析の独立性を主張する一方、国際精神分析協会（ＩＰＡ）とも距離を取り、自らが参加しあるいは立ち上げた分析団体「フランス精神分析協会（ＳＦＰ）」（一九五三〜一九六三年）、「（精神分析フランス派改め）パリ・フロイト派（ＥＦＰ）」（一九六四〜一九八〇年）における分析実践と教育活動を通じて独自の精神分析のあり方を提唱した。

彼の思想は、言語学、哲学、文学、美術、数学、論理学等、他分野の議論を広く参照・援用しながら展開され、また時期ごとに議論の焦点や概念装置が大きく変化する点を特徴としているが、そこには一つの一貫した視点がある。すなわち、我々にとって日常的な経験の一部となっている、「他者の欲望」ないしは「他者が欲望する」ということ、このことがけっして自明ではないとする視点である。

Ⅰ――人間を「知る」ということ（精神医学の基礎づけ）

ラカンの思考の出発点は、一九三二年の博士論文『人格との関係からみたパラノイア性精神病』における、人間科学に固有の認識という問題である。ラカンによれば、人間の精神は、自然界を統べる因果性とは異なった決定論に従っている。彼はこれを、ヤスパースの言う「了解」を通じて明らかにできると考えた。人間が経験することと、それがその思考や振舞いに与える影響の間には、ふつう了解可能な関連があり、それがその人の「人格」に一貫性を与えている。騙された人が疑り深くなり、侮辱された人が怒り出すのは、「了解可能」な関連である。ところが精神を病む人々の思考や行動には、そうした「了解関連」に収まらないものがあって、それがいわゆる「症状」を構成している。例えば個人的な面識のない女優に突然襲いかかるといった患者の行動を、どのように「了解」すればよいのか。

❖ Jacques-Marie Émile LACAN

ラカンはここから、「了解」の可能性の条件を問うよう導かれる。彼によれば、人間をその精神ないし心理において問題にする探究は、一つの前提を持っている。それは「人間は欲望する」という前提である。欲望のもたらす決定論こそが、人間の精神に学問的な探究の対象たるに足る一貫性を与えるものなのだ。例えば突然の攻撃衝動といった病理的な現象も、その背後に特異な欲望、罰せられたいという自罰欲望を想定することで了解可能になるだろう(「症例エメ」)。

ここで注意しなくてはならないのは、ラカンにとって「人間は欲望する」という命題は、決して事実確認ではないということだ。たしかに我々は、自分以外の誰かが自分と同じように欲望する存在であるということを、当然のように前提している。しかしラカンによれば、それは結局のところ、人間のこころに関わる学知が成立するのに必要な唯一の仮説であり、「実際には立証不能であり、自由意志に基づく同意を求める」「公準(postulat)」にすぎない。[02] しかしこの「公準」は、それなくしては人間のこころについての知がそもそも不可能になってしまうような想定であり、人間が知ることを欲望する限り、それ自体欲望されなくてはならないような想定である。我々は誰かを知りたいと欲望する限りにおいてその人が「欲望するということ」を欲望する。欲望の想定そのものが孕むこうした欲望の次元は、「公準(postulat)」という表現の語源――「要求する(poscere)」――にはっきりと刻み込まれている。そしてここで提起された、「知の欲望」と密接に関係した「欲望の欲望」の問題こそが、ラカンがその生涯を通じて問うた問いの核心に位置しているのである。

2――「欲望の公準」から「欲望の欲望」へ(「主人と奴隷の弁証法」と「鏡像段階」)

人間のこころをめぐるすべての知の根底には、「人間は欲望する」という想定、「欲望の公準」があってこれを支えている。この「公準」がもし、その主張する普遍性をもつとすれば、「欲望の公準」は精神医学や心理学においてのみならず、一般にひとが誰かについてそのこころを知ろうとするときに、つねに機能しているのでなくてはならないし、さらには精神を病んだ人間のもとでも機能しているのでなくてはならない。しかしさしあたり精神医学の主体のもとで見出されたこの「欲望の公準」を、ラカンがそれ自体一つの根本的な欲望のあり方として認識し、さらにこれを「患者」のもとでも機能しているものとして捉え返すことができるようになるためには一九三〇年代における二つの外部的な参照を通過する必要があった。すなわち哲学における「主人と奴隷の弁証法」と発達心理学における「鏡像段階」である。これらの参照はそれぞれの仕方で「欲望の公準」の洞察の深化と一般化の道を拓くものであったが、ラカン自身の問いの観点からは、最終的に乗り越えられる必要があったという点でも共通している。

アレクサンドル・コジェーヴが一九三〇年代の講義において、独自の視点からヘーゲルの『精神現象学』を読み解くなかで展開したいわゆる「主人と奴隷の弁証法」の議論は、ラカンにとって「人間」の欲望を「欲望の欲望」によって特徴づけるという構想をもたらしたのみならず、「死に至る闘争」というその否定的な側面を明らかにした点でも重要であった。しかしその一方で、ヘーゲル＝コジェーヴの議論において「他者の欲望」と「知の欲望」はいずれも弁証法の前提となっており、それが与えられていること自体を問題化するといった観点は入り込む余地がない。[03]またヘーゲル＝コジェーヴにとって「欲望の欲望」の肯定的側面は乗り越えられるべき一契機に留まるものとして現われてくる。他者が欲望するということを欲望すること、それは他者の生を望むということである。そこでは一種の「愛」の次元が問題になるわけだが、コジェーヴはヘーゲルと共にこの「愛」の次元を承認の欲望の一種である「愛されることの欲望」に切り詰めた上で、命を危険にさらす闘争のような「厳粛さを欠く」二次的なものと見なしていた。[04]しかし「欲望の公準＝要求」という意味での「欲望の欲望」は、これとは異なった水準に位置する愛を問題にする。のちにラカンは、ヘーゲルの弁証法の全体が愛という別の道を通っても展開され得たのではないかと述べているが、同時に彼はこの愛を「他者の征服」の一様式と位置づけた。[05]この「征服」の内実、とりわけその含意する「危険」を問うということが、こうして問題となる。

ヘーゲル＝コジェーヴ的な意味での「欲望の欲望」では、欲望していることがすでに明らかであるような他者について、その欲望を従え屈服させることが問題であるのに対して、一九三二年のラカンにとっての「欲望の公準＝要求」とは、他者の知を欲望するなかで、他者が自分と同じように欲望する存在であることを欲望するということである。他者を自らに象って、自らの「像（イマージュ）」として措定する、この「想像的（イマジネール）」な関係は、他者を「了解」可能なものとして提示し、それを前にしてどのように振る舞ってよいか分からないという混乱から主体を救い出す限りにおいて望ましいものである。さて、ラカンがこうした救済的な役割を果たす想像的（イマジネール）な他者の具体的な事例を見出したのが、心理学者アンリ・ワロンの報告した、幼児が自らの鏡像に特別な関心を示すという観察であった。ラカンはこれを「鏡像段階」[06]と名づけ、幼児がそこで歓喜の反応を示しつつ鏡像と戯れる点に注目して次のように解釈した。人間は運動に関わる神経系が未完成で生まれることから、出生後しばらくは自分の身体の運動を統御できず、その統一性を感じることのできない「寸断された身体」の状態にある。そうしたなかで自己の身体の鏡像は、運動の水準でまだ得られていない身体的統一性を視覚的に先取りさせてくれる点で喜ばしいものとして現われてくる。

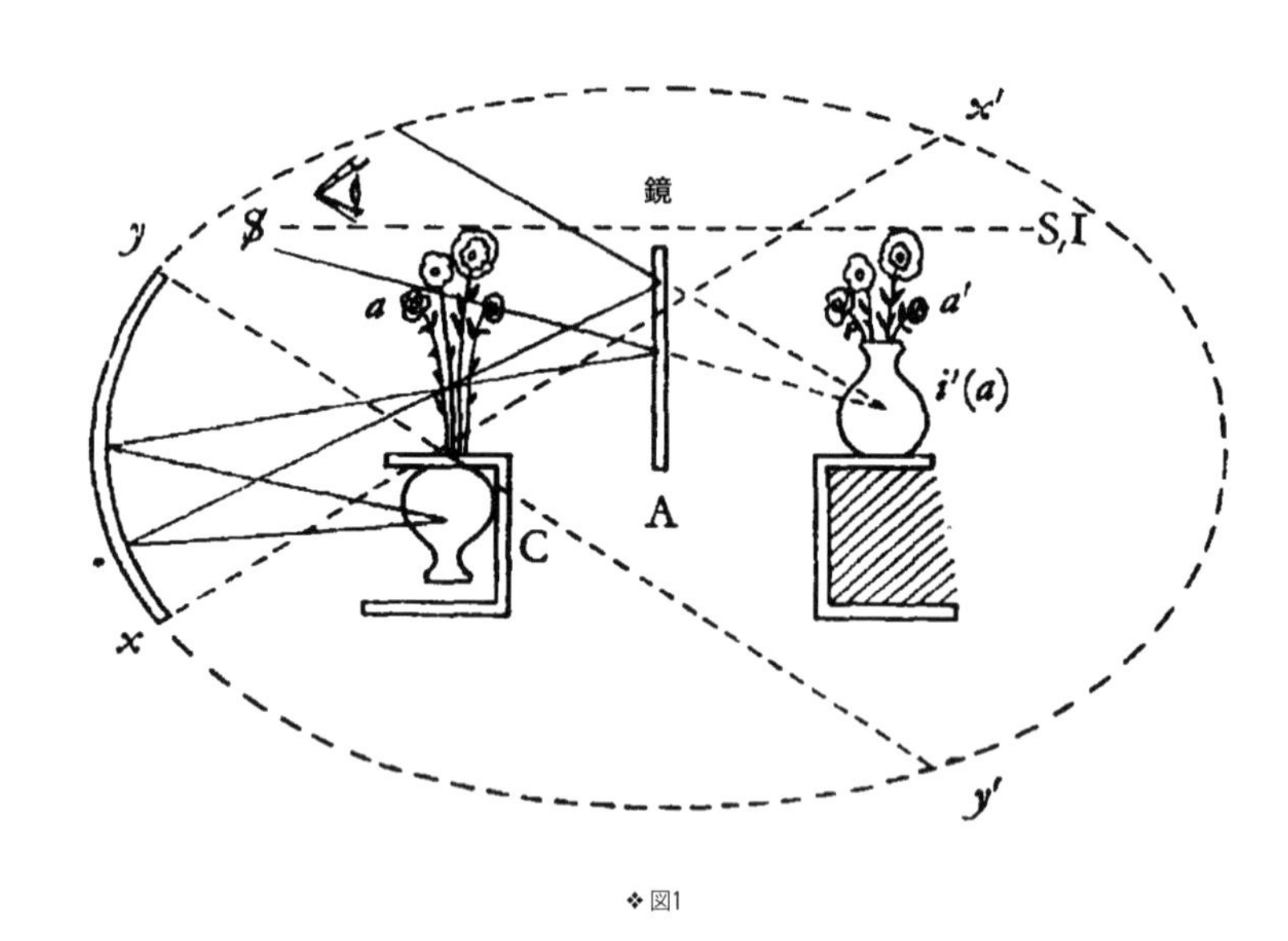

❖図1

ラカンにとってこの観察はまず、人間がそもそもその生物学的な条件ゆえに、原初的な混乱状態から抜け出るために外部の像（イマージュ）を必要とするということ、そしてその限りで自らの外にその中心を持つということを例証する点で重要であった。しかしここでも救済的な像（イマージュ）の到来は観察された事実として確認されるにとどまり、それを支える主体の欲望の次元は表だって問題にされることはない。さらにこの、「疎外された同一性の遂に引き受けられた鎧」[07]としての像（イマージュ）がもたらす救済は、運動的な身体の現実とは乖離した、錯覚的な救済である。ラカンはやがて、そうした像（イマージュ）を核として構成される「自我（エゴ）」が「現実の体系的な誤認」[08]をその機能としているという点を強調するようになるだろう。実際パラノイアの例でも明らかなとおり、あまりに揺るぎなく、現実との照合によっても訂正され得ない像（イマージュ）は容易に病理的な性格を持つようになる。その一方でラカンは、そうした現実を誤認させる像（イマージュ）が動揺する瞬間があり、それが攻撃性の発現する瞬間であるとも指摘していた。[09]こうした問題意識の深化を背景として、一九五〇年代以降像（イマージュ）の問題は、鏡像段階が前提としていた平面鏡ではなく、それに凹面鏡を組み合わせた合わせ鏡の装置（いわゆる「倒立花瓶」の装置）のなかで論じられることになるだろう[10]（図I）。安定した鏡像を提供する平面鏡とは異なって、凹面鏡の鏡像はごく不安定な仕方で結ばれる。こうした不安定な像（イマージュ）の機能への関心は、後の絵画をめぐる議論においても一貫している。[11]

3——「精神分析」の再発明に向けて

❶精神分析の言語と「欲望」

第二次世界大戦後、ラカンは彼の分析スタイル「変動時間セッション」が、固定した時間枠を設定する国際精神分析協会（IPA）のスタンダードの観点から問題視されたためにパリ精神分析協会（SPP）から脱退し、ダニエル・ラガーシュらと合流して一九五三年にフランス精神分析協会（SFP）の創立メンバーとなった。さらに発足した新しい団体においてラガーシュとの間で理論的な主導権争いを繰り広げるなかで、ラカンはIPAで標準とされ、あるいは心理学において提唱されるものとは異なった独自の精神分析のあり方を示すべき立場に置かれる。そしてこの課題に答えるべく展開されたのが、同じ一九五三年に始まる『セミネール』等での理論的な作業であった。

この作業のいわば戦略的地点となるのが「言語」であったわけだが、そこで参照される言語の経験が、あくまで分析固有の状況に枠づけられた独特の「言語」の経験であることが忘れられてはならない。精神分析における「言語」とは、無意識の欲望を知ることを目指し、さしあたり外的世界への参照や論理的一貫性への配慮を括弧に入れつつ展開される、語りそして聴くという営みであり、そこでは分析家と分析主体（アナリザン）（いわゆる「患者」）の関係は言語的な平面に局限されている。さらに古典的な精神分析では、分析家は分析主体の後ろに座ることから、分析主体は分析家の表情等の手がかりを得られないまま語ることを求められる。また分析家が規則の要求する「平等に漂う注意」の態度を守る限り、彼の返す僅かな「ことば」から、その注意が何に向けられているか、何を知ろうとしているか、要するに分析家が何を欲望しているのかを明確に知ることは難しくなる。こうして分析家の「欲望」が宙吊りになることで、「ことば」を方向づけ、あるいは繋ぎ止める最後の桎梏からも自由になった分析主体の「ことば」には、無意識の欲望に肉薄することが期待されるのである。

ただし無意識の欲望は定義上直接に表明されることはないために、その知は「解釈」、すなわちある「ことば」が本来とは別様に意味し、あるいは無意味だと考えられていたものが何かを意味しているということを見出すという形をとる。そもそもその可能性は、言語の本性に由来するものだ。我々は「ことば」を用いて何かを「言わんとする（言うことを欲する：vouloir dire）」が、その際それを本来意味している「ことば」以外の「ことば」を用いて「言わんとする」とすることがある（「隠喩」や言い間違いなど）。誰かが話すのを聴くとき、我々は相手が「言わんとする」ことを知ろうとするのだが、それは発された「ことば」から一定の規定を受けはするものの、決して一意的に定まることはない。

換言すれば、「聴く」ということは単に何かを受け取るというのではなく、その規定された可能な「言わんとすること」の範囲から一つを選び取る「行為」という性格を持っている。そしてこの「聴取」の行為で問題になるのは結局、ある種の他者の欲望を知るということに他ならない。精神分析は、言語そのものに内在する、こうした他者の欲望の知という問題との関わりで再定義される必要がある。

❷「意味＝欲望」の言語的構造（「シニフィアン連鎖」）

こうしてラカンが『セミネール』の冒頭で明確に述べているとおり[12]、分析経験の中心には「意味」の現象が位置しているが、その再検討にあたり大きな手がかりを与えたのはフランスの言語学者エミール・バンヴェニストであった。彼は「概念」または「外的対象」というソシュール以来の「意味」概念に対して、当時その第三の定義、すなわち辞項の意味はその「可能な諸用法(emplois)の集合」——つまり、その辞項が現われうるさまざまな文脈であり、その辞項が前後に従えうるさまざまな辞項の集合——であるとする着想を得、これを友人であるラカンに伝えた[13]。バンヴェニストが後にこの着想を、使う者のいなくなった言語をそのコーパスから再構成するといった場面を例に展開したのに対して[14]、ラカンはそうした「意味」が、言語の具体的な運用の場面、その「聴取」において機能していると考える。ソシュールは「シニフィアン」を「聴覚像」として定義し、それが単なる音ではなく「聴取」の行為と不可分であるという点を強調しているが、ラカンによれば、一つのシニフィアンが聴き取られるとき、そこではそのシニフィアンだけではなく、その諸用法すなわちそれが従えうるさまざまなシニフィアンが同時に素描のかたちで聞こえている[15]。「聴取」とは結局、そうして予期された可能なシニフィアンの集合から、他者が「言わんとしている」であろう一つのシニフィアンを選び取るということに他ならないが、そこで聴き取られたシニフィアンの先には、さらにその従えうるさまざまなシニフィアンの集合が予期されることになり、以下同様のプロセスが続く。こうして「聴取」は「一つのシニフィアン」とその「可能な諸用法の集合」が代わる代わる現われる、二行程の連続した「回付(renvoi)」のプロセスとして構想できるだろう。

さてこのプロセスをある国語（ラング）の内部で繰り返すことで、理論的にはそれが許容するシニフィアンとシニフィアンの結びつきの総体が得られるはずである。さらにこの操作をあらゆる国語（ラング）について繰り返すことで、無数の分岐から成る巨大な網状構造を考えることができる。これがラカンにおいて言語（ランガージュ）を規定する概念装置としての「シニフィアン連鎖(la chaîne signifiante)」である。シニフィアン連鎖は、主体と他者がその中に、それぞれ「一つのシニフィアン」と「その可能な諸用法の集合」のもとで位置づけられるような一つの「場所」として言語を規定する概念であり、「聴取」とはさしあたり、そこであらかじめ描かれている経路を選んで辿ってゆくということに他ならない。この場所は、意味の変容・創出を説明する基盤となる（「隠喩」においては、連鎖のなかでシニフィアンAがシニフィアンBの到来が予期された場所に置換されることで、本来持たなかったはずのBの意味を担うようになる）ばかりでなく、まさにこの場所との関わりで精神分析の出来事が定義される点で重要である。

❸精神分析的経験の場所（「グラフ」）

「シニフィアン連鎖」が構成する場所は際限なく広がりうるが、それには一つの前提がある。すなわち他者が欲望している、つまり何かを「言わんとしている」という前提である。換言すればこの前提が揺るがされもはや前提ではなくなったとき、すなわちその欲望することが必ずしも自明でない他者と向き合うことになったとき、主体は聴取された「一つのシニフィアン（s（A））」からその「可能な諸用法の集合」ないし「諸用法の束」[16]（A）へという関係に規定された狭義の「シニフィアン連鎖」の場所を離れて、「言語」すなわち他者の欲望の知に対する関係の、異なったステージに身を置くことになる。ラカンはそこに「転移」の現象、すなわち優れて精神分析的な間主体的関係を位置づけることになるだろう[17]。

他者の欲望に対する疑念は、他者の欲望の純然たる断念につながることがあり得る。ただしそれは他者との関係一般の断念を意味することになってしまうだろう。これに対してこの疑念のなかで可能なもう一つのポジションとは、他者が欲望しないかもしれない可能性を認めつつも、なお「欲望の公準」が回復されることを欲望する、というポジションだが、これは主体が他者の欲望の否定を、主観的想定のうちであれ引き受けたということを――ある仕方で「他者が欲望しないということを欲望した」ということを――前提としている（S（Ⱥ））。このポジションは結局他者が欲望するということを表だって欲望するということであり、疑念以前の関係においては「欲望の公準」として潜在していた欲望の欲望すなわち「要求」（D）を顕在化させそのものとして引き受けるということであって、問題となるのは主体と「要求」との新たな関係である。ここでラカンの洞察は、このポジションの確保自体が、他者の欲望の存在と不在をめぐる複数の可能性のうちからの選択をへて成立することに注目した点にある。すなわち、他者の欲望への疑念によってシニフィアン連鎖の外に出たはずの主体は、このポジションを確保することで、「聴取」と同じ分岐構造のなかに自らを見出すことになるのである。ここで成立する複数の相同的（ホモロジック）な関係をプロットし、いわば一般化されたシニフィアン連鎖の構造を提示し

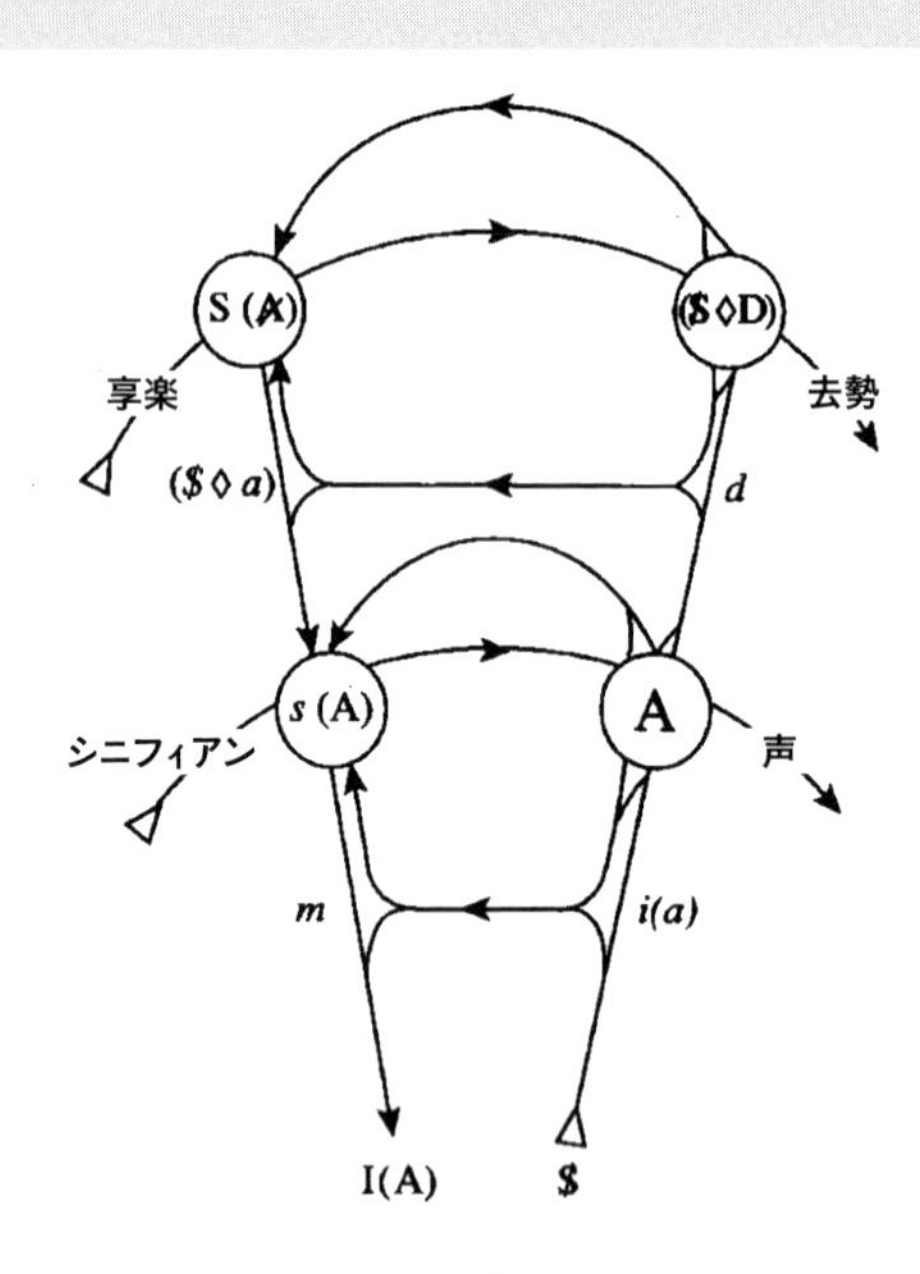

❖図2

ようとしたのがいわゆる「グラフ」の図式である（図2）。

さしあたり主体は他者への「要求」を生き、他者が欲望するということを表だって欲望する。そのなかで主体が幸運にも他者の欲望の存在を再び信じることができたとするならば、それは単にグラフ下段への回帰を意味するだろう。しかし大抵の場合、この欲望の欲望は満たされることがない。というのも欲望することが常に確実であるような他者に出会い、その他者のもとに永続的に留まり続けるといったことは原理的に不可能であるからだ。そのため主体は繰り返される挫折のなかで、自らの「要求」そのものと向き合い、ふたたびそこに飛び込むかそれともそこから「降りる」かという二者択一に直面することになる（（S◇D））。この後者の選択肢に対応するのが、身体的な「欲求（besoin）」とも愛の「要求（demande）」とも異なる、狭義の「欲望（désir）」すなわち「欲望（*d*）」である。

「欲望（*d*）」は、他者の欲望の不在の思い為しにおけるのと同様に他者の欲望の欲望の否定という契機を持っているが、それはもはや「他者が欲望しないということを欲望する」ではなく、「他者が欲望するということを欲望しない」である。そこでは主体の欲望そのものの抹消（「欲望しない」）によって、要求の問題そのものをなかったことにすることが目指されているのだが、それは同時に、シニフィアン連鎖であれ要求であれ、〈他者〉の欲望による想像的（イマジネール）な媒介の「外」にあえて出ようとすることに他ならない。「欲望（*d*）」は、それが完全に実現されたときには主体そのものが抹消され、したがって満足そのものが不成立に終わるという意味で、決して満たされることのない欲望であり、主体にとってはそれとの間にどのような関係を取り結ぶかが問題となる。この問題は、「要求」の場合と同様の構造を持つことになるだろう。すなわち主体は「欲望（*d*）」を生きるかわりにこれと向き合い、その道を最後まで進み続けるかあるいはその途中で踏みとどまるかという、「あれかこれか」の問いに答えることを余儀なくされる。想像的（イマジネール）なものの外へと通じる「欲望（*d*）」の道は、想像的（イマジネール）なものの条件である何か、あらゆる想像的な対象性の外にあってこれを支える「対象 *a*」（「倒立花瓶」の装置で花束 *a* は花瓶の像（イマージュ）を支えつつそれ自体は不可視となっていた）にさしあたっては通じており、上記の「あれかこれか」はこの対象をめぐる関係の二局面として理解される（$\$\diamond a$）。このいわゆる「幻想（ファンタスム）」の関係は、「欲望（*d*）」の含意していた想像的な他者との断絶（ないし「他者が欲望するということを欲望しない」こと）を、非想像的な他性との関係（ないしある更新された仕方で「他者が欲望しないということを欲望する」こと）へと再定式化することで成立する。それは主体がシニフィアン連鎖の外に踏み出した当初から直面していた関係の可能性だが[18]、それがこうして一般化されたシニフィアン連鎖の構造のなかに位置づけられることになる。

❹エディプス・コンプレックスの鋳直し（「欲望の弁証法」）

フロイトがエディプス期以降の発達を中心に論じたのに対し、フロイト以後に大きな展開を見せたのが、エディプス期に先立つ時期の、主として母子関係に注目するメラニー・クラインらの議論である。前エディプス期をめぐるこの「対象関係論」の議論と、エディプス期をめぐるフロイトの議論とを一貫した理論的視野におさめるということ、このことをラカンは、上のように再定義された「言語」の観点を導入することで実現しようとした。

前エディプス期への入口となるのは、生存に必要な諸々の欲求を自分だけでは満たしえない主体と、それに助けをもたらしてくれる（慣例的に〈母〉と呼ばれる）〈他者〉との関係である。主体はそうした〈他者〉がそばにいてくれること、その「現前」を欲望するが（原初的な愛）、その欲望は十全に満たされることがない（フロイトの言う「危険の状態」）。ここから主体はこの〈他者〉の不在の原因を知りたいと欲望するようになる。その際主体が持っている乏しい手立ての一つが、〈他者〉を自らに象って理解し、自分と同様に欲望する存在だと想定しつつ、その欲望の対象が他所にあることに不在の原因を求めることである。これが他者の欲望の対象としての「想像的ファルス（ϕ）」の「公準＝要求」であり、この「公準＝要求」を以て主体と〈他者〉の「欲望の欲望」ないし「愛の要求」[19]の関係、すなわち〈母〉への愛の関係が成立することになる。

この「想像的ファルス（φ）」は〈他者〉の欲望のいわば未知数であり、主体はさしあたり自らの身体的な欲求の（口唇期的ないし肛門期的）対象をこれに代入しつつ、それを駆け引きの材料とすることで〈他者〉を引き留めようとするが果たせない。さて、こうした何を与えても満足しない貪欲な〈他者〉を前にして、進退窮まったかに見えた主体がとりうる手立てが一つある。それは他者の欲望の対象を（身体的な満足をもたらす）モノではなく、ヒトすなわち欲望であると想定を改めて、その欲望を欲望するという道である。これはφに（慣例的に〈父〉と呼ばれる）誰か欲望するもう一人の〈他者〉を代入ないし置換することであり、いわゆる「父性隠喩」の最初の局面を構成する。

このとき生ずる最大の変化は、主体にとって問題となる〈他者〉の欲望が、〈母〉の欲望ではなく、その〈母〉によって欲望される〈父〉の欲望になるという点である。より正確には、主体にとっては〈父〉の欲望を欲望することを通じて〈母〉の欲望を欲望するということが問題となるのである。さて、この〈父〉の欲望を欲望する主体にとって、〈父〉の欲望は永続するものでなくてはならない。というのもその消滅は、〈母〉を引き留めておく手段が完全になくなることを意味しているからである。したがって主体は〈父〉が欲望し続けるということを欲望する。

ここで成立するのは、〈父〉がその死を超えて生き続けることを欲望するという、〈父〉への愛の関係であり、このとき主体と〈他者〉の関係は、〈他者〉の欲望を前提としてその対象を捉えようとする水準（グラフ下段）から、〈他者〉が欲望するということを表だって欲望する水準（グラフ上段）へと決定的に移行する。この欲望と相関して思い描かれるのが無限の欲望を備えた強大な〈父〉であるが、この〈父〉は同時に主体にとって脅威となる。というのも、そうした〈父〉の欲望の永続は、それを欲望しそのもとにとどまる〈母〉の永遠の不在を意味しているからだ。フロイトが原始部族の「原父（ウアファーター）」として描き出した、こうした「想像的な〈父〉」の機能はしかし、いかなる現実の存在によっても担われることができない。一時その地位を占め得たかにみえた〈他者〉も、やがてそこから失墜することを余儀なくされる（「現実的な〈父〉」）。またそうした〈父〉の欲望を欲望し続けることで支えようとする試みも、主体自身の欲望の有限性ゆえに挫折することになる。

こうして〈他者〉との愛の関係において再び袋小路に入る主体だが、彼がそこから抜け出す手立てが一つある。これは〈母〉の袋小路の時と同じように、〈他者〉の欲望の対象をめぐる仮説の修正という形を取るだろう。すなわち、〈母〉が欲望するのは、モノ（身体的な満足の対象）でもヒト（欲望）でもなく、父が持つ「名」である、とする想定である（「象徴的な〈父〉」）。〈父〉の機能を名に還元するということは、〈父〉の永続的な欲望を主体が最終的に断念するということであり、すぐれて去勢的な契機であるが、それは主体にその地位の継承の可能性を開くものでもある。そしてこの「〈父・の・名〉」の置換ないし代入の効果として、同じくファルスを「持つこと」の、すなわち〈父〉となることの見通しが開かれる（その贈与が問題となるような象徴的ファルス（Φ））。そしてそれと相関して、主体の直接的に性的ないしエロス的な（〈母〉の欲望の対象たらんとする）振舞いはなりを潜めることになるだろう（いわゆる「エディプス・コンプレックスの没落」）。

こうして「エディプス・コンプレックス」は、もはや「厳粛さを欠く」ことのない、危険に満ちた「愛」の命運としての「欲望の弁証法」となる。そこで主体は〈他者〉の（可能な、あるいは現実の）死を介して自らの欲望の有限性に向き合うことになる。このいわゆる「去勢」の経験こそが、精神分析の核心に位置しているのである。

4――「欲望（d）」から「幻想（ファンタスム）」へ

狭義の「欲望」すなわち「欲望（d）」においては、「要求」の袋小路から脱出するために、それまで主体と〈他者〉の関係をその最外延において規定していた「〈他者〉の欲望」そのものの廃絶が目指される。しかしその廃絶の先に見出されるはずの「欲望しない〈他者〉」とはいったいどのようなものなのか。

精神病の臨床がその次元を予告していたこの問いに対して、ラカンは四つの仕方でアプローチする。

① 欲望しない〈他者〉の経験は、まず前エディプスの入口の手前に想定される。それは「想像的ファルス」導入以前の〈母〉であり、主体はその往還に翻弄されるがままとなることに耐えかねて、〈他者〉の「欲望の公準＝要求」へと導かれたのだった。ラカンはフロイトの『草案』を参照しつつこの原初的な母子関係を論ずるなかで、決定的に（フロイトの言う「判断（ウァタイレン）＝原初的分割」によって）喪失された対象の次元、以後の対象の追求がその回復の試みであるような原初的な対象の次元がこの関係において成立するとし、これを「〈もの〉（la Chose）」と呼んだ。[20]

② 〈もの〉とは欲望の想定以前の〈他者〉の謂いである。そうした〈他者〉との関係の回復を考えるにあたり、欲望の欲望そのものの廃絶以外の道を示したのが、フロイトが嫌悪した「隣人愛」、また「愛を頒かつと生まれついた」アンティゴネ（ここにサド的な「放蕩」を付け加えても

よいだろう）に認められる、特定の対象との結びつきを失いあらゆるものに向けられるようになった愛のかたちである。そこで対象による規定を失い「純粋欲望」となった欲望は、やがて「無の欲望」となるだろう。[21] それは〈他者〉の欲望の解消ならぬ発散を通した、〈もの〉との遭遇の一形式である。

③　欲望しない〈他者〉との遭遇のもう一つの形式が「不安」である。エディプスにおける〈父〉の袋小路では「欲望の公準＝要求」の有効性が根底から問いに付されるわけだが、もし〈他者〉に欠けたファルスがなく、〈他者〉がそれを欲望しないとすれば（ラカンはこれを「（−φ）」で表わす）主体は〈他者〉を前にしてどう振る舞えばよいのかわからないという、〈もの〉としての〈母〉との関係に引き戻されることになる。そうした「危険」を回避するため、主体があらためて〈他者〉の欲望の欲望を我が身に引き受け、〈他者〉の欲望を――ということは〈他者〉に欠けているファルスを――維持しようとする反応、この反応をラカンはいわゆる「去勢不安」に対応するとした上で、その例をフロイトの狼男の夢にみている。[22]

④　「欲望（*d*）」の経験の典型的な分節化は、最終的にサド的な幻想のなかでも特に鞭打ちの「幻想」として与えられるだろう。これは「欲望しない」ということに固有の困難と関わっている。他者の欲望を「欲望するまい」と決意することが直ちにその欲望の消失に繋がるわけではない以上、それを「欲望しない」ことには、私の決意にもかかわらず執拗に残る（そしてその限りで他在と化した）他（者）の「欲望」を多少なりとも対象的に措定しつつ、これに否定的に働きかけ、さらには消滅させようとすることが含意されている。言い換えれば、「欲望（*d*）」に内在するサディズム的関係があるのだが、この関係を引き受け、あるいは引き受けないことが主体にとっては問題となる。

「欲望（*d*）」が内包するこの「あれかこれか」を範例的な仕方で表わしているのが、フロイトの言う「子供がぶたれる」の幻想である。大人による子供の鞭打ちを内容とするこの幻想において、主体ははじめ鞭打ちの関係の外にあってこれを見ているが、次いでその関係のなかに子供として入り込み、最終的にはまた外から眺める位置に自らを見出す。[23] この往還の運動は、シニフィアン連鎖を前提としつつも、それとは異なった水準において、異なった形で主体の「場所」を規定する。こうして問題は、いわゆる「幻想の横断（traversée）」となる。これは複数の幻想を渡り歩くということ以前に、ある異質な場所、さらには「致死的な」場所をくぐり抜けるということに他ならない。

5——「〈他者〉の欲望」の彼方（「享楽」と「対象 *a*」）

「欲望（*d*）」は、欲望しない〈他者〉、主体が自らに象って「了解」することのできない〈他者〉への展望を、いわば積極的に開くものである。もともと「愛の要求」すなわち〈他者〉が欲望するということの欲望は、主体がその発達の初期に自らの問題を解決するにあたって乏しい手立てのなかでとりえた一つの方策に過ぎず、けっして唯一の解決であるというわけではない。〈他者〉が欲望するということを欲望する以外の仕方で問題の解決を考えるということが可能なのであって、それはそれ自体、〈他者〉ないし欲望する他者の存在（A）の能動的ないしシニフィアン的な否定（S(Ⱥ)）のある格別な一形態を構成する。これが「享楽（la jouissance）」である。

享楽は〈他者〉を、欲望するというあり方から切り離し、これをいわば脱人間化する限りで倒錯的な性格を持っている。すでにエディプス・コンプレックスの出口に想定されていた、〈父〉の「名目化（ないし名前化）」は、〈父〉の欲望の問題のいわば棚上げであり、そうした倒錯的な享楽の一つに数えられるだろう（のちにラカンはこれを「父・錯（père-version）」と呼ぶことになる）[24]。「身体についてのみ享楽はある」[25]とラカンは主張するが、実際「鏡像段階」の例からも分かるとおり、〈他者〉の問題以前に主体は〈身体〉の問題に直面しているのであって、〈他者〉は主体が〈身体〉の問題を立てる立て方の一つにすぎない（「〈他者〉とは結局のところ、身体である」[26]）。欲望する〈他者〉から離れた享楽の次元においては、欲望の弁証法の手前の、〈身体〉の水準があらためて焦点となるのである。

これは言い換えれば、身体の諸器官と密接な関係を持った「欲動（la pulsion）」が問題になるということに他ならない。欲望の欲望とは独立して考えられるようになった〈他者〉は、想像的な関係の「外」のいわば目印となる特殊な対象としての「対象 *a*」へと還元されてゆく。〈他者〉との関係は、〈身体〉との関係に引き戻され、あるいはそこから再定式化される。すなわち〈身体〉のうち想像的に投射され切り離されうる、〈他者〉のもとで鏡像化可能な領域と、鏡像化可能でない、あるいは前・鏡像的な欲動の対象すなわち対象 *a* との関係に帰着することになる[27]。幻想の空間は、享楽の空間に、ということは〈身体〉の空間に繋がっているのである。

享楽の観点からいえば、欲望の弁証法の全体が、〈身体〉の問題を〈他者〉およびその欲望の想定を介して解決しようとする試みの一形態であり、その限りで一つの享楽の様態を規定する（「ファルス的享楽」）。これに対して、狭義の「欲望」の問題を通して考え得るようになった、欲望しない〈他者〉との無媒介な関係の可能性は、欲望の弁証法から遡行的に想定される神話的な享楽としてまず位置づけられる（「〈もの〉の享楽」ないし「〈他者〉の享楽」）。しかしそうした〈身体〉と分かち難く結びついた無媒介的な〈他者〉の次元は、単に起源において想定されるだけでなく、〈他者〉の欲望による想像的(イマジネール)な媒介の試みの「失敗(ratage)」の度に産出されるものでもある。主体が具体的に向き合う想像的なものの「外部」としては、したがって「剰余享楽(plus-de-jouir)」という別の享楽の様態を考える必要がある。

ラカンはシニフィアン連鎖(S1→S2)にとっての二つの「外部」——シニフィアン連鎖が回収しきれない剰余として産出され続ける「剰余享楽」としてのa、およびシニフィアン連鎖がそもそも成立するために主体が「欲望の公準」においてくぐり抜けたはずの他者の欲望をめぐる「あれかこれか」としての∞——を考え、これらが構成する布置を「主人のディスクール」として規定する一方、それが含む四項の配置転換によって成立するさらに三種類の布置が、それぞれ独自の「社会的紐帯」のあり方としての「ディスクール」を規定すると考えた。このいわゆる「四つのディスクール」の議論[28]は、「分析家のディスクール」の特性を明確にしようとするものとして重要である。

6——性関係の不在と「性別化」

欲望の弁証法としてのエディプス・コンプレックスは、主体が他者の欲望を軸に定式化した問題を解決するのではなく先送りする。「名」によって〈父〉となる見通しとともにかりそめの安寧を得た主体は、実際に〈父〉であろうとしたときにその困難を知り、ふたたび同じ〈他者〉の問題に直面することになる。ラカンは主体がこの「エディプスの彼方」において再び直面する「愛」の問題が、しばしば相補的で調和的な異性間の関係という前提によって枠づけられてきたことを批判する[29]。彼にとって、両性の調和というイデオロギーの執拗さは、性が「知を拒む」ものであること、「知ることが不可能」なものであること[30]、そしてそこにおいて現実界が不可能なものとして定義されることとの証左である。実際には「性関係(ラポール・セクシュエル)はあらぬ」。すなわち主体と他者の関係は、我々が性を考える際にしばしば暗黙裡に前提しているような調和的関係、尺度を同じくする二つの有限な量の比(ラポール)の形で表せるような関係(ラポール)にはけっして収まらない[31]。

ここから次の二つの帰結が出てくる。

まず、性関係の不在は、主体の知が単に届かないというばかりでなく、主体の知の欲望がその前で引き返してしまうような一つの限界であり、その外部であるという性格をもつものとして現われてくる。それは究極の「現実界(レエル)」である[32]。

さらに、両性の間に調和的な関係(ラポール)がないとすれば、その関係はそもそもどのように記述されるべきか。これに答えようとしたのがいわゆる「性別化(sexuation)」の図式である[33](図3)。

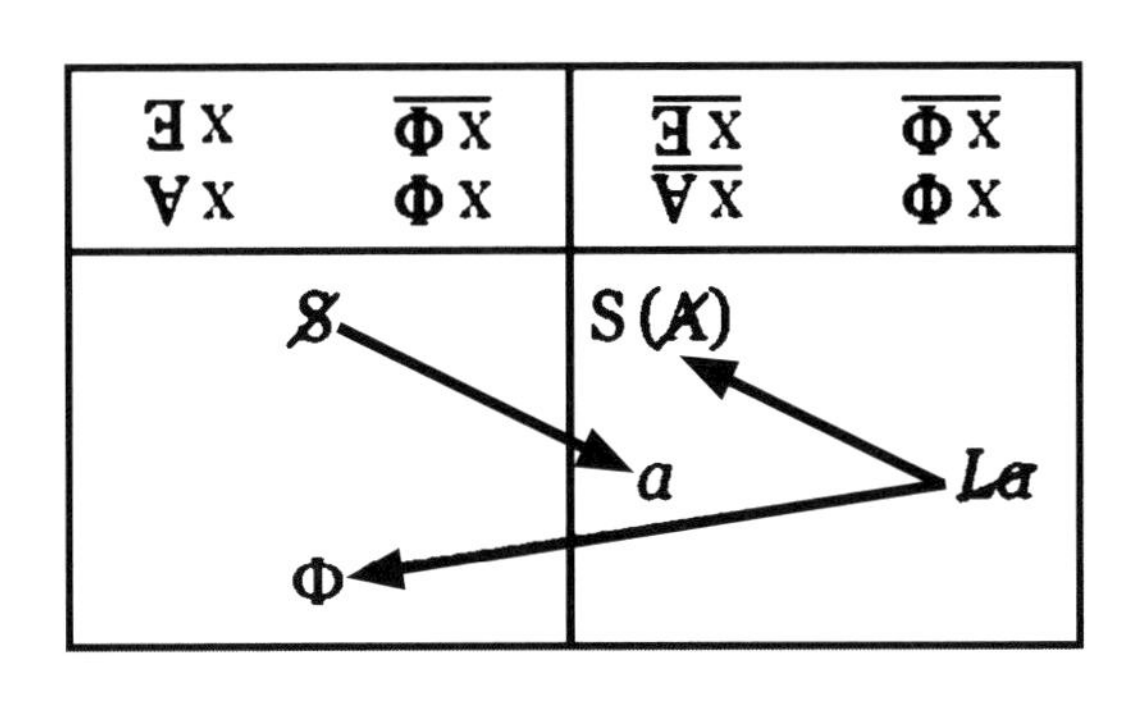

❖図3

男性の欲望は、主体の危機（$）においてなされる他者の欲望の想定とその対象としてのファルスによって構造化されており、そうしてグラフが分節化するような欲望の弁証法を辿ることになる。その限りにおいて、それが最終的に向かうのは「女性」ではなく、「対象 *a*」である。ラカンは男性性の成立を「去勢」、すなわち無限の欲望との関わりにおける自らの欲望の有限性の引き受けに求め、その引き受けの最終的な形を、象徴的ファルス（Φ）を受け取ることとして考えていたが、これは二つの論理式「∃x $\overline{\Phi x}$（去勢されていないようなxが存在する）」「∀x Φx（すべてのxは去勢されている）」の形で提示される。想定された例外的な一者（無限の欲望を持つ「原父（ウアファーター）」）との差異によって、そうでない者たち（去勢された有限の欲望を持つ兄弟たち）が一つの集合ないしまとまりを構成するわけだ。

これに対して女性性は、異なった前提のもとで辿られる欲望の弁証法として理解することができる。男性的な欲望の弁証法で前提となっているのは、〈母〉の理想化であり、〈母〉だけが主体に助けを、しかも確実にもたらしてくれるとする想定であるが、現実には〈母〉は助けをもたらしてくれるとは限らないし、〈母〉以外にも助けをもたらしてくれる他者はありうる。実際ここにはもう一つの選択肢がある。すなわち、助けをもたらしてくれない〈母〉を諦めて、別の誰か——〈父〉——のほうに向かうという選択肢である[34]。このとき「ファルス」とは端的に主体の欲望の対象、〈他者〉すなわち〈母〉が与えてくれるはずの助けであり、〈母〉の欲望は、（〈母〉の不在ではなく）〈母〉がそれを与えようとしない原因として想定される。こうして主体にとってはまず、「ファルス」を抱え込んで離さない、この〈母〉の欲望を破壊することが問題になるだろう（〈母〉の「身体」へのサディズム的関係）。しかしこうした幻想（ファンタスム）的な解決は「ファルス」を実際にもたらしてはくれない。そこで主体はもう一人の〈他者〉たる〈父〉のもとに、改めてそれを求めることになる。しかし〈父〉からの贈与もいつかは終わらざるをえず、そのとき与える〈父〉は与えない強欲な〈母〉としてその相貌を改めるとともに、その彼方には、贈与が終わることのないような強大な「ファルス」が思い描かれる。こうして「女性」は、母性的〈他者〉の欲望の能動的な否定（S(Ⱥ)）と、次こそは出会うかもしれない、与えられることをやめないファルス（Φ）への待機のあいだを揺れ動く存在として位置づけられる。これら二つの関係は二つの論理式、「$\overline{\exists x}\ \overline{\Phi x}$（去勢されていないようなxは存在しない）」と「$\overline{\forall x}\ \Phi x$（去勢されているようなxがすべてではない）」で記述される。こうして規定された「女性」は、「男性」の場合のように例外者によって構成される明確な縁をもった集合を構成しないため、総称の定冠詞を斜線で抹消した「女性なるもの（~~La~~ femme）」で表わされる。[35]

7——ボロメオの輪

ラカンが「グラフ」の構築を通して記述した欲望の弁証法には、その要所において特異な「あれかこれか」が現われてくる。

① 主体と他者の最初の遭遇において、他者についての知を求める主体は「他者は欲望し、その欲望を通じて私はなにごとかを知りうるか、あるいは他者は欲望せず、私はなにも知り得ないか」という二者択一に直面する（神の存在をめぐる「パスカルの賭」と類比的な、「欲望の公準＝要求」に至る二者択一すなわち$\$$）。[36]

② 〈他者〉の欲望の前提が揺らいだ際に主体が直面する、（グラフ下段の）シニフィアン連鎖に戻るか、その外に留まるかという二者択一（「グラフ」における最初の幻想（ファンタスム）の瞬間すなわち（$\$\Diamond a$））。後者の選択肢は、他者が欲望しない可能性を主観的に引き受けることであり、ある仕方で「他者が欲望しないということを欲望する」ということである（S(Ⱥ)）。

③ 「欲望しないかもしれない」他者が欲望するということを、「なお欲望し続ける」のか、あるいは他者が欲望するということを「欲望しない」のか。アーネスト・ジョーンズが「近親相姦的な対象か、自らの性器か」という言い方で定式化した「アファニシス」の瞬間に問題になっているのがこの「あれかこれか」であり、ラカンはこれを「要求か欲望か」の二者択一であるとした（「要求と向き合うこと」あるいは（$\$\Diamond D$））。[37]

④ 「他者が欲望するということを欲望しない」狭義の「欲望（d）」の、自己抹消に至る道を最後まで歩みきるのか、あるいはその途中で踏みとどまるのか（「グラフ」の最終形における幻想（ファンタスム）すなわち（$\$\Diamond a$））。この後者の選択肢は、欲望と独立したかたちで対象性ないし他性を再定式化することを経て、享楽の次元へと繋がってゆく。

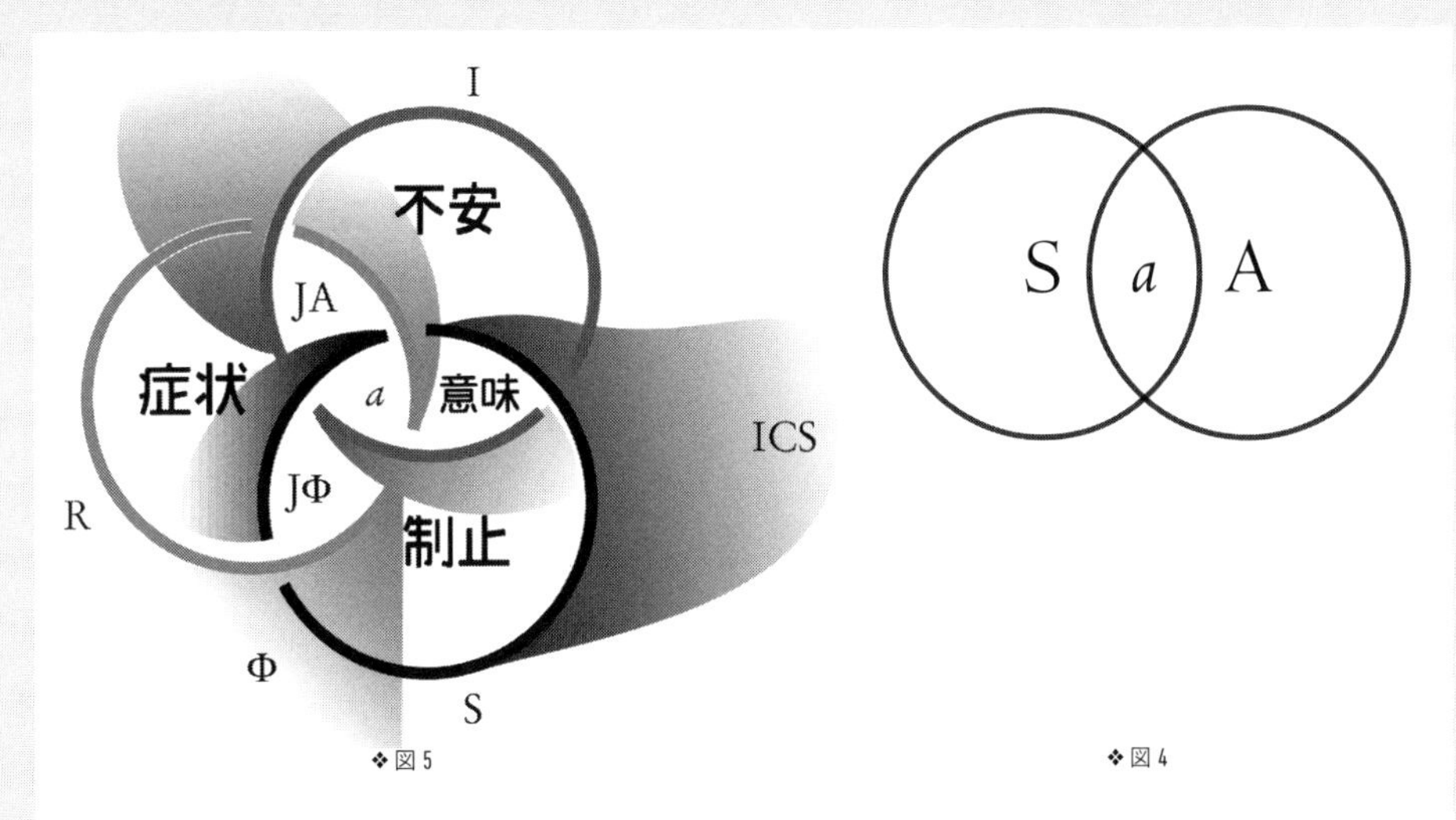

❖図5　❖図4

さて、これら四つの「あれかこれか」は、欲望する〈他者〉(A)をめぐる一連の往還の運動として記述できる。その最初の局面において、〈他者〉は主体の欲望のいわば鋳型であり、そのもとで主体はさしあたり「〈他者〉として」欲望していた(「疎外(aliénation)」)。そこから離れることで主体の欲望は初めてその独自の存在を主張できるようになるわけだが(「分離(séparation)」)、それは同時に、その同一性を支えてくれていたあらゆる構造を離れ、「消滅(fading)」の危機に直面することでもある。ラカンはこうした主体と〈他者〉の関係を説明するにあたり、「財布か命か」(強盗にこう迫られて命を選べば財布なしの命が残るが、財布を選べば命も財布も失ってしまう)を典型とする非対称的な選言命題の構造を参照し、その図示ではしばしばベン図様の図式を利用する。これに即して言えば、主体の存在そのものの「消滅」は、主体(S)と〈他者〉(A)を表わす二つの円の完全な分離に対応するが、それを防いでいるのが両者の交わりの位置にある対象*a*であった[38](図4)。ただし倒立花瓶の装置がすでに示していたように、対象*a*は実体ではなく、構造的な効果にすぎない。上記のプロセスで、完全な分離の危機の回避を実際に可能にしていたのは、想像的(イマジネール)な機制である「(愛の)要求」であり、狭義の「欲望」においても同様の機制を想定することができる。

ラカンが一九七〇年代の初めに導入した「ボロメオの輪」は、こうした主体の危機とその回復の筋道を提示しようとするものである。「結び目理論」に由来するこの装置は、三つの輪のうちそれぞれ二つの輪がもう一つの輪によってのみ繋ぎ止められている点を特徴としているが、ラカンはこれらをそれぞれ象徴界(S)、想像界(I)、現実界(R)に対応させ(図5)[39]、その配置に「誤り(faute)」が生じて三つの輪が本来構成するまとまり(コンシスタンス)が失われることを、主体の病理的な危機に対応するものとした。

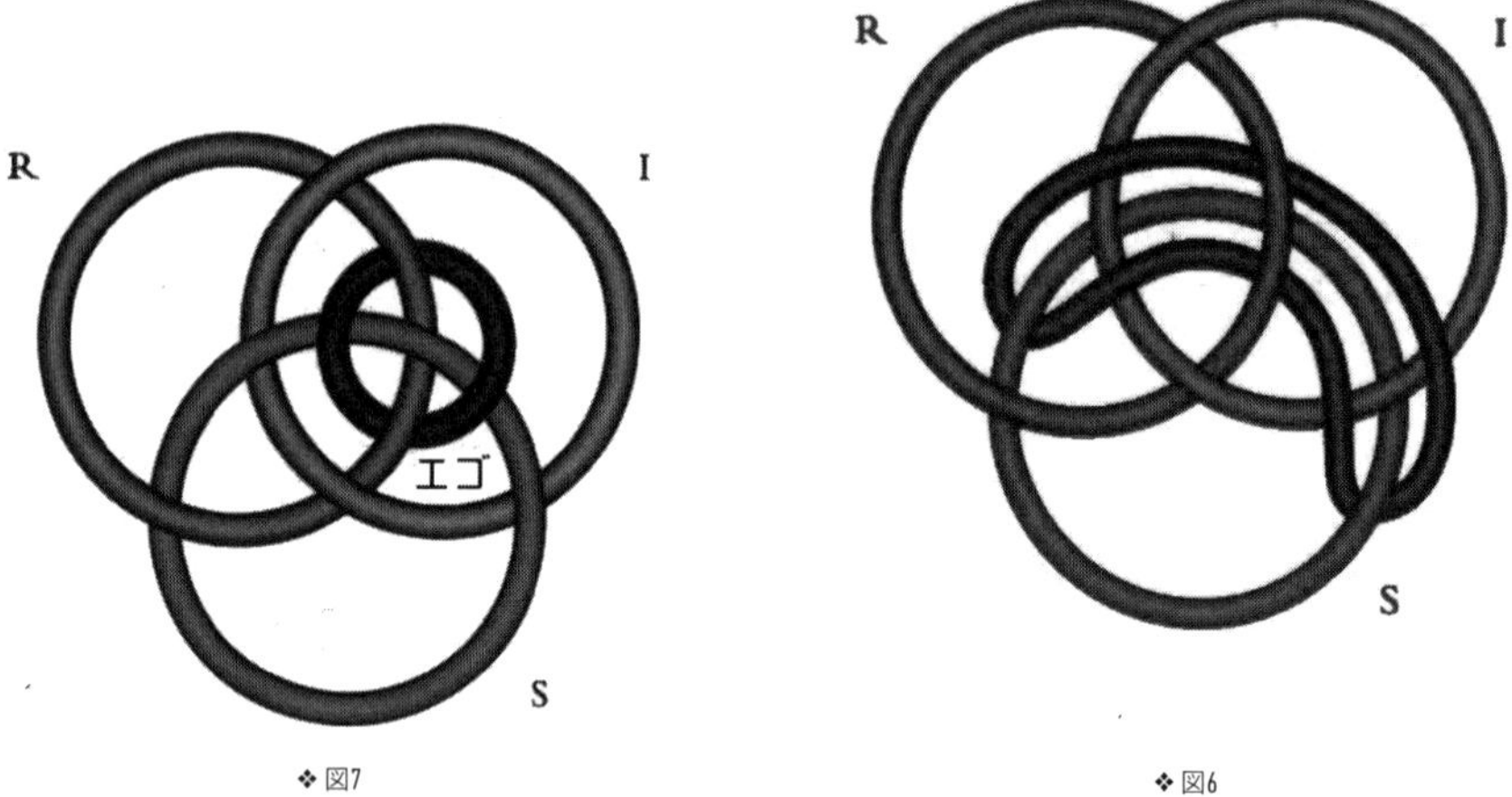

❖図6

❖図7

享楽(ジュイッサンス)の次元からみた場合、主体の問題はまず「〈他者〉が欲望しないとすれば、主体にとってあらゆる知の可能性が失われる」ということだ。こうした危機は、主体と〈他者〉ならぬ現実界と象徴界という二つの輪の分離の危機として再定式化されるが、この危機は想像的な(イマジネール)――欲望する――他者が揺るぎないものとして維持される限りにおいて回避される。これは「〈他者〉の想像的強固化」としての「制止」[40]に対応する(想像界の基体としての a)。しかし「制止」は問題の決定的な解決とはなりえず、いずれ破綻する。その際に主体が経験するのが「欲望の公準」の根底的な動揺と相関して現われる「不安」であり、欲望する他者の不在の可能性および要求としての「他者の欲望の欲望」の(主体による)全面的な引き受けであり、主体自身による想像界と象徴界の再接続の試みなのだが(a の脱落、あるいは譲渡可能な a)、その試みはやはり挫折を余儀なくされる。さて、〈他者〉ないし欲望する他者の水準で解決を模索しようとする「制止」と「不安」に対して、「症状」はそうした〈他者〉を必要としない。それは呼びかけのように〈他者〉に対してなにかを示そうとするものではなく、自足しており、「欲望」ならぬ「享楽」の水準において展開する。[41] これは言い換えれば、問題が欲望する〈他者〉から(想像界と現実界の両方にわたる)〈身体〉の水準に遡り、そこで〈他者〉の次元がどのように開かれるかという形で立てられ、答えられようとしているということであって、そこでは想像的な捕獲以前の、他所での a の誕生ないしは生成[42]が、さらには〈他者〉の「かたち(アンフォルム)(enforme)」としての a が問題となる。[43] いわば欲望する――想像的な――他者に先立つ、原初的な他性が問題になるのであって、その限りで「症状」は象徴界(S)の限界に位置してその輪を繋ぎ止める役割を果たすことになるだろう。

主体の結び目のまとまり[コンシスタンス]の維持にあたって重要な役割を果たしているのは、こうしてそれぞれ「制止」「症状」「不安」と名づけられた輪の縁であるわけだが、三つの輪からなるボロメオの輪は、これらの縁の機能を提示するための理念的なモデルとなっている。ラカンはさらに、「症状[サンプトーム]（symptôme）」の縁の機能を代補する四つ目の輪を加えたボロメオの輪を構想し、この輪を「サントーム（sinthome）」と呼んで〈父〉の機能を体現するものだと考えた[04](図6)。ラカンは一九五〇年代以降、精神病を父性欠如、とりわけ「父・の・名」の「排除」によって説明しようとしてきたが、ここではジェイムズ・ジョイスが創作によって精神病の発病（とりわけ彼の作品中に現われるような想像界[イマジネール]の脱落）を回避しえたメカニズムに関心を寄せ、これを「サントーム」の変異体である「補正エゴ（ego correcteur）」の機能によって説明している[05](図7)。

主要著作

▼『人格との関係からみたパラノイア性精神病』（朝日出版社、一九八七）〔以下の註においてはPPと略記し、後ろに頁番号を記す〕
▼『エクリ』〔以下の註においてはEと略記し、後ろに原著（Jacques Lacan, *Ecrits*, Paris, Editions du Seuil, 1966.）の頁番号を記す〕
▼『他のエクリ』〔以下の註においてはAEと略記し、後ろに原著（Jacques Lacan, *Autres Ecrits*, Paris, Editions du Seuil, 2001.）の頁番号を記す〕
▼『セミネール』〔以下の註においてはS.と略記し、後ろに巻号数をローマ数字で示し、参照する回の日付を記す。ジャック＝アラン・ミレールによる校訂版（Jacques Lacan, *Le Séminaire*, Paris, Editions du Seuil）、邦訳（岩波書店）が存在する場合には続く丸括弧内に「ミレール版頁番号［邦訳頁番号］」を入れて示す〕

註

01 「現実原則の彼方」（一九三六）E 73.
02 PP 331.
03 主人と奴隷の弁証法の条件は、人間的実在性の「数多性」である（アレクサンドル・コジェーヴ『ヘーゲル読解入門』〔国文社、一九八七〕一四頁）。またコジェーヴは、ヘーゲルの弁証法の隠れた条件として「知の欲望」があることを指摘している（*Ibid*., pp. 141-142）。
04 *Ibid*., pp. 355-356.
05 S.X, 621121.（ALI版に従う）

06 ワロンの観察は後に『幼児における性格の起源』（一九三四）に組み込まれる。ラカンが「鏡像段階」に最初に言及したのは一九三六年のSPPにおける発表であり、同年の国際精神分析協会でも同じテーマでの発表を行なった。

07 E 97.

08 「自我（エゴ）に関する考察」（一九五一）。

09 *Ibid.*

10 Cf. セミネール『フロイトの技法論』(S.I)、また「ダニエル・ラガーシュの報告についての見解」(E 673-674,680).

11 ラカンが透視図法の機能や画家ルース・クヤールのエピソードに言及した『精神分析の倫理』(S.VII)や、ホルバインの「大使たち」を中心に眼差しの機能を論じた『精神分析の四基本概念』(S.XI)また対象*a*をめぐる議論でベラスケスの「侍女たち」の独自の解釈を示した『精神分析の対象』(S.XIII)などを参照。

12 S.I, 531118(p.8［(上)p.4］).

13 S.I, 540623(p. 272［(下)pp. 136-137］).

14 エミール・バンヴェニスト「言語分析のレベル」（一九六二）〔『一般言語学の諸問題』（みすず書房）所収〕。

15 S.III, 560208(p. 155［(上)pp. 226-227］).

16 S. V, 571106(p. 17［(上)p. 14］).

17 S.V, 580604(pp. 423-430［(下)pp. 259-269］).

18 「グラフ」構築の途中段階の図にあらわれる「何を望むのか（Che vuoi）」の矢印は二本に分かれており、その先には「幻想（ファンタスム）」の図式がおかれてあった(E 815)。

19 S.IV, 570227(p. 190［(上)pp. 245-246］).

20 S.VII, 591209/16(pp. 55-86［(上)pp. 63-105］).

21 S.VII, 600608/22(p. 329［(下)p. 176］,p. 345［(下)p. 197］).

22 S.X, 630529(pp.300-302［(下)pp. 160-164］).

23 ジグムント・フロイト「子供がぶたれる」『フロイト全集16』。

24 S.XXIII, 760210(p. 85).

25 S.XIV, 670524. またS.XIII, 660427をも参照。

26 S.XIV, 670510.

27 S.X, 621128(pp. 50-51［(上)pp. 58-60］), 630116(p. 121［(上)p. 156］), 630327, 630522(p.294［(下)p. 154］).

28 Cf. セミネール『精神分析の裏面』(S.XVII)。またこの完全な図式は「ラジオフォニー」（一九七〇年）(AE447)を参照。

29 セミネール『転移』における、『饗宴』のエリュクシマコスへの批判(S.VIII, 610214(pp. 83-97［(上)pp. 97-115］))。

30 S.XII, 650519.

31 S.XVI, 690604.

32 S.XXI, 731120.

33 論理式の形ではS.XVIII, 710518/0609、図はS.XX, 730313(p. 73)を参照。

34 メラニー・クラインが女児について指摘したエディプス的機制。Cf.「女の子の性的発達に対する早期の不安状況の影響」『クライン著作集2』pp. 232-233.

35 「すべての女性」と言うことの不可能性に関するラカンの主張については、S.XVIII, 710217/0317(pp. 69-106)を参照。

36 E 815.

37 S.VI, 590107.(p. 151)

38 対象 *a* は、「主体と身体の最も確実な接合点(ジョンクション)」であるとされる(S.XIV, 670607)。

39 S.XXII, 750121.(図はALI版による)

40 S.V, 571218(p. 123). フロイトは「制止」を自我とエスの間の葛藤を回避しようとする機制によって説明しようとしたが(フロイト「制止、症状、不安」(一九二六年))、これは「あれかこれか」の状況そのものの回避として理解できる。

41 S.X, 630123(p. 148[(上)p. 192]).

42 S.X, 630605(p. 314[(下)p. 180]).

43 S.XVI, 690507(p. 301).

44 S.XXIII,751118(pp. 19-20).

45 S.XXIII, 750511(pp. 146-153).

〔原和之〕

バンヴェニスト〔ベンヴェニスト〕、エミール 1902-1976

❖Émile BENVENISTE

シリア出身のフランスの言語学者。アントワーヌ・メイエに師事。パリ高等研究院で教鞭をとったあと、一九三七年コレージュ・ド・フランスの比較文法教授に就任。著作には『印欧語の名詞の構成の起源』（一九三五）、『インド＝ヨーロッパ諸制度語彙集』（六九）、『一般言語学の諸問題』（六六－七四）などがある。インド・ヨーロッパ語の比較言語学の発展に貢献し、また、ソシュールの一般言語学を批判・発展させた。一九六一年にクロード・レヴィ＝ストロースらとともに、『人間――フランス人類学雑誌』を創刊する。

〔飯盛元章〕

ブローデル、フェルナン 1902-1985

❖Fernand BRAUDEL

フランス東部ロレーヌ地方出身の歴史家。パリ大学（ソルボンヌ）で歴史学を修めるとともに、人文地理学や社会諸科学にも親しむ。アルジェやサンパウロでリセの教師を務め（一九二四～三七年）、高等研究院指導官を経て、コレージュ・ド・フランス教授となる（一九四九～七二年）。アナール派第一世代のリュシアン・フェーヴル、マルク・ブロックらの厚遇を得て『アナール』誌の編集に加わる（アナール派は一九二九年に創刊された年誌『社会経済史』に集まったグループ）。社会科学高等研究院や人間科学会館の創設に尽力し、学際的・国際的な研究を組織して、歴史学会の最高実力者と目されるようになった。

歴史家としての彼の名を世に知らしめたのは、第二次世界大戦中のドイツ抑留時代に構想された『フェリペ二世時代の地中海と地中海世界（邦題は『地中海』）』（一九四六）である。通常の書物の五～六倍にも及ぶこの著作は、三部に分けられ、その各部によって地中海世界が三つの異なる時間の層の重なりとして捉えられるようになっている。まず最初に描き出されるのは、人間と環境とのつながりに関する歴史であり、海洋と大地、風土と動植物といった反復し循環する「ほとんど時間の枠を外れた」歴史である。ついで、経済・社会・政治の諸構造に関する「徐々に変化する」歴史が語られる。そして最後にくるのが、急展開する人物史や事件史である。従来の歴史学はもっぱらこうした短期的かつ表層的な人物史や事件史から捉えられていたのであり、結果として『地中海』はそこに大きな衝撃をもたらすことになった。

その後、三十年の時をへだててブローデル晩年の大著『物質文明・経済・資本主義――十五～十八世紀』（七九）が刊行される。この書は、近代以前のヨーロッパ経済史の研究として構想されていたが、やがて近代も「市場が全世界を巻き込んでいく過程」として論じられるようになり、さらにその市場が自家消費・贈与・交換・売買へと上昇していく物質生活の上に基礎づけられて、ついには資本主義の全体像が展望される仕組みになっている。ここでもまた、消費・分配・生産という三部構成がとられ、歴史が「出来事・変動局面・構造」の三層構造として捉えられているところは『地中海』に類似する。

とりわけ、第一巻の序論では、経済史が三階建ての建築物として描かれ、一階には物質文明、二階には経済生活、三階には資本主義のメカニズムが配されており、マルクス主義とは一線を画すブローデルではありながらも、そこには上部構造・下部構造の発想に近いものが見てとれる。

こうして、彼の指導するアナール派の学徒たちが地方や村レベルでの地域研究に邁進している頃、ブローデル自身の関心は、物質文明を基礎として、極東における米作や中南米におけるトウモロコシ生産にも目を向けながら、むしろ世界規模に拡がっていくのである。いわく、水田が盛んになった地帯では「人口が大幅に増加し、社会的規律が強まっていった」。これに対し、トウモロコシは「わずかな努力で事足りる」農作物であったがために、インディオたちには余裕が生じ、マヤやアステカの大ピラミッドが建設された。では小麦を主食とするヨーロッパはどうか。この地域では、人口密度の関係で労働力が高くつき、それが化石燃料の使用を促す推進力となって、やがて産業革命につながっていったのだ、というぐあいに気宇壮大な全体史が模索されている。

本書の公刊後、ブローデルは全三巻からなる大作『フランス史』を構想していたが、結局は、第一巻『フランスのアイデンティティ』の第二部までしか完成させることができなかった。

ブローデルを継いだアナール派第三世代は、彼がやり残した心性史研究、家族史、犯罪史、病の歴史、異端信仰史、魔女狩りの歴史などにも手を染め、現在は表象の歴史においても多くの成果をもたらしている。

アナール学派、ブローデルの登場は、歴史学に大きな影響を与えた。それまでの歴史学において、歴史は政治の展開、戦争や、国家の存亡や革命の展開を時系列にたどって把握された。こうした歴史理解に対して、アナール学派は、事件の経過だけを述べるのではない歴史学を創始した。それは、これまでの歴史学ではほとんど触れられることのなかった人々の日常世界の層に着目する歴史学の誕生でもあった。

［加賀野井秀一］

ポパー、カール・ライムント　1902-1994

❖Karl Raimund POPPER

オーストリア出身で、ロンドン大学教授を務める。批判的合理主義の立場に立つ。論理実証主義を唱える「ウィーン学団」と関わりつつも批判的な立場に立った。『科学的発見の論理』(一九三四)において主張された、科学理論は「反証可能性」をもつもので、常にさまざまな角度から検証され確かめられうるものでなければならないとする考えは、科学哲学に大きな影響を与えた。また、『開かれた社会とその敵』(四五)においては、特にプラトン、ヘーゲル、マルクスを民主主義に対立する全体主義的な思想として批判した。他に、『歴史主義の貧困』(五七)、『推測と反駁』(六三)、『フレームワークの神話』(九四)などがある。

〔本郷均〕

ラントグレーベ、ルートヴィヒ

❖Ludwig LANDGREBE　1902-1991

ドイツ・ケルン大学名誉教授。フッサールの助手を務めたあと、ルーヴァン大学フッサール・アルヒーフにて、遺稿の整理編集に携わる。戦後は、アルヒーフ所長を務める。著作としては、『現代の哲学』(一九五二)、『現象学の道』(六三)などがある。

〔本郷均〕

アドルノ、テオドーア〔テオドール〕・ルートヴィヒ・ヴィーゼングルント

❖Theodor Wiesengrund ADORNO　1903-1969

ドイツのフランクフルトに生まれた、哲学者、美学者、社会学者。父はユダヤ系の裕福なワイン商人、母はカトリックの元声楽家。叔母も優れたピアニストであったため、アドルノは幼いころからクラシック音楽に親しみ、生涯ピアノの演奏を得意とするとともに、早くから現代音楽の作曲にも手を染めることになる。

アドルノはフランクフルト大学で、のちに『啓蒙の弁証法』を共著として著わすことになるホルクハイマーと出会うが、むしろ若いころのアドルノは十一歳年長のベンヤミンから大きな影響を受けた。二十歳のときにベンヤミンと出会ったアドルノはすぐさまベンヤミンの思想に魅惑され、その後に刊行されたベンヤミンの『ドイツ悲劇の根源』(一九二八)は、アドルノの生涯に決定的な影響を与えることになる。さらに、ベンヤミンから聞かされた「パサージュ論」の企図に深く打たれる。

ただし、若いころのアドルノは、哲学を選ぶか、本格的な音楽家の道を進むかでゆれていた。アドルノはフッサール論で博士号を取得したあと、ベルクのもとで音楽理論と作曲を学ぶためにウィーンに移住し、シェーンベルクを中心とした音楽サークルに加わる。無調から十二音技法へと進んだシェーンベルクは、アドルノにとって生涯の規範的なイメージでありつづけることになる。

一九三一年にキルケゴール論で教授資格を取得。フランクフルト大学の講師となり、初期の重要な講師就任講演「哲学のアクチュアリティ」を行なう。ただし、教授資格論文に基づく『キルケゴール』の出版は、一九三三年一月三十日、まさしくヒトラーが合法的に政権を獲得した日だった。同年九月、アドルノは教授資格を剝奪され、翌年、イングランドに移住。これ以降アドルノと、パリに亡命していたベンヤミンのあいだで、書簡を通じた「論争」が続く。

一九三八年にニューヨークに移住し、社会研究所の正式の研究員となる。一九四〇年、ベンヤミンの訃報に接し、翌年、南カリフォルニアに移住し、共著『啓蒙の弁証法』(仮綴じ版四四、初版四七)に結実するホルクハイマーとの共同研究に従事する。一九四四年には『権威主義的パーソナリティ』(五〇)としてまとめられる共同作業に携わる。

一九四九年の暮れ、ドイツ(西ドイツ)に帰国し、『ミニマ・モラリア』(五一)を皮切りに、論集『プリズム――文化批判と社会』(五五)、哲学主著『否定弁証法』(六六)をはじめ、哲学、社会学、文学、音楽学にわたる膨大な著作を刊行するとともに、一九五一年に活動を再開した社会研究所の中心として活躍する。とくに「アウシュヴィッツのあとで詩を書くことは野蛮である」というアドルノの言葉は、戦後ドイツでナチスという過去を深く問いなおす契機となった。

一九六〇年代後半には、高揚する学生運動と決裂し、一九六九年夏、休暇で訪れていたスイスにおいて心臓発作で死亡。没後、『美の理論』が遺著として刊行された。

主要著作は、『キルケゴール――美的なものの構築』(山本泰生訳、みすず書房、一九九八)、『啓蒙の弁証法――哲学的断想』(ホルクハイマーとの共著、徳永恂訳、岩波書店、九〇)、『新音楽の哲学』(龍村あや子訳、平凡社、二〇〇七)、『ミニマ・モラリア――傷ついた生活裡の省察』(三光長治訳、法政大学出版局、七九)、『否定弁証法』(木田元ほか訳、作品社、九六)、『美の理論』(大久保健治訳、河出書房新社、八五)。

〔細見和之〕

ジャンケレヴィッチ、ウラディーミル

❖Vladimir JANKÉLÉVITCH

1903-1985

I——生涯

ジャンケレヴィッチは、正六角形に譬えられるフランスの中心に位置するブールジュに、一九〇三年八月三十一日、耳鼻咽喉科医のシュムエルとその妻アンナ・リスの長男として生まれた。姉のイダ、弟のレオンの三人兄弟であった。イダは後に優れたピアニストとなる。批評家ジャン・カスー(Jean CASSOUS, 1897-1986)の伴侶でもある。父親と母親は黒海沿岸に生まれたユダヤ人で、当時のロシアでは高等教育を受けることがユダヤ人にはほとんど不可能であったため、故郷を捨てて海路南フランスに新天地を求めたのだ。二人は共にモンペリエ大学の医学生として出会ったが、アンナのほうは途中で学業を断念した。二人はフランスに帰化することはなく、日常会話もロシア語で行なっていたようだが、三人の子供たちはフランス国籍を取得させた。耳鼻咽喉科を専門としながらも、時には治療費も受け取ることなく町医者として働きながら、シュムエルは癌についての膨大な覚書を遺したのみならず、フロイトやシェリングをはじめとして数多の著者たちの翻訳者としても活躍した。「良き父親というものは存在しない」とはサルトルの言であるが、父親の遺した覚書を基に大著『死』(一九六六)を書き上げたジャンケッレヴィッチは、父親の遺した観察を息子が論文にしたのだと言っている。彼はまたサンクトペテルブルクの音楽学院でピアノ教師を務めていた叔母からピアノの手ほどきを受けている。パリの名門ルイ・ル・グラン高等学校を経て一九二一年に高等師範学校に入学。レオン・ブランシュヴィックの教えを受ける。

一九二三年にベルクソンと初めて会う。翌二四年に高等学習修了論文「プロティノス『エンネアデス』第一書第三章『弁証論』について」を提出、この頃から「二人の生の哲学者——ベルクソンとギュイヨー」などの論考を雑誌に発表しはじめる。一九二六年にアグレガシオンを取得後、翌年にはプラハのフランス学院の教師に就任し、プラハ滞在中に初の単行本『ベルクソン』(一九三一)を出版するとともに、国家博士号請求論文「後期シェリング哲学における意識のオデュッセー」と副論文「疚しい意識の価値と意味」を書き上げ、一九三三年に博士号を取得、リヨンの高校を皮切りにフランス国内で哲学教師としての人生を歩みはじめる。一九三八年にはリール大学文学部の助教授に

❖ Vladimir JANKÉLÉVITCH

就任する。『ガブリエル・フォーレとその旋律』(三八)、『ラヴェル』(三九)など音楽論も出版する。「音楽の哲学」を築こうとするその営為は、ドイツ語圏ではエルンスト・ブロッホ、テオドーア・アドルノらの仕事に呼応していた。

第二次世界大戦勃発直後、召集されマシー＝パレソーの部隊に配属される。翌四〇年にマントの戦いで負傷しマルマンドの病院に二か月入院するが、その間に、ヴィシー政府が相継いで発布した外国人子弟ならびにユダヤ人師弟をめぐる法律によっていわば二度公職から追放され、除隊させられたのみならずリール大学助教授の職も失う。知人や教え子のいるトゥルーズに向かい、そこで対独レジスタンスに身を投じる。父母を残しての亡命という選択肢はジャンケレヴィッチにはありえなかった。複数の贋造身分証明書を携帯し、幾度も逮捕の危険にさらされながら、カピトル広場近くのカフェの奥で哲学の講義を続けた。終戦後はしばらくトゥルーズ・ピレネーラジオ音楽放送顧問を務め、一九四七年にリール大学に復職、一九四九年には八百頁を超える大著『徳論』(*Traité des vertus*, Bordas)を出版するに至る。父親シュムエルが死去した一九五一年にソルボンヌ道徳哲学の正教授にルネ・ル・センヌの後任として就任、爾後一九七四年に退官するまでソルボンヌで教鞭を執った。一九五四年には『第一哲学』(*Philosophie première*)、五七年には『何だか分からないものあるいはほとんど無』(*Je-ne-sais-quoi ou presque rien*)を出版、『徳論』とこの二冊のうちにジャンケレヴィッチの哲学が凝縮されていると言っても過言ではない。

一九五四年に初めてイスラエルを訪問。五七年から「フランス語圏ユダヤ知識人会議」に、同じアパルトマンに住むエドモン・フレッグ、エマニュエル・レヴィナスらとともに参加。そこでの発言は後に『泉』(*Sources*, 1984)に収められることになる。ただ、レヴィナスのようにユダヤ教のある潮流にどっぷり浸かって育った人物とは大きくちがって、ジャンケレヴィッチは「ユダヤ人」と呼ばれるみずからの実存を「内的問題」として捉えはしたが、ヘブライ語の学習やユダヤ教思想の探求に向かうことはなかった。

ジャンケレヴィッチは長年ラジオ・ソルボンヌで哲学の講義を続けた。トラックの運転手が、甲高く異常なまでに早口なジャンケレヴィッチの講義を聴きながら走行するといったこともあっただろう。市民たちのさまざまな示威行動の傍らには、ほとんどつねにジャンケレヴィッチの姿があったという。「ソルボンヌの頑固オヤジ」とも「シテ島の哲人」とも呼ばれたジャンケレヴィッチは、哲学者として、フランスのさまざまな階層の人々から愛された。サルトルに匹敵するほどの人望を集めたと言っても過言ではない。例えば、「人道に対する罪」(crime contre l'humanité)ならびにその「時効」をめぐる論争では、「時効なきもの」(imprescriptible)、赦すことのできないものの「赦し」という大きな問題を提起した。ソルボンヌを退官した七四年には、高等学校での哲学教育を縮減することをめざした法案の提出に抗して、デリダたちとともに大規模な反対運動を展開した。最後の著作は『道徳の逆説』(Paradoxe de la morale)。脳の病を得て一九八五年六月六日に死去、両親の眠るシャトネイ=マラブリの墓地に埋葬された。

戦後ジャンケレヴィッチはドイツ語もドイツ哲学もドイツ音楽も忘れたと言い放った。ドイツに足を踏み入れることはなかった。六八年の「五月革命」に際しては学生たちを支持して「ソルボンヌを燃やさねばならない」と言った。「ハイデガーを読むソルボンヌの猿たち」と同僚たちを非難しもした。死後に出版するとの約束で『リベラシオン』紙のためになされたインタヴューで、ジャンケレヴィッチは、サルトルのアンガジュマンを戦前の無為への悔恨の表われとみなし、メルロ=ポンティについては、博士号請求論文(『知覚の現象学』一九四五)の完成を急ぐメルロ=ポンティがレジスタンスにいかに冷淡であったかを暴露した。この発言は舌禍事件となり、メルロ=ポンティの遺稿の編者であるクロード・ルフォールなどは、まったく事実無根としてジャンケレヴィッチの発言を斥けている。

ジャンケレヴィッチはノートルダム寺院に近い「花の河岸(ケ・オ・フルール)」一番地のアパルトマンの二階に住み続けた。そのアパルトマンの入口には、エドモン・フレッグのそれとともにジャンケレヴィッチの生存を記念する碑文が貼付されている。

2——有機的全体性

ジャンケレヴィッチは早熟した才子で、二十代前半から、ベルクソン、ジャン=マリ・ギュイヨー、ゲオルク・ジンメルらの、しばしば「生の哲学」と総称される哲学を論じた論考を発表しはじめ、ベルクソンそのひとからも才能を高く評価された。ドイツ哲学、ロシア哲学、古代哲学の諸潮流、さらには生物学の動向をも視野に収めた若き俊秀の知的関心の広さには驚嘆させられるが、その多彩な論述の中核に位置していたのは、ベルクソンに由来する「有機的全体性」(totalités organiques)の観念であった。複数形で書かれていることに留意されたいが、「有機的全体性」は単なる調和ではなく、むしろ相反するものが対立と緊張を維持しつつ共存するような矛盾せる生成、「不調和の調和」であって、そこでは同と他、一と他、協和と不協和が不断に戦っている。「排中律」と「選言」の不断の侵犯なのだ。若きジャンケレヴィッチはベルクソンの哲学そのもののうちにも連続性と不連続性の相剋を看取するとともに、ベルクソンと彼の近傍を成す哲学者たちとの緊張関係としても描き出した。後年ジャンケレヴィッチが恩師J・ヴァールについて次のように語った言葉を、ジャンケレヴィッチ自身の手法のごときものとみなすことができるだろう。それはまたジャンケレヴィッチからドゥルーズへと何が継承されていったかを明確に示してもいる。曰く、「一方と他方を繋げる《と》(et)という接続詞は付加を意味しているのではないし、択一によって分離されたものを綜合することを意味することさえなく、それはむしろ、各々の確実性をその反対物に不断に送り返す弁証法的相互性、揺動を意味している」(S, pp.145-146)。

例えばベルクソンは『創造的進化』第三章の末尾で「生」による「死」の克服を語っているが、ジンメルは「より多くの生」「生を超えたもの」へ向けての動きが「死」に行き着くという逆説を、さらには、生きるための「器官」が生きることへの「障碍」を『生の直観』で語った。ベルクソンの語る「内的強度(アンタンシテ)」に対してギュイヨーは生の「外的拡張」を語った。ベルクソンにおける「持続」の「連続性」に抗して、シャルル・ルヌヴィエは「不連続性」を強調していた。ルヌヴィエを引き継いでバシュラールやヴァールは「持続」することなき「瞬間」を主題化し、ジュール・ルキエはベルクソンには不在であるかに見える「始まり(フィアト)」を語った。ジャンケレヴィッチによると、後期シェリングにおける神統紀的生成も、ベルクソン的「持続」とはとがって「危機と不連続性」を孕んでいる。キルケゴールの「絶望」はベルクソン的「オプティミズム」の対極にあるかに見える。スピノザは「持続の相のもとに」ではなく「永遠の相のもとに」と言った。しかし、「否定も無も死もなき充溢の哲学」であるという点ではベルクソンの哲学とスピノザのそれは共通点を有している。次に引用するのは、ジャンケレヴィッチがベルクソン的「自由」とスピノザ的「必然性」(宿命)とを同一視した一節である。「ベルクソンにおいてもスピノザにおいても、必然性とは充溢の謂であって、自由とは、自分自身の豊かさに囚われた自我の中核を成すところの宿命である」(B, p.289)。

ここにいう「自由＝必然性」はシェリングの言う「事実性」(Tatsächlichkeit)、ライプニッツ的「偶然性」(contingence)とも相容れないものではなく、こうしてジャンケレヴィッチはベルクソンの哲学を「神秘主義」の最たるものとして定義するに至る。「神秘主義が何よりもまず事実の純然たる承認であるならベルクソン氏の哲学は、神秘という語の最良の意味で一個の神秘主義的哲学であると断言することができる。この意味で神秘主義は現実主義(レアリスム)以外のものではない」(B, p.292)。

3——連続と不連続

『ベルクソン』の初版が出版されたのは一九三一年、その翌年にベルクソンの『道徳と宗教の二源泉』が出版される。ベルクソンの哲学には社会性が欠けていると指摘したジャンケレヴィッチにとって意想外な展開であったとはいえ、「有機的全体性」は『二源泉』

で提起された「閉鎖性」「開放性」の観念をもその両義性として含み込むことになる。同と他の代謝過程そのものであり、それ自体がポリフォニックな集合体であるとはいえ、「有機的全体性」は閉じたものでしかありえず、そこに内包されうる他者は「もうひとりの私」(allos autos)でしかなく、ジャンケレヴィッチがレヴィナスに先立って「絶対的に他なるもの」(absolument Autre)と呼ぶものではない。いかに肥大しようとも、いかに内省を重ねて複雑化しようとも、それは自己意識でしかない。そのような自己意識の煩悶を考察したのが前掲の『疚しい良心の価値と意味』であった。

善というもの、悪というものが実体として存在するのではない。「意図」がいかに善きものと思われても行為の「帰結」がどのようなものになるかは予想できない。しかも、それは不可逆的で消すことができず取り返しがつかない。このとき、みずからの「意図」の善さを疑わず、この確信それ自体をも疑わないことは「潔白な意識」について「潔白な意識」を抱くことであり、逆にこの確信を疑うことは「潔白な意識」について「疚しい意識」を抱くことであり、加えて、「疚しい意識」(悪意)について「潔白な意識」を抱くことも、「疚しい意識」について「潔白な意識」を抱くこともある。このような組み合わせは際限なく塁上されていくのだが、この迷宮が自己意識の壁を破りうる可能性があるとすれば、少なくとも自己意識はみずからの「島嶼性」を自覚し、かつ「後悔」(remords)の求心的志向を全面的に「転回」(conversion)させねばならない。その端緒となるのが「改悛」(repentir)である。それでも、「閉鎖性」と「開放性」のあいだには断絶がある。

ベルクソンにとってもジャンケレヴィッチにとっても、持続の連続性は質的異質性を排除するものではなかった。ジャンケレヴィッチはさらに歩を進めて、微分法の用語で「瞬間」を「無限小のフラクション」と呼び、「ベルクソン的連続性は無限の不連続性である」と定義するに至る。そして、この無限小の「瞬間」を「閉鎖性」から「開放性」への移行、跳躍の「好機(カイロス)」とみなしたのである。その際、「閉鎖性」と「開放性」の対に、「合間」と「瞬間」、「経験」(empirie)、「メタ経験」(metempirie)ないし「神秘」、「モノ」(quid)と「コト」(quod)、「仁愛」(charité)と「正義」(justice)、「贈与」と「交換」「分配」、ひいては「存在」と「愛」(倫理)の対が重ね合わされる。「勇気」は「瞬間の徳」であり「忠誠」は「持続の徳」であると言われるように、徳の分類もこの二分法を基になされていることも銘記されたい。ジャンケレヴィッチはまた、「エコノミー」という語を逸早く用いて、「与えるエコノミー」と「与えられたエコノミー」、「閉じたエコノミー」と「開かれたエコノミー」という言い方をしてもいる。こうして大著『徳論』(一九四九)での強い主張のひとつが準備されたことになる。「自我とは絶対的に類似せざる者たる他者(Autrui)へと赴くのは愛だけである。正義は他者に赴くことはない。正義は〈同等者〉(Egal)に、抽象的で代数的な〈同類〉(Semblable)に向かうだけである。正義はなおも〈同〉にとどまるのだ」(TV, p.410)。

無限小の開口は開くと同時に閉じる。「消失する現出」(apparitions-disparaissantes)、「ほとんど無」(presque rien)、「何だか分からないもの」(je-ne-sais-quoi)といったジャンケレヴィッチの鍵語はいずれもこの事態を別様に表現したものである。『徳論』に続く第二の主著『第一哲学』には「《ほとんど》の哲学序説」という副題が付されているが、「ほとんど無」と「端的な無」との差異は無限であるという点に、「マイナー哲学」たらんとするジャンケレヴィッチの哲学のすべてが懸かっているとさえ言える。アウシュヴィッツで殺害された一人の少女がいた世界と彼女がいない世界は無限に異なる、というのだ。リルケを愛したジャンケレヴィッチは「たとえ一度だけでも、このように一度存在したということ、地上の存在であったということ、これは打ち消しようのないことであるらしい」という『ドゥイノの悲歌』の一節を踏まえているのだろう。「ほとんど無」はまたピアニッシモであり、音楽の生誕の地たる「沈黙」の音色でもある。「何だか分からないもの」については、パスカルの『パンセ』を初めとしてそれが特に十七世紀フランス思想の鍵語であったのみならず、十字架の聖ヨハネ、ヤコブ・ベーメなど西洋神秘主義の長い伝統に連なるものでもあったことを銘記されたい。ちなみに、スラヴォイ・ジジェクはラカンの言う「対象a」(小さな他なる対象)を現代版の「何だか分からないもの」とみなしている。パスカルがクレオパトラの鼻について言ったように、「何だか分からないもの」「ほとんど無」が人間たちを、世界を動かしているのだ。

4——イロニーとフモール

『論理哲学論考』(一九二二)の末尾にウィトゲンシュタインは「語りえないものについては沈黙しなければならない」と書き記したが、「何だか分からないもの」もジャンケレヴィッチにとっては「えも言われぬもの」(ineffable)、「語りえないもの」(indicible)にほかならなかった。「倫理」はウィトゲンシュタインにとってのみならずジャンケレヴィッチにとっても「語りえないもの」であり、ベルクソンが嫌った「口達者な人」(homo loquens)ではなく、一方では、デカルトによって「彼らの言うことを聞くな、彼らのなすことを見よ」と定式化された「英雄的行為」(後に「創造的贈与」と呼ばれる)が、他方ではエリック・サティのそれのような音楽の「魅惑」がそれに迫りうるのだが、では、いわゆる言語はそこで廃棄されるのかというと、決してそうではない。実際ジャンケレヴィッチは、キルケゴールやフロイトやヘフディング(『笑い』のベルクソンもそこに加わる)に倣って、「イロニー」と「フモール」をめぐる考察を一九三六年に公刊している。ひとことで言うなら、「イロニー」と「フモール」は「モノ」と「コト」、閉鎖性と開放性と同様の関係にある。この点を考えるために、

「仁愛の徳は分配の正義と保存の経済との二者択一(alternative)を超えたものである」というジャンケレヴィッチの言葉を挙げてみたい。ここでは、善悪のような二元的コードとその択一が不可避であるような領域として「閉じたエコノミー」が捉えられている。たしかに「イロニー」はその反語的性格によって「あれかこれか」の択一を、対立的二項のあいだの移動によって回避する。「イロニー」は「多数性の発見へと導くいささか物悲しい陽気さ」であると言われる所以であろう。悪人と凡人を演じることで、「イロニー」の人は、対立的二項のあいだに築かれた序列とそれを固定化する「力の正義」と「既得の権威」と「既存の知」を自壊に導いていくのだ。

しかし、「イロニー」は相対立する二項の設定それ自体は壊すことがなく、また、しばしば「傲岸で侮蔑的で攻撃的なもの」として強者の武器ともなる。では「フモール」はどうだろうか。そもそも「フモール」とは何だろうか。フロイトが『機知』でそうしたように、ジャンケレヴィッチもまたユダヤ的「フモール」を念頭に置いていた。「かくも腰の重いこの国民〔ドイツ国民〕を田舎者の耄碌と痴呆から救い出したのはユダヤ人であり、ハインリヒ・ハイネのフモールであり、メンデルスゾーンのスケルツォであった。〔…〕尽きることのない当惑の種であるユダヤ人は、周囲の人々に電気ショックを与え、彼らを困惑させる。〔…〕ユダヤ人のフモールと呼ばれているものは、既成の真理に対する懐疑と自己自身への懐疑をそれなりの仕方で表現している。フモールを含んだ謙譲は、屈辱を受け、侮蔑された者たちが屈辱を乗り越えることを可能にする。フモールのお蔭で、貧者は豊かになる。みずからの悲惨によって豊かになる。ユダヤ人たちにとってフモールは、迫害者たちの裏をかき、皇帝と虐殺者たちを笑いものにする手段だった」(S, p.57, p.157)。

こんなユダヤジョークをご存じだろうか。「あるガリツィア地方の駅で二人のユダヤ人が出会った。「どこへ行くのかね」と一人が尋ねた。「クラカウへ」と答えた。「おいおい、あんたはなんて嘘つきなんだ」と最初の男がいきり立って言う。「クラカウに行くと言って、あんたがレンベルクに行くとわしに思わせたいんだろう。だけどあんたは本当にクラカウに行くとわしは知っている。それなのになぜ嘘をつくんだ?」」このユダヤ人はしかしどこへ行くのだろうか。クラカウだろうかレンベルクだろうか、それとも、いずれでもないのだろうか。決まりきった通勤や通学の経路であっても必ずそこに失踪や逃亡の可能性が潜んでいるように、どこかへ向かおうとしてるとしても、歩みはそれが「途上」である限り、あてどない彷徨でもある。ただ歩くこと、この「行く人」(イテース)、それが「開かれたイロニー」としての「フモール」なのである。ジャンケレヴィッチの言う「フモール」は後にドゥルーズ/ガタリが提出した「逃走線」(ligne de fuite)に近いものであったと言えるだろう。

生は心臓の一打ちと次の一打ちのあいだに宙吊りにされている、とジャンケレヴィッチは言う。それと同様に、歩行する際にも、この一歩と次の一歩のあいだでつねに何かが生じる。ある境界の内部でしか歩行できないとしても、私たちは一歩踏み出すたびに境界を踏み越えているのだ。そもそも「閉鎖性」「開放性」という事態それ自体「境界」という問題を提起しているのだが、ジャンケレヴィッチの哲学はつねに「境界地帯」(zone-frontière)に係るものだった。「ほとんど無」にせよ「消失する現出」にせよ、この「境界地帯」の様態を表わす言葉である。加えて、ジャンケレヴィッチが「シンフォニー」の対義語として用いる「ラプソディー」も、「仮縫いする」(ラプテイン)というその語源的意味が告げているように、明確な実線としては決して引かれることのない「境界地帯」のあり方を示している。「境界」は「無」ではない。とはいえ、「境界」が「モノ」として存在するなら、この「モノ」を分割する「境界」が際限なく引かれることになってしまう。このように、「存在」でも「無」でもないということ、それが「ほとんど無」なのである。

ジャンケレヴィッチによると、「境界地帯」は情念の逆巻く至極厄介な地帯であった。「グリザイユ(灰色)はすべての色調のニュートラルな源泉である」とはボードレールの言であるが、「境界地帯」は喜びと悲しみ、愛と憎しみなど相反する情念がそこから湧き出る源泉のごときものなのだ。スピノザに続いてアランが指摘したように、人間は諸情念にとらわれている。しかし、情念から解放されるために、さながらゴルディオスの結び目を断つかのように、曖昧な「境界地帯」を単なる分割線たらしめるとき、何が起こるのだろうか。フロイトを踏まえてジャンケレヴィッチが言っているように、そのとき、「悪」は「外部」であり、それが無辜な「内部」を侵すのだという倒錯が生じるのである。みずからの「悪意」を忘却した悪の投影が「倒錯したミメーシス」(アドルノ/ホルクハイマー)としてなされるのであり、かくして人間は情念から逃れようとしてさらに深く情念に囚われてしまうのだ。「泉」(source)にも「沼地」(フモールは液体を意味している)にも譬えられる「境界地帯」に踏みとどまる、いや、そこを旅するしかないのである。情念という未開墾の荒野を厄介払いするのではなく、そこを開墾せよというアランの教えをジャンケレヴィッチは実践しようとしたと言えるだろう。実践と言ったが、それは《ほとんど無》になること」、「私」の「権利」と「存在」を最小化して、憎悪の反対概念ならざる「愛」を最大化する「義務」である。先に示唆したように、それこそが誰かを「存在させること」(laisser-être)としての「創造的贈与」(donation créatrice)なのである。

5——類似、ほとんど同じもの

「開口」は瞬間の出来事で、開かれた口はすぐに閉ざされる。しかも、いつ開くのかを予見することはできない。これが「瞥見」(entrevision)

と呼ばれる出来事である。けれども、いつ開くか分からないということはいつ開いてもいいということであって、「連続性は無限の不連続性である」という先の言葉も、「カイロス」（好機）の不断の到来可能性を示したものと解釈することができる。「境界地帯」が仮縫いされたものでしかないということをここで勘案するなら、これまで「閉鎖性」と呼んできたものは完全に閉鎖しているわけではないことになる。それどころか隙間だらけであることになる。それが「半開」（entr'ouverture）と呼ばれる事態なのだが、もしそうであるなら、先の引用文で「同じもの」と呼ばれていたものもそのあり方を変えざるをえないのではないだろうか。

ジャンケレヴィッチは、「もうひとりの私」には還元されざる「絶対的に他なるもの」を語り、「自己性」の限界を超えてそこに向かうことを「愛」と呼んでいた。「自己性」の「限界」とここに言うのは「死」の別名であり、それゆえ、「死」と人称性とがここで連動することになる。柳田邦男の『犠牲』などで援用されて日本の読者たちの知るところとなったが、ジャンケレヴィッチは「死」を「一人称の死」「二人称の死」「三人称の死」に分類し、「一人称の死」をいかに切迫していようとも未来形であるような死、「三人称の死」を新聞欄に記載される過去の死、「二人称の死」を死にゆく者の手を握りながら経験される現在の死とみなしている。「三人称の死」が「ひと」（on）の死であり、「彼（女）」「彼（女）ら」の死であるのに対して、「二人称の死」は「きみ」（toi）の死である。しかし、それにしても「きみ」とは誰だろうか。ジャンケレヴィッチは単に「私」から「きみ」を経て「彼（女）」「彼（女）ら」に、さらには「ひと」に至る人称の遠近法を前提としているのだろうか。決してそうではない。

「きみ」は「絶対的に他なるもの」であるとジャンケレヴィッチは言う。しかし、「他者」（Autrui）はというと、「きみ」に限定されるものでは決してなかった。「他者は、顔も洗礼名もなき諸存在の曖昧で広大な国を示しており、その唯一の機能はというと、今よりも早くもしくは遅くあり、ここは別のところにあり、これとは別の仕方であり、私自身とは別のものたることでしかない。」（TV2, p.789）「他者」は私ならざるものの総体であり、たしかに「最初の他者」であるとはいえ、「きみ」は「二人のあいだの共感・同情であるような他動詞的なデュオ」に属すると同時に、「他者という集合名詞の匿名の複数性」にも属しているのだ。このような蝶番であることによって、「きみ」は、固定された遠近法を攪乱する。アリストテレスの『ニコマコス倫理学』で主張されているのとはちがって、「近き者」（prochaine）と「遠き者」（lointain）が、その近さと遠さがあらかじめ与えられているのではない。「引き寄せ」と「遠ざけ」の不断の動きがあるのだ。é-loignementという語が距離化と距離の剝奪双方を含意していることを想起してもいいだろう。任意の他者が「きみ」たりうるのであって、その意味では、「きみ」をないがしろにする者は「人類」をないがしろにしていることになる。

「特定の人間を直接的愛によって愛することで、われわれは異邦人のうちに兄弟を認知し、普遍的な近さと気息的遍在の世界のうちに生き、最後には遠ざかりと遠近法の奥行を抹消する術を学ぶ。人類をいくつもの平面に分配することは排他的な正義であり、いささか過剰に配分的な正義である。普遍的引き寄せからたったひとりの人間を排除しただけでも、それは閉鎖性の徴しとなる。国籍や職業や居住地を特定し、あるカテゴリーを優先し、友人と敵を区別することは、悪意に基づく心の狭い差別のごときものとして、えこひいきの徴候として現われる。今や、ニューヘブリデス諸島の先住民のひとりを除いて全人類を愛する者は人類を愛していない。宇宙の運行のためにひとりの子供を犠牲にする者が、イワン・フォードロヴィッチによると、宇宙も人間も愛していないのと同様に」(TV2, pp.798-799)。

このような「きみ」の遍在的「非場所(ユトピー)」、その「他所(アリビ)」に、ジャンケレヴィッチは「女性」(femme)という名を与えてもいる。「女性は二人称であり、私に最も近く、私から最も遠い人格である。女性は他なるものであるような同一者である。私のごとき者ではあるが、私ではなく、それゆえ、私ト同様ノ者(instar mei)である。この意味では、きみは人格の最たるものである。それはまた無媒介的な人格でもある。なぜなら、私とこの人格とのあいだには最小の隔たり、言い換えるなら、可能な限り最も小さな隔たりしか存在しないからだ。とはいえ、この最も小さな隔たりは他なるものが他なる存在であるために不可欠な隔たりである。というのも、この場合には無限小の隔たりが無限の距離たりうるからだ」(S, pp.119-120)。

「きみ」は「私自身とは他なるもの」(autre que moi-même)であるが、「私自身とは他なるもの」は先述したような「他なる私自身」(autre moi-même)とは無限に異なる者であった。ところが、この引用文では、無限の差異が「私と同様の者」という表現で語られてもいる。先に引いた引用文では「同類」(semblable)という「類似」(ressembler)を含意した観念が端的に《同》(Même)に内在化されていたが、このように「類似」の観念の位置づけが変化したとするならどうなるのだろうか。似ていると同時に似ておらず(dissembler)、違うと同時に違わない、そのようなあり方を、ジャンケレヴィッチはある時点から「ほとんど似た者」(presque semblable)と呼びはじめ、それを「知覚不能な仕方で他なる者であるような他者」、「ほとんど私自身と識別不能な者」(presque indiscernable de lui-même)と規定している。これと併行して、ジャンケレヴィッチは「同じもの」(同)を「ほとんど同じもの」(presque même)と呼びはじめる。

もし「同じもの」が「ほとんど同じもの」であり、「ほとんど同じもの」が「無限に隔たったもの」であるなら、「同」と「他」、「モノ」と「コト」の先の二分法に基づいた「正義」と「仁愛」の二分法は崩壊せざるをえない。たしかにジャンケレヴィッチは、「愛は空間の配分(distribution)に背く」との立場を崩してはいないが、「きみ」の「創造的贈与」に背馳しないような「ほとんど同じもの」のトポロジカルな配分としての新たな「正義」「公正」がここで要請されているのではないだろうか。そのためには、時に「達人倫理」とも揶揄されるジャンケレヴィッチの哲学を継承しつつさらに、個体〈化〉とは何か、システムとは何か、「自然」とは何かといった問いを考え続けねばならないのではないだろうか。「不可能だが不可欠なもの」〈impossible-nécessaire〉というジャンケレヴィッチの措辞を意識して、かつてサルトルは、「現代のモラルは不可欠だが不可能だ」と言ったことがあるが、このアポリアを掘り続けることをジャンケレヴィッチの哲学は私たちに促しているように思われる。

著作略記号

B: Bergson, Alcan, 1931.
TV: Traité des vertus, Bordas, 1949.
TV2: Traité des vertus, Flammarion, 1968, 1970, 1972.
S: Sources, Seuil, 1984.

主要著作

▼『アンリ・ベルクソン〈増補新版〉』阿部一智・桑田禮彰訳、新評論、一九九七。
▼『イロニーの精神』久米博訳、ちくま学芸文庫、一九九七。
▼『徳について　Ⅰ・Ⅱ』仲澤紀雄訳、国文社、二〇〇六・二〇〇七。
▼『死』仲澤紀雄訳、みすず書房。一九七八。
▼『仕事と日々、夜々と夢想』仲澤紀雄訳、みすず書房、一九八二。
▼『還らぬ時と郷愁』仲澤紀雄訳、国文社、一九九四。
▼『最初と最後のページ』合田正人訳、みすず書房、一九九六。
▼『ドビュッシー〈改訂新版〉』船山隆・松橋麻利訳、青土社、一九九九。
▼『音楽と筆舌に尽くせないもの』仲澤紀雄訳、国文社、一九九五。
▼『フォーレ――音楽から沈黙へ　言葉では言い表し得ないもの……』大谷千正・小林緑・遠山菜穂美・宮川文子・稲垣孝子訳、新評論、二〇〇六。
▼『ラヴェル〈新装版〉』福田達夫訳、白水社、二〇〇五。
▼『遙かなる現前――アルベニス、セヴラック、モンポウ』近藤秀樹訳、春秋社、二〇〇二。

〔合田正人〕

ベテルハイム、ブルーノ

❖Bruno BETTELHEIM　1903-1990

オーストリア出身、アメリカのユダヤ系心理学者。ナチスによって強制収容所に入れられるが、一九三九年に解放されアメリカに移住。一九五二年、シカゴ大学教授に就任。著作には、『母親たちとの対話』(一九六二)、『自閉症・うつろな砦』(六七)、『フロイトと人間の魂』(八二)などがある。自閉症児の治療と教育に関して卓越した業績を残した。〔飯盛元章〕

ボス、メダルト

❖Medard BOSS　1903-1990

メダルト・ボスは、一九〇三年、スイスに生まれた。チューリッヒ大学を出て、オイゲン・ブロイラーに師事し、一九五二年にチューリッヒ大学教授に就任した。ボスは主著のひとつ『性的倒錯　恋愛の精神病理学』のなかで、精神分析と現存在(人間学的)分析というふたつの精神病理学的研究方法を対置させることから始めた。フロイトの精神分析理論は、自然科学的で客観的な思考方法を徹底し、それを人間の心理現象に応用した。しかし、それゆえに、理論は抽象的なものに陥り、無造作に人間を対象化するに至った点に難点がある。ボスは、より注意深く人間へとアプローチする現存在分析的の方法を選び、検討を行なった。〔中澤瞳〕

ヨナス、ハンス

❖Hans JONAS　1903-1993

ユダヤ系家庭に生まれ、ハイデガーとブルトマンの指導を受けて博士号を取得、一九三三年にはロンドン、三五年にエルサレム、四八年にカナダに移住、五五~七六年にニューヨークのニュースクールで教鞭を執る。ヨナスの仕事は、グノーシス主義の研究(『グノーシスと古代末期の精神』第一部は一九七三年、第二部前半は五四年、後半は没後の九三年に刊行)を出発点としている。しかし一般には、ハイデガーの実存哲学からの決別を意図した『生命の哲学』(一九七三)、そしてこの書で意図された有機体の哲学から倫理学に導かれた『責任という原理』(七九)、特にそこで説かれた「存在の未来に対する責任」という考え方によって、倫理学に対しても広く影響を与えている。〔本郷均〕

ギブソン、ジェームズ・ジェローム

❖James Jerome GIBSON　1904-1979

コーネル大学名誉教授。ゲシュタルト心理学の影響から出発し、視覚に主軸を置いた知覚研究を進める。そのなかで、動物とその動物が生きている環境との一体的な関係に着目、環境が動物に対して示す意味や価値をその環境に備わる実在であり、よって直接知覚されるものと考え、「アフォーダンス」概念を提唱した。この概念に基づく「生態学的心理学」の領域を拓き、知覚理論に革新をもたらした。この概念はデザインの領域などでも重視されるようになる。著書に『視覚ワールドの知覚』(一九五〇)、『生態学的知覚システム』(六六)、『生態学的視覚論』(七九)がある。

〔本郷均〕

ベイトソン、グレゴリー

❖Gregory BATESON　1904-1980

イギリス出身で、生物学、文化人類学を学び、ニューギニアでフィールドワークを行なう。その後アメリカに渡り、サイバネティクス、システム論を研究する。ベイトソンの業績は多岐にわたるが、最もよく知られた概念の一つは「ダブル・バインド」(二重拘束)である。これは、ベイトソンが同僚と統合失調症の実証的研究をするなかで親子関係においてダブルバインド的なコミュニケーションを行なう親と統合失調症発症の相関関係の高さに着目して提出された理論である。この点で、ベイトソンは家族療法にも大きな影響を与えた。著作に、『ナヴェン』(一九三六)、『精神のコミュニケーション』(共著、五一)、『精神の生態学』(七二)などがある。

〔本郷均〕

カネッティ、エリアス

❖Elias CANETTI　1905-1994

ブルガリアのルスチュクに生まれる。一九二四年、ウィーン大学に入学し、化学を専攻。一九二九年、ウィーン大学で理学博士号を取得。学生生活後に作家活動を開始。ナチスに追われて、三八年以降は亡命先のロンドンで暮らす。八一年、七十六歳のときにノーベル文学賞を受賞、同年にはフランツ・カフカ賞も受賞。一九八三年にはドイツ連邦共和国より功労大十字勲章を授与される。二十世紀ヨーロッパの最も重要な作家であり、思想家として知られる。九四年にチューリッヒで亡くなった。

カネッティの主著のひとつとして『群衆と権力』(一九七二)が挙げられる。四八年暮れから五九年暮れにかけて執筆されたこの著作は、すでに構想自体は一九二五年頃からあったとされているが、六〇年になって出版された。この著作のなかで、カネッティは、ネガティヴなイメージで語られる「群衆」を再検討し、群衆の意味合いは権力との関係において変化しうるものであることを明らかにした。

〔中澤瞳〕

クロソウスキー、ピエール

❖Pierre KLOSSOWSKI　1905-2001

フランスの作家、思想家、画家。弟は画家のバルテュス(Balthus, 1908-2001：本名バルタザール・ミシェル・クロソウスキー・ド・ローラ)。父の友人である作家のアンドレ・ジッドの秘書を務めた。一九三〇年代から、バタイユなどさまざまな文学者たちと交流した。一九七〇年代からはほとんど執筆活動をやめて、画家としての活動に専念。著作には『ロベルトは今夜』(一九五三)、『ナントの勅令破棄』(五九)、『プロンプター』(六〇)などの小説(これら三作品は一九六五年刊行の『歓待の掟』に所収)のほか、『ニーチェと悪循環』(六九)、『生きた貨幣』(七〇)といった理論的作品などがある。ニーチェ思想の影響のもと、自我の自己同一性の解体を描き出した。ドゥルーズ、フーコー、リオタールらに大きな影響を与えた。

〔飯盛元章〕

ニザン、ポール

❖Paul NIZAN　1905-1940

フランスの作家、哲学者。トゥールで生まれ、パリの高等師範学校で学ぶ。すでに受験のための準備学級でサルトルに出会っていたが、高等師範学校ではレイモン・アロンとも交わる。一九二六年から一九二七年にかけてイエメンのアデンに家庭教師として滞在。帰国後にフランス共産党に入党(再入党)、一九二九年に哲学の教授資格を取得する。一九三一年に『アデン、アラビア』を刊行。リセの教師であった一九三二年に、共産党の候補者として選挙に出馬するも落選。一九三〇年代には党の代表的な論客として活躍し、『ヨーロッパ』や『ユマニテ』『ス・ソワール』など、さまざまな雑誌や機関誌に寄稿、自身も記者として現地で取材を行なう。一九三四年から一九三五年には、ソビエト連邦作家同盟の国際会議に参加するためソ連に滞在し、マルローやアラゴンなどフランスの作家の世話をする。すでに反ファシズムを掲げていたニザンは、独ソ不可侵条約のあと一九三九年に共産党を離党。一九四〇年、第二次世界大戦に従軍して、三十五歳で戦死する。ニザンは、共産党員のジャーナリストとして数多くの書評や時評を書く一方で、個人的な体験に基づく小説も著わし、とくに『アデン、アラビア』や『アントワーヌ・ブロイエ』『トロイの馬』はその代表的なものであり、『陰謀』ではアンテラリエ賞を受賞する。代表作のひとつである『番犬たち』では、ブランシュヴィックをはじめとするフランスの講壇哲学者が厳しく批判される。死後は、共産党からスパイ扱いされ、長らく忘れられていたが、一九六〇年に『アデン、アラビア』がサルトルの長大な序文つきで復刊され、ふたたび注目を集める。著書は、『ポール・ニザン著作集』などで、『アデン、アラビア』をはじめほぼすべての作品が邦訳されている。

〔八幡恵一〕

ヘンペル、カール・グスタフ

❖Carl Gustav HEMPEL　1905-1997

ドイツ、ブランケンブルク州オラニエンブルクに生まれる。一九二〇年代、マッハやブレンターノによって醸成された経験論的な傾向と、フレーゲやウィトゲンシュタインが方向づけた言語論的展開との両方の要素を融合させた新しい哲学、新しい認識論を追究する集団としてウィーン学団が誕生したが、ヘンペルもそこに名を連ねていた。ヘンペルは、一般に「ヘンペルのカラス」として知られるパラドクスを提起し、仮説演繹法にある問題点を指摘したことで知られる。ヘンペルは、論理的に同値な命題は、ある命題や法則に関する真理の度合いを高める確証データに関しても同値であると考え、それを同値条件と呼び、同値条件に従うならば、例えば「すべてのカラスは黒い」を確証するデータは、「すべての黒くないものはカラスではない」も確証するし、その逆も成り立つということになるのではないかと問題提起した。〔中澤瞳〕

ランド、アイン

❖Ayn RAND 1905-1982

ロシア生まれ、後にアメリカに移住した小説家、脚本家。小説としては、『われら生ける者』(一九三六)、『水源』(四三)、『肩をすくめるアトラス』(五七)。思想的にはリバタリアン寄りであり、倫理的には利他主義を否定する「客観主義」を唱えている。〔本郷均〕

アーレント、ハンナ

❖Hannah ARENDT 1906-1975

二十世紀を代表する政治哲学者の一人。ドイツ西北の港町ハノーバーのユダヤ人家庭に生まれ、一九二四年から、マールブルク大学で学び、そこでマルティン・ハイデガーから哲学を学ぶ。彼女の思想は、わずかな期間ではあるが恋愛関係にもなったハイデガーに大きな影響を受けている。その後、フライブルク大学に移り、エドムント・フッサールの講義を受講。一九二六年には、ハイデルベルク大学でカール・ヤスパースに師事した。そして一九二九年に、ヤスパースによる指導のもと、博士論文『アウグスティヌスの愛の概念』を提出。しかしナチスの台頭により一九三三年にドイツを離れパリに滞在し、その後一九四一年にアメリカ(ニューヨーク)へ亡命することになる。戦後は、プリンストン大学、シカゴ大学、コロンビア大学など、アメリカの多くの大学で教壇に立ち、一九六七年から一九七五年に亡くなるまでニュースクール・フォー・ソーシャルリサーチの教授として政治哲学を教えつづけた。

アーレントの最初の主著『全体性の起源』は、アメリカに亡命後の一九四四年頃から着手され、一九五一年に出版された。この本のなかで、彼女は十九世紀初頭まで遡り、ヨーロッパにおける反ユダヤ主義・帝国主義の台頭から、ナチズム、スターリニズムに至る全体主義の発生を描いている。

アーレントによれば、全体主義は、これまでの政治理論では理解しがたい、「イデオロギー」と「テロル」に基づく新たな統治体制である。アーレントは、全体主義をかつての専制政治の単なる現代版とみなすことを否定している。というのも、専制政治体制では、テロルは権力の獲得と保持の有益な道具として利用されていたが、全体主義体制においては、そういった合理的な使用が確認できないからである。彼女によれば、テロルは全体主義にとって道具ではなく、その本質そのものなのである。アーレントは、このような恐るべき統治体制の誕生を、さまざまな概念的区別を提示しながら詳細に論じている。

つづいて、一九五八年には、『人間の条件』が公刊される。そこで展開される歴史的・哲学的考察の目的は、現代社会がもたらす新たな経験とそれに由来する不安を背景にしつつ、タイトルどおり、人間の条件を再検討することである。そのために、人間の活動的生活(vita activa)の基本的カテゴリーとして「労働」「仕事」「行為」を考察し、公的領域ないし政治的領域の復権を唱える独自の政治哲学を展開している。

アーレントによれば、人間の活動的生活とは、何ごとかに積極的に係わっている際の人間生活であり、人工物と他者とともに生きる世界に根ざすものである。『人間の条件』でアーレントは、私たちが生まれ活動するこの世界における人間のあり方を、古代ギリシアの社会から現代までの幅広い知識を利用しつつ詳細に検討している。

この二つの主著の他にも、アーレントはさまざまなトピックを扱った論文を多数発表し、大きな反響を呼んだ。

とりわけセンセーショナルだったのは、一九六三年に公刊された『イエルサレムのアイヒマン――悪の陳腐さについての報告』である。この本は、ホロコーストで重要な役割を担った人物のひとり、アドルフ・アイヒマンの公開裁判のレポートである。アイヒマンは、イスラエルの諜報機関によって潜伏先のアルゼンチンからエルサレムに拉致され、公開裁判を経て処刑された。

この本のなかでアーレントは、ホロコーストからイスラエル当局の一連の行為までを詳細に調べあげ、一部のユダヤ人がホロコーストにおいて担った役割などにも触れた。そしてアイヒマンのなかに「思考の欠如」をみとめ、副題にあるとおり、彼の悪行を「陳腐」と評した。しかし、こうした彼女の俯瞰的な態度は、ナチスに激しい憎悪を抱く同胞ユダヤ人から多くの非難を受けることになった。

一九七八年には、晩年の大著『精神の生活』が死後公刊される。この本で、アーレントは、活動的生活とともに人間生活を構成する観照的生活(vita contemplativa)を、三つの根本的能力(思考・意志・判断)から検討しようとしていた。アイヒマンの悪のなかに「思考の欠如」を見出したアーレントにとって、この課題は重要なものであったのだろう。彼女の計画では当初三巻からなる著作を構想し、思考と意志に関する考察部分はすでに書き終えていたが、判断に関する考察に取り組むまえにこの世を去った。

このように、アーレントの思想とその関心は首尾一貫したものであったが、それでも彼女は自分の政治哲学を体系的な仕方で示す著作を残さなかった。しかし全体主義、革命、自由の本性、思考能力、判断能力、政治哲学の歴史等々についての彼女の考察は、さまざまな哲学的・政治学的トピックにつながるものであり、その洞察は現代においてもなお注目されつづけている。

〔國領佳樹〕

グッドマン、ネルソン

❖Nelson GOODMAN　1906-1998

アメリカ、マサチューセッツ州に生まれる。ハーバード大学で学び、同大学で学士、博士を取得。美術画廊を経営した経歴ももつが、後に学究生活に戻り、タフツ大学、ペンシルベニア大学、ブランダイス大学を経て、一九六七年以降はハーバード大学で教鞭をとり、その後、ハーバード大学哲学名誉教授となる。

グッドマンは帰納法の問題点について指摘したことで知られる。帰納法の研究に関しては、ヒュームという先達がいるが、ヒュームが行なったのはAとBとの因果関係が未来にも成立するか理論的には決定できない、つまり帰納によっては正当化されないという考察であった。グッドマンは、「グルーのパラドクス」として一般に知られる例を通して、帰納のパラドクスを提示した。今まで観察されたエメラルドがグリーンだったとすると、帰納法的推論により、次に観察されるエメラルドもグリーンだと考えられる。ここで述語グルーを導入する。グルーとは、時刻tより前に調べられたものについて、それがグリーンであるときに適用され、それ以外のものについては、それがブルーである時に適用される色についての述語である。この述語グルーを導入すると、これまで観察されたエメラルドはグリーンであると同時に、グルーであるということになり、エメラルドはグリーンともグルーとも言えてしまう。このようにして、グッドマンは、帰納的な推論の破綻を暴き出したのである。

〔中澤瞳〕

ゲーデル、クルト

❖Kurt GÖDEL　1906-1978

中央ヨーロッパの都市ブルノに生まれ、プリンストン高等研究所の教授として、米国を拠点とした数学基礎論の新潮流（ロジック）を生み出す中心人物となった数学者・論理学者。ゲーデルはロジックの各分野（証明論、モデル論、計算論、集合論など）において基本的な発見をした。とくに彼の不完全性定理はロジック全般はもとより数学的文脈以外でも多様に言及され、誤解も多いことから、知的濫用の泉ともいわれる。人間の心が機械より優れていることをこの定理から導こうとした哲学者ルーカスや物理学者ペンローズの議論は人工知能の発展と相まって論争を巻き起こした。

ゲーデルはオーストリア・ハンガリー二重帝国のモラヴィア地方(現チェコ)の中心都市ブルノでドイツ系の裕福な家庭の次男として生まれた。ウィーン大学で数学者H・ハーン(Hans HAHN, 1879-1934)に師事し、一九三〇年に一階述語論理の完全性を証明して博士号を得た。一九三一年には後に「不完全性定理」と呼ばれる画期的な結果(の弱い形)を発表し、数学基礎論の流れを大きく変えた。続くウィーン大学の私講師時代は、カントール(Georg Ferdinand Ludwig Philipp CANTOR, 1845-1918)の「連続体仮説」に対する相対無矛盾性(これを加えても集合の公理に新たな矛盾は生じないこと)を証明した。ゲーデル自身はユダヤ人ではなかったが、ウィーン大学関係者――とくにモラヴィア出身者(フロイトやフッサールなど)――にユダヤ人が多く、ナチス体制下の差別や危険を逃れるため、一九四〇年に妻アデーレを連れて米国に渡り、プリンストン高等研究所に籍を置いた。

米国では、自らが得た数学基礎論の結果をさらに深く問い直すような講究を行なった。今日「ダイアレクティカ解釈」(一九五八年にこの結果を漸く発表した雑誌の名による)として知られる構成的数学と関係する技法を開発し、算術の無矛盾性証明を与えた。また、ラッセルの階型理論や連続体仮説に関して示唆に富んだ論説を著わした(一九四四、四七)。同僚のアインシュタインとの交友から一般相対論に関する仕事(一九四九年)もしており、理論的にタイムトラベルが可能となる回転宇宙を表す重力方程式の解の存在を示したことにより、一九五一年に第一回アインシュタイン賞を受賞した。

一九五三年からは高等研究所の正教授となり、一九七六年の定年まで務めた。その間、主要な関心は哲学に向かい、とくにライプニッツとフッサールについて数千ページに及ぶ研究ノートを残しているが、生前その研究はまったく公表されなかった。若い頃からゲーデルは集合の世界が実在すると信じ、それはいくらでも大きな集合(基数)を包含しうるという考えから、巨大基数を仮定して連続体仮説などの真偽を確かめようと試みたが期待する成果は得られなかった。晩年になると、集合の実在から観念の実在に視点を移し、フッサールの現象学を使って自分の数学的直観を裏づけようとしていたらしい(膨大な遺稿の解読が待たれる)。ゲーデルは研究所を退職して間もなく、一九七八年に食事を拒否して亡くなった。

ゲーデルと不完全性定理の名が、マスコミに頻繁に登場するようになるはちょうどその頃からである。ホフスタッター著『ゲーデル、エッシャー、バッハ――あるいは不思議の環』(一九七九)はピュリツァー賞をとり、ベストセラーになった。ロジックの専門家スマリヤンは『この本の名は?』(七八)以来多くの娯楽的啓蒙書を著わしている。バーワイズ編『ハンドブック・オブ・マテマティカル・ロジック』(七七)は、ゲーデル以降のロジックを総合的に解説した初の事典である。自己言及的でない決定不能命題についてのパリス(Jeffrey Bruce PARIS, 1944-)とハーリントン(Leo Anthony HARRINGTON, 1946-)の発見はこの本で初めて紹介された。

最後に、専門用語と背景について少し補足する。ゲーデルが研究を始めた当時、論理学の主流は論理と集合概念が渾然一体になった型理論であった。そこから、(一階)論理の枠組みだけを抜き出したのがヒルベルト(David HILBERT, 1862-1943)で、一九二八年にアッケルマン(Wilhelm Friedrich ACKERMANN, 1896-1962)との共著のなかで彼は、一階論理の完全性と決定問題を未解決問題として掲げた。完全性の問題は、ヒルベルトが抽出した公理だけで一階論理の恒真な論理式をすべて導けるかというもので、ゲーデルは博士論文でこれに肯定的な答えを与えた。ヒルベルトが「数理論理学の中心問題」と呼んだ決定問題は、論理式が恒真か否かを判定する方法を探すものである。ゲーデルが一九三一年の論文でこれに与えた否定的部分解は、一階論理上の算術の真偽は判定できないというものだった。その後チャーチとチューリングが、ゲーデルの結果を使って一階論理の決定問題を完全に否定的に解決した。ゲーデルは原論文の英語版附記(六三)で、自らの結果をその後の成果を踏まえて一般化されたかたちで述べれば次のようだとしている。「ある程度の有限的算術を含むどんな無矛盾な形式体系にも決定不能な算術命題が存在し、さらにそのような体系の無矛盾性はその体系においては証明できない」。これが、今日、不完全性定理と呼ばれている主張である。

〔田中一之〕

レヴィナス、エマニュエル

❖Emmanuel LÉVINAS

1906-1995

I——レヴィナスとメルロ＝ポンティの交差点（消えたアルベルティーヌ）

❶伝記上のすれ違い

エマニュエル・レヴィナスはリトアニアのカウナスに生まれ、フランスで活躍したユダヤ系の哲学者である。しばしば倫理思想家として紹介されるが、多面的な側面を持ち、「倫理」という言葉でくくると彼の思想を矮小化してしまう。

レヴィナスはストラスブール大学で若きブランショ（一九〇七～二〇〇三年）と交流し、フライブルク大学ではフッサールとハイデガーに学び、一九二〇年代後半から現象学をいち早くフランスに紹介している。一九三〇年にはフッサールについての博士論文を出版し、翌年『デカルト的省察』の翻訳も出すなど、若い頃からすでに目覚ましい活躍を始めていたのだが、その後、奇妙なほど長い期間読者から忘れられる。彼が再び注目をあつめるのはデリダによる評論「暴力と形而上学」（一九六四）以降であり、とりわけ一九八〇年代に入ってからである。

一九三〇年代は現象学者として、そして時代の重たい空気を表現する思想家あるいはユダヤ教系の雑誌に寄稿する評論家として活躍した。四〇年代以降は、哲学専門誌に載せたフッサールやハイデガーについての論文を除くと、時流に背を向けた特異な他者論を展開する在野の思想家としてジャン・ヴァール（一八八八～一九七四年）周辺では知られていた。他方では、シュシャーニのもとでタルムードを学び、ユダヤ系の雑誌およびフランス語圏ユダヤ知識人会議を舞台として論考やタルムード講話を発表し始め、ユダヤ人サークルでは知られるようになる。

いわゆる倫理思想と言われるものも一九五一年以降練り上げていた。もともとはシュシャーニの影響とハイデガー批判が結びつく形で「倫理」は登場している。それがはっきりとした形をとるのは主著『全体性と無限』（六一）と『存在の彼方へ』（正確には『存在するとは別の仕方で、あるいは存在の彼方へ』）（七四）と五十代を過ぎてからである。

❖ Emmanuel LÉVINAS

彼の特徴を無理に単純化すると、世界論、他者論、タルムード(ユダヤ教の法解釈学)をもとにした時事問題や歴史の考察の三つにおいて見られるであろう。

①世界論においてはとりわけ、疲労・不眠・「ある」をめぐる主題群が顕著である。「ある」とは存在者が消え去って裸出した「存在」のことである。存在のやるせなさは、彼の生涯のモチーフであり初期から後期のテキストまでを貫く通奏低音である。ただし、「ある」という有名なモチーフの裏面(あるいは表面)にエレメントという概念があり、以下ではそちらを議論してゆく。

②他者論においては、顔、無限の責任、痕跡、身代わり、妄想、同のなかの他といった特異な用語を駆使した、対人関係論を展開することになる。他者論の最も大きな特徴は、〈相手から私への呼びかけ〉を出発点としたことであろう。直交的な関係でありかつ声を聴くという聴覚的な関係を軸として、他者論が構想された例は西欧哲学のなかでまれである。

事物を認識する志向性に先立って対人関係が成立しているのであり、「傷つきやすさ」といった用語で身体的な対人関係の構造を中心に据えている。他方で、「教え」や「語ること」といったモチーフからわかるように、彼は言語的な対人関係も強調する。身体と言語が分かちがたい仕方で錯綜していることも特徴といえ、それが「他者に対する責任(応答可能性)」という姿をとっている。レヴィナスにおいて倫理とは、まずは対人関係が対象認識に先行し、さらに他者が(私のイニシアティブを超えて)意味をもってしまうことを指している。

このようにたしかに他者論はレヴィナス思想の核心をなす。しかし実は他者論はもともとは「倫理」という姿をとったものではない。初期に構想されたエロス論という特異な身体的関係の理論が晩年にいたるまで彼の議論に浸透し特徴づけている。そしてこの文脈でレヴィナスとメルロ゠ポンティ(一九〇八〜六一年)は交差する。

メルロ゠ポンティとエマニュエル・レヴィナスをフッサールとハイデガー以後最大の現象学者であると考える人は多いと思われる。さらに二人はまったく同時期にパリで活動している。ところが、にもかかわらず不思議なほど二人には接点がない。正確に言うと、交差しかかるのだがすれ違うのである。実世界におけるすれ違いが、思想上のすれ違いを反映しているかのようである。しかしエレメント概念(=言語的な分節以前の生の世界)とプルーストという目につかない仕方で、二人には思想上の接点がある。そして接点から見たときに初めて、一般的な像とは別の角度から二人に光を当てることにもなるであろう。

若いサルトルがレイモン・アロンによって現象学の存在を教わり急いで購入した本がレヴィナスの博士論文『エドムント・フッサールにおける直観の理論』(三〇)であったことはよく知られている。そして当時フランスで容易に参照できたフッサールの著作はレヴィナスとファイファーの共訳による『デカルト的省察』である(仏訳は三一)。サルトルのそばにいたメルロ＝ポンティがこの時点でレヴィナスの名前を知らなかったわけはないであろう。いやサルトルよりもむしろメルロ＝ポンティこそが本格的に現象学の研究を始め、レヴィナスの友人でもあるオイゲン・フィンクやファン＝ブレダ神父と交流を結んだのだから、交流があったとしてもおかしくない。

ところがお互いの直接の交流についてはほとんど知られていない。大きな理由の一つは、レヴィナスが早い時期に従軍して終戦まで捕虜となったことがあろうか。戦後もメルロ＝ポンティがソルボンヌの教授そしてコレージュ・ド・フランスの教授というフランスのアカデミズムのなかでヒエラルキーの頂点にあるポストを占めていたのに対し、レヴィナスは博士号こそ取得したものの大学のキャリアを求めなかった。戦前は全イスラエル同盟というユダヤ人組織の職員、戦後は東方イスラエル学校の校長を長く務めていたという事情がある。レヴィナスがポワティエ大学の助教授職に着いたのは、メルロ＝ポンティが死んだ直後の一九六三年だ。当時フランスの知的な世界の最も陽のあたる場所にいたメルロ＝ポンティに対して、レヴィナスは在野の人だったのだ。レヴィナスの存在を世に知らしめることになったデリダのレヴィナス論「暴力と形而上学」(六四)が、やはりメルロ＝ポンティの死後のものであることを思い出しても良い。

メルロ＝ポンティ側からのかすかな接点として、一九四七年に『現代』誌にレヴィナスの「現実とその影」が掲載された際にメルロ＝ポンティが序文を寄せたことが知られている(Parcours所収)。しかしこの文章は匿名で発表され、サルトルの文学論を援用しながらレヴィナスを批判するものであり、メルロ＝ポンティ自身の思想の影は見られない。

出来事上の最も重大なすれ違いは、メルロ＝ポンティの突然の死によってもたらされた。一九六一年、レヴィナスは国家博士号請求論文『全体性と無限』をジャン・ヴァールの主査のもと提出した。この審査の席にはミンコフスキーやファン＝ブレダ(の代理のジャック・タミニオ)とともにメルロ＝ポンティが並ぶはずだったのだが、それは叶わなかった(死去した彼の代役がジャンケレヴィッチであったと言われる)。思想上もメルロ＝ポンティとは大きく対立したと思われるレヴィナス第一の主著を、メルロ＝ポンティがどのように読んだのか、興味は尽きないが手がかりはない。

メルロ＝ポンティがレヴィナスに言及したのはおそらく上述の「現実とその影」の序文だけである。彼はレヴィナスが〈大哲学者〉となり、多数の読者を獲得することになろうとは想像しなかったであろう。当時の文脈ではあえて言及するような相手ではなかったのだ。

❷メルロ゠ポンティを批判するレヴィナス

それではレヴィナスの側からのメルロ゠ポンティへの言及はどうであろうか。なくはないのだが、メルロ゠ポンティの死後に集中する。つまり受け手のない手紙をレヴィナスは出し続けているのであり、この点でもすれ違ったままなのだ。

（メルロ゠ポンティの生前に執筆され死後に出版された）レヴィナス第一の主著『全体性と無限』では、二箇所メルロ゠ポンティの名が登場する。[01]一回目は彼に同意して言葉と思考の不可分性について語る。二回目に論じた際は次のような論旨である。他者との関係はメルロ゠ポンティの「身体的な志向性」のようなものだったとしてもあとから付け加わるようなものではなく、一次的なものである、云々。レヴィナスは二人の他者論の対立点は自覚していたはずであるが、まだメルロ゠ポンティ存命のときに書かれたこの本では表立った批判はしていない。『存在の彼方』では三箇所登場する（原著76, 114, 250）。どれも「根源的歴史性」という概念をめぐって彼を批判する。ここではメルロ゠ポンティ思想の根本に対するレヴィナスの違和感が見て取れる。

> 主体とその世界が一つの世界のなかに集約されることであるメルロ゠ポンティの「根源的歴史性」は、〈語られたこと〉において展開する。[02]

レヴィナスにとって〈語られたこと〉（主題化された内容）は〈語ること〉（他者に対して直接開かれること）よりも副次的である。『知覚の現象学』以来一貫してメルロ゠ポンティの基本的な発想となっているのは、世界を媒介として私と他者が枝分かれする運動である。連続した世界の唯一性・一般性にかたどられるようにして、〈私の身体経験も他者の身体経験も共有世界の捉え返し（reprise）として生成する〉のだ。レヴィナスの他者論はこれに対して断固として反発する。レヴィナスの場合あくまで出発点としては個別的な私と他者との直接的で直交的な関係が問題になり、しかも世界との関係は別種かつ二次的なものにすぎず、対人関係のなかには一次的には世界は登場しない。世界から出発して私と他者との相即性を考えるメルロ゠ポンティとは異なるのだ。この点を確認するだけですでにレヴィナスへの入門となる。

他の言及は『他者のヒューマニズム』（七二）の第一章「意義と意味」（六四）にある。芸術表現を論じている箇所で、メルロ゠ポンティがハイデガーに似るのは無理もないと揶揄している。[03]これも個別の存在者に対する匿名の存在の優位を解く後期ハイデガーに対するレヴィナスの不満を踏まえると、「根源的歴史性」に対する批判と同種のものであろう。

そして『外の主体』(一九八七)のなかに二つの小さなメルロ゠ポンティ論がある(「間主観性について。メルロ゠ポンティについてのノート」(一九八三)、「アルフォンス・ド゠ヴァーレンスの思い出に 感受性について」八四)。どちらも丁寧にメルロ゠ポンティの議論を追ったあとで最後の最後に、「でもやっぱり他者への責任がまず最初だよね」とひっくり返す。「倫理の優位性」という常套句に陥った後期レヴィナスに典型的な筆の運び方だが、メルロ゠ポンティ批判の論旨には変化がないであろう。

2——接点について

しかしながら二人の間にまったくの和解の余地がないかというとそうではない。そしてこのことは二人の思想を立体的に理解するためにも大事な意味を持ちそうだ。二つの面から考えたい。一つは世界概念の基盤に置かれる「エレメント」という概念、もう一つは他者論で二人がともに取り上げるプルーストである。この二つは「ある」と倫理というレヴィナスの代表的なモチーフの裏面に張り付いているモチーフなのだが、レヴィナスの全体像を理解するためには欠かせないものである。

❶エレメント(世界の基底について)

エレメント概念は、水、火、空気、大地を独特の詩学の主題としてとりあげたバシュラールに由来すると言われるが、メルロ゠ポンティは『見えるものと見えないもの』(六四)の草稿群で、レヴィナスは『全体性と無限』(六一)でこの概念を使用している。エレメントは、メルロ゠ポンティにおいて「世界の肉」の同義語として、レヴィナスにおいては(認識する志向性の手前で成立する)享楽(jouissance)の水準での世界として描かれる。両者はとても近い事象についてエレメントという言葉を使っていたことが伺える。

『見えるものと見えないもの』の執筆は一九五〇年代後半からであり、『全体性と無限』の執筆時期と重なる。しかし公刊されたものではないため、執筆時にお互いがお互いの原稿の内容を知っていたとは考えにくい。つまりおそらくは同時に別々にエレメント概念を取り込んで思索を練っていたことになる。

顕著な箇所を二人のテキストから引用してみたい。

肉は物質ではないし、精神でもなく、実態でもない。それを名づけるためには、水・空気・土・火について語るために使用されていた意味での、言いかえれば空間・時間的個体と観念との中間にある一般的なもの、つまりは存在が一かけらでもあるところにはどこにでも存在の或るスタイルを導入する一種の受肉した原理という意味での「エレメント」という古い用語が必要になろう。肉は、その意味では、〈存在〉の「エレメント」なのだ。[04]

知覚は、まずもって物の知覚なのではなく、世界の輻(rayons du monde)である諸エレメント(水、空気……)の知覚、諸次元であり世界でもあるようなものの知覚なのであって、私はこれらの「諸エレメント」をかすめて、世界のうちにある私になるのであり、私は「主観的なもの」から〈存在〉へと滑りこむのである。[05]

事物は所有に供され、持ち運びができ、可動(動産)である。しかし例えば大地、海、光、街といった、所持物がそこから到来する環境 milieu は相続人を持たないままに横たわっており、共有された背景あるいは土地、所有不可能で本質的に「誰のもの」でもないものである。あらゆる関係や所有は所有不可能なもののなかに位置し、この所有不可能なもの自身は含みこまれることも包まれることもないまま包み含みこむ。私たちはこれをエレメント的なものと呼ぶことにする。[…]エレメントはそれを包み込む形を持たない。形(形式)なき内容である。[…]本当のところはエレメントはまったく表を持たない。エレメントにアクセスすることはできない。エレメントの本質との適切な関係は、エレメントをまさになにがしかの環境として発見する。エレメントに浸るのだ。私は常にエレメントの内側にいる。[06]

一読して二人のエレメント概念の近さが感じられるであろう。しかし仮に二人がほぼ同じ事象についてエレメントという名前をつけていたとして(それも検討しないといけないが)、問題は彼らの思想全体のなかでどのような位置づけがエレメントに与えられていたのかということである。

両者ともに〈主題化、反省、認識以前の世界のあり方〉を示すためにエレメントという言葉を使う点では共通する。エレメントとは、初源的な身体との関わりにおける世界全体の姿であり、アフォーダンス理論における包囲光のように所有しえない環境、それをみんなが享受しつつ、そこで身体としての自己が成立するような、そういう〈場〉である。

メルロ＝ポンティにおいてはエレメントへの関わりこそが「知覚」と彼が呼ぶ出来事であり、レヴィナスにおいては享楽である。問われている事象はかなり近いが、メルロ＝ポンティにおいてはこれが彼の思想の核となる一方で、レヴィナスにおいては対人関係ではないために二次的なものにとどまる。そしてレヴィナスにとってのエレメントは「ある」に転じるリスクを常に持つ点でも両義的である（「ある」とは、自己が消失し世界の分節が消え去る無意味の状態のことである）。メルロ＝ポンティの思想には「ある」にあたる世界のダークサイドは存在しない。メルロ＝ポンティにとってのエレメントは悠久の母なる大地である。そしてレヴィナスにおいてはこの（主体を消失の危機に陥れる）「ある」の両義性を克服する契機として他者が登場する。逆に言うと、エレメントが二人の哲学のなかでどのように位置づけられているのかの違いは、二人の哲学の枝分かれのポイントを示す。

❷他者論としてのプルースト論

さて他者論についてはどうであろうか。二人のあいだには根本的な立場の違いがある。メルロ＝ポンティにおいては、まさにエレメントという共有された世界からの行為の立ち上げが話題となる。世界こそが対人関係の媒体となる。私とあなたではそれぞれ異なる行為が立ち上がるが、世界を共有しているがゆえに行為も共有できるし、自ずと理解し合う。

これに対し、レヴィナスにおいては〈あなたが私に向けて呼びかける〉という状況が出発点となる。他者と私は直接射抜くベクトルで結び付けられる。対人関係において世界は媒体とはならない。エレメントは隠蔽される。『全体性と無限』における顔との関係、『存在の彼方』での「同のなかの他」といった特異な用語法は、この直接的な関係を描くための言葉遣いでもある。そして私と相手が自ずとわかり合ってしまうのではなく、相手が私に「教える」あるいは「命令する」がゆえに関係が可能になるのだ。つまり非対称性がありかつ直交するというしかたで私と他者とのあいだには断絶がある。

しかし二人にはもう一つ別の他者論がある。そしてそこで奇妙にも道のりが交差する。二人ともプルーストの『失われた時を求めて』における失恋のモチーフに惹きつけられ、そこからオルタナティブな対人関係の理論を構想しているのである。他者論でも共通部分が生まれるのだが、しかし今度はメルロ＝ポンティがエレメントから遠ざかるのに対し、レヴィナスはエレメントを他者のなかにも読み込むことになるので、二人は交差することになる。

『失われた時を求めて』の語り手である「私」の恋人アルベルティーヌが他者として意味を持つのは死にまでいたるその不在においてである。そしてこの点が二人の哲学者の論点となる。

アルベルチーヌの死によって私の苦悩が消滅するためには、事故の衝撃が彼女をただトゥレーヌで殺すだけではなくて、私の心のなかでも殺してしまうことが必要だったろう。ところが今ほど彼女が心のなかで生きていることは一度もなかった。[07]

レヴィナスは戦争捕虜時代の日記のなかにプルーストに関する考察があり、メルロ＝ポンティの場合は戦争中に準備していた『知覚の現象学』（四五）のなかに議論があるので、（エレメント概念の場合と同じように）お互い同時期に独立に考察しはじめたものであるのは間違いない。レヴィナスは戦後になって「プルーストと他者」（四八）という小論を発表し、『時間と他者』（四八）と（メルロ＝ポンティが博論副査を務めるはずだった）『全体性と無限』（六一）のなかでエロス論という形で発展させる。メルロ＝ポンティの場合は、『制度論講義』（五四－五五）のなかでプルーストを再論することになる。

メルロ＝ポンティ、レヴィナスの順番で細かくみてゆこう。

3――メルロ＝ポンティ『制度論講義』（不在のアルベルティーヌ）

レヴィナスを論じる前に少しだけメルロ＝ポンティに触れよう。メルロ＝ポンティの対人関係論は多くの場合私と他者とが同じ経験を形成しうるしそれゆえにお互い相手と共感してしまうということを語っていた。生涯にわたってさまざまなテキストで〈私と他者が世界を共有する〉と強調していた。しかしプルーストを引用するときは、嫉妬に満ちた関係を描き、接近不可能な他者を論じる。[08]

しかし彼（語り手）が彼女（アルベルティーヌ）を失ったとき、それこそが愛することなのだと彼は気づくのである。しかしここには問いが残る：不在こそが真にこの愛を創造したのではないだろうか？[09]

現象を超えるところの愛の現実性とは、おそらくポジティブな存在の現実性ではなく他人によって取り憑かれ疎外されることの現実性にあるのであろう。苦痛という姿、剥奪という姿、「実現不可能」「生のプランの埒外」欠如という姿を取る私のなかの他人だ。[10]

恋愛とは、そもそも不在の誰かとの予見不可能な関係である。「私」はアルベルティーヌが逃げ去り死にいたって消えてしまうところこそが恋愛なのだと悟る。消えてゆく誰かにとりつかれ、疎外されるのだ。恋愛とはそもそも他者の剥奪である。不在とかかわることが恋愛であるとメルロ＝ポンティは主張する。

この引用の「私のなかの他者」と「苦痛」という表現は、後期レヴィナスの「同のなかの他者（l'autre-dans-le-même）」あるいは「傷つきやすさ」という主体性の定義を思い出させる。そして後期レヴィナスのさらなる読み直しをも誘うように思える。少なくとも後期レヴィナスと照らし合わせると、このメルロ＝ポンティの引用の含蓄が浮き上がる。レヴィナスの「同のなかの他」は、主体を他者が個別化する仕方、すなわち内臓のなかにまで入り込むような他者の「近さ」である。レヴィナスは他者が私の能動的な意識に先立って私のなかに入り込むと考えた。私が他者へ向けて発する言葉のなかに、他者からの命令がすでに過ぎ越しているというのである。他者に侵食されることによって、私は主体となってゆく。

しかし上の引用でのメルロ＝ポンティは「私のなかの他者」が、他者の剥奪や不在であると語っている。メルロ＝ポンティに照らすと、レヴィナスの「同のなかの他者」もまた、実は生々しい他者の侵襲であるだけでなく、不在の他者との関係であるというふうに読み替えることができるのだ（そして実はこのような読み方は決してレヴィナスと矛盾するものでもない。いくつかのテキストがそれを暗示する）。[11]レヴィナスは直接的な対人関係の極限値として「同のなかの他」を構想したが、メルロ＝ポンティにおいては不在の他者との関係へと開かれてゆく。この場合、他者が消滅してゆくという出来事に侵食されることで、私は私として主体化していくのである。

出発（別離）こそが愛を明らかにしただけでなく創造したとさえ言わなければいけないのではないだろうか。「しばしば、私達が愛し合っていると発見するためには、さらには愛しあうようになるためには、別離の日が来ないといけない」AD（『消えたアルベルティーヌ（*Albertine disparue*）』I, 145）。

いやちがう。逆である。この別離、アルベルティーヌの死でさえ、それが実際に起きるよりも前にすでに演じられているのだ。[12]

自己が他者を経験するためには、他者による自己への効果が必要である。他者は私の不安、私が他者を欠いていること、他者の不在において現前する。この不在を埋めるような「真の」現前などない。〔他者の〕所有(possession)などないのだ。[13]

死こそが彼〔語り手〕のアルベルティーヌに対する愛を長引かせた。しかし、アルベルティーヌへの愛とは別離と死の予感にほかならない[14][…]。

愛のなかにはすでに別離が書き込まれている。メルロ゠ポンティはプルーストに抗ってまで、別離に大きな位置を与える。別離はあらかじめすでに二人の関係のなかに書き込まれているというのだ。現実の別離に先立って、すでに別離が潜在的にあるいは超越論的に含みこまれているからこそ、現実の別離も起きる。恋愛とはそもそも超越論的な失恋であり、実際の失恋はその現実化の一例にすぎない。超越論的失恋としての恋愛はあくまで潜在性であり、これは現実化された途端に恋愛ではなくなるという背理をはらんでいる。

乗り越えられるのは、慣習としての愛の観念、あるいは偶然や見せかけ、人工物としての愛である。
乗り越えられないのは、他人の他者性と〔私の〕有限性である。
制度の観念とはこのことにほかならない。すなわち、偶然を通した或る人格の歴史の基礎である。[15]

メルロ゠ポンティはここで他者の他者性と有限性を並べている。メルロ゠ポンティにおいて「有限性」は、ハイデガーのように死によって現存在が限界づけられているということではない。世界へと私の身体が開かれる〔超越する、脱自する〕ときに、私には統御不可能でどうにもならない盲点とこぼれ落ちができてしまうことがメルロ゠ポンティにとっての有限性である。[16] そして他者が消失することも、私の経験からのこぼれ落ちの一種なのだ。そしてこの別離が組み込まれた対人関係の有り様が、身体と世界のそのつどの偶然的なあり方を背後で支える超越論的な構造、すなわち制度だというのである。[17]

それゆえメルロ＝ポンティが『制度論講義』（一九五四－五四）のなかで唐突に失恋について論じたことには意味がある。「制度」すなわち個人そして集団の営みを支える超越論的な構造を、失恋が構成していることを感じ取っていたのである。偶然の出会いと別れは、失恋という制度が提供しているのだ。

一〇年ほど遡ってみよう。『知覚の現象学』（一九四五）で彼がスワンの嫉妬を論じたのは、時間性の章で一見唐突な仕方でだったが、そのときもまったく同じである。『知覚の現象学』から引用しよう。

> スワンの愛が嫉妬を惹きおこすのではない。スワンの愛はすでにはじめから嫉妬なのである。また、嫉妬が愛の変質を惹きおこすのではない。スワンがオデットのことを想うことによって得ていた喜びが、それ自身のうちにその変容を蔵していたのだ。［…］スワンの嫉妬深い愛は、彼の他の行ないとも関連しているにちがいあるまい。そうなれば、おそらくこの愛は、スワンの人柄とも言うべきもっとずっと一般的な実存の構造の現われと思えてこよう。[18]

嫉妬はスワンのオデットに対する構えそのものであり、そもそもスワンの世界に対する構えそのものであり、「彼の他の行ないとも関連している」。これは嫉妬とそのなかにある別離の予感がスワンの対人関係と行ない全般に浸透していることに由来するのである。これが彼の人生全体を貫く制度であるがゆえに、これは人生全体すなわち時間の問いなのであり、だからこそ「時間性」の章でメルロ＝ポンティは突然嫉妬を論じたのである。時間とは、別離を組み込んだ対人関係の構造が自己展開する地平のことである。

嫉妬も失恋も偶然起きた出来事ではあるが、同時に主体が他者に対してもつ関係の取り方のスタイルそのものであり、このスタイルは人生全体のそれぞれの行為のなかに浸透して下支えしている基盤（「制度」）であるということなのだ。繰り返しになるが、不在の他者との関係は、そもそも私が他者に対して持つ関係の基本構造だということである。〈私は不在の他者と関係する〉という仕方でしかこの世界に住みえない。そこで主体の行為が紡ぎだされる世界への住み方こそがメルロ＝ポンティにとっての制度であるから、つまりこのような対人関係が「制度」であり人格なのである。私と他者は確かに唯一の世界を共有する。しかしこの世界にはすでに偶然の出会いと別離が構造として書き込まれているのである。

この主張をさらにラディカルに形式化していたのが、一九四〇年代のレヴィナスである。

4——レヴィナスにおける限界の人間としての「女性」（アルベルティーヌの身体）

レヴィナスは、逃走し死ぬことで「私」から逃れ去ってゆくアルベルティーヌについて、戦争捕虜時代から考察を重ねてきた。[19]戦後の他者論の出発点がここにある。一九四六年の「プルーストと他者」という小論の議論は、『全体性と無限』（六一）の第四部「エロスの現象学」を経て、『存在の彼方』（七四）の「傷つきやすさ」の概念へと引き継がれてゆく。『全体性と無限』では言語を用いる倫理的な対人関係と非言語的なエロスは対立するのだが、『存在の彼方』では、他者の側ではなく自己の側が傷つきやすい女性の姿を取ることになり、倫理的な主体とエロスが一体化するとも言えるのだ。このようにして出発点の議論は後年まで大きな意味を持ってくるのである。

❶他者性の本質としてのエロス

エロス的関係を特徴付ける女性的なものとは、生物学的な属性でも社会的なジェンダーでもなく、むしろ他者性そのものの本質である。

> 女性的なものは男性的な存在に対する他者ですが、それは単に質的に異なるからではなく、他者性がある意味で女性的なものの本性だからです。エロス的な関係においては、他人がもつ（が私はもっていない）他の属性が問題になるのではなく、他人における他者性という属性が問題になります。[20]

女性的なものとは他者性そのものである。というのは、私の了解を超えて逃れゆくことが「女性性」の本質であるとレヴィナスは考えるからだ。コミュニケーション不可能な他者、無意味性と境を接するがゆえに、ラディカルな他者性である（レヴィナスにおいて男性は言語による議論と強く結びついている）。エロスは、しかし意味を持った言語や身振りによる対人関係とは異なる関係を指し示す。伝達を行なうあらゆるコミュニケーションの手前で生じる対人関係である。それゆえに「女性的なものは、何らかの人格としての他人以前の他人である。［…］純粋な他者性」[21]（Œuvres I, 76）なのである。コミュニケーションから遠ざかることそのものが、他者の他者性をなす。

❷ラディカルな他者性としての物質性

エロスの現象学のモデルは眠るアルベルティーヌ、そして失踪の末に死んだアルベルティーヌである。メルロ＝ポンティのプルースト読解では「私」のアルベルティーヌに対する嫉妬と別離が際立っていたが、レヴィナスは目の前にいる眠るアルベルティーヌが問題になる。エロスとは、コミュニケーションの手前で生じる身体的な関係のことである。そしてエロスは他者の死に触れている。愛された女性の脆弱さ[22]あるいは傷つきやすさは、眠る身体あるいは死体と結びつくことで生と死の境界、生命と物質の境界を意味するのである。

まずプルーストを少し引用してみる。まさに嫉妬から眼と身体への関係へと展開する場面である。

> 引き返してくるともう彼女は眠っており、目の前には別の女、彼女が完全に前向きのときにそうなる女がいるのだった。だが彼女はたちまち人が変わってしまう。私がそのわきに身を横たえて、ふたたび横から見ることになるからだ。手をとったり、肩や頬に手をおいたりしても、眠ったままだ。彼女の顔をとらえ、その向きを変え、唇に押しあて、彼女の腕を私の首にまきつけても、依然として眠っている、時計がチクタクいうように、動物がどんな姿勢をとらされても生きつづけるように。私の手が触れるたびに彼女の寝息だけが変化する。まるで彼女という楽器を弾きながら、その絃の一本一本からちがった音を引き出して転調を行なっているようだ。私の嫉妬は鎮まってゆく。アルベルチーヌが、規則正しいその寝息の示すように、呼吸する存在以外の何者でもなくなったのを感じたからだ。純粋に生理的機能を表現する寝息、まるで流れるように、言葉の厚みも沈黙の厚みも失った寝息、いっさいの悪を忘れ去って、人間というよりも芯をぬいた葦の発する息づかいと言うべきこの寝息は、文字通り至福のものとも思われ、私はこのようなときアルベルチーヌが肉体的にも精神的にもいっさいのものから引き離されているように感じつつ、この寝息を天使の詩そのもののように聞くのだった。[23]

おそらくこのテキストを受けて、レヴィナスは、女性は極度の物質性(ultramatérialité)であると語る。

極度の物質性は、月面の風景のような岩と砂の堆積における、人間的なものの単なる不在を指し示しているわけではないし、廃墟と傷のなかで、砕けた形がぽっかり口を開くことで、ことさら強調されるような物質性でもない。極度の物質性は、〔女性という〕法外な現前における露出狂的な裸出を指し示す。顔の率直さよりも遠くから到来するかのようであり、すでに冒瀆しつつ完膚なきまでに冒瀆され、秘密の持つ禁忌に対して無理強いをしたかのようである(TI, 286-287)。

女性の身体の物質性は他者への暴露としての極度の物質性である。極度の物質性は単純に「人間的なものの不在」を意味するのではなく、同時に身体の「露出狂的な裸出性」にいたる人間的なものの過剰を意味する。コミュニケーションではないが、しかし確かに人間とコンタクトをとっている、このコンタクトの対象が身体の持つ極度の物質性なのである。このコンタクトは、「愛撫」と名づけられる。

コンタクトとしての愛撫は感受性である。[…]愛撫は何も摑まない。愛撫は絶えずその形から逃れて決して十分には未来ではないような或る未来へとゆくものを促進する。未だないかのように逃れてゆくものを助長するのである。[24]

物理的な接触のない愛撫というものはない。愛撫は同時に物としての身体との関係であり、かつ他者コミュニケーションから逃げ去ってゆくという関係でもある。しかし愛される女性の物質的な身体を目指しつつも、主体は決してその他者性の核に到達することがない。エロス的で物質的な関係のなかで、女性的な他者は常に逃れゆく。しかし同時に、まさにこの物質性と他者性の両義性ゆえに、愛撫はコップに触れるときのような単なる知覚的対象への志向性ではない。と同時に物質と人間のあいだのゆらぎゆえに、愛撫は言語的な(そして非言語的な)コミュニケーションのなかの他者性とは別種の「他者性」に触れるのである。

物質的な身体との関係は、日常の他者との交流では隠されている、〈還元不可能でプリミティブな他者性〉を明らかにする。[25] レヴィナスは上の引用でこのプリミティブな他者性のことを「崇高な糧」と呼んでいる。レヴィナスにおいて糧とエレメントは同義語である。あたかも他者をパンと同じように享楽するが、しかしそこに崇高すなわち〈空想・構想力を超えるものによる触発〉が生じるかのようである。コミュニケーションとはいかなる関係もない、理解不可能な身体によって触発され享楽されるかのような対人関係があるのである。逆説的だが、他者性の本質が人格でも生きた身体性(Leiblichkeit)でもなく、その物質性(Körperlichkeit)にあるかのようである。レヴィナスが「極度の物質性」という言葉を使うのは、物質性を経由してこそ死の淵にある他者のプリミティブな生にほかならないこの種の他者性に触れ享楽するからである。他者は把握不可能な逃れゆく〈モノ〉として登場する。

❸死の淵の他者

処女は捉えがたく、殺人なしに死につつあり、気絶し、自分の未来へと退き、予期によって約束されるあらゆる可能なものの彼方にとどまり続ける。「ある」の名もないざわめきのような夜の傍らには、不眠の夜、隠されたものの、密かなものの、神秘的なものの夜の背後には、エロティックなものの夜が広がる。[26]

この引用はとりわけ重要である。女は「死につつある」。つまりすでに消え去ることが予感されている。このときレヴィナスは女性との関係を「ある」の経験と結びつけている。再度確認すると、「ある」とは、不眠のなかで世界の分節が闇に消え、自己も意味も失われる状態である。エロスのなかでの他者は、意味から逃れるがゆえに、死と「ある」の近縁にある。エロスは容易に死と無意味に転ずる。女性の脆弱さは経験的な描写ではなく、無意味と死の淵にある人間存在に関する現象学的な概念なのだ。エロスの現象学は、〈死すべき人間〉への関係がもつ特別な構造を記述する。

まとめよう。女性との関係は言語を使った社会的な関係ではない。[27] この関係は言語的なコミュニケーションとも、身振りや表情による非言語的なコミュニケーションとも異なる。エロスは身体の物質性とのコンタクトであり、そこで死すれすれの生に関わるプリミティブな他者性を開示する。レヴィナスの他者論のラディカルさは実はこの水準で考えないといけないのだ。エロスを出発点とした上で、顔という教えを聞き取る関係が加わって、さらには両者が交じり合うというしかたでレヴィナスの思想は練り上げられていったのである。

註

01 *Lévinas, É., Totalité et Infini – Essai sur l'extériorité, Paris, Livre de Poche, 1961/1990, 225, 227*

02 *Lévinas, E., Autrement qu'être ou au-delà de l'essence, Paris, Livre de Poche, 1974/1990, 114*

03 *Lévinas, E., Humanisme de l'autre homme, Paris, Livre de Poche, 1972/1987, 29*

04 Merleau-Ponty, M., *Le visible et l'invisible*, Gallimard , 1964(メルロ＝ポンティ『見えるものと見えないもの』滝浦静雄・木田元訳、みすず書房、一九八九、原著184／邦訳194)

05 『見えるものと見えないもの』(原著二七一頁／邦訳三一五頁)一部改訳。

06 Lévinas, (É.), *Totalité et Infini – Essai sur l'extériorité*, op.cit., 137-138.以下、断りがない場合は拙訳。

07 プルースト『失われた時を求めて　第六篇　逃げ去る女』鈴木道彦訳、集英社文庫、二〇〇七、一三七頁。

08 メルロ＝ポンティにおける他者論のオルタナティブな側面については八幡恵一「共存の他者論　メルロ＝ポンティにおける他者の問題Ⅰ(『フランス哲学・思想研究16』五二－六一頁、日仏哲学会、二〇一一)参照。愛について論じた議論として川崎唯史「メルロ＝ポンティと愛の現象学」(日本現象学会第36回大会発表、二〇一四)。

09 Merleau-Ponty, M. *L'institution / La passivité – Notes de cours au Collège de France* (*1954-1955*), Paris, Belin, 2003, 65.

10 Merleau-Ponty, M. *L'institution / La passivité – Notes de cours au Collège de France* (*1954-1955*), op. cit., 70.

11 拙著『レヴィナス　壊れものとしての人間』河出書房新社、二〇一二、第六章参照。レヴィナス思想の全体像についても本書を参照していただけたら幸いである。

12 Merleau-Ponty, M. *L'institution / La passivité – Notes de cours au Collège de France* (*1954-1955*), op. cit., 72.

13 Merleau-Ponty, M. *L'institution / La passivité – Notes de cours au Collège de France* (*1954-1955*), op. cit., 73.

14 Merleau-Ponty, M. *L'institution / La passivité – Notes de cours au Collège de France* (*1954-1955*), op. cit., 75.

15 Merleau-Ponty, M. *L'institution / La passivité – Notes de cours au Collège de France* (*1954-1955*), op. cit., 73.

16 彼は、ハイデガーの脱自概念の読替えからこれを導出する(『知覚の現象学』原著四八九頁／邦訳下巻三三二頁)。

17 メルロ＝ポンティにおいて歴史とは、世界と人間の関係がもつ超越論的な構造のもとで偶然の出来事が出会われるということである(『知覚の現象学』原著XIII－XIV、邦訳上巻二〇－二一頁)。

18 Merleau-Ponty, M., *Phénoménologie de la perception*, Paris, Gallimard, 1945.(『知覚の現象学』2、竹内喜朗・木田元・宮本忠雄訳、みすず書房、一九七四)原著四八六頁、邦訳三二八－三二九頁。

19 レヴィナスのプルースト論については土田知則「プルーストとエマニュエル・レヴィナス」(『思想』二〇一五年四月号)がある。

20 Lévinas, E., *Éthique et infini*, Paris, Livre de Poche, 1982/ 1984, 57.

21 Lévinas, E., *Œuvres complètes*, tome 1, Paris, Grasset, 2009, 76.

22 「愛は〈他人〉を狙う。〈他人〉をその弱さにおいて狙う。〔…〕柔和なもののあり方は、極度の脆さ、傷つきやすさにある」(Lévinas, (É.), *Totalité et Infini – Essai sur l'extériorité*, op.cit., 286)。

23 プルースト『失われた時を求めて　第五篇　囚われの女I』鈴木道彦訳、集英社文庫、二〇〇七、二一六頁。

24 Lévinas, (É.), *Totalité et Infini – Essai sur l'extériorité*, op.cit., 288.

25 「愛におけるコミュニケーションの失敗として提示されるものは、まさに愛の現実性(positivité)を構成している。他者の不在こそがまさに、この他者の他者としての現前なのだ」(Lévinas, *Le temps et l'autre*, Paris, PUF, 1979/1989, 89)。

26 Lévinas, (É.), *Totalité et Infini – Essai sur l'extériorité*, op.cit., 289.

27 「官能のなかで愛する二人のあいだで作られる関係は、普遍化に対して徹底的に抗するのであり、社会的関係とは真っ向から対立する。この関係は第三者を排除し、親密さ、二人のなかでの孤立、閉じた社会、卓越した非公共性にとどまる。女性的なもの、それは〈他者〉であり、社会に抗する〔…〕」(Lévinas, (É.), *Totalité et Infini – Essai sur l'extériorité*, op.cit., 29)。

〔村上靖彦〕

エリアーデ、ミルチャ
❖Mircea ELIADE　1907-1986

ルーマニアの首都ブカレスト生まれの宗教学者、民俗学者、小説家。ヘブライ語、サンスクリット語、ペルシア語を若い頃から学び、フランス語、ドイツ語、英語、イタリア語、ギリシア語、ラテン語なども習得した。ブカレスト大学やローマ大学で哲学、歴史学を学び、一九二八年に学位を取得。翌年、インドのカルカッタ大学へ留学する。ブカレスト大学ではE・M・シオランやウジェーヌ・イヨネスコと出会い、一九三三年にはブカレスト大学に招聘されてインド哲学史や比較宗教史を講じる。一九四〇年、ロンドン駐劄（ちゅうさつ）の文化書記官に任命される。そして一九四五年、ルーマニアが事実上ソビエトの支配下に入ってしまうと、旧政権の文化参事官であったエリアーデは祖国に戻ることが不可能となったため、パリに亡命する。ジュルジュ・デュメジルに招かれ、高等研究学院で宗教学部の講師となる。エリアーデの研究領域は広いが、とりわけ際立っているのは宗教学においてであろう。主著のひとつである『聖と俗——聖なるものの本質について』は、聖なるものの現象形態と、宗教的価値に満ちた世界に住む人間の状況とが描き出される一方で、宗教学あるいは、宗教史といったものを専門としない人々にとっての入門書といった側面もある著作である。

〔中澤瞳〕

カーソン、レイチェル
❖Rachel Louise CARSON　1907-1964

アメリカ、ペンシルベニア州生まれの生物学者。優秀な成績で高校を卒業したレイチェルに対して、大学学長が個人的に奨学金を用意してくれたことで、ペンシルベニア女子大学に入学。ジョンズ・ホプキンス大学の修士課程で遺伝学を学ぶ。レイチェル・カーソンの名を世間に知らしめたのは『沈黙の春』である。一九五七年、マサチューセッツ州は、蚊の撲滅のために、ある地域で飛行機を使って農薬を散布したが、薬剤を散布された地域で多数の鳥が死んだ。その地域には、カーソンの友人のもつ土地も含まれていた。これが、カーソンに『沈黙の春』を書くきっかけを与えた。『沈黙の春』は、農薬や殺虫剤が多量に使用されたさいの、自然への、そして人間への影響を問いかける。全米農薬協会が大々的な非難キャンペーンを開始しようとしていたことなどによってより多くの人が興味を持ち、たちまちベストセラーになった。『沈黙の春』は、環境運動の原点とも言える著作である。

〔中澤瞳〕

パトチカ、ヤン
❖Jan PATOČKA　1907-1977

チェコの哲学者。トゥルノフで生まれ、プラハのカレル大学で文献学や語学、哲学を学ぶ。一九二九年にパリに留学。

すでにフッサールにふれていたが、パリでアレクサンドル・コイレからよりくわしく現象学を学び、コイレの紹介でソルボンヌに来ていたフッサールと知りあう。一九三一年に博士号を取得し、カレル大学で助手を務めるなどして、翌年からベルリンに留学する。そこでハイデガーを知り、ついでフライブルクへ移って、フッサール、フィンクと交流。その後はチェコに戻り、高校で教鞭をとる。一九三五年に大学の教授資格を取得し、翌年にカレル大学の助教授となるが、ナチスによって大学が閉鎖され、高校の教師となる。一九四五年に大学に復帰するが、共産党が政権をとり、さらに入党を断ったパトチカは、大学を追われる。一九六〇年代になって大学にもどり、六八年の〈プラハの春〉で正式に教授として復帰する。しかし〈プラハの春〉はソ連を中心とするワルシャワ条約機構の介入により潰され、ふたたび大学から追われたパトチカは、ある反体制運動の発起人となったことで、当局の厳しい取り調べをうけ、その影響から脳溢血をおこし死去する。パトチカは、哲学以外にも、歴史や文学、美学に関する多くの著書を著わしたが、一貫しているのは、後期フッサールやハイデガーからの影響である。パトチカは、この二人の現象学者の主観主義的な傾向から距離をとり、〈非主観的な現象学〉を標榜する。これは、たんに主観性を否定するのではなく、世界や現象のほうにより自立的で具体的、開放的な可能性を認め、主体を世界と同時的（あるいは依存的）な〈実存の運動〉とみるものであり、そこから、歴史における自由や責任の問題が説かれる。著書には、チェコ語のほか、ドイツ語やフランス語で書かれたものもあり、また多くの手稿が残されているが、教授資格論文である『哲学的問題としての自然的世界』『肉体、社会、言語、世界』『歴史哲学についての異端的論考』（この著作のみ邦訳がある）が主著とされる。

［八幡恵一］

ブランショ、モーリス

❖Maurice BLANCHOT　1907-2003

フランス、ソーヌ＝エ＝ロワール県の小邑カン生まれの作家・文芸批評家。ドイツ語と哲学を学んでいたストラスブール大学で後の哲学者エマニュエル・レヴィナスと決定的な出会いをし、互いに切磋琢磨しあう関係となる。卒業後、パリに出て、神経学・精神医学を学び、また、独断論についての論文で高等研究免状を取得する。その後、一九三一年にモーリヤック論でデビューし、以後、一九三七年まで、青年右派の新聞・雑誌で政治時評や文芸時評を執筆するジャーナリストとして活動する。並行して、一九三二年から長篇小説『謎の男トマ』の執筆を開始し、一九三五〜三六年には短篇「牧歌」と「最後の言葉」も執筆する。一九四〇年には『新フランス評論』誌を指揮していた文芸批評家ジャン・ポーランと知己を得、また同年末には、共同体の探究などですでに旺盛な活動をしていたジョルジュ・バタイユと知り合い、生涯の親友となる。翌一九四一年には『謎の男トマ』を刊行し、また、『ジュルナル・デ・デバ』紙で文芸時評を担当しはじめる。一九四二年にはポーラン論『いかにして文学は可能か』を刊行し、その核心部は翌一九四三年、文芸時評をまとめた評論集『踏みはずし』にも再録される。文学者ブランショの原型ができあがるのはおおよそこの頃である。以下、以後の歩みを思想的な貢献に焦点を当てて辿っておく。

一九四九年刊行の評論集『火の部分』は、一九四〇年代後半に『ラルシュ』誌や『クリティック』誌に発表された文芸評論をまとめたものである。同書には三つの特徴がある。第一に、文学は一人称から三人称へと移行するところで始まるという命題がカフカから引き出されたこと、第二に、文学を言語のアポリアの追究として捉える視点が明確に打ち出されたこと、第三に、この追究が哲学的思索を参照して行なわれるようになったことである。哲学的思索とは、主として、論文「ヘルダーリンと「聖なる」言葉」において参照されるハイデガーのヘルダーリン論であり、巻末論文「文学と死への権利」において参照されるヘーゲルの『精神現象学』である。この巻末論文の背景には、一方に、ジャン・イポリットによる『精神現象学』仏訳の刊行(一九四一)やアレクサンドル・コジェーヴによる『精神現象学』講義録の刊行(四七)があり、他方に、『文学とは何か』(四八)に結実するサルトルのアンガジュマン文学論がある。ブランショは、文学言語と現実の関係をめぐってサルトルに異議を申し立てつつ、言語が否定作用により対象を無化することをヘーゲルを援用して説き、そのうえで、文学言語が否定の後の廃墟でその否定作用を見つめ直すものであると主張する。

一九五五年刊行の評論集『文学空間』は、一九五〇年代前半に『レ・タン・モデルヌ』誌や『クリティック』誌等に発表された文芸評論をまとめたものである。この著作の特徴は何よりも文学が「死」を通して論じられることである。「文学空間」はある意味で「死」の空間であるというテーゼは、同書の「中心」に置かれた論文「オルフェウスの眼差し」におけるオルフェウスの冥府下りのイメージと併せて読者に強いインパクトをもたらした。しかし、同書において、マラルメ、リルケ、カフカにおける三者三様の「死」の探究の批判的検討を通して明らかにされるのは、書くという営みが生み出す空間においては「私が死ぬ」ことが不可能になるということである。文学空間とは、正確には、「死ぬことの不可能性」の空間である。ここで企てられているのは、ハイデガーが『存在と時間』(二七)第五三節において死を「ひとごとでない可能性」かつ「不可能性の可能性」として規定したことへの反駁である。ブランショにおいて、死はけっして可能性に反転することのない不可能性であり、その不可能性そのものを探究するのが文学なのである。

一九六九年に刊行された『終わりなき対話』は、一九五〇年代後半から一九六〇年代末にかけて『新フランス評論』誌等に発表された評論や断章的テクストをまとめたものである。三部構成で、第一部と第二部は哲学的考察、第三部は文学論となっている。第一部はレヴィナスの『全体性と無限』(六一)への応答という側面が強く、その他者論への違和も表明されている。第二部はバタイユ、ヘラクレイトス、パスカル、ニーチェ、フーコー、フロイト等、さまざまな思想家が論じられるが、それらを通して企図されているのは、全体性としてのロゴスにも視覚中心主義的な真理論にも収まらない他なる言語の探究である。第二部を通して抽出される「エクリチュール」というテーマは第三部で深化される。

一九七〇年代以降は論文よりも断章的なテクストが多くなり、それらは『彼方への一歩』(七三)と『災禍のエクリチュール』(八〇)にまとめられる。しかし、一九八三年、ブランショはジャン=リュック・ナンシーの『無為の共同体』への応答として『明かしえぬ共同体』を刊行し、バタイユの共同体探究と六八年五月を論じて共同体をめぐる議論に大きな一石を投じる。〔郷原佳以〕

クワイン、ウィラード・ファン・オーマン

❖Willard van Orman QUINE　1908-2000

今日、いわゆる「分析哲学」の潮流は、世界全体に広がりつつある（例えば中国でも、かなり盛んにその研究が行なわれている）が、二十世紀前半の一九三〇年代頃には、アメリカにおいてさえも、まだその研究はあまり盛んではなかった。その当時、大学院を終え、ヨーロッパでの一年間の研修の後にアメリカに戻ったクワインは、その後のアメリカにおける分析哲学研究の口火を切るという役回りを、演じることとなった。そしてその後、言語哲学、認識論、科学哲学などの分野を中心に、アメリカを代表する哲学者として、活発な研究活動を進めることになる。

クワインは、一九〇八年、オハイオ州北部の町アクロンで生まれた。そして大学は、オハイオ州にあるオベリン大学に入学した。早くから広い範囲にわたる知的関心をもっていたクワインは、専門の学科を決めるとき、数学と哲学と言語学との間で悩んだが、結局数学科に進学し、数理哲学、論理学を研究することとなった。そこでは、数学科の教授たちがまだ誰も知らなかった数理論理学（具体的には、ラッセルとホワイトヘッドの共著である『プリンキピア・マテマティカ』）を、独力で学ぶこととなった。その後、ハーバード大学大学院の哲学専攻に入り、そこでも主に論理学の研究を行ない、二十三歳で博士号を取得した。ハーバードでの博士論文も、『プリンキピア』の体系を使ってある定理を証明するものであり、若き日のクワインは、まずは数理論理学の研究者として、出発したのである。当時アメリカでは、論理学の研究もまだあまり熱心に行なわれていなかったため、その後のアメリカにおける論理学研究に対しても、クワインはその先鞭をつけるという役割を果たしている。

博士号取得後のヨーロッパでの研修では、初めの半年は、当時盛んに「論理実証主義運動」を展開していた「ウィーン学団」の本拠地であるウィーンに滞在し、その会合に参加したり、ウィーン学団の代表的メンバーの一人であるモーリッツ・シュリックの講義にも出席したが、しかし論理実証主義運動には、あまり興味を惹かれなかったように思われる。それに対して、後半の半年を過ごしたプラハでは、ヨーロッパを訪れる前から非常に強い関心を抱いていたルドルフ・カルナップとの、たいへん中身の濃い学問的交流が実現し、それは、その後の研究生活（そこでは皮肉にも、カルナップとの学説的な対立が極めて重要な意味をもつことになるのだが）にとっての、大きな刺激となった。

❖ Willard van Orman QUINE

一九三三年にヨーロッパから帰ったクワインは、ハーバード大学初の「若手研究員」に選ばれたことを皮切りに、その後ずっと（第二次世界大戦中の軍人生活などを除いて）ハーバードで哲学の研究と教育を続け、七十歳で引退した。そしてその間に、デイヴィドソン、パトナムといった、クワイン以後のアメリカを代表する哲学者たちを、何人も育てたのである。

クワインの、よく知られた哲学的テーゼはいくつかあるが、そのなかで最も重要なもの、そして他の主張の基盤となっているものは、やはり「ホーリズム」である。そして、それとさまざまな形のつながりをもつものとして、「翻訳の不確定性」「存在論的相対性」「認識論の自然化」といったテーゼが主張される。以下、順番に見てゆくことにしよう。

I——ホーリズム

クワインの最も有名な論文は、「経験主義の二つのドグマ」（出版は一九五一年、『論理的観点から』所収）であろう。ここで「経験主義」と呼ぶのは、先に触れた論理実証主義のことである。その論文でクワインは、論理実証主義には、二つの「非経験的」なドグマがあると指摘した。一つは、「分析的な真理、すなわち、事実とは独立に意味に基づく真理と、総合的な真理、すなわち、事実に基づく真理とのあいだに、ある基本的な区分がある、という信念」であり、もう一つは、「還元主義、すなわち、有意味な言明はどれも、直接経験を指示する名辞からの、何らかの論理的構成物と等値である、という信念」である。この「還元主義」の説明は、少々わかりにくいが、おおざっぱに言えば、「有意味な言明はすべて、『センス・データ言語』に翻訳できる」という考え、あるいは、「有意味な言明はすべて、検証可能である」という「検証主義」と、ほぼ同じことだと言ってよい。そして、それらのドグマを排したうえで、「ドグマなき経験主義」として主張されるのが、ホーリズムである。

ホーリズムの基本テーゼを、クワインは次のように述べている。

外的世界についてのわれわれの言明は、個々独立にではなく、一つの集まりとしてのみ、感覚的経験の審判を受けるのだ
（「経験主義の二つのドグマ」、『論理的観点から』、六一ページ）。

「ホーリズム」の語源となっているギリシア語の「ホロス」は、「全体」という意味であり、「ホーリズム」は「全体論」と訳されることもある。このテーゼは、ある種の言明の集まりの「全体」に対してしか、「感覚的経験の審判」(観察結果に照らしたチェック)はできない、と言っているのである。このような事情が明瞭に見られるのは、物理学のような高度に理論的な科学なので、物理的な例を考えることにする。

もう少し具体的に考えてみよう。「フーコーの振り子」と呼ばれる実験がある。高い天井から吊るした長いロープの先に、重いおもりをつけた振り子である。この振り子を振らせておくと、次第に振動面が回転してゆき、それが、地球が自転していることの証明になる、と言われる。これは一見すると、振り子の観察結果から、「地球は自転している」という単独の言明が帰結した(この単独の言明が、観察結果によって確かめられた)ように見える。しかし厳密に言うと、「もしフーコーの振り子の振動面が回転したならば、地球は自転している」ということは、ニュートン物理学を前提として、初めて言えることである。もしもニュートン理論とは非常に大きく異なる物理理論を採用したならば、フーコーの振り子の振動面が回転するという観察結果から、「地球は自転していない」という結論が出てくるかもしれないのである。したがって、振り子の観察結果から、「地球は自転している」という単独の言明が帰結したわけではない。帰結するのは、「もしもニュートン理論(を構成する諸言明)が正しいならば、地球は自転している」という、複雑な言明であり、それが帰結したということは、ニュートン理論を構成する諸言明と、「地球は自転していない」という言明とを合わせた「集まり」が、「感覚的経験の審判」によって否定された、ということである。

ここで、言明の「集まり」が否定されたとは、その「集まり」に属するすべての言明が真だ、ということはありえない、ということである。したがって、その集まりに属するどれか少なくとも一つの言明は、否定しなければならない。しかし、必ずしも「地球は自転していない」という言明を否定する(「地球は自転している」と主張する)必要はない。そのかわりに、ニュートン理論のどこかを改訂することも、できるのだ。これが、「外的世界についてのわれわれの言明は、個々独立にではなく、一つの集まりとしてのみ、感覚的経験の審判を受ける」ということである。

だが、このようなことが言えるのは、「高度に理論的な科学」だけであって、もっと日常的な話では、われわれの言明は「個々独立に」判断されるのではないか、と思われるかもしれない。たしかに、この事情が一番はっきりと見られるのは、高度に理論的な科学であるが、しかし、日常的な経験的判断においても、その事情を垣間見ることはできると思う。例えば、かつては、稲妻が走り、雷鳴が轟くという「観察結果」から、「神様が怒っている」という結論を出したかもしれないが、現代では、「別に神様が怒っているわけではなく、大気の状態が不安定になっているのだ」という結論を出す。この場合でも、経験的に判断されるのは、「神様が怒っている（あるいはいない）」という単独の言明ではなく、その言明と、雷に関する「常識」を構成する諸言明とを合わせた「集まり」が、判断の対象となっているのである。しかし重要なのは、「単独で判断される言明は絶対にないのか？」ということではなく、むしろ、かつては（少なくとも論理実証主義者たちが考えたように）すべての経験的言明は当然「個々独立に」判断されるのだと考えられていたが、そうでない場合が、（科学という、人間の認識にとって重要なところに）あるのだ、ということだと思う。

もしホーリズムが正しいとすると、いくつかの言明の「集まり」が、「感覚的経験の審判」によって否定されたとき、その集まりのなかの少なくとも一つの言明を、否定しなければならないのであるが、どれを否定すべきかは、一般には決まらない。したがって、理論の改訂の仕方は、複数ありうることになる。クワインによれば、「われわれのいわゆる知識や信念の総体は、ふちに沿ってだけ経験と接する人工の構築物」なのであり、論理実証主義者たちが主張したように、一つ一つの言明が、それぞれ一定範囲の経験に対応しているわけではない。「ふち」に与えられる経験のあり方がまったく同じであっても、内部の理論的な部分はさまざまでありうるのである。この事態を、「観察データによる理論の決定不全性」と言う。例えば、物理的な世界の究極的な構成要素を、ある種の粒子だとする理論と、そうではなくある種の「連続的な場」だとする理論とが、われわれのすべての経験に対して、まったく同じ正確さで説明を与えることが、できるかもしれないのである。この点については、「翻訳の不確定性」との関連で、後にまた触れることになる。

さて、ホーリズムに関して本稿で特に重視したいのは、ホーリズムの考えによると、「言語を理解する」とはどのようなことか、という問題である。論理実証主義者たちの「検証主義」によれば、言明の意味とはその言明を検証する方法であり、したがって、その言明を「理解」するとは、その「意味」としての検証方法を知ることである。しかしホーリズムによれば、一つの言明を単独で「検証」する方法など、ありえない。そしてさらに、先に挙げた、分析的真理と総合的真理との区別に対するクワインの批判は、「意味」というものに対する批判と考えることができる。この点も、ホーリズムの成立を明瞭に見ることができる「高度に理論的な科学」において、やはり明瞭に見ることができる。例えば、「電子」ということばの「意味」とは、何であろうか？　現代の物理学者たちは、電子についてさまざまな信念をもっている。「電子は負の電荷をもつ」「電子の質量はしかじかである」「電子は金属の中で電流を担う」……等々。では、それらのなかのどれかが、「意味に基づく」分析的真理なのか？　もしも分析的真理であれば、それは必然的真理となるであろうが、どれをとっても、必然的真理とは言いがたい。むしろ、次のように尋ねてみるのが役に立つ。「どのような人が、『電子』ということばを理解している人と認められるだろうか?」。この問いに対しては、「『電子』ということばを使って、例えば物理学者たちと円滑に話すことができる人だ」、といったように答えられるであろう。そしてそのために必要なのは、(文法能力とか、一般的な推論能力などに加えて)電子について、多くの物理学者たちが正しいものとして受け入れている言明を、同じく正しいものとして受け入れることだ、と言えるであろう。もちろん彼らの間でも、意見の違いとか、あるいは、経験的・理論的な探究に基づいて、これまで受け入れられていた言明を否定すべきだと提案する、といったこともありうる。しかし、電子について、物理学者たちが受け入れているかなり多くの言明を、受け入れるのでなければ、そもそも電子について話しているのかどうかが、怪しくなるであろう。そして逆に、そうしたかなり多くの言明を受け入れて、それに従って「電子」ということばを使うことができるのであれば、それだけで、つまり、何かそれとは別の「意味」を知っていることなど必要なく、「電子」ということばを「理解している」と認められるであろう。

このようにして、「電子」ということばの「理解」は、物理学者たちが受け入れている、電子についてのかなり多くの言明を、同じように受け入れることによってもたらされる、と考えるのが適切であるように思われる。しかしそれらの言明は、「電子」ということばの「意味」に基づいて真となる「分析的真理」なのではないことは、先に見た通りである。それら一つ一つはどれも、理論的・経験的探究の結果、否定されるに到ることがありうるのだ。ホーリズムによれば、ことばを「理解する」ことは、そのことばの「意味を知る」ことではないのである。「電子」に関するそのような一群の言明は、そのことばの「理解」をもたらすと同時に、理論的・経験的探究の対象でもある。これが、「ホーリズム」から(厳密な意味で論理的に帰結するわけではないが)自然に示唆される、言語理解についての考えである(今後これを「ホーリズムの言語観」と呼ぶことにする)。

さて、このホーリズムの言語観は、言語理解に関する素朴な常識的理解から、いわば二段階隔たっているように思われる。まず第一に、常識的な言語観では、われわれがある言明を正しいものとして受け入れるのは、あらかじめその言明の意味を「理解」しており、その上で、その意味に照らすならば、現実はその言明が述べている通りだと判断して、その言明を受け入れる、ということであろう。つまり、「意味理解」が「受け入れ」に先立ち、そのための前提になっている、と考えるのである。それに対して、ホーリズムの言語観では、逆に、ある種の一群の言明を正しいものとして受け入れることによって、「理解」が成立すると考えるのである。そしてさらに、先に述べたように、それでは、その「理解」を成立させている言明は、「意味を決める言明」、あるいは「意味によって真となる分析的真理」かというと、そうではない、と考える。したがって、「理解」とは、「意味を知ること」ではない、と考えるのである。これが、二段階目の隔たりである。

ではなぜクワインは、このように常識的な言語観から二段階隔たった考えに到りついたのであろうか。その理由は、彼の思索の歴史にあると思う。前に少し触れたように、若い時期のクワインは、代表的な論理実証主義者であったカルナップに強い関心をもち、ほとんど「心酔」と言ってよいほど、カルナップを尊敬していた。そしてカルナップは、論理的真理やその他の分析的真理が真である理由を、「それは言語の規則、言語的な規約だからだ」と説明する、徹底的な「規約主義者」であった。そして、二十代のクワインは、そうしたカルナップの考えに、強く同意していたように思われる。ただし、クワインはクワインなりに工夫を加えており、彼の主張する規約主義は、カルナップ的と言うよりも、むしろポアンカレの規約主義に近いように思う。

フランスの哲学者ポアンカレは、例えばニュートンの三つの運動法則（慣性の法則、運動方程式、および作用・反作用の法則）を、そのなかに登場する「力」とか「質量」といったことばの意味を決める「言語的規約」と考えるべきだ、と主張した。通常は、ニュートンの運動法則は「経験的」に発見されたものと考えられている。ニュートン自身も、もちろんそう考えていた。だが、運動法則が成り立つことを経験的に発見するためには、その発見に先立って、「力」とか「質量」といったことばが何を意味するかを、知っていなければならないであろう。しかもその知り方は、例えば何をすれば「力を測った」ことになるのかがわかる程度には、詳しいものでなければならない。しかし、「力を測る」とはどういうことかを、素朴に考えようとすると、そこにはすでに、いくつかの運動法則が前提されていることに、気づくのである。

ポアンカレは、次のような例を挙げる。「力を測る」とはどういうことかを考えるためには、まず、二つの力が「等しい」と言えるのはどういうときかが、わかっていなければならないであろう。そこで、次のような場合を考える。ある物体Aがあり、それを鉛直上向きに引っ張り上げようとする力Fが働いているとする。そして、物体Aの上にもう一つの物体Bを載せたところ、釣り合って動かなかったとしよう。そのとき、Fと、AとBに働く重力とは、（向きは反対だが大きさは）「等しい」と言える。では、なぜそう言えるのか？「AとBとは動かないのだから、Fと、AとBに働く重力とは、打ち消しあって、合力はゼロになっているからだ」と答えたとしよう。このとき、動かないのだから合力はゼロになっている、と言えるためには、すでに、（外力が働いていないときには、静止したものは静止し続けるという）「慣性の法則」が前提されている。そしてさらにここでは、Bに働く重力と、BがAを押し下げる力とが等しい、ということを前提しなければならないのだが、その前提には、「作用・反作用の法則」が、暗黙のうちに含まれているのである。

このように、「力を測る」とか、二つの力が「等しい」とかいうことが、どのようなことなのかを素朴に考えようとするときに、すでにいくつかの運動法則が前提されている、ということから、ポアンカレは、結局のところ「力」とは、ニュートンの運動法則を満たすもののことなのだ、ニュートンの運動法則は、「力」ということばの意味を定める一種の「定義」、「言語的規約」なのだ、と主張したのである。そして、若き日のクワインの規約主義も、このポアンカレの規約主義と、ほぼ一致するものであった。

このような規約主義は、先に「ホーリズムの言語観」と呼んだものの、常識的な言語観からの「二段階の隔たり」のうちの、「第一段階」を共有している。この規約主義によれば、例えば「力」ということばの意味は、運動法則という「一群の言明」によって決まるのであり、したがって、「力」ということばの「理解」は、その一群の言明を受け入れることによってもたらされるのだ、と言える。こうして若き日のクワインは、ホーリズムの言語観の「二段階の隔たり」のうちの一つを、すでに受け入れていたのである。

では、「第二段階」への移行は、なぜ、どのようにしてなされたのであろうか。私は次のように推測している。

ポアンカレ流の規約主義は、先に述べたように、ある程度の説得力をもつ考えだと、私は感じている。だがしかし、それがそのままの形で維持できる考えかというと、やはり疑問が出てくる。もしもニュートンの運動法則のような科学的諸法則(理論)が、「意味」を定める一種の定義、「言語的規約」であるならば、科学的探究の結果として理論が改訂される(これまで受け入れられていた法則が否定され、別の法則が受け入れられる)といったことが、なぜ生じうるのかが、理解できなくなるのである。もしも法則が「定義」であるならば、科学的探究における言語使用は、その「定義」にしたがって行なわれなければ、つまり、それらの法則が正しいものとしてことばが使われるのでなければ、単に「ことば遣いの間違い」ということになってしまうだろう。したがって、科学的探究の結果、これまで受け入れられていた法則が否定される、ということは、ありえないはずなのである。

おそらくクワインは、ある段階で、規約主義がもっているこのような何らかの困難に、気づいたのだと思う。しかしそれでは、規約主義はまったく間違っているのか、というと、クワインは(再び「おそらく」)そうは考えなかったと思われる。かつて規約主義を全面的に受け入れていたクワインにとって、規約主義はそのままでは維持できないとしても、そこには何かしらの正しい洞察が含まれている、と考えたことは、想像に難くない。その洞察が、先の「第一段階」、すなわち、一群の言明を正しいものとして受け入れることが、ことばの理解をもたらすのだ、という考えである。そして、その洞察を維持しつつ、上に述べた規約主義の困難を解決しようとするとき、

「第二の隔たり」すなわち、「理解」をもたらすものは「意味」を決めるものなのだとは、必ずしも考える必要はない、という着想に思い到ったのだと思う。こうして辿り着いたのが、「ホーリズムの言語観」なのである。

ここで重要なのは、ホーリズムの言語観に到る二つの段階の順序が逆になることは、ほとんど考えられない、ということである。第二段階で否定される、「ことばの理解をもたらすものは意味を決めるものだ」という考え、あるいは「ことばを理解するとは意味を知ることだ」という考えは、常識的にはきわめてもっともな考えであって、よほどの理由がない限り、否定されることはないのではなかろうか？　クワインにとって、「一群の言明を受け入れることがことばの理解をもたらす」という、規約主義に含まれる正しい洞察は、（おそらく）非常に重要なものだったからこそ、自信をもって第二段階の「意味批判」に進むことができたのだと、私は推測している。したがって、ポアンカレ流の規約主義に初めから魅力を感じなかった人には、ホーリズムの言語観に到り着くことは（ほとんど）不可能だと思うのである。すると、もし規約主義が維持できない、したがって誤った考えであり、ホーリズムが正しい考えであるとすると、一旦は誤った考えを受け入れなければ、正しい考えに到り着くことは不可能だ、ということがありうることになる。これは、人間の知識の進展についての、なかなか興味深い事実かもしれない。

なお、ホーリズムの考えは、クワインよりも四〇年以上前に、フランスの科学哲学者ピエール・デュエムが、物理学の内部に限定して主張していた（そこでホーリズムは、「デュエム－クワイン・テーゼ」と呼ばれることがある）。デュエムが、規約主義を正しいものとして受け入れた時期があるのかどうか、私は知らないが、デュエムはポアンカレと同時代の科学哲学者だったので、ポアンカレの主張については熟知しており、それに対して十分な考察を加えていたものと、推測できるであろう。

2——翻訳の不確定性

ホーリズムの言語観が常識的言語観から離れる二段階目は、ことばの理解をもたらすものは「意味」ではない、ことばを理解するとは「意味」を知ることではない、という「意味批判」である。しかしそれは、多くの人々にとって、そう簡単に「ああ、そうですか」と受け入れられることではないかもしれない。クワインが一九六〇年に出版した『ことばと対象』において、「根底的翻訳」という思考実験を使って示そうとした「翻訳の不確定性」は、この「意味批判」を、さらに説得的にするための試みであったと思う。

「根底的翻訳」とは、これまでまったく知られていなかった言語、したがって、翻訳をするための手掛かりがまったく何もない言語を、ゼロから手さぐりでフィールド言語学的に翻訳する、という企てである。このような思考実験的な場面を設定することによってクワインは、果たして二つの言語の間の「正しい翻訳」というものが、ただ一つに決まるかどうか、という問題を、徹底的に検討したのである。そして結論は、「ただ一つには決まらない」というものであった。これが、「翻訳の不確定性」というテーゼである。ただし、「正しい翻訳がただ一つに決まらない」というのは、ほぼ同じ趣旨のことを違った言い回しで言うことができるので、例えば翻訳相手の「現地語」のある文を、「今日は寒い」と訳すこともできるし、「今日は気温が低い」と訳すこともできる、といった些細なことではない。むしろ、相手の一つの文を「原子は分割不可能だ」と訳すこともできるし、「クォークは分割不可能だ」と訳すこともできる、といったように、異なる翻訳の仕方(翻訳マニュアル)によれば、現地語の一つの文が、母語の、まったく異なることを述べる文へと翻訳されるのである。つまり、複数の翻訳マニュアルがあって、そのうちのどれを使っても、一貫してそれを使えば、「現地語」を話す現地人との円滑なコミュニケーションができるのだが、どれを使うかによって、相手が何を言っているのかが、大きく異なることになるのである。では、なぜそのようなことが起こるのであろうか?

ここでは、あまり詳しく説明することはできないが、だいたい次のように考えればよいと思う。根底的翻訳においては「現地語」を話す「現地人」の言語的なふるまいを観察して、それを「データ」とし、そのデータをうまく説明できるような「理論」として、「翻訳マニュアル」(辞書と文法)を作ることになる。現地人が発話する文には、その場の観察可能な事態と関連が強いものもあれば、その関連が弱い、あるいはまったくないもの(例えば、彼らが持続的にもっている、一般的信念や知識を表わす文)もあるだろう。クワインは、文の種類を細かく分けて、どのような文については(原理上)どの程度のデータが得られるかを、詳しく分析している。そしてまた、一つの大きな問題は、言語的コミュニケーションの単位は「文」であるが、翻訳マニュアルはそのなかから「単語」を拾い出し、それを母語の単語(あるいは複数の単語からなる表現)に対応させせなければならない、ということである。このような翻訳マニュアルの作成は、前節で少し触れた、科学における、データに基づく「理論」の作成と、事情が似ている。そこでは、「ふち」に与えられる経験(データ)に合うように内部の理論を「作る」(「人工の」構築物)のであり、そこには「決定不全性」があるのだった。それと同じように、翻訳マニュアルも、あまり十分とは言えない「データ」から作られる「理論」である以上、ただ一つに決まるとは言えないのである。

さて、もしも一つ一つの単語や文に、それぞれ一定の「意味」があるのだとしたら、「正しい翻訳」とは、二つの言語の間で、「同じ意味」

をもつような単語や文を対応させるような翻訳として、（些細な違いを除けば）一つに決まるはずであろう。すると、もし「翻訳の不確定性」という事態が本当にあったとき、それでもなお「一定の意味」という考えを維持しようとするならば、どのように考えることになるであろうか。それを使って円滑なコミュニケーションができる（その意味で「使える」）翻訳マニュアルが複数あっても、「正しい」ものはそのなかの一つだけなのだから、それ以外は、「使えるけれども正しくない」と言う他はない。しかし、「使えて」いる以上、それが「誤った翻訳」であることは、決して表に現われることはないのである。決して表に現われることのない「誤り」はむしろ、「誤りではない」と言うべきであろう。こうして、もし翻訳の不確定性が成り立つならば、「それぞれ一定の意味」という考えは成り立たないことになり、クワインの「意味批判」を、さらに強化することになるのである。

さて、もしこのように、現地語から母語への「正しい」翻訳の仕方が複数あるとすると、現地人が主張する（あるいは、尋ねられて肯定する）文が何を言っているかについて、複数の異なる理解の仕方があることになり、したがって、現地人が何を信じているかについて、複数の異なる理解の仕方があることになる。その複数の異なる理解の仕方が、すべて「正しい」とすると、現地人が「信じている事柄」について、どう考えたらいいのであろうか？「ある人がもっているただ一組の《本当の信念》という概念は、成り立たない」と言わざるをえないと思う。

これは、われわれの常識的な考えには、かなり反するものである。しかし、クワインが詳細な検討を通して到り着いたのは、むしろ、われわれの常識的な、「心理主義的」と呼べるような考え方の方が、間違っているのではないか、という観点なのである。われわれが人間の営み、とりわけ認識的な営みについて考えるとき、ともすると、人間には「理性」が与えられており、その点で他の動物たちとは違う「特別の存在」なのであって、とりわけ認識的な営みは、「理性」を備えた「心」によって執り行なわれるのだ、といったように（それほど自覚的ではないにせよ）考えがちである。しかし、進化生物学が教えるところによれば、人間は、生物進化の果てに登場した一動物種であり、人間の能力は、認識能力も含めて、「動物的能力」と考えるべきであろう。これが、後で取り上げる「自然主義的人間観」という考え方である。

動物の能力とは、基本的に、移動する能力と「物を操作する」能力であろう。人間を「自然主義」的に考えた場合、認識的な営みも、心に備わる神秘的な「理性」が行なうことではなく、言語記号という「物を操作する」ことだ、と考えるべきではなかろうか（「心の中」で考えるときも、心の中で記号を操作している）。そう考えれば、言語的な表現（文字づら）を越えて、「心」に抱いている「本当の信念」というものを考えることができないとしても、不思議ではないし、また、ことばには「心」が付与する「一定の意味」があるわけではないとしても、不思議はないのである。また、ことばによって対象を指示する、ということも、通常、「心」がもつ「志向性」という能力によって、ことばを対象につなぎとめることだ、と考えられているであろう。しかし次節で述べるように、クワインによれば、ことばによって対象を指示するという場面においても、不確定性があるのであり、「志向性という能力によるつなぎとめ」と考えることは、できないのである。

3——存在論的相対性

ことばの指示対象のある種の不確定性は、すでに述べた「翻訳の不確定性」からの、一つの帰結と言える。もし現地語から母語への翻訳マニュアルが二つあり、現地語の一つの文が、一方のマニュアルでは「原子は分割不可能だ」と訳され、他方のマニュアルでは「クォークは分割不可能だ」と訳されるとしたら、現地語のその文に含まれるあることば（名辞）が、それぞれのマニュアルで、「原子」および「クォーク」と訳されているであろう。そして、どちらのマニュアルも「正しい」のだとしたら、その名辞が原子を指示するのか、それともクォークを指示するのかは、不確定なのである。

しかし、それとは少しレベルの違う、もう一つの指示の不確定性がある（それをクワインは、「指示の不可測性」と呼ぶ）。いまの例は、文の翻訳が大きく異なる場合であったが（その場での観察可能な事態との関連が薄い「理論的」な文について、そういうことが起こりうる）、文の翻訳としてはほぼ同じ趣旨なのに、その文を構成する名辞が、何を指示するのかが決まらない、という場合である。

クワインが「観察文」と呼ぶ種類の文がある。それは、その文を肯定するか否定するかが、その場で与えられる感覚的刺激によって決まっており、その肯定／否定のパターンが、その言語を使う人々の間で共通であるような文である。「ガヴァガイ」という架空の一語文を、クワインはよく取り上げる。これは、目の前にウサギがいるとき、そしてそのときだけ、現地の人々が肯定する観察文である。そこで、「文」としての「ガヴァガイ」は、「ウサギだ」という日本語文に翻訳してよいであろう。では、「単語（名辞）」としての「ガヴァガイ」は、何を指示するのであろうか？　「もちろんウサギだ」と言われるかもしれない。しかし、必ずしもそうではない。ウサギが見えるときとは、ウサギの「時間的断片」（例えば、今日の午前〇時から午後十二時までのウサギ）が見えるときである。そこで、単語としての「ガヴァガイ」は、ウサギの時間的断片を指示する、と考えることもできるのである。

だがその場合、文としての「ガヴァガイ」も、「ウサギの時間的断片だ」と訳すべきではないか、と言われるかもしれない。しかし、少なくとも『ことばと対象』の時期のクワインは（その後、考えを変えたのだが）、観察文についてだけは、社会的に共有された肯定／否定のパターン（それを集合論的に表現したものを、「刺激－意味」と呼ぶ）が、その観察文の「意味」なのだと、「一定の意味」を認めており、したがって、「ウサギだ」と「ウサギの時間的断片だ」とは、「意味が同じ」なので、区別する必要はないと考えていたと思われる。

しかし、単語としての「ウサギ」と「ウサギの時間的断片」とは、指示対象が異なる。「ウサギ」が指示するのは、生まれてから死ぬまでの一羽一羽のウサギであるが、「ウサギの時間的断片」が指示するのは、時間的に区切られたウサギであり、今日のウサギの時間的断片と、明日のそれとは、異なる対象である。それらの名辞は、「個体化」の仕方が異なるので、指示対象も異なるのである。さらに、「ガヴァガイ」の指示対象の候補としては、「切り離されていないウサギの部分」とか、「ウサギ－性」（ウサギであるという性質）という「抽象的存在者」もありうる。現地人たちは、ウサギがいるとき、そこに「《ウサギ－性》の現われ」を見ているのかもしれない。

だが、「ガヴァガイ」の指示対象が、例えば、ウサギなのか、それとも切り離されていないウサギの部分なのかを知るには、ウサギの異なる部分を指して、「これとあれとは同じガヴァガイか、それとも別のガヴァガイか」と尋ねればよいではないか、と言われるかもしれない。しかし、それを尋ねることができるためには、すでに、「同じ」とか「別の」と訳すべき現地語のことばがわかっていなければならない。そしてそこでも、あることばを「同じ」と訳すか、「一緒に属する」と訳すかによって、何を尋ねているのかが違ってくる。もしいまの問いに肯定的な返事があったとき（肯定／否定の返事は、わかるものと仮定する）、問いかけに使った現地語の単語を、「同じ」と訳すならば、「ガヴァガイ」の指示対象はウサギだということになり、「一緒に属する」と訳すならば、切り離されていないウサギの部分となる。このように、いくつかの単語の訳し方の組み合わせが複数可能であるために、指示対象が不確定となるのである。

名辞の指示対象が不確定だということは、彼らが「ガヴァガイ」の存在を信じているとしても、いったい何の存在を信じているのかが、不確定だということになる。動物（物理的対象）としてのウサギの存在を信じているのか、それとも「ウサギ－性」という抽象的対象の存在を信じているのかが、不確定なのである。それは、彼らの言語をどう翻訳するかに対して相対的である。これが、「存在論的相対性」というクワインのテーゼである。これもまた、「本当の信念」の不確定性の一例と言えよう。

4――認識論の自然化

デカルトに始まる近世哲学において、最も重要な位置を与えられた認識論は、われわれの知識を哲学的考察によって基礎づける、という役割をもっていた。しかし、ヒュームに代表される経験主義的な伝統においては、「基礎づけ」は極めて困難であり、懐疑的な考えが主流となった、と言ってよいであろう。そして、「われわれのいわゆる知識や信念の総体は、ふちに沿ってだけ経験と接する人工の構築物」だと考え、「観察データによる理論の決定不全性」を主張するクワインにとっても、知識の哲学的基礎づけが不可能であることは、明らかと言ってよいことであろう。

では、もし知識の基礎づけが不可能だとしたら、「認識論」の仕事はなくなるのか？ クワインによれば、そうではない。認識論とは、「証拠と理論との関係」を考察する学問であり(その一つのあり方が、知識の基礎づけであった)、人間は、どのような証拠が与えられるとどのような理論を作るものなのか、また、そうして作られる理論は、どのような仕方で証拠を越えたものとなるのか、といった問題の探究を、「認識論」と考えることを、クワインは提案する。そして、すでに「知識の基礎づけ」を放棄したのだから、認識論的探究において、われわれがもっている科学的知識を使ってはいけない理由はない。もしも「基礎づけ」を諦めないのであれば、科学的知識を使うことは、「科学による科学の基礎づけ」という循環論法になってしまう。しかし基礎づけを放棄した以上、その心配はいらないのである。そこで認識論は、科学的知識を使った探究、言い換えれば科学的探究であり、「心理学の一章」なのだと言う。これが、「認識論の自然化」という考えである。

そしてもう一つ、認識論において科学的知識を使わざるをえない理由がある。ホーリズムの言語観によれば、ことばの理解は、一群の言明を受け入れることによって成り立つのであった。もしそうだとすると、ことばを使うことは一般に、現在受け入れられている言明(の多く)が正しいことを前提として、初めて可能なのだ、と言えよう。これは何を語る場合でも言えることであり、われわれは、自分たちのもつ「信念体系」の中からしか、何ごとも語ることができないのだ。そして、認識論を語ることも、例外ではない。したがって、認識論においても、科学的知識を前提としなければならないのである。

さて、科学としての認識論は、「証拠と理論との関係」を「科学的」に探究するものであった。それは例えば、次のようなことである。人間はしばしば「帰納的一般化」ということをする。これまでに観察された有限数のペンギンについて、それらがすべて飛ばなかったということから、「すべてのペンギンは飛ばない」という、無限定な一般的信念を形成する。そしてそれは、多くの場合成功する。

では、われわれにはなぜ、（多くの場合に）成功するような帰納的一般化が、できるのであろうか？　かなり最近まで、「帰納法の正当化」は、重要な認識論的課題だと考えられていた。いまでも、そう考えている哲学者はいるであろう。その課題は、帰納法が正しい科学的方法であることを、哲学的に「基礎づける」ことである。しかし「自然化された認識論」は、そのような方向では考えない。むしろ、進化生物学に訴えるのである。

学習能力をもった動物たちは、「類似性」に対する感覚をもっており、その感覚に基づいて、似たもの（ベルの音）には似たもの（エサ）が伴うことを学習する。もしも類似性の感覚をもっていなかったら、何ごとも「学習」することはできない。したがって、学習を始めることができる動物たちは、先天的（遺伝的）に、類似性の感覚をもっているはずである。そのような学習能力は、生存上有利であったために、進化してきたものであろう。そして、人間の帰納的一般化の能力が、そのような学習能力の子孫であることは、まず間違いない。しかし、学習能力が実際に生存に有利となるためには、その動物の「類似性の感覚」が、彼らの環境を形成するさまざまな対象のふるまい方（法則性）と、合致していなければならないであろう。もしもその合致がなければ、学習は成功しないであろうからである。そこで、厳しい生存競争、自然選択を生きのびてきた動物たちの類似性の感覚は、彼らの環境を形成する諸対象の法則性と、かなりよく合致していることが期待できる。それゆえに、彼らの末裔である人間の帰納的一般化も、多くの場合成功するのだ。

このように自然化された認識論は、帰納的一般化を、哲学的思弁によって「基礎づける」のではなく、進化生物学を使って、「科学的に説明」するのである。進化生物学を使って説明するということは、人間の帰納的一般化の能力を、動物的能力とはレベルの違うものとしての「理性」の能力ではなく、「動物的能力」の一種と見ていることは、明らかである。ここで話は、先の第二節で触れた「自然主義的人間観」につながる。そこで述べたように、ホーリズムの言語観によれば、単語や文にはそれぞれ「心」が与えた「一定の意味」があるわけではなく、また「翻訳の不確定性」によれば、人が「心」にもつ、一つに決まるべきものとしての「本当の信念」も、ないことになる。そしてこれらの帰結は、常識的な人間観からはかなり隔たっており、こうした帰結を納得して受け入れるためには、人間を、生物進化の果てに登場した一動物種として考え、科学的認識とか言語的コミュニケーションといった、「理性的」と呼びうるような営みを行なう能力も、動物的な能力と見ることが、必要であるように思われる。認識論の自然化という考えと、自然主義的な人間観とは、論理的な帰結関係にあるわけではないが、言語理解や世界認識について、クワインが到達したさまざまな結論（ホーリズム、理論の決定不全性、翻訳の不確定性、存在論的相対性、「基礎づけ」の不可能性）は、すべてが収斂するように、「自然主義的人間観」を、強く示唆しているのである。

〔丹治信春〕

主要著作

▼『論理的観点から』（原書：From a Logical Point of View, Harvard University Press, 1953. 邦訳：飯田隆訳、勁草書房、一九九二）
▼『ことばと対象』（原書：Word and Object, MIT Press, 1960. 邦訳：大出晁・宮館恵訳、勁草書房、一九八四）
▼『存在論的相対性』（原書：Ontological Relativity and Other Essays, Columbia University Press, 1969. 邦訳なし）
▼『真理を追って』（原書：Pursuit of Truth, Harvard University Press, 1990. 邦訳：伊藤春樹・清塚邦彦訳、産業図書、一九九九）

ベラヴァル、イヴォン

❖Yvon BELAVAL　1908-1988

フランス南西部セートに生まれる。ライプニッツ哲学および、十七世紀から十八世紀にかけての西洋哲学、啓蒙哲学、ヘーゲル哲学の研究で多くの業績を残した。一九四一年に哲学の教授資格を取得。ストラスブール大学講師、助教授、リール大学助教授を経て、一九六〇年にリール大学教授。一九六五年からはソルボンヌ大学で教鞭をとる。〔中澤瞳〕

ボーヴォワール、シモーヌ・ド

❖Simone de BEAUVOIR　1908-1986

フランス、パリ生まれの作家・哲学者。カトリック色のきわめて強いブルジョワ家庭に生まれ、はじめパリ郊外ヌイイの聖母学院で文学、パリのカトリック学院で数学、後にパリ大学で哲学を学び、一九二九年に哲学教授資格を取得。教授資格試験準備中に、ジャン＝ポール・サルトルと出会い、生涯の伴侶となる。一九三一年から高校で哲学を教えるが、一九四三年、第一小説『招かれた女』の成功により教職を離れ、文筆活動に専念することになる。一九四五年サルトル、メルロ＝ポンティらとともに雑誌『現代』を創刊、編集委員として活躍。盛んな著作活動と社会的実践によって、実存主義の中心的存在として国際的に認められるようになる。また、結婚という制度に縛られることのないサルトルとの関係は、自立し解放されたカップルのあり方として称賛と批難の対象ともなった。

一九四四年発表の哲学エッセイ『ピリュウスとシネアス』では、サルトル思想を出発点としながら、無気力な理性や虚無主義（シネアス）と、生の肯定的な姿勢（ピュリウス）を対比させ、状況に序列を想定した自由概念を提示し、実存主義の普及に寄与した。一九四七年、モラル論を発表できずにいたサルトルに代って、実存主義に対するさまざまな批判に応えるために『両義性のモラル』を発表、「実践こそ真のモラルである」と説いた。これらの著作は本格的な哲学書というよりは、実存主義の擁護の書という性格が濃い。

思想家ボーヴォワールの真骨頂は、『第二の性』（一九四九）にある。自らの女性という位置から出発し、女性のあり方を理解したいという意図から執筆されたこの本は、女性という問題を史上初めて哲学的観点から取り上げた画期的な著作である。「ひとは女に生まれるのではなく、女になるのだ」という有名な一節が示すように、生物学、精神分析、マルクス主義、人類学、文学作品などを通して、男性の目に映る女性、男たちによって書かれてきた女の歴史を検証することで、「女」という神話がいかにして作られてきたかを明らかにし、女性の疎外が文化的次元にあることを指摘する。第一巻では、サルトルの『存在と無』の存在論を理論的基盤として、社会を支配する男性が、自らを主体として構成すると同時に、女性を絶対的な他者、従属的な客体として形成すると分析する。第二巻では具体的な女性の生の状況を、その生い立ちから現状まで記述する。そこから、女性の諸権利と男性の諸権利とは不可分であり、女性の自立にとって仕事が第一条件であると結論づけ、女性固有の能力や女性原理を主張する考え方は、女性を劣ったカーストに陥れる危険性があるとして斥けている。

『第二の性』は発売と同時に評判になり、ベストセラーとなったが、大きなスキャンダルを巻き起こしたものの、フランス思想界に真剣な応答や反応が起こるのは、七〇年代になってからである。一方、一九五三年に英訳されると、アメリカの女性運動に大きなインパクトを与え、ウーマンリブを登場させる理論的基盤を提供、グロリア・スタイナム、ケイト・ミレット、ベティ・フリーダンなど数多くの女性運動理論家に影響を与えた。後には、男女の生物学的性差を男・女の二分法へと実体化する同一性哲学の実体主義を免れていないとか、西洋中心主義的で近代的な主体の概念に囚われて女性主体の積極的な析出にいたっていないといった批判がなされるようになるが、女らしさという神話に支配されていた女性たちに被抑圧者としての姿を開示し、そこから脱出する希望を与えた功績は大きく、十九世紀に起こった女性の権利拡張思想と、現代のフェミニズムを橋渡しする重要な役割を果たした。

ボーヴォワール自身は『第二の性』を執筆した時点では、自分はフェミニストではないと述べ、性の闘争より階級闘争のほうが重要であり、女性の権利は社会主義の実現によって獲得されると主張していた。だが、その後、女性が自分たちの権利のために戦うことの必要性を実感し、一九七〇年、フランス女性解放運動ＭＬＦのアンヌ・ツェランスキー、クリスチーヌ・デルフィなどの提案した妊娠中絶の合法化を求める運動に参加。一九七一年には、ジゼール・アリミとともに法改正を求めるフェミニスト・グループ「選択」を組織し、一九七四年には、あらゆる性差別に意義申し立てすることを目標に、「女性の権利同盟」を設立し、議長を務めた。晩年になっても、新しい女性解放運動に積極的に加わり、一九七七年には雑誌「フェミニスト問題」の発行に携わった。

作家としては、実存主義の知識人たちの生の断面を描いた『レ・マンダラン』（一九五四、同年ゴンクール賞）などの小説のみならず、『娘時代』（五八）、『女ざかり』（六〇）、『或る戦後』（六三）、『決算のとき』（七二）の自伝四部作によって評価される。自伝は時代の証言として高い価値をもつだけでなく、実存主義において特徴的に見られる「生きること」と「書くこと」との不可分な接合の範型的作品としても重要である。さらに自伝という問題系は、母親の死を恬淡と語った『おだやかな死』（六四）、老年の問題を真正面から受け止めた『老い』（七〇）、サルトルの晩年を描いた『別れの儀式』（八一）などにつながれる。

〔澤田直〕

メルロ＝ポンティ、モーリス

❖Maurice MERLEAU-PONTY 1908-1961

Jean Jacques Maurice Merleau-Ponty（出生証明書の記載に基づく）は一九〇八年三月十四日、フランス西部のシャラント・マリティーム県ロシュフォール・シュル・メールで生まれ、一九四五年リヨン大学講師からパリ大学教授を経て一九五二年、コレージュ・ド・フランス教授就任。サルトルがリセの教師以外では教職に就くことなく生涯在野に留まったのとは対照的に、フランスアカデミズムの王道を進んだが、一九六一年五月三日、パリ・サン・ミシェル通りの自宅自室にて心臓発作で急逝、享年五十三歳。計画中の著作の構想メモなどが残された。

I——両義性の意味

まずはじめに、メルロ＝ポンティの基本的なスタイルを確認することから始めよう。

メルロ＝ポンティの哲学は、しばしば「両義性の哲学」という呼び方をされる。ロビネやヴァーレンスが使いはじめた表現であるが、メルロ＝ポンティ自身も『行動の構造』第二版からはヴァーレンスによるこのタイトルの論文を序文として据えているのだから、公認の呼称といってよいのだろう。

「両義性」の原語はambiguïté（アンビギュイテ）であり、この語はまた「あいまいさ」とも訳される。あいまい、というとマイナスイメージが強いが、はたしてそうだろうか。ある人が、冷たい人か優しい人か、と問われても、多くの場合はどちらとも言えない。どちらの面もある。犬には冷たいが猫には優しい……というように、時と場合によって、両極間のどこかにあってぶれているのが普通だ。それを無理に本質的には冷たい人だ、などと一つの項に帰着させるのは、単に暴力的であるだけでなくむしろその人を見誤らせることにもなろう。両義的（あいまい）なものを両義的だと明らかにすること自体はあいまいなことではないのである。

メルロ＝ポンティの哲学に付き従うことは、自分自身の経験の両義性に直面してそのことに気付くという経験である。メルロ＝ポンティの哲学観を示すものとしてしばしば引用される「生まれつつある状態で世界と歴史の意味を捉える」（『知覚の現象学』）ことが意味しているのは、この経験へと立ち返るという課題である。彼は現象学の格率「事象そのものへ」をこのように解釈したのである。

❖ Maurice MERLEAU-PONTY

もちろん「そのもの」へ立ち返ることが哲学として成立するためには、それを言葉で言い表わすこともまた課題となる。これはメルロ＝ポンティが初期から晩年まで導きの糸としていたフッサールの言葉、「無言の経験をその固有の意味の純粋な表現へともたらすこと」(『デカルト的省察』)に照応する。「生まれつつある状態」の「無言の経験」のありようはいまだ言葉になっておらず、むしろ言葉そのものがそこから生まれ出る源泉である。これをいかにして「純粋な表現」とするか、ここにメルロ＝ポンティの哲学のわかりにくさも由来している。経験のうねりにできるかぎり寄り添いながら思考を進める動きはやはりあいまいに見えてしまう。いっそのことぐっと距離を取って遠くからざっくり見た方がものごとはよく見えるのでは？ メルロ＝ポンティはそういうスタンスを「上空飛行による思考」(『見えるものと見えないもの』他)と言って退けてしまう。じっくりついていくしかない。

2――問題の地平(ゲシュタルト)

次に、メルロ＝ポンティの哲学のテーマを、外的な指標によって特徴づけてみよう。〈ゲシュタルトの現象〉および〈現象学による身体(しんたい)の哲学〉という二つの指標である。

ゲシュタルトの現象というと誰しもがまず思い浮かべるのは、いわゆる反転図形だろう(そもそもゲシュタルトとはドイツ語で「かたち」という意味だ)。「ルビンの壺」が有名だが、ここでは別の絵を取り上げよう(左頁図I参照)。この絵を見て、あなたには何が見えるだろうか。ぐっと首を右にひねってあちらを見ている若い女性か、おばあさんの横顔か。

ポイントは三つ。まず、この絵では、両方が同時に見えることは(基本的には)ないということ。例えば若い女性が見えているときにはおばあさんは隠れ、若い女性のみが図として現われる。[01] こうしたどちらとも決定できないという点に両義性(あいまいさ)が現われていることが確認できる。

二点目として、この画面を全体としてどちらと見るかによって、線の意味が変わるということ。全体が部分に先立っているのである。線だけを取り出して分析しようにも、それがなんであるかは決定できない。例えば、おばあさんの薄く開いた口は若い女性のネックレスであり、おばあさんの鼻は若い女性の頬から顎のラインである。まず全体としておばあさんと見るか若い女性と見るかが決まることによってのみ、線の意味が決定される。「どれほど僅かな感覚的所与であっても、一つの布置に統合され

❖図1

すでに〈形になったまとまり〉としてしか示されない」(『知覚の現象学』)のである。頭にかぶっているストールも、おばあさんのものと若い女の人のものとでは違う材質に見える、という人もいるはずだ。若い女性とおばあさんとでは、着る物が違っているだろうからだ。わたしたちはこの絵にそこまで見る。

最後に三点目。読者のなかには、若い女の人は見えるが、お婆さんの顔がなかなか見えないという方もいるのではないか。なぜだろう。人は見たいものしか見ない(選択認知)とよく言われるが、ここには「純然たる「あるものについての意識」ではない志向性の存在が推察される」。特に男性の場合だったら、ここでは「エロス的了解」が働いているかもしれない。ともあれ、この絵をぱっと見たときに、どちらが(あるいはさらに別の何かが)見えるかは、さまざまな次元から明示的ではない志向性が働くことによって規定される。「いつも何らかの志向が私から新たに湧き出る」のである。

こうしたことから、メルロ゠ポンティは、「ゲシュタルトは根源的なもの」で「世界の出現そのもの」、「規範の誕生」であり、「外的なものと内的なものの同一性」であると言う。世界が生まれつつある状態に立ち会おうとするメルロ゠ポンティにとって、現象の根源的なあり方はゲシュタルトとして特徴づけられるのである。

3——問題としての知覚

さて、このゲシタルトの現象がわれわれに与えられる場面、それが「知覚」である。ここで現象学というもう一つの指標が問題になる。知覚へのアプローチは、『知覚の現象学』緒論「古典的偏見と現象へと立ち戻ること」において、次のように開始される。

「知覚について研究を始めてまず出会うのは、感覚という用語である。これは赤や青、暑い、寒いと感じる、というように直接的で明晰に思われる。けれども、これが最も混乱したものであり、これを認めたがために古典的分析は知覚という現象を取り逃がしたのだということを、これから見ていこう」。古典的分析に対置されるのはゲシュタルト理論だ。ところが、メルロ＝ポンティはすぐさまゲシュタルト理論の説明に入るわけではない。その前に一頁ばかり、古典的分析の立場を推し進め、どのようにして現象を取り逃がしているかを記述してみせてくれる。「[…]目を閉じたときに現われる私を取り巻く距離感のない灰色、夢うつつのときに「私の頭の中に」響いている音、こうしたものが〈純粋に感覚すること〉が何であるかを教えてくれることになる」、が、これはおかしいのではないか、というように。一見遠回りに見えるし、自由間接話法で書いているので、うっかりすると、これがメルロ＝ポンティの考えか、と思って読み進めてしまう。と、突然、そんなことはない、と言われて驚くこともしばしばである（驚きが哲学の端緒であるとすれば、「哲学は哲学自身の端緒が更新される経験だ」とするメルロ＝ポンティらしい仕掛けではある）。

このようなアプローチは、一般的な常識や通念によって覆い隠されてしまっている「現象」へと立ち戻って、諸学を組み直そうとする現象学の手続きによって進められている。しかし、常識を一気にカッコに入れて、さあ、常識に抗って考えましょう、と言われても、そう簡単にできはしない。このときメルロ＝ポンティが手掛かりとするのは、古典的な科学（理論によって世界と等価な像を作ろうとするもの）を刷新する新たな動向である。そうした動向は、当たり前すぎて誰も気づかない経験や古典的な科学をカッコに入れて、それまで主題にしえなかった経験などを浮き上がらせてくれる。その最たるものが「一様な地の上に白いしみがあるとしよう。[…]しみは地の上に置かれているように見える」というようなゲシュタルトの現象なのであった。

とはいえ、メルロ＝ポンティはゲシュタルト理論に依拠しているわけではない。ゲシュタルト理論が気付かせてくれたあれこれの知覚がある。しかし、ゲシュタルト理論は、せっかく気づかれた現象を理解する段になると、従来の古典的な考え方の枠組みで理論構築をして説明を行なうため、その現象の意味をうまく汲み出せない。メルロ＝ポンティとしては「現象が呈示する意味」に立ち戻って、そこから「カテゴリーを一新」し、「理解の仕方を全部変え」よう、という方向に向かうのだ。『知覚の現象学』の「現象学」とは、このような態度を示している。

知覚がゲシュタルトの現象であり、現象学的な態度で知覚にアプローチするということが意味しているのは、知覚する主体すなわち〔私の〕身体と知覚された世界とを相関的に明らかにしなければならない、ということである。これが、『知覚の現象学』第一部と第二部の課題となっているのである。

4——身体という問題系の背景

ところで、『知覚の現象学』とその前の『行動の構造』という著作とはどういう関係なのか。この二著は、メルロ＝ポンティ哲学という楕円の二つの焦点をなしている。それぞれの焦点に、すでに見た「ゲシュタルト心理学」と「現象学」とがある。この二焦点のズレは次の二つの引用から読み取ることができる。

まずは『行動の構造』の冒頭部分でこの著作の目的を明確に示した次の箇所。

> われわれの目的は、〈意識〉と〈自然〉〔…〕との関係を理解することである。

この目的を果たすために、メルロ＝ポンティは「行動」を問題とする。行動が「「心的なもの〔＝意識〕」と「生理的なもの〔＝自然〕」との古典的区別に対して中立的」だからである。そして、探究の結果「行動が〔ゲシュタルトとして〕一つの意味を持つ」ことが明らかになってくる。『知覚の現象学』においては、これを承ける形で問題は次のように整理される。「問題は意識と自然、内部と外部との関係を理解することであった。〔…〕問題は結局、われわれと世界において、意味と無意味の関係はいかなるものかを了解することである」。『行動の構造』において「意味と無意味」の問題として捉え直された課題を扱うに際して、現象学の考え方が有効になるのである。

この両者の関係は、当時の問題状況に深く根ざしたものでもある。四八年に行なわれたラジオ講演〔『知覚の哲学』〕のなかで語られた次の言葉がわかりやすい。

人間と事物の関係については、もはや隔たりと支配の関係、つまりデカルトの有名な分析にあるような、主観的精神と蜜鑞の断片に存在するような関係を認めるのではなく、もっと明確ではない関係、目がくらむような近さ、これを認めるのがごく一般的な傾向なのだ。この近さが、われわれを事物から離れた純粋精神として把握することを妨げ、事物を人間的属性を一切持たない純粋対象として定義することを妨げるのである。

こうした問題状況自体は、ベルクソンやフッサール、ハイデガー、ホワイトヘッド、さらには西田など、二十世紀に入って以来の思想状況のなかで広く共有されていた問題構制ではある。

メルロ＝ポンティはこの問題状況において応答すべく、『行動の構造』においてはいわば問題そのものを再発見しようと試み、『知覚の現象学』においてはその問題を特に現象学的に問い進めていくことになる。

とはいえ、ゲシュタルトが意味の現われとして捉えられることによって、「意識と自然の関係」がまるごと意味の問題に解消されてしまうのだろうか。晩年、メルロ＝ポンティは再度「自然」に関する考察から彼の哲学全体を立ち上げ直していくが、その萌芽がこの段階に含まれていたとも考えられる。

さて、それではメルロ＝ポンティの問題への対し方に、どのような独自性を認められるだろうか。ここに「身体」という問題系が現われてくることになる。その独自性を確認するために、従前の身体に対する扱いを確認しておこう。

5——身体の歴史

身体は西洋哲学の中ではあまりいい扱いを受けてきたとは言えまい。プラトンは身体を魂の牢獄だの墓場だのと言うし、デカルトは、アリストテレスが「魂は身体なしには存在しない［…］魂は身体ではなく身体の何かである」（『霊魂論』）と言ったのに対して、コギト（我思う）を導出するにあたって、身体（物体）が無いものとしても何の問題もないとして、哲学の最内奥の場面からは身体（物体）を追い出した。魂（心）は、物質的な延長実体になんら依存することのない思惟実体として存在している、として両者の関係を絶ったのである。

さて、関係を絶ち魂（心）から身体を追い出したはよいが、今度は日常的な経験においてはむしろ魂（心）と身体は明らかに関係していると感じられる、このことが説明できなくなった。ここに生じている心と身体の（無）関係やいかに、ということが心身問題として浮上することになる。デカルトにしても、実際に生活する場面（メルロ＝ポンティの言う「生の使用」の場面）での身体の経験と、悟性的に捉えられる身体とを区別している。デカルトは、心身合一という自身の具体的な経験があればこそ、心身分離と魂（心）との独立を考えることもでき、だからこそ、松果腺仮説などでどのように両者を媒介するか、悩み抜いたのである。

デカルト以後、フランスのスピリチュアリスムなどを除けば、哲学の主流派にあっては、例えばカントにしてもほとんど身体については問題にされていないようである。こうした状況が変わっていくのは、ニーチェが「肉体は大いなる理性だ」と言ったあたりからだろうか。少なくとも、ベルクソンのイマージュをめぐる議論のなかで取り上げられ、フッサールにおいて、ようやく問題として明確化されてきたというのが実情だろう。ちなみにハイデガーも正面から取り上げているとは言えず、むしろ回避してきたと認めている（『ツォリコーン・ゼミナール』）。

では、メルロ＝ポンティはこの身体についてどのように考えるのか、見てみよう。

6——身体

再確認になるが、メルロ＝ポンティの立場は両義性に耐えるところにある。デカルト的二元論が問題として顕わになる場（「人は物として存在するか意識として存在するか」）を、メルロ＝ポンティは「両義的な存在様式を明らかにする」ものとして捉え直す。そのような存在様式をもつものこそ「自己の身体」という、なじみ深いにもかかわらず（いや、だからこそ）やっかいなものなのである。まずは鍵になる文を読もう。

（現象的）身体は〈世界‐において／へと‐あること（l'être au monde）〉の媒体（ヴィークル）である。

意味の中心は「世界‐において／へと‐あること」にある。これは何を意味しているのだろうか。まずこれがハイデガーの「世界内存在（In-der-Welt-Sein）」の仏訳であることは言うまでもない。これを例えばサルトルは l'être-dans-le-monde と、「内」を強く意識して援用するのに対して、メルロ＝ポンティはàというフランス語の前置詞（auは前置詞àと男性名詞冠詞leの縮約形）がもつ複数の意味、つまり〈位置を示す「〜において」〉と〈方向を示す「〜へ」〉の二つの意味を重ね合わせる。これによって、われわれがすでにつねに世界と関わっているときの内在（〜において）と、世界へと向かおうとするときの超越（〜へと）という両義を示そうとするのだ。「において／へと」などと妙な訳し方をしているのもそのためだ。

ハイデガーもサルトルも統一性を強調する意図でハイフンを入れるが、メルロ＝ポンティはこの術語を強調する時にはカッコに入れるだけ（それもほんの数例）で、特にハイフンでつなぐこともしない。通常は、強調しないかあるいはêtre（英語のbe）を動詞として活用させて使用する場合がほとんどである。というのも、この表現は、基本的には作動状態を示すものだからである。術語として固定化して事象を取りだすよりも、作動しているその現場を取り押さえようとする。ちょうど、セザンヌが静物を描くとき、眼前の対象の周りを動いてさまざまな角度から一枚の絵画を描くように、である。

ともあれ、この両義性が私の根本的なあり方である。この私は、デカルトが「私は考える（コギト）、ゆえに（エルゴ）、私は存在する（スム）」と捉えたときの私、身体を持たなくとも可能な私ではない。むしろ「私は私の身体であ」り、このことによって私の両義的なあり方が成立している、というのである。このあたりの事情をもう少し細かく押さえておこう。

「私は私の身体である」などとあえて言うのは、もちろんデカルトを意識しているからだ。「世界－において／へと－あること」の媒体としてのこの身体は、基本的には私に対して現われず、目立たず、いわば透明になっている。いつも現われていたらかえって邪魔である。歩きスマホができるのは、この身体が現われずに透明だからである。私は世界においてある身体を地（背景）として、スマホをいじること（これが図となる）ができるのである。この身体が現われてくるとき、それは、身体が世界へと向かう際に妨げになるときだ。例えばケガをして手や足が思うように動かないとき。可能なはずのことが、実際にはできない。このズレは、この身体が自分のものでありながら自分のものでないという相で現われてくる。病院では、医師は私の身体を対象として、つまり対象的・客観的（オブジェクティフ）身体として、私が自分の身体に〈対して〉不調を訴えるのに同調するようにして、医師に〈対して〉現われている身体の不調の原因を探り病因を客観的に同定してくれるはずだ。

これをもう少し一般的に言ってみよう。この身体が私に現われてきたのは、私がそれをうまく「生き」られないからである。うまく生きられないことがわかるのは、普段はうまく生きているからで、そのときには、できるはずのことと実際にできることとはほぼ合致しているわけだから、身体は目立たない（現われない）。この身体のありようは、客観的身体と同じだろうか？

この現われない身体は、たしかに物と同じようにして現われている客観的身体（医師の目の前に現われている標本通りの、誰のものでもあり誰のものでもない身体なるもの）と別のものではない。ではなぜ現われないのか。作動しているからだ。作動しているとき、そこには何らかの意図や目的があり、「何を」動かしているかよりも「いかに」動かすかに配慮は向かう。「いかに」動かすかを考えるということは、そこで動いているもの（私の身体）を果たされるべき意図や目的へと「いかに」関わらせるかを考えることであり、その限り、ここで動いているものは、意図や目的のほうから見ると目立たないもの・可能なかぎり見えないものとなる。この〈標本通りの身体〉が〈私の身体〉として作動することが、この二様の身体の間に差異を生みだし、問題を捉えにくくすることになる。

メルロ＝ポンティは、このように作動する身体を「原初的な習慣であって、これによって他の習慣すべてが条件づけられ理解される」ものという意味で「習慣的身体」として押さえる。「習慣」というあり方、言いかえるとある状況と私の関わりのなかで、私の身体の一定の決まった働き方、これがこの身体を現われない透明なものにする。透明になっている限りでは、可能なはずの身体の働き方と実際に身体が働くこととの間にズレはない。この状態で問題なく作動している自分の身体のあり方が「現象的身体」と呼ばれる。

このような原初的な習慣としての身体は、私に現われず自覚されないという意味で、非人称的な一般性の水準を持つ。メルロ＝ポンティはこれを「ひと」と呼び「私の下にある一般性」と性格づける。またこの水準で獲得される習慣、あるいはそれが修正されたり更新されたりするその身体のありようをメルロ＝ポンティはヘッドやシルダーらに倣って「身体図式」と呼ぶ。これは、われわれの経験に先だって経験を可能にする身体の統一であり、「相互感官的世界における私の姿勢の全体的な自覚であり、ゲシュタルトであ」り、「新しい実存の型」、「位置の空間性ではなく状況の空間性」という意味で、つまりは「私の身体が〈世界－において／へと－あること〉を言い表わす一つの仕方」である。このような「仕方」が獲得されることによって、私の世界との関わり方はある種の安定性ないし恒常性をもつことになる。例えば文字を書く場合。ノートに小さく書く場合でも黒板に大きく書く場合でも、その人の文字の特徴は現われる。身体の使う筋肉は異なるのに、身体の働き方が同じなのである。書く文字がその人の性格を表わすなどとよく言われるように、ある人の性格が文字にも行動パターンにも現われる（何をやったときにも「あいつらしい」と言われる）。そこにはその人の世界との基本的な関わり方、「状況に対処するある一定の仕方」が現われている。これをメルロ＝ポンティはスタイル（フランス語読みではスチル）と呼んでいる（ライフ・スタイルという言葉などを考えると、そのニュアンスはわかっていただけるかもしれない）。

一方で、私が世界へとあろうとするとき（例えばきれいに字を書こうと思う場合）には、やはり「ひと」ではなく、きれいに書くぞ、と考えている「私」が必要となる。しかしそれに慣れてしまえば、身体図式のあり方もまた変わっていく。身体図式はその意味で、「開いたシステム」であって、たえず修正・更新されていく。

こうして、作動していることが問題となる次元での身体は、いつも〈状況〉づけられており、その状況において（何もしないことも含めて）どのように対処するかを迫られては応答していくプロセスにある。状況は、応じるべき問いかけであり、意味（サンス）をもつ。sens（サンス）（英語ではセンス）という言葉をメルロ＝ポンティは、フランス語の両義的、というより多義的な意味を重ね合わせて使う。『知覚の現象学』第三部第二章「時間性」のエピグラフで、クローデル『詩法』からの引用が掲げられている。「時間は生のサンスである（水の流れの向き（サンス）、フレーズの意味（サンス）、布の向き（サンス）、匂いの感官（サンス）と言われるときのサンス）」。例えば、ある文学作品に対して、「この作品は何が言いたかったのか？」と問うときに問われているもの。また、「センスが良い」と言うときの「感覚」という意味もある（デカルトが『方法序説』冒頭で、誰にでも公平に配分されていると語る「良識（ボンサンス）」はこの意味に関わる）。

つまりこうなる。私はある状況においてセンスを働かせてどのように状況づけられているか（状況の意味）がわかり、そこで私に求められている対応の仕方（取るべき方向性）が良識的にわかる。もちろん、読み間違えれば手痛い目に遭うこともある。

このことが、〈私の身体〉が〈私が「世界－において／へと－あること」〉を可能にする媒体だ、ということの内実である。サンスが働いている私の身体は習慣、身体図式によってすでにつねに世界においてあり、暗黙の内に世界と交流している。このような〈地〉があってはじめて〈図〉である「何ものか」は最初からその何ものかとして〈私に現われる〉ことができるのである。「私の身体はあらゆる対象の共通の織り地（テクスチュール）である」という言い方は、こうしたありようを示そうとしている。

メルロ＝ポンティは『知覚の現象学』第二部では、このような身体によって知覚される空間、物、他人などについて綿密な記述を行なっていく。例えば物の場合。月を写真に撮ってみたら、実際に見えているものよりもずいぶんと小さかったとか、光の当たっている面と影の面とに置かれている二つの色が、どう見ても違う色にしか見えないが実は同じ色だ、というような錯視は、心理学的に説明可能であるにしても、われわれにとってまずもって現われてくるのは、大きな月であり違う色である。これは錯覚だと指摘されそのメカニズムを説明されても見え方は変わらない。その点で、計算間違いなどとは本質的に違うものだ。錯覚なのはわかってるがどうしてもそう見えてしまう。この地点に立って、ここから出発してのみ「錯覚」がなぜ「錯覚」と言われるのかも理解できるのだから、「与えられているのは、物だけではなく物の経験」なのであり、そこには「私の身体全体がぴったりとよりそっている世界の論理」があるのだ。

私が私の身体であり、世界-において／へと-あり、そこで物と出会うとき、その物は世界の一つの断片ではなく、その物を通して世界がいわば類型として現われている。例えばお茶のペットボトルが目の前にある。それは、まずはのどの渇きを潤すもの、あるいは風邪っぽいときには咳を鎮めるものであろうし、また会話の間を持たせるためのものともなる。ペットボトルとしては飲み物を入れる容器としてカラになったら冷水機の水も補給できれば、鉄アレイのかわりにもなるし、使い終わればリサイクル可能な物質でもあり、といった具合に、一つのペットボトルの現われのいわば周縁に、明確な現われとしてではなく、さまざまな意味を同時にぼんやりと見る。これを〈無意識的に見る〉と言ってしまうと、完全に私の意識の問題になってしまうが、そういうことではない。また、ペットボトルそのものに物理的に備わっている性質なのでもない。物の価値と同じで、お茶やペットボトルを科学的に分析したところで何も出てきはしない。この周縁はまさしく〈ペットボトルの経験〉においてあるのだ。

してみれば、「世界の論理」と言われている論理も、単に客観的に世界に内在している自然法則のようなもの、と考えることはできない。この論理は、フッサールの言葉を借りて「感性的世界のロゴス」とも言われる。われわれは世界からすべてを学ぶのだから、この言い方はむしろ自然なことではある。私が世界に身体的に存在しているということからすれば、このロゴスはまた身体化されて初めて意味をもつ。

従来、一般的には身体のもつ世俗的な意味合いのゆえにその機能である感性自体がロゴスをもつということは考えにくいところであったが、感性を単なる受容的な機能とは考えず、そこに論理以前の論理(ロゴス)を見ようというわけである。

このように、身体についての根本的な考察は、ニーチェが肉体を「大きな理性」と呼んだのにも似て、伝統的な意味での「理性(ロゴス)」のあり方に対して根本的な考え方の変更を迫ることにもなる。ここから見ると、身体をいわばエポケーする（カッコに入れる）ことで確証されているデカルトの我思う(コギト)はむしろ二次的なものとなる。そして、メルロ＝ポンティが狙うのは、デカルトがコギトを導き出すために依拠しているコギト、デカルトのコギトが言語的(ロゴス)に捉えられる「語られたコギト」である限りで、それを語らしめているという意味で「沈黙のコギト」、これを浮き立たせることである。これは「私が私を感じること」「自己への自己の現前」とも言われている。この点で、「沈黙のコギト」とは、世界-において／へと-ある私への私自身と世界との現われである。私が私に現われるということは、私が私において差異化されて現われてくるということだ。この現われ、差異化の運動がさらにその源泉にまで遡って「われわれは時間の湧出そのもの」だとして摑まれるとき、ここで一つの根源的な現われ、メルロ＝ポンティが望んでいた「動機のない世界の出現」に立ちあうことになるのである。

こうして、『行動の構造』と『知覚の現象学』という主著によって、メルロ＝ポンティ自身の思想は一つの地盤を得ることができた。ここで明らかにされた考え方は、第二次世界大戦直後という時代状況を生きるメルロ＝ポンティに、哲学のみならず状況のなかでのさまざまな対応と発言を求めることになり、メルロ＝ポンティもそれに鋭く反応していく。そうした考え方を示したものとして、『ヒューマニズムとテロル』という政治論と論文集『意味と無意味』がある。

ここでは、その考え方が最も具体的な現場で現われたものとして政治について見ておこう。

7——政治論

メルロ＝ポンティの政治に対する態度と言えば、当初はマルクス主義の立場であったが、朝鮮動乱の勃発後、とりわけサルトルと決裂した一九五三年以後、政治的な事柄に関わることはなく、特に一九五五年『弁証法の冒険』という政治哲学およびサルトル批判をものして以後、政治的な問題には関わらずに書斎に引きこもった、という理解が一般的であろう。しかし、サルトルほどの目立つ動きではなかったにせよ、メルロ＝ポンティも独自の活動をしていた。ただし、その動きはマルクス主義からは距離を置く形になっている。この対応の仕方そのものに、メルロ＝ポンティの姿が見えてくるのである。

五、六〇年も前の政治状況について書かれたテクストを共感的に読もうとしても、なかなか難しい。ここでは、個々の時事的な問題そのものとその議論よりは、その時々の事態へのメルロ＝ポンティによる身の処し方に注目しよう。この観点からすると、時々での勢い（『ヒューマニズムとテロル』はかなり前のめりだ）は無論あるにしても、メルロ＝ポンティの基本的な姿勢はさほど変わっていない。根本的な場面は〈歴史における偶然性〉ということになろう。ここでは、世界－において／へと－あるわれわれのありようが、場合によってかなり深刻な形で露出せざるをえない。

メルロ＝ポンティが生きていた時代は、ヨーロッパでは二度の大戦と、フランスでは戦後のアフリカ植民地解放運動など、さまざまな政治的な判断を迫られる状況が多かった時代でもある。サルトルとともに雑誌『レ・タン・モデルヌ』の創刊・編集に携わっていたメルロ＝ポンティも例外ではなく、つねにさまざまな判断を求められる状況にあった。

われわれは通常、ある状況のなかでは、与えられている限られた情報に基づいてしか未来について判断し選択することはできない。

外からあるいは後から見れば、どうしてこの条件を勘案しなかったのかと思われるにしても、その時にはどうしようもないのだ。そして、その判断の正しさあるいは妥当性については、いつも後になってからでなければわからない。「偶然的な未来は、ひとたび現在となると、現実的なものとしてまたさらには必然的なものとして現われるということ、このことのうちにある歴史のパラドクスを粛清〔ソビエトのスターリンによる反対派の逮捕、処刑のことが言われている〕は要約し凝縮している。ここに責任という厳しい観念が示されている。それは人が望んだことに対する責任ではなく、人の為したことが、出来事という光に照らされたときに負うことになる責任である。誰もこの観念に異を唱えることはできない」。ここでは「粛清」という政治的な例が挙げられているが、言うまでもなく、これは会社における経営判断であれ、個人における進路の判断であれ、投資の判断であれ、まったく同じことである。

メルロ＝ポンティがキリスト教からも、また〔教条的な〕マルクス主義からも最も遠く離れているのはここである。強い目的論的な構図がここでは働いていないからである。キリスト教であれば「神の国」、マルクス主義であれば、「直接的具体的状況の背景をなす歴史的関係の全体」〔ルカーチ『実存主義かマルクス主義か』〕に裏づけられた、歴史の必然性の帰結として到来する社会体制、こうした目的論的なヴィジョンは取られていないのである。モンテーニュも言うように「何ごとによらず、全体は私には見えない」（『エセー』）からである。

ある行為が、「主観的には誠実」に、つまり何らの悪意もなく良かれと思ってやったことが、「客観的に裏切り」となることは、起こりがちなことである。これを裁く基準は、決して目的論的なヴィジョンではないのだ。存在するのは、人間的現実――世界‐において／へと‐あるわれわれという事態――なのである。しかし、それならばどうしてここで人は裁かれるのだろうか、あるいは裁くことができるのだろうか。裁くためにはその基準が必要であるはずだ。それは何だったのだろうか。この疑問は、ここではこうなる。なぜメルロ＝ポンティは、この時点で共産主義を選び取ったのか。この時点では共産主義が最も大きな規模で「人間」を実現しうると考えたから、である。

その意味で、弱い目的論は、歴史において作動しつつある志向性として働いているとは言えるだろう。それは状況における意味(センス)方向として現われてくる。弱い、と言うのは、それが常に別様にも選び取られうるからである。してみれば、メルロ＝ポンティが、一九五〇年の朝鮮動乱の際に、北の共産圏側が先に発砲したということを以て共産主義に距離を取りはじめることの理由も、はっきりしてくる。人間を実現するはずだったものが、実際には人間を殺傷する動きを見せたのだ。この、粛清とは異なる意味をもつ実際の出来事の周縁のうちに、メルロ＝ポンティは異なる意味(センス)方向の現われを知覚したのである。

ここでメルロ＝ポンティはどのように考えているのか。サルトルと決裂する際の手紙のなかで、メルロ＝ポンティはこう書いている。

「出来事と一般的方針との間の往復運動を行なうこと」、「この方法は出来事とそれについてわれわれが下す判断とのあいだに一定の距離を設えるわけだが、この距離が出来事の罠を無力化して、出来事の意味をはっきりとみせてくれる」。メルロ＝ポンティは、『ヒューマニズムとテロル』の段階では出来事との距離がまだ近すぎたのかもしれない。歴史のなかで作動している志向性に密着しすぎていたのである。

こうしてメルロ＝ポンティは、共産主義の運動からは距離を取りつつも、出来事との往復運動のなかで、作動しつつある志向性を捉え直し続ける（大事なのは、この志向性を捉えることは、「一生に一度」ではなく何度でも、その都度やり直されるということだ）。一九五八年には現実の変容に応じた選択として、（当時の）硬直したフランスの社会党や共産党ではなく、マンデス＝フランスによる民主的行動委員会を支持するし、民主勢力同盟——この中には後に大統領になるミッテランも関わっていた——に加わったりもするのである。

この態度は、（古い表現だが）日和見主義だと言われるだろうか。現実の出来事から乖離してしまった「一般的方針」を固守することと、出来事において現われ知覚される意味を捉えてその時に最適と思われる判断を下すこと——もちろん、常に誤る可能性を踏まえつつ——、このいずれの態度をとるかという問題である。いや、こうした二者択一を立てること自体、問題が正しく設えられているとは言えない。意味深いメルロ＝ポンティの一言を『ヒューマニズムとテロル』から引いておこう。「変わる人間は好まれる。そういう人間は成熟し、昨日理解した以上のことを今日理解するからだ。けれども、自分の立場を変える人間は変わることはなく、誤りを乗り越えない」。

8——芸術

「変わる人間」。その典型例は芸術家ではあるまいか。メルロ＝ポンティが初期から芸術に深く関心を寄せいていた理由の一端は、そうしたところにあるのかもしれない。生々しい政治の局面から一挙に現実離れした場面に飛んでしまおう、というわけではない。メルロ＝ポンティにとっては、政治も芸術も、同じ根から考えられているのだ。

二〇一四年十月二十三日付『ル・モンド』（インターネット版）に次のような記事が発表された。一九二八年出版の『北（Nord）』という小説の著者 Jacques Heller が実はメルロ＝ポンティのペンネームだ、というのである。この記事の著者エマニュエル・アロアは、いくつかの傍証と証言を紹介しているが、真偽のほどは（今のところ）わからない。ただ、メルロ＝ポンティのほとんど初期に書かれた「フランス文明について」の中で、フランス人は「文学者を知的生活の第一位に置く」と述べられていることには注目しておこう。

彼が本当に自ら作品を書いたか否かはともかく、文学が彼の哲学の重要な参照項の一つであり続けたことは確かである。プルースト、クローデル、ヴァレリーは彼の発想の大いなる源泉であったし、晩年には、ノーベル賞受賞以前のクロード・シモンに注目し、コレージュ・ド・フランスでの講義に招いたりもしている。

もう一つ、メルロ＝ポンティに刺激を与えていたのは絵画芸術である。ほぼ一貫してセザンヌ、また晩年にはクレーも彼にとっての参照項となる。代表的な三篇の芸術論、「セザンヌの懐疑」(『意味と無意味』所収)、「間接的言語と沈黙の声」(『シーニュ』所収)、『眼と精神』は、ちょうど各期におけるメルロ＝ポンティの考えを記した里程標ともなっている点でも興味深い。思想の展開・転回点に立つときに、絵画芸術と向き合うことで自分の立ち位置を見定めようとしてるようにも見えるのである。「絵画に関するいかなる理論もひとつの形而上学である」(『眼と精神』)。なぜこのように言えるのだろうか。それは「日常的な世界は、絵画によって常に揺り動かされ〔ている〕」(Notes decours, 1959-1961)からだ。こうしたことが起こるのは、絵画もやはり日常的な世界に根を張っており、むしろそこでの微細な変動も敏感に感知するからである。芸術が基本的に「感性的世界のロゴス」を作品という形で具現化するものだと考えれば、このことはむしろ当然のことと言える。

では、なぜセザンヌでありクレーなのだろうか。ここで冒頭に引いたメルロ＝ポンティ哲学の目指しているところ、「生まれつつある状態で世界と歴史の意味を捉える」ことと、『眼と精神』のエピグラフとして引かれているセザンヌの言葉「私があなたに翻訳してみせようとしているものは、もっと神秘的であり、存在の根そのもの、感覚の感知しがたい源泉と絡みあっているものだ」を並置してみれば明らかであろう。クレーの場合でも、今ではよく知られたその言葉「芸術は見えるものを再現するのではない、芸術は見えるようにするのである」(『創造的信条告白』)という言葉が鍵になる。この「見えるようにする」ことに即しつつロゴス的に明らかにすること、これこそが、メルロ＝ポンティの哲学の目指すところである。こうして、芸術も哲学も同じように「真理の実現」(『知覚の現象学』)と言うことができるのである。

この真理の実現がより徹底的に問われていくのが、メルロ＝ポンティ晩年の存在論である。

9——存在論のほうへ

メルロ＝ポンティの急逝後、クロード・ルフォールが遺稿を整理する。そのとき彼がまとめたものの一つが『見えるものと見えないもの』と題されて発表された。半分は章単位で一応まとまった論稿四篇、半分はメモないしノートである。また、コレージュ・ド・フランス教授就任以後の講義ノートおよび著作に関わる遺稿がフランス国立図書館に寄贈され、現在ではマイクロ・フィルムで閲覧できるようになっており、すでに出版されたものもある（初期のものは未公開）。メルロ＝ポンティ晩年の境位は、こうした遺稿類からある程度は窺い知ることができる。その構想のうちいくつかはルフォールによる「まえがき」にも掲出され、遺稿の中でも折々検討されている。とはいえ、ラフスケッチ程度のものであり、ここから、晩年の存在論がどのようなものでありえたか、その全体像をはっきりさせることは難しい。

『見えるものと見えないもの』の最初にキーワードとして現われているのは「問いかけ」という何気ないことばである（ハイデガーの「問い（フラーゲ）」を意識していよう）。問いかけは、特にメルロ＝ポンティの考えている哲学を性格付けるために選ばれた語である。哲学とは、「これとそこにある世界の周囲にくぼみと問題提起とを設え、そこでこれと世界とがおのずからおのれがなんであるかを語るようにすること」であり、そうして「いかにして世界が、無からではなく、存在のゼロからみずからを分節的に語り出すかを示すこと、つまり存在の縁に身を置くこと」である、と言う。冒頭に見た「生まれつつある状態」に立ち会うことという根本動機が深まり拡がっている。そしてこの意味での哲学は、答との合致によって問いを終わらせようとするものではなく、「「存在」へのわれわれの固有な関わり方」であって「沈黙と言葉との相互転換」によって、つねに更新されるものである。メルロ＝ポンティはここでもフッサールの「無言の経験を……」ということばを引く。問いかけは、この無言の経験を呼び出し、ことばへと転換させる手立てだと言ってよい。[02]

このような相互転換の可能性自体はさらに、「無言の知覚とことばの両方を支える」「可逆性」という「究極の真理」（『見えるものと見えないもの』）によって可能になる、という。この可逆性の水準から紡ぎ出されることばは、かなり戸惑わずにはいられないものかもしれない。まさに可逆性によって定義される「肉（シェール）」などもそうしたものの一つだろう。

肉は、「感じているところのものと感じるものという二重の意味での感じうるもの」であると定義される。ここではce qu'on sentを生硬に「感じているところのもの」と訳したが、もう少し意訳してみると、「ひとが感じるときにそこに感じとっているそのもの」とでもなるだろうか。ここでは、主語が「私（je）」ではなく「ひと（on）」であるところことにも注意したいが、いずれにしても、日本語ではすんなり表現しにくい。ともあれ、〈感じるものという能動相〉−〈感じられるものという受動相〉という関係で事態が捉えられていないという点を押さえていただければよい。

両義性が見て取られることは確かだが、それ以上にメルロ＝ポンティはこの両者の間の可逆性と交差配列（キアスム）を強調する。私の身体は、まずもって「感じるもの」である。さて、私が私に触れるとき、私の身体は私が「感じること」において現われてくるものでもある。ちょっと極端な例で考えてみよう。片手を冷やし、もう一方は常温のままとしておき、合掌してみてください。冷たいと感じるだろうか、それとも暖かいと感じるだろうか。ここで起こるのは、どちらから感じようとするかに応じて、暖かかったり冷たかったりするという事態である。冷たいと暖かいとが入れ替わりつつ、私自身が感じているものとして私自身を感じている。ここに単純な能動－受動ではない関係があることがご理解いただけるだろうか。

ここで起こっている現象をまずは「肉」の一番手前側ないし私にとって原初的な場面として押さえることができるだろう。メルロ＝ポンティはこのような交替を、私の身体以外の事物とのあいだにも認めていく。ここがある意味で難関かもしれない。「物」といった途端に私たちはどうしてもデカルト的、科学的な常識に舞い戻ってしまうからだ。メルロ＝ポンティが引き合いに出すのがまた画家マルシャンの「樹が私を見ており、私に話しかけていると感じる」(『眼と精神』)という例であるため、かなり特殊な例だと思われかねない。しかし、ものが私を見る可能性がある、ということを押さえておくことはとても大事なポイントである。ものを樹ではなく例えばぬいぐるみや人形としたらどうだろうか。心の理論のようだが、むしろ心の理論が成立する淵源がここにあると見たほうがよいだろう。そうして初めて、動物や他人が私を見るということも成立できるのであって、逆ではないのである。

こうして、二重の意味で感じうるものである肉は、「鏡の現象」(『見えるものと見えないもの』)あるいはナルシシズムと関係づけて考察されたりすることになるが、ここで生じているのは次のような事態である。「それ(＝色や音、手触りなど)を感じているものは自分がいわば巻き付きや二重化によってそれ(＝色や音、手触りなど)から出現すると感じ、根本的にそれと同質であると感じるということ、自分は自分のところにやってくる感じうるものそのものであり、またひるがえって、感じうるものは自分の目からすると自分の分身ないし自分の肉の延長としてある、ということ」である。してみれば、「見える事物はわたしたちの肉の密かな襞」であって、私から独立して存立している客観的対象ではないのである。「私の身体は、世界(知覚されるもの)と同じ肉でつくられて」いるのである。

肉は幾重にも折り重ねられて、世界を成している。その意味で、同じ肉でありながら差異化された異なりが連なっていく。肉という言葉でメルロ＝ポンティは、現わすことと現われるものとの関係の同一性と差異性とを含みもちつつ、その現わすことにおける差異化のダイナミズムを名指そうとしている。そのダイナミズムは、「炸裂する原初」「裂開」といった言葉づかいを要求するし、その運動性の表現としてみれば、両義性よりもさらに時間化しているともいえ、新たな時間論を求めることにもなろう。

こうした肉は、私が感じることができるゆえんであり、感じることのエレメントであり、したがって「物質的なものではない」。また、媒体としての「厚み」をもちつつ「忘れられてしま」い、それとしては現われず（現われるのは折り目としての事物でしかない）、そのためこれまでの哲学においては名指されたことがない、とも言われることになる。

これまで名指されなかったのは、この肉そのものが現われるものではないからである。にもかかわらず、肉についてこうして語ることができるのはなぜか。ここでメルロ＝ポンティが先に、哲学は「沈黙とことばとの相互転換」だと言っていたことを思いだそう。この相互転換、可逆性において、「言語は、事物や波や森の声そのもの」（ヴァレリー）となる。ただ気をつけなければならないのは、そこで聴き取られる声は、決してそれが語っているものそのものにはならない、ということだ。可逆性は、決して合致することはないのであって、つねに差異と襞を作る運動なのである。語り尽くされることはありえない。それでも語ることによってしか、世界を更新することはできないし、世界が更新されなければ、語ることはできない。

メルロ＝ポンティは、まさに語りだそうとしたところで、唐突に中断させられた。しかし、その哲学が真に創造的なものである限り、その哲学の「前方に、その生のほとんどすべてを有している」（『眼と精神』）はずである。

註

01 「ルビンの壺」の場合、壺と二人の顔のどちらが見えているかに応じ、見えずに背景となる方が地、見えている方が図と呼ばれるが、この絵は少し性質が異なる。

02 この考え方の大元には、中期メルロ＝ポンティがソシュールから学んだ言語観が大きく関係しているのだが、本稿では割愛せざるを得なかった。詳しくは加賀野井秀一著『メルロ＝ポンティと言語』をご参看いただきたい。

主要著作

- ▼「フランス文明について」松葉祥一訳、『メルロ＝ポンティ』河出書房新社所収。
- ▼*Discours d'usage prononcé par M.Merleau-Ponty*, Bulltin de L'Association Amicale des Anciens Eléves du Lycée Félix-Fauré (Bauvais), 13, juillet, 1932, pp.20-28.
- ▼『知覚の本性』加賀野井秀一編訳、法政大学出版局。*Le prima de la perception*, Cynara,1989.

▼『行動の構造』滝浦、木田訳、みすず書房。*La structure du comportement*, PUF,1942.
▼『知覚の現象学』竹内芳郎他訳、みすず書房／中島盛夫訳、法政大学出版局。*Phenomenologie de la perception*, Gallimard,1945.
▼『ヒューマニズムとテロル』森本和夫訳、現代思潮社／合田正人訳、みすず書房。*Humanisme et terreur*, Gallimard, 1947.
▼『知覚の哲学』菅野楯樹訳、ちくま学芸文庫。*Causeries 1948*, Seuil, 2002.
▼『意味と無意味』滝浦他訳、みすず書房。*Sens et non-sens*, Nagel,1948.
▼『サルトル／メルロ＝ポンティ往復書簡』菅野楯樹訳、みすず書房。*Sartre, Merleau-Ponty : Les lettres d'une rupture*, dans PII.
▼『フッサール『幾何学の起源』講義』加賀野井、伊藤、本郷訳、法政大学出版局。*Notes de cours sur L'origine de la géométrie de Husserl*, PUF, 1998.
▼*Notes de cours 1959-1961*, Gallimard, 1996.
▼『シーニュI・2』竹内芳郎監訳、みすず書房。*Signes*, Gallimard, 1960.
▼「眼と精神」木田元訳、『眼と精神』みすず書房所収。*L'Œil et l'Esprit*, Gallimard, 1964.
▼『見えるものと見えないもの』滝浦・木田訳、みすず書房／中島盛夫監訳『見えるものと見えざるもの』法政大学出版局。*Le visible et l'invisible*, Gallimard,1969.

参考文献

▼加賀野井秀一『メルロ＝ポンティ——触発する思想』（哲学の現代を読む8）、白水社、二〇〇九。
▼加賀野井秀一『メルロ＝ポンティと言語』、世界書院、一九八八。
▼グザヴィエ・ティリエット『メルロ＝ポンティ——あるいは人間の尺度』木田元・篠憲二訳、大修館、一九七三。
▼木田元『メルロ＝ポンティの思想』、岩波書店、一九八四。
▼鷲田清一『メルロ＝ポンティ——可逆性』（現代思想の冒険者たち）、講談社、一九九七。

〔本郷均〕

レヴィ＝ストロース、クロード

❖Claude LÉVI-STRAUSS　1908-2009

思想は常に分岐しつつある。その意味で二十一世紀一〇年代半ばの今日までつながる現代思想の分岐点のひとつを、前世紀の半ば一九五〇年に置くことはできるだろう。前世紀後半の思想の前線の一端を担ったフランス哲学のリーダーの一人メルロ＝ポンティは一九五〇年、『現代』誌を共同で編集していたサルトルと袂を分かった。当時のフランスでは、革命から三〇年ほど経過してゆるぎないスターリン体制下にあるかに見えるソ連と、第二次世界大戦後の世界の覇権を確立したアメリカ合衆国のはざまで、アメリカ合衆国主導のマーシャル・プランによる戦後復興の方針を受け入れ、大革命の遺産である市民的「普遍主義」を保持しながらナショナルな独自性を模索しつつ、欧州統合における主導権を目指すという矛盾をはらんだ企ての渦中で、それぞれの出自を背負った思想家たちが角逐していた。五年の沈黙を経た一九五五年、メルロ＝ポンティはサルトルを厳しく論難する「サルトルとウルトラ・ボルシェビズム」を含む『弁証法の冒険』を刊行した。この五年の間に朝鮮戦争が起こり、スターリンが死に（一九五三年）、「インドシナ」でのディエンビエンフーの手痛い敗北（五四年）があり、アルジェリア解放闘争、そしてハンガリー動乱（五六年）が続く。

『親族の基本構造』（一九四九）をひっさげてアメリカから戻ったレヴィ＝ストロース（以下L＝S）を、いわばナチス占領下に不在だった「帰還した蕩児」の兄弟のように迎え入れたメルロ＝ポンティが、ソ連社会主義とマルクス主義、東西対立と植民地解放の動向に誠実に応対しようと試みたかに見えるのに対して、五〇年代のL＝Sはこれらの焦眉の課題に応答しようとはしていないようにも見える。それだけに一九五八年、『構造人類学』の刊行によってポスト実存主義思想のパイオニアと目され、一九六二年の『野生の思考』のサルトル批判によって現代思想のリーダーの位置を与えられることになるL＝Sが、終わったばかりの戦争の記憶、冷戦の予感と民族独立の沸騰の兆す時代にどのような世界像をさぐっていたか、それがその後「構造主義」と呼ばれた思考のどのような背景をなしていたのかを見極めることは、両者の信頼と友情を念頭に置いて、今も検討に値する課題だろう。そしてL＝Sの仕事を現代思想史の文脈で見直すためには、彼独自の若き社会主義者としての構造主義以前の思想形成とその継承発展、あるいは構造主義外の思考の精緻化としての人類学的思考という視点も必要であろう。

❖ Claude LÉVI-STRAUSS

I

そのためには人類学論文として書かれた文章だけでなく、L＝Sが残した多種多様な文章から、いわば学知の背景をなす「世界把握」のタブローを描く思考の軌跡をたどる作業も求められる。またL＝Sがほぼ一世紀に相当する長い生涯に、論文以外の形で残したおびただしい数の文章からそのタブローの構成を読み取らなければならない。そのために「読める」文章として、二十代に「社会主義学生」紙上に書かれた書評を中心とした短文群、一九五〇年代のユネスコでの人文科学部門事務局長職との関連で書かれた文章群、一九八二年のコレージュ・ド・フランス退任後にイタリアの新聞への寄稿を中心とした多くの時評という少なくとも三つの群がある。一九六〇年から八二年までのコレージュ教官現役の期間に、とりわけ新著の刊行に合わせて行なわれ雑誌類に掲載された多くのインタヴュー（そのいわば二つの集大成が一九六一年の『シャルボニエとの対話』と一九八八年のエリボンとの対談『遠近の回想』である）が専門外の不特定多数を念頭に置いた「語り」であるのに比して、これら三つの短文群が、同じく専門家ではない不特定多数の読者を想定した、どちらかというと平明な日常の言葉で表明されていながら、同時代世界のありようを評するL＝Sの軽快で辛辣な思考が直截に表現されているという共通の特徴がある。「構造主義者」の枠の外からL＝Sの思考の軌跡を見直すことをまず試みてみたい。

十八歳で書かれたフランス革命の挫折した闘士バブーフへの熱烈なオマージュを皮切りに、「建設的革命」という社会党若手グループのリーダーのひとりとして、L＝Sは一九三〇年代前半、「社会主義学生」誌で時評や書評に健筆をふるっていた。その知的な基礎にはベルギー社会党の若い闘士に導かれたマルクスへの傾倒と、独自のカント哲学の読解があったと思われる。ナチズムの台頭と戦争の予感を切実に受け止めながら筆を折ったL＝Sは一九三五年、フランス心理学の大御所デュマの肝煎りでブラジルに新設されたサンパウロ大学に赴任する。そして一九四七年、合衆国から帰還するまで、ブラジルの「奥地」の調査の経験と人類学をキャリアとする決意、亡命した言語学者ヤコブソンとのニューヨークでの出会いも含め、第二次世界大戦をはさむ一二年間を、何度かのフランス帰国や戦時動員を挟みながら主に西欧の外で生きることになった。その背景には、「アデンから帰還したことではなく、そこに行ったこと」を称賛する言葉で締めくくられた鮮烈な書評を寄せたポール・ニザンの『アデン、アラビア』（三一）に触発されて、西欧の外へ赴くことへの憧憬と決意があったと思われる。サンパウロ大学の教職を得る経緯は『悲しき熱帯』（五五）に描かれている。L＝Sが西欧から脱出するちょうどその時期、コジェーヴの講義を通じてフランスの知識人がヘーゲルを発見していったことは、十数年の後の再会に微妙な齟齬をもたしたのかもしれない。

一九三六年フランス人民戦線が成立するのと同時代をブラジルで過ごしたL＝Sが、社会主義的言辞で粉飾した疑似ファシズムとも思しいブラジルのヴァルガス政権をどのように見ていたかを推測する手掛かりは残念ながら残されていない。最近刊行された両親への書簡集（『親愛なる二人へ』二〇一五）にも、残念ながらブラジル時代のものは含まれていない。五〇年代にL＝Sにユネスコで仕事をするよう誘ったスイス生まれの傑出した南米民族誌研究者アルフレッド・メトローが、フランスに帰国するL＝Sと一九三九年二月十一日に、コーヒー積み出しで知られたサントスの港町で初めて出会ったときの会話を、電報のような文体で日記に残している。「ヴァルガスは権力にしがみつくだけの無原則な独裁者だ…次々に政党を乗り換え、影響力を増すと潰す。昨年のインテグリスタ党もそうだ。弾圧は共産党に対するよりも過酷だった…ブラジルの労働法制は地上で最も完璧なもののひとつだが、実施されてはいない…新聞の論調はあからさまに民主主義的だが、大衆はまったく無関心…ブラジルは合衆国の政策に忠実に追随している、現在のブラジルでは一切政治を語ることをいわば自由間接話法で記されたこれらの辛辣な批評はL＝Sの言葉の引用であろう。L＝Sはブラジルでは一切政治を語ることを自らに禁じたというが、『悲しき熱帯』に瑞々しく描写され、そして六〇年後に初めてまとめられた写真集『ブラジルへの郷愁』（九四）で鮮烈な映像が人々を驚かせることになる「奥地」の先住民への人類学的まなざしを鍛えていただけではなかったに違いない。まさに疥癬のように荒々しく拡大しつつあった南米ブラジルのフロンティア（その向こう側にはまだ先住民が生きていた）と、いわば成熟しおえたフロンティア（向こう側の先住民はすでにほぼ消滅させられていた）としてのニューヨークとを移動しつつ、世界史において西欧がたどり着いた地点を、政治社会的な同時代の構図の中で見直す作業を、並行して試みていたとも思われる。

ナチスの勃興を注視して第二次大戦の接近を予感し「平和」確保の手立てを探究していたブラジルまでの青年期のL＝Sの関心の軸は、ナチス・ドイツを台風の目としたヨーロッパ、ソ連の情勢、フランスにおけるマルクス主義からカトリックまでの思想潮流、フランス語圏に流入しはじめていたフロイトの精神分析の評価、新たな表現手段としての映画（表現主義）や前衛芸術（マヤコフスキー、セリーヌ、キュビズム）などにあったことが「社会主義学生」誌の時評、書評から読み取れる。そうした複数の軸に、ブラジルでの経験すなわち急激に都市化するサンパウロと対比される「奥地」のカデュベオ族やボロロ族、ナンビクワラ族でのフィールド経験、さらにニューヨークの経験はどのような新たな軸と次元を加え、同時代ヨーロッパを中心とした世界把握をどのようなタブローに変換することになったのか。こうした経験の関数としてL＝Sの人類学を見るべきではないだろうか。

2

一九五〇年代、L＝Sは帰還者として、フランスにとどまり続けていたメルロ＝ポンティ、ラカン、レリスなどと親交を結びつつ、権威ある研究機関であるコレージュ・ド・フランスのポストへの選出に二年連続で失敗した後、生活の資を得るためでもあろう、歴史家リュシアン・フェーヴルの推薦で着任した高等研究実習院での教授職と、すでに職を得ていたメトローに誘われユネスコ人文社会科学部門事務局長に就く。この二足の草鞋を、メルロ＝ポンティの支援もあって三度目の挑戦でコレージュへの選出に成功する一九五九年までほぼ十年続けることになる。

ユネスコでの仕事の焦点は、ナチズムに対する勝利の後に、人種差別主義を学知の課題としていかに克服するかという点にあった。啓蒙的なユネスコのパンフレットとして刊行された『人種と歴史』（一九五二）という小冊子には、「帰還した蕩児」のラディカルな思考が表明されている。ナチズムとはヨーロッパが生み出した人種差別主義の最も極端な形であったとして、こうした社会思想が生まれる可能性を根源から克服するには、卓越した歴史の主導者という西欧の自意識を解体し去り、そのような自意識の生成を否認しきることができなければならない、という思考がそこには提示されていると読み取ることができる。その論理を圧縮してたどってみよう。

人類学が未開あるいは野蛮と呼んで対象としてきた社会は、「人間」という呼称を自らだけで独占する一方、自分以外の周辺にある社会あるいは異文化を「虱の卵」とか「猿」などまさに未開あるいは野蛮と呼ぶ社会でもある。したがって「野蛮な社会とは野蛮が存在すると信じている社会」なのであり、未開・野蛮として異文化を研究対象とする人類学を生み出した西欧文明こそ、こうしたエスノセントリズム（自民族中心主義と訳される）の典型すなわち未開社会であるという逆説がなりたつ。あらゆる社会がエスノセントリックであるという、この論理の水準では「文明と野蛮」の二分法は成立根拠を失ってしまう。

それでは文明と野蛮をそれぞれの歴史のありようによって根拠づけることはできるか。前者を一定の目標に向けて成果が蓄積され向上してゆくという意味で「累積的歴史」、後者をそうした特徴を欠くという意味で「停滞的歴史」と特徴づけることができるとすれば、こうした異質な歴史の担い手の間に優劣を設定し、累積的な西欧文明の担い手たる白人種の優越を根拠づけることは果たしてできるだろうか。この問いにL＝Sは二通りの応答を用意している。第一に、同方向に並行して走る列車は速度が近ければ近いほど互いに他を詳細に認識して比較しあうことができるのに対して、ちょうど異なった方向に進む二つの列車のように、二つの異なった歴史の方向を選んだ文化社会は、互いに他を認識し正当に評価することはできない。したがって優劣の尺度自体が成立しない。この考え方にはアメリカのボアズが人種差別主義を批判しつつ提唱した個別文化の独自の価値を認める「文化相対主義」の発想の拡張を認めることができる。そして第二に、西欧文明の優位性を決定づけた「累積的歴史」の典型としてあげられる産業革命は、相乗効果を生じることのできる技術革新が偶然に連鎖して生起した、人類史上の、ある意味では奇跡的な特例的現象にすぎず、これにくらべられるのは栽培化(農耕)、家畜化(牧畜)、機織りなどの技術の創造が連鎖的に生起した新石器革命と呼ばれる時期以外にない。それは人類史の長大なゲームのなかで二回だけ生起した幸運な偶然の連鎖であって、新石器革命と同様に、この偶然の連鎖によって特定の集団の人種的優位性を根拠づけることはできない。

ヨーロッパ人に文明史の主体として他の集団を見下す権利をもつことを否認するL＝Sの論理構成は、ユネスコ発行の啓蒙パンフレットという外観からは窺いにくい、ある激越さとともに、論理の軋みを内包してもいる。L＝Sより五歳年少で鋭敏な批評家カイヨワは、数年後に「逆さまの幻想」と題した厳しく辛辣な『人種と歴史』批判を公表し、L＝Sはただちに『現代』誌上で、高踏的な綜合誌『ディオゲネス』を主宰するカイヨワを露骨にあてこすった「寝そべったディオゲネス」という文で応答する。カイヨワは今日「自虐史観」と呼ばれるものに似た何かをL＝Sの思考に嗅ぎとり反発したといえるかもしれない。『人種と歴史』は「第一に西欧文化の優越性など存在しない、第二にたとえ優越性があったとしても何を証明することにもならない、第三に西欧文明の優越性は確かにあるが、それは偶然と幸運の賜物にすぎない」という両立しえない主張を平然と羅列している、というのがカイヨワの批評であった。その根底には、二度の世界大戦によって疲弊し自信を失った情況にあって、L＝S流の文化相対主義が異文化を称揚してヨーロッパの自信喪失をいっそう深めるだけだという主張があった。しかしカイヨワの文章に露呈した白人文明優越主義が、植民地主義を直接継承したものだというマルチニック出身の詩人エメ・セゼールによる批判的介入は正当なものであろう。いずれにせよ「歴史」を偶然の集積とみる視点をL＝Sはその後も堅持し続けた。それは歴史の主体を抹消する方法の核心をなしていた。その後、欧州統合の進展と並行して一九七〇年代、八〇年代に(そして現在にいたるまで)とりわけ経済史の分野を中心に「ヨーロッパの奇跡」や「西欧の勃興」などが論じられることになるが、L＝Sの視点が、いわば周回遅れで回帰してきた西欧中心主義的なこれらの展望に対して、有効な批判を先取りしえていたかは問われるに値する。また、このL＝Sの提起からアルチュセールの「偶然性の唯物論」への理路をどのようにたどるかはフランス現代思想理解の一つの課題となろう。

『人種と歴史』が刊行された年には「ユネスコ通信」に「アジアはヨーロッパに対し物質的かつ精神的な債権を有する」という短文も公表されている。「パキスタンにおける人文社会科学の状況」の調査のためにユネスコによって派遣されて得たアジアでの経験（それは『悲しき熱帯』の末尾にも印象的に描かれている）を踏まえてL＝Sは、南北アメリカでの滞在経験を反芻しつつ「ヨーロッパはアジアにとってのアメリカである」という意表を突く命題を提示する。そこにはアジアの否定としてヨーロッパが生成し、ヨーロッパの否定としてアメリカが生成し、これら三極の構造（余白としての先住民世界を視野に入れるなら四元的構造）として同時代世界が成立しているというヴィジョンが示されている。ヨーロッパは、アメリカに自らをより貧しくした像を見出して優越感を持ち、アジアの豊かな身体技法を失う代償に貧しい身体と効率的な科学技術を獲得してアジアに対しても優越感を維持しようとしている、とL＝Sは診断している。

こうした一九五〇年代の思考の一つの総括が、一九六一年に開催されたユネスコにおける討議「工業化の社会的前提に関する円卓会議」資料として書かれた論文「社会経済的発展と文化的不連続性」に示されている。人類学が関心を寄せてきた「未開社会」を含む世界の地域が独立し国民国家形成と経済自立を目指そうとしたこの六〇年代、それでも伝統的な社会が「近代化」に対して文化的連続性を保持しようとして抵抗する理由が三つあるとL＝Sは言う。競争原理の対極としての全員一致の原則、経済発展の対極としての自然への敬意、「歴史なき社会」としての歴史の拒否である。こうした「伝統社会」の位置づけをL＝Sは植民地支配と資本主義の関係についての独自のマルクス主義的視点から行なっている。すなわち人間社会はもともと労働による余剰が発生する土地に居住することによって可能となったのであってみれば「人間による人間の搾取はその後にくるものであり[…]植民者による被植民者の搾取のかたちで、いいかえれば、原始人がまったき処分権をもっていた剰余価値の過剰部分を前者が奪取するというかたちで出現した」のであり「[…]結果として、植民地支配は論理的・歴史的に資本主義に先行すること、そして資本主義体制は、それに先立って西欧の人間が土着の人間を扱ったやり方で西欧の人間を扱うことにある、と結論される」。そしてさらに「マルクスにとって資本家と労働者の関係は植民者と被植民者の関係の一特殊例にほかならない。この視点からすれば、マルクス主義の思想においては経済学と社会学は、民族誌学の一部として誕生したとほとんど言えそうである」。西欧の内部に屈折し退縮した植民地支配体制としての資本主義……。これはL＝Sがナチスの勃興を理解するために考えた図式を西欧の歴史に敷衍したものと考えられる。とすればさらに拡張して、西欧が土着の人間を植民地支配する以前、古代から中世にいたる資本主義に先行する西欧の農業社会がすでに、しばしば異民族支配の姿をとった植民地的搾取の体制ではなかったのか問うことができないだろうか。

「人間社会はもともと労働による余剰が発生する土地に居住することによって可能となった」という命題は十数年の後、サーリンズの『石器時代の経済学』（一九七四）に展開される経済人類学の起点と重なる着想である。歴史過程としての植民地体制と資本主義の連関という主題もまた、後にウォーラーステインの「世界システム」によって展開される。そして古代から中世にいたる、資本主義に先行する西欧の農業社会をどう対象化するかという主題は、一九八〇年代のブレナー等の「分析的マルクス主義」によって追求される。これらマルクス主義の現代化のバージョンの複数の可能性を予見したうえで、一九六〇年代以降のL＝Sの探究が展開されているということができる。

ブラジルに赴き、第二次世界大戦の前後大西洋を何度か往還した「トランス・アトランティック・ノマド」と呼べそうな経験を経て、ユネスコでの反人種差別主義の理論化にもたずさわったL＝Sが同時代世界の歴史の動向の、何にどう応答していたかをたどった。やがて一九五八年に刊行される『構造人類学』の「序」と位置づけられた「歴史学と民族学」の論文（初出は一九四九年）にはしばしば引用されることになる次の文章がある。「…マルクスの有名な定式――「人間は自分の歴史をつくる、けれども歴史をつくっていることを知らない」――は、前半の言葉で歴史学を正当化し、後半の言葉で民族学を正当化していることになる。そして同時にこの定式は、二つのアプローチが分かちがたいものであることを示しているのである。」歴史の意識と無意識、後者によって正当化される民族学（人類学）の構築の過程がL＝Sによる構造主義の展開にほかならなかったといえるだろう。

3

コレージュ・ド・フランスの開講講義が一九六〇年一月五日に賑々しく行なわれるまでに、L＝Sは『親族の基本構造』『悲しき熱帯』『構造人類学』の三冊の主著を刊行していた。

当時、L＝Sの探究を身近に追っていた者のどれほどが、就任の次年度の「今日のトーテミスムと野生の思考」の講義とそれに続く「神話論理」講義の矢継ぎ早な展開、そして講義を基礎とした『今日のトーテミスム』『野生の思考』（ともに一九六二）、そして四巻の『神話論理』すなわち『生のものと火にかけたもの』（一九六四）『蜜から灰へ』（一九六六）『食卓作法の起源』（一九六八）『裸の人』（一九七一）の一気呵成の刊行を予想しえただろうか。人文社会科学分野の研究者としてこの尋常ではない多産な一〇年間（L＝Sは五十代前半から六十代前半まで）を準備した一九五〇年代の人類学分野での業績の多方面にわたる探究の軌跡を文献解題の形式を借りて確かめてみよう。

『親族の基本構造』(一九四九年刊、一九六七年改訂増補版)

原書で六〇〇ページに近い大著の序論の冒頭にあるとおり、交叉イトコが結婚の相手であるというように親族関係の語彙が直接結婚相手の範囲を指定する体系を「基本構造」と呼び、親族関係の語彙が結婚の禁止された範囲を示すのみで、相手の選択が当事者の好みや豊かさなど親族関係以外の状況を考慮した選択に委ねられる体系を「複合構造」と呼ぶ。こうして定義される「基本構造」の複数のモデルを確定し、構造的特性を明らかにすることが論文の主要な目的であった。序論では、「インセストの禁止」が、人類に普遍的に見られるという点では人間における自然の条件でありつつ、禁止の規則としては文化の領域に属することで、自然から文化への移行を記しづけるものと位置づけられる。と同時にそれは身内の女性を諦め、外部の女性を獲得せよ、という女性の「交換」もしくは女性を媒体としたコミュニケーションの命令と位置づけられる。モーガン(一八一八〜一八八一年)などのように社会成立の後のある時点で近親婚の生物学的不利が気づかれて排除されたと解釈することも、デュルケーム(一八五八〜一九一七年)のようにトーテム信仰における同族の女性の血を見ることへの恐怖からこの禁止が派生したと解釈することも根拠がない。この禁止こそが交換を発動し、社会関係を生成するのだというのが、レヴィ=ストロースの視点であった。

イトコ同士をつなぐ親が互いに性別を異にする場合(父の姉妹の子、母の兄弟の子)交叉イトコと呼び、同性の場合(父の兄弟の子、母の姉妹の子)平行イトコと呼ぶ。交叉イトコ、とりわけ母方の交叉イトコをよい結婚相手と見なす社会が多いことが報告され人類学者にさまざまな解釈を考案させてきた。レヴィ=ストロースはそれらの憶測をしりぞけ、母方、父方の両方の交叉イトコが選ばれる場合、母方が選ばれる場合、父方が選ばれる場合の三つの型に整理し、第一の場合には二ないしその倍数のクラスからなる単位の間で女性の交換が行なわれる「限定交換」の体系(単純化すればA⇔B)をなし、第二の場合には三以上の数の単位の間に一定方向で女性が授受される「一般交換」の体系(単純化すればA⇒B⇒C⇒A)をなすことを論証し、第一部ではオーストラリアの親族をめぐる民族誌的データが、「限定交換」という概念によって、後半の第二部ではシベリアと南アジアを結ぶ軸を中心に中国とインドの膨大なデータが「一般交換」という概念によって分析される。分析されたデータの量と分析の鋭利さ、親族体系の意味を探求することへの明晰な情熱がこの壮大な論証の書を読むことに、ある感動を与える。

モーガンからフロイトまで、情念的なものの極地ともみなされてきたインセストの禁止を交換という社会実践の契機と捉えなおし、その実践の基底にある種の集合論的なシンプルなスキームを見出すというL＝Sの思考過程を、交換行動という実践理性の領野を純粋理性の先験的図式を媒介として了解するという青年期からの課題への自らの回答と受け止めることもできるかもしれない。あるいはまた交換の命令と配偶者の選択という、拘束と自由、互酬性と服従といった両極の交差によって人類学が対象としてきた「他者」の思考をとらえようという思考実験と見ることもできる。フランスの若手人類学者が総括したようにこの書に「サイバネティックスを装備したデュルケーム主義」を見ることもあながち的外れではない。第二次世界大戦中のアメリカ合衆国で発展した先端科学を亡命者として滞在していたL＝Sが注意深く追い、要点を吸収して人類学の展開を図っていたこともまた、見逃せない事実だからである。

『悲しき熱帯』（一九五五年刊、「人間の土地」叢書第一冊）

「私は旅や探検家が嫌いだ」という言葉で始まり、「世界は人間なしに始まったし、人間なしに終わるだろう」という言葉を含む最終章で終わるこの旅行記は、二十世紀前半の困難な時代における精神の旅の調書の傑作として読み継がれてゆくだろう。そこには人類学に入る境界上のいわば無垢な眼で目撃されたブラジルの森やサバンナに生きるボロロ族やナンビクワラ族の民族誌を軸に、二十代までの著者の精神形成やナチス支配から逃れるニューヨークへの厳しい船旅、ブラジル奥地探検中の所感、古典劇の主人公に自分を重ねて旅の合間に構想した劇のシノプシス、壮大な文明論的考察などが自由にコラージュされている。大西洋の夕空の刻々の変化を微細に描いた一節は、もともとコンラッド風の小説に使うつもりであったというように、作品全体に文学的な感覚が溢れている。著者が遭遇したブラジル奥地の四つの社会についての民族誌的な記述は、定着民と半遊動民という生活形態や、造形表現の有無、社会構造の複雑さの度合い、あるいは研究上の文献資料の有無と直接観察の適否といった点で明確な対比をなし、ブラジル民族学の一断面図を作ろうとしたという著者の探検行の狙いをあざやかに示している。政治の原初形態をめぐる一見ルソー的な考察を誘いだしたナンビクワラ族が、もともと、より恵まれた条件にあった社会の崩壊した姿だとする推察には、進化主義の対極として、文明化即ち堕落というルソー主義ともやや異なる著者の歴史へのペシミズムが滲み出ている。幼年期に暗唱していたという『ドン・キホーテ』の文体を彷彿とさせる学会大御所のデュマや、荒野で狂気すれすれに生きるブラジルの白人の辛辣な描写（置かれた状況と自意識のずれから生まれる悲喜劇）と、共感に満ちながら一切の感情移入を排した先住民たちの描写（直接描かれないことで浮き上がる「悲しき熱帯」に生きる彼らにとって状況と自意識はどのような関係としてあるのかという問い）の対比が鮮やかな印象を残す。ある鋭敏な哲学者がこの哲学的旅行記に「人類の腫瘍学」を見出し、ナチスの強制収容所とガス室に到達した西欧の歴史の意味(あるいは無意味)への問いから民族学に至る行程を読み解いていることに目を止めておきたい。

『構造人類学』(一九五八年刊)

著者自ら「構造主義のマニフェストだった」と位置づけるこの最初の論文集には、すでにふれた「歴史学と民族学」を筆頭に「言語と親族」「社会組織」「呪術と宗教」「芸術」「方法と教育の諸問題」という五つのパートに整理された、一九四五年の初期の人類学論文から刊行直前に書かれたいくつかの「追記」までが収録されている。『野生の思考』にいたる一九五〇年代のこの一〇年間のL=Sの模索を、青年期に熱心に読んだカントの一節を導きの糸としてたどる誘惑に抗しがたい。すなわち『純粋理性批判』における「先験的図式」である。「一方ではカテゴリーと、また他方では現象とそれぞれ同種的であって、しかもカテゴリーを現象に適用することを可能にするような第三のものがなければならぬということが明らかになる。このような媒介的な役目をするような表象は、(経験的なものをいっさい含まない)純粋な表象であって、しかも一方では知性的であり、また他方では感性的なものでなければならない。このような表象が即ち先験的図式なのである」。

『親族の基本構造』がニューヨークで出会った構造言語学者ヤコブソンの強い慫慂によって書き始められたことはたびたび語られているが、そこで取り出された限定交換、一般交換の図式は、先験的ではあっても感性的なものとの媒介としての位置づけは必ずしも明確ではない。そして本論集の「社会組織」の諸章で検討されている社会構造の図式には構造言語学の基底をなす音韻論の成果を吸収した発想はまだ明瞭に見て取ることはできない。知性と感性を媒介する図式の探究のために、言語学とりわけ音韻論の「構造」(音韻構造はまさに音と意味、感性と知性を媒介する)概念から得られるヒントを深めつつ、それの適用対象として親族体系よりも神話体系がより適切であることを感知してその直観を検証してゆく過程とその到達点を『構造人類学』に収録された五〇年代の論文、とりわけ「呪術と宗教」のパートに収録された「神話の構造」に読み取ることができる。そしてここに示された神話の構造分析のひとつの模範演技が一九五八年に、高等研究実習院の紀要に掲載された「アスディワル武勲詩」によって鮮やかに示された。前者では「人はなぜ男女から生まれるか」「人の生命はなぜ限られているか」「人はなぜ労働せねばならないのか」といった問いへの答えが、原初の問いに含まれた矛盾(例えば永遠の生VS死)を順次より緩和された矛盾に置き換える思考作業として神話を見ること、後者では近隣地域の神話伝承における地理的、気象的、社会的等々の思考の枠組み(コード)に相互の変換関係を見出せることが論証されている。前者はアメリカ合衆国中西部プエブロ・インディアンの、後者は北西海岸地域の、ともにボアズ以降のアメリカ人類学が収集した豊富な神話コーパスを手掛かりに検証されている。精緻な分析によって膨大な神話群のあいだに変換のネットワークを検出してゆくという『神話論理』のリハーサルがこうして一九五〇年代に北米の二つの地域を舞台に行なわれていた。

4

コレージュ・ド・フランスの初年度は慣例に従って、「人類学の未来」の標題のもとに同時代人類学の総括と今後の研究計画の提示に当てられ、二年度めには「今日のトーテミスムと野生の思考」が講じられ、その翌年一九六二年には二冊の著作として刊行された。半世紀以上をおいて『今日のトーテミスム』を読み返すと、「トーテミスムは、ヒステリーの場合に似ている」という冒頭の一文の批判的射程の深さにあらためて印象づけられる。

ある種の現象を恣意的に切り離したうえでとり集め、いずれも十九世紀後半に創り出されたこれら二つの観念は「客観的な病いや制度を診断する徴候とすることができるのか」と疑い始めるとただちに疑わしいものとなってしまう。この小著は、人と動植物の特異な関係づけを基礎とした制度と目されほぼ一世紀にわたって人類学的思考を制約してきたトーテミスムという観念の解体作業に当てられている。十九世紀西欧の「合理主義」の自意識が野蛮人に投射したトーテミスムの幻想を解体した後にも、例えばルソーやベルクソンが感知していた人と動植物などの多様な生命形態との親密な関係が人に対してもつ意味は何かという問いは残る。幻想の解体の後に、このポジティヴな設問にある徹底した仕方で答えたのが『野生の思考』であった。

刊行当初は、最終章に置かれたサルトルの『弁証法的理性批判』（六〇年刊）への厳しい批判に人々の注目が集まり、『親族の基本構造』から『悲しき熱帯』を経て、五八年の『構造人類学』へとめざましく展開された「構造主義」が「実存主義」的世界観に向けて投じた破産宣告のように受け取られたらしい。引き続いて一九六四年から七一年にかけて浩瀚な『神話論理』四部作が出版され、『野生の思考』は神話分析の方法論的な序論という位置づけにあったことが理解されることになった。

本論とも言える『神話論理』は、後に確かめるように南北アメリカ・インディアンの膨大な神話群の繊細な分析によって、神話が「人はなぜ、ここでこのように生きているのか」という人間固有の問いに、独自のやりかたで応えたことを示している。そうした思考のあり方を解明しようとするL＝Sが『悲しき熱帯』の一節で自らを「新石器時代人」に重ね合わせていることを敷衍していえば、その「新石器時代」とは、科学からも、歴史意識からも、成立宗教からも自由な思考の担い手が生きる場を示している。つまり「野生の思考」とは、感覚的な特性をいったん捨象して抽象化一般化することで射程を広げ累積的に発展する科学的思考とも異なる「具体の科学」であり、自然の生命とは切り離された人格への信仰を基礎とし、しばしば「供犠」の論理を支えとする成立宗教の思考とも、個人意識を社会や階級へと「全体化」することで個と普遍を媒介しうると自称する歴史意識とも異なっている。それは感覚的なレベルを手放すことなく、意味を帯びた神話の断片を組み立ててはまた解きほぐし再び組み立てなおす「万華鏡的な思考」であり、その担い手は丹念に収集された廃物の断片からオブジェを創り出すこと（ブリコラージュ）に専念するブリコルールということになる。

そうした「野生の思考」が自然と独自の関係にあることも明らかである。それは、感覚を目覚めさせ、重層的な二項対立の複合体としての思考のシステムを構築させる触媒であり、しばしば注目されてきた自然の「霊性」という観念も「野生の思考」が、対象の感性的特性に触発されながらそれに束縛されることなく、対象から浮動して融通無碍なシステムを構成する自由度の表現に他ならない。そうした自然に対面している「新石器時代人」は感覚の人という原義の意味での審美家の相貌を帯びている。

それでは自然の種の多様性を手段として構築される「野生の思考」は、種の多様性と「社会」との関係を問うきっかけとなった「トーテミスム」とどのような関係があるのだろうか。「野生の思考」にとって歴史はどのような意味をもつのだろうか。「野生の思考」はそれによって思考する人間において、個と社会をどのように媒介するのだろうか。そして、その媒介は「歴史意識」とはどのような差異があるのだろうか。『野生の思考』の基本的なモチーフを以上のように要約できるだろう。

こうしたモチーフの一環として『野生の思考』においてL＝Sは、かつて自ら明らかにした「実践」としての女性の交換とそれによって創出される親族関係を位置づけ直し、いわば社会の下部構造である親族関係の構造をいったん分解して、自然種の多様性によって触発される「思考」のレベルで再構成すること、自然との関係で「社会」を定位し直す作業を行なっている。人間における「実践」と「社会」のレベルは種の多様性によって展開される「思考」に包摂され、「トーテミスム」だけでなく人類学にとって「社会」と「実践」のもうひとつの思考実験の機会を提供してきた「カースト」もまた種の思考の変奏であるという見方が示される。

こうして「野生の思考」は、自然種の多様性と多様性に内在する秩序（自然種はきわめて具体的で感性的存在でありつつ知的な分類の原基を提供する「先験的図式」を内包している、そのことをL＝Sは「種操作媒体」と呼んでいる）を基礎とした分類のシステムを、社会集団の構造化に有効に適用することができる。そればかりでなく分類システムは、認識のさまざまな分野への柔軟な適用が可能であり、社会をそれが生きている自然すなわち環境の諸相へと関連付け、媒介し、環境世界とそれにかかわる実践を自然種を用いて思考することを可能にする。さらに種操作媒体にはカテゴリーと個体を媒介するシステムが内包されており、種名から派生した固有名という手段を提供して個体を集団に組み込むのである。

こうして種操作媒体はきわめて多様な変形の可能性をもつことで社会の構成の概念モデルとなり、環境と社会を媒介し、自然の提供するモデルを活用しつつ社会と個体を統合する。「トーテミスム」はこれらの可能性のごく限定された一面を歪めて取り出したにすぎない。こうした種操作媒体すなわち多様な生命形態が思考のモデルを提供することによって「野生の思考」は、近代人が見失ったもうひとつの「合理性」を内包していた。

こうした「野生の思考」は、とりわけ集団の人口規模の変動という歴史的条件の影響をまぬがれないという点で歴史変化のなかにある。しかしだからといって文明人と同様のイデオロギーとしての「歴史意識」をもっているわけではない。「野生の思考」における「実践」の意味はサルトルの歴史哲学における「実践」とは意味を異にするのであり、西洋の生み出した自己中心的な「歴史的思考」に併呑されるべきものではないのである。

この著作の刊行が同時代に深い衝撃を与えたことは『エスプリ』一九六三年十一月号「『野営の思考』と構造主義」特集など多様な新聞雑誌の反響に見て取ることができる。この特集号でのインタヴューへの回答にはL＝Sの次のような言葉がある。

> 私が「野生の思考」といっているものは、それによって「他者」を「わたしたち」に翻訳したりまたその逆を行なうことができるようなあるコードを創り出すのに必要な前提や公理の体系であり…私の意図においては、彼らの位置に自分を置こうとする私と、私によって私の位置に置かれた彼らとの出会いの場であり、理解しようとする努力の結果なのです。

であるとすれば、『悲しき熱帯』において「感情移入を排した共感」とも呼べるある矛盾を孕んだ関係として、沈黙によって浮き立たせられた「彼ら」とは誰かという問いに、ひとつのユニークな回答が「野生の思考」において与えられたということができる。

いずれにせよ二冊の著作が西欧の知的な世界に与えた衝撃を尻目に、L＝S自身はコレージュにおける「自然から文化への移行を表わす神話的表象」という標題の『神話論理』研究に邁進してゆく。そのモチーフは浩瀚な四部作の劈頭に再びこのうえなく明快に提示されている。「生のものと火にかけたもの、新鮮なものと腐ったもの、湿ったものと焼いたものなどは、民族誌家がある特定の文化の中に身を置いて観察さえすれば、明確に定義できる経験的区別である。これらの区別が概念の道具となり、さまざまな抽象的観念の抽出に使われ、さらにその観念をつなぎあわせて命題にすることができる。それがどのようにして行なわれるかを示すのが本書の目的である」と。振り返ればその後一〇年にわたることになるこの徹底した作業を、L＝S自らが「私によって私の位置に置かれた彼ら」として内装した「野生の思考」によって遂行することになる。ただ『野生の思考』では感覚と知性を媒介して「先験的図式」を触発するものは多様な生物種に焦点化されていたのに対して、『神話論理』が見出すのは環境世界のすべての細部に宿りうる感覚的経験的対比と差異のあらゆる可能な組み合わせであり、そこではいわばサーチエンジンとしての「野生の思考」は一挙に解像度を上げ、また走査の範囲を拡張している。そこから振り返れば『野生の思考』は、むしろ「種操作媒体」と呼ばれている生命形態の種の論理と詩学という強い制約をあえて課すことで、いわば人間世界のみに閉じたサルトル的歴史的理性とは対極的な、他の生命形態と共鳴し合う生物としての人間の思考の挙動を描出しようとしたとも思われるのである。

こうして歴史とマルクス主義を基軸とした一九五〇年代のさまざまな同時代的な問いに、L＝Sはメルロ＝ポンティとはきわめて異質な経路をたどりながら、しかし、けっして彼の位置を見失うことなく応答していったのだと考えられないだろうか。

5

『神話論理』四部作が著者自身によって音楽作品になぞらえられているのであってみれば楽曲の早送りによる鑑賞が意味をなさないように、この浩瀚な作品はそれに値するだけの時間をかけて壮大な森の網目状の迷路のような論述をたどるしかその価値を体得する方法はないのかもしれない。とはいえ四部作を駆動する思考の速度は速く、またすでに触れた『生のものと火にかけたもの』の冒頭に明晰に示された作品の目的は第四部『裸の人』の末尾までみごとに堅持される。第一部に着手された時点ですでに第四部までの構想がおおよそ見通されていたことを著者自身が明らかにしている。

まずは、その第一部から印象的な要約を引用しておこう。

このようにして私は、先住民の哲学において料理が占める本質的な場を理解し始めた。料理は自然から文化への移行を示すのみならず、料理により、料理を通して、人間の条件がそのすべての属性を含めて定義されており、議論の余地なく最も自然であると思われる——死ぬことのような——属性すらそこに含まれているのである。

これと呼応して一九七九年の講演には「ご承知のように、私の本のなかで、料理の研究は一定の役割を担ってきました。私の目から見て、自然界を物理的に自分の身体に取り入れようとする方法ほど、重要なことはないからです」という言葉もある。

一九八八年に刊行された(その二年後に増補版が出た)『遠近の回想』には、簡潔な自著解説が示されている。それに従って全体の構想を確認しよう。ブラジルのボロロ神話から着手された神話研究が、やがて北アメリカにまで対象をひろげ、分析が複雑化してゆく(ひとつめの運動)というインタヴューアーの指摘を受けて、とりわけ分析のプロセスについてL＝Sは次のように答えている。

……二つ目の運動というのは、論理に関わる問題です……第一巻で扱われた神話は感覚的な事象同士の対立に基づいています。「生のもの」と「火にかけたもの」、「新鮮なもの」と「腐敗したもの」、「乾いたもの」と「湿ったもの」などなどです。第二巻では、これらの対立は……もはや感覚の論理ではなくて形態の論理に基づく対立に移行してゆきます。「空のもの」と「満ちたもの」、「包み込むもの」と「包み込まれるもの」、「内のもの」と「外のもの」、という具合です。第三巻の『食卓作法の起源』で、決定的な一歩が踏み出されます。それが扱っている神話群は、辞項同士を対立させるのではなく、それらの辞項同士が対立するようになる根拠としての、異なった態度(マナー)を対立させるものです。辞項は結び付けられることもあるし、切り離されることもある。これらの神話が問題にしているのは、いかにしてある状態から別の状態への移行が行なわれるか、ということなのです。

いわば感覚の論理から、様相の論理への道行きが説明されている。第三部の冒頭に置かれた神話の中心をなす、カヌーに乗った二人の男の物語は、神話に時間の次元を導入し、出発点と到達点との状態の対比の弁証法を導入すると同時に、対象を北アメリカ神話に拡張するいっぽう、時間のなかで展開する小説的な物語への神話の変容という主題を導きいれることになる。

作品を完成するにいたらなかった言語学者ソシュールの神話研究の膨大なノートをマイクロフィルムをとりよせて研究し、自分としては是が非でも『神話論理』を完成させようと決意したことを語り、第四巻『裸の人』には二、三冊分の素材が詰め込まれた複雑なものとなっていることを説いたうえで、次のように語っている。

（最終巻の『裸の人』は……）…最初の出発点にもどっているのですよ。「裸のもの」(le nu)は、文化との関係で言えば、自然に対する「生のもの」(le cru)と同等のものですからね。最初の巻(Le cru et le cuit)の最初の語と最後の巻(L'Homme nu)の最後の語はつながっているのです。ちょうど船に乗って、南アメリカから出発して、北アメリカの北極圏まで行き、ぐるっと回って前進を続けると元の位置に戻ってくるのと同じことです。……自分のたどる道筋がどうなるのか、大体のところは判っていました。食物を火を使って調理することの発明ないし発見が自然から文化への移行であることを物語る神話が出発点です。そこから出発して、神話の内包する論理に押されながら、次から次へと神話を辿っていくわけですから、いつかは必ず、自然と文化の境界線がもはや生のものと火にかけたものとの間をとおるのではなく、経済的交換の受容あるいは拒否、つまり集団の境界を越えた社会生活の受容と拒否を分ける線上を通るような神話に達するに決まっていたのです。祭とか市とかいうのは、敵対する部族ですら、食物交換のため、また労働生産物交換のために定期的にやって来ては出会う場所だったのです。……ちょうど北アメリカの北西部、オレゴン州からブリティッシュ・コロンビア……あたりで部族間の物品交換が異常な発展を見せるからなのです。そういうわけで、出発点の南アメリカ神話に、その地点で、ほとんど同じ形で出会うことになるのですが、そのことは特別意味深いと言えるでしょう。二つの半球がそこで一つに合わさると同時に、神話の環が閉じるというわけです。

四巻、原書で二〇〇〇ページ余り、ヴァリアントまで数えれば優に一五〇〇編を超える長短の神話を詳細に検討し、そこにはたらく論理（このことばを「先験的図式」といいかえることができよう）を探求した『神話論理』にもりこまれた思考の軌跡を簡潔に提示したこれらの著者自身の言葉に、贅言をさらに書き加えることなど必要ないかもしれない。L＝Sが神話の細部にいかに真剣に向きあいいわば内在的な読みを試みるか、という点はおそらく読者自身が読書を通じて経験的に判断するしかない。繊細な細部の分析の集積を通じて、人間が火を獲得して料理という技によって自然から離脱して文化の世界をきづくことになった神話の壮大な変奏としての『神話論理』が構築された。

ふたたび『遠近の回想』から。神話とは何かという対話者の発した「単純な質問」に、レヴィ＝ストロースはこう答えている。

> 単純な質問などというものではないですよ、それは。……もしあなたがアメリカ・インディアンの誰かにお訊ねになったとしましょう。そうすると彼はきっとこう答えるでしょう。それは、人間と動物がまだ区別されていなかった頃の物語である、とね。この神話の定義はなかなか意味深いものに思えます。……この地上で他の動物たちと一緒に生きながら、地上で暮らす喜びを彼らとともに享受している人類が、その動物たちとコミュニケーションを持てないという状況ほど、悲劇的なものはなく、また心情にも精神にも反するものはないと私は思うからです。これらの神話は、この原初の欠陥を原罪などとは考えないで、自分たち人間の出現が、人間の条件とその欠陥を産みだした事件であると考えている、というのはよく理解できますね……。

たしかに『神話論理』の全巻を通じて、多種多様な動物たちが、敵として、あるいは助け手として、人間のパートナーとして多くの場合両義的な姻族として登場する。人間が登場せず、動物たちだけが活躍する神話も少なくない。全巻からランダムに拾って標語風に列挙すれば次のようなリストをすぐに作ることもできる――火の主としてのジャガー／愛人としてのバク／魚の主、愛人としてのカワウソ／栽培植物と死の主、オポッサム／腐敗の主、コンドル／臆病な夫としてのキツツキ／ドジな間男、キツネ／カエルの祝宴／不敗のリクガメ／ヤマアラシの教え／淫蕩なアビ女／秀でた兄ピューマと愚かな弟オオヤマネコ、などなど。

こうした「他者としての動物」は神話の論理とどのようにかかわるのだろうか。L＝Sの先達であったモースが人間的現実の「岩底」と呼んだ「交換」に関わって「自然と文化の境界線がもはや生のものと火にかけたものとの間を通るのではなく、経済的交換の受容あるいは拒否、つまり集団の境界を越えた社会生活の受容と拒否を分ける線上を通る」ことを語る、一〇年にわたる神話研究の締め括りに置かれた北西海岸地域の神話群においても多種多様な生き物が「交換」をめぐるドラマに登場する。

神話研究が完成した後に、人間と人間以外の生物との倫理的な関係（種間倫理と呼ぶことができる）がL＝Sにとっての重要な主題のひとつとなっていたことは一九八三年に刊行された『遥かなる視線』の巻末に置かれた「自由についての考察」に、控えめにしかし先鋭に示されている。

6

『神話論理』四部作から残された主題をめぐってL＝Sは、さらに二〇年をかけて自ら「小神話論理」と名づける三冊の著書を上梓した。北西海岸地域の神話と仮面の造形を論じた『仮面の道』（一九七五、増補一九七九）、土器つくりの起源をめぐって南米から北米までの小遠征を試みつつヨタカとホエザルとナマケモノの三副対からフロイトを先取りしたアメリカ・インディアンの思考を読み解く『やきもち焼きの土器つくり』（八五）、そして再び北西海岸を起点にコロンブスの来航以来接触を深めて行った白人と先住民の間の非対称の関係を神話のなかに読み解いた『大山猫の物語』（九一）である。一九六一年に始まった「神話論理」探究はこうしてコロンブスが新大陸に到達して五〇〇周年を世界各地で「祝う」その前年に、「発見」された側からの視点を神話の中に読み取る作業によって締め括られたのである。

八十歳を越えたL＝Sは西欧の芸術史への深い造詣を発露させた『みるきくよむ』（九三）に続いて、六〇年前のブラジル滞在の経験を、当時の写真（「私はブラジルでだけ写真に熱中した」と述懐している）を通じて開示した『ブラジルへの郷愁』（九四）、『サンパウロへの郷愁』（九五）の二冊の解像度の高い鮮烈なモノクロ映像によって人々を驚嘆させた。九〇代後半になった二〇〇六年には、レヴィ＝ストロース記念ホールを備えたケ・ブランリー美術館が開館され、その式典に立ち会い、またユネスコ創立六〇周年記念式典では現代の文脈における文化の多様性をあらためて擁護する開会の辞を述べ、二〇〇八年には著者が生存中に刊行されることはきわめて稀だという、フランスにおける作家の殿堂とも目されるプレヤード版叢書『著作集』が刊行され、『悲しき熱帯』『今日のトーテミスム』『野生の思考』三つの「小神話論理」に加えて、小説「悲しき熱帯」断章、小品だが初出のマネ論「《オランピア》に関するノート」も収録されている。コレージュ・ド・フランス教授、そして一九七四年のアカデミー・フランセーズへの選任と合わせて学者、知識人としての栄誉を一身に集めた輝かしい晩年といえる。二〇〇九年、百歳を迎えた十一月には全国有力紙での祝賀の特集を含めフランスの全国でその長寿が祝われ、サルコジ大統領が私邸に表敬訪問し、ケ・ブランリー美術館は誕生日の終日、祝賀のために入場無料とされた。そして翌年、百一歳の誕生日を迎える直前二〇〇九年十月三十日、パリの自宅で長く充実した生涯を閉じた。

その没後もフランスでは生前の残された仕事の刊行が続いている。一九八六年、日本の石坂記念財団の招聘によって行なわれた講演『現代世界と人類学』(二〇一一)、珠玉の、と形容されるべき日本論の短文集『月の裏側』(一一)、一九九〇年代以降とりわけイタリアの日刊紙に掲載された鋭利で辛辣な批評文集『我ら皆人食い』である(一三、ここには一九九六年当時、人々の心を騒がせた問題に意表を突く見方を提示し「種間倫理」の例証ともなる「狂牛病の教え」が収録されている)。さらに両親への親密な書簡を夫人が編集した青年期の書簡集『親愛なる二人へ』(一五)が刊行された。青年期活動家時代の書評、評論が集成されれば、二十世紀のほぼ一世紀を思想の最前線で生き抜いた希有な精神の形成の貴重な記録となるだろう。

主要著作

▼『親族の基本構造』(一九四九、括弧内は原著刊行年)馬渕東一・田島節夫監訳、番町書房、一九七八/福井和美訳、青弓社、二〇〇〇。
▼『人種と歴史』(一九五二)荒川幾男訳、みすず書房、一九七一。後に、『構造人類学Ⅱ』(一九七三、未訳)に収録。
▼『悲しき熱帯』(一九五四)川田順造訳、中央公論社、一九七七。
▼『構造人類学』(一九五八)田島節夫他訳、みすず書房、一九七〇。後に、『構造人類学Ⅱ』(一九七三、未訳)と『構造人類学Ⅲ』と位置づけられる『遥かなる視線』(一九八三)三保元訳、一九八六、一九八八が刊行される。
▼『今日のトーテミスム』(一九六二)仲沢紀雄訳、みすず書房、一九七〇。
▼『野生の思考』(一九六二)、大橋保夫訳、みすず書房、一九七六。
▼『神話論理Ⅰ〜4』:『生のものと火にかけたもの』(一九六四)早水洋太郎訳(邦題『生のものと火を通したもの』)、みすず書房、二〇〇六)、『蜜から灰へ』(一九六六)早水洋太郎訳、みすず書房、二〇〇七、『食卓作法の起源』(一九六八)渡辺公三他訳、みすず書房、二〇〇七、『裸の人Ⅰ・2』(一九七一)吉田禎吾他訳、みすず書房、二〇〇八、二〇一〇。
▼『大山猫の物語』(一九九一)渡辺公三監訳、みすず書房、二〇一六。『仮面の道』(一九七五)渡邊守章・山口昌男訳、一九七七、『やきもち焼きの土器つくり』(一九八五)渡辺公三訳、一九九〇と併せて筆者は「小神話論理」と呼んでいる。

〔渡辺公三〕

ヴェイユ、シモーヌ

❖Simone WEIL　1909-1943

パリ生まれのフランスの哲学者。兄アンドレは数学者。従軍医であった父に家族が同伴したため、幼少時は学校に通わず、家庭で母から教育を受ける。ユダヤ人の家庭ではあったが、両親ともに不可知論者であり、宗教とは無縁に育った。アンリ四世高校の進学準備学級でアランに学び、弟子となり、デカルト論をはじめ多くの論文を執筆。一九二八年に高等師範学校に進学した後もその影響は続いた。一九三一年、哲学の大学教授資格試験に合格、ル・ピュイ女子高校を皮切りに、地方の高校の哲学学級教授を歴任。以降、短い生涯のなか、ヨーロッパ各地に赴きつつ、社会活動と哲学的思索を並行して展開したヴェイユにおいて、日常の活動と思想は切り離しがたく結びついている。教職に就いた当初は、赴任先で労働組合活動を精力的に行なう一方、一九三二～三三年にはヒトラーが政権を握ったドイツを訪れて、国際政治の分析を行ない、政治記事として発表するほか、三四年には論考「自由と社会的抑圧」を執筆、近代社会の構造的な不正と抑圧の原因を探った。一九三四年冬～三五年夏は休暇を取り、複数の工場で非熟練工として断続的に九ヶ月間働く。その間、世界観が大きく変化し、理論と象徴の次元にとどまっていた「不幸」の認識がより具体的なものへと変貌を遂げたという。一九三六年七月スペイン内戦が勃発するや、すぐさまアナーキストに合流、戦場における抑圧を目の当たりにするが、次第に組合や既成の左翼に幻滅してゆき、特に全体主義の傾向に厳しい批判の目を向けた。

一九三九年九月に第二次世界大戦が遂に開戦した後もヴェイユはパリに留まったが、一九四〇年六月ドイツ軍のパリ侵攻にあたって、両親と共に非占領地域に逃れ、はじめヴィシー、その後マルセイユに移り、ヒトラーに関する論考を筆名で『南方手帖（カイエ・デュ・シュッド）』に発表するなど旺盛な執筆活動を続けた。ユダヤ人迫害が激化するなか、一九四二年五月、両親とともに渡米したが、すぐ戦禍のフランスから離れたことを後悔し、四ヶ月後、単身ロンドンに渡る。ロンドンに亡命していたド・ゴールの「自由フランス」本部に行き、レジスタンスへの参加を志願するが、戦後のフランス再建に備えた構想をまとめる文書起草委員に任命され、心ならずもそれを承諾し、肉体に鞭打つように執筆に励んだ。ヴェイユは飢えている同胞たち以上のカロリー摂取を自らに禁じ、栄養失調と肺結核による衰弱から生じた心臓衰弱により、一九四三年にアッシュフォード（英国ケント州）にて死去した。

生前のヴェイユは多くの雑誌に論文を寄稿したが、著書をまとめるにはいたらず、死後に約一〇〇篇の記事や論考、無数の断章が記された十数冊の雑記帳（カイエ）、約二〇〇通の書簡が残された。死後、友人の農民哲学者ギュスターヴ・ティボンが生前に託された雑記帳から抜き出した文章を、パスカルのパンセに想を得て、主題別に編纂し、『重力と恩寵』(一九四七)と題して出版するや、一躍ベストセラーになった。その後も遺稿が次々と発行され、多くの読者を獲得。一九八八年には、自筆原稿に基づいて年代順に編纂された一六巻本の全集の刊行が開始された。

このような事情から、ヴェイユの思想を体系的に論じるのは難しいが、全体を通しての特徴は、広範な知識に裏打ちされながらも思弁的な思考ではなく、つねに目の前の現実、それもきわめて悲惨な現実状況に対して、明晰な思考をめぐらせた点にある。思想の主な源泉は、はじめギリシアやローマの古典、ギリシア哲学、デカルト、カント、スピノザであったが、のちに古今東西の神話や宗教書(『ウパニシャッド』、神秘主義や仏教)などにも広がり、それらとの積極的な対話をつづけるなかで独自の思想を展開した。『神を待ちのぞむ』(五〇)に収められたペラン神父宛ての手紙などに記された自身の証言によれば、一九三五年頃からカトリックに接近、神秘的な体験を通して「重要な三度の接触があった」という。とはいえ、腐敗した教会に対してはきわめて否定的であり、改宗することもなかった。じっさい、ヴェイユは、宗教による救済の問題よりは、キリストの苦しみそのものに親しみを覚え、その苦悩を自らの禁欲的な生を重ね合わせたと言える。ヴェイユは、人間が陥っている不幸の問題を自問し、不幸とは悪でもなく罪でもない複合状況であるとする。こうして、不幸とは物理的・身体的苦痛、心理的屈辱や劣等感、人間としての尊厳の喪失といった社会的な失墜が生み出す混合状態であり、一過性の苦痛や不運とは異なるとしたうえで、「人生の大きな謎は、苦しみではなく不幸である」とした。

ロンドン時代に書かれながらも未完に終わった『根をもつこと』(四九)では、戦後のヨーロッパ精神の復興を探っている。個々人と集団の関係を「根づき」として捉え、魂にとって「根をもつこと」が、きわめて重要でありながらしばしば無視されている要求であるという確信を出発点とし、具体的には、ヨーロッパにおける「根こぎ」状態が歴史的にどのように展開してきたかに関して考察を加え、偽の民主主義や偽の文化を批判する。具体的な状況分析と宗教的確信とに裏打ちされた思考が交錯する論考であるが、「義務の観念は権利の観念に優先する」という冒頭の言葉に集約されるように、他者に対する根源的な義務の問題を倫理的かつ宗教的に捉える姿勢がその出発点にある。

〔澤田直〕

バーリン、アイザイア

❖Isaiah BERLIN 1909-1997

イギリスの政治哲学者。ラトビア出身のユダヤ人。一九五七年にオックスフォード大学教授に就任。主著は『自由論』(一九六九)。

同書の第三論文「ふたつの自由概念」はオックスフォード大学教授就任記念講演であり、自由をめぐる議論においてしばしば引用される。同論文において、自由は「消極的自由」と「積極的自由」に分けられる。前者は、他人に干渉されない自由、自己の欲求実現を邪魔されない自由であり、いわば「～からの自由」である。また後者は、欲求を抑え、より高級で理性的な自我を実現する自由であり、いわば「～への自由」である。後者は他人への干渉を含意し、「自由への強制」へとつながるので、このふたつの自由概念は衝突することになる。バーリンは、消極的自由こそが自由の根本的な意味であるとし、多元的な価値が存在する世界における、消極的自由の重要性を主張した。〔飯盛元章〕

デュフレンヌ、ミケル

❖Mikel DUFRENNE　1910-1995

フランスの哲学者、美学者。アンリ四世高校に進学した後、一九二九年、高等師範学校に進学。三二年に哲学教授資格を取得。第二次世界大戦中はドイツの捕虜となったが、収容所で、捕虜仲間であったポール・リクールとヤスパースを読んだ。そして戦後、リクールと共著で『カール・ヤスパースと実存の哲学』を四七年に刊行する。五三年、学位論文『美的経験の現象学』をエティエンヌ・スリオ、ガストン・バシュラール、ウラジミール・ジャンケレヴィッチの査読のもとで提出。その後、ポワチエ大学で教鞭をとる。また、アメリカのバッファロー大学とミシガン大学でも教壇に立った。一九六四年から七四年にかけて、ナンテール大学（パリ第十大学）において、美学、哲学を講じた。二十世紀を代表する美学の研究者のひとりである。『美的経験の現象学』によれば、美的対象における感性的なものは、身体的主体に与えられ、美的対象の意味に統一を与えられるとされ、そこではフランス現象学の方法論が美的体験へと応用されている。また、デュフレンヌはメルロ＝ポンティの影響を受けつつも、メルロ＝ポンティが積極的には研究対象としなかった聴くことに焦点を当て、『眼と耳――見えるものと聞こえるものの現象学』を著わした。〔中澤瞳〕

マートン、ロバート・キング

❖Robert King MERTON　1910-2003

二十世紀アメリカ社会学の指導的理論家のひとりで、中範囲理論の提唱者。社会調査法「フォーカスグループ」なども開発した。著書に、『大衆説得――マス・コミュニケイションの社会心理学』（一九四六）『社会理論と社会構造』（四九）、『科学社会学の歩み――エピソードで綴る回想録』（七三）、『社会学的アンビバレンス』（七六）など多数ある。〔國領佳樹〕

オースティン、ジョン・ラングショー

❖John Langshaw AUSTIN　1911-1960

オースティンは、静かな革命家である。若くして亡くなり(享年四十八)、著作が刊行されたのは、すべて没後であり、派手な哲学の理論を提唱したわけでもない。一見じつに地味な存在だ。しかし、彼の手になる「言語行為論」は、その後の哲学や言語学の世界に驚嘆すべき影響を与えた。

オースティンの文章は、日常の言葉つかいの紹介や、何でもない当りまえの話柄から何気なく始まる。だが裏面では、一歩いっぽ哲学の本丸(中心問題)へと着実に近づいていく。有能な銀行員のように丹念に対象につきあい、多くの例外も含めて遺漏なく調べつくす。細かい枝道のひとつも見逃さず分析するので、普段着の言葉のありさまが、レントゲン写真のように白日の下にさらされる。それゆえその成果は、はかり知れない豊饒さをもつ。

一九一一年三月二十六日に、イギリスのランカスターに生まれた。父親は、建築家である。ギリシア語にすぐれ、一九二九年、奨学金を得てオックスフォードのベイリアル・カレッジに入学。優秀な成績をあげ、ギリシア古典の賞をいくつも授与された。一九三三年オール・ソウルズ・カレッジのフェローとなり、哲学の研究に専念しはじめる。得意のギリシア語を駆使して、アリストテレスやプラトンの研究にいそしみ、一方でライプニッツやカントなどの古い時代の哲学者を解読していた。

一九四〇年陸軍の情報将校となる。すぐれた軍人として終戦まで情報活動の指揮を執った。

一九四五年九月、オックスフォードに戻ったオースティンは、つぎつぎと斬新な哲学上の活動を始める。のちに『オースティン哲学論文集』に収められる「他人の心」や「真理」「弁解」などをテーマとした議論や講義をした。また、『知覚の言語　センスとセンシビリア』で扱われた知覚論や『言語と行為』で本格的に展開されることになる言語行為論も大学で講義された。

そしてまた同時に、H・W・B・ジョセフのライプニッツ講義を編集したり(一九四九年)、ゴットローブ・フレーゲの『算術の基礎』を英訳し、刊行したりもした(一九五〇年)。ちなみに、フレーゲとオースティンは、生前はさほどではなかったにもかかわらず、死後、哲学や言語学(フレーゲの場合は、論理学)の世界に深甚な影響を与えた点で、とてもよく似ているといえるだろう。

一九五二年、ホワイト記念道徳哲学教授に就任。この頃には、その名声は、オックスフォードのみならず、アメリカにまで伝わっていた。講演や講義のために、イギリス国内だけではなく、アメリカ、ヨーロッパにも足をのばす。一九五五年春に、一学期間ハーヴァード大学で行なったウィリアム・ジェームズ記念講義が、『言語と行為』のもととなったものである。

しかし、このように活発に活動していたオースティンに病魔が襲い、一九六〇年二月八日に息をひきとった。

さて、オースティンの革命の内容を見てみよう。

彼によれば、これまで哲学における言語論は、「記述主義的誤謬」(descriptive fallacy)に陥っていた。文や語は、現実の世界のもろもろの事柄を記述しているという先入見をもっていたというわけだ。たしかに、アリストテレス以来「命題」は、真偽が確定できる文のことを意味する。事実とあっていれば「真」、あっていなければ「偽」ということになるだろう。しかし、実際の言語活動において、われわれは言葉をそのように使っているだろうか、というのが、オースティンの従来の言語観を破壊する第一歩である。

われわれが常日頃発話している文のはたらきは、じつは記述などではなく、行為遂行であるということを多くの例を出して議論していく。

ここから、「事実確認的（コンスタティヴ）」(constative)と「行為遂行的（パフォーマティヴ）」(performative)という二種類の発話の分類をした。

行為遂行的な発話とは、「真－偽」によって評価されるのではなく、「適切－不適切」という基準が必要になるとオースティンは言う。結婚式の最中に、新郎が新婦に向かって「結婚します」と言えば「適切」だが、すでに金婚式を迎えた老夫婦の間で同じ発言があった場合には、「不適切」ということになるだろう。

さらにオースティンは、言語行為を三種類の要素に分析した。「発語行為」(locutionary act)「発語内行為」(illocutionary act)「発語媒介行為」(perlocutionary act)の三つである。

例えば「明日借金を、あなたの銀行口座に振り込みます」という発言をするとき、実際にこのような文法構造をもった文を発言し（発語行為）、このような発言によって約束をし（発語内行為）、そのことによってこの発言を聞いた相手を安心させたり喜ばせたりする（発語媒介行為）ということになる。こういった概念を提起することにより、われわれの日常の言葉のやりとりの本当のところが、手にとるようにわかるようになったといえるだろう。

オースティンは、同じオックスフォードで活躍したギルバート・ライル（一九〇〇～七六年）やP・F・ストローソン（一九一九～二〇〇六年）とともに、「日常言語学派」(ordinary language school)と呼ばれている。この三人は、おのおの異なったテーマではあるが、方法としては、日常言語の分析という点で一致しているからだ。

オースティン自身は、みずからの方法を「言語的現象学」(linguistic phenomenology：「弁解の弁」『オースティン哲学論文集』所収)と呼ぶ。たしかに、言葉の実際の場面でのつかい方に徹底的に（あるいは、執拗に）こだわり、その現われを隅からすみまで調べつくすという態度は、「現象学」という名称にふさわしいかもしれない。

オースティンの主要著作には『言語と行為』（坂本百大訳、大修館書店、一九七八）、『知覚の言語　センスとセンシビリア』（丹治信春・守屋唱進訳、勁草書房、八四）、『オースティン哲学論文集』（坂本百大監訳、勁草書房、九一）がある。〔中村昇〕

シオラン、エミール・ミシェル　1911-1995

❖Émile Michel CIORAN

ルーマニアの作家、思想家。現ルーマニア領（当時はオーストリア＝ハンガリー帝国領）トランシルヴァニア南部の山村ラシナリに、村の司祭の子として生まれる。三歳のときに第一次世界大戦が勃発、終戦後、トランシルヴァニアはルーマニアの領土となる。ブカレスト大学の文学部で学び、一九三二年にはベルクソンに関する論文で学士号を取得。翌一九三三年には給費を得てドイツに留学。帰国後は哲学の教授資格を取得し高校の教員となる。一九三七年にはふたたび給費をえてフランスに留学。以後は、一時的な帰国をのぞき生涯フランスにとどまり、フランス語で多くの著作を著わす。シオランは、幼少より不眠に悩まされ、処女作である『絶望のきわみで』からすでに、虚無や空無といった否定的な経験のなかにおいて、憎悪や崩壊への意志を孕んだ、狂気と紙一重のペシミスティックな思想を展開しており、さらにルーマニアという国やその出自、人種（とりわけユダヤ人）の問題に関しても、ときに過激で反動的な主張を行なっている。当初はルーマニア語で書いていたが、やがて母語を捨て、フランス語のみで書くようになる。作品はアフォリズムやエッセイの形式で著わされたものが多い。著書には、上記の処女作や、一五年にわたって書きつづけられた日記、『カイエ』をはじめ、『ルーマニアの変容』『歴史とユートピア』など多数あり、その多くが邦訳されている。〔八幡恵一〕

セラーズ、ウィルフリド・ストーカー　1912-1989

❖Wilfrid Stalker SELLARS

アイオワ大学、イェール大学、ピッツバーグ大学で教鞭を執る。クワインと同時代に活躍していたが、晦渋なスタイルのため、近年になって評価が高まる。科学的実在論に立って、「所与の神話」論によって、センスデータの考え方などを批判した。『科学・知覚・実在』（一九六三）、『哲学的パースペクティブ』（六七）など。〔本郷均〕

チューリング、アラン・マシスン　1912-1954

❖Alan Mathison TURING

イギリスの数学者、数理論理学者。「チューリングマシン」や「チャーチ＝チューリングのテーゼ」などで知られるその仕事は、数学、論理学、哲学といった当時の既存分野だけではなく、コンピューターサイエンス、認知科学、人工知能などの新たな分野に寄与した。〔國領佳樹〕

ネス、アルネ

❖Arne NAESS　1912-2009

オスロ大学名誉教授。人間(特に先進国の人間)中心的な浅いエコロジーに対して、人間存在そのものを、生命の観点から人間を有機的全体の一部と見るディープ・エコロジーの提唱者。著書に『ディープ・エコロジーとは何か』(一九八九)のほか、代表的な仕事は『アルネ・ネス著作集』全十巻にまとめられている。〔本郷均〕

フライ、ハーマン・ノースロップ

❖Herman Northrop FRYE　1912-1991

カナダのケベック州シャーブルック生まれ。一九二九年、トロント大学ビクトリア・カレッジに入学し、哲学と英文学を専攻。トロント大学を卒業した後は、カナダの神学校に入学し、牧師の資格を修得している。三九年にトロント大学ビクトリア・カレッジで英文学を担当する講師に採用された後、四七年に同大学の教授に就任。五七年には『批評の解剖』を出版し、独創的な文学批評理論で、世界的にその名が広まった。フライは、神話や民話などの物語構造に着目し、物語、文芸全体に共通しつつ、個別の文学を成り立たせている構造を明らかにするという手法で文学批評を行なった。それは、作品の解釈を重視するタイプの文学批評、テクストの言葉を分析するタイプの文学批評、そして外部資料を用いた方法に基づく文学批評といった従来のスタイルとは異なる方法であった。フライの文学批評の方法は、脱構築主義の批評が登場する前に非常に大きな影響力を持っていた。もちろん、現在において文学研究者にとって必読の書と言われる著作でもある。〔中澤瞳〕

マルディネ、アンリ

❖Henri MALDINEY　1912-2013

フランスの哲学者。ムルソーに生まれ、パリの高等師範学校で学び、哲学の教授資格を取得。第二次世界大戦では捕虜となった経験をもち、戦後はベルギーのヘント、ついでリヨンの大学で哲学や美学を教える。マルディネは、フッサール、ハイデガーに加え、ビンスワンガーやヴァイツゼッカーも参照しながら、現象学と精神医学の総合的な研究を行なったことで知られる。そこでとりわけ重要となるのが、「超可能性(transpossibilité)」と「超受容性(transpassibilité)」という概念である。超可能性とは、あらゆる予見を越えて到来する不意の出来事であり、超受容性とは、その出来事を適切に受けいれ処理する能力のことである。通常の人間は超受容性を備えており、そのため超可能性をみずからの「実存の変容」として受けいれ、他なるものに対する「開け」へと変えることができる。これに対し統合失調症の患者は、超受容性の能力が欠如しており、そのため超可能性を受けいれられず、不意の出来事につねに翻弄され、他なるものの「裂け目」や「深淵」に飲みこまれる。

マルディネは、この超可能性と超受容性を軸に現象学と病理学の理論的かつ実践的な接点を模索し、双方に新たな地平を切り開こうとする。他方で彼は、ハイデガーの影響を受けながら独自の〈芸術の現象学〉を展開しており、芸術作品のうちで存在が「閃光」となって輝く現象を、客観的な認識に回収されない、世界そのものが立ちあがる契機としてとらえ、現象学的な美学の可能性も探求する。著書に『まなざし、言葉、空間』『人間と狂気を考える』『芸術、存在の閃光』などがあり、『人間と狂気を考える』の一部が、雑誌『現代思想』（二〇〇九年十二月臨時増刊号「総特集フッサール 現象学の深化と拡張」）に「超受容性について」というタイトルで邦訳されている。［八幡恵一］

カイヨワ、ロジェ

❖Roger CAILLOIS　1913-1978

フランスの社会学者。ランスに生まれ、パリ高等師範学校で宗教学を学ぶ。準備学級の生徒であった一九三二年に、ブルトンの招きを受けてシュルレアリスムに加わる。やがてそこから離れ、三七年に「聖なる社会学」を掲げてバタイユと「社会学研究会」を設立。三九年、友人に招かれブエノスアイレスに渡り、文芸誌『レットル・フランセーズ』を創刊、さらに同地でフランス高等研究院をつくる。モースやデュメジルを師とし、社会学や人類学を専門とするかたわら、文学や美学に関する著書、業績も多く、文芸評論家としての側面もある。戦後はユネスコの職員となり、その後援を受けた人文系雑誌『ディオゲネス』の編集主幹も務め、一九七一年にはアカデミー・フランセーズ会員に選出される。カイヨワは、夢や神話、聖性といった非合理なものを、つねに合理的に探求しようと望み、彼の多彩な分析や考察はすべて、〈非合理なものを合理的に探求する〉という意志によって支えられている。デュルケムの〈聖・俗〉理論にホイジンガの〈遊び〉の理論を加えて、〈聖・俗・遊〉の三項図式をつくり、人間の社会的な行為や現象をより精緻に分析可能とした。聖は宗教、俗は労働、遊は文化を主に表わしており、聖と遊を明確に区別するところに、カイヨワの特徴がある。遊とは、聖のもつ義務や俗のもつ功利性からも解放された、自由で文化的な領域であり、現代の多くの社会的な事象を特徴づける重要な要素である。著書は、代表作である『神話と人間』や『遊びと人間』を含めて多数あり、その多くが邦訳されている。［八幡恵一］

ゴルドマン、リュシアン

❖Lucien GOLDMANN　1913-1970

ルーマニア出身のフランスの哲学者、社会学者。ウィーン、ブカレスト、パリの各大学で法学や哲学を学び、ルカーチの著作から大きな影響を受ける。一九五九年、パリの社会科学高等研究院の教授に就任。著作に『カントにおける人間・共同体・世界』『人間の科学と哲学』『隠れたる神』『人間科学の弁証法』『小説社会学』『全体性の社会学のために』『ルカーチとハイデガー』など。［飯盛元章］

リクール、ポール

❖Paul RICŒUR　1913-2005

リクールは一九一三年にヴァランスで生まれた。フランスでは少数派の改革派プロテスタントの家庭の出身である。生後半年ほどで母親が病死し、第一次大戦で父親が戦死したので、その後レンヌに住む祖父母のもとで育てられた。祖父母の家の厳格な雰囲気のなかで、早くから書物の世界に沈潜するようになったが、戦争孤児という境遇のために、幼いころから政治的・社会的な不正義に敏感であり、十歳代初めからキリスト教系の平和主義に共感を寄せるようになった。哲学の道に進むやいなや、哲学と信仰の緊張関係について鋭く意識することを余儀なくされ、高等研究免状（DES）論文〔現在の修士論文に相当〕では、フランス反省哲学の代表者であるラシュリエとラニョーにおける神の問題を扱った。

若きリクールを生きた哲学の世界へと導いたのはマルセルであり、その「具体的反省」と「受肉の哲学」に深く影響された。だが、さらに厳密で堅固な方法論を求めて、同時代のドイツ哲学へと向かった。第二次大戦の勃発と同時に動員されて戦争に参加し、ドイツ軍の捕虜となって収容所で五年間の苦難の時を過ごしたが、その間ヤスパースとフッサールの研究に沈潜した。こうした研究を糧にして、戦後、博士論文の『意志的なものと非意志的なもの』（一九五〇）を皮切りに、「意志の哲学」として自らの思想を世に問うていく。サルトルやメルロ＝ポンティを通して現象学が画期的な新哲学として喧伝されるなかで、厳密かつ正確に現象学を理解し、それを駆使してフランス哲学になじみの意志の自由という主題へと切り込むリクールの企ては高く評価され、一九五六年には若くしてソルボンヌの一般哲学講座に教授として迎えられた。

決断は動機を、行動は身体を、同意は生きられた必然性を相関者とし、さもなければ宙に浮いてしまう。このように人間の意志は非意志的なものとの相互性においてのみ働くのであり、そのことは明晰で細密な現象学的分析と人間の不透明な深みへと入りこんでいく実存哲学とを交差させることによって理解できるのだということ。それが初期リクールの目指す方向性であった。このような経路を通ってのみ、デカルト以来の反省哲学は具体的で十全な反省へと更新され、意志し行為する人間を照らすものとなる。このような意味での「行為し受苦する自己」の全体的な取り戻しというモチーフは、数々の思想的遍歴を貫いて、リクールの全経歴にわたる通奏低音となるであろう。

❖ Paul RICŒUR

『意志的なものと非意志的なもの』を、リクールは「意志の形相論」として位置づけ、メルロ＝ポンティが知覚という主題に即して試みた現象学の新展開を、自らは意志について試みたのだと説明している。知覚と同様に、意志にも明晰な記述にあらがう暗い面がある。だが、「現象学は、情動の暗い森、血の河の流れのなかでも、なお思考し名づけることができるという可能性に賭ける」とリクールは言う。フッサールが創始した志向的分析は、意志的・行為的な生にとってもそれを照らす固有の意味の光を提供してくれるはずだということ。それが彼の「意志の現象学」を支える確信であった。

しかし、リクールの「意志の哲学」の構想において、もともとこの「意志の形相論」はその第一段階でしかなかった。『意志的なものと非意志的なもの』の冒頭に置かれた意志の哲学構想の全体に対する序論で、リクールは、意志の哲学を真に具体的に遂行するためには、さらに「意志の経験論」へ、そして「意志の詩論」へと進まねばならないことを予告している。意志の形相論が人間の意志の基本構造の記述であるのに対して、意志の経験論とは、意志的なものと非意志的なもののあいだの可能的な緊張と葛藤が現実化し、意志がおのれ自身を裏切る仕方で作動する「悪」にとらわれた姿を扱うものである。このように意志の自由と過ちの可能性との不可分性を正面から受けとめるとき、意志の哲学は、意志の悪しき情念からの解放を最終的な地平に置かないわけにはいかない。「意志の試論」の名の下で予告されたのは、そのような希望の次元に関わる考察であった。

こうした構想に基づいて、リクールは意志の哲学の第二巻として、一九六〇年に『過ちやすき人間』と『悪の象徴系』の二冊からなる『有限性と罪責性』を発表する。ここで挙行された意志の形相論から経験論への移行は、リクールの哲学に根本的な態度変更をもたらすことになる。すなわち、もはや現象学のみを意志の哲学の方法論とすることができないことに気づかされ、解釈学的哲学へと向けて舵を切るのである。

たしかに、意志の形相論が記述したような意志の内的二元性が意志自身の「脆さ」として悪の「可能性」を形成していることは、現象学の延長上の純粋反省によって記述できる。それが『過ちやすき人間』で行なわれていることであり、そこでは「自己の自己に対する不均衡」という意志の存在論的構成が、認識、実践、感情の三次元にわたって分析されていった。だが、悪の可能性から現実の悪しき行為への移行は、一切の直接的な説明や記述をはねつけるアポリアでありつづける。このアポリアに面して、哲学はいかにして思索を続けることができるのか。『悪の象徴系』はこの難問にとりくんだ。その際にリクールを導いたのは、直接表現できない悪の経験もまた、それを突き動かす根深い情動に見合った独特の言葉によって照らされているのだ、という洞察である。この言葉は、もはや現象学の志向的相関者のように明晰に記述できる意味の担い手ではありえない。それは、発している当人にとっても謎であるが、彼を摑んで字義通りの意味を超えた意味の探究へと引きこむような言葉である。そのような言葉をリクールは「象徴」と名づける。『悪の象徴系』は、聖書やバビロニア神話、ギリシア悲劇などを題材として、この意味での悪の象徴的表現の言説空間を浮きぼりにしていくのである。

悪のアポリアの極点において「意味を贈与する言葉」としての象徴言語に突き当たるということ。これは哲学的思索にとって抜き差しならぬ状況である。一方で、もはや哲学はいかなる意味でも無前提の原点に立つことを望みえず、謎めいた言葉に呼びかけられるところから始めねばならない。この言葉は非哲学的な由来のものであり、とくに『悪の象徴系』の言説空間では、聖書を典拠とする宗教的言語に重心がかけられている。しかし他方で、これはけっして哲学のアポリアの解決を宗教に求めたということではない。「象徴は思考すべきものを与える」とリクールは言う。象徴が与えるのはあくまで「思考すべきもの」であり、言葉に呼びかけられるとは、哲学が象徴の解釈を通して自ら思考するということである。こうして、「意志の哲学」の構想途上でリクールの哲学は大きく変貌し、「解釈学」を標榜しはじめることになったのである。

一九六〇年の時点でのこのリクール哲学の解釈学的転回には、さまざまな要素がそれぞれの固有な文脈を保ちつつ一挙に畳みこまれている。そこでは、当初からの哲学と信仰の緊張関係、「意志の哲学」構想の発展的変貌、現象学の方法論的更新など、悪のアポリアを交点として幾本もの論筋が絡みあっている。この錯綜を解きほぐしつつリクールが進んでいったのは、彼の哲学が追究する意志し行為する自己の「具体的反省」の行程を、一般的な解釈学的哲学として練りあげていくという道であった。たしかに、リクールは悪の問題が「解釈学的問題全体の生誕地」であることをけっして忘れることはない。だが、リクールはそこから得た教えを一般化し、哲学が根本に据える「自己理解」の解釈学的構造を明確化すべく飽くなき理論的探究へと入っていったのである。真の具体的反省においては、自己が自己自身へと至る道は、けっして直線的な短路ではありえず、その行程に先立ちそれに意味をもたらす言葉に媒介された迂路でしかありえない。この自己理解の媒介性を明確化するためには、その鍵となる言語のあり方自体をより包括的に理論化していくことが求められる。おりしもこの時期には、哲学の諸潮流のみならず、文学理論や人類学、精神分析思想等、さまざまな分野において「言語論的転回」が同時多発的に出来してきていた。リクールは、やはり一九六〇年に主著『真理と方法』を世に問うたドイツのガダマーとともに、解釈学的哲学の代表者としてこの知的状況へと身を投じていったのである。

一九六〇年代のリクールにおいて特筆すべきであるのは、そうした同時代の諸潮流との徹底した論争的対話を通して自らの主要概念を形成し、その理論的立場を作り上げていったことである。当時のフランスの思想界では、レヴィ＝ストロースやラカン、フーコーらの名に結びつけられて、構造主義が大いに流行していた。「偉大なる読み手」と称されるリクールは、この新思潮を貪欲に学び、自らの解釈学理論の彫琢に役立てていく。一九六五年の『解釈について――フロイト論』では、ラカンをも参照しつつフロイトの全著作の総合的理解を試み、自らの解釈学的象徴概念を無意識の領野と連関づけて拡張した。一九六九年の論集『諸解釈の葛藤』には、レヴィ＝ストロースの構造主義をめぐる優れた批判的論考がいくつも収められている。総じてリクールの戦略は、構造主義の方法論を解釈学に不可欠な言語的媒介の解明に厳密性を与えるものとして高く評価し、自らの哲学に取りこみながらも、すべてを主体的に自己化できない構造へと還元する構造主義の暗黙の哲学には同意せず、構造主義的「説明」をあくまで解釈学的自己「理解」への迂路として位置づけようというものであった。レヴィ＝ストロースとの論争において、構造主義の方法論的側面を積極的に評価する一方で、その背後に潜む哲学的立場を「超越論的主観なきカント主義」であり「意味への絶望」であると喝破したことは有名である。リクールのこうした姿勢は、構造主義の陣営からは、折衷主義的で徹底性を欠くものとしてしばしば批判を受けた。とくに『解釈について――フロイト論』がラカン派によって激しく攻撃されたことはよく知られている。

当時の流行思想とのこうした関係は、ある意味で、一九六八年のいわゆる五月革命をピークとする急進的な政治的・社会的情勢へのリクールの関わりと相似している。時代の新思想を正確に評価し、その優れた部分を謙虚にとりいれる思想家としての態度と同様に、リクールはつねに種々の社会的矛盾に注意を怠らず、大学や政治の根本的改革を訴える動きに可能なかぎり寄り添おうとした。マンモス化したソルボンヌの教育環境に不満をもち、一九六四年にパリ郊外に新設されたパリ第十大学（ナンテール）に自ら望んで赴任したのもそのためである。新天地で教師と学生との自由な対話共同体を形成しようとしたリクールは、学生たちからも絶大な支持を受け、一九六九年には文学部長に選出された。だが、大学制度と非権威的な対話空間との両立を模索するリクールの意に反して、状況は大学制度自体を破壊するようなアナーキーな方向へと動き、収拾がつかなくなっていった。結局、ナンテールのキャンパスには警察が入り、リクールは責任をとって文学部長を辞任した。以後、一九七〇年代には、フランスでのリクールの影は薄くなっていく。リクールは一九六七年から教授を兼任していたシカゴ大学での教育・研究活動にいっそう力を注ぎ、一九七五年の『生きた隠喩』にみられるように、その仕事には英米系の文献の比重が増していくようになるのである。

しかし、あたかも自らの経験してきた数々の苦難をも糧とするかのように、リクールは自らの解釈学的哲学の理論的整備を着実に進めていった。そして、一九七〇年代に入ると、方法論的な堅固さと哲学的な包括性を兼ね備えた新たな姿でそれを提示するようになった。一九六〇年代を「象徴の解釈学」の時期とすれば、一九七〇年代のリクールの立場は「テクストの解釈学」と呼べるものである。周知のように、テクストとは構造主義の言語論のキーワードのひとつであり、解釈学の言語的媒介の有りようをテクストとして特徴づけるリクールの新展開には、明らかに構造主義との論争から得たものが組みこまれている。だが、リクールはテクストの概念を彼独自の視点から位置づけなおし、自らが踏まえる数々の哲学的文脈の結節点となるように再構成するのである。

構造主義のテクスト論がラングの閉じた系を強調するソシュール言語学に依拠するのに対して、リクールはバンヴェニストの言述の言語学から触発を受けて、構造主義的分析からは抜け落ちてしまう「出来事」としての言語から出発する。この言述の出来事は、「誰かが何かについて何かを誰かに言うこと」と定式化される。そこでは、言語の意味は構造の閉域の函数ではありえず、外へと何かを指示しつつ他者に向けて発せられる話者のそのつどの語りと不可分だということになる。とはいえ、言語をそのつどの発話活動へと還元しようというのではない。言述は「言うこと(le dire)」としては消えゆくが、それと引き換えに「言われたこと(le dit)」としては生き長らえる。言われたことの言うことに対する「疎隔(distanciation)」によってこそ、言葉は意味をもち、自らの外部へと開かれることができるのである。どれほど生き生きとした発話においても、そこですべてが言われているのではなく、発話の現在に切れ目を入れ、より以上の意味へといざなう疎隔の冒険がすでに作動している。言葉が書かれ、さらには一定の組成を得て一まとまりの「作品」となるとき、疎隔に潜む可能性は、時と場所の制約を超えて、言葉を読みうるすべての者へと開かれるであろう。このような言語形態がリクールの言う「テクスト」にほかならない。こうしてテクストは、言葉がその直接的な指示対象を踏み越えて「第二次の指示作用」を解き放つ開示作用の担い手として立ち現われる。リクールの解釈学への転回の端緒において、特殊な象徴言語を通してもたらされる意味の贈与としてとらえられた事態は、今や言語一般に潜在する「意味論的革新」の可能性として位置づけなおされるのである。

このようなテクスト論の射程は、リクールが並行して取り組んできた「解釈学的哲学」をめぐる哲学史的な検討との連関において理解されねばならない。解釈学を標榜しはじめて以来、リクールは、シュライアマハーからディルタイを経てハイデガー、ガダマーに到る解釈学的哲学の流れを徹底的に研究し、自らの出自である現象学に解釈学を「接木」する道を探ってきた。その過程で、当初の「意志の哲学」という枠組は徐々に後景に退いていき、解釈を通して追究されるべき自己理解の主体は、狭い意味での意志というよりも、ハイデガー的な世界内存在に似たものとして描き直されていく。この文脈で重要なのは、テクストとしての言語がその第二次の指示作用によって開示するものが、「テクスト世界」と名づけられることである。それは、直示的に現われる現実世界を踏み越える「可能世界」であるが、現実世界と隔絶した別の次元なのではない。あくまでそれは、「そこに住んで私がみずからの最も固有な可能事を企投しうる世界」であり、私たちの世界内存在の奥行きを探査させる図式として、私たちの構想力を更新させて解釈の営みを賦活し、現実世界における自己理解の不可欠な媒介となる。テクスト解釈を経由して豊かにされた自己の具体的反省は、テクストの背後に固定した意味を探る営みではなく、「テクストの〈前〉での自己理解」として、動的で前望的な性格を帯びるのである。

こうして意志の哲学が解釈学的哲学へと発展的に解消していくにつれて、初期の意志の哲学の構想が最終的な地平と目してきた「意志の詩論」もそのままの形では維持できなくなってくる。もともと意志の詩論という構想は、意志の哲学全体を鼓舞する源泉の探査という哲学的側面と、悪しき意志の転換と救済の道を示すという宗教的側面を渾然一体とした形で含んでいた。そうした両面性は一九六〇年代のリクールの思索にはまだ色濃く残っていたが、一九七〇年代のリクールは、この両側面を厳密に切り分けるようになってくる。一方で、意志の詩論の救済論的な側面は、リクールが自らの哲学者としての仕事と峻別する聖書解釈学系の論考へと吸収されていく。そこでは、リクールが青年時代から熱心に学び続けてきた二十世紀プロテスタント神学の主要成果が縦横に活用されることになる。他方、リクール哲学の源泉と地平に関わる言説としての「詩論」は、彼の解釈学的哲学が照射する言語の詩的＝創造的（poétique）な可能性のほうへと引きつがれていく。もちろん、このように二つの側面を切り分けたからといって、両者の関係を問わずに済ませられるわけではない。両者が緊張をはらみつつ通底する地点にこそ、リクールの思索の最も深い秘密がある。リクール自身、この問題とは最後まで格闘し続けるであろう。

一九八〇年代に入っても、リクールの解釈学はなお前進と展開を続けていく。その代表的な成果が、全三巻の大著『時間と物語』（一九八三–八五）である。奇しくも一九八一年にナンテールをひっそりと退職した直後に出たこの著作が、リクールの「フランスの知的舞台への帰還」（F・ドス）の口火を切ることになった。構造主義以降の思想状況においてあらためて注目されてきた物語という主題をとりあげ、「哲学、文学理論、歴史学の三者会談」という広大な視野から総合的な見取図を提供したことが、この著作が熱心に読まれた最大の理由であろう。だが、この著作はリクールの解釈学それ自体の展開という点からも重要である。一九七〇年代のリクールにおいて、解釈学の言語的媒介たるテクスト世界は、時と場所を超えてすべての読者に差し向けられうる可能世界として描かれていた。『時間と物語』の物語論は、このテクスト論を下敷きとしつつも、そこに重大な変容を導入する。すなわち、「時間性と物語性の循環」という全体的な構図の下で、物語的組成を際立たせられたテクスト世界は、時間的制約を超えて開かれる可能世界というよりも、むしろ私たちの存在論的条件たる時間性を形象化する特権的な媒体として描き直されるのである。

この著作では、アリストテレスとアウグスティヌスからカントやフッサールを経てハイデガーに至るまで、哲学史上の代表的な時間論が一つひとつ検討にかけられる。それによってリクールが示そうとするのは、どれほど洗練された哲学的言説も内的時間と世界の時間を総合する全体的展望に至ることはできず、最終的には「時間性のアポリア」を確認することしかできないということである。だが、そのような窮境で、このアポリアを解決することはできなくても、それに「詩的（ポエティック）」な応答をもたらすような言語活動が立ちあがる。それが物語にほかならない。アリストテレスの『詩学』が悲劇の制作についていうように、物語を成立させるのは「筋立て（ミュトス）」である。筋立てによって、物語は独特の総合作用を体現する。それは多様な要素を一望の下にまとめあげるような統一ではない。物語の総合作用に参入するには、筋をたどるための時間を省くわけにはいかない。私たちが時間をかけてその筋をたどるとき、物語は私たちが生きている時間——むしろ私たちの世界内存在そのものであるような時間——を「形象化」し、時間的存在としての私たちの自己探求を可能にする。すなわち、私たちの生きる時間が物語られた時間「として」描かれるとき、私たちは、「時間とは何か」という問いに理論的に答えることはできないままに、自らの世界内存在を描き直すための可能的な図式を手に入れ、それを媒介として自己理解を更新していくことができるのである。「時間性と物語性の循環」とは、物語の様式で時間的存在たる私たちの自己と世界をたえず別のものとして描きなおしていく「ミメーシスの循環」にほかならない。アリストテレスのミメーシス論を踏まえつつ、リクールはそのように結論するのである。

『時間と物語』によって、リクールの解釈学的哲学の間口は一挙に押し広げられた。とくに、物語という主題が、フィクションの物語だけでなく歴史学が手がける歴史叙述をも視野に入れて、「フィクション物語と歴史物語の交差」という相の下で展開されていることの意味は大きい。このように時間性や歴史性という論点が前面に出てきたことで、ハイデガーやガダマーに対するリクールの関係がより明確になった。一九七〇年代の「テクスト解釈学」が構造主義との対論の成果という論争的な性格を色濃く帯びていたのに対して、一九八〇年代の「物語の解釈学」は、ハイデガーやガダマーの批判的受容を経て、リクールの解釈学的哲学が独自な成熟の時を迎えたことを告げている。この独自な方向性を示す重要概念として、「物語的自己同一性」に注意を向けるべきである。真に具体的な自己理解は、意味を贈与する言葉を媒介とする解釈の行程の終極においてのみ得られるものだということが、リクールの解釈学的哲学の起点となる洞察であった。一九七〇年代には「テクストの前での自己理解」という未だ漠然とした定式で表現されていたこの具体的反省の終極点は、ここで「物語的自己同一性」というより明確な名称を獲得するのである。

しかし、この新たな名称は、取り組むべき新たな課題の別名でしかない。解釈学的に獲得される自己同一性が「物語的」であるというとき、自己が自己自身を物語的に理解するというのはどのような自己把握の様式を表すのか。リクールの解釈学の根本動機からしても、「物語の解釈学」はこの意味での「自己の解釈学」にまで行き着かねば全うされないはずである。この課題を果たし、リクールの解釈学的哲学の総括の書となったのが、一九九〇年の『他者としての〈ような〉自己自身』にほかならない。この著作とともに、リクールの哲学は、三〇年にわたる解釈学的探究の長い迂回路によって大いに豊かにされて、「行為し受苦する自己」という「意志の哲学」以来の根本問題へと帰還したのである。

『他者としての自己自身』では、これまでリクールが踏破してきた問題領域が、「私は話す」〈言語論〉、「私は行為する」〈行為論〉、「私は物語る」〈物語論〉、「私は責任を負う主体である」〈倫理〉として、行為し受苦する自己の四つの局面として整序される。それらを貫く「自己」のあり方は、実体的な基礎として「第一哲学」の礎になりうるようなものではありえず、つねに再帰的に発見し直されるものであるが、この解釈学的自己のダイナミズムを、リクールは「同一性〈mêmeté〉」と「自己性〈ipséité〉」という対概念によって解き明かす。同一性が「おまえは何か?」という問いに呼応するのに対して、自己性のほうは「おまえは誰か?」という問いに呼応する。行為的な自己が解釈学的であらざるをえないのは、「おまえは何か」という問いに答えることを通してしか「おまえは誰か」という問いに答えられないという、根本的な不均衡性をはらんでいるからである。だからこそ、自己は直接的な明証性から出発することも、最終的な絶対媒介の境地にいたることもできず、「未完了の媒介」であり続けざるをえない。こうして、解釈学的行程の全体が「自己同一性のアポリア」からとらえ返されることになる。

このように定式化された「自己の解釈学」は、第一哲学の基礎づけ主義を斥けた上で、決然として「第二哲学」の地位にとどまるものとなる。これは相対主義や懐疑主義にくみするということではない。解釈の迂回を経て再帰的に更新される自己理解は、たしかに自己同一性のアポリアを解消することはないが、自己と世界の更新された相貌の下で現実化を促される行為可能性の源泉としての自己への根源的な信頼によって支えられる。解釈学的行程が私たちの自己を立ち戻らせるのは、理論的にはアポリアが支配しているはずのところに目覚める自己自身へのこの「保証なき信用」であり、それは行為的に自らの世界内存在を更新することによって「証し」

されるしかない。この意味での「自己の証し（attestation de soi）」が、『他者としての自己自身』の全考察の「パスワード」となるのである。

もともとこれは、ハイデガーが『存在と時間』で語る現存在の本来的自己の証し（Bezeugung）に由来する概念である。だが、リクールの言う証しは、ハイデガーの場合のように、現存在が自らの死を引き受けることで自己の存在全体を根源から理解するという営みではない。『時間と物語』以来、リクールはハイデガーとの対論をますます自覚的に自らの思索の根幹部に組みこむようになったが、自己の死の引き受けを現存在の最も固有な存在可能性として特権化するハイデガーの姿勢には、一貫して違和感を表明してきた。リクールが「自己の証し」というのは、そのような引き受けすらも効力をもたないところで、自己の存在全体を見通せないなかでなお拠り所となるような自己の可能性への信頼の表現であり、どこまでも全体化できない「裂けた証し」である。そのモデルとして、リクールは「約束」という営みをもちだしてくる。約束を支えるのは、自己について客観的な認識でもなければ、自己の死に面して選びとられた覚悟でもない。約束とは、他者からの呼びかけに促されて、それへの応答の拠点としての自己の内に探り出される信頼から出てくる行為である。他者性と自己性の終わりなき循環の中で、そのつど確認される自己のより深い行為可能性への信頼こそがリクールの言う「証し」であり、解釈学とはこの循環運動のための道筋を開き続ける所作なのである。

こうしてリクールの解釈学的哲学は、最終的には「行為し受苦する自己の証し」という概念へと収斂することになった。その後リクールは、そこに含まれる豊かな可能性を最大限に掘り起こすべく努めながら、二〇〇五年の逝去の直前まで新たな問題領域を切り開き続けた。哲学的な著作としては、二〇〇〇年の『記憶・歴史・忘却』と二〇〇四年に出た『承認の行程』がある。また、自らの哲学的立場を「自己の解釈学」として定め、究極的基礎なき第二哲学としての断片的性格を強調するようになったことに伴い、医療、司法、歴史認識、政治問題など、実践的領域の諸問題に踏みこむ応用哲学的な考察がますます多くなった。その種の論考の主たるものは、『公正の探求』第一巻（一九九五）、第二巻（二〇〇一）に収録されている。

そうした晩年の仕事のなかでも最も重要なものが『歴史・記憶・忘却』である。八十七歳のリクールが世に問うたこの大著は、記憶という新たな主題を通して「自己の解釈学」をさらに成熟させ、『時間と物語』以来の考察を集大成したという点で、画期的な意味をもっている。記憶とは、端的にいえば、「もはやない」もの「かつてあった」ものとして指し示そうとする営みであるが、この営みはアポリアを抱えこまざるをえない。想起されるかつての実在とその現在の記憶像とを、原本と写しを引き比べるように第三の視点から照合することは理論的には不可能である。両者の間には、過ぎ去ってしまった時間がはさまっている。この意味で、記憶のアポリアとは、『時間と物語』以来の「時間性のアポリア」が『他者としての自己自身』の「自己同一性のアポリア」からとらえ返され、私たちの記憶する生に即して浮きぼりにされたものだと言えよう。しかし、それでも私たちは記憶の「作業」を行ない続け、自ら自身と自らが生きる世界を確証するための支えとしている。解釈の行程を通して更新される私たちの「自己の証し」とは、このように「私は記憶しうる」ということの実践的な確信と一体のものなのである。

こうした記憶論を起点として、『記憶・歴史・忘却』の論述は複雑な構図を描いて展開し、最終的には行為し受苦する自己の「歴史的条件」をめぐる解釈学へと帰着する。一九七〇年代のテクスト解釈学の時期と比べれば、リクールの立場は解釈学の歴史性を強調するガダマーと区別がつかなくなったように見えるかもしれない。だが、ガダマーならば「地平融合」を語る局面で、リクールはつねに葛藤や対立を見てとる。そもそも記憶における実践的な自己確認は、そこに内包されるアポリアゆえに本質的な脆さを抱えており、記憶の「使用」はつねに「誤用」を呼びこまずにはいない。この脆さは、自己、他者、集団の記憶の多極性、記憶と歴史記述の相互参照、記憶と忘却の交差などによって、錯綜の度合いを高めつつ増幅していく。しかし、矛盾対立の絡みあいから目を背けずに自らの住まう歴史的世界を描き直していけること自体、すでにしてある強さの表れである。リクールの解釈学的哲学が大いなる迂路を経て辿りついた証しの概念は、行為し受苦する自己としての私たちを支えるこのひそやかな強さに触れている。このような根源的肯定性への信頼こそが、この粘り強い思索者を導き続ける希望の源なのである。

このような次元で保持される希望は、初期のリクールが「意志の詩論」としてとりくもうとしていた思索の最晩年における残響ともみなしうるであろう。実際、「困難な赦し」と題された『記憶・歴史・忘却』のエピローグは、本論の哲学的考察全体に対する「終末論的地平」として位置づけられている。そこでは、解釈学的に証しされる自己の存在可能性が、あらゆる局面で構造的に「罪責性」から切り離しえないものであること、それにもかかわらず、自己の証しの奥底で触れられるこの可能性のゆえに、私たちが過ちや苦しみから「赦された」自己を恵みのように与えられ、自己を新たに生き直しうることを希望できるということが語られるのである。このように、意志の形相論から経験論を経て詩論へという若きリクールが思い描いていた道程は、その長き知的遍歴の最後まで、その思索をひそかに導いてきたのである。

一九三〇年代から二十一世紀の初めまで六〇年以上にわたる長期の思索活動を通して、リクールはつねに各時期の代表的な諸思潮に関与し、そのつど新たな主題を開拓してきた。いわゆる現代思想において話題になってきた事柄で、リクールの言及を免れているものはほとんどないといってよい。リクールの思索の全行程には、二十世紀以降の現代哲学を織りなすすべての主たる流れが、その複雑さと葛藤を一切減じることなく畳みこまれている。いわば二十世紀の哲学全体の証人として、そのすべてを踏まえながら、この哲学者は控え目に、しかし驚異的な粘り強さでもって、自らの根本問題と格闘し続けてきた。そこには、ますます全貌が見渡しがたくなりつつある今日の世界において、私たちが「行為し受苦する自己」として直面せざるをえない種々の困難を見定め、それに立ち向かっていくために活用すべき数多くのポテンシャルが埋めこまれているのである。

主要著作

▼*Philosophie de la volonté 1: Le volontaire et l'involontaire*, Aubier, 1950.(『意志的なものと非意志的なもの』全三巻、滝浦静雄他訳、紀伊国屋書店、一九九三－九五)

▼*Finitude et culpabilité, vol I. L'homme faillible*, Paris, Aubier, 1960.(『人間、この過ちやすきもの』久重忠夫訳、以文社、一九七八(本文中では題名を『過ちやすき人間』とした)

▼*Finitude et culpabilité, vol II. La symbolique du mal*, Paris, Aubier, 1960.(〔第一部〕『悪のシンボリズム』佐々木陽太郎他訳、渓声社、一九七七。〔第二部〕『悪の神話』一戸とおる他訳、渓声社、一九八〇)

▼*De l'interprétation.Essai sur Freud*, Paris, Seuil, 1965.(『フロイトを読む――解釈学試論』久米博訳、新曜社、一九八二)

▼Paul Ricoeur, *La métaphore vive*, Seuil.(『生きた隠喩』久米博訳、岩波書店、一九八四。原書を三分の二程度に縮約し、八章立てを六章立てに変えたもの)

▼Paul Ricoeur, *Temps et Récit t.1-3*, Seuil, 1983-1985.(『時間と物語(全三巻)』久米博訳、新曜社、一九八七－九〇)

▼Paul Ricoeur, *Soi-même comme un autre*, Seuil.(『他者のような自己自身』久米博訳、法政大学出版局、一九九六。本文中では題名を『他者としての自己自身』とした)

▼Paul Ricoeur, *La Mémoire, l'histoire, l'oubli*, Seuil, 2000.(『記憶・歴史・忘却(上・下)』、久米博訳、新曜社、二〇〇四)

▼*Parcours de la reconnaissance*, Paris, Stock, 2004.(『承認の行程』川崎惣一訳、法政大学出版局、二〇〇六)

［杉村靖彦］

アリエス、フィリップ

❖Philippe ARIÈS　1914-1984

フランスの歴史家。ブロワで王統派のブルジョワの家に生まれ、グルノーブルやソルボンヌで歴史を学ぶ。家庭の影響から、学生時代にはフランスの極右組織アクシオン・フランセーズに参加する。ドイツ軍占領下のパリで、リュシアン・フェーヴルやマルク・ブロックの著書、『アナール』誌、さらにデュルケムの社会学と出会い、感銘を受ける。歴史の教授資格試験に失敗したあと、戦争の影響や家庭の事情もあって、大学などアカデミックな機関には属さず、ヴィシー政府が設立した熱帯果実の研究機関で四十年ほど働く。ダニエル・アレヴィやガブリエル・マルセルとも交流を重ねるかたわらアカデミズムの外で独自に研究を進め、多数の著書を著わす。一九七〇年代にはアメリカで講演を行ない、それまでの業績がフランスでもようやく認められると、七八年にアナール学派の牙城であった社会科学高等研究院に迎えられる。アリエスは、アナール学派の影響も受けながら、民衆の「心性」に関する独特な研究（心性史）を行なったことで知られる。代表作の『アンシャン・レジーム期の子どもと家族生活』（邦題『〈子供〉の誕生』）では、中世から十八世紀に至るヨーロッパで、子どもや家族に対する意識の歴史的な変遷の過程（心性の変化）が辿られ、〈子ども〉というカテゴリーがいかにして形成されてきたかが明らかにされる。そのほか死に関する心性史的な研究もあり、いずれもきわめて長期的な時間の枠組みがとられている。自伝である『日曜歴史家』『歴史の時間』『死を前にした人間』など多数のユニークな著書がある。

〔八幡恵一〕

ドゥサンティ、ジャン゠トゥサン

❖Jean-Toussaint DESANTI　1914-2002

パリ第一大学名誉教授。戦時中はレジスタンスとして活動。高等師範学校での教員時には、フーコーやアルチュセールを教える。現象学に基盤を置きつつ、カヴァイエスを継承する形で数学のエピステモロジーに関する研究を進める。著書に『数学の理念性』『沈黙の哲学』や『現象学とプラクシス』（『現象学入門』と改題）など。

〔本郷均〕

バルト、ロラン

❖Roland BARTHES　1915-1980

フランス北西部の港町シェルブールに生まれる。その後まもなく、海軍中尉であった父の戦死にともなって、南西部の都市バイヨンヌに移住し、父方の祖父の家で幼少期を過ごす。『ロラン・バルトによるロラン・バルト』（一九七五）には、故郷の記憶をなぞるようにして数々の写真が配されている。なかでも本の扉の見開き部分の左手に白い衣服の裾をひるがえして歩く母の写真が置かれ、右手に書名が刻印され、その両者が二枚折の絵のように浮かび上がるレイアウトは印象的である。

批評家としての活動は『エクリチュールの零度』(五三)をもって開始される。カミュの「白いエクリチュール」やサルトルの文学論の影響を受けつつ、「言語」、「文体」、「エクリチュール」という三つの要素の組み合わせをもって独自の批評装置とつくりあげようとするその試みは斬新なものだった。「形式」の選択こそが文学における「現代性」の内実だとした上で、「古典的エクリチュールは砕け散り、フローベールに始まり現代に到るまで、文学全体が言語の問題系となった」と断じるその身ぶりは鮮やかだ。

ただし実質的には『エクリチュールの零度』に先行して、十九世紀の歴史家ミシュレについての評論が書かれている。スイユ社刊の「永遠の作家叢書」の一冊となる同書は、処女評論の翌年に刊行されるが、結核療養のためにサナトリウムに滞在していた一九四〇年代前半に書かれたノートが元になっているという。ミシュレの病をめぐる言葉を冒頭におく同書は、病という徴候=記号を手がかりとしてテクストという名の「身体」に迫ろうとする身ぶりにおいて、文学の「現代性」をめぐるポレミックに身を投じる批評とは異なる位相にある。ここでのバルトはいわば「共鳴室」に類するものであり、病んだ人間だからこそ他者の病を敏感に感知しえたのかもしれない。その後のバルトは、さまざまな局面でこれに類する二重性を生きることになる。『モードの体系』(六七)あるいは『S/Z』(七〇)に認められるように、一方には知の体系化を突き進めるバルトが存在し、もう一方には『恋愛のディスクール・断章』(七七)に認められるような主観的な断章形式を好むバルトがいる。ヌーヴェル・クリティックの旗手としてロブ=グリエ、ソレルスなどの同時代の新文学の擁護者となる一方で、孤独な場所にひきこもってシューマンの楽曲のうちに、母の影を見て取り、言葉にならないざわめきを聞き取ろうとする者の姿がある。このような二重性は、一般的には、構造主義および記号学に象徴される理論の時代から、理論以後を模索する時代の流れに応じて生じる変化として把握される傾向にあるが、バルトの文章行為のより深い部分に根ざす恒常的なものだったとすべきだろう。

一九五〇年代後半から七〇年代にかけてのバルトは、『神話作用』(五七)では社会的事象の批判的分析を手がけ、「エッセー・クリティック」という名のもとに文学論を展開し、さらには広告イメージやモードを扱う記号学的分析へと活動の範囲をひろげていった。さまざまな題材を扱ってはいても、基本的な発想と手続きは、パリ高等研究所を舞台とする知的実践のなかで獲得された構造言語学的な成果の応用だったといえる。

しかしながらバルトの知的活動には一般化とは逆方向のベクトルが存在することもまた確かであり、とくに一九七〇年代になると、一挙にそのような傾向が顕在化する。『テクストの快楽』(七三)の執筆とともに、バルトが知(savoir)から味わい(saveur)への関心の変化を口にするようになるのは、その最もわかりやすい例といえる。「味わい」とはテクスチャーをめぐる感性的認識のことであり、さらには「快楽」、「身体」、「情動」などの主題に関係するものである。この変化は新たな書物の形態の探求と結びついていた。『記号の帝国』（七〇）および『ロラン・バルトによるロラン・バルト』は多数の写真図版の導入、断章形式の選択などを通じて独自のイメージとテクストの関係をつくりだす。

バルトは一九七七年にコレージュ・ド・フランス教授に就任するが、交通事故で亡くなるまでの三年間という短い期間に「中性」、「小説の準備」などの新たな主題に自由にアプローチしながら独自の境地をひらくことになった。最後の著作となった『明るい部屋』（八〇）は、母の死という喪の体験のなかで展開される写真論の模索であるとともに、写真とは「偶然（テュケ）」そのものだという認識のもとに、唯一無二なるものとの出会いにむけてわが身を投げだそうとする一回限りの賭でもあった。普遍学の対極にある「個別学」をバルトは夢想する。奇妙なことに、これはジャリの作中人物フォーストロール博士が語るパタフィジックの定義と重なり合う。

『明るい部屋』には、サルトルの『想像力の問題』への言及や、ノエマ／ノエシスなどの用語の導入など、現象学へのめくばせが散見されるが、やはりここにおけるイマジネールという語にはラカン的な響きがある。この本の刊行とともに誰もが写真のストゥディウム、そしてプンクトゥムを語るようになったわけだが、この場合のプンクトゥムはラカン的な意味での「まなざし」に見つめられる体験だとも解釈しうる。その場合の「まなざし」とは、人を「想像界」の悪しき無限に閉じこめるものなのか、それとも不可能な「現実界」へと人を誘い出すものなのだろうか。その答えは永遠なる宙吊り状態に置かれている。

〔千葉文夫〕

ギーチ、ピーター・トマス

❖Peter Thomas GEACH　1916-2013

イギリスの哲学者。ロンドンで、インドの教育庁に務めやがてラホールの哲学教授となる父と、ポーランド系の母のあいだに生まれる。ギーチの父は、かつてケンブリッジでラッセルやモア、マクタガート、ケインズに哲学を学んでおり、幼少のギーチは、インドから帰国した父より哲学や論理学の英才教育を受ける。一九三四〜三八年にかけてオックスフォード大学で学ぶ。一九三八年はギーチがカトリックに改宗した年でもあり、四一年には同じくカトリックに改宗し、哲学者でありウィトゲンシュタインの研究者としても名高いアンスコムと結婚。アンスコムを通じてウィトゲンシュタインと親交をむすんだギーチは、彼女とともにウィトゲンシュタインの哲学に取り組み、強い影響を受ける。その後、五一〜六六年はバーミンガム大学、六六〜八一年はリーズ大学で教える。六三〜八五年はポーランドに招かれ、ワルシャワ大学で客員教授を務めている。ギーチの功績は、ウィトゲンシュタインの強い影響を受けながら、フレーゲの論理哲学の研究を行ない、イギリスでその普及に努めたことがあげられる。トマス・アクィナスの研究でも知られ、分析哲学とトミズムの融合を図った。著書は、『哲学の三人』（アンスコムとの共著）、『理性と論証』（邦題『合理的思考のすすめ』）が邦訳されているほか、『神と魂』『美徳』など道徳や宗教に関するものもある。〔八幡恵一〕

メルロ＝ポンティ、ジャック

❖Jacques MERLEAU-PONTY 1916-2002

パリ第十（ナンテール）大学名誉教授。モーリス・メルロ＝ポンティのいとこ。エピステモロジー、特にコスモロジーを専門とする。著書に、『二十世紀のコスモロジー』（一九六五）、『物理学理論の生成に関する講義　ガリレオ、アンペール、アインシュタイン』（七四）などがある。〔本郷均〕

タオ、チャン・デュク〔トラン・デュク〕

❖Tran Duc THAO 1917-1993

ベトナム出身の哲学者。フランスのエコール・ノルマルで学ぶ。一九五四年、ベトナムのハノイ大学教授に就任。著作には『現象学と弁証法的唯物論』（一九五一）、『言語と意識の起源』（七一）などがある。『現象学と弁証法的唯物論』において、フッサール現象学の詳細な分析を行ない、フッサールの「超越論的観念論」から「弁証法的唯物論」への移行を論じた。そしてマルクス主義こそが、現象学の成果を保持しつつその課題を解明しうるということを示した。〔飯盛元章〕

デイヴィドソン、ドナルド

❖Donald DAVIDSON

1917-2003

I

ドナルド・デイヴィドソンは一九一七年にマサチューセッツ州のスプリングフィールドで生まれた。亡くなったのは二〇〇三年である。ちょうど、亡くなる前後に、五巻からなるほぼ全集に近い論文集が刊行されている(ただしうち二つの巻は既刊の増補版である)。デイヴィドソンが二十世紀を代表する哲学者の一人であることはまちがいない。リチャード・ローティは、ボストングローブ紙に寄せたデイヴィドソンの追悼文の最後を、彼の著作が後世の歴史家たちによって思想史における人間観の転換点の一つと見なされるであろうという予言で締めくくっている。デイヴィドソンはいわゆる「分析系」の哲学者だが、彼をもって二十世紀の分析哲学を象徴させせられるかどうかには少々疑問があるかもしれない。デイヴィド・ルイスやあるいはW・V・クワインのほうがそのイメージにふさわしい気もする。道具立ての斬新さに、デイヴィドソンの哲学の魅力があるわけではない。また、「哲学」の伝統や括りにこだわらないのが分析哲学の特徴とされることがあるが、デイヴィドソンはどちらかといえば、伝統的な意味での「哲学」の課題や構図を明白に意識しているように見える。たとえ最終的にはそれらを否定するような結論を彼が与えるにしても。

デイヴィドソンの魅力はむしろ、古典的とも言える問題に対し、おなじみの道具立てを用いて、新しい光を当てるところにある。彼のそうした傾向または個性の由来は、すくなくとも重要な部分を、彼の経歴や受けた教育に求めることができるだろう。哲学への関心は大学に入る前からあったと言うが、ハーバード大学の学部時代、彼は英文学を専攻し、ハリー・レヴィンの比較文学のコースを取っていた。アーサー・ラヴジョイの『存在の大いなる連鎖』を読み観念史に熱中したりもしたらしい。哲学に関してはA・N・ホワイトヘッドの授業に参加することがあったものの、デイヴィドソンの興味は、徐々に古典(古典語・古典文学)へと移っていった。そして大学院では古代哲学に関連する奨学金を得て、結局、プラトンの『ピレボス』について博士論文を書いた。クワインの助手をやりながらプラトンに関する学位請求論文を書くデイヴィドソンを、クワインは不思議そうに見ていたという。デイヴィドソンの哲学

❖ Donald DAVIDSON

の方向性を決定づけた重要人物はクワインである。大学院に進んだ一年目にクワインの授業に出ることにより、彼は「厳密な哲学」が可能であることを悟ったという。学問の分野にかぎらず、デイヴィドソンが非常に多才で関心の広い人物であったことはよく知られている。哲学で職を得るまでにもさまざまな紆余曲折があったように見える。大学院の途中で海軍に三年半入隊していた経歴などは目を引く曲折であろう。そうした周辺的な履歴は第四論文集『合理性の問題』に収められた本人へのインタビューに詳しいので読まれたい（塩野直之による魅力的な邦訳がある）。

周囲に大きな影響を与えることになる論文を続々と刊行しはじめるのは、彼が五十代になってからである。例えば彼の意味論のプログラムが海を渡りオックスフォードを中心に大きな衝撃波――いわゆる「デイヴィドソニックブーム」――をもたらしたのは、一九七〇年代半ばのことだ。行為論と心の哲学、および言語哲学に関する最初の二冊の論文集は八〇年代に入って刊行された。たしかに最初期の仕事で形になったものとして、意思決定理論に関するパトリック・スッピスらとの共著（一九五七）がある。とはいえ、デイヴィドソンのスタンフォードにおける五〇年代の仕事は、後の著作群とは一般的な意味で研究領域をやや異にするものである（それら意思決定理論や測定理論に関する研究は晩年にいたるまで彼に深く影響を与えつづけていたのだが）。以上の事実をもってデイヴィドソンを「遅咲き」と呼ぶことは、しかし、ある意味で正しくないと思う。論文の量産期に入る前、彼は、例えば有名になろうとずっと努力していたわけではなかった。哲学教師としての自分に納得し「喜びと自信」を感じていたのである。むしろ哲学は「我が身を隔てて鑑賞するもの」と思いこんでいたとも語っている。ちょうど、敵機の識別に関して特異な才能をもつ海軍将校が終戦と同時に哲学の大学院に戻っていったように、自然な流れで、あるいは何らかのちょっとしたきっかけで、ベテランの大学教員がそれまで慎重に思索していたことをより広範囲の人々に問おうと考えた、というのが実情であると思われる。

デイヴィドソンの哲学はよく「体系的」だと言われる。そしてそれはあながち間違いではない。だが、主要著作が比較的短い論文ばかりであるような哲学者の思考の、いったいどこが体系的なのだろうか。それは、例えば、掲げられたたった一つの（あるいはわずか二つか三つの）原理からすべての主張が導き出されているからではない。デイヴィドソンの体系性はむしろ、個々の著作のあいだの多数の相互リンク性にある。すなわち、具体的で一見局所的なアイデアや論点が、彼の著作にあっては、異なるテーマや文脈において適用されているのを目にすることができる。また、特定の一つながりの議論が、複数の論文のなかで断片的に継続されていくのを見ることができる。そうした全体を通しての緩やかな網状のつながりが、デイヴィドソンの哲学の〝体系性〟を、第一に形成しているように見える。

彼の哲学は、おおまかに、言語哲学、行為論、心の哲学と呼ばれる領域にまたがって展開されている。もっともいくつかの主要著作は、認識論と呼ばれる領域に深く関わっていると言うべきかもしれない。しかし一人の哲学者の思考を既存の領域区分のどこに位置づけるかにそう心を砕く必要はないだろう。ともかく、とりわけ初期に書かれた彼の論文の多くは、どの領域に属するものであれ、構成上共通の特徴をもっている。だいたいまず問題の提示があり、前半に論争史の整理がそれなりに長く続く。論争史の記述はとても冴えていて、あまり注目されてこなかった諸文献のあいだの類似点と相違点が啓発的に浮き彫りにされることも多い（このあたりは優れた観念史学の研究を彷彿とさせなくもない）。最後に、さりげなくデイヴィドソン自身の提案が書かれる。その提示の仕方はほんとうにさりげなく自然なものなので、読者はそれが過激な結論であることにすぐに気づけない。

2

右でかりに「量産期」と形容した時期への呼び水となった重要な論文に「行為・理由・原因」（一九六三）がある。今日では画期的な仕事と見なされるその論考も、発表後しばらくは穏やかな、比較的薄い反応しか得られなかったとデイヴィドソンは述懐している。いずれにしても、「行為・理由・原因」は多くの論争を呼び、彼の名を有名にした。長い蓄積を背景にして書かれたその論文は、興味深いことに、彼のその後のたくさんの論文に登場するアイデア（の原型または断片）をいくつも含んでいる。

「行為・理由・原因」は、当時主流であったいわゆる行為の反因果説に対して、行為の因果説の側から反旗を翻した論文であると表現されることがある。その表現は誤りではないが、二つの点でミスリーディングである。第一に、ひょっとすると、「因果説／反因果説」と聞いて、何か、行為のさまざまな側面を説明する包括的な理論のようなものを思い浮かべるかもしれない。行為について考察した一人の哲学者の体系に対応するような何かをである。しかし実際、問題となっているのは、行為の「理由」の身分をめぐるかなり特定化された一つの主張である。第二に、因果説と反因果説は非常に単純な対立図式の中にあると思われるかもしれない。つまり対立しあう二つの世界観を背景にしてそれぞれがあるテーゼとその否定を論証しようとしていると思われるかもしれない。だがこれも実際はもうすこし複雑な形になっている。（ちなみに我が国ではこの論文の議論はG・E・M・アンスコムの反因果説への対抗として語られることもあるが、デイヴィドソンの第一の論敵はエイブラハム・メルデンである。アンスコムは注で反因果説の支持者の一人として触れられている。）

デイヴィドソンが異を挟むのは「ⓐ因果関係は法則論的であり帰納に基づいて知られるのに対し、ある行為をなした理由に関する知識はそのような図式と相容れないがゆえに、ⓑ理由は行為の原因でありえない」という主張である。そしてそれに尽きる。彼は論文においてその主張の前段ⓐと後段ⓑの結びつきを断ち切ろうとしている。つまり眼目はⓐからⓑが導かれるという考えを否定することにある。デイヴィドソンは、行為として語られる事柄とその理由として語られる事柄とのあいだにもいずれ厳格な因果法則が見出されるであろう(それゆえに理由もまた原因である)といった主張に与するわけではない。その意味では前提ⓐを真正面から否定はしない。したがって、反因果説的な主張の前提部分を構成する重要な精神の一つを、デイヴィドソンは受けいれることができるし、実際に受けいれてもいる。

具体例で確認しよう。しばらく会っていなかった友人を遠くに見つけたので気づいてほしくなり、大きく手を振ったとする。そのとき目の前であなたと会話していた人物は、あなたのその突拍子もない動作の理由を尋ねるかもしれない。あなたは「あそこにいる彼女に気づいてもらいたくて」とか、あるいはもっと簡単に「ちょっと挨拶を」といった答えを返す。この種の典型的ケースにおいて、当該の行為とその理由とのあいだに厳密な意味での法則性はたしかに見出せない。知人に気づいてほしいと思ったとしても行動に出るとはかぎらないし、挨拶の仕方にもさまざまなものがあるからだ。われわれが見つけられるのはせいぜい「大まかな一般化」である。デイヴィドソンは、さらに、欲求や信念をより詳細に区別する精緻な心的語彙を用いて理由を語ることにより、単なる大まかな一般化を、特定の行動を予測可能にするような厳格な法則へと洗練する見込みはないと論じる。反因果説の支持者もこれらの結論を歓迎するはずである。

手を振ったのは挨拶をしたかったからだ。ようするに挨拶をしたのだ。——「挨拶」と再記述されることにより唐突な行為はおなじみの構図へと収められ、聞く側は納得をする。だが、理由による行為の説明がこのようなものだとすれば、いったいそれのどこに因果性の関わる余地があるのだろうか。結局のところわれわれは、問題の行為に言及せずに「理由」を語ることはできないようにも見える。となると行為と理由の関係は、帰納に基づいて発見されるというより、言語的なやりとりのなかではじめて承認され意味をもつものではないのか。こうした考えの流れから生じやすいいくつかの誤解をデイヴィドソンは指摘する。まず、特定の結果に言及しつつ原因を記述することが、因果性の概念と両立しないということはまったくない。「ある特定の出来事eの原因がそのeをひき起こした」という文は、分析的であるかもしれないが、まちがいなく二つの出来事のあいだの因果関係を表現している。「挨拶したかったのであの挨拶をした」は、些末に見えるかもしれないが、けっして論理的事実を述べた文ではない。挨拶をしたかったということから特定のあの挨拶が帰結するわけではないからだ。われわれは出来事の記述と出来事そのものとを区別しなければならない。分析的であったり綜合的であったり、あるいは些末であったり啓発的であったり、あるいは法則論的であったりなかったりするのは、もっぱら出来事の記述の特徴である。それらは出来事をどう記述するかに依存する。デイヴィドソンによれば、理由による行為の説明とは、原因の文脈のなかに出来事を置くというパターンの説明の一種にほかならない。それは、行為の再記述の形をとるにしても、特定の種類の原因に言及しそれを指定するような再記述なのであり、したがって個別的な因果関係を前提とする。

しかし、厳格な因果法則へと洗練していくことができないのに、どうして、理由による行為の説明が因果関係を前提とするなどと言えるのだろうか。デイヴィドソンはおそらくそのような問いかけ自体がある種の混乱を含むものだと述べるはずである。ここにおいてデイヴィドソンは、先に示した反因果説的主張の前提ⓐの表現に注意を促すであろう。すなわち彼は、因果関係が帰納に基づいてのみ知られるということには賛成しない。とりわけ自らの行為についてわれわれは、その理由をいかなる観察にも基づくことなく知る。そしてそのことは、デイヴィドソンの強調するところによれば、理由が行為の原因であるということを否定しない。ここでも、出来事との記述と出来事の区別が重要である。というのも、個別的な出来事のあいだに因果関係が成立していることを知ること（それゆえそれらの出来事が何らかの記述のもとでは厳格な因果法則に包摂されるだろうという主張にコミットすること）と、個別的な出来事が特定のどのような記述のもとで厳格な因果法則に包摂されるのかを知ることとの区別が、ここでの議論にとって肝要だからである。われわれは後者の知識なしに前者の知識をもつことができるのである。

行為の因果説をとるべき積極的な理由は何であろうか。なぜ、理由（より正確には、理由を構成する重要な出来事、すなわちある種の気づきや、欲求の発生、信念の形成など）が行為をひき起こすと言わなければならないのだろうか。デイヴィドソンは次のようなケースが理解可能であることを重要視する。例えば一人の老人を援助したいと思っていて、かつ、その老人に傘の修理を頼むことが彼の助けになると信じているとしよう。そして実際その老人に修理を頼み、いくらかの修理代を支払った。その修理依頼と代金支払いは、援助したいという欲求を満たすものであるし、また、その行為がそのように自分の欲求に合致するものであることを行為者は承知している。だが、その場合であってさえ、それらの欲求や信念が、問題の行為を説明する理由でないことはありうる。行為者はもっぱら傘を修理したいから修理を頼んだだけかもしれないからだ。ある行為を合理化する欲求や信念が、まさにその行為をなした理由であるためには、それらの欲求や信念が当の行為をひき起こしていなければならない。そうデイヴィドソンは主張する。「理由」の語を実際に原因となった欲求や信念に限定するのか、それとも、「行為をする理由」のうち「当の行為をなした理由」をとくにそうしたものを指すのに使うのかは、用語の問題であり重要ではない（デイヴィドソンのなかでも時期により揺れが見られる）。傘を修理してもらうケースが例外的なケースに見える点も重要ではない。適切な欲求と信念が行為をひき起こす場合とそうでない場合が事実として区別されることこそ、「理由」の概念の理解にとっては重要なのである。（行為を合理的なものにしうる適切な欲求と信念が当の行為の原因でもあることは、それらの欲求と信念が当の行為の理由であるための必要条件である。ただしそれは十分条件ではない。「逸脱的因果連鎖」の名で知られる奇妙なケースがあるからだが、しかしそれはまた別の話である。）

3

以上で、デイヴィドソンの最初期の論文とも言える「行為・理由・原因」の議論の重要な部分を見た。少々くわしく議論を追ったのには理由があり、それは、すでに述べたとおり、その論文に後に展開される彼の哲学の〝伏線〟がいくつも見られるからである。

一つはすでに触れた出来事と出来事の記述との区別である。デイヴィドソンによれば、出来事も物体や人物と同様第一には個別的で具体的な存在者である。それはさまざまな記述の対象となる。人物との類比で考えると分かりやすい。ある人物は銀行員であると同時に母親でありうる。われわれは銀行員としての彼女は知っているが母親としての彼女はよく知らないかもしれない。「太郎の実母が太郎を産んだ」という文はたしかに分析的だが、しかしそのことは、太郎とその母が独立の二人の人物であることを脅かさない。ましてや「母」を単なる言語的な存在にすることなどない。出来事も、人と同じように個別的な存在者と見なすことができる。目の前の人物の手の動きは、説明されるまでは一つの挨拶であることが分からないかもしれない。その動きが神経細胞の異常興奮によってもたらされた痙攣なのか、それともある理由によってもたらされた行為なのかさえ、分からないかもしれない。また、はるか後方にいる誰かに目の前の人物が気づいたという出来事は、目の前の人物の脳における特定の神経生理学的出来事としても記述しうると推測されるであろう。そしてその出来事は例えば数百ミリ秒後の特徴的な脳波の原因でもあるだろう。もちろん通常その脳波の発生が行為者によって自覚されることはない。行為者が自覚するのはむしろ、その出来事がひき起こした挨拶という行為としての身体運動である。彼が装置による観察や帰納的な推論を経ることなく知るのは、自分が知人に気づいたので手を振ったという事実である。人であれ、出来事であれ、もっぱらそれらの記述に関して成り立つ重要な特徴があり、それらの特徴を人や出来事そのものの特徴と混同してはならない。

非法則的一元論の考えへと至るのもここからは自然である。「非法則的一元論」とは、デイヴィドソンが伝統的な心身問題に対して明確に提示した一つの図式である。それは非還元的な物理主義の一種であり、つまり存在論的にはある種の物的一元論をとりつつ、心の自由(自律性)を確保する立場である。一元論的なのは、心的語彙を用いて記述された個別的な出来事はすべて、物的語彙のみを用いて記述された何らかの個別的出来事と同一である、という主張に与するからだ。他方、心的な領域の自律性は、厳格な法則への包摂を物的な記述下に限ることによって保証される。デイヴィドソンの考えでは、二つの出来事のあいだに因果関係が成立しているならば、それらを包摂する厳格な法則が存在する(それゆえ彼は先の反因果主張の前提ⓐの前半部分の精神をも限定的に認めると言えよう)。そしてそのような法則への包摂は、洗練された――つまり個別的な時点や地点への言及を含まず、例外を許す未完結な文言も含まない――物的語彙による記述のもとでのみ可能となる。よって、心的なものとして捉えられるかぎり出来事は厳格な法則へと包摂されえず(非法則性)、心が例外なき予測可能性の餌食になることもない。以上の図式は、個別的な心的出来事が個別的な物的出来事をひき起こしたり、また逆にひき起こされたり、あるいは別の個別的な心的出来事をひき起こしたりするという常識的見解と整合する。「心的出来事」とは心的語彙を用いて記述された出来事のことにほかならない。そしてそれらは洗練された物的記述を与えられたときに初めて厳格な法則へと包摂される。

非法則的一元論は、その図式の鮮やかさも手伝って多くの論争を呼んだ。なかでも心的な領域の自律性を謳うために依拠した「心の非法則性」の概念には議論が集中した。また、因果的な力は性質にこそ備わると確信する哲学者たちは、〝心的性質〟の〝効力〟がデイヴィドソンの議論によって無効化されるとしていっせいに彼を批判した(ジェグォン・キムやアーネスト・ソウザの批判が有名であるが、このパターンの批判が見られる最初期の論文はおそらくフレデリック・スタウトランドの一九八〇年のものである)。

論争を通じて浮き彫りになったのはデイヴィドソンの哲学の唯名論的側面である。デイヴィドソンは批判者の「誤解」を指摘するという形で応答している。基本的な立場がたがいに食い違っているように見える。デイヴィドソンにとって因果は第一に個別的出来事間に成立する関係であり、存在者としての性質(普遍者)の力の発揮ではないし、ましてや性質を結ぶ二階の普遍者としての因果法則の例化などではない。彼は因果法則文を、個別的な因果関係を表す原始的な述語をその一部に含む二つの全称量化文の連言として定義する。単称因果文――個別的な出来事間の因果関係の成立を主張する文――は因果法則文を含意しない。後者を具体的に知ることなくわれわれは前者を主張できるのである。出来事の本質を、性質の単なる性質の例化と捉えることが、そもそもデイヴィドソンの哲学と相容れない。もしそのように考えるならば、ある特定の挨拶と手を上げる動作との同一性すら主張困難になるだろう。性質例化の観点からすればそれらは異なる性質の例化でしかないからである。(同様に、デイヴィドソンのなかに「性質二元論」の名で呼びうる何かを見てとるのも誤解である。存在論の観点からすれば、彼にとっては性質の一元も二元もない。心的なものは、物的なものとともに、概念的な範疇にすぎないからだ。心的語彙と物的語彙の架橋不可能性の主張として限定的に解釈したとしても、この呼称は的外れである。例えば「エメラルド」が属する語彙と「グルー」が属する語彙とを法則的に架橋することもまたできないことになるのだから、語彙と法則性に関する彼の立場をことさら「二元」と呼ぶ必要はない。）

こうした形而上学的背景は彼の言語哲学とも連動している。出来事が個別的存在者であるということは、出来事が量化可能な一階の対象であることを意味する。「行為・理由・原因」では明確にされていなかったが、デイヴィドソンは、例えば「私は遠くにいる知人のほうを向いて挨拶した」という文は、知人の方を向いての挨拶という出来事についての存在量化文として整式化されると考える。その文自体は特定の挨拶に対する確定記述を含まない。「知人の方を向いて」という副詞的修飾句が、「知人の方を向いての」という形容詞的修飾句のように扱われるところが一つの要点であり、それによって、「青いリンゴがある」から「リンゴがある」を導き出すのと同じ標準的な（有限個の述語を用いた）仕方で、当該の文からより単純な「私は挨拶した」という文を導き出すことができる。

ここで「整式化」とは、自然言語の文を、論理形式がより明示されたものへとパラフレーズすることである。整式はクワインの言う「正準表記」に相当する。ただしデイヴィドソンはそれを自然言語の改訂や自然言語に取って代わるものとは考えない。彼は、正準表記による新言語を、自然言語の延長部分、または自然言語と形式的意味論とを結ぶ媒介装置と考える。正準表記（整式）は外延的で完全な一階の量化言語によって与えられるべきだとデイヴィドソンは考えるが、その点ではクワインと同じである。整式化に求められる重要な要件の一つは、もともとの文が他の文と結んでいた論理的な含意関係を保存することである。そしてその含意関係に体系的な説明を与えられるようにすることである。外延的な一階の量化言語はその要件に応えうる道具立てであろう（そしてそれは唯名論的な世界観に合致するものでもある）。前段落の副詞的修飾句を落とす推論の説明はその具体的な応用例の一つである。ほかにもデイヴィドソンは、一見扱いが困難な種類の日常文のいくつかについて、一階の量化言語で整式化する巧妙な仕方を考案している。

4

言語哲学におけるデイヴィドソンの問いをひとことで述べるならば「言葉の意味とは何か」である。もうすこし特定的に述べるならば、デイヴィドソンはその問いを、とりわけコミュニケーションの文脈において、さらにいえば他者の理解という観点から、扱っている。

この大きな問いに彼は直截的に答えようとはしない。むしろ彼によれば、この問いに単純に答えようとして「意味」なるものに相当する何かを探しはじめることが、誤った第一歩なのである。

デイヴィドソンの考えによれば「意味とは何か」という哲学的な問いに答えるには、体系的な意味の理論(「意味論」)が必要である。そのような理論はもちろん、素朴な話者によって実際のコミュニケーションの場面で意識されつつ運用されるような理論ではない。しかしながらそれは、説明対象である実際の人間がもつ能力の制約を受ける。すなわちその理論は、最終的には(直接は整式化された形式的言語を扱っているように見えても最終的には)われわれの自然言語についてのものであり、また、有限個の語彙から有限通りの方式で文を合成するという意味において体系的でなければならない。自然言語の意味論の構築にあたり、デイヴィドソンはタルスキ型の真理理論を援用する。よく言われるようにそこではタルスキの理論が転倒された形で登場する。説明するものと説明されるものの順序がひっくり返っているのだ。つまり、いわゆるT文を帰結する理論が、真理の概念を定義するために用いられるのではなく、むしろ逆に、文の意味を理解するということを「真」という原始概念に基づいて説明するのに用いられるのである。デイヴィドソンによれば、文の意味を理解するということは、ようするにその文の真理条件――文がどのようなときに真になるか――を知ることにほかならない。そうして、語の「意味」や、文どうしの意味論的関係もまた、以上の枠組みに基づいて説明されるのである。

文がどのような場合に真となるかを示す形式は、そのまま他者の発話の解釈を表現する形式にもなる。解釈者の視点がここで持ち込まれる。解釈者にとって他人の話す言葉は、自分の母国語と同じであるかもしれないし、さほど習熟していない外国語であるかもしれないし、まったく未知の言語であるかもしれない。いずれの言葉の意味の理解についても右の理論的枠組みが適用できるだろう。デイヴィドソンの考える意味の理論は、解釈という営みの本質を説明する理論でもある。

解釈者の視点の導入は、たしかにいくつかの哲学的問題を生じさせる。例えば、真理条件の明示が、発話者の文に対して与えられる解釈であるならば、当の文の「意味」についてある種の不確定性がもたらされるように思われる。というのもその場合、解釈者の理論が基づくことのできる証拠は、解釈者が認識しうる発話の状況と観察可能な発話者の行動パターンに尽くされるからである。考えられる最良の証拠と整合的であるような発話者の言葉の「意味」は、原理的には複数あると想定される。また、発話者がもしも誤った信念を系統的に抱いているとしたら、解釈者は真理条件ではない諸条件を「意味」として発話に帰属させてしまうことになるように思える。ようするにこの場合の「意味の理論」は、せいぜい発話者が真と見なす事柄についての理論にすぎないのではないか。

この文脈で問題にしうる「不確定性」にはいくつかの種類があるだろう。そしてそれぞれが微妙に異なる含意をもつであろう。それらのすべてをここで網羅することはできない。ただ、現実にありそうなのは例えば次のようなケースである。ある人がニレの木を指して「立派なブナの木だ」と言うとしよう。仮定上その人は、たまたまその場かぎりの言い間違いをしたわけではなく、また、視覚を惑わす特殊な環境で木を眺めていたわけでもないとする。つまり、ニレとブナの違いがよく見える条件下でもつねに彼はニレを「ブナ」と呼ぶのである。このときわれわれは次の二つの可能性を区別できるだろうか。すなわち、一つには、その人はいくつかの実例で適切に「ブナ」の語を学んだのだが、ニレという木の種類の存在をまったく知らなかったため、ニレもまたブナだと思い込んでいるという可能性がある。もう一つの可能性として、その人は、日本語の「ブナ」と響きは同じだが意味の異なる別言語の単語を口にしているのかもしれない。つまり、ブナとニレに共通する何らかの特徴によって内包的に定義され、あらゆるブナとニレの個体を外延にもつような語を、口にしていたのかもしれない。前者の場合、立派なブナの木があるという彼の信念は誤りである。それはちょうど、知らないあいだに双子地球に連れて来られたオスカーが、「水」の語を含むたくさんの誤った発言をしてしまうのと同じである。だが、後者の場合、問題の人物の信念が間違っているとは言えないだろう。こちらはちょうど、双子地球で生まれ育ったトスカーが、「水」の響きをもつ語を用いてＸＹＺについて数々の真なる発言をなしうるのと同じである。これら二つの対照的なケースのどちらであるかをわれわれ解釈者は確定できるだろうか。

系統的な誤りが関わるこの例は、しかし、文の真理条件を明示する形式によって意味を説明するという件のプログラムを掘り崩さない。当該の発話のより広い状況が決め手となる。「ブナ」の語を学んだ背景が発話を偽にしている第一のケースでは、同じ言葉を話す別の発話者、すなわち第三の人物によって、発話の誤りが指摘されうる。当の発話者はいずれかの機会に再教育されるだろう。あるいはわれわれは、ブナにはないニレの特徴をその場で指摘し、かつ植物の分類に関する発話者の他の一般的知識に訴えることで、発話をほどなく撤回させることすらできるかもしれない。他方、発話者がわれわれと異なる言語を話している第二のケースで、そのようなことはできない。

上述の例における誤りは系統的であるが全面的なものではない。もっと大規模な誤りの可能性を考えられないだろうか。つまり、解釈しようとしている言語全体がわれわれの言語と全面的に異なる仕方で世界と関係づけられているため、入手可能ないかなる証拠によってもわれわれの誤った解釈が訂正されえないという可能性をである。しかしいったい具体的にどのようなケースを考えればよいのだろうか。デイヴィドソンは、そのような可能性自体を、解釈という営みの成立要件を考慮することによって否定している。彼によれば、二者のあいだに信念の共有がなければ、両者間の解釈というものがそもそも意味をなさないのである。さらに実際、コミュニケーションを成功させるには、発話者の多くの信念が解釈者のそれと一致していることを想定しなければならないはずである（デイヴィドソンはわれわれの信念が大規模に誤っていることが不可能であるとも論じるので、結局のところわれわれは、発話者の信念の多くが真であるという前提のもとでコミュニケーションを始めることになる）。

「誤り」というものは、もしあるとすれば、発話者と解釈者が証拠に基づいて原理的に訂正可能なものである。あるいは少なくとも証拠に基づいて有意味に論じあうことのできるものである。そこで、現に、発話者と解釈者のあいだで真と見なすものが一致したと仮定しよう。いまや発話者の誠実な発話はどれも解釈者によって真と見なすことができる。このとき、なおも発話者の信念体系や意味するところがわれわれのそれらと著しく異なっているようなことはありうるだろうか。例えば、発話者は非常に奇妙な「存在論」を採用していると考えられるかもしれない。もしそのようなことがありうるとすれば、解釈の理論――すなわち意味の理論――は、発話者にとってのほんとうの「意味」に到達していないと言われるかもしれない。

デイヴィドソンの答えは、そのような仮定のもとで意味に関して実質的な違いをもたらすような奇妙な体系は存在しない、というものである。たしかに、例えば、名辞と述語のそれぞれに巧妙な新解釈を施すことによって、文の真理値を変えることなく、まったく異なる対象を割り当てることは可能であろう。新しく割り当てられた諸対象は存在論的カテゴリーすらこれまでのものと異なっているかもしれない。しかしデイヴィドソンの考えでは、そうした新しい「存在論」を備えた言語は、もしそれがわれわれのもつあらゆる証拠に合致しているのだとすれば、理解可能な容認しうる言語であるにちがいない。つまりそれは、われわれが語る事柄と同じ事柄を語ることのできる言語であるはずだ。だとすれば、その言語をことさら奇妙なものとする理由は見あたらない。それによってもたらされる違いは、もしあると言えるとしても、存在論の全体に影響を及ぼしうるものではないからである。（対照的に、生きているウサギの真部分については語れるがウサギそのものについては語れない人がいたとしたら、その場合、その人の言葉をわれわれは理解できないだろう。）

結局、デイヴィドソンによれば、文の真理値に影響を与えない不確定性はどれも無害である。それでもなお、そうした不確定性が実質的な問題を生じさせうると思われるのであれば、それは、一つに特定すべき不変項としての「意味」や「信念」を、発話者に直接的に現前し発話者の心そのものを構成する何かとして、発話行動の背後に見ているからにほかならない。それは、意味や信念の実体化であり、誤った描像である。

実情はむしろ重さや温度や主観確率などの測定になぞらえられる。つまりこういうことである。さまざまな物体の重さを測るときにわれわれがやっていることは、それぞれの物体を、数という特定の構造をもった存在者の系列へと関係づけることである。もちろん数のその構造は、「重さ」の概念が満たすべき物体間の重要な関係を（例えば比例関係などの形で）適切に反映するものでなければならない。しかし「ポンド」で測定しようが「グラム」で測定しようが、測定される物体間の重要な関係は不変である。ある物体に内在するのが「一〇ポンド」なのか「四五三五グラム」なのかが存在論的に問われたりすることはない。また、数という抽象的存在者が物体の一部を成し物理的効力を発揮しているなどと誰も考えたりしないだろう。われわれは「一〇ポンド」という新たな実体を物体の表面下に突きとめようとすべきではない。にもかかわらず、一つの物体が一定の重さをもつということは客観的な事実であり、その客観性は複数の正しい測定体系があることと衝突しない。同様に、発話者の信念や意味も、発話者の心の中にそのようなものとして確定的に抱かれるべき実体ではない。それらは、文の特定の体系と関係づけられてはじめて、個々の「信念」や「意味」として発話者に帰属させられる。そのとき、どの文の体系と関係づけられるにしても、発話者の「信念状態」とされる身体の諸状態のあいだの関係や、それらと発話の状況とのあいだの重要な関係は不変である。

5

デイヴィドソンが意味や信念の本性について測定のアナロジーを多用するようになるのは、だいたい一九九〇年前後に書かれた論文からである。ただし、一九七七年の論文ですでに彼は、文の不変的な「意味」――すなわち言語全体のなかで文が果たす意味論的役割のパターン――を、温度測定の比喩を用いて説明している。また、不確定性にまつわる偽の問題が意味の実体化によってもたらされるという論点自体は、一九六八年の論文のなかにも見つけることができる。測定のアナロジーは汎用的であり、いわゆる主観性の神話を否定する議論の文脈でも用いられるようになる。（彼によれば、信念の内容は信念の主体が文と関係づけられることによって帰属させられるのであり、主体の心に現前する特別な諸対象によってもたらされ正当化されるのではない。経験の経路は因果の経路でしかないのである）。

以上は一例だが、デイヴィドソンの六〇年代、七〇年代以降のテキストを通して眺めたとき、大きな区切りや転換点がどこかにあるように見えないというのはたしかである。個々の論点に関する修正やニュアンスの変更はもちろんむしろたびたび明示的になされている。

しかし、彼の哲学全体に見られる流れはあくまで、初期のアイデアを調整しつつ発展させ、徐々にその体系性を明らかにしていくというものであったと思われる。

そのようななかで比較的大きな「転換」としてしばしば名指されるのは、一九八六年の論文「墓碑銘のすてきな乱れ」における意味の理論の位置づけに対する変化である。その論文でデイヴィドソンは、〝一致〟が、コミュニケーションの成立ための前提ではなく結果であるという主張を行なう。つまり言語的なルール、規範、慣習、体系のようなものが、発話とその解釈に先立って、話し手と聞き手のあいだに共有されている必要はまったくないという主張である。デイヴィドソンが以前の論文で抽象的かつ一般的な形で描写してきた意味の理論が、もし、コミュニケーションを始めるにあたりその参加者全員が備えていなければならない特定の体系的言語能力を記述したものであると考えられるなら（そして彼自身そのような示唆があることを認めているが）、その考えは「墓碑銘のすてきな乱れ」において否定されているものである。これは大きな立場の変更を意味するのだろうか。

一つの見方をすればそうではない。すなわち、「墓碑銘のすてきな乱れ」における新しい強調点は、デイヴィドソンの哲学の従来の唯名論的傾向がより明確な形で議論に適用されるようになった結果だと言うことができる。その論文で彼は、コミュニケーションの個別性の側面をいっそう強調するようになったのである。「理論」と呼ばれるものはいまや、会話参加者がそれぞれの意図を実現するための道具立ての一つ一つを意味する。そのため、いわゆる「同一言語」内の話し手と聞き手とのあいだにおいてさえ、共通の単一の理論が前提とされることはない。「理論」の共有が実現されるのは、個別の会話に関してそれが成功裏に成し遂げられた瞬間にかぎられる。そのような「理論」はとうぜん改訂可能なものでなければならないだろう。

会話の前に参加者のそれぞれがもっているものをデイヴィドソンは一般的に「事前理論」と呼ぶ。他方、その会話の実際の進行によってもたらされるものを「当座理論」と呼ぶ。いずれの理論も当の発話の解釈の仕方を示すものである。しかし、話し手の事前理論および当座理論と、聞き手のそれらとでは、同じ呼称が使われているものの、異なった特徴づけが与えられるので注意されたい。簡単に言えば、話し手の事前理論とは「これこれの仕方で解釈されそうだ」と話し手が予想する聞き手の解釈の仕方のことであり、話し手の当座理論とは「この発話はこう解釈してほしい」と話し手が意図する解釈の仕方のことである。それに対し、聞き手の事前理論は「この方向で解釈可能な仕方で話すだろう」という話し手に対する見込みであり、聞き手の当座理論とは解釈の過程で実際に与えられる「この発話はこの仕方で理解すべきだ」という一応の解答のことである。以上のように特徴づけられたとき、単一の理論の共有が会話への参加の必要条件でないことは、あきらかだろう。とりわけ聞き手の事前理論が話し手の事前理論や当座理論と異なることは稀ではないと思われる。「同一言語」でさえ、言い間違いや造語、新しい名前の導入、個人言語、マラプロピズムなど――デイヴィドソンによればそれらは招かれざる逸脱ではなく言語の本質的な創造性を象徴する現象であるが――に溢れており、そのなかでわれわれがコミュニケーションを行なっていることを考えれば、この特徴づけは自然なものであろう。

もう一つ「墓碑銘のすてきな乱れ」において目を引くのは、いわゆる字義的な意味に対する扱いの変化もしくはその新しい特徴づけである。デイヴィドソンは「当座理論」と「事前理論」を説明するにあたり、字義的意味の概念を行為論的な観点から定義しなおしている。彼は「字義的な意味」から慣習的なもの、規範的な含みを切り離し、それに代わる「第一の意味」の概念を導入している。第一の意味とは、言葉を用いて何かを伝えるという行為が形成する「〜によって」関係の系列において最初に登場する〝意味〟のことである。発話者はその第一の意味をまず聞き手に理解してもらうことを意図している。例えば「いやあ最高だったよ」と述べることによって、そのような茶化した表現をせざるをえないほど不出来であったことを伝える場合、発話者はまず、「最高だった」という述定が間違いになるような解釈を、聞き手にしてもらう必要があるだろう。それはもちろん「最高だった」の字義的な解釈と呼ばれてきたものである。アイロニーは、しかし、「墓碑銘」論文が注目する言語の創造的側面を示す例ではない。アイロニーやメタファーと異なり、話し手の第一の意味に対する聞き手の事前理論が必然的にうまく働かない例が存在する。マラプロップ夫人はナイル川にいるアレゴリーのことを第一に意味していたわけではない。ケッチを「ヨール」と系統的に言い間違える人が「すてきなヨールだ」と述べたとき、彼は、対象がすてきなヨールであるときかつそのときにかぎり真になるような文を口にすることを意図していたわけではないだろう。聞き手の事前理論に従えばそれぞれの発話は意味不明であったり単に偽であったりするが、より重要なことは、話し手が第一に意味するアリゲーターとケッチに、聞き手の当座理論がたどり着くことである。このことは話し手が語の意味を自由に変えられるということではない。語が意味することと話し手が意味することとの区別がいまや重要になる。以上が示しているのは、聞き手に理解してもらうことを話し手が意図し、話し手を理解することを聞き手が意図するコミュニケーションの文脈では、話し手の第一の意味を規範的に統御する制約は何もない（そしてそのことをわれわれは承知して解釈を行なっている）ということである。

個々の発話や現実の解釈の営みにいっそう基づいた仕方で「理論」を再定義することが唯名論の徹底であるとすれば、字義的意味の再定義は「行為論的転回」とでも呼ぶべきものであろう。（後者のスタンスは、デイヴィドソン自身の行為論的関心を言語哲学の領域へと浸透させたものだと言えるが、同時に、コミュニケーションをなによりもまず話し手と聞き手による共同行為として特徴づけたポール・グライスの観点を思い起こさせる。グライスの説明においても「格率」は第一に違反されるべきものとして導入されていた。)

6

以上で、デイヴィドソンの、すべてではないがいくつかの代表的議論を概観してきた。全体として二つの特徴が示されたかと思う。一つは個別性の重視である。ここではそれをとくに「唯名論的傾向」と呼んだ。それは、出来事であれ発話行為であれ個別的な対象や場面に、説明の基礎を求める傾向である。その傾向はときに議論における禁欲的な態度として現われる。つまり、心的性質の効力をめぐるある種の問いに対する説明の拒絶や、あるいは、価値の客観性をめぐる問いに対するおそろしく素っ気ない答え方などに現われる。他方で、「墓碑銘」論文における「言語などというものは存在しない」という一見過激な警句なども、唯名論的含意の一つとして理解することができるだろう。

もう一つは他者の存在の重視である。それは例えば、解釈者による解釈のもとではじめて内容を伴った心——通常の意味での信念や欲求、いわゆる命題的態度——が主体に帰属するという描像に象徴されていよう。さらに、デイヴィドソンは「客観性」の由来をも他者とのコミュニケーションに求める。客観性の概念は誤りの概念を前提とするが、誤りの可能性は他者の存在によってこそ開かれるからである。その論点はとりわけ命題的態度の客観性を考えるさい顕著になる。ある人物の言動をあなたと私が解釈するとする。その人物の命題的態度を個別化するのにあなたと私のそれぞれが用いる文が、同一の意味論的な関係のパターンを示しているかどうかは、あなたと私とのあいだのまさに相互的な解釈においてはじめて成立する事柄である。そして、すでに見たように、命題的態度の実在性はそのような不変的で同一な関係にこそ存するとデイヴィドソンは考える(測定の話に戻れば、あなたという第三の人物が対象の客観性の成立において果たす明確な役割が、誰かに態度を帰属させるさいの文と、物体の重さや温度を測定するさいの数との違いである)。他方で、デイヴィドソンは、一人称的観点もまた他者とのやりとりという契機を無視しては成立しえないと論じている。要するに、他者とのコミュニケーション、およびそれを通じて得られる相互解釈、相互理解が、客観性や自己の観念の成立の本質的な前提を成すというわけである。

急いでつけ加えなければならないが、客観性や自己の観念が他者との関わりのなかへと還元可能だということを、デイヴィドソンは言いたいわけではない。そうではまったくない。第三論文集『主観的、間主観的、客観的』のタイトルに示されているそれら三つの要素は、たがいに他を必要とし、どれかがどれかに先行するということはいかなる意味においてもないのである。

ウィトゲンシュタインにせよ、メルロ゠ポンティにせよ、哲学史上に革新的なヴィジョンを提起しえた哲学者は、しばしば、自らの個人史にも真の転換点を含んでいると見なされる。すでに指摘したように、デイヴィドソンにそれほどの大きな転機はないように思える。目に付くいくつかの変化は、彼の哲学の体系全体を特徴づけていた傾向が、後年になって徐々に強く出てきたものとむしろ解することができるだろう。もっとも、ほんとうに唯名論的な観点からすれば、デイヴィドソンの哲学の「体系」など字義通りの意味では存在しないと言うべきなのかもしれないが。

主要著作

デイヴィドソンの五冊の論文集は、オックスフォード大学出版局から刊行されており、すべてに邦訳がある（ただし第一、第二論文集は抄訳）。

▼『行為と出来事』服部裕幸・柴田正良訳、勁草書房、一九九〇。
▼『真理と解釈』野本和幸・植木哲也・金子洋之・高橋要訳、勁草書房、一九九一。
▼『主観的、間主観的、客観的』清塚邦彦・柏端達也・篠原成彦訳、春秋社、二〇〇七。
▼『合理性の諸問題』金杉武司・塩野直之・鈴木貴之・信原幸弘訳、春秋社、二〇〇七。
▼『真理・言語・歴史』柏端達也・立花幸司・荒磯敏文・尾形まり花・成瀬尚志訳、春秋社、二〇一〇。

また、一九八九年と二〇〇一年の連続講義に基づく一冊がデイヴィドソンの名でハーバード大学出版局から出ていて、邦訳は次である。

▼『真理と述定』津留竜馬訳、春秋社、二〇一〇。

プラトンに関する博士論文も、ラウトレッジのライブラリー版プラトン叢書の一冊として入手可能になっている。

［柏端達也］

プリゴジーヌ〔プリゴジン〕、イリヤ

❖Ilya PRIGOGINE　1917-2003

ロシア出身のベルギーの物理学者。ブリュッセル自由大学教授、ソルベイ国際研究所所長、テキサス大学統計力学・熱力学研究センター所長などを歴任。一九七七年、散逸構造の理論でノーベル化学賞を受賞。著作には、『混沌からの秩序』（イザベル・スタンジェールとの共著。フランス語版一九七九、英訳版八四）、『存在から発展へ』（八〇）、『確実性の終焉』（スタンジェールとの共著。フランス語版九六、英訳版九七）などがある。自然界では熱力学第二法則（エントロピー増大の法則）によって、秩序は崩壊していくものと考えられていたが、プリゴジーヌは、非平衡開放系において秩序形成が可能であることを理論的に示した。ゆらぎや偶然性を通して、秩序が生成する自己組織化の理論を展開した。〔飯盛元章〕

ボーム、デヴィッド・ジョーゼフ

❖David Joseph BOHM　1917-1992

アメリカ生まれ、プリンストン大学助教授のとき、レッドパージのため停職。その後、ブラジル、イスラエルの大学を経て、ロンドン大学教授を務めた物理学者。学生時代、オッペンハイマーに師事していた関係でマンハッタン計画に参加した。量子力学を専門としており、アハロノフ－ボーム効果、ボーム拡散などによって知られている。一九五一年の『量子論』は教科書として世界的によく読まれた。また、『断片と全体』（一九七六）、『全体性と内蔵秩序』（八〇）などの著では、物質と意識、世界を不可分な全体の運動として捉えようとしている。インド出身の宗教者クリシュナムルティとの交友が長く、『時間の終焉』（八五）など数冊の対談がある。〔本郷均〕

アルチュセール、ルイ・ピエール

❖Louis Pierre ALTHUSSER　1918-1990

二十世紀後半のフランス哲学におけるマルクスの影響は疑う余地がない。V・デコンブは、マルクスを、ニーチェ、フロイトと並んで、一九六〇年以後のフランス哲学の「懐疑の師」と呼んでいる。[01] しかし、フランスにおけるマルクス思想の本格的な受容は比較的遅く、アルチュセールはそれを「フランス的貧困」と呼んだ。その理由として、独自の社会主義思想の伝統があったこと、とくにアナキズムと結びついた労働組合主義（サンディカリズム）の影響力が強かったこと、あるいは逆に、フランス共産党が一九二一年の結党以後「モスクワの長女」と呼ばれるほどソ連寄りであり、順応主義（コンフォルミズム）を嫌う哲学者たちに敬遠されたこと等があげられるだろう。いずれにせよ、G・ソレルなどそれ以前にもマルクスに影響を受けた政治哲学者はいたが、フランスにおいてマルクスの思想が哲学的に重要な意味をもちはじめたのは、第二次世界大戦以後であった。

それは、個人がつねに歴史や社会のうちにあるということを第二次世界大戦が理解させてくれたからであり、マルクスの哲学がそうした歴史や社会についての視座を提供してくれたからである。少なくともサルトルはそのように考えた。サルトルは、『方法の問題』（一九五七）のなかで、哲学とは、ある時代の知の総計であり、時代や社会を規制する理念であり、とりわけ興隆しつつある階級の精神を表現する器であると規定している。そして、この意味で、プロレタリアートの実践的な知の総合としてのマルクス主義哲学こそ、「われわれの時代の乗り越え不可能な哲学」にほかならないと言うのである。

また第二次大戦前後、共産党の影響力が増していたことも背景にあった。一九三六年、反ファシズム統一戦線としての人民戦線政府が樹立、共産党は閣外協力ながらも政権党となった。一九四一年以後、共産党はレジスタンス運動を中心的に担い、戦後には「ブルジョアジーすら社会主義を希求する」と言われる状況が生まれた。一九四四年には共産党書記長M・トレーズが副首相として入閣、翌年の総選挙で共産党が第一党となった。

しかし、サルトルによれば、当時のマルクス主義哲学は、スターリン主義の影響で停滞していた。そこで、ヘーゲル哲学に対してキルケゴールの「主体的体験」が積極的役割を果たしたのと同じように、実存主義によってマルクス主義に人間存在の意味を復権させなければならないと主張する。すなわち、サルトルの課題は、実存主義によって、マルクス主義のなかに人間的自由の意味を復権

❖ Louis Pierre ALTHUSSER

させること、あるいは人間の生を規定している歴史や社会構造を明らかにしようとするマルクス主義に対して、人間の生の一回性・個別性を主張する実存主義を対置し、この両者の交点にある現実の人間の生の意味を明らかにすることであった。この課題は、必要な変更を加えれば、M・メルロ＝ポンティやH・ルフェーヴル、L・ゴルトマンらにも共通する課題だった。

戦後フランスにおいて主流だったこのような実存主義的マルクス解釈の対岸に立ったのがルイ・アルチュセールであった。彼はまず、自らの主張をテクストに押しつけることなく、徹底してマルクスのテクストに即して読解するべきだと主張した（徴候的読解）。その上で彼がマルクスのテクストから抽出したのが「認識論的切断」という命題だった。これは、マルクスが、一八四五年の二つのテクストによって、それ以前の人間中心主義的なイデオロギーを乗り越えて、社会と歴史の科学を確立するにいたったこと、そしてそれは認識論上の障害であった哲学的ヒューマニズムとの断絶によって初めて可能であったという解釈である。

こうした意味でアルチュセールは、サルトルやR・アロンの次の世代のマルクス受容の極北に位置している。

I——アルチュセールの生涯

ルイ・アルチュセールは、一九一八年十月十六日にアルジェリアで生まれた。父の死にともなって家族でマルセイユに移住、リヨンの準備学級でJ・ギットンとJ・ラクロワの教えを受ける。一九三九年にパリの高等師範学校（エコール・ノルマル・シュペリュール）に入学。翌年召集されるが、捕虜になり五年間の収容所生活を送ることになる。この間にマルクスを読み始めるが、思想的にはまだパスカルやエックハルトの影響下にあった。

一九四五年、終戦によって高等師範学校に復学、G・バシュラールの指導でヘーゲルを研究し、一九四七年に高等研究資格（DES）論文として提出した。後の認識論的切断という概念に、バシュラールの科学認識論（エピステモロジー）の影響を読みとることができる。一九四八年には教授資格（アグレガシオン）を得て、高等師範学校の復習教師、その後助教授となる。同校の敷地内に住み、M・フーコー、J・デリダ、P・ブルデュー、M・セール、J・ブーヴレス、A・バディウ、R・ドゥブレら多くの学生を指導した。またこの頃から終生にわたり躁鬱症に悩まされることになる。一九四八年にフランス共産党に入党。戦後すぐに交際を始めた活動家エレーヌ・ルゴティアンの影響が大きかった（一九七六年に正式に結婚）。ただ、その後もカトリック左派との関係は続いた。

一九六五年に『マルクスのために』と『資本論を読む』を上梓し、一気に世に知られるようになる。初期のヒューマニズムと「科学的」著作を切り離す「認識論的切断」という命題は、世界的な論争を引き起こした。『資本論を読む』は、高等師範学校の学生だったE・バリバール、R・エスタブレ、J・ランシエール、P・マシュレとの共同研究である。彼らはアルチュセール派と呼ばれ、以後、師と共にさまざまな論争に巻き込まれることになる。とりわけアルチュセールのマルクス解釈は、社会主義ヒューマニズムを掲げていた当時のフランス共産党の主流派と対立するものであった。また、フランス共産党の「プロレタリア独裁」テーゼの放棄（一九七六年）の際には、アルチュセールはこれを痛烈に批判した。その背景には、スターリン統治からスターリン批判（一九五六年）、六〇年代のソ連と中国の対立、プラハ侵攻（一九六八年）など、共産主義陣営内の政治的対立があった。そのなかでアルチュセールは、緊張関係にはあったが、一貫して党にとどまったのである。

一九八〇年十一月、妻エレーヌを絞殺。心神喪失が認められて免訴となり、八四年には行政拘束を解かれた。以後、メキシコで出版された対談集『哲学とマルクス主義』（一九八八）を除いて、死に至るまで公の場から姿を消した。一九九〇年十月二十二日、心停止によって死去。膨大な遺稿が、IMEC（現代出版史資料館）に寄託され、自伝『未来は長く続く』（九二）や『マキャヴェリの孤独』（九五）をはじめとする遺稿の出版が始まり、それ以前の時期と異なる思索が展開されていることが明らかになった。

2——アルチュセールの思想

フランカ宛て書簡のなかで、アルチュセールは「一人前の哲学者ではなかった」と告白している。彼の思想は、その政治性のゆえに評価されているにすぎず、その時代状況では意味をもちえたかもしれないが、哲学史の上では意味をもたないとする批判がある。例えば、彼の重層的決定という概念も、一元的に下部構造が上部構造を決定しているとマルクスが主張したことは一度もない以上、マルクス解釈の新境地を開いたとまでは言えない。その意味でアルチュセールの思想の新しさとは、フランス共産党の古さとのコントラストによって相対的に演出されたものでしかないという批判である。

それに対して、バリバールは、アルチュセールへの弔辞のなかで、いまだ乗り越えられていないアルチュセールの哲学的貢献として次の三つの概念をあげている。

すなわち、「認識論的切断」「国家のイデオロギー装置」「理論における階級闘争」である。[02] これに、遺稿における「偶然性唯物論」を加えて、順に見ていこう。

❶認識論的切断

アルチュセールは『マルクスのために』と『資本論を読む』所収の二論文で、マルクス読解の転換を唱えた。ルカーチに代表されるそれまでのマルクス読解は、「疎外された主体性の回復」への志向性を重視し、『資本論』など後期のテクストも、初期の人間論、疎外論の視点から読解しようとする傾向があった。それに対してアルチュセールは、若きマルクスはいまだヘーゲルやフォイエルバッハの問題構制にとらわれており、一八四五年の「フォイエルバッハに関するテーゼ」と「ドイツ・イデオロギー」において、ヒューマニズムというイデオロギーから抜け出し、それによってはじめて独自の思想を見出したのだと主張した。マルクスは、このように哲学上のあらゆるヒューマニズムを根本的に批判することによってはじめて、生産力、生産様式、生産関係、所有関係といった新しい科学的諸概念を生みだし、それに基づいた歴史-政治理論を形成することができたと考えたのである。

この命題は同時に、下部構造決定論への異議申し立てでもあった。「切断」は、マルクスが人間主義的イデオロギーを自己批判することによって始めて可能であったからである。したがってそれは、ヘーゲルにおける「現象」に対する「本質」の優位、すなわち単一の原理から社会を説明する一元論への批判でもあり、社会を決定する原理を「重層的決定」あるいは「構造的因果性」に委ねるものであり、歴史的目的論に対する批判でもあった。アルチュセールは、マルクスの立場を「〈無〉歴史主義」と呼び、史的唯物論とはヘーゲル的な合目的性に貫かれた過程ではなく、ある社会をその歴史的変容に即して分析するような「歴史の科学」だとした。

このようにこの時期のアルチュセールは、マルクスの思想を、何よりも科学、つまりその根拠が検証可能であり、確立された理論のもとで同じ観測結果が得られる反復可能な知識として提示しようとしたのである。このような読解は、構造主義者だというレッテル（アルチュセール自身は一貫して拒否した）と同時に、科学主義あるいは理論主義だという批判を生むことになった。

❷国家のイデオロギー装置

イデオロギーとは、一般的な意味では、世界について歪んだ像を与えるような知識の形式を意味する。アルチュセールが、ヒューマニズムをイデオロギーだと批判するときもこの意味で用いている。しかし他方でアルチュセールは、人間がある世界（社会）のなかで生きるときにその世界についてもつ表象を「イデオロギー一般」と呼び、その積極的役割を認めている。人間は、このような環境や生産手段と、そのなかで生きる自分のイメージを表象することなしには、実践することも、存在することもできない。またこのイデオロギーが真理であるかどうかは重要ではない。真理であろうがなかろうが、それは人間の存在にとって必要不可欠なのである。

国家にとっても、イデオロギーは国家の構成員を形成し、結びつける重要な役割を果たしている。国家が存続し、生産関係が維持、再生産されるためには、構成員がその生産関係を必然的なものとして認め続ける必要がある。すなわち、国家が存続するためには、軍隊、警察、司法制度などの「国家の抑圧装置」だけでなく、人々がシステムの規定に従って、自発的に生産関係の一部に加わるための「国家のイデオロギー装置」が不可欠である。そこには、学校、マスメディア、病院、政党、企業などの制度だけでなく、家族、習慣、文化など国家に依存していないように見える「不可視の」制度も含まれる。例えば学校では、教育という呼びかけを通じて、子どもは未来の労働者か管理者に割り振られる。こうして国家のイデオロギー装置は、国家構造が円滑に機能するように主体を構成し、しかも主体が自立した人格であるという保障を与えて、自発的に国家に服従するように誘導するのである。

このように、アルチュセールのイデオロギー論は、通常考えられているのとは反対に、それまでマルクス主義のなかでは否定的な意味しか与えられてこなかったイデオロギーに正当な意味を与えるものでもあった。このような分析は、イデオロギーの科学的研究、とくにP・ブルデューらの社会学的分析に道を開くことになった。

❸理論における階級闘争

アルチュセールは、『マルクスのために』のなかで、科学を「理論的実践」だと規定した。しかしこの命題は、階級闘争の実践を純粋理論に還元する理論主義だという批判を生むことになった。この批判は、アルチュセールにとっては心外であっただろう。というのもこの命題はむしろ、純粋な実践は存在せずそこにはつねにイデオロギーが浸透していることを示すと同時に、純粋な理論は存在せずつねに何らかの実践を前提にしていることを示していたからである。その上、アルチュセールはつねに理論に対する実践の優位を主張してきたからである。

しかし、アルチュセールは、『科学者のための哲学講義』（六七）の頃から、「哲学を理論的に過大評価する一方で、政治的に過小評価してしまった」ことを自己批判するようになる。その上で、哲学とは、科学の信憑性を保証する「科学の科学」ではなく、それ自体が「理論的実践」だと主張する。すなわち哲学には、科学とイデオロギーのあいだに介入し、科学の側に立ってイデオロギーとの理論的闘争を実践する役割があるとするのである。この「理論における階級闘争としての哲学」という命題は、哲学の優越性を主張するものではまったくなく、アルチュセールが自らの普遍主義的傾向を批判しようとする試みであった。同様に、次の「偶然性の唯物論」は自らの決定論的傾向を打ち砕こうとする努力だった。

❹偶然性の唯物論

九〇年の没後、自伝『未来は長く続く』をはじめ、『哲学・政治著作集』二巻など遺稿が次々と出版され、生前に上梓された著作数を越えた現在、見直しを迫られている。確かに初期のアルチュセールは、『資本論』にまでヘーゲルの影響が残っていることを認めつつも、基本的にはマルクスをヘーゲルから引き離そうとしていたと言えるだろう。しかしその後アルチュセールは、「ジョン・ルイスへの回答」(七三)などで、『資本論』の「過程」という概念のなかにもヘーゲルの影響があることを認めるようになった。ただしそれは目的論的な過程ではない。それは、「主体も目的もない過程」、不均等な起源をもつ諸要素が織りなす複合的な過程である。そしてこの考え方が、歴史の動因を「偶然の出会い」に求める晩年の思想につながっていく。

それは、エピクロスの「クリナーメン(偏り)」の概念によって説明される。エピクロスの説明によれば、原子は、真空の中を落下する途中、偶然に偏り、他の原子と出会って衝突する。そのときに「出来事」が生まれ、新たな世界が形成される。このように、偶然性こそが世界成立の可能性の条件であり、さまざまな要素が偶然に出会って、一定の持続力をもった歴史が形成されるというのである。アルチュセールは、これを偶然性の唯物論と名づける。この唯物論は、観念論/唯物論の対立を越えて、デモクリトス、エピクロス、ルクレティウスを経てマキャヴェリへとつながる哲学的系譜であり、なかでもマルクスは近代における最も重要な一人だとされる。

3――アルチュセールの思想の政治的影響

アルチュセールは『フランカへの手紙』(九八)のなかで、自らを「政治的扇動者」と呼んでいる。確かに彼の政治的影響は、フランスだけでなく、英米圏やラテン・アメリカにまで及んでいる。例えば、彼の序文を付してラテン・アメリカで出版された唯物論の入門書は、発行部数数百万部に及ぶという。解放の神学やサパティスタが芽吹いた土壌には、間違いなくアルチュセールという養分が含まれている。

しかし、一九六八年の五月革命に対して、アルチュセールは、共産党が五月革命に距離を置いたこともあって、一年近く沈黙を守った後、フランス共産党の理論誌『パンセ』の一九六九年六月号に論文「ミシェル・ヴェレ『学生の五月』を論ず」を発表、そこにおいて、「五月革命」そのものを「大衆イデオロギー」に基づく「イデオロギー的反乱」と位置づけた。つまり、五月革命は「革命ではない」と明言したのである。そして五月革命を主導した学生たちを、「無政府主義的」、「自由主義的」と評し、プチブル・インテリにすぎないとみなした。学生たちは党に従わなければならないとアルチュセールは主張したのである。こうした評価は、学生たちを落胆させると同時に、激しい批判を浴びることになった——後に、「その前例のない新しさ、その現実、そして進歩的運動にとってのその重要性」を認めたのではあるが。

この学生たちの一人が、アルチュセールの弟子の一人、J・ランシエール(一九四〇年〜)であった。アルチュセールによれば、党の外で、党の「科学的理論」による指導なしに行なわれる大衆反乱は無力である。党は大衆・人民(「プロレタリアート」)を資本主義社会から解放する、と述べているが、大衆・人民は実際には党に従属しており、永遠に党ならびに党のエリートや理論家たちから解放されることはないのではないか。知識人あるいは理論家は、結局何をしているのか。このようなことが若きランシエールの疑念であった。この疑念や批判は、一九七四年の『アルチュセールの教え』(二〇〇五)で披露される。ランシエールは、イギリスの人間主義的共産主義者からの批判に応えた一九七三年の『ジョン・ルイスへの回答』を批判している。この文章は明瞭にアルチュセールの立場すなわちフランス共産党の正統教義であるマルクス-レーニン主義を、「擁護」する理論的立場が開陳されている。そして、ランシエールは、次のように述べている。「大衆に科学をもたらすことを望んだアルチュセールの知識的図式は、六八年五月革命によって壊滅した。そこから私は労働者の解放の歴史を研究して、労働者の解放が、気づかなかった搾取を意識するようになることであったことは一度もないということがわかった[04]」。ランシエールの診断は手厳しい。「国家のイデオロギー装置」は「五月」という左翼主義運動を出自としつつも、その内実を骨抜きにすることで共産党の正統教義に輸入されたものであり、またその理論を真に活用できるのは「知識人」および「党」であるとするアルチュセールの言説は先述の歴史的出来事を忘却することで成立する。例えば「イデオロギーと科学」を峻別する理論は科学の立場を擁護する際に、逆説的にも幹部の特権を保持せんとする党の正統的・修正主義的言説との間に共謀的関係を結んでしまう、といった具合である。

こうした批判にもかかわらず、アルチュセールは、教条主義的なマルクス解釈から最も遠い地点にいるという点で、五月革命を準備したと言える。フーコーは、彼の学生時代、すでにマルクス主義が正しい思考法や政治的言説のモデルになっていたが、五月革命によってマルクス主義的モデルとは異なる運動が生まれたことで、マルクスそのものの読み直しを迫られることになったと証言している。その読み直しのための手引きとなったのが、アルチュセールの科学的マルクス読解であった。

またアルチュセールは、「政治的なもの」を復権させたことによっても五月革命に貢献した。すなわち、経済決定論を批判して、「イデオロギー一般」の積極的役割を分析した。それは、彼がマキャヴェリに注目していることにも現われている。すなわち、権威を自らに集中させることによって無と偶然から近代国民国家を可能にしたマキャヴェリの絶対君主論に注目したのである。それは、社会の一体性を支える象徴の表象という形成原理、すなわち「政治的なもの」の再発見である。五月革命はまさにこの「政治的なもの」の復権の動きだった。したがって、五月革命は、アルチュセールの「反人間主義」の敗北を意味するわけではまったくない。それは、社会をそして社会的存在としての人間を支え、突き動かす原理としての、経済でも倫理でも政治でもない「政治的なもの」の再発見だったのである。そして、この「政治的なもの」の意味の再構築が、政治哲学に対する彼の最も重要な貢献だと言えるだろう。

もちろん、アルチュセールのテクストは、どのような読解にも開かれている。そこに「アルチュセール症例」を読みとろうとすることも可能であろうし、哲学史の文脈に置き直してみせることもできるであろう。しかし、アルチュセールの哲学的企てをその深部においてとらえ、それを批判的に継承しようとするとき、アルチュセールが立てた問い、すなわち哲学はどのように政治を問うことができるか、政治哲学はいかにして可能かという問いを継続しなければならないであろう。その際必要になるのは、超越論的保証に依拠せず、始まりでも目的でもなく「現在」を思考することであり、「どこから来るか、どこに行くかわからない列車に飛び乗ること」である。あるいは、非連続性と反時代性において思考することであり、「客観的条件を欠くところでどのように思考するか」を探ることである。それは困難な作業であるに違いない。

註

＊本稿は、拙稿「アルチュセール／ルフォール」（『哲学の歴史　第10巻』所収五三九～五五八頁、中央公論新社、二〇〇八）を加筆修正したものである。

01　ヴァンサン・デコンブ『知の最前線――現代フランスの哲学』高橋允昭訳、TBSブリタニカ、一九八三。

02 アルチュセールの評伝として次のものがある。今村仁司『アルチュセール全哲学』、講談社、二〇〇七。ヤン・ムーリエ・ブータン『アルチュセール伝』今村仁司、塚原史、谷昌親、下澤和義、吉本素子訳、筑摩書房、一九九八。市田良彦『アルチュセールある連結の哲学』平凡社、二〇一〇。

03 エティエンヌ・バリバール『ルイ・アルチュセール――終わりなき切断のために』(一九九一)〔福井和美編訳、藤原書店、一九九四〕。

04 Jacques Rancière, « Le scandale démocratique, une charge en deux temps de Jacques Rancière contre le consensus ambiant », par Jean-Baptiste Marongiu, jeudi 15 décembre 2005, Libération.ジャック・ランシエール『アルチュセールの教え』〔市田良彦・伊吹浩一・箱田徹・松本潤一郎・山家歩訳、航思社、二〇一五〕参照。

主要著作

- 『マルクスのために』河野健二・田村俶・西川長夫訳、平凡社、一九九四。
- 『資本論を読む』今村仁司訳、全三巻、ちくま学芸文庫、一九九六－九七。
- 『歴史・階級・人間――ジョン・ルイスへの回答』西川長夫訳、福村出版 一九七四。
- 『国家とイデオロギー』西川長夫訳、福村出版 一九七五。
- 『自己批判――マルクス主義と階級闘争』西川長夫訳、福村出版、一九七八。
- 『共産党のなかでこれ以上続いてはならないこと』加藤晴久訳、新評論、一九七九。
- 『哲学について』今村仁司訳、ちくま学芸文庫、二〇一一。
- 『哲学・政治著作集』市田良彦・福井和美訳、全二巻、藤原書店、一九九九。
- 『マキャヴェリの孤独』福井和美訳、藤原書店、二〇〇一。
- 『未来は長く続く』宮林寛訳、河出書房新社、二〇〇二。
- 『愛と文体――フランカへの手紙』阿尾安泰訳、藤原書店、二〇〇四。
- 『再生産について』西川長夫訳、平凡社、二〇一〇。

〔松葉祥一〕

アンスコム、ガートルード・エリザベス・マーガレット

❖Gertrude Elizabeth Margaret ANSCOMBE　1919-2001

アイルランドのリムリック生まれ。オックスフォード大学卒業後、ウィトゲンシュタインのもとで学び、後年その遺著管理者のひとりになる（ウィトゲンシュタインの死後出版された『哲学探求』は、アンスコムとラッシュ・リーズによってまとめられた）。ウィトゲンシュタインの作品の翻訳、編著なども手がける。意図的行為（行為者が明確な意図をもって行なう行為）の研究で知られ、その分析を通じて、行為の因果説とは別の仕方で人間の行為を理解する方法を提示した。〔中澤瞳〕

ストローソン、ピーター・フレデリック

❖Peter Frederick STRAWSON　1919-2006

一九六八年にギルバート・ライルの後任として、オックスフォード大学哲学教授に就任。日常言語学派の中心的哲学者の一人。著作には『論理の基礎』（一九五二）、『個体と主語』（五九）などがあり、また論文には「指示について」（五〇）、「真理」（五〇）などがある。「指示について」ではラッセルの記述理論を批判し、日常言語学における記述句は、対象の存在を前提しつつそれを指示するのだと主張した。『個体と主語』では、日常言語の背後にある常識的世界観を、分析的手法によって明らかにすることを目指した。この著作の副題は「記述的形而上学試論」と題されている。ストローソンは形而上学者を「改訂的」なタイプと「記述的」なタイプに分け、デカルト、ライプニッツ、バークリーを前者に、またアリストテレス、カントを後者に分類する。そして彼自身は後者の立場に立って、記述的形而上学の試みを展開した。同書における、心身を兼ね備えた存在者としての「人物」という概念は、「心の哲学」の展開に大きな影響をおよぼした。〔飯盛元章〕

ド・マン、ポール

❖Paul DE MAN　1919-1983

ベルギー出身のアメリカの文学理論家。一九七〇年、イェール大学教授に就任。著作には『盲目と洞察』（一九七一）、『読むことのアレゴリー』（七九）、『ロマン主義のレトリック』（八四）、『理論への抵抗』（八六）、『美学イデオロギー』（九六）などがある。ジャック・デリダの脱構築を文芸批評の方法論として展開し、「脱構築批評」を確立した。テクストの意味を一義的に確定することの不可能性を示し、「読むこと」が必然的に「誤読」になってしまう経緯を明らかにした。イェール大学の同僚であるハロルド・ブルーム、ジョセフ・ヒリス・ミラー、ジェフリー・ハートマンらとともに、「イェール学派」を形成した。〔飯盛元章〕

ヘア、リチャード・マーヴィン

❖Richard Mervyn HARE　1919-2002

イギリスの哲学者。メタ倫理学、規範倫理学の分野で活躍する。

指令説を提唱し、また選好功利主義を展開した。著書に、『道徳の言語』(一九五二)、『自由と理性』(六三)『道徳的に考えること——レベル・方法・要点』(八一)などがある。〔國領佳樹〕

ミッジリー、メアリー・ベアトリス

❖Mary Beatrice MIDGLEY 1919-

ロンドン生まれ、ニューキャッスル大学で教鞭を執る。道徳哲学が基本的なフィールドである。進化論との関係も深く、自然と文化との関係を、対立ではなく、文化も人間における進化のプロセスにある自然現象として捉える。『野獣と人間』(一九七八)、『動物、なぜ動物が問題となるのか』(八三)、『科学と詩』(二〇〇一)、『宗教としての進化』(〇二)などの著書がある。〔本郷均〕

グランジエ、ジル=ガストン

❖Gilles-Gaston GRANGER 1920-

フランスの科学哲学者。エコール・ノルマル卒業後、ディジョン、マルセイユで教鞭をとり、一九四七~五三年はブラジルのサン・パウロ大学で教える。八六年以降はコレージュ・ド・フランスの比較認識論講座の正教授。著書『理性』においては、科学的理性、歴史的理性が考察され、理性はけっして心理的機能に還元できず、理性は非合理的態度と闘いながら、創造的な想像力の一時的な姿であると考えるのが正しいということが論じられる。〔中澤瞳〕

スマート、ジョン・ジェイミーソン・カーズウェル

❖John Jamesion Carswell SMART 1920-2012

イギリス出身のオーストラリアの哲学者。「心の哲学」、科学哲学、倫理学の問題に取り組む。心/脳のタイプ同一説の提唱者のひとりとして知られている。著書に、『功利主義的倫理学の体系』(一九六一)、『哲学と科学実在論』(六三)や、バーナード・ウィリアムズとの共著『功利主義:賛同と反対』(七三)などがある。〔國領佳樹〕

ブルーメンベルク、ハンス

❖Hans BLUMENBERG 1920-1996

ドイツの哲学者。リューベックに生まれる。母親がユダヤ系であったことから、大学への進学を制限され、第二次大戦中には収容所での生活も経験する。戦前から戦後にかけて、パーダーボルン、フランクフルト、ハンブルク、キールの大学で哲学や神学、古典文献学を学び、一九四七年にキール大学で中世スコラ学を扱った博士論文、五〇年にフッサールを論じた教授資格論文を提出。五八年にハンブルク大学でポストを得て、六〇年からギーセン大学の正教授に就任する。一九六五年にボーフム大学、七〇年にはミュンスター大学に移り、八五年に退官。ブルーメンベルクは、きわめて巨視的な視点からヨーロッパ思想史を通観し、とりわけ「近代」という時代に新たな意味(「正統性」)を与えた思想家である。彼は、近代とは中世の神学的な世界が「世俗化」された時代であるという

従来の考え方を批判し、むしろそれは、生において神学的で超越的な支えを失った人間が、むきだしの自然と対峙するなかで、みずからの生存をかけて世界を統御していく（「自己主張する」）過程であると述べる。ブルーメンベルクは、歴史を連続する実体とみなすのでも、あるいはことさらに非連続性を強調するのでもなく、カッシーラーの「機能（関数）概念」によりながら、歴史はさまざまな機能・役割が変換・交代する（彼はこれを「再充填」と呼ぶ）なかで成立すると考える。この機能的な枠組みにおいて、世界に直面し対処する人間の根本的な不安や情動が、個々の具体的な役割を担い「充填」を繰り返しながら、時代に応じた思想を生みだす。これらの思想は、論理的な「概念」ではなく、「隠喩（メタファー）」のうちで現われるとされ、ブルーメンベルクはここに、隠喩の変遷を追跡して思想史を読みとく「隠喩学（メタフォロギー）」を提唱する。著書は、大著である『近代の正統性』『コペルニクス的宇宙の生成』のほか、『神話の研究』（邦題『神話の変奏』）や『世界の読解可能性』などが邦訳されている。［八幡恵一］

メイナード＝スミス、ジョン

❖John MAYNARD SMITH　1920-2004

サセックス大学名誉教授。進化生物学者。生物の社会行動における協調関係の説明原理にゲーム理論を導入し、「進化的に安定な戦略（ESS）」概念を提唱することで統一的な理解を可能にした。『進化とゲーム理論』（一九八二）、『進化する階層』（九五）など。［本郷均］

アルバート、ハンス

❖Hans ALBERT　1921-

ドイツ・マンハイム大学で教鞭を執る。フランクフルト学派などと論争を行ない、ポパーの影響を受けつつ独自の批判的合理主義を遂行。合理性に関わる基礎づけという考え方を批判した「ミュンヒハウゼン・トリレンマ」が知られている。著書に、『批判的理性論考』（一九六八）、『神学の貧困』（七九）などがある。［本郷均］

モラン、エドガール

❖Edgar MORIN　1921-

フランスの社会学者。パリでユダヤ人の家庭に生まれ、パリの大学で歴史や法律、政治などを学ぶ。第二次世界大戦ではトゥールーズに逃れ、レジスタンスに参加。一九四一年に共産党に入党するが、一九五一年に党のスターリン主義に反抗して除名される。戦後はパリでジャーナリストとして活躍し、その後も多くの雑誌に寄稿、自身も編集に携わっている。五〇年から国立科学研究センターの研究員となる。六九年にカリフォルニアのソーク生物学研究所に招聘され、生物学やサイバネティックス、システム論をはじめとする最新の科学理論を摂取する。七〇年に国立科学研究センターの研究ディレクターとなり、その後も国内外の数多くの研究所や大学に務め教鞭をとる。モランは、現実と想像のユニークな関係を分析する映画の社会学的な考察を中心に、いわゆる大衆文化論を手がけ、さらに〈現在あるものの社会学〉を標榜して、普遍的な法則ではなく個々の出来事に注目する新たな方法を社会学で実践するなど、社会や文化の現実的で具体的な姿に迫ろうとする。ブルターニュの小村〈プロデメ〉の文明の変化を考察する『フランスのコミューン』では、あらかじめ用意されたアンケートではなく、住民との直接的な対話をもとに調査を行ない、まさにいま進行中の近代化と、その対流の現象を明らかにする。また彼は、ソーク研究所の滞在を契機として、社会科学と自然科学の大規模な共同研究を試みている。「複雑性」あるいは「複雑思考」と呼ばれるこの試みは、大著『方法』(全六巻)において実践され、そこでモランは、多様な領域を自在かつ複雑に接合しつつ、文字どおり学際的で超領域的な科学論を展開している。著書は、『フランスのコミューン』(邦題『プロメテの変貌』)や『方法』をはじめ、『人間と死』『映画あるいは想像上の人間』『スター』『オルレアンのうわさ』『複雑思考への導入』(邦題『複雑性とはなにか』)など多くが邦訳されている。

〔八幡恵一〕

ロールズ、ジョン・ボードリー

❖John Bordley RAWLS 1921-2002

アメリカの政治哲学者。コーネル大学、マサチューセッツ工科大学を経て、一九六二年ハーバード大学哲学教授に就任。著作には『正義論』(一九七一)、『政治的リベラリズム』(九三)、『万民の法』(九九)、『公正としての正義 再説』(二〇〇一)などがある。

主著『正義論』において、功利主義を批判し、社会契約説の再構成によって「公正としての正義」論を展開。当時の倫理学において主流派をなしていたメタ倫理学は、特定の道徳的立場の擁護を避け、道徳的言語の形式的分析のみを行なっていたが、ロールズの『正義論』の登場は、規範理論の復権に貢献し、大きな反響を呼んだ。ロールズは、人々が「無知のベール」をかけられ、自己の価値観や身体的特徴、社会的立場などに関していっさい知ることのできない「原初状態」のなかで、合意形成によって「正義の二原理」を導き出すあり方を理論的に描き出した。『正義論』は大きな反響を呼ぶとともに、さまざまな観点からの批判にもさらされている。ロバート・ノージックは、リバタリアニズムの観点から「格差原理」を批判し、どれだけ格差が拡大しても、それが正当な結果であれば正義にかなうのだと主張している。またマイケル・サンデルは、コミュニタリアニズムの観点から「無知のベール」を批判し、「無知のベール」によって無視されている現実の善こそが重要であると主張した。

〔飯盛元章〕

アーペル、カール=オットー

❖Karl-Otto APEL 1922-1922

ドイツの哲学者。第二次世界大戦後、ディルタイ学派に属し、哲学的人間学の著名な理論家であったロータッカーのもとで哲学を学び、マインツ大学で教授資格を得た。その後、キール大学、ザールブリュッケン大学での教授を経て、一九七二年、フランクフルト大学（ヨハン・ヴォルフガング・ゲーテ大学フランクフルト・アム・マイン）の哲学教授に就任。同大学の名誉教授である。アーペルは、超越論的哲学、分析哲学の双方に対して批判的な立場を取る。アーペルは、超越論的哲学は、超越論的哲学自身の立場を可能にしている言語のアプリオリという観点をもたず、したがって言語の次元の考察を欠いているとし、また、論理実証主義の言語分析が、構文論と意味論に集中していたのに対し、語用論の意義が十分には認められていないとして批判する。アーペルは、パースの記号論の影響を受けつつ、両者を総合し、超越論的な語用論という構想を企てた。〔中澤瞳〕

カストリアディス、コルネリウス〔コルネリュウス〕

❖Cornelius CASTORIADIS　1922-1997

ギリシア出身のフランスの哲学者。経済協力開発機構で経済担当の仕事を務める。一九四八年に、クロード・ルフォールやジャン＝フランソワ・リオタールらとともに、雑誌『社会主義か野蛮か』を創刊。一九八〇年、社会科学高等研究院教授に就任。著作には『迷宮の岐路』（一九七八）、『人間の領域』（八六）、『細分化された世界』（九〇）、『意味を見失った時代』（九六）、『したこととすべきこと』（九七）などがある。マルクス主義を批判的に継承し、想像力を根底においた歴史哲学を構想した。〔飯盛元章〕

クーン、トマス・サミュエル

❖Thomas Samuel KUHN　1922-1996

アメリカの科学史・科学哲学者。パラダイム論を提唱し、社会科学など他分野にも多大な影響を与えた。『コペルニクス革命――科学思想史序説』（一九五七）、『科学革命の構造』（六二）、『科学革命における本質的緊張――トマス・クーン論文集』（七七）など。〔國領佳樹〕

アンリ、ミシェル

❖Michel HENRY　1922-2002

仏領インドシナに生まれる。生後すぐに父親を失うが、フランスに帰国するのは一九二九年になってからである。高校時代には文学の才能豊かで嘱望されていたが、哲学の道を選ぶ。四五年アグレガシオン合格、六〇年から南仏のモンペリエ大学にて教鞭を執り、生涯この地に留まった。

一九六三年に刊行されアンリの国家博士論文『現出の本質』は彼の主著と言うべき大著であり、彼の哲学の根本的な発想はここにほぼすべて現われている。根本テーマは「生」とその現象である「情感性」「感情」である。このテーマを現象学として探求しようとするにあたって、アンリはここで新たな現象学を構想することになる。というのも、従来の現象概念が〈見えるものの地平においてみずからを現われさせるもの〉であったのに対し、アンリは、現象する世界に先立ち、むしろその根拠である「内在」――自己を超出せず自身の内に留まるもの――における自己触発を問題にするからである。その意味で〈自己触発する／される〉が合致している情感性や感情は、従来の意味での現象概念からすれば現われないものであり、志向性という現象学の原理によっては論じ得ない。そのため、これを探求する現象学自体を作り直さなければならなかったのである。この方向性は、後年、時間や他者などを探求した『実質的現象学』（一九九〇）において、さらに捉え直されていくことになる。

一九七六年、アンリは『マルクス』を刊行する。フランスでは、六五年に『マルクスのために』などを刊行したアルチュセールの「認識論的切断」によって、マルクスから哲学の残滓を払拭する読解が主流だった。ここにアンリは、『資本論』の基礎概念は存在論的概念だとする観点――例えば、マルクスは生きている諸個人による労働としての実践が存在の基礎であるとしている、という読み方――からマルクスを徹頭徹尾哲学として読む営為を対置するのである。その読解を閉じる一文、「マルクスの思想は、生とは何か、という深遠な問いの前にわれわれを立たせる」、ここがアンリがマルクスへと向かった出発点であったことは言うまでもない。

アンリの著作で最も広く読者を得たのは『野蛮』（一九八七）であろう。八三年に日本に招かれて各地で講演や集中講義を行ない（八五年に『精神分析の系譜』としてまとめられている）、この滞在時にアンリが感じとった日本の危機を憂えたことを機縁とした著作である。根本的な論点は、科学的方法が生といわゆる自然とを分離し、前者に関する科学の知だけを唯一のものと考えてしまう科学主義が、「生」を忘却し文化を破壊するという批判である。晩年のフッサールの『危機』書とも相通じるテーマを、よりアクチュアルに論じたものだと言えるだろう。

一九八八年出版の『見えないものを見る』は、カンディンスキー論であるが、ある意味で『野蛮』と対を成す著作である。すでに『野蛮』でも、科学のもとで、芸術の本質を構成する感受性が世界から排除されることによって、生の世界もまた排除されていることが述べられていた。してみれば、芸術について考察することは、排除された生の実質を問うことととして、科学主義批判を裏打ちすることになる。カンディンスキーの抽象を自然の真の本質を発見するものとして解釈し、「自然は芸術の特殊な一例でしかない」という。この言葉は、アンリの「生」と科学（主義）との隔たりを知らしめるに十分であろう。

ところで、アンリの哲学は、当初からキリスト教の影響が色濃く反映していた。『マルクス』には「マルクスは西洋で最高のキリスト教思想家の一人だ」という言明すらある。ドミニク・ジャニコーからは現象学を神学的に転回させたものだという批判を受けてもいた。アンリはこの批判をむしろ弾みとしたかの如く、キリスト教三部作と言われる著作に取りかかる。一九九六年に『我は真理なり』、二〇〇〇年に『受肉』、そして〇二年、死の直前に『キリストの言葉』を刊行する。ここでは、これまでアンリの根本的な主題であった生が神の生と重ね合わされて理解されていく。気をつけなければならないのは、これが信仰に基づくわけではないという点である。むしろ、これまでアンリが考察をめぐらしてきた自己の生がいかにしてこの自己性を可能にしているのかという問題からキリスト教へと接近している。先にマルクスに対してもそうであったのと同じように、やはり生の問題をさらに掘り下げるための対話の相手としてキリスト教が位置付けられているとみるべきであろう。

ちなみにアンリは五篇の文学作品を残している。特に一九七六年には『愛は眼を閉じて』でルノドー賞を受賞している。高校時代に迷ったという二つの道を、一つの「生」というテーマを貫徹することで、見事により合わせることができたのかもしれない。

アンリの邦訳は、『キリストの言葉』（白水社）以外、法政大学出版局より刊行されている。〔本郷均〕

トゥールミン、スティーヴン・エデルストン

❖Stephen Edelston TOULMIN　1922-2009

イギリスの哲学者。ロンドンに生まれ、ケンブリッジ大学で数学と物理学を学ぶ。卒業後、航空機生産省で軍事研究に従事したが、第二次世界大戦後にケンブリッジにもどって博士号を取得。一九四九年からオックスフォード大学で講師として科学哲学を教え、一九五四年にはメルボルン大学の客員教授、一九五五年にリーズ大学で教授となる。このとき書いた『議論の技法』は、イギリスでは受けいれられなかったが、アメリカをはじめ海外で反響を呼ぶ。これをうけて、その後は主にアメリカで活動し、一九六九年にアメリカに帰化、さまざまな大学や研究機関に勤め、医療倫理や教育制度といった具体的な問題にもかかわりながら、一九九〇年にノースウェスタン大学の教授、ついで南カリフォルニア大学の教授となる。トゥールミンは、科学哲学や分析哲学、倫理学などを専門とし、ウィトゲンシュタインの強い影響をうけて、彼の哲学の紹介も行ないながら、近代性や合理主義、コスモロジー、進化論の問題まで扱う、きわめて学際的な哲学者である。また彼は、いわゆる「トゥールミンモデル」の発明で知られており、『議論の技法』で展開されたこのモデルは（もっともトゥールミン自身はこのモデルを「『議論の技法』の予知できなかった副産物」としている）、日常的な論証に、主張、根拠、論拠、反証、限定、裏づけという六つの要素を導入して、議論の論理的な基盤や構造を分析するものであり、修辞学や教育学、コミュニケーション論などに広く応用されている。著書は多数あるが、『科学哲学』『議論の技法』『宇宙論への回帰』（邦題『ポストモダン科学と宇宙論』）、『コスモポリス』（邦題『近代とは何か』）、『理性への回帰』などが邦訳されている。〔八幡恵一〕

ドムナック、ジャン＝マリー

❖Jean-Marie DOMENACH　1922-1997

フランスのリヨンに生まれる。リヨン大学で歴史学を専攻。一九四一年、キリスト教哲学者エマニュエル・ムーニエの指導する「エスプリ」運動に参加する。第二次世界大戦中、ムーニエが当局に検挙された際には、釈放運動の先頭に立ち、学業を

中断して対独レジスタンス活動に参加した。戦後、ムーニエらとともに総合雑誌『エスプリ』を再刊(創刊は一九三二年)し、ムーニエの死後、一九五七年から七六年にかけては主幹として活動。パリ国立理工科学校の教授に就任し、フランス精神史を担当する。一九六五年にはフランス政府文化使節として来日し、「現代における知識人の役割について」を早稲田大学において行なった。主著のひとつ『悲劇への回帰』(一九六七)では、歴史を理解するために文学や特に演劇を活用し、文化と歴史を関連づけた。〔中澤瞳〕

アンジュー、ディディエ

❖Didier ANZIEU 1923-1999

パリ第十大学(ナンテール)名誉教授。精神分析家。「分析的心理劇」という言語以前的コミュニケーションを活用した心理療法を創始。『皮膚－自我』(一九八五)では、発生学的に皮膚と脳が同じ外胚葉に由来することに着目し、皮膚(外)と自我(内)という図式を打ち壊そうとした。著書に『集団と無意識』(七五)などがある。〔本郷均〕

ウォルハイム、リチャード

❖Richard Arthur WOLLHEIM 1923-2003

イギリスの分析哲学者・美学者。一九六五年発表の論文においてデュシャンなどの作品を論じ、彼自身の造語「ミニマル・アート」として特徴づけた。芸術を社会的文脈において考察し、ダントー、ディッキーの立場と共通の考え方を取る。著書に『社会主義と文化』(一九六一)、『芸術と対象』(六八)、『フロイト』(七一)など。〔本郷均〕

ジラール、ルネ

❖René GIRARD 1923-2015

フランス出身の文芸批評家、人類学者、哲学者。アヴィニョンに生まれ、一九四三年からグランゼコールのひとつであるパリの古文書学校に学ぶ。アメリカにわたってインディアナ大学で歴史学の博士号を取得し、その後はインディアナ大学やジョンズ・ホプキンス大学、デューク大学、ニューヨーク州立大学などで教える。一九八一年からスタンフォード大学の教授を務め、一九九五年に退官。二〇〇五年にはアカデミー・フランセーズの会員に選ばれている。ジラールは、まずは「模倣(ミメーシス)」の概念で知られ、文学作品や人類学、民族学などによりつつ、模倣の概念に「欲望」や「犠牲」の概念をむすびつけ、独自の暴力論を展開する。社会において、欲望は直接かつ自発的に対象に向かうのではなく、つねに社会のモデルとなるべつの他者の欲望を模倣し、それを媒介する仕方で、その他者が欲する対象へと向かう。そのため、つねに複数の主体によるミメーシス的な衝突、暴力の可能性が生じ、これに対し社会は、衝突する主体のなかから生贄となるものをひとり選び、そのものにすべての憎悪を転移させ、集団の犠牲とすることで、暴力を解消し平和を取り戻そうとする。ジラールは、この〈欲望の模倣〉と〈犠牲による秩序回復〉を中心とする暴力論に基づいて、独自の聖書解釈も行なう。著書には、『ロマン派の嘘と小説の真実』（邦題『欲望の現象学』）、『暴力と聖なるもの』『世の初めから隠されていること』など多数ある。〔八幡恵一〕

ロムバッハ、ハインリヒ

❖Heinrich ROMBACH　1923-2004

ドイツの哲学者。大学では数学や物理学を研究。ハイデガーと出会い、哲学を志す。一九六五～六六年に出版された二巻本の『実体、体系、構造』は、「構造存在論」という基本理念に基づき近代科学史を明らかにする試みである。七一年の『存在論の根本問題——構造存在論』は構造思想の解説がなされている。七六年の「哲学の現在——構造存在論」（『哲学の変貌』岩波現代選書所収）では、現代の根本秩序が中世や近世とは異なり、一切のものが体系という秩序から構造という秩序へと根本的な転換をなしていると指摘される（構造においては体系のもつ固定した諸関係は解体される）。構造は不断の編成においてのみそれ自身で在り続けることができるものであり、こうした構造の秩序とは、生の秩序として特徴づけられる。〔中澤瞳〕

シモンドン、ジルベール

❖Gilbert SIMONDON　1924-1989

フランスの哲学者。一九四四年よりパリの高等師範学校に学び、マルシャル・ゲルー、モーリス・メルロ＝ポンティ、ジャン・イポリット、ジョルジュ・カンギレムらから教えを受ける。一九五八年、「ゲシュタルトおよび情報の概念の観点からみた個体化」で学位を取得。一九六三年、ソルボンヌ大学教授に就任。著作には『技術的対象の存在様態について』（一九五八）、『個体とその物理学的・生物学的発生』（六三）などがある。シモンドンの思想は、前個体的なもののポテンシャルなエネルギーが顕在化する過程を描いた個体化の哲学と、それを技術論に応用した機械学に分けられる。前者はイザベル・スタンジェールやジル・ドゥルーズに、後者はジャン・ボードリヤールやフェリックス・ガタリに影響を与えた。〔飯盛元章〕

ダゴニェ、フランソワ

❖François DAGOGNET　1924-2015

フランスの哲学者、科学史家。ラングルに生まれ、ディジョンやパリで哲学を学び、ストラスブールでカンギレムに師事する。一九四九年に哲学の教授資格を取得。その後、一九五〇年代に医学を学び、文学の博士号とともに、一九五八年には医学の博士号も取得する。一九五九年から一九八六年までリヨン第三大学で、一九八六年からはパリ第一大学で教える。ダゴニェは、バシュラールやカンギレムの流れを汲む、フランスのいわゆる科学的認識論（エピステモロジー）の代表的な哲学者であり、近現代の技術史や科学史をふまえ、経験に基づく実証主義的な哲学を展開する。その目的のひとつは、心理学から生物学、化学、情報学、地質学、遺伝学まで多岐にわたる知識を駆使し、臨床的な医学の経験も支えとしながら、〈内面性〉というものに与えられた従来の価値を見直すことにある。ダゴニェは、外面に対し内面を、客体に対し主体を、物質に対し精神を、イメージに対しオリジナルを（少なからず）優位とするこれまでの（神秘主義的、ロマン主義的、観念論的、解釈学的な）思潮を、さまざまな観点から批判し、それに「表層」や「界面」の概念に基づく〈外〉の思考を置きかえる。これは、たんに内と外のヒエラルキーの逆転をめざすものではなく、外を内の隷属から解放したうえで、それに本来の意義や流動性をとりもどさせる試みと理解される。そのほか、技術や医療の発展にともなう現代の問題に多くの示唆を与える、社会的、倫理的な考察も多い。著書は、『具象空間の認識論』『面・表面・界面』『イメージの哲学』『再物質化』（邦題『ネオ唯物論』）、『生体の統御』（邦題『バイオエシックス』）が邦訳されているほか、『理性と治療薬』『所有の哲学』など多数ある。〔八幡恵一〕

ダントー、アーサー・コールマン

❖Arthur Coleman DANTO　1924-2013

コロンビア大学名誉教授。分析哲学、特に美学・美術評論で知られる。ソルボンヌ大学でジャン・ヴァールの指導も受けた。芸術を定義するにあたって「アートワールド」の概念を提示。ヘーゲルによる「芸術の終焉」論を、ウォーホールのポップアートの考察から再提起する。『物語としての歴史』（一九六五）では、言語行為論の観点から、歴史を単に生起する出来事の時間的な継起としてではなく、言語的に構成される物語として考え、歴史学に大きな影響を与えた。著作に『哲学者としてのニーチェ』（六五）、『サルトル』（七五）、『ありふれたものの変容』（八一）、『芸術の終焉のあと』（九七）など。〔本郷均〕

ファイヤアーベント、ポール・カール

❖Paul Karl FEYERABEND　1924-1994

オーストリアのウィーンに生まれる。ウィーン音楽大学、ウィーン大学で博士号を取得。ロンドン大学でも学んだ。イギリスのブリストル大学講師を経て、一九五八年に渡米し、カリフォルニア大学バークレー校教授となる。七五年に発表された『方法への挑戦』は、科学を合理的なものとみなす方法論への挑戦の書であり、とりわけカール・ポパーの方法論が批判の対象となっている。ポパーは、論理実証主義の主張する検証主義の問題点を指摘し、科学的理論と非科学的な理論を分類するために、反証可能性を提唱する。経験によって反証可能な理論は科学的理論であり、他方、反証不可能な理論を非科学的理論とするのである。ファイヤアーベントは、ポパー流のこの「区別」を否定し、歴史的には、今日の眼から一見、合理的に思える科学理論の成立過程は、非合理的なものを排除する過程ではなく、むしろ非合理的なモノから多くの助けを借りているということを指摘する。そして、合理性と非合理性は、双方ともに同じ権利で存在するはずだと主張する。〔中澤瞳〕

リオタール、ジャン=フランソワ

❖Jean-François LYOTARD

1924-1998

I——略歴

ジャン=フランソワ・リオタールは、一九二四年、八月十日、セーヌ・エ・オワーズ県ヴェルサイユで生まれた。リセ・ビュフォンとリセ・ルイ・ルグランで学び、パリ大学文学部卒業。哲学教授資格(アグレガシオン)を取得。当時のフランス海外県、アルジェリア東部のコンスタンティーヌのリセの哲学教師に赴任(一九五〇〜五二年)したのち、ラフレッシュの陸軍幼年学校で教える(一九五二〜五九年)。その後、パリ大学文学部講師となる(一九五九〜六六年)。この間、一九五四年から六六年まで、コルネリュウス・カストリアディスやクロード・ルフォールらとともに、マルクス主義の反スターリン主義的運動グループである「社会主義か野蛮か」(一九六四〜六六年までは「労働者の権力」)に参加し、フランソワ・ラボルドのペンネームで活動する。当時の発表論考は、『アルジェリア人たちの戦い』(一九八九)に収められている。

パリ第十大学ナンテールの講師時代(一九六六〜一九七〇年)、同大学で文学博士号を取得。のちに『ディスクール・フィギュール』として発刊(一九七一年)される。またこの間に生じた一九六八年の五月闘争に積極的に関与する。

その後、この五月闘争をきっかけに誕生したヴァンセンヌ実験校の講師(一九七〇〜七二年)となり、一九七二年より、その後身のパリ第八大学(ヴァンセンヌ、一九八〇年にサンドニに移転)の准教授、教授として教鞭をとり、一九八七年に退職。なお哲学科の同僚にジル・ドゥルーズがいた。

一九七〇年代より、頻繁にアメリカ、カナダなどの各大学で客員教授として招聘され、当時のフランス思想の世界的影響力の一翼をになう。また、デリダの後任で、哲学国際学院長(一九八四〜八六年)も務めている。カリフォルニア大学・アーヴァイン校の教授(一九八七〜九四年)など、各地で精力的に講義・講演を行なっていたが、一九九六年に白血病を患う。一時恢復して、アンドレ・マルローの伝記などを発刊したが、一九九七年のアウグスティヌスの講演を最後に、一九九八年四月二十一日白血病が再発して、

❖ Jean-François LYOTARD

パリにて他界した。

2——メルロ＝ポンティとの関係

リオタールの最初の著作は、一九五四年に刊行されたクセジュ叢書の『現象学』である。「フッサールのすべての問題は、私に対して《対象》が存在するのは、どのようにしてであるかを規定すること」にある。そこに志向性が現象学的思想の中核をなすと言うことのできる正しい理由があるとする。すなわち、意識が何ものかの意識であるということは、ノエマなくしてノエシスはなく、コギタートゥムなくしてコギトはないということであり、アマートゥム（愛されるもの）なくしてアモー（愛すること）はないということである。簡単に言えば、「私は世界と絡み合っているということである[01]」。その「絡み合っている」ところの「私」とは何か。それを掘り下げる方向へ進むリオタールは、メルロ＝ポンティの『知覚の現象学』（四五）に展開される内容に認識論よりも存在論を見る。また、現象学と歴史性に関しては、観念論的でも唯物論的でもない「第三の道」を探ろうとする現象学は、そこに思想的誠実さがあったとしても結果的にブルジョワ階級のイデオロギーの枠内に入るものとされ、リオタールはマルクス主義的思考への傾斜を自ら表明しているが、メルロ＝ポンティの思考、文体への好み、親近性は疑いをいれない。

その後リオタールは、パリ大学講師時代の一九六四年にソルボンヌ大学の当時の教養課程の学生に対して「なぜ哲学するのか」のタイトルで四回の講義を行なっている。哲学者は通常、あいも変わらず「哲学とは何か」から始めるが、それではフロイトの言う失錯行為のように、置き忘れや物事の〝ど忘れ〟を思い起こすタイプの言説と同工異曲になってしまう。そこで、〝なぜ哲学するのか〟という問いのもとに語り出し、この問いのなかに、問われる対象の哲学というものが既成事実として存在するのではなく、哲学しないことも視野に入る結構を示しつつ、哲学する「欲望」を主題化する。哲学すること（philosopher）は周知のように「知を愛すること」であり、「愛する」ことは「欲望する」ことでもあるからである。ただし、そのことをただ賛美するのではなく、プラトンの『饗宴』のなかでソクラテスの語る、巫女ディオティーマの話にあるように、愛を求め欲望する「エロース」は通常の表象のされ方とは違って、身体はむしろ見栄えはせず薄汚く裸足で宿無し（後年に言及される都市周辺の「場末（ゾーン）」の徘徊者としての詩人、芸術家、ならびに「幼年」を思わせる）であるが、勇気があり思慮分別を求め、知を愛し続ける者とされる。引用されるルネサンス期の詩人デュ・ベレーのソネット「老いたこども、目暗の、射手、裸の」も、このエロースのイメージである。

すなわち、なぜ哲学するのかは、われわれにはやむにやまれぬ欲望があるからであり、現前において不在があり、生のなかに死があるゆえに、ことばを問い紡ぐことによって、何らかの欠損の現前を確かめ続けずにはいられないからであると答える。[02]

『ディスクール・フィギュール』（七一、邦訳『言説、形象』）は、美学者ミケル・デュフレンヌ（主著『美的経験の現象学』五三）の指導下で作成、提出した博士論文が元になっている。

見ること、見えるものへの肩入れ、見えるものの「味方（パルティ・プリ）」から説き始める『ディスクール、フィギュール』では、当然のことながらメルロ＝ポンティの後期哲学に依拠しつつ、論述される。メルロ＝ポンティの「存在」（Être）は、欠如として想定される「他」ではなく、また普遍的実体の開示として提供されるのでもなく、「われわれがただそれについて語る限りにおいてのみ存在する」（ベルナール・シシェール）とも解釈されるものであるが、それでもリオタールは、「《私》の代わりに、《存在》を置くことによって」西欧形而上学に支えられた「私」の特権的言説を維持しようとする立場を拭い去っていないと批判する。

大略を図式化すれば、メルロ＝ポンティが、主体の形而上学を反映する「私」（Je）から、前人称的な「人」（On）への移行を試みたとすれば、リオタールは、「人」（On）から「それ（エス）」（Ça）への移動を意図したと言える。リオタールは、緻密でしなやか、奥深くこまやかで官能的な肉（シェール）（chair）の哲学に親近感をもちつつも、「メルロ＝ポンティの現象学には感動＝動揺した身体（corps ému）がない」点に不足を覚え、自らの進むべき道をとる。すなわち、感動の余り身も心も揺り動かされ、動揺、痙攣しもする身体への着目である。最終的に調和的になるとは限らない、破調にもおよぶ地平を展望する。

こうしてリオタールは「フィギュラル」の概念を提示する。リビドーの脱連接的で、解き放たれた張りの形象化と言える。つまり、欲望の現出形態に関わるのであるが、「無意識的欲望」がまず現にあって、それが検閲されるという経過ではない。本体があってそれが変装、仮装されるのではない。もともと禁止されているという形態以外では、したがってデフォルメされてしか、欲望は姿を現わさないのだ。

夢に関してはフロイトに依拠しつつ、夢はことば（parole）ではなく、通常の意味でことばの織りなすテクストでもないとする。

フロイトの言う、事物に由来する本質的に視覚的なものである「事物表象」を重視する。この点で、ラカンの「無意識はひとつの言語(ランガージュ)として構造化されている」という考えは取らない。もちろん夢の形象への言語形象の織り込みなど、現出するものは錯綜しているが、原本的に言って、夢は無意識的欲望の「作品」であると位置づける。

言い換えれば、「夢の思考」のほうは何らかの言説からなるひとつのテクストであるとしても、より本質的な「夢の仕事」は、そのテクストの様相と意味が「作品」として不可避的に変形、変更される実行過程である。そして、これは段階、経過ではない。夢は欲望の成就(フロイト)と言われるが、その夢の形象は、すでに常に仕事を始めている何らかの力によって滅茶苦茶にされたテクストとしてしか読むことはできない、ということである。それが、疎外された欲望の現出形態にほかならない。

夢が無意識的欲望をこのような「夢の仕事」として形象化するのと同様に、フィギュラルなもの、フィギュラルな空間も、しわくちゃ、ねじ曲げられ、溶解変形してしか現出しない。その〝前〟はない。ただし、芸術はそのような欲望から形象への関係を反省的に捉え、その〝前〟がないということも含めて、表象において逆転して何らかのかたちで批判的に提示しうるとリオタールは考える。したがってリオタールにとって、今日の芸術作品は調和を旨とする美的対象ではなく、むしろ「崇高」概念にかかわり、形相–質料の関係性を無効化するような現出形態に関心を向けるわけである。「出来事」、「身体」、「動揺」、「流動」、「速度」にも着目し、その開かれる相は、『リビドー経済』に接続されるだろう。

3——「疎外」について

リオタールの思考において、「疎外(アリエナシオン)」(aliénation)の位置づけは重要であり、そのテクストを読む際の鍵語のひとつとなる。通常、「疎外」は、人間にあって自己の労働による産出物が自己から離背し、自身とは疎遠なものとされる事態を指す。ルイ・アルチュセールは、「認識論的断絶」(この用語は、バシュラールの科学的認識の発展の断絶・飛躍に用いた用語の転用)のテーゼをもって、マルクスにおける『ドイツ・イデオロギー』(一八四五–四六)とそれ以前の諸著作との哲学的差異を主張する。それ以前の著作は、ヘーゲル・フォイエルバッハ的疎外論を踏襲するが、アルチュセールによれば、そのような疎外論は、近代的主観性を守るイデオロギー的概念(人間主義的解釈)であって、それと手を切るときにはじめて、マルクスはマルクスになり、『資本論』にいたる。

これに対して、リオタールは、「疎外」が『グルントリッセ』（一八五七－五八）のなかにも見出される点に着目し、イデオロギー的機能に還元不可能な批判的機能の意味あいを再評価し、疎外という因子を保持する。

リオタールは、現象的な面、経験的事実（それがどれほど自覚されているかは別として）として疎外が現出する平面と、それに直交して、疎外が旋回される理論の平面を区別する。リオタールは前期・後期のマルクスの批判的思考において「断絶」があるのではなく、疎外が現出する事実の平面と疎外が旋回される理論の平面に関しては、最初はこの平面は内容上共通であり、事実と概念が同一化される弁証法の運動下にある。しかし後になって二つの平面の亀裂は、経験的事実の内部の疎外はひとつの徴候として維持されるであろうが、理論的平面では疎外の旋回が疎外を消失させるだろうと語る。その平面では、創造力としての労働は下方に隠されて労働力商品としてのみ投影され、したがって疎外はシステムの概念としては不在となるからである。[03]

また、「搾取」と「疎外」の関係については、「「成長」とは、資本の拡大再生産であり、したがって搾取と疎外の再生産であり、それが含む根本的矛盾の再生産でもある」[04]と言うように、リオタールは、マルクスにおいて「搾取」と同じレベルで「疎外」が保持されていると考える。

ただし、リオタールがそこに見てとる「疎外」は人間主義的解釈ではない。さらにリオタールにとって「疎外」とは、「剰余価値」に関わる経済学的な「搾取」概念と重なり合い、あるいは交叉しつつも、また双方の関連を考慮すべき局面はもちろんあるにしても、原理的に異なる問題をはらむと考えられる。アルチュセール的に言えば、疎外はひとつの徴候、痕跡であるが、そこを通して開かれうる次元こそが、リオタールの問題設定と言いうる。

すなわち、そもそも「疎外（アリエナシオン）」とは、根本的に言って、人間にとって原初的な何かが奪われているとか、取り戻すべき何かがあって奪還プランを設定すべきである、というようなレベルの問題ではないとリオタールは考えたと推察できる。当然、精神分析的な意味での「精神異常（アリエナシオン）」とも重なる。逆に言えば、すでに常に何かが疎外、喪失したかたちでしか到来しないのが人間状況であり、人間活動であり、言語活動であると言える。それは「悲惨」である（『哲学の悲惨』二〇〇〇）。しかし、悲観主義とは違う。好むと好まざるとにかかわらず、「悲惨」が常態的様態と覚知されるのではないかと考えるのである。

現象学では、既成的、自然的条件を括弧に入れてニュートラルなゼロ状態の意識－身体（corps-conscience）を想定して、そこから展開する。それはリオタールにとっては不徹底、不十分であると見なされる。

またマルクス主義的言説では、疎外された人間は、生きる力というべき強度を奪われ、喜び、快楽の享受にただ乏しいことになる。このような「強度」の「否認」（抑圧された欲望を表明しながら一方でそれを否定すること）、その「現実否認」は、疎外されていない領域というファンタジーを与えかねない。そうではなく、段差はないと言うべきである。そもそも人は、疎外されてしかありえないということだろう。

すなわち、そのような否認、否定の行為には、つねに〝中心〟への回帰がある。肯定と否定の予定調和的世界から、否定性と批判は永久に逃れ出ることはできない。したがって、『マルクスとフロイトからの漂流』が語られるのであり、漂流やズレや出来事の突発のなかで、主役を演じることになるのが「欲望」である。

そのため、欲望とはつねに肯定的なものである、という地平で考察する。欲望をその現出形態とともども肯定的にとらえる。たとえ悲嘆、苦痛として現われるとしても、強度の生を肯定すること。この肯定的な欲望の地平のもとで、回路の変更、見かたの改変をめざすのが、リオタールの仕事である。ただしこのような欲望は、一方で制度に形を与え制度を支えるものでもあり、かつ同時に制度を破壊するものでもある。そして資本主義システムという装置も、欲望装置のひとつである。それらが『リビドー経済』で俎上に載せられる。

『リビドー経済』（七四）は、欲動という装置によって強度の生を肯定する試みである。この書そのものが、「そのいわゆる身体を切り開き、そのすべての表面を伸び拡げよ」で始まるように、哲学的言説の欲望の実践と言える。開かれてめくられるのは皮膚や身体、骨髄、五臓六腑だけではない。媒体に書き記される文字や響きわたる声の振動、見えるもの－見るものも交錯、性的器官等を通じてその一切が、リビドー的身体として身を裂かれ開かれ、接続、連鎖されて伸び拡がる（神話的豊饒神の、あるいはメルロ＝ポンティ的肉の切り裂き解体を想像させもする）。逆に言えば、裏も表もなく果てしないメビウスの帯のひとつの特異点として、欲動を備給しつつ異質なものが連接する巨大な継ぎはぎ模様の被膜の束の間の一変容として、一時的に定位されるのがそれぞれの身体の状態、所作、交合であり、思考、言説の発露であり、作品であり、運動形態であり、離散集合的社会現象である。

こうして、従来の意味論や表象の流儀を戦略的に解体することによって、原理としての中心や回復すべき欠如という概念は、リビドー装置による表象的な束の間の仮構であることが浮き彫りにされ、主体の実現をめざす西欧形而上学的理論など、リビドーの多様な運動のなかで位置移動し、相対化、変容、解体されることになる。

資本というシステムを、いわば装置の欲望として共振させることによって、その過剰性、変容そのものを浮き彫りにし、その限界をも炙り出そうとする戦略と言えるが、資本の欲望の肯定にもつながり、その点に課題は残ることになる。正と不正、公正さの問題、そして「疎外」、悲惨の状況などである。

4――ポストモダンの条件

一九七九年に『ポストモダンの条件』を発刊する。科学が真なるものを探究すると自称するならば、自らのゲームの規則を正当化しなければならない。従来、科学の境位を正当化する言説は哲学という名で呼ばれてきた。そのメタ言説が、ひとつの歴史哲学として、大きな物語（精神の弁証法的展開、理性的人間としての、あるいは労働者としての主体の解放、富の発展など）をなすとするならば、その物語に準拠して知を正当化する科学を〝モダン〟と呼ぶ。それに対して〝ポストモダン〟は、高度に発達したテクノ-サイエンス社会において、そのような大きな統御的な物語の機能不全を、いたるところさまざまなレベルに見、言語(ランガージュ)行為の散乱状況を見ざるをえない、不信感にみちた状況を指す。その状況のなかでは、われわれが形成する言語の組み合わせの特性は必ずしも意思疎通可能なものではなく、いわば言語行為の原子価の交差点に立つことになる。資本のシステムは操作性と効率を前面に押し出すが、大きな物語が崩れたのち、正当性はどこに存するのかとリオタールは問う。操作性はテクノロジーのレベルであり、またコンセンサスはもっぱら収束を目的とするため、さまざまな言語ゲームの異質性を平準化しようとする。新しいものの創案・創出はつねに意見の相違・争異から生まれるのであり、われわれは共約不能なものに耐え、感受性を研ぎ澄ませねばならず、ポストモダンの知は、専門家たちの相同（ホモロジー）的な言説ではなく、パラロジー（錯論理）のうちに、すなわち異なる言語ゲームにしたがう知の並存のパラドックスに見出されうると、ポストモダンの哲学の言説として、リオタールは問いかける。

リオタールの所説はさまざまな波紋を及ぼしたが、リチャード・ローティはリオタールの問題設定に一定の理解を示しつつも、「抗争(ディフェラン)」の前景化は、左翼的、言語的テロルの様相を呈するとして批判し、英米哲学とフランス哲学の調停を試みている。それに対してリオタールは、いわば互いにねじれの位置にある「抗争」（後出）を同じ水準の「係争」に置き換えることは解決にならず、むしろ未知な言語ゲームに対する応答が思考の務めであると論じ、論証(アルギュマンタシオン)に対するエクリチュールの優位を主張する。[05]

いわゆる合理主義の立場から言えば、なるほど議論の目的は合意形成である。意見の相違は調整されるべきであり、またそれが可能であるという前提がある。その基盤としてなんらかの普遍的言語の原理がある。しかしそれは万能ではない。同一レベルでの言説間の係争ではなく、異なる言説ジャンル間の抗争となる場合もある。例えば、真をめぐる議論（カントの「純粋理性批判」）か、善をめぐる議論（「実践理性批判」）か、美（と崇高）をめぐる議論（「判断力批判」）かで、言説のジャンルが異なってくる。さらに、あらかじめ言語に定まった意味体系に基づいて体系的な議論を組み立てるというよりも、言語の意味はその実際的使用であるというウィトゲンシュタインの「言語ゲーム」の考えかたに沿えば、発話の意味は、その情況のなかで、話し手と聞き手、コンテクストに沿った言語使用として、そのつど考えられるべきものとなる。このような場合は、各ジャンル間で交わされる、チェスの一手々のようなものである。

ところが暗黙の前提が崩れ、相手がチェスを指しているかどうかわからなくなることがある。チェッカーか、ジグソーパズルか、狂ってしまったのか、はたまた未知のゲームか。リオタールは、このような未知の一手に対する応答こそ出来事（エヴェヌマン）であり、その出会いは万人に可能であり、その事実を対話で確認しあうことはできるが、その応答のいとなみそのものは、作品の解釈の場合がそうであるように、論証（アルギュマンタシオン）ではなく、孤独なエクリチュールの場でのみ可能であると述べる。

近代の普遍的秩序が二十世紀の現状にあてはまらなくなった点については、ハーバーマスもリオタールも同様であるが、ハーバーマスはたとえ不十分であるにしても、理性に信頼を寄せてコミュニケーションを通じて合意する努力をなさなければ非合理主義に陥ると考える。そのため、リオタールは啓蒙の成果を否定する「新保守主義」と批判される。しかしリオタールから見れば、ハーバーマスは理性に信頼を寄せて「討議」により相互理解をもとめる「合意理論」を追求することで、すべての言語ゲームに対して普遍的で有効であるような規則を想定することになり、一種の合理主義的テロル、合意のテロルを導きかねないことになる。[06] 哲学の言説は、自らのルールそのものを問うては探りつつ、進め拡げることにほかならないからである。

5——ハイデガー問題、非人間的なもの

一九八〇年代後半のハイデガー問題の渦中で、リオタールは『ハイデガーと「ユダヤ人」』（八八）を著わす。ヴィクトル・ファリアス

ハイデガーのテクストを綿密に読みこんだラクー＝ラバルトの『ハイデガーとナチズム』（八七）で始まったハイデガー論争のなかで、ハイデガーがユダヤ人殲滅に対してほとんど言及しなかった事実に、「存在」の思考の盲点を見る。そのような状況でリオタールは、ハイデガーにあっては、「忘却されていたもの」はなるほど「存在」ではないにしても、「法」であるという見解を打ち出す。すなわち「存在忘却」を語るハイデガーに対して、始まりもなく自らを基礎づけることもなく流浪して思考する者たちをリオタールは「ユダヤ人」と呼ぶ。始まりと場所のモチーフを重視するハイデガーに対して、ツェラン、アーレント等を指すだけでなく、忘却されようとする「他者」の無言の問いかけを受けとめ、フロイト、ベンヤミン、アドルノ、それをなんらかの手法で表現しようとする活動者をリオタールは広く「ユダヤ人」と名づけ、われわれの思考すべき圏域を拓こうとする。

もちろんこの問題領域は広く、現代の状況と無関係ではない。『非人間的なもの』（八八）のなかで、二つの「非人間性」を主題化している。効率性をもっぱら追求する経済至上主義の言説が織りなす世界は、過去を集積して未来を積算する巨大なモナドとして、人間の尺度を逸脱した「非人間的」世界となる。今日ではグローバル化した世界とも言われている。つまり交換可能、言述可能なもののみを現実とし、未来の地平を積算可能なものとしてプログラム化する趨勢である。技術革新と通信革命の進む高度資本主義社会における、もはや労働力の主体でないのはもちろん、機械の部品ですらない、もはや具体的ではなく抽象的に「疎外」され、忘却されようとしている、人間の匿名化、記号的任意化の事態ともいえる。

しかも、このような効率主義的な資本主義システムの欲望は際限を知らない。「抽象的な巨大な頭部がおおいかぶさる、機器類からなる身体」（『リビドー経済』）の跋扈である。このような高度産業社会の「非人間性」に抵抗するのは、啓蒙主義的な「おとな」ではなく（カント「啓蒙とは何か」）、通常は忘れられていて意識的にコントロールできないという、別な意味で「非人間的」な情動のエネルギーに貫かれた「幼年期」の根本的受動性であるとリオタールは考える。資本主義システムはシステム内に有効に掬い取ることのできないもの、そこから抜け落ちるものは忘却に追いやろうとする。ところがそのようなシステムの「非人間的な」外からの圧迫、強制力、矯正力にもかかわらず、それとは別な何ものかに人質にとられている幼年のたましいは、その名状しがたい不安によって「非人間的」な状態にあるが、だからこそ絶えず、忘却されようとするものをわれ知らずうわごとのように口走り、身体所作に及びもすれば、粘り強い思考にもいたるとリオタールは説く。つまり、悟性的認識能力が第一義的ではなく、通常のしかたでは表象できない「非存在」に対する感受能力とその表出こそが問題となる。

6——情動-文と「哲学の悲惨」

『ディフェラン』(一九八三、邦訳『文の抗争』)で、文の哲学が語られる。文が生起する。文がある。リオタールはまずこう考える。とりあえずその前はない。その前を何か必須な前提として考えておかなくてよい。もちろん、それ以前を語ることはありうるが、生起した文に続いて連鎖される別の文の呈示する遡及内容のなかで語られることになるだろう。ひとつの文は、少なくともひとつの宇宙=領界を呈示する、その宇宙は原則として四つのポスト(ないしは極、力域)で構成される。送り手、受け手、指向対象、意味の四つである。

リオタールは、文は通常、一連の規則によって形成されると言う。「推理する」「知る」「描写(記述)する」「物語る」「問う」「示す」「命令する」などの規則である。それを文の「制度」という。「ドアは開いている」という描写文と「ドアを開けよ」という命令文は、異なる二つの制度に基づいており、二つの文は互いに翻訳不能である。そしてそれらの文は、おのおのそれなりの目的に沿って、しかるべき言説のジャンルにのっとって連鎖されてゆく。例えば、「論議する」という言説のジャンルはそのひとつである。その方向に文を束ねてゆくときに、今度は「知見を得る」「教える」「正しくある」「誘惑する」「正当化する」「感動させる」「制御する」などのルールも介在し、論議という言説を展開する。言説のジャンルとしては、そのほかに認知、説得、悲劇、そして技術、経済的言説のジャンルなどがある。

リオタールの文の哲学は、主体の形而上学の解体後、「神の死」の宣告後の世界、人間の歴史的達成という大きな物語の瓦解、ハイデガー的「世界内存在」との相違、そして言語学的・語用論的知見をふまえ、今日の電脳世界に飛び交う無数の文、記号の生産・消費まで射程にいれた状況に対応していると言える。

文はあらゆる事象を呈示しうるが、唯一その当の文の現前そのものは呈示できない。このような文の現前の条件、つまりそれが呈示する宇宙における当の文そのものの非現前性をたずさえた刻々の文の連鎖は、絶対的起原の消滅に相応するとともに、しかし同時に、生起の不可避性は保持されている。呈示される宇宙と四つのポストの分節、送り手-受け手のペアの互換性、転換性は、主体の位置の超越性、優越性、固定性を振り払うとともに、当該の文における限定された意味合いはその限りで保持され、繋ぎとめられ、連鎖されうるものとなる。政治的言説の分析、精神分析の言説の分析に有効となりうることは容易に見てとれる。

さらにリオタールは感情、沈黙にも焦点をあてる。感情はひとつの文であるが、それは分節化されていない。つまり文の宇宙を呈示しないし、送り手・受け手も分節しない。何らかの「意味＝感覚」を示すが、それも一種類で「快そして／あるいは不快」である。このような「情動－文」として、精神分析的言説を考察するのみならず、現代の芸術作品の受容、創作も探究対象にするのである。

7——晩年の活動

晩年にもメルロ＝ポンティに言及した論考がある。「肉的な雛形様式」（『哲学の悲惨』二〇〇〇所収）はメルロ＝ポンティ論である。見えるものと見えないものの絡み合いについて、私たちの肉の眼が感覚される世界に属しているのとまさるとも劣らず、精神の眼は、思考に属している。そしてメルロ＝ポンティから以下を引用している。「純粋な理念性はそれ自体、肉なしでもなく、またもろもろの地平構造から解放されているのでもない。理念性は、たとえ他の肉や他の諸地平のことが問題となっていたとしても、それらの地平を生きている。あたかも、感覚される世界を活気づけているあの可視性が、いっさいの身体の外にというのではなく、ただいっそう重みが少なく、より透明な別の身体に移り住むかのようである。あたかもそれが身体の肉を脱ぎ捨てて言葉の肉をまとうことで、そのことによって一切の条件から解放されるわけではないが、身軽になって、肉を棲み変えたかのように[07]」。

芸術を論じるときも、メルロ＝ポンティの説くところを踏まえる。「むしろそれ自体は見えない培界を想像すべきである。一種の透明な水、エーテルのようなものであり、それ自身にみずからを折りたたみつつ、重なり合って静止するかに見えて、その接合の未完了の間隙において、一挙に、見えるものと見るもの、ひとつの顔、ひとつの対面を生じさせるような、一種の透明な水、なんらかのエーテル」。それが、元素的世界、見えるということの出来、「見えることの裂開[08]」である。

描き、書くのは、現にそこにあるものを再現するためではなく、現前の謎あるいは奇跡を可能にする見えないものを見えるようにするためである。そのため、芸術は肉から逃れ出ない。芸術は肉に固有の裂開にこだまし、それを目に見えるかたちに書きこむ。芸術は、裂開において醸成される開きと立ち現われの働きを追求する。芸術は、この潜在的な問いかけが晒され出たものにほかならない。

セザンヌは、顔をひとつの対象として描く。またセザンヌは、景色は私のなかで思考される、私はその意識である、とも言っている。この点を『眼と精神』で語っていたメルロ＝ポンティについて、リオタールは「この顔の形而上学には欠損はない、おそらく欲望もない」[09]とする。この形而上学に静謐さ、充実を見るともに、限定、制約、限界を見る。そして、そこに死の入る余地はない、あったとしても記憶、芸術、文学の肉のなかで存続すると語り、メルロ＝ポンティの言説に対するオマージュを示すとともにその限定的な様相を指摘するという、アンビバレンツな言述を展開している。

また、とくに晩年の著作としては、アンドレ・マルローとアウグスティヌスがとりあげられる。『マルローの署名入り』（九六）では、波乱に富んだ人生を送りつつ作家活動を続けたマルローを追いながら、後半では、マルローの「空想美術館」の構想と、「他人の声は耳で聞き、自分の声は喉で聞く」（『人間の条件』）という、芸術作品などもろもろのフォルムを沈黙の声として「喉で聞く」という考え方が披露される。また『聞こえない部屋』（九八）では、無響室（音の反響のほとんどない無音空間）としての芸術作品に対して、視覚的な調和や美的な共鳴というレベルを超えて、身体を突き抜ける不協和な「金切り声」、あるいは沈黙の声に慄きながらも、何かの問いかけとして感じうるか、応答しうるか、という問いをリオタールは投げかける。

『アウグスティヌスの告白』（九八）については、若き日の放蕩やマニ教信仰など紆余曲折を重ねたアウグスティヌスの疑問、葛藤、ジグザグの思考を、『告白』のエクリチュールに読み取ろうとする。通常は、宗教的、哲学的、歴史的権威の文献として位置づけられるテクストを錯綜のディスクールとして解きほぐし、そこに思考の多元的に交錯する抗争（ディフェラン）を照らし出そうとしていると言ってよいだろう。

このように聞こえぬ何かを聞きとめようとすること、応答すること。それは終わること、清算されることはないだろう。なお、ジャック・デリダはリオタール追悼文で、「喪はないでしょう」と書いていた。デリダらしく多義的であるが、服喪で何か清算されるような、あるいは昇華されるような関係でも、交誼でもないということを含むだろう。デリダは、リオタールとはずっと互いに二人称は「あなた」（vouvoyer：二人称の親称のtuを使わず、互いにvousを使うこと）であったと語っていた。私たちはこれで行きましょう、それもおもしろいと慣行にしたという。いずれにせよ互いになれ合わないための、安易に纏まらないために一種の差異化の維持と解釈もできる。思想や流儀の違いを認め合うということだろうし、前もって示し合わせたわけではない、それだからこそ真正な友誼のかたちの証しでもあっただろう。[10]

7――リオタールと今日

リオタールは一九九八年に他界した。その名を世に知らしめた『ポストモダンの条件』(七九)は、現代の知と言語の状況を鮮やかに浮き彫りにして、当時も論争を巻き起こし、新保守主義、科学的知の衒学的濫用、相対主義等の批判もあったが、リオタールが提起した問題性は今日ますます明らかになってきている。そもそも、二十世紀後半の高度に発展した産業社会における知の報告書(カナダ・ケベック州教育協議会へ)であったが、二十一世紀に入って、インターネット社会はますます肥大化し、世界中いたるところにパソコン・ケイタイ・スマホ等の機器が散乱、増殖し、人間世界の風景は視覚的にも明らかに変わってきている。世界の場末化(ゾーン)と言えよう。知と言語活動の情報メディア環境については、高速度で広範な工学技術的加工、蓄積、操作性の推進、その内容に関しては実効性、効率性を重視する経済的加圧作用はますます露骨になってきている。それらは、世界中いたるところ可視化、遍在化している。情報処理システムと機械、大小のモニター上の無数のことば、文、映像、音声の横溢。その「文」においては「送り手」と「聞き手」は誰なのか、というよりも何なのか、という疑問すら掻き消されてしまう。また、知を担うべき大学・学校など教育・研究機関においては、「評価」「自己評価」という「命令文」で業務遂行、教育の効率性、操作性の言説が横行する。こうして知の商品化が、同時代に見合った労働力の加工・商品化と歩調を合わせて進行する。

そのようななかで、それぞれの場面、局面、論議、応答、意思決定において、不一致、異論、パラロジーの入り込む隙間、萌芽はいつもいたるところにあること、多様な言語ゲームの可能性は、豊富にちりばめられていること、その思考の務め、文の連鎖の試みが何よりも大事であることをリオタールはつねに語っていた。例えば、現代の科学的宇宙論の百家争鳴的な議論、仮説のさらなる活性化に関連して言えば、リオタール的思考は、科学の分野において「効率追う風潮退け、基礎研究の重要性を社会に伝えたい」というノーベル賞受賞者らの言説を後押しする力にもなるだろう。

一方、各種情報処理システム・機械に囲まれる環境のなか、大小の画面上の無数のことば、文、映像、さらには音声の過剰、雑音の乱舞と生成消滅の波に人々の感覚は麻痺して、無感動が蔓延化しつつある。けれどもすさんだ世界、荒廃化にもかかわらず、また表層的にうつろに消費されゆく審美化に対して、心的に処理できないもの、無言の情動にリオタールはことばを継ごうとしている。われわれの気づいていない情動にことばを与えることでもある。思考の麻痺としてのニヒリズムではない、無や虚無を存在のなかに穿って想起し、存在を出来事(エヴェヌマン)とする思考にも通じるだろう。

また、二十世紀末のソ連崩壊後の資本主義のグローバル化のなかで、さまざまな問題も顕在化し、国際紛争、テロ事件、リーマンショックなどの経済危機、金融破綻、事故(原発)等、日本も含めてその渦中にある。経済成長と資本の飽くなき自己増殖か、あるいは行き詰まりを見せその限界が露呈しつつあるのか、さらには資本主義的グローバル化と国民国家の利害の相違、摩擦のなかで、新たに格差社会の問題も日本も含めて各国でますます顕在化している。世界中で、社会的不平等、社会的公正さの問題が先鋭化しつつあるが、これらはまさに、リオタール的「抗争」の交叉する局面である。

このように多元的に交錯する諸平面に生起するさまざまな問題系を探るにあたって、政治、経済、科学技術、人文科学、教育、精神分析、ユダヤ思想、絵画、映画、音楽、文学など、リオタールの切り拓いた思考の多様な地平は互いに交叉もしつつ、問いを促し思考を賦活する変幻自在な沃野としてわれわれの眼前にあると言えるだろう。

註

01 『現象学』(一九五四)第二部・第二章「現象学と心理学」。
02 なお、『なぜ哲学をするのか』(二〇一二)には、リオタールの息女コリーヌ・エナドーの序文が付されている。
03 『マルクスとフロイトからの漂流』(一九七三、邦訳『漂流の思想』)、「マルクス主義的旋回における疎外の位置」。
04 同前。
05 『ポストモダンのモラリテ』(一九九三、邦訳『リオタール寓話集』)、「奇妙なパートナー」。
06 同前。
07 『哲学の悲惨』(二〇〇〇)、「肉的な雛形様式」。
08 同前。
09 同前。
10 ジャック・デリダ『そのたびごとにただ一つ、世界の終焉Ⅱ』(二〇〇三)、「XIV　ジャン＝フランソワ・リオタール」。

主要著作

▼*La Phénoménologie*, PUF, 1954.(『現象学』高橋允昭訳、白水社文庫クセジュ、一九六五)
▼*Discours, figure*, Klincksieck, 1971.(『言説、形象』合田正人監修・三浦直希訳、法政大学出版局、二〇一一)
▼*Dérive à partir de Marx et Freud*, UGE, coll. 10/18, 1973.(『漂流の思想――マルクスとフロイトからの漂流』(今村仁司ほか訳、国文社、一九八七)
▼*Économie libidinale*, Minuit, 1974.(『リビドー経済』杉山吉弘ほか訳、法政大学出版局、一九九七)
▼*La Condition postmoderne*, Minuit, 1979(『ポストモダンの条件』小林康夫訳、書肆風の薔薇、一九八六)
▼*Le Différend*, Minuit, 1983(『文の抗争』陸井四郎ほか訳、法政大学出版局、一九八九年)
▼*Heidegger et « les juifs »*, Galilée, 1988(『ハイデガーと「ユダヤ人」』本間邦雄訳、藤原書店、一九九二)
▼*La Guerre des Algériens*, Galilée, 1989.(アルジェリア人たちの戦い)
▼*L'Inhumain*, Galilée, 1988(『非人間的なもの――時間についての講話』篠原資明ほか訳、法政大学出版局、二〇〇二)
▼*Moralités postmodernes*, Galilée, 1993.(『リオタール寓話集』本間邦雄訳、藤原書店、一九九六)
▼*Signé Malraux*, Grasset, 1996.(マルローの署名入り)
▼*Chambre sourde*, Galilée, 1998(『聞こえない部屋――マルローの反美学』北山研二訳、水声社、二〇〇三)
▼*La Confession d'Augustin*, Galilée, 1998.(アウグスティヌスの告白)
▼*Misère de la philosophie*, Galilée, 2000.(哲学の悲惨)
▼*Pourquoi phiosopher ?*,PUF, 2012.(『なぜ哲学するのか?』松葉祥一訳、法政大学出版局、二〇一四)

参考文献

▼*Dictionnaire des philosophes* (2e édition) PUF, 1993.
▼*Les Transformateurs Lyotard*, Sens & Tonka, 2008.
▼*Lyotard à Nanterre sous la direction de Claire Pagès*, Klincksieck, 2010.
▼*Claire Pagès, Lyotard et l'aliénation*, PUF, 2011.
▼*Cités Lyotard politique 45*, PUF, 2011.
▼*Passages de Jean-François Lyotard*, Hermann, 2011.

▼『風の薔薇4　ジャン＝フランソワ・リオタール』（書肆風の薔薇、一九八六）
▼『フランス哲学・思想事典』（弘文堂、一九九九）
▼本間邦雄『リオタール哲学の地平』（書肆心水、二〇〇九）

〔本間邦雄〕

ル・ゴフ、ジャック

❖Jacques LE GOFF　1924-2014

フランスの歴史学者。トゥーロンで生まれ、パリの高等師範学校に入学。ソルボンヌで学んだあと、一九四七年にプラハのカレル大学へ留学（その後もオックスフォードやローマに留学する）。一九五〇年にブローデルらを審査員として教授資格を取得し、アミアンで高校の教師を務める。ローマから帰国後は、国立科学研究センターの研究員やリール大学の助手を経て、一九六〇年からパリ高等研究実習院の第六部門に勤め、六九年にはブローデルのあとを襲って所長に就任する。七五年には同部門が社会科学高等研究院として独立するが、ル・ゴフはそこで主導的な役割を果たす。一九九二年に退官。ル・ゴフは中世史を専門とし、またアナール学派第三世代の中心人物として、『アナール』誌の編集にも携わる。彼は、史料的な困難さからそれまで具体的に描かれることの少なかった中世の社会（とりわけ民衆の社会）を、さまざまな要素が複合的かつ重層的に織りなす人間的で豊かな世界、現代ヨーロッパの基礎となる世界と考え、人類学や民俗学の手法も駆使しながら、独自のテーマをもとに生き生きと描きだす。例えば『煉獄の誕生』では、本来は聖書にない場所とされた「煉獄」が、中世の民衆の心性が変化するなかで、天国と地獄のあいだの「第三の場所」として、歴史的にどのように形成されてきたかを、膨大な史料と精緻かつ大胆な論理でもって明らかにしている。著書は、中世の文化や社会に関するものが多数あり、そのうち『煉獄の誕生』のほか、『中世西欧文明』『聖王ルイ』『巾着と生』（邦題『中世の高利貸』）などが邦訳されている。

［八幡恵一］

ルフォール、クロード

❖Claude LEFORT　1924-2010

フランスの哲学者。パリに生まれ、リセ・カルノーで中等教育を受ける。このとき教師として赴任していたメルロ＝ポンティに出会い、哲学を志す。ソルボンヌで学び、一九四九年に哲学の教授資格を取得。前年にはカストリアディスと「社会主義か野蛮か」というグループを組織、翌年に同名の雑誌を創刊する。一九四九年からリセの教師となり、その後はソルボンヌや国立科学研究センターに勤め、一九五三年にはブラジルのサンパウロ大学に赴任するなどして、一九六六年にカーン大学のポストを得る。一九七一年にマキャベリに関する論文で博士号を取得。カーンを離れ国立科学研究センターに戻ったあと、一九七六年から社会科学高等研究院の研究ディレクターとなる。ルフォールは、まずはメルロ＝ポンティから決定的な影響をうけ、つねに彼と歩みをともにし、メルロ＝ポンティの死後は、彼の遺稿（『世界の散文』や『見えるものと見えないもの』）を編纂、出版したことで知られる。また政治的な発言の場として雑誌を多く利用しており、例えば戦後にメルロ＝ポンティの手引きで『現代』誌に加わったことをはじめ（やがてサルトルと対立して離れる）、『社会主義か野蛮か』や『テクスチュール』など複数の雑誌に関わり、自身も積極的に寄稿する。哲学者としては、おなじくメルロ＝ポンティの手引きで早くからマルクス主義を学んだが、ハンガリー動乱を支持するなど、社会主義国家の官僚主義および全体主義的な傾向に対しては批判的で、全体主義に抗して民主主義の理念を理論的に追求する政治哲学を展開する。ソルジェニーツィンの『収容所群島』に対して『余分な人間』を著わすが、そこでも一貫して全体主義の批判を行なっている。著書は、全体主義批判や民主主義、メルロ＝ポンティに関するものがあるが、そのうち『余分な人間』と『エクリール』が邦訳されている。〔八幡恵一〕

シャトレ、フランソワ

❖François CHÂTELET　1925-1985

フランスの哲学者。フランス国立科学研究センターの研究員として、ジャン・ヴァールとジャン・イポリットの指導のもと、一九五九年に博士号を得る。パリ第八大学教授。ジル・ドゥルーズは、パリ第八大学の同僚であった。著作には『ペリクレス』（一九六〇）、『ロゴスとプラクシス』（六一）、『プラトン』（六六）、『ヘーゲル』（六八）、『哲学の教室』（六九）などがある。また全八巻から成る哲学事典『西洋哲学の知』（七二―七三〔邦訳、白水社〕）を編集した。〔飯盛元章〕

セルトー、ミシェル・ド

❖Michel de CERTEAU　1925-1986

フランスの歴史学者、哲学者。シャンベリに生まれ、グルノーブルやリヨンで哲学や文学、宗教学を学ぶ。神学の研究と修行も重ね、一九五〇年にはイエズス会に入会、同会コレージュの哲学教授を経て、五六年にはリヨンで司祭に叙せられる。一九六〇年に、ピエール・ファーヴルの研究によりソルボンヌで宗教学の博士号を取得。その後は、パリ・カトリック学院やパリ第七、第八大学、カリフォルニア大学などで教え、一九八四年に社会科学高等研究院の研究ディレクターとなるが、二年後にパリで亡くなる。セルトーは、パリ・フロイト学派の創設メンバーであり、〈六八年五月〉の擁護者であり、記号論や言語学にもつうじるなど、じつに多彩なフィールドで活躍したが、本来の専門は宗教史である。宗教史家としての彼は、さまざまな神秘主義者の研究をするかたわら、とりわけフーコーの影響をうけながら、〈日常的なもの〉、すなわち公的な歴史から排除され、記録を残さない民衆の抑圧された沈黙の歴史に強い関心を寄せ、真実（あるいは科学）と虚構の言説的な境界を問いに付しつつ、その記述のための方法を探求する。これは、通常の知の外部、その〈他者〉に目を向けようとする試みであり（あるいは神秘主義者たちも、教会に対する周縁的な存在として、この〈他者〉を構成するものである）、セルトーはこの試みに、歴史学や神学のほか、精神分析や文化人類学、言語学までもちこみ、独自の認識論をつくりあげる。著書は多数あるが、そのうち『パロールの奪取』『ルーダンの憑依』『歴史のエクリチュール』『日常の発明』(邦題『日常的実践のポイエティーク』)、『歴史と精神分析』などが邦訳されている。〔八幡恵一〕

ダメット、マイケル・アンソニー・アードレー

❖Michael Anthony Eardley DUMMETT 1925-2011

英国の哲学者。一九五〇年にオックスフォード大学を卒業後、同大学で五七〜六二年に特別研究員、六二〜七四年に数学の哲学の准教授、七四〜七九年にオール・ソールズ・カレッジ主任研究員を務め、七九年にアルフレッド・エイヤーの後を継ぎオックスフォード大学で論理学の教授に就任。実在論と反実在論との論争において、反実在論の立場を擁護する論者として知られる。実在論者は、外的事物はそれについての知覚や観念、記述とは独立に存在すると主張する立場で、他方、反実在論は独立に存在することはないと主張する立場である。ダメットは観念論や懐疑論とは異なる形での反実在論の立場があることを論じた。〔中澤瞳〕

ドゥルーズ、ジル

❖Gilles DELEUZE　1925 – 1995

肺病に起因する脆弱な健康のせいもあり、その人生には、少なくとも外観上は、さほど大きな移動も波乱もない[01]。むしろ他人からの誘いを断り、思考に沈潜するために、体調が優れないという噂を流すこともあった[02]。陽気でよく笑うこの思想家は、孤独を強く愛する人だった。食べることを厭い、アルコール中毒になりかけるほどに一時期酒を飲んだ[03]。議論への嫌悪を公言し、講演と旅行を嫌い、話すことより書くことに力を傾注した。コミュニケーション的理性が、思考を触発すると信じたことは一度もなかった。彼には、愚かさの侵蝕と蔓延から身を守る独自の作法があった。

一九九五年十一月四日土曜日にパリの自宅の窓から身を投げたその哲学者は、一九二五年一月十八日日曜日にパリで生まれた。彼は本来的に都会的な人であった。「大いなる森や小径のなかではなく、都市や街路のなかで、都市と街路における特に人工的なもののなかで、哲学は練り上げられるのだ[04]」。彼が青春時代を過ごしたのは、ヨーロッパが戦争によって覆われた時代である。後年、彼の著作には「戦争」という主題がときに公然と、ときに秘かな仕方で出現した。家族でドーヴィルに避暑に出かけた一九四〇年、ドイツ軍がパリに侵攻したため、そのまま現地に留まり、一年を過ごすことになる。そこで彼は、一人の教師の手引きにより文学に開眼し、一人の作家の全作品を読むという仕方で、さまざまな作家を読み進めていく。それからほどなくして哲学と出会う。彼の有する才能は当初から目醒ましいものであり、自分自身でも、哲学こそが天職であるとすぐに悟ったようだ。それ以来、彼の思考から哲学が離れることはなかった。そうであるがゆえに、哲学ならざるものへと貪欲なまなざしを向けつづけた。彼にあって「哲学」の営みは、形式面においても、内容面においても、「哲学ならざるもの」とのたえざる対話から成り立っていた[05]。

当時彼を熱狂させていたのはサルトルであり、一九四三年には、空襲警報が鳴り響くパリの空の下、『蠅』の観劇に向かった。同年に刊行された『存在と無』は、一大事件であった。サルトルの顰(ひそみ)に倣ったかどうかは定かではないが、同世代のほかの哲学者たちと同じく彼にあって、文学と哲学は分かちがたく結合しており、「哲学と文学が唯一無二の同じ「実験」となる[06]」ような、そんな境位にいた（『プルーストとシーニュ』『マゾッホとサド』『カフカ』『批評と臨床』）。それはのちに、「映画」の概念の創造という哲学的に「未開拓の主題[07]」へと拡張され、思考に新たな道を切り開くこととなる。戦後、サルトルが実存主義と人間主義(ヒューマニズム)を接合した際には失望の念を抱くが――

❖ Gilles DELEUZE

というのも彼の哲学的モチーフのひとつはまさに、人間主義の超克にあった——、サルトルへの敬意の念が揺らぐことはない。

学業上では、リセ・カルノ校、リセ・ルイ・ルグラン校の高等師範学校受験準備学級、次いでソルボンヌ大学に進学する。そこにいたのは錚々たる教師陣であり、彼らによる厳密な哲学史の教育を受けた。フーコー、デリダらを擁する華やぐ世代の哲学者たちを輩出したのは、偉大な哲学史家たちを擁するパリの知的環境であった。特記すべき人々として、例えばフェルディナン・アルキエ（デカルト、スピノザ研究）、ジャン・イポリット（ヘーゲル研究）、そして後年まで深い敬意を表明し、参照しつづけたジャン・ヴァール（ラッセル、ホワイトヘッドらの英米哲学、キルケゴール、ハイデガーらの研究）、マルシアル・ゲルー（スピノザ、ライプニッツ、マイモン、フィヒテらの研究）を挙げることができる。二十世紀前半から中盤にかけてフランスで刊行された哲学史の著作のうち、最良のものを彼は次々に摂取していった。

そうした環境のなか、きわめて集中的に哲学史研究に打ち込み、一九五三年から六八年までのあいだ、多くの作家論を書くとともに、文学研究を発表してゆく。主要著作の刊行年代順にヒューム（五三年）、ベルクソン（五六、六六年）、ニーチェ（六二、六五年）、カント（六三年）、プルースト（六四年初版）、マゾッホ（六七年）、スピノザ（六八、七〇年）を論じた。また、この時期の論文としては『意味の論理学』に再録されたプラトン、ルクレティウス、クロソウスキー、トゥルニエ、ゾラをめぐるものがいずれも重要である。彼の思想の基盤は、こうした作家たちの読解と組み替えによって構成されていった。

とはいえ同時に、ニーチェのいうように哲学における「労働者」として、伝統的な哲学史家にとどまっていたなら、彼がさほど注目されることもなかっただろう。彼には当初から、逸脱的で過剰なところがあった。彼が目指していたのは、思考するとはなんの謂いかという「思考のイメージ」そのものを刷新すること、思考の地盤と羅針盤を変えることであった。「上手く語ることが、偉大な作家たちの特性や関心事であったことなど一度もない」[08]とみずから述べたように、彼は哲学史に取り組む際にも一貫して、マイノリティのなかでもマイナーなもの、逸脱したもののなかでも過剰なものに、まなざしを向けつづけた。彼は、規範化と図式化を行なう「哲学」の言語と対峙し、それを別様なものへと書き換えるために、「哲学史」を書きつづけた。この意味で、一九六二年に公刊されたニーチェ論の題名が、「ニーチェとその哲学」ではなく、「ニーチェと哲学」であったことを想起せねばならない。さまざまな作家を研究した成果は彼の思考に組み込まれていき、もはや原型が見えないほどにまで消化され、ほかのものと組み合わされたうえで、みずからの言葉として吐き出されていった。その集大成が、六八年『差異と反復』、六九年『意味の論理学』である。

彼の職歴にさほど目立つ点はない。一九六四年からリヨン大学で教えはじめるものの、パリに戻ることを熱望し、〈六八年五月〉を受けて新設されたばかりの実験的大学ヴァンセンヌに一九六九年末に着任する。またその間、主論文『差異と反復』、副論文『スピノザと表現の問題』によって博士号を獲得した。口頭試問は一九六九年一月に行なわれるが、それに続く時期、幼少時から抱えていた肺病が悪化し、手術を受け、長期療養を余儀なくされた。その期間に出会ったのが、ラボルドの診療所で働く精神分析家であり、活動家であるフェリックス・ガタリであった。ふたりはすぐに熱烈な共同執筆を始め、一九八〇年までのあいだ、膨大な量の原稿がふたりのあいだを行き交うことになる。〈六八年五月〉とその後の情勢へと介入するその主要な成果が、一九七二年にベストセラーとなった『資本主義と分裂症　アンチ・オイディプス』、マイノリティと文学を関連づける一九七五年の『カフカ　マイナー文学のために』、晩年の彼が自分自身の最良の本と呼んだ一九八〇年『資本主義と分裂症　千のプラトー』であった。この時期に、精神分析と訣別するとともに、[09]政治哲学へと強く傾斜していく。また、ガタリと連名で最も多くの概念を生みだした時期でもある。

リヨン大学から移籍したヴァンセンヌでの講義は、哲学者、文学者、音楽家、画家、活動家など多種多様な聴衆を集めながら、一九八七年に退官するまで毎週火曜日に行なわれた。彼は、書物として刊行することを念頭に、綿密に準備されたアイデアの実験の場所として講義を活用しており——講義で語られながら著作からは削除されたアイデアが無数にある——、同じ内容の講義が毎年繰り返されることはなかった。大学退官後は、一九七二年以降の対談を主軸にしてまとめた『記号と事件』を一九九〇年に出版し、長い歳月をかけて問いつづけた『哲学とは何か』をガタリとともに一九九一年に刊行する。八〇年代をとおして、「哲学とは何か」という問いを背景に、「哲学」と「芸術」との交点を彼は探っていた（『フランシス・ベーコン　感覚の論理学』『シネマI・2』）。八六年には、同時代の最も尊敬する哲学者を論じた『フーコー』を刊行。九二年には、掌編ながらも目醒ましいベケット論『消尽したもの』を発表する。生前最後の書物は、長年計画していた一九九三年の文学論『批評と臨床』であった。『批評と臨床』を含む文学論で対象となるのは、主にルソー以降のヨーロッパ近代文学と現代文学の作家である。

I——叙法と方法

哲学、倫理学、文学、映画、絵画、政治など多岐にわたる三〇冊近くの本を彼は書いた。しかも同じ内容を繰り返しただけの書物が一冊も存在せず、どれをとっても一冊の本として緻密に構成されている。また対談を除くと、過去の自分の書物に言及することもほぼまったくない。みずから述べているように、目下取り組んでいる本を完成させると、そのために集めた素材や、過去に書いたことを彼はまるで惚けて忘れてしまう。そして、別の主題を論ずる次の仕事へ向けて出発するのである。[10] それぞれの書物は、過去の書物を忘却するかのようにして成立しており、過去に取り上げられた主要概念も、次々に使用放棄される。また概念が繰り返し使われる場合も、そのたびごとに大きく歪められ、刷新され、変形される。この哲学者にとって語り直すことは変異させることであり、同じ語をもちいているからといって、同じ事柄、同じ事象を語っているとはかぎらない。語の定義は与えられず、語の意味はテクスト上での局所的な「用法」によって文脈ごとに規定されていく。[11] かくして一冊の本から別の本にかけて、あるいは同じ一冊の本のなかで、ひとつの言葉が転がりながら飛躍し驚くべき変化を遂げることにもなる。彼にあって、反復と変奏は一個の技法と化している。

彼は、一九五〇年代以降の小説や映画における表現形式の革命に相当するような、形式上の刷新が哲学にも必要だと考えていた。[12] そうして彼は、対象とした作家の思考をおのれの思考のうちに取り込んでゆきながら、さまざまな作家が発した思考の線、思考の声が絡み合い、交叉する潜在的な結び目をつくりあげていった。[13] ただし、複数の声の接合がどうなっているのか、どうしてある体系と別の体系とが関連するのか、必ずしも「説明」されるわけではない。その作品はまるで、説明的な文章を削った多声的な小説のようでもあり、ある人物から別の人物へ、ある場面から別の場面へ、ある領域から別の領域へと、特段の指標なしに移りすべってゆく——反響、反復、氾濫。それゆえ、どのような観点をとるかによって、彼は並々ならぬベルクソン主義者であり、ニーチェ主義者であり、スピノザ主義者であり、ライプニッツ主義者であり、ルクレティウス主義者であり……というふうに客観的な事実として見えることになる。というのも、そのように作られているからだ。彼の作品は、同時に複数の声、複数の方向へと分岐し、全体を俯瞰することが不可能な迷路のような様相を呈する。ある頁上で出会った概念は、別の場所では別の概念になっており、ある場所で出会った思想家はいつのまにか別人になり変わっている。彼は他の作家の言葉を縒りあわせて、「自由間接話法」的に自分の思想を語る。[14] こうして、どこからが彼の声で、どこからが別の思想家の声なのかも判然としなくなるが、そのなかで、道徳性と愚かさを告発する声が、「秘かなつながり」に基づいて幾重にも倍加されて鳴り響く。この哲学者の作品を貫く最も基本的なモチーフが、そうして浮かびあがってくる。

「まず、哲学史の合理主義的伝統に反する作家が好きだった（ルクレティウス、ヒューム、スピノザ、ニーチェのあいだには、私にとって秘かなつながりがある。それは否定的なものへの批判、歓びの文化＝育成、内面性への憎悪、力と関係の外部性、権力への告発……などによって構成されるつながりだ）」[15]。「誰かが哲学は何の役に立つのかと尋ねてくるとき、答えは攻撃的でなければならない。なぜなら、そのような問いは皮肉で辛辣たらんとしているからである。哲学は国家や教会の役には立たない。国家や教会には別の関心事がある。哲学はいかなる既成権力の役にも立たない。哲学は悲しませるのに役立つ。誰も悲しませず、誰も不愉快にしないような哲学など、哲学ではない。哲学は愚劣を妨げるのに役立ち、愚劣を恥ずべきものに変える。哲学には、思考の低俗さをそのあらゆる形態において告発する以外の使用法はない。その源泉や目的が何であれ、一切の欺瞞に対して批判を目論むような学問が、哲学の他にひとつでも存在するであろうか。一切の虚構を告発すること。こうした虚構がなければ、反動的な力が勝利することなどないだろう。犠牲者と加害者との驚くべき共犯性をも形成する低俗と愚劣との混淆を、欺瞞のうちに告発すること。つまりは、思考を攻撃的で能動的で肯定的なものに変えること。自由な人間たちを生みだすこと、つまり文化の目的を国家や道徳や宗教の利益と混同することのない人間たちを育成すること。われわれの思考の座を占めている怨恨や疚しい良心に対して闘いを挑むこと。否定とその偽りの威光を打ち破ること。哲学を除いたら、こういったことすべてにいったい誰が関心を抱くだろうか。批判としての哲学は、それじたい最も積極的なことを、つまり欺瞞からの脱却の企てをわれわれに語るのだ[16]」。

2——問題の理論と人間の超克

全作品を貫く彼の態度は、なにかを積極的に肯定し、讃嘆し、そのなにかが有する力を最大限に引き延ばすために書くということである。そして、そうした肯定の強度を高めるなかで否応なく、強烈な否定や告発が生まれてくる。「敬意の念によってこそ、真の批判が発見される。[…]ジュール・ヴァレスも言うように、革命家は感嘆し尊敬する術を知らなければならない[17]」。哲学者や文学者の研究は、対象となる目の前の作家から最良のものを引き出すために書かれており、そのために、当の作家の理解を歪めている既成の価値基準や評価軸に対する激しい批判を行なった。例えば、プルーストにおいて無意志的記憶は二次的なものにすぎない、芸術の問題——ひとつの世界の創造——に比べればマドレーヌの挿話など重要なものではない、といった具合にである。ところで、彼がなにより自覚していたのは、非難し告発するだけでは、なにも肯定することにはならないこと、なんら積極的なものは生まれないことであった。それゆえ、創造行為と批判作用、肯定とそれに従属する否定とが一体化しなければならない。この順序を入れ換えて、「否定」と「それに従属する肯定」とすべきではない。価値に基づく序列が、なにより重視され、尊重されねばならない。

問題は一貫している。思考はいかにして特異な生を肯定するものになるのか、生はいかにしておのれの限界を超えるか。「生は絶対的に正当化不可能であり、このことは、生が正当化される必要がないだけにいっそう確実だ」[18]。生と、それについて判断を下す行為とのあいだにある価値の序列を間違えてはならない——「裁くのではなく、存在させること」[19]。それゆえ彼はおのれの脆弱な健康も含め、「病」を、「健康」と比較してなにかが欠如しているものとするのではなく、むしろ「健康」を別様なものに変えるような、生の積極的な発現と見なしていた。生への肯定は、必然的に、生を裁くもの、高みから断罪し否定するものへの批判を惹起させ、それにより、病や死をも含む生の肯定が、その強度をいっそう高めていった。そこから生まれるのが、「批評と臨床」、すなわち批判と生存をめぐる思考であった。批判なしに、すべてを等しく受け容れ肯定すること、あらゆるものが等しく価値をもち尊重されるという通俗的な民主的態度——それは今日、マーケティング、コンセンサス、コミュニケーションと混淆している——は、彼にとって見せかけの肯定性にすぎない[20]。というのもそこには、変身するものへの、多様なものへの、見慣れた枠に収まらぬものへの、不気味なものへの、怪物的なものへの呪詛が忍び込み、他者性への、異なるものへの、比類なきものへの妬みが広がるからだ。その結果、自己否定を知らぬ中途半端な「ニヒリズム」[21]が蔓延し、権力を握った「マジョリティ」、すなわち尺度を定め、それによって他者を、そしておのれをも裁く者たちが勝利を収めることになるだろう。

では彼自身の「創造」と「批判」の過程は、具体的にはいかに進展するのか。この点に関して、最初期の哲学研究から、彼の態度は一貫している。創造と批判は、「問題」から生まれるというのである[22]。彼による「哲学」の定義は、「概念を創造する行為」だが、しかし「問題」は、「概念」に先立つか、あるいは少なくともそれと同時的である。なぜなら、問題こそが概念を条件づけるからだ。ある概念が生みだされるのは、そうした概念の創造を要請するような「問題」があるからであり、それゆえまず問題がいかなるものかを探究せねばならない。ところで、そうした問題は、必ずしも哲学者が明言する類のものではなく、語られたことのなかに徴候としてあらわれているにすぎない。「哲学者は新たな概念をもたらし、それを提示するわけですが、当の哲学者自身は、そうした概念が対応している問題を語らない。というよりも、語り尽くしてはいない。[…]哲学史は、ある哲学者が語ったことをもう一度語り直すのではなく、その哲学者が必然的にほのめかしていること、その哲学者がはっきり述べているわけではないが言われたことのなかにあらわれていることを語るべきなのです[23]」。

ひとつの哲学が、おのれ自身の発生を語ることはできず、おのれ自身の意味を語ることもできない。したがって哲学史家の役割とは、対象となる哲学のなかで明言されない「問題」を、まさに、その思考の潜在的な震源として、発生の場として再構成してやることだと彼は言う。「問題」は、その解決として生みだされる理論や立場に先立つ哲学発生の審級である（「問題のもつ内在的発生の力能」[24]）。こうして彼は独自の仕方で、対象となる当の哲学者にとっての「問題」を再構成しながら、読解をすすめてゆく。つまり、たんに哲学者のテクストを読むばかりでなく、対象となる哲学者が明言することのない問題、決してそのままでは見えないその思想の震源を見えるようにし、一種の「イデア的な焦点＝炉心」[25]として再構成したうえで、その哲学者の思考を読み解いてゆくのである。例えば、『経験論と主体性』では、妄想であり、カオスであるような精神の基底から、いかにして主体が構成されてくるのかという「問題」を立てる。『スピノザと表現の問題』では、「表現」（属性）が、実体を構成しつつ、実体と様態の無媒介的な関係をいかにして可能にするかという「問題」が立てられる。彼自身の言によるなら哲学史の作業は、画家にとっての「肖像画」に当たるものだが、その際に想起すべきは、マルセル・デュシャンやフランシス・ベーコンによる肖像画であろう[26]。つまり、描かれているのはその人でしかありえないが、誰も見たことのないその異形の相貌を引き出すこと、換言するなら、研究対象の「おかまを掘ること」、それによって当の作家自身の畸形の子どもを産出することである[27]。哲学史とは、彼において根本的に倒錯的なものであった。

そして、ある哲学者を批判すべきだとするなら、なにより問題が上手く立てられていないこと、つまり、問題じたいが間違っていることを指摘すべきだと彼は言う。すなわち、答えの水準ではなく、問題じたいの水準に真偽を持ち込むこと[28]。では偽の問題とはなにか。それは、本来であれば互いに区別されているべきものたち、すなわち「本性を異にするもの」たちが、混ぜこぜにされてしまっているような問題、あるいは本来分けるべきでないものが、区分けされてしまっているような問題、あるいは原因と結果を取り違え論点先取に陥っているような問題のことである。「なぜなら誤謬とはおそらく、テクストが語っていないことをテクストに語らせることよりむしろ、諸々の主題が有する個々の重要性を反転させ、本質的でないもの、他のものに依存するものを本質的なものとして示すことにあるからだ[29]」。真の問題とは、事象を本性の差異に基づいて精密に区分けし、真に特異なものとそうでないものを弁別し、優位にあるもの、本質的なもの、一次的なものを決定し、従属的なもの、二次的なものを見定めることによって成立する。ある意味で、こうした個々の特異な裁断と価値評価による序列づけこそが、「概念の創造」にほかならない。「偉大な哲学者とは、新しい諸概念を創造する者である。これらの概念は凡庸な思考の二元論を乗り越えると同時に、ものごとに対して新たな真理、新たな分配、比類なき裁断を与えるのだ[30]」。

これはただちに、人間の日常的な経験に依拠するすべての思考に対する批判を構成する。なぜなら、人間の経験はすべて、本性を異にするものたちの混淆物にほかならないからであり、それを出発点とするかぎり、すべて偽の問題とならざるをえないからだ。[31]ベルクソンにおいては、「物質」と「持続」、「知覚」と「記憶」のあいだに本性の差異、傾向の差異があり、それらの混合物たる経験は、これらふたつの傾向が交差する点として与えられる。現実に経験される現在の知覚には、すでに過去の記憶が混入しているからだ。この意味で、実際の経験には不純なものしかない。しかし彼は、理念的な純粋性を思考することを決して諦めない。理念の水準における純粋性／経験の水準における不純性、権利上の本性の差異／事実上の混淆を区分けすることが、彼の方法論的な基本図式であり、それがあらゆる著作で反復される。彼の方法論の核心にあるのは、程度の差異と本性の差異とのあいだに、本性の差異を設けることなのである。そして、本性の差異によって区分けされるもののあいだに、強い意味での非-関係を見出したうえで、それらが、非-関係という関係をとおしてふたたび尖端で交叉し、経験として結晶化する点をとらえるのだ（「ダイアグラム」や「抽象機械」の概念がこうした交叉を差配する）。例えば彼は、以下のようなもののあいだに、本性の差異を取り出す。

宙吊りの「マゾヒズム」と、加速の「サディズム」（『マゾッホとサド』）――イデアに類似しない「シミュラクル」と、類似する「コピー」（『差異と反復』『意味の論理学』）――「語ること-言語の側にある非物体的なもの-意味」と、「食べること-見ることの側にある身体＝物体」（『意味の論理学』『千のプラトー』『シネマ2』『フーコー』）――大地を区分けし境界線を引かずにはいられない「私有地-領土の民」と、区分けなき大地に生きる「遊牧民」（『差異と反復』『千のプラトー』）――つねに外部を志向する「戦争機械」と、内部を堅固にしようとする「国家」（『千のプラトー』）――感覚-運動を整合的につなぐ「運動イメージ」と、そのつながりが断たれ、間隙に不調和が満ちる「時間イメージ」（『シネマ』）――可能性を現実化できない「疲労」と、可能性そのものが消滅する「消尽」（『消尽したもの』）――生を断罪する「裁き」と、どれほど苛酷なものであろうと生成する生を肯定する「残酷」（『批評と臨床』）……。そして、本性の差異を見出されたこれらすべてが、同時に、この哲学者特有の概念を構成してもいるのだ。

こうした方法は、すでに述べたように、人間的な条件を越えた思考、人間主義を越えた哲学へと彼を導いてゆく。なぜなら、混合物を「問題」に持ち込んではならないという命法は、思考の発生の審級に、人間的な経験や表象を持ち込んではならないという命法に等しいからだ。概念が人間的なものではないように、問題（発生の審級）からは人間的な道徳も、人間的な意識も除去されねばならない。[32]彼の哲学は、問題の水準における徹底的な道徳批判と人間主義批判から出発するのだ。あらゆる事象は、人間的な意味づけとは無縁のところで発生する[33]。人間はそれをおのれの枠組みのなかでとらえ解釈するのであり、人間的な経験とは、非人間的な発生の過程によって生みだされる一個の結果にすぎない。ランボーの言葉を取り上げなおしつつ、それをスピノザやニーチェと反響させながら彼が述べるのは、「私が思考する」のではなく、他なるものが私を貫き、私において思考するということである。そうだとするなら、注視すべきはむしろ、「私」ならざるもの、「私」にとってあまりに大きすぎるものが、私において発動するのをどうにも止めることができずに、「私」に裂け目が走り、自己喪失してしまう地点にほかならない[34]。なぜなら「人類において善良で偉大であったことはすべて、自己破壊を急ぐ人びとにおける裂け目をとおって出入りするからであり、われわれが勧誘されるのは、健康よりは死だからである」[35]。同様に、『アンチ・オイディプス』の機械状唯物論の発想にしたがうなら、「私が欲望する」のではなく、社会的に、歴史的に、地理的にアレンジされた機械たちが欲望するのであり、「私」の個体化はあとから、しかも引き裂かれた主体というかたちでしかやってこない[36]。彼にとって哲学の使命は、人間の経験を発生させる人間的ならざる条件を思考することにあるのである。「私たちを非人間的なものと超人間的なもの[…]へと開くこと、人間的な条件を超えること、これこそ哲学の意味である。なぜなら私たちの条件は、われわれが上手く分析されていない混合物のなかを生きること、われわれ自身がうまく分析されていない混合物であることを余儀なくさせているからだ」[37]。

3——此性、器官なき身体あるいは経験論、発生

ところで彼は、人間的な条件を越えることを、「問題を立て、経験をその具体的な条件へと向けて乗り越えることのできる高次の経験論」[38]と呼ぶ。「問題」をめぐるこうした「高次の経験論」は、思考の発生ばかりでなく、物体＝身体の発生も含めたあらゆる個体発生の次元にまで拡張される(以下、「個体」という語は、思考も物体も言語も集団も社会も政治体も含む、あらゆる存在者を指す)。問題の水準に、経験も、道徳も持ち込んではならないとする彼の批判的方法は、カントの超越論的な批判哲学における「純粋」の意味と相同的なものだが——彼はカントに敬意を抱くがゆえに、不徹底だと見なす——、差異によって構成される「問題」は、彼においてまさに「超越論的」な射程をもつ。ところでこのフランスの哲学者にあって「超越論的」とは、「発生」にかかわるという意味である。この点で、彼は自覚的にポスト・カント派の問題を継承する[39]。彼の「超越論的経験論」は、個体の発生をめぐる哲学である。

繰り返すが、問題＝発生の場(超越論的領野)のなかに、そこから生じる結果である個体(経験的なもの)を持ち込むことはできない。

だとするなら、発生を司る超越論的領野は、前個体的な質料（マチエール）、すなわち、いまだ個体的な形態や輪郭のなかに収まってはいない素材からなるのでなければならない。そうでなければ、一種の論点先取に陥ってしまうだろう[40]。この点をめぐって彼の挙げる範例的な形象が「卵」である（〈自然〉＝〈卵〉）[41]。卵は、分化の過程を経ることによって、一個の個体になるものだが、しかし、それじたいでは成体としての形態をもたない。ところが卵の内部では、分子状の質料が満ちており、独自の差異化と力動を有し、生命の歴史を反復するかのように幾度も変態しながら、分化へと向かう傾向をおのれのうちでみずからつくりだす。つまり超越論的領野は、いまだ個体を成さない質料と、質料同士の関係によって規定される特異点や閾と、質料が駆動させるエネルギーに基づく力動だけで成立するのでなければならない（「感覚しうる形も機能ももたない諸要素間の差異的＝微分的なもろもろの関係の総体」と、それによって分布が規定される「特異点」「勾配」「ベクトル」による分化の方向決定）[42]。つまり、質料のみからなる領野のなかに、類や種の枠組みや、すでにできあがった形態などの外在的な要素を持ち込むことなしに、外側から鋳型のようにしてやってくる超越的な形相もなしに、みずから差異化していく質料同士の触発によって、いつ、どこで、なにを産出しうるか、そのことを彼は考えようとしている。質料になしうることを、質料の力のみに内在しながら徹底的に考えようという意味で、彼は身体の味方、質料の味方である。

ただし、「発生」が意味するのは、可能的な経験、あれでもこれでもありうる経験の発生ではなく、ほかのものによって置き換えたり、代理させたりすることのできないこの経験の発生に、「此性（このもの性）」の産出にかかわるということだ（この哲学、この経験、この個体、この砂漠、この夕方五時……）[43]。経験の条件は、それが生みだす経験よりも大きいものではない。換言するなら、経験の条件は、あるひとつの事象以外にも当てはまるような類と種に基づくカテゴリーや一般性をもたない。つまりそれは、置き換えることのできない特異な個体を、一般性や類－種によるいかなる媒介もなしに発生させるような条件でなければならない。たったひとつの事象のみに適合する概念というライプニッツ－ベルクソン的着想にしたがいつつ[44]、たったひとつのこの個体だけを産出するような条件をアレンジし構成すること、これが彼の課題である。

では逆に、個体化が、あるひとつの事象以外にも当てはまるカテゴリーや一般性を前提として行なわれるとき、どういった事態が生じるのか。それは個体の産出を、あらかじめ定められた類や種の枠内に収めようとする一種の権力装置となる。つまり、個体は、それに先行して存在するカテゴリーの枠組に、何があっても収まるものとして誕生しなければならないという、そうした裁きが先天的に下されているのである（例えば、進化論以前の個体と種の関係を想起すること）。これを彼は、「定住的」で、「領土的」な思考法と呼ぶ。それは、出来あがった個体を事後的にカテゴリーに押し込めるばかりでなく、個体の誕生過程そのもののうちに、先天的なカテゴリー分けの刻印を押すのである。さらにはこの刻印によって、誕生する個体の命運はあらかじめ決定されてしまい、その個体が何をしようが、あらかじめ決められた枠組の外に抜け出せないということにされてしまう。定住的な思考は異なるもの、特異なもの、置換不可能なものを、おのれの枠内へと翻訳することで捕縛し、拘束する。それは差異を抑圧するのである。アリストテレス的と形容しうるこのカテゴリー的な思考を下支えするシステムが、「表象」[45]と呼ばれるものである。

これに対抗するのが、「脱領土的」で、「ノマド的」な思考法である。[46]それは、〈自然〉という「卵」には、先天的なカテゴリー分けの線は引かれておらず、〈自然〉はカテゴリー＝領土に関わりなく、むしろカテゴリー＝領土による区分けを横断し、撹乱し、破壊する、この畸形をも産出するのである。でなければ、生物の多様性も、進化もありえなかっただろう。そもそも、類や種じたいが〈自然〉の歩みによって産出された可変的なものであり、しかも個体のほうが、「権利上種に先立」[47]ち、カテゴリーは個体のあとにしかやって来ないのだとするなら、個体の発生が、類や種による制約に縛られることはない。類や種を先天的なものとするのは、論点先取をおかす偽の問題なのである。個体発生を司る超越論的な審級には、個体ばかりでなく、類や種を持ち込むこともできない。

そうしたカテゴリー的で定住的な思考に対抗するノマドロジーを別の仕方で言い換えたのが、ドゥンス・スコトゥス、スピノザ、アルトーの系譜に位置する「存在の一義性」である。すなわち、糞であろうが、人間であろうが、神であろうが、ダニであろうが、影であろうが、〈自然〉において「存在する」ということにちがいはない。あらゆる存在者は互いにすべて異なっており、なしうることも異なるが、しかし〈自然〉にとっては、越えることのできない本質的な区分けもなければ、位階序列もない。〈自然〉は、類や種による領域の区分けをもちこむことなしに、特異で奇異な個体の発生へと一気に向かう。個体化や生成変化は、おのれのカテゴリーやおのれのジャンルとの適合を必然的に無視し、分節の法を前提としない畸形的な思考と身体を産出する力能を有する。ノマド的な〈自然〉の一義性とは、徹底的なアンチ・カテゴリー論である。彼の深い確信は、〈自然〉は、アナーキーで、ノマドなのだということである。

ただし、彼にとって「卵」、それに「胚」「幼生」は、個体の発生過程における初期段階に限定されるものではない。彼は、卵、胚、幼生の変態し変身する能力を、個体において今ここで復権させ、取り戻し、再構成しようとする。あらゆる実在にはつねにふたつの半身があり、その一方が卵〈超越論的なもの〉であり、他方が個体〈経験的なもの〉である。彼にとって「卵」は、個体形成と変身の力能として、成体がつねに傍らにたずさえているものであり、卵が今ここに永遠回帰するのである。そのためには成体が、ほかの身体と関係するなかで、誕生をふたたびやりなおすことが可能になるような新たな分子集団を再構成し、おのれ自身の卵＝機械をふたたび獲得しなければならない[48]（渦を巻く群衆、蜂起する個体群、白鯨に括りつけられる人間、独身者たちのコミューン）。こうした身体＝機械の構成が、まったき実践の問題を形成する。すなわち個体の同一性を断ち切り、別様なる新たな個体として、人間が、思考が、社会が、政治体が再誕生するような情況の構築である。

しかし、いったん誕生したあとの成体は、確立した精神と身体の構成上、メタモルフォーズを耐え抜くことができない、幼生の主体しか生成変化に耐えることはできない、と言われるかもしれない。ならば、身体と魂の組み換えを生きながら、成体はディオニュソスの如く、身も心も引き裂かれればよい、そこにしか生の力はあらわれないと彼は言い放つ。新たな生存様式の発明には、死の影がつきまとう。彼の哲学は、人間的な条件を超出するものである。それが課すのは、生きられた身体の限界を超える経験であり、脱有機体化する非有機的な生の経験である。彼の発生と変身の哲学は、苛酷な試煉、「残酷性」の詩学を一種の命法とする。これが、アルトーを変奏しつつ再構成される、戴冠せる存在論的アナーキズムである。[49]

『差異と反復』から『千のプラトー』にかけて構想されているのは、ある個体の本質を文字どおり根底から変形させ、過去に身につけた習慣や記憶とラディカルに断絶することであり、すでに成立している個体として引き裂かれながら、カテゴリーを超えおのれの限界を超えて、以前の自己と関係のない別様なるものへと変身することであり、さらには、それを具体的に実現するシステム＝アレンジメントを生みだすことである。この意味で、生成変化論は、ノマド的な存在論を条件としている（一義的〈存在〉のうえでのエチカ）。ところで、こうした個体発生と生成変化の「質料」となるのが、「強度」であり、『千のプラトー』で「器官なき身体」ないしは「存立平面」と呼ばれるものだ。[50]これは六〇年代後半には、シェリングに倣って「無底」とも呼ばれるが、つまり、あらゆる形式化原理や法を根本的に受けつけない混沌とした純粋欲動であり、「あらゆる根底の彼岸にある無底、根源的な妄想、猛り狂い引き裂かんばかりの分子のみからなる原初のカオス」[51]として理念的(イデア)極限に位置づけられる。ある意味、彼にあってはイデア界が、統一ではなく、他性、分裂、差異で出来ているのである。この前個体的な強度は、個体への展開に先立つがゆえに、いかなる形式も、形態も、輪郭ももたない。言葉と身体の区別も、記号と雑音の区別も、表現と内容の区別も、自然と人工の区別もない。これは、すべてのカテゴリーなるもの、領土原理一切を解体する「絶対的」な脱領土化、絶対的内在と呼ばれる。そうした荒れ騒ぐ一次的な秩序から出発して、個体化が行なわれる。しかし同時に、発生した個体においては、強度のアナーキーな力が失われてゆくと彼は考える。強度のカオス的な力を、抑え込むカテゴリー的なものが、徐々に、強度の卵じたいの内側から不可避的に生まれてくると彼は考えるのである。それは、無数の戦略が犇めく新たな身体の構成によって、ふたたび強度へと差し戻されねばならない。ここに彼の政治の場所がある。

4――マイノリティとその政治

荒れ騒ぐ質料からは、言葉と身体、記号と雑音を分ける「境界」、すなわち「意味の表層」が発生し、徐々に言語としての組織化が行なわれ、対象の「指示」、主体の「表出」、論理的な「意義」といった命題の諸機能が分化し、「常識」や「良識」が幅を利かせるようになる(『意味の論理学』[52])。あるいは「存立平面」から、内容と表現を分ける「地層」が形成され、「領土化」と「コード化」が徐々に行なわれ、質料が「形式」のなかに動的に徐々に収容されてゆく(『千のプラトー』「道徳の地質学」)。「器官なき身体」であったものは、「有機体」として組織化されてゆき、各器官＝機関の有する機能が、全体のなかで割り当てられてゆく。越えることのできない役割の区分が生まれ、論理的なカテゴリー化も始まり、類や種の区分がなされる。大地のうえには境界線が引かれ、人種や民族が分化し、セクシュアリティやジェンダーの二元論が固定され、アイデンティティや身分や権利や資格が割りふられる。行なってよいこと、見るべきこと、語るべきことが決められ、同時に、行なってはならないこと、見てはならないこと、語ってはならないことが、時間とともに降り積もり、凝固し、地層化する。人間は寸断され、切片化される。そうして、見えているのにもはや見えないもの、行なうことができるのにもはや行なえないこと、語ることができるのにもはや語れないことが、続々と列をなす。個体は、おのれのなしうることを段々と奪われていき、ついには本当に見えなくなり、語れなくなり、行動できなくなり、誰でもよい誰か、いくらでも代置可能な誰かとして、死んだまま生きていくことになる。そして生への怨恨が蔓延する。[53]

『資本主義と分裂症』では、現代の世界に関するより詳細な情勢分析が行なわれるが、それは鋭利な資本主義批判、国家批判を中心としつつ、人類学、人間学、歴史学、地政学等を縒りあわせた批判的政治学を基盤とするものだ。唯一の世界市場のなかでの国際的な分業によって、南／北を分かち、おのれの維持と拡大のために周縁に貧困を生みだし、一定数の住民をスラム街やゲットーに捨て、壁を打ち立て、死ぬがままに任せる専制化した資本主義がある。たえず不安を煽ることで、人々を他者排除に駆り立てる衛生学的機構がある。事物のように沈黙してシステムに使役される状態、機械のネットワークのなかで統計的に処理される数字の群れとなる状態、使い捨てにされたまま死に追いやられる状態、おのれの利益に反することをまるでおのれの利益であるかのように欲望させる状態、存在じたいが余計な経費とされ員数から除外され社会の片隅で廃棄処分される状態を、あたかも自然現象であるかのようにアレンジする社会システムがある。顔を剝ぎ取られた特性なき人間の産出と、無慈悲で酷薄な世界の産出を前提にした体制がある。生まれながらに死んでいる者として、生まれながらに欠損した者として誕生するよう、各瞬間に個体形成プロセスそのものに介入し、存在以前の抑圧を行なうアレンジメントがある。この意味で、「存在以前に、政治が存在する」。[54]また「平和」「安心・安全」「繁栄」「アイデンティティ」といった名目のもとで、危機や緊急事態からの社会の防衛が叫ばれ、人間一人ひとりが苛酷な攻撃の標的となり、大地が居住可能な空間ではなくなる。とりわけ「マイノリティ」「女性」「子ども」「性的少数者」「先住民」「第三世界の住民」「動物」「獣」「虫けら」「劣等人種」「雑種」にとって、世界は、不平等な仕方で危機が降りかかってくる戦場のようなものである。

資本主義が、旧来の社会システムを脱領土化させ、流動化させた果てに、柔軟であるだけによりいっそう緻密で苛酷な再組織化が、自由民主的な顔をしてやってくる。こうした情勢をめぐって彼らが指摘するのは、脱領土化に関して、資本主義-民主主義-国民国家の複合体は、きわめて欺瞞的だということである。「民主主義と共存する強大な警察と軍隊をおいて、ほかの何が、貧困を、そしてスラム街の脱領土化-再領土化を維持し管理することができようか。貧困がその領土つまりゲットーから出てくるとき、いかなる社会民主主義が、発砲する命令を下さなかったであろうか」。[55]つまり、〈北〉のマジョリティ自身が生みだす悲惨さから逃走する人々への、抵抗する人々への、難民への、血まみれの野蛮な弾圧によって、〈北〉の政治システムはおのれを維持すると診断するのだ。

そうだとするなら問題は、絶対的な脱領土化にあることになるだろう。彼らは脱領土化を極限まで、国家や資本主義が耐えられなくなるまで引き延ばすべきだと言う。すなわち、「内在に対して資本主義がいまだに押しつけていたあらゆる限界=境界線から[……]内在を解放する」ことである。[56]そしてそれが、彼らのいう「革命」の概念、あるいは「戴冠せるアナーキー」の概念であろう。たとえそれが歴史的に長く続くかどうかに関心をもたず、ある体制から別の体制へと移行するその「あいだ」に閃くものでしかないとしても、そこで解放される自由の新たな空間を無に帰することはできない。[57]それは、資本主義が決して合理化できない流れの切断、決して許容できない運動であり、国家の定める歴史における空白地帯であり、新たな可能性の領域を開く出来事である。[58]それは必ずや、「文化の目的を国家や道徳や宗教の利益と混同することのない人間たち」の育成を伴うだろう。

ところで、資本主義が生みだすのは、諸階級(資本家/労働者、富裕層/貧困層)ばかりでなく、階級外の者たちでもある。ここでも、「定住」と「ノマド」の差異が反復される。つまり本性の差異が見出されるのは、システムに組み込まれた諸階級のなかに包摂される集団と、階級化すらされることなくこのシステムじたいの外へと漏れ出す階級外の集団とのあいだ、存在しているものとしてカウントされる個体群と、カウントされない個体群とのあいだなのである。[59] これが、モルと分子、数えられる集合と数えられない集合、マジョリティにとってのマイノリティとマイナーなマイノリティ、領土化された住民と脱領土化された人民との区別を構成する。[60] ここで警戒すべきは、マイノリティが、マジョリティに包摂されることで「囲い込まれ」、「ノーマライズ」されてしまうことだと彼らはいう。それゆえ、「マイナーな人民、革命的に–なることにとらえられた永遠にマイナーな人民」、あらゆる「特性=私有地=所有権(propriété)」を廃棄し、脱アイデンティティ化した普遍的な人民が呼び求められる。[61] そして、固定的で同一的な属性からたえず逃走するマイノリティたちが、そうした属性を割りふる装置そのものを物質的にも象徴的にも破壊すること、能動的で積極的な政治的主体として自己構成すること、誰かに代弁されるのではなく、みずから語り、行動し、必要とあらば都市や街路を占拠することが、留保なしに肯定されるのである。ここでマルクス主義的なプロレタリアートの形象が、アナキストの形象と、マイノリティの形象に接続され、融合されており、それらがどれを欠いてもならない、分かちがたいブロックをなしている。「マイノリティが長続きする国家を形成しえないということは重要ではない。マイノリティは、資本主義経済や国家形態を経ない組織を促進しているからである」。[62]

『資本主義と分裂症』は、〈六八年五月〉に引き続く時期に、組合や政党のなかで声をもたず、必然的にその枠外でみずから活動を始めた世界各地のさまざまなマイノリティたちの運動と響鳴していた。また、フーコーとドゥフェールが七〇年代初頭に創始した「監獄情報グループ(GIP)」に参加した経験や、ガタリ自身のフランスやイタリア等での経験も念頭にあったにちがいない。それが意味するのは、既存の組合や政党の役割を否定することではなく、まったく別の運動形態をもつマイノリティたちが政治の空間に出現したということである。[63] 「女性」「同性愛者」「囚人」「劣等人種」「先住民」「移民労働者」といったマイノリティたちの運動は、マジョリティの側から与えられる規定を拒絶し、自分たちをマイノリティの状態に押し込める体制そのものを標的に、さまざまな表現手段で異議申し立てをつづけている。それによって、寛容しがたいこと、赦しがたいことを見えるようにし、既存の社会のなかで場所をもたない言葉、上手く分節されない新しい声を、叫びを聴こえるようにしている。つまり、マイナーでアナーキーなプロレタリアートが、世界の「問題」を今ここで知覚しうるようにするのだ。ここに見出されるのは、実践、美学、哲学の結合である。つまり行動と感性と思考が、個人を超えて互いに相手を衝き動かし、それぞれの限界を超えさせるのである。「革命の成功は、それ自身のうちにしかない。すなわち、革命がなされつつあるその瞬間に、革命が人間たちに差し出す振動、抱擁、開放のうちにその成功は宿るのである。そしてそれら振動、抱擁、開放が生成変化してやまないモニュメントを即自的に構成するのだ。それはちょうど石塚のようなものであり、新たな旅人がやって来ては一人またひとりとそこに石を置いてゆくのである」[64]。

註

01 伝記的記述については、『記号と事件 1972-1990年の対話』宮林寛訳、河出文庫、二〇〇七、『ジル・ドゥルーズの「アベセデール」』國分功一郎監修、角川学芸出版、二〇一五、フランソワ・ドス『ドゥルーズとガタリ 交差的評伝』杉村昌昭訳、河出書房新社、二〇〇九を参照。本稿における引用はすべて、日本語訳の頁数を指示するが、必ずしも既訳に従っていない場合がある。

02 『書簡とその他のテクスト』宇野邦一・堀千晶訳、河出書房新社、二〇一六、八〇頁。

03 アルコール中毒について、『意味の論理学』小泉義之訳、河出文庫、二〇〇七、上巻・二六八頁以下参照。

04 『意味の論理学』下巻・一五四頁。

05 『記号と事件』二八一―二八二頁。

06 『書簡とその他のテクスト』一三一頁。

07 『書簡とその他のテクスト』三一頁。

08 『批評と臨床』守中高明・谷昌親訳、河出文庫、二〇一〇、二三〇頁。加えて、『重合』江口修訳、法政大学出版局、一九九六、一四〇―一四二、一五九頁参照。

09 図式的にいうと、精神分析との関係は、神経症を批判するという基本線を維持したまま、キャロル―マゾッホ―倒錯(『マゾッホとサド』『意味の論理学』)とアルトー―精神病(『資本主義と分裂症』)のうち、いずれを擁護するかを時期によって変えつつ、それらのあいだを往還するというかたちをとる。また、精神分析から離脱するからといって、むろん、臨床的な関心を失うわけではない。

10 『記号と事件』二七七頁。

11 『プルーストとシーニュ』宇波彰訳、法政大学出版局、増補版・一九七七、一六二頁。「現代の芸術作品に意味の問題はない。用法の問題があるだけである」。「意味＝用法」説をめぐって想起される後期ウィトゲンシュタインの言語論への言及について、『意味の論理学』上巻・二五四頁参照。

12 『無人島 1953-1968』前田英樹監修、河出書房新社、二〇〇三、二九五―二九七頁。この意味で彼は、哲学のことを、創造行為を行う芸術の一種と見做していた。彼は哲学を、芸術と比較しつづけたのである。その一方で、哲学を、例えば社会学と比較しようとは決してしなかった。

13 『ベルクソニズム』檜垣立哉・小林卓也訳、法政大学出版局、二〇一七、二二頁。

14 自由間接話法について、『資本主義と分裂症　千のプラトー』宇野邦一・小沢秋広・田中敏彦・豊崎光一・宮林寛・守中高明訳、河出文庫、二〇一〇、上巻・一七三、一八〇―一八一頁。
15 『記号と事件』一七頁(強調引用者)。
16 『ニーチェと哲学』江川隆男訳、河出文庫、二〇〇八、二一二―二一三頁(強調引用者)。同様に、「ルクレティウスとシミュラクル」、『意味の論理学』下巻・一七八頁、『スピノザ　実践の哲学』鈴木雅大訳、平凡社ライブラリー、二〇〇二、四九―五〇頁、『無人島　1953-1968』二九一頁を参照のこと。
17 『無人島　1953-1968』二九二―二九三頁。
18 『批評と臨床』四九頁。さらに一七一頁参照。
19 『批評と臨床』二七七頁。
20 『重合』一五七頁、『狂人の二つの体制　1975-1982』宇野邦一監修、河出書房新社、二〇〇四、二〇二頁、『哲学とは何か』財津理訳、河出文庫、二〇一二、一六九―一七一頁。
21 『ニーチェと哲学』二三〇―二四六、二八八―二九七頁。
22 「問題」について、例えば『経験論と主体性　ヒュームにおける人間的自然についての試論』木田元・財津理訳、河出書房新社、二〇〇〇、一六八―一七一頁、『無人島　1953-1968』四一―四二頁、『差異と反復』財津理訳、河出文庫、二〇〇七、下巻・一一頁以下、『千のプラトー』下巻・三三一―三三四頁を参照。
23 『記号と事件』二七三頁。同様に、『無人島　1953-1968』二九三頁参照。
24 『差異と反復』上巻・四二八頁。
25 『差異と反復』下巻・一三頁。
26 『記号と事件』二七三頁。ベーコンの肖像画の方法については、『フランシス・ベーコン　感覚の論理学』宇野邦一訳、河出書房新社、二〇一六、三五―三七、八一―八九頁参照。デュシャンについては、『差異と反復』上巻・一八頁参照。
27 『記号と事件』一七―一八頁。
28 『ベルクソニズム』五頁以下。『差異と反復』上巻・四二二頁。
29 『書簡とその他のテクスト』一五八頁。同じく、『差異と反復』下巻・六四―六七頁参照。
30 『無人島　1953-1968』上巻・四一頁。加えて、『スピノザと表現の問題』工藤喜作・小柴康子・小谷晴勇訳、法政大学出版局、一九九一、三四一頁、『狂人の二つの体制　1983-1995』二四―二五、二一三―二一四、二九〇頁、『哲学とは何か』財津理訳、河出文庫、二〇一二、三〇、三四頁。
31 『無人島　1953-1968』四九頁。
32 『書簡とその他のテクスト』一二九頁。
33 『スピノザ　実践の哲学』三四―三五頁。
34 『差異と反復』下巻・八九頁。『批評と臨床』一五―一七頁参照。
35 『意味の論理学』上巻・二七九頁。

36 『資本主義と分裂症　アンチ・オイディプス』宇野邦一訳、河出文庫、二〇〇六、上巻・四〇－五〇頁参照。主体の引き裂かれは、複数の仕方で変奏される。①共可能的でない複数の諸世界へと同時的に分裂し、両立不可能なものを同時に生きること、②諸能力（感性、想像力、記憶、思考）をたがいに無関係になるほどにまで分離することで、主体を引き裂き、諸能力相互の調和的な行使を消し去ること（感覚されるしかないものを、想像することはできず、想像されるしかないものを、記憶することはできず……）。諸能力の徹底的な分離は、『シネマ2』において、語ることと見ることの循環――見えるものしか語らず、語れることしか見ない――を断ち切る際の背景となる。

37 『ベルクソニズム』二一頁。

38 『ベルクソニズム』二四頁。

39 『無人島　1953-1968』二〇七頁。

40 彼の個体化論は用語も含めて、ジルベール・シモンドンの著作から大きな着想を得ている。『無人島　1953-1968』一七九－一八六頁参照。

41 『差異と反復』下巻・一三一頁。

42 『無人島　1953-1968』二〇八－二〇九頁。

43 『ベルクソニズム』二二、四二－四四頁、『差異と反復』上巻・四〇九頁、『千のプラトー』中巻・二〇八－二一三頁。

44 『無人島　1953-1968』四七頁。

45 「表象」とは、差異を類や種に基づく思考法に従属させ、飼い馴らすシステムであり、彼はそこに「同一性」「対立」「類比」「類似」という四つの要素を見ている。『差異と反復』上巻・九〇－一〇六、三六七－三六九頁、下巻・二五二－二七〇、三〇一－三〇四頁。『アンチ・オイディプス』においても「表象」は、欲望－生産を抑圧するものであり、差異を飼い馴らすという機能は同じである（抑圧方法は、社会に応じて異なる）。『アンチ・オイディプス』上巻・三四七－三四八頁。

46 『差異と反復』上巻・一〇九－一一三頁、『千のプラトー』下巻・七〇－七二頁。

47 『差異と反復』下巻・二二六頁。

48 再誕生の主題について、『無人島　1953-1968』二〇－二二頁、『マゾッホとサド』一二五－一二六頁、『批評と臨床』一五八、三〇〇頁。

49 『差異と反復』上巻・一二一－一二三頁、『無人島　1953-1968』二〇五－二〇六頁、『狂人の二つの体制　1983-1995』九五－九六頁。

50 『千のプラトー』上巻・一五四－一五八頁、三一四－三一六頁。同様に、『アンチ・オイディプス』上巻・二八九－二九〇、二九七－三〇一、三〇四－三〇七頁、『フランシス・ベーコン　感覚の論理学』六四－七二頁参照。

51 『マゾッホとサド』蓮實重彦訳、晶文社、一九七三年、三七頁。

52 より詳細にいうなら、『意味の論理学』は、まず荒れ騒ぐ身体の無底（現実界）から、それとは本性の異なる非物体的な意味の表層（象徴界）を発生させつつ、同時に、この意味の表層を、命題の諸機能からも、道徳からも分離して保護しようとする。つまり、荒れ騒ぐ身体のカオスとの並行論を形成しうるような、キャロル的な表層の倒錯を産出するのである（「大きくなる」と「小さくなる」の同時性）。それに対して、アルトー的な精神病とは、この表層－皮膚を破り、言葉と身体の区別を無化しにやって来るものだ。それゆえ『意味の論理学』はその大きな傾向として、精神病を垣間見つつ、倒錯の側につき、意味の表層を擁護する書物であると言えるだろう。そして意味－象徴界と身体－現実界とのあいだに生まれる隙間、ギャップこそが、「革命」の場であるとされるのである（上巻・九八－九九頁）。『意味の論理学』と『資本主義と分裂症』との差異について後者の立場から語ったものとして、『狂人の二つの体制　1975-1982』宇野邦一監修、河出書房新社、二〇〇四、八六－八九頁参照。

53 以下の記述は、『千のプラトー』第九、一三プラトーに加え、『記号と事件』所収の「追伸――管理社会について」を主に参照している。政治の問題に関しては、『精神分析と横断性』を始めとする、ガタリの単著を参照することが不可欠である。

54 『千のプラトー』中巻・八八頁。同様に、下巻・一五七頁参照。

55 『哲学とは何か』一八五頁（強調引用者）。

56 『哲学とは何か』一七三頁。これは、『アンチ・オイディプス』の基本テーゼでもある。

57 『差異と反復』上巻・三八三頁、『マゾッホとサド』一一一頁、『批評と臨床』一七六－一七九頁。

58 『狂人の二つの体制　1983-1995』五一－五二頁。

59 『アンチ・オイディプス』下巻・七九頁。『重合』一五九－一六三頁。

60 『千のプラトー』上巻・二一九－二二〇頁、中巻・二七三－二七八頁、下巻・二三七－二四一頁。

61 『批評と臨床』一八、一七七頁。

62 『千のプラトー』下巻・二三九頁。

63 Cf. Félix Guattari, « Masses et minorités : à la recherche d'une nouvelle stratégie », in *Les Untorelli, Recherches*, n° 30, novembre 1977, p.121.

64 『哲学とは何か』二九八頁。

主要著作

▼『ニーチェと哲学』江川隆男訳、河出文庫、二〇〇八（原書一九六二）。

▼『差異と反復』財津理訳、河出文庫、上下巻、二〇〇七（原書一九六八）。

▼『意味の論理学』小泉義之訳、河出文庫、上下巻、二〇〇七（原書一九六九）。

▼『スピノザ　実践の哲学』鈴木雅大訳、平凡社ライブラリー、二〇〇二（原書初版一九七〇、増補版一九八一）。

▼『資本主義と分裂症　アンチ・オイディプス』（フェリックス・ガタリとの共著）宇野邦一訳、河出文庫、上下巻、二〇〇六（原書初版一九七二、増補版一九七三）。

▼『資本主義と分裂症　千のプラトー』（フェリックス・ガタリとの共著）宇野邦一・小沢秋広・田中敏彦・豊崎光一・宮林寛・守中高明訳、河出文庫、上中下巻、二〇一〇（原書一九八〇）。

▼『シネマI＊運動イメージ』財津理・齋藤範訳、法政大学出版局、二〇〇八（原書一九八三）／『シネマ2＊時間イメージ』宇野邦一・石原陽一郎・江澤健一郎・大原理志・岡村民夫訳、法政大学出版局、二〇〇六（原書一九八五）。
▼『哲学とは何か』（フェリックス・ガタリとの共著）財津理訳、河出文庫、二〇一二（原書一九九一）。
▼『消尽したもの』宇野邦一・高橋康也訳、白水社、一九九四（原書一九九二）。
▼『批評と臨床』守中高明・谷昌親訳、河出文庫、二〇一〇（原書一九九三）。

〔堀 千晶〕

ファノン、フランツ・オマー

❖Frantz Omar FANON　1925-1961

フランスの思想家。フランス領マルチニク島に黒人として生まれる。第二次世界大戦ではフランス軍に加わり各地で戦うが、戦後は故郷を離れてフランス本土に渡り、リヨンで精神医学を学ぶ。一九五二年に『黒い皮膚・白い仮面』を出版。一九五三年からアルジェリアの精神病院に勤務する。翌年からアルジェリアの独立戦争が始まり、医師として戦争にじかに接したファノンは、大きな衝撃をうける。その後は勤めていた病院を辞め、アルジェリア民族解放戦線に参加。機関誌『エル・ムジャヒド』に寄稿するなど、指導的役割を演じる。やがて公人としても活躍するようになり、一九五九年には『アルジェリア革命五年』(のちに『革命の社会学』と改題)を発表、革命と解放のイデオローグとして一躍有名となる。幾度か試みられた暗殺からは逃れるが、白血病にかかり、一九六一年、三十六歳のときに療養先のワシントンで亡くなる。その数日前に約十週間で『地に呪われたる者』を書きあげている。「黒い皮膚」をもつフランス人として生まれたファノンは、白人としての文化的なアイデンティティ(「白い仮面」)が崩れていくなかで、やがてその自意識を反転させ、同郷の詩人エメ・セゼールの「ネグリチュード」という概念にすがり、むしろ黒人としての自己を肯定しようとする。これも結局は失敗し、西欧と対峙する必要を悟ったファノンは、植民地主義への苛烈で暴力的な批判のなかでそれを果たす。だがファノンの暴力的な批判は、それ自体が暴力を煽るものではなく、むしろ暴力に向き合い、その先を見据えることを要請するものである。ファノンは、黒人の活動家や第三世界の思想家たちに大きな影響を与え、さらに一九八〇年代に入りポストコロニアル理論の隆盛がおこると、ふたたび注目を集める。著書は、右記のものが『フランツ・ファノン著作集』(全四巻)で邦訳されている。

〔八幡恵一〕

モスコヴィッシ、セルジュ

❖Serge MOSCOVICI　1925-2014

ルーマニア出身のフランスの社会心理学者。ユダヤ系であるためブカレストで迫害行為を受け、第二次世界大戦中は強制労働キャンプに収監されたが、その間にフランス語を学んで、哲学書を読むようになる。戦後はパリで心理学の研究を進め、フランス社会科学高等研究院(EHESS)の主任研究員を務めるまでに至った。著作には、『自然の人間的歴史』(一九六八)、『自然と社会のエコロジー』(七二)、『飼いならされた人間と野性的人間』(七四)、『群衆の時代』(八一)、『神々を作る機械——社会学と心理学』(八八)などがある。社会心理学、応用心理学、政治的エコロジー、科学史について数多くの著作を執筆している。

〔飯盛元章〕

イーザー、ウォルフガング

❖Wolfgang ISER　1926-2007

ドイツの英文学者、文学批評理論家。ドイツのコンスタンツ大学とアメリカのカリフォルニア大学アーヴァイン校で、英文学・比較文学の教授を務めた。著作には『内包された読者』（一九七二）、『行為としての読書』（七六）、『プロスペクティング』（八九）、『虚構と想像力』（九一）、『解釈の射程』（二〇〇〇）などがある。現象学、プラハ言語サークル、解釈学の影響のもと、ハンス・ロベルト・ヤウスとともに受容美学を提唱し、コンスタンツ学派を形成した。テクストの意味は、あらかじめ客観的に確定しているのではなく、テクストと読者の相互作用によってかたちづくられるのだとした。〔飯盛元章〕

イリイチ、イヴァン

❖Ivan ILLICH　1926-2002

オーストリア出身の社会思想家。ウィーンで富裕な家庭に生まれるが、ユダヤ人である母の出自からナチスによって追放され、幼少期をイタリアの山村で過ごす。初め自然科学を学ぶが、ローマのグレゴリオ大学で神学と哲学を修め、ザルツブルク大学で歴史学の博士号を取得。その後、アメリカにわたり、ニューヨークの教区でカトリックの司祭として活動。一九五六年からはプエルトリコのカトリック大学で副学長となり、一九六〇年まで在職。翌年メキシコに移り、クエルナバカで相互文化形成センター（CIF）を前身として、相互文化資料センター（CIDOC）を設立、教会と対立し僧職を放棄しながらも、いくつかのセミナーを主催。その後はアメリカやドイツの大学で教鞭をとるかたわら、活発な講演活動も行なう。イリイチの思想は、学校教育や医療、交通の制度、産業社会、エネルギー利用など、主に人類の技術的発展に関わる領域で、従来の価値観や管理方法に対して、その裏面（蔓延する悲惨や貧困）、彼の言う「影」の部分を暴きながら、根本的な疑問と批判を投げかけるものである。イリイチの目的は、何より「コンヴィヴィアリティ（自立共生）」の社会的な形成を促すところにあり、そのためにさまざまな制度改革も提案する。著書は『脱学校の社会』や『医療の限界』（邦題『脱病院化社会』）をはじめ、『ジェンダー』『シャドウ・ワーク』『コンヴィヴィアリティのための道具』など多数。〔八幡恵一〕

キャベル〔カベル〕、スタンリー

❖Stanley CAVELL　1926-

アメリカの哲学者。一九六三年から、ハーバード大学哲学部で教鞭をとる。現同大学名誉教授。主な著作に『センス・オブ・ウォーデン』（一九七二）、『哲学の〈声〉――デリダのオースティン批判論駁』（九四）などがある。日常言語の哲学、文芸批評、美学、政治学、映画論、オペラ研究などさまざまな領域の研究がある。〔飯盛元章〕

ディッキー、ジョージ

❖George DICKIE　1926-

イリノイ大学シカゴ校名誉教授。分析美学を専門とし、芸術を定義するにあたって、ダントーの「アートワールド」の概念を承けて「制度論」を提唱、芸術の表現や形式といった機能的な側面からは自由な考え方を提示し、論争を引き起こした。著作としては、『美学入門』(一九七一)、『芸術を評価すること』(八八)、『芸術と価値』(二〇〇一)などがある。〔本郷均〕

パトナム、ヒラリー・ホワイトホール

❖Hilary Whitehall PUTNAM　1926-

アメリカの哲学者。シカゴに生まれ、ペンシルバニア大学で数学と哲学を学ぶ。ついでハーバード大学、カリフォルニア大学で研究をつづけ、一九五一年に哲学の博士号を取得。その後はいくつかの大学で教鞭をとり、一九六五年からハーバード大学の教授となる。一九七六年にアメリカ哲学会の会長に就任。二〇〇〇年にハーバード大学を退職し、名誉教授となる。パトナムは、論理実証主義やクワインらの影響のもと、分析哲学から論理学や数学、倫理学、歴史学まで多岐にわたる領域で活躍し、ときに政治的な活動も行なう、現代のアメリカを代表する哲学者である。パトナムは、厳しい自己批判をくりかえし、みずからの立場を頻繁に変えることでも知られ、そのため特定の学説や思想に固執することがないが、彼が初期にとった有名な立場に、いわゆる「機能主義」がある。これは、〈心の哲学〉におけるパトナムの重要な業績のひとつであり、人間の心を計算機のような機械のプログラムとみなし、純粋に機能的な観点から心の状態をとらえようとする考え方である。心を行動に還元する行動主義や、脳の状態に還元する同一説といった従来の主張の批判から生まれ、認知科学の分野に大きな影響を与えたが、やがてパトナムはこの立場をみずから批判することになる。そのほかにも、実在論や意味の理論に関して(自説の修正や転回も含む)優れた論文を著わしており、「双子地球」や「水槽の脳」といった独特な思考実験も有名である。近年では、プラグマティズムやユダヤ哲学を論じた作品もある。さまざまな分野にわたる多くの著書があるが、そのうち『論理学の哲学』をはじめ、『理性・真理・歴史』『実在論と理性』『事実/価値二分法の崩壊』などが邦訳されている。〔八幡恵一〕

フーコー、ミシェル

❖Michel FOUCAULT　1926-1984

ポール＝ミシェル・フーコーは、一九二六年十月十五日、フランスのポワチエに生まれた。一九四六年、高等師範学校に入学。一九四八年にソルボンヌ大学にて哲学学士号を、一九四九年には心理学学士号を取得する。一九五一年、哲学の教授資格を取得するとともに、高等師範学校の復習教師となり、一九五二年からはリール大学心理学助手も務め、一九五五年より、スウェーデンのウプサラにてフランス会館館長。一九五八年にはワルシャワ、一九五九年にはハンブルクへと赴く。一九六〇年、クレルモン＝フェラン大学に赴任。一九六一年にソルボンヌ大学にて博士号を取得した後、一九六六年には再度フランスを離れてチュニス大学へ。一九六九年、ヴァンセンヌ大学実験センターの哲学教授に就任。そして一九七〇年より、コレージュ・ド・フランス教授として、「思考システムの歴史」と題された講座を担当する。一九八四年六月二十五日、パリにて死去。

フーコーは、通常の意味での哲学者ではない。というのも、狂気、病、生命、言語、経済、刑罰、セクシュアリティといった一連のテーマを扱いながら彼が行なうのは、一貫して、歴史的な分析であるからだ。ただし、彼はその歴史研究を、我々自身の現在に対する関心から出発して行なう。すなわち、我々にとって自明であるとされていることが、過去においては必ずしも自明ではなかったことを示すことによって、彼は、現在の我々の思考をそれが繋ぎ止められている地平から解放しようと試みるのである。そしてまさにここから、フーコーによる歴史への問いかけは、哲学的な企図に貫かれたものとして特徴づけられることになる。というのも、彼にとっての「哲学的活動」とは、「どのようにして、そしてどこまで、別の仕方で思考することが可能であるかを知ろうと企てること」に他ならないからだ。自らの過去を思考することで、穏やかで揺るぎないものと一般に信じられている地盤をぐらつかせ、そこにあらためて亀裂を入れようとすること。そしてそれによって、我々において何が変化しうるのかを示そうとすること。これが、フーコーの哲学的歴史研究なのである。

そして、そのようなものとしての彼の「哲学」は、さまざまな領域を次々に踏破する彼の研究活動の展開のうちに読み取ることのできるものでもある。すなわち、一九六〇年代の「知」の軸から七〇年代の「権力」の軸へ、そしてそこから八〇年代の「自己との関係」の軸へという、彼が探究を進めていくなかで生じる重心の移動もやはり、自分自身から身を引き離そうとする努力の帰結とみなしうるということだ。別の仕方で考えるために歴史を辿りながら、彼の研究は、慣れ親しんだ場所に安住することを拒み、新たな領野を自らに開くのである。

❖ Michel FOUCAULT

しかし、そのように三つの軸から成るものとして知られるフーコーの研究活動は、他方において、ある一つのテーマによって導かれてもいる。六〇年代から八〇年代に至るまでの彼の歴史研究全体を貫くテーマ、それは、フーコー自身も折に触れて語っているとおり、主体と真理との関係というテーマである。狂者や非行者といった主体、さらには語り、労働し、生きる主体が、どのようにして、その真理を探究すべき認識対象として構成されてきたのか。刑罰の実践や性の経験のなかで、主体が自分自身について真理を語るという営みがどのように行なわれてきたのか。一つの領域から別の領域へ、一つの時代から別の時代へと移動しながらも、フーコーが提出していたのは常に、人間の主体性と真理とがどのようにして互いに結びつけられてきたのかという問いだったのである。

ところで、一方では不断の離脱、他方ではテーマの一貫性という、こうした二重の特徴をフーコーの研究活動にもたらすことになったと思われる重要な契機、それが、六〇年代の初めに彼のうちに標定される切断である。実際、五〇年代に彼が残したいくつかのテクストは、人間の主体性に絶対的な特権を付与しつつ、当時のフランスにおいて支配的であった人間学的思考への賛同を明らかなやり方で示していた。これに対し、一九六一年の『狂気の歴史』以降の彼の著作は、主体の至上権から出発するそうした思考を根本的に問いに付すことになる。つまり、それ以来、主体を特権化する代わりに、そうした特権がどのような歴史的プロセスの帰結としてもたらされたのかと問われることになるのである。そしてまさしくそのことによって、自分自身からの絶えざる離脱を目指すものとしての歴史研究が可能かつ必要となる。というのも、後に『知の考古学』において語られるとおり、我々自身の連続性を断ち切るために歴史を遡るというやり方は、連続的歴史を主体の避難所にしようとするものとしての人間学的歴史研究に真っ向から対立するものであるからだ。要するに、一貫して主体性と真理との関係について問いかけると同時に、別の仕方で思考することを絶えず希求するものとしてのフーコーの歴史研究は、このように、何よりもまず、彼自身がかつて繋ぎ止められていた思考の地平からの脱出を含意しているのである。

では、五〇年代のフーコーがそのように身を委ねていた人間学的探究とは、いったいいかなるものであったのか。そしてそうした探究にとっての出発点として価値づけられていた主体性を、六〇年代から八〇年代にかけての彼の歴史研究は、「知」「権力」「自己との関係」という三つの軸のそれぞれにおいて、どのようなやり方で問いに付すことになるのか。

❶人間学的探究(一九五〇年代)

まずは、いわばフーコーの「前史」に属するものとしての五〇年代の彼の探究がどのような思考の地平に属すものであったのかということについて、一九五四年に発表された彼の二つのテクストに注目しつつ読み解いていこう。

最初に、フーコーは、ルートヴィヒ・ビンスワンガー著『夢と実存』フランス語版への序文として付されたテクストについて。その冒頭からすでにフーコーは、そこで提示されるのがまさしく人間主体を標的として定める分析であることを明言している。つまりその分析は、「その原理と方法とが、そもそもの最初から、その対象の絶対的な特権によってのみ決定される」ものであり、その特権的対象こそ、自然のなかの他の存在とは根本的に区別されるものとしての人間存在なのだ、と。そしてそうした人間学的探究のための手がかりを、彼は、ビンスワンガーに倣い、夢への問いかけのなかに見出そうとする。すなわち、夢の経験は、一つの世界の形式を備えていると同時に一個の主体にとって最も固有のものであるというその両義性によって、「世界内存在」としての「実存」の様態をその始まりそのものにおいて具体的なかたちで示してくれるだろう、というわけだ。しかし、そのような経験を十全なやり方で分析するにはいったいどうすればよいのか。というのも、夢とは、我々が眠っている状態において経験されるものである以上、覚醒した意識がそれを捉えようとするときには常にすでに消え去ってしまっているものであるからだ。こうして彼は、現象学のように直接的現前にのみ明証性を認めるのでもなく、精神分析学のように事後的に再構成されたイメージに基づく帰納的推論に頼るのでもないようなやり方で夢を分析する必要性を強調することになる。意識から逃れ去るものの回収を可能にするような解釈の方法が要請されることになるのである。

ところで、人間の真理ないし本質は人間から絶えず逃れ去ろうとしていると想定しつつそれを取り戻そうとするという、こうした企ては、同年に発表されたフーコーのもう一つのテクスト『精神疾患とパーソナリティ』にもやはり見出されるものである。実際、この著作において目標とされているのは、精神の病を、現実の社会における人間性の喪失に関係づけつつ克服することである。もし病が病者の人格を混乱させてその自由な意志を奪ってしまっているように見えるとしたら、それは、病の経験が、「人間が自らのうちの最も人間的なものを失う疎外の経験」と結びついているからに他ならない。したがって、そのように失われてしまった「人間的なもの」を取り戻すこと、人間を「脱疎外」することこそが、病の治癒を得るために不可欠であるだろう、というわけだ。このように、疎外とその克服を語るこの著作は、五四年のもう一つのテクストと同様、喪失と回収から成る図式に従って展開されているのである。

人間主体を分析の特権的対象として定めること。そしてその分析に際して、主体から逃れ去るものを主体に返還するという目標を設定すること。これが、一九五四年の二つのテクストに共通して見られる身振りである。そして、当時の現象学的思考およびマルクス主義的思考への帰属をそこに看取しうるこの身振りこそまさしく、六〇年代のフーコーの一連の著作によってその標的とされるものに他ならない。すなわち、かつての自分自身が引き受けていたそうした人間学的企図について、その歴史性を暴露しつつそこから身を引き離すこと、これが、彼が「考古学」と呼ぶ歴史研究の任務となるのだ。

❷知の考古学（一九六〇年代）

六〇年代のフーコーの歴史研究が、人間学的思考の成立とその波及に関する分析を、そうした思考への隷属から解放された方法によって行なおうとするものであるということ。これは、自らの研究に関する理論化を試みた一九六九年の著作『知の考古学』において、フーコー自身が明言していることである。このことを念頭に置きながら、彼の一連の「考古学的」著作において、かつての自分自身に対する批判作業がどのようなやり方でなされていくのか、順に見ていくことにしよう。

まず、一九六一年刊行の『狂気の歴史』について。ここで問われるのは、かつて多様な様態のもとでとらえられていた狂気が、近代になって全面的に精神の病として規定されるようになるに至るまでに、いったい何が起こったのかということである。この問いに答えるためにフーコーは、とくに、十七世紀から十八世紀の西洋において大々的に行なわれた監禁の実践とその変容に注目する。ルネサンス期には一定の自由を享受していた狂者たちが、十七世紀半ばになると、大規模なやり方でヨーロッパ中に創設された監禁施設のなかに、放蕩者や貧困者、性病患者など、社会にとっての邪魔者とされる他の人々とともに閉じ込められることになる。そしてこの監禁制度が十八世紀半ばに解体されはじめ、それとともに被監禁者が次々に解放されていくなかで、狂者だけが、家族や社会に対して危険であるとみなされることによりその場に残されることになる。まず監禁空間が狂者の自由を奪い、次いでその空間が狂者専用のものになるということであり、フーコーは、こうしたプロセスこそが、狂気経験に根本的な変容をもたらす重要な契機を構成したのだということを示そうとする。人間性の進歩や医学の発達ではなく、社会的実践におけるそうした変化こそが、狂者に対し、今や精神病院と名を変えた収容施設において治療を受けるべき者という地位を授けることになったのだ、と。

もっともフーコーは、制度的実践のレヴェルにおける出来事をこのように重要視するからといって、それによってすべてを説明しようとするわけではない。監禁制度の出現とその解体という出来事に加えて、新たな狂気経験の成立に寄与したものとして挙げられるのが、人間主体とその真理との関係をめぐる一つの公準である。すなわち、「人間は、一つの真理を、与えられていると同時に隠されたかたちで、自らに固有に属するものとして所持する」という、十九世紀以降の西洋に登場したとされるこの公準が、狂気を人間の真理の喪失として定義することを可能にするとともに、そのようなものとしての狂気に関する知を人間主体の真理に接近するための媒介として役立つものとするのだ、と。ところで、人間は自らに固有の真理を保持すると想定しつつ、人間から逃れ去るその真理を回収しようと試みること、これは、五四年の二つのテクストにおいてフーコーが自らに引き受けていた任務そのものである。一九六一年の著作は、そうした任務が、人間主体が持つ絶対的特権によってではなく、比較的最近になって歴史的に成立した一つの公準によって要請されたものにすぎないということを示そうとしているのだ。人間学的な企てが依拠する地盤を、その歴史性を明るみに出すことでぐらつかせること。そしてそれによって、自分自身がかつて身を委ねていたその企てから身を引き離そうと試みること。そうした身振りが、ここに明らかなやり方で見出されるのである。

とはいえ、これは離脱の作業の第一歩にすぎない。というのも、『狂気の歴史』においては、人間主体を特権化する思考の歴史性が示唆されてはいるものの、そこに何が含意されているのか、そしてそれがどのようにして成立したのかに関しては、明確なやり方で問われていないからだ。それに加えて、一九六一年の初版の序文に提示されていた企図、すなわち、精神医学によって客体化され疎外される前の「狂気それ自体」の歴史を書こうというその企図のなかには、人間学的思考の名残りがしるしづけられてもいる。したがって、六一年の著作によって一度に決定的なやり方で断絶が生じるのではない。フーコーにおけるかつての自分自身との決別は、六〇年代の一連の著作によって順次進められていくプロセスのなかでもたらされることになるのである。

では、『狂気の歴史』に続いて一九六三年に刊行された『臨床医学の誕生』は、そうしたプロセスのなかにどのように位置づけられるだろうか。

この著作が提出するのは、十八世紀後半の西洋における実証的医学の成立がどのようにして可能になったのか、という問いである。この問いに対しフーコーは、病をめぐる知覚的構造の刷新という出来事を、医学的知の根本的変容を可能にした最も重要な契機のうちの一つとして明るみに出しつつ答えようとする。実証的なものとして成立する直前の臨床医学において、病は、症状の集合にすぎないものと考えられていた。つまり、身体の表面において観察可能な諸々の現象がそのまま病そのものとみなされていたということであり、その限りにおいて、病の真理に到達するには生きた身体に対して問いかけるしかなかった。これに対し、知覚の構造の変化とともに、病とは、症状そのものではなく、症状の起源にあるもの、症状の背後に探索すべきものとなる。すなわち、病とは、身体の可視的な表面に時間のなかで展開されるものではなく、身体内部の不可視の空間のなかにその座を標定すべきものとなるということだ。病の定義に関わるこうした変化によって初めて、死せる身体に病の真理を問うことが医学にとって本質的かつ必要な任務として承認され、病理解剖にもとづく実証的な医学が打ち立てられえたのであるということを、フーコーは示そうとするのである。

そして、医学に対して新たに課されることになった任務をこのように描き出しながら、フーコーはそれを、彼が「不可視なる可視性」と呼ぶより一般的な認識論的構造へと送り返す。すなわち、病をめぐる可視と不可視の関係を刷新するとともに、医学的視線に新たな役割を要請したのは、我々人間存在に対して自らを隠しつつ示すことが真理の本性のようなものであるとみなす思考、我々は真理を取り逃しながらも常にその真理によって呼び求められているとする思考なのだ、と。ところで、やはり歴史的に成立したものとしてここで提示されているそうした思考の構造こそまさしく、フーコー自身のかつての人間学的探究を根底において支えていたものに他ならない。五四年の彼の二つのテクストに見出されたのは、実際、我々人間にとって本質的な真理が絶えず我々のもとから逃れ去っているという想定であったし、そして六一年の著作における「狂気それ自体」への言及のうちに見出されたのもやはりそうした想定であった。一九六三年の著作は、人間主体と真理との結びつきに関するこの想定を問いに付す。人間は自らに固有の真理をもつという公準に加えて、そもそも真理とは人間から身を隠すと同時にもっぱら人間に対して自らの姿を垣間見せるものであるという公準、真理と人間の有限性とのあいだの根本的な絆を含意するこの公準もまた、歴史的に条件づけられたものとして明かされるのだ。

人間主体に与えられた特権および喪失したものの回収という任務が、ともに比較的最近になって歴史的に構成されたものであるということをこのように示した後、フーコーは、いよいよその歴史的出来事そのものについて問いかけることになる。人間主体とその真理をめぐる以上のような認識論的構造はどのようにして西洋に登場したのか。そしてそこにはいかなる理論的難点が潜んでいるのか。こうした問いに答えようと試みるのが、「人間諸科学の考古学」という副題を付された一九六六年の『言葉と物』なのである。

『言葉と物』において企てられているのは、西洋における「エピステーメー」、すなわちある特定の時代のさまざまな科学的言説のあいだに見出される諸関係の総体が、ルネサンス以来、歴史的にどのように変容したのかを示すことである。そうした探究のなかで、知の主体であると同時にその特権的な客体でもあるものとしての人間の出現が、以下のようなやり方で描き出されることになる。

フーコーによれば、十七世紀から十八世紀にかけての西洋の思考は、思考ないし精神に表われる像としての表象に記号を与えつつ、それを同一性と差異に従って秩序づけることに専心していた。問題は常に、表象として与えられたものから出発してそれを分析することであり、思考は自足した表象空間の内部において全面的に展開されていたということだ。これに対し、十八世紀末になると、表象がそうした自律性を失い、表象を可能にする条件が表象そのものの外部に探し求められることになる。すなわち、表象のうちに表象されるものの存在が表象空間の背後へと後退して、表象は以後、「物自体」に対する「現象」ないし「仮象」の地位に甘んじるようになるということだ。そしてまさしくここに、「人間とは何か」という、表象の分析に従事していた思考には無縁であった問いが提起されることになる。つまり、表象のうちに表象されるものの存在が表象の外にこぼれ落ちてしまう、その一方で、そのようなものとしての表象を自らのために構成する者としての人間、表象の主体としての人間が、特権的な問題として浮上するということだ。「厚みのある第一義的実在としての人間、可能な認識全体の困難な客体であると同時に至上の主体であるものとしての人間」が、こうして、西洋の知の中心に君臨すべく登場するのである。

ところで、そのように認識にとっての主体かつ客体として登場した近代の人間は、とりわけ、自らの有限性によって自分自身を基礎づける者として現われる。つまり、確かに人間の認識は限界づけられており、現象ないし仮象にしか到達することができないとはいえ、そのようなものとしての認識を可能にするのは、他ならぬ人間存在に固有の有限性そのものである、というわけだ。こうして、「人間とは何か」という問いは、もっぱら、人間が有限であることを示す経験的諸内容から出発しつつ、そのような経験の基礎にあると想定された人間固有の有限性への到達を目指すという企てをもたらすことになる。そうした企てを「有限性の分析論」と名づけながら、フーコーは、そこに潜む「前批判的な素朴さ」を糾弾する。「前批判的」、というのも、経験のうちに与えられているものを、経験を条件づけるものとして価値づけようとするその企ては、経験の可能性の条件に関する問いかけそのものが含意する根本的な隔たり、つまり、表象の内部と外部とのあいだに見出された還元不可能な隔たりを、無邪気なやり方で飛び越えようとするものであるからだ。経験の限界を超え出るものを、経験の内容そのものに問いかけることによって回収しようという、そうした「終わりのない任務」を、フーコーは、世界の神秘を暴くものとして価値づける代わりに、独断論の眠りの後に西洋が陥った「人間学的眠り」として告発するのである。

五〇年代のフーコーは、人間主体を自らの探究にとっての特権的な対象として設定するとともに、その主体から逃れ去るものの回収を自らの任務として引き受けていた。そうした特権およびそうした任務が、ここでは、歴史的にどのようにして構成されたのかと問われるとともに、思考の「眠り」として糾弾されているのだ。そして、一九六九年に公刊される『知の考古学』は、「考古学的」研究そのものに関する考察を行なうことによって、いわば離脱の仕上げを行なう。すなわちそこでは、フーコーの歴史研究の方法が、主体の至上権からの解放によって初めて打ち立てられうるものとして示されるのである。

『知の考古学』は、その序論において、「人間学的テーマから解放された歴史分析の方法を定めること」こそが自らの企図であると明言している。この企図に基づき、そこでまず強調されるのが、歴史研究を、連続性の再構成という伝統的任務から解き放す必要性である。というのも、連続的な歴史とは、時間の分散のなかで主体の統一性がいずれ復元されるであろうという確信を与えてくれるもの、主体から逃れ去るものが主体にいつか返還されうるであろうと保証してくれるものであり、その意味において「主体の創設的機能にとって欠くことのできぬ相関物」であるからだ。そのような歴史を、フーコーは人間学的思考の最後の砦とみなす。差異と分散を同一性のもとに解消することを目指す代わりに、彼は、同時代の歴史家たちに倣い、非連続性、系列、閾、システムといった概念に訴えつつ歴史的考察を行なおうと試みるのである。

そしてまた、やはり六九年の著作のなかで繰り返し強調されるもう一つの主張として、解釈学的探究の拒絶がある。「考古学」を「あらゆる解釈の外」に位置づけること、これもやはり、歴史記述を主体の至上権への隷属から逃れさせるために必要なことである。というのも、言説がその背後に隠しつつ示していることを明るみに出そうとするものとしての解釈学的作業は、言説を絶えず主体の意図や創造力に送り返そうとする人間学的任務にとっての特権的な道具であるからだ。したがってフーコーは、言説を言説とは別のものによって説明することを拒絶しつつ、言説そのもののレヴェルに徹底してとどまろうとする。フーコーの言説分析は、言説の隠された法則や覆われた起源を探り当てようとする代わりに、その規則性や可能性の条件などを明らかにすることを、自らの務めとして設定するのである。

解釈学的方法を用いることによって連続性を再構成しつつ、人間主体が歴史のなかで喪失してしまったものを主体のもとに回収しようとすること、これは、フーコーによれば、伝統的な思想史研究が企ててきたことである。『知の考古学』が提示するのは、そうした人間学的方法とは別のやり方で思考の歴史を記述する可能性である。隠蔽されているものを暴露しようとする代わりに、見ているのに見えていないものを見えるようにすること。歴史を貫く同一性を確認しようとする代わりに、「我々を、我々自身の連続性から断ち切る」こと。これこそが、人間学主義から解き放された歴史分析の任務として、フーコーが打ち立てようとするものなのである。

『狂気の歴史』から『言葉と物』へと至る一連の歴史研究は、五〇年代のフーコー自身が引き受けていた人間学的公準を問題化しつつ、その歴史性を分析することによってそこから身を引き離そうとするものであった。そうした研究の成果を踏まえながら、『知の考古学』は、自らの歴史分析においていわば試行錯誤的に使用されてきた方法を、主体性の特権を完全に廃したものとしてあらためて練り上げる。自らの理論の拠り所となっている地盤が、その理論を使用した具体的研究のなかで発見された地盤であるということ。自らの研究内容と研究方法とが、主体性の問題化というテーマをめぐっていわば互いに支え合っているということ。そうしたことを示しながら、フーコーは、かつての自分自身からの離脱のプロセスを、ここにひとまず閉じるのである。

それでは、七〇年代および八〇年代のフーコーはどうだろうか。「知」の軸から「権力」の軸へ、そしてそこからさらに「自己との関係」の軸へと重心が移動していくなかでもやはり、主体性と真理との関係をめぐる問いが彼の研究活動を貫いているのだとしたら、それはいったいどのようなやり方によってであろうか。

❸権力分析（一九七〇年代）

まず、七〇年代のフーコーについて。一九七五年の著作『監獄の誕生』および七六年の『性の歴史』第一巻『知への意志』が前面に押し出しているのは、確かに、刑罰制度およびセクシュアリティをめぐる権力関係についての考察である。しかしこれは、六〇年代の言説分析が、それとはまったく異なる新たな分析によって取って代わられたということではない。そうではなくて、それまでも荒削りなやり方で表明されていた権力をめぐる問いが、言説の歴史的形成に関する探究が進められるなかで次第に主題化され、練り上げられて、フーコー独自の権力分析へと導かれていくのである。

実際、一九七〇年に行なわれたコレージュ・ド・フランス開講講義『言説の領界』のなかで権力のような何かが問題とされるのはまさしく、言説分析の枠組みの内部においてである。つまり、そこで述べられるのは、言説の実際の形成を分析するさいには必ず、言説の産出に制限を加えるかたちで作用する力を考慮に入れるべきである、ということなのだ。ところで、言説に対してもっぱら強制的ないし拘束的にはたらく力へのこうした言及は、権力というテーマの浮上をしるしづける一方で、フーコーの権力分析として我々が知るものからの大きな隔たりを示してもいる。というのも、ここで問題とされているのが言説の形成に対して及ぼされる「ネガティヴな作用」であるのに対し、処罰および性に関するフーコーの以後の一連の研究は、逆に、権力のポジティヴな側面を強調することになるからだ。『知への意志』において語られているとおり、禁止や制限といった抑圧的効果ではなく、「知を産出し、言説を増加させ、快楽を発生させるポジティヴなメカニズム」が、考察の対象とされることになるのである。そして、権力のそうした生産的なはたらきを分析するにあたって要請されるのが、権力に関する考え方の根本的な転換である。すなわち、権力を、国家の主権や法の形態に基づく制度ないし構造としてではなく、「多数多様な力関係」として、「戦略的状況」としてとらえることが必要となるのである。

七〇年代のフーコーの権力分析は、力関係としての権力のメカニズムが歴史のなかでどのように変化してきたのか、そしてそれがどのような言説を増殖させ、どのような知を産み出すに至ったのか、という問いに答えようと試みることになる。十七世紀から十八世紀にかけての西洋に新たな権力が出現し、それとともに新たな知が形成されたということが、処罰や性の問題をめぐる分析によって明らかにされていくわけだが、そのように権力との関わりのなかで誕生したとされる新たな知こそまさしく、人間主体に関する知に他ならない。つまり、十八世紀末以降の西洋において人間主体が知の特権的な対象になるという、六〇年代の考古学によって扱われていた歴史的出来事が、権力分析のなかであらためてとり上げ直されるということだ。このことを確認すべく、七〇年代にフーコーが残した二つの著作を順に見ていくことにしよう。

一九七〇年代前半のフーコーは、当時の刑務所問題への大きな関心のもとに、「刑務所情報グループ（GIP）」と呼ばれる組織を主宰してそこで精力的に活動する一方、コレージュ・ド・フランスでは刑罰制度の歴史を講義のテーマとして扱っていた。そうした背景のもとで執筆されたのが、一九七五年刊行の『監獄の誕生』である。そこで問われているのは、身体刑から監獄へという処罰形式の変化が、十八世紀末の西洋においてどのようにして起こったのかということである。公衆の面前で身体に苦痛を与える刑罰から、閉じられた場所での監視と矯正のシステムへという、この移行については、もっぱら、文明の勝利や人間性の進歩などといった観点からの説明がなされてきた。これに対しフーコーは、処罰制度におけるそうした転換を、権力のメカニズムの変容に基づくものとして解明しようとする。彼によれば、かつて犯罪者の身体に加えられていた過剰なまでの暴力は、実は、単なる野蛮さのしるしではなく、至上の地位にある者が自らの圧倒的な力を人々に見せつけることで機能するタイプの権力によって要請されたものであった。「君主権的」と呼ばれるそうした権力に対し、それとはまったく異なるタイプの権力、すなわち、一人ひとりに対して注意深い視線を注ぐことで有用かつ従順な個人をつくり出そうとする権力が、十七世紀から十八世紀にかけて発達し、大きな広がりを獲得することになる。フーコーが「規律権力」と呼ぶその新たな権力のメカニズムが西洋社会において支配的となっていくということであり、それとともに処罰は、もはや法に背いた者の身体の上で君主が自らの支配力を顕示するためのものではなく、犯罪に身を委ねた者を恒常的な監視状態に置いてつくり変えることを目標とするものとなる。監獄への閉じ込めという刑罰形態が、こうして可能かつ必要となるのである。

そしてフーコーによれば、有用かつ従順な個人をつくり上げることを目指すその新たな権力とともに現われたのが、各々に固有の特異性を持つ者としての個々の人間をその対象とするような知の形態であるという。実際、個々の人間についてそれぞれに固有の真理のようなものを手に入れることができるとすれば、一人ひとりをよりよく管理し、支配して、しかるべくつくり変える術が得られることにもなるだろう。こうして、権力の一般的戦術のなかで「客体化」の手続きと「主体化＝従属化」の手続きとが同時に作動することになる。すなわち、個人は、知の客体として構成されるとともに、一つの主体性に縛り付けられることで、それにより効果的に支配されるようになるということだ。そのような権力のメカニズムにおいて、法に背く行為に身を委ねたことのある者、あるいは潜在的にそのような行為をはたらく可能性があるとみなされた者は、「非行性」ないし「犯罪性」を自らのうちに保有する主体、つまり、犯罪行為への逆らいがたい傾向を自らの本性とする主体として、分類、監視、矯正され、場合によっては排除されることになるだろう。精神医学や犯罪学といった、個人の内面性、個人の魂を自らの対象とする学問が、司法の実践において特異な役割を果たしているということについても、ここから理解できる。権力の戦略のなかで、個々の主体性、個々の魂が、知るべき客体として産出されるとともに、個人の身体およびその行為をそこに閉じ込める監獄のようなものとして機能するということ。『監獄の誕生』において試みられているのは、そのような「魂」に関する系譜学的研究なのである。

次に、セクシュアリティに関する長大な研究の序論のようなものとして一九七六年に刊行された『性の歴史』第一巻『知への意志』について。この書物においてフーコーは、性をめぐって当時流通していた「抑圧の仮説」を問いに付すことから始める。西洋において性は長いあいだ抑圧されてきた、したがって今こそ我々は性を解放しなければならない、という、人々が性について語るときに決まって掲げられてきたこの仮説について、フーコーは以下のようなやり方で問いかける。どういうわけで人々はかくも大きな熱意とともに性の抑圧を語ろうとするのか。そしてそもそもどういうわけで人々はかくも性について多くを語りたがるのか。実際、歴史を多少とも正確に辿ってみるならば、西洋が、長い期間にわたり、もっぱら個人による自分自身の性的欲望の告白というかたちで、性に関する言説を夥しく増殖させてきたという事実が確認される。カトリックの告解室から精神分析医の長椅子に至るまで、一人ひとりの個人に対し自らの性に関して執拗に語らせるためのメカニズムが、西洋には古くから存続している。性をめぐる言説は、抑圧されてきたどころか、むしろ古くから絶えず駆り立てられてきたということだ。そしてそうした言説の煽動が、とりわけ十八世紀以降に登場する権力との関わりのなかで大きな広がりを獲得したことに、フーコーは注目する。新たな形態の権力のなかで性の言説を絶えず産み出す「装置」のようなものがどのように発達したのかということ、これが、『性の歴史』にとって解明すべき問題として設定されるのである。

そして、権力との関わりにおけるそうした性の言説化と密接に結びついているものとして、ここでもやはり、人間主体に関する知の産出が挙げられる。新たな権力形態のなかで、一人ひとりの性に関する知が構成されるとともに、その知を手がかりとして「我々自身についての真理の底にさらに深く埋もれた真理」への到達が企てられてきたということ。性の秘密のうちにこそ主体の最も重大な秘密が宿るという想定のもとに、性を出発点とした「主体の学」が形成されてきたということだ。こうして、たとえば、かつては法的な禁止に対する違反行為にすぎなかった「男色」の背後に、「ホモ・セクシュアリティ」なる「特異な本性」が探られることになる。つまり、もはや行為そのものではなく、行為を引き起こす抗いがたい力のようなものが問題とされるようになるということであり、ここから、「同性愛的」欲望を自らの真理として所持する者としての「同性愛者」が、そのような者として分類され、囲い込まれて、場合によっては治療を受けることにもなるのである。権力のメカニズムのなかで、一人ひとりの個人が、自らに固有のセクシュアリティをもつ主体として構成され、そのセクシュアリティに縛り付けられるとともに、知にとって把捉可能な客体になるということ。ここでもやはり、「主体化＝従属化」および「客体化」の手続が同時に作動しているということだ。したがって、『監獄の誕生』においてと同様、『知への意志』においても、問題になっているのは依然として、人間主体が歴史のなかでどのようにして一つの真理に結びつけられるようになったのかということである。六〇年代の「考古学」によって開始された主体性をめぐる歴史的かつ批判的考察が、権力分析によって新たなやり方で継続されているのだ。

ところで、一九七六年の第一巻『知への意志』において提示されていた研究計画は、一九八四年にようやく刊行される第二巻『快楽の活用』および第三巻『自己への配慮』によって、結局完全に打ち捨てられることになる。すなわち、性の歴史をめぐる探究は、とりわけ十八世紀以降の「知と権力の特殊な装置」に焦点を定めて行なわれる代わりに、古代ギリシア・ローマへと大きく時代を遡り、予告されていたものとはまったく異なるやり方で行なわれることになるのである。第二巻刊行までの八年間のあいだにいったい何が起こったのか。そしてそこで生じた方向転換および軸の移動をどのように理解すればよいのか。

こうした問いに答えるための大きな手がかりを与えてくれるのが、その期間に行なわれたコレージュ・ド・フランス講義である。一九七〇年から一九八四年に他界するまで、フーコーは、コレージュ・ド・フランスで教鞭を執った。そこで行なわれた一連の講義は、彼の研究活動の一部をなし、著作として結実した研究の傍らでいわば固有の地位を保持している。このことを念頭に置きながら、ここではとくに、『知への意志』刊行後の数年間にどのような講義が行なわれたのかということをおおざっぱなやり方で見ていくことにしよう。

『知への意志』は、性の問題を権力との関連において扱おうとするにあたって、『監獄の誕生』においてすでに描き出されていた権力形態、すなわち「規律権力」と彼が呼ぶ権力形態をとり上げ直すとともに、これに加えてもう一つ別の形態の権力を素描していた。一人ひとりの個人を標的とするものとしての「規律権力」のしばらく後に登場し、今度は個人ではなく集団を、それも、複数の個人の単なる集合としてではなく自然的プロセスの集合としてとらえられた「人口」を標的とする権力形態、それが、「生政治（せいせいじ）」と呼ばれるものである。そして、「規律」とともに西洋において作動することになるというこの「生政治」を軸に展開されることになるのが、一九七〇年代後半のコレージュ・ド・フランス講義（『社会は防衛しなければならない』『安全・領土・人口』『生政治の誕生』）である。「人口」を主要な目標として定める「統治」の技法が、キリスト教的「司牧制」をモデルとしつつ、そこからどのようにして誕生したのか。そしてそれが、西洋社会において大きな広がりを獲得したのはどのようにしてなのか。こうしたことが、一九七六年から一九七九年までの講義のなかで、国家や市民社会の歴史的形成との関連のもとに問われるのである。

『知への意志』以後のフーコーの探究は、したがって、個人の「主体化＝従属化」および「客体化」に関わるミクロのレベルから、国家や統治といったマクロのレベルへと次第に移行していくかのように見える。しかし彼のそうした権力分析は、実際には、八〇年代に入ると突然中断される。「生者たちの統治」と題された一九八〇年の講義以降、コレージュ・ド・フランスにおいて報告されるフーコーの研究は、政治的権力をめぐる分析を離れ、自己が自己との関係を打ち立てるさいに用いる技術に狙いを定めたものとなるのである。そしてそれに合わせて、扱われる時代も、彼が長年慣れ親しんできた十七世紀以降のヨーロッパから、紀元二世紀から五世紀にかけての原始キリスト教へ、次いで紀元前一世紀から紀元二世紀にかけてのギリシアおよびローマへ、さらには古典期ギリシアへと、段階を経て大きく移動することになる。当時の彼を取り巻いていた現実的状況が、彼を権力分析から引き離す要因となったのか。あるいは、他者の統治をめぐる問いかけが、自己の統治の問題へとその方向を転換したということなのか。いずれにしても、「自己との関係」という第三の軸へのそうした移動とともに、「人口」や「市民社会」をめぐる探究のなかでやや後方に退いていた主体性の問題が、あらためて明らかなやり方で前面に押し出されることになる。諸々の言説実践や権力形態との関係においてではなく、今度は、「自己の技術」と呼びうるようなものとの関係において、主体と真理との結びつきが歴史のなかでどのように変容したのかと問われるのだ。そしてそれと同時に、セクシュアリティをめぐる研究計画にも大きな変更が生じることになるのである。

❹自己の技術（一九八〇年代）

一九八四年に同時に公刊される『性の歴史』第二巻および第三巻が提示するのは、実際、十八世紀以降の権力関係についての分析ではなく、古代ギリシア・ローマにおける「自己との関係」に焦点を定めた探究である。計画変更の理由として第二巻の序文で挙げられているのは、「欲望の解釈学」と呼びうるようなものが西洋においてつくり上げられてきた何世紀にもわたるプロセスを分析する必要性である。すなわち、十八世紀以降の性の経験を研究するためには、西洋において個人がどのようにして自分自身を欲望の主体として認識し、その欲望のなかに自らの真理を見出そうとするようになったのかということを、時代を大きく遡って検討すべきであるように思われた、ということだ。それでは、古代社会における主体と真理との関係をめぐって、フーコーの最晩年の二つの著作では、実際にどのような探究が展開されているのだろうか。

まず、第二巻『快楽の活用』では、古典期ギリシアが扱われる。そこで示されるのは、自分自身の欲望を解釈してその真理を明るみに出そうという企てが、古代ギリシアの人々にとってはまったく無用のものであったということである。確かに、彼らの性行動は、通常信じられているのとは異なり、ただ単に自由奔放であったわけではなく、一定の節度を伴うものであった。とはいえ、そこで問題となっていたのは、キリスト教道徳のうちに見られるような普遍的な規則の万人に対する強制ではなく、一部の特権的な人々が自分の生を美しいものとするために自ら行なう自己統御であった。つまり、そうした人々にとって重要なのは、快楽をしかるべきやり方で制限することによって自らの行動を様式化することだったのであり、自らの欲望を明るみに出しつつそこから自身を浄化すべしという義務に従うことではなかったのである。

次いで、第三巻『自己への配慮』は、紀元一世紀から二世紀までの時代を扱いながら、快楽をめぐるギリシア的な美学が欲望をめぐるキリスト教的な義務へと変貌していく発端をそこに見出そうとする。フーコーによれば、この時代になると、性の実践に対してより積極的な注意が払われるようになると同時に、それに対する不安や警戒が増大することになる。そしてそうした変化を生じさせた要因として見出されるのが、「自己への配慮」の強化である。すなわち、自己の自己に対する完全な主権を打ち立てるための「生存の技法」が練り上げられるとともに、快楽をめぐる省察にも変容が生じ、今日の我々が知るものと似通った制限や禁止の規則が定められることになったのだ、と。しかし、それでもやはり、当時の性倫理はキリスト教の性道徳とは根本において異質なままにとどまっている。というのも、自己の全面的な統御を目的とするものとしての性への配慮は、自らの欲望を解読することで自己の完全なる放棄を目指すべしというキリスト教的命令とは相容れないものであるからだ。では、原始キリスト教においてはどのようにして、自らの欲望を絶え間のない解釈に委ねるという、自己の自己に対する統御とは無縁の義務が構成されるのか。この問いに答えるはずであった第四巻『肉の告白』はフーコーの死によって未刊のまま終わってしまったのだった。

ところで、二〇一八年についに刊行されることになるその第四巻の輪郭、そしてまた、古代の性に関する問いかけを発端として八〇年代に開始された「自己の技術」に関する晩年の研究の射程については、ここでもやはり、コレージュ・ド・フランスでの一連の講義が多くの示唆を与えてくれる。

すでに触れておいたとおり、一九八〇年以降のコレージュ・ド・フランス講義においてフーコーは、自己の自己自身との関係の様態を、原始キリスト教から古代ギリシアへと段階的に時代を遡りながら考察することになる。そしてそこで問題とされるのがまさしく、それぞれの時代において、主体が真理とのあいだにどのような絆をとり結ぶのかということである。実際、自己の認識という主題が古代ギリシア以来のものであるということ、これは「汝自身を知れ」という格言によって広く知られていることである。このことに関して、一九八〇年から八二年までの講義(『生者たちの統治』『主体性と真理』『主体の解釈学』)を通じてフーコーが示そうとするのは、おおよそ以下のようなことである。

「汝自身を知れ」という命令は、古典古代においては、実は、もう一つ別の命令に対して二次的なものにすぎなかった。すなわち、自分自身の真理に関する問いは、自分自身に配慮すべしというより高次の命令の枠組みの内部において生じたものであるということだ。これに対し、紀元一世紀および二世紀になると、「自己への配慮」がいわば自己目的化されるとともに、主体と真理とが新たなかたちで結びつけられることになる。つまりそこでは、主体自身の真理に到達することではなく、主体が所有していなかった真理を獲得し、それを同化して、自分自身の行動の規則とすることが、自己の自己による完璧な統御を得るために不可欠な手段として要請されるということだ。そしてキリスト教的な主体の解釈学においては、自分の心の奥底に隠された内なる真理を狩り出すことによって、もはや自分自身を統御することではなく、逆に、自己を放棄し他者に服従することが目指されることになる。そしてそこから、古代哲学の諸学派によっても奨励されていた「良心の検討」と呼ばれる実践、かつては自己が自己自身を十分に支配できているかどうかの検査であったその実践が、今度は、自己と断絶し自己を更新するための絶え間のない自己の解読として行なわれることになるのだ。自分自身の思考の運動を吟味しつつ、そこに秘められているものを探り出して言語化するという営みが、こうして開始されるということ。要するに、「欲望の解釈学」ないし「主体の解釈学」がどのようにして形成されたのかという問いに対し、フーコーの講義は、ギリシア・ローマからキリスト教初期に至るまでの主体と真理との関係の変容を辿ることによって答えようとしているのである。

最後に、やはり古代世界の探索を継続した最晩年の講義において中心的に扱われている「パレーシア」の問題についても、ごく簡単に触れておこう。一九八三年から一九八四年にかけての講義（『自己および他者の統治』『真理の勇気』）において、「率直に語ること」を意味するこのギリシア語にフーコーが注目したのも、やはり、主体と真理との関係に対する関心ゆえのことである。「自己への配慮」の原則に従属するものであったにせよ、主体が自己自身に関して真なることを語るという営みは、古代においてすでに行なわれていたことであった。ところで、そうした自己に関する語りは、それに対して耳を傾けたり助言を与えたりする他者を前にしてなされる必要があった。そしてその他者は、誰でもよいというわけではなかった。主体が自らについて行なう真理の語りを聴取するという役割を果たすべき他者には、ある種の資格が必要とされていたということであり、その資格こそまさしく、勇気をもって率直に語ることとしての「パレーシア」なのであった。「パレーシア」に関する考察は、したがって、自己の罪を告白する信者とそれを聴取する司祭、自己の夢ないし欲望を語る患者とそれを聴取する精神分析医などといったカップルによって後に引き継がれることになる実践、すなわち、主体が他者に対して自己の真理を語るという実践について、その長い系譜を辿る手がかりを与えてくれることになるだろう。このように、一九八四年の突然の死によって中断されてしまったフーコー最後の研究もやはり、主体性と真理との結びつきに関してさらに別のやり方で問いかけを行なうための努力として提示されているのである。

人間学的思考の歴史性を告発しつつ、かつて自らも帰属していたその思考からの離脱を試みた六〇年代の「考古学」。人間主体に関する知の歴史的形成についての考察を新たな観点から継続した七〇年代の権力分析。主体が自分自身について真理を語るという営みの系譜を辿った八〇年代の探究。フーコーによるこうした一連の歴史分析の全体が、主体性を出発点とする哲学に真っ向から異を唱え、逆に主体性を、さまざまな実践の帰結として、歴史のなかで構成されたものとして示すことに捧げられている。主体性をめぐる問題を、以前の自分自身とは別の仕方で思考するためにはどのようにすればよいか。この問いのうちに、フーコーの「哲学」が凝縮されているのである。

主要著作

- ▼『狂気の歴史』田村俶訳、新潮社。
- ▼『臨床医学の誕生』神谷美恵子訳、みすず書房。
- ▼『言葉と物』渡辺一民・佐々木明訳、新潮社。
- ▼『知の考古学』慎改康之訳、河出書房新社。
- ▼『言説の領界』慎改康之訳、河出書房新社。
- ▼『監獄の誕生』田村俶訳、新潮社。
- ▼『性の歴史Ⅰ　知への意志』渡辺守章訳、新潮社。
- ▼『性の歴史Ⅱ　快楽の活用』田村俶訳、新潮社。
- ▼『性の歴史Ⅲ　自己への配慮』田村俶訳、新潮社。
- ▼『ミシェル・フーコー思考集成』小林康夫・石田英敬、松浦寿輝編集、筑摩書房。
- ▼『ミシェル・フーコー講義集成』廣瀬浩司・慎改康之他訳、筑摩書房。

〔慎改康之〕

ルーマン、ニクラス

❖Niklas LUHMANN　1927-1998

ドイツの社会学者。フライブルク大学において法学を修め、行政実務にたずさわる。その後、ハーバード大学に留学し、タルコット・パーソンズのもとで社会学を学ぶ。一九六八年、ビーレフェルト大学教授に就任。非常に多作だが、主要著作としては、『社会システム理論』(一九八四)、『社会の社会』(九七)が挙げられる。パーソンズの「構造－機能主義」の社会システム理論を批判的に継承し、「機能－構造主義」を展開した。「複雑性の縮減」と呼ばれる働きによって、世界が意味によって秩序づけられるあり方を描いた。『批判理論と社会システム理論』(七一)に収められたユルゲン・ハーバーマスとの論争は有名である。

〔飯盛元章〕

シュミッツ、ヘルマン

❖Hermann SCHMITZ　1928-

ドイツ・キール大学名誉教授。身体性と感情に基づいた「新現象学」を唱道する。全五巻(十冊)からなる大著『哲学大系』(一九六四－八〇)のほかに、『アリストテレスのイデア論』(八五)、『アナクシマンドロスとギリシア哲学の始元』(八八)、『フッサールとハイデガー』(九六)など多数の著書がある。

〔本郷均〕

チョムスキー、エイヴラム・ノーム

❖Avram Noam CHOMSKY　1928-

米国ペンシルバニア州フィラデルフィア生まれの言語学者、思想家。父はウクライナ、母は(現在の)ベラルーシ出身者であり、母語はいずれもイディッシュ語であった。彼はユダヤ人社会で成長し、ヘブライ語にも触れ、シオニズム思想やアナキズム系の左翼思想に出会い、政治活動に目覚めてゆく。ペンシルバニア大学に進み、ゼリグ・ハリスから言語学を、ネルソン・グッドマンから哲学を学ぶ。

やがて言語学者・教育学者であるキャロル・シャッツと結婚。ハーバード大学のジュニア・フェローとなり、そこで出会ったモリス・ハレに呼ばれて、一九五五年にはマサチューセッツ工科大学(MIT)に職を得る。その後、一九六一年にはハレとともに同大学に言語学科を設立。ここが変形生成文法理論の一大拠点となってゆく。

一九五七年、チョムスキーは『統語構造』を公刊し、言語学界に颯爽とデビュー。それまでの主流であったアメリカ構造言語学を「言語の創造面をおろそかにして対象的な操作にのみ終始する分類論(タクソノミー)」だと批判した。彼は、人間言語の創造性を最もよく表わすのは、構造言語学が得意にしてきた音韻や語彙の次元ではなく、それらを結合して新たな意味を作りあげてゆく文の領域であると考え、統語論のレベルを重視する。そして言語には「深層構造」と「表層構造」とを想定し、抽象的な深層構造を生成する「句構造規則」と、そこから具体的な表層構造を導出する「変形規則」とによって文生成の仕組みを説明しようとする。「変形生成文法」と呼ばれるゆえんである。

こうした彼の考えは『文法理論の諸相』（一九六五）で標準理論として確立され、ついで『深層構造、表層構造、意味論的解釈』（六九）や『生成文法の意味論研究』（七〇）を経て拡大標準理論となる。やがてそれが『言語論』（七五）で改訂拡大標準理論になり、さらに『統率と束縛に関する講義』（八一）ではＧＢ（Government and Binding）理論が唱えられるようになる。その後もチョムスキー自身や後継者たちによって理論は改良され続けているが、全体としては、深層構造から表層構造へと重心が移され、人間の生得的資質や言語的普遍性を論じるよりも、表層構造の整合性を重視する方向に進んでいる。

一方でチョムスキーは、一九六九年に『アメリカの権力と新しい官僚』を出版して以来、常に時局への発言を続けている。同書では、ベトナム戦争をめぐる米国の偽善的な外交政策を暴き、多くの知的エリートたちが国家権力の手先になりさがっていることを糾弾した。つまり、権力の中枢に群れ集い、知的誠実さや責任を放棄して金と権力とを手に入れようとする新しいタイプの知的官僚たちは、表面上は理想主義的美辞麗句を弄しながらも、その背後では国家的利益に終始しており、米国のみが善意や友愛精神や国際的秩序などを語る権利をもつかのような幻想を抱いているというのである。チョムスキーのこうした知的誠実さ、道義心、民主主義の伝統的価値を擁護しようとする政治姿勢は一貫しており、湾岸戦争、イラク戦争、九・一一の同時多発テロ事件（二〇〇一年）に際しても、言語学的厳密さを髣髴させるような手法で国家的プロパガンダを分析し、つねに警鐘を鳴らし続けている。

［加賀野井秀一］

ウィルソン、エドワード・オズボーン

❖Edward Osborne WILSON　1929-

アメリカのアラバマ州バーミンガム生まれ。ハーバード大学名誉教授であり、アリ学の世界的権威として著名である。バード・ヘルデブラーとの共著『アリ』（一九九〇）は、ピュリツァー賞を受賞している。だがおそらく、ウィルソンの名を世に広く知らしめているのは、生物多様性という概念であろう。生物多様性とは、種内の多様性、種間の多様性、および生態系の多様性を指す。生物多様性は生物の生存を支える。多様性を保全するために、生息地の汚染や破壊、人口の過剰、過剰な収穫や森林の過剰な伐採といった種の絶滅を進行させ、多様性を損なわせる行為を抑制することが推奨される。一国ではなく、世界全体で生物多様性の保存に取り組むために、一九九二年には、リオ・デ・ジャネイロで開催された国際連合の地球環境サミットで生物多様性条約が

作られ、多くの国が締約している。日本では、二〇〇八年に生物多様性基本法案という日本における生物多様性を保全するための基本法が成立した。

〔中澤瞳〕

スタイナー、フランシス・ジョージ

❖Francis George STEINER 1929-

アメリカ国籍を持つ文芸批評家・思想家。オーストリア系ユダヤ人を両親としてパリに生まれ、リセで教育を受けた後、第二次大戦中の一九四〇年、単身アメリカに亡命する。両親はナチスによる迫害の犠牲となる。シカゴ大学（学士号取得）、ハーバード大学（修士号取得）、オックスフォード大学ベーリアル・カレッジ（博士号取得）で学び、『エコノミスト』誌の編集員を経て、プリンストン高等研究所研究員となる。五九年、処女評論『トルストイかドストエフスキーか』で批評家としての地位を確立し、六一年からはケンブリッジ大学チャーチル・カレッジ特別研究員となり、七四年にはジュネーヴ大学英文学・比較文学教授に就任。九四年以降はオックスフォード大学比較文学教授をも兼任し、『エンカウンター』『ニューヨーカー』『リスナー』『ケニョン・レヴュー』など各誌で健筆をふるっている。

自伝によると、彼は英独仏三カ国語を自在に操る両親のもとで、ギリシア語、ラテン語、ヘブライ語などの古典語をも身につけながら、ポリグロットとして成長。文学・哲学・音楽・美術・科学など多方面にまたがる〈脱領域の知性〉を形成し、国際的知識人として行動するに至っている。

最初の著書『トルストイかドストエフスキーか』（一九五九）では、「オールド・クリティシズム」の立場を掲げ、文学はその文化的背景やコンテクストと不可分であるという精神史的文学研究を唱えながら、当時全盛だった「ニュー・クリティシズム」の作品論偏重の傾向を批判して脚光を浴びた。背後には、彼の該博な教養によって見出された西洋文明の厚みに対する根本的な信頼感がかいま見られる。

だが同時に、彼の大半の著作には、この西洋文明が目指していたはずの人道主義的で自由な社会への夢が失われていくことへの深い失望感も潜んでいる。彼は、みずからが体験してきた世界大戦や全体主義に一つの文明の終焉を見ており、自己をその生き残りと考えているのである。第一次大戦後の「西洋の没落」に対し、T・S・エリオットらの世代は文化の防波堤によって防ぎうると考えたが、ナチスのホロコーストを間近に見てきたスタイナーはこれを激しく批判し、『青ひげの城にて』（七一）では、西洋文明を支えてきた「進歩」の思想にひそむ残虐な破壊本能を暴き出している。

この現代文明の終末的様相を言語現象に即して論じるのが『言語と沈黙』（六七）であり、そこでは、科学やマスコミが言語に及ぼす影響や倫理観が問題とされ、宗教に代わって人々を教化すべき使命が文学研究の内に探られもするのだが、同時に、その「偉大なる伝統」が喪われつつあるという現状認識も深められてゆく。ここから彼の言語研究はさらに広がりを見せ、『脱領域の知性』（七二）では文学と言語革命が、『バベルの後に』（七五）では多言語性の持つ根本的な重要性が論じられることになる。このプロセスにあって、彼は、言語の普遍性や共通性を重視するチョムスキー理論を、図式化の過ぎた「形式的な言語学」として批判する。

とりわけ、スタイナーの思想的な立場が旗幟鮮明になるのは『ハイデガー』（七八）においてである。ここでは、くすぶり続けていたハイデガーのナチス問題も、自身の体験に重ねて手際よく分析され、この哲学者の偉大と悲惨とが見事に描き出されている。

その後も彼は、『むずかしさについて』（七八）で「未来の電子図書館」に言及してみたり、『アンティゴネーの変貌』（八四）で古代からの神話的主題の変遷をたどってみたりしながら、西洋文明の全幅を追い続け、『真の存在』（八九）では文学の宗教的・超越的な意味を論じてポストモダニズムを批判し、『言葉への情熱』（九六）ではユダヤ＝キリスト教的伝統全体の功罪を問うている。

こうして、『G・スタイナー自伝』（九七）には、自らの人生を総括するような以下のくだりが記されることになるだろう。「言語というものは、あるがままの世界を人間が受け容れることを拒むための主要な道である」。

彼はそのほか、南アメリカに亡命した老アドルフ・ヒトラーが自らの行為について弁明するという寓意小説『ヒトラーの弁明――サンクリストバルへのA・Hの移送』（七九）なども書いている。

〔加賀野井秀一〕

ドレイファス、ヒューバート・レドラー

❖Hubert Lederer DREYFUS　1929-

アメリカの哲学者。一九五一年、ハーバード大学で学士を取得、翌年、同大学で修士、そして一九六四年に同大学で博士号を取得している。ハーバード大学、マサチューセッツ工科大学などで教え、カリフォルニア大学バークレー校の哲学教授に就任。国内外の多くの大学で客員教授を務めている。ドレイファスはフッサール、フーコー、メルロ＝ポンティ、そしてハイデガーの研究、解説の仕事を多く行なった。また、AI主義の批判者としても知られる。ドレイファスは、人間の知的能力をすべて人工知能によって再現できると考える主張に対して、その要素主義的で、表象主義的な面を批判し、ハイデガーの世界内存在やメルロ＝ポンティの身体的実存といった現象学的観点に依拠して、実践的で全体論的な人間理解を提案した。

〔中澤瞳〕

ハーバーマス、ユルゲン

❖Jürgen HABERMAS　1929-

世界的に知られるドイツの哲学者、ユルゲン・ハーバーマスは、一九二九年六月十八日、ドイツの西部に位置するデュッセルドルフに生まれた。ハーバーマスが最初の知的な成長を遂げてゆくあいだ、ドイツはナチス体制下にあった。他の子どもたちとともに、少年ハーバーマスは、ドイツ少年団、さらにはヒトラー・ユーゲントに組み込まれていた。一九四五年五月八日、ドイツが無条件降伏を迎えた日、ハーバーマスは間もなく十六歳になろうとしていた。戦後、アメリカ合衆国の主導による民主主義教育をハーバーマスは胸一杯に吸い込んだ。大学に入学する以前から、戦中には読むことのできなかったマルクスやエンゲルスの著作を熱心に読んでいたという。だからといって、ハーバーマスは単純にマルクス主義者になりはしなかった。その意味でハーバーマスは、戦後民主主義の申し子のような位置にある。このような生い立ちは、ハーバーマスの生涯をいまにいたるまで規定しているように思われる。

ハーバーマスは、ゲッティンゲン大学やボン大学で、新カント派の哲学、現象学、哲学的人間学などを学んだ。その際には、『存在と時間』をはじめとした初期ハイデガーの哲学からも大きく吸収している。ボン大学に提出した博士論文は、いまでは意外に思われるが、一見いかにも神秘主義的に見える、シェリングの哲学に関するものである。ハーバーマスはのちにもシェリングを論じるが、それは逆説的にもマルクスと背中合わせのような、マテリアリストとしてのシェリングである。

またハーバーマスは、早くから新聞・雑誌への寄稿を始めていた。時評家・批評家としてのハーバーマスの一面は学生時代にいち早く顔を見せていた。一九五三年にハイデガーがナチス時代の講義『形而上学入門』を刊行した際、ハーバーマスは『フランクフルター・アルゲマイネ』紙に論評「ハイデガーとともにハイデガーに抗して考える」を発表する。それは、ハイデガー本人が応答せざるをえないような反響を呼んだ。ハーバーマスは、ハイデガーが何の釈明もなしに当時の講義を刊行する態度に愕然としたのだった。実際、ハイデガーのその講義にはナチスを踏まえて「あの運動の内的な真理と偉大さ」という言葉も登場していた。このハイデガー批判が論壇を賑わした時点で、ハーバーマスはまだ二十四歳になったばかりだった。

❖ Jürgen HABERMAS

現在ハーバーマスは、フランクフルト学派第二世代の代表と見なされているが、彼がホルクハイマーとアドルノの記念碑的な共著『啓蒙の弁証法』を読んだのは、このころである。一九三〇年代に活動を開始したフランクフルト学派のメンバーは、大半がユダヤ系の知識人であったこともあって、ナチス時代には亡命を余儀なくされていた。彼らが集っていたフランクフルトの社会研究所自体、ヒトラーが政権を獲得するとただちに閉鎖されたため、ジュネーブを経て、ニューヨークに移転せざるをえなかった。戦後、ホルクハイマーとアドルノがアメリカ合衆国から帰還して社会研究所の活動が再開されたのは、一九五一年のことだった。彼らは戦後のドイツで、ナチスを批判的に捉えていた数少ない思想家集団として脚光を浴び、とりわけ一九五一年に刊行されたアドルノのアフォリズム集『ミニマ・モラリア』は大きな衝撃を与えた(のちにハーバーマスは『ミニマ・モラリア』をアドルノの主著とも呼んでいる)。一九五六年にはハーバーマスはフランクフルト社会研究所のメンバーとなり、アドルノの助手を務めることになる。

ただし、アドルノとハーバーマスの関係はともかく、ハーバーマスとホルクハイマーのあいだの関係はけっして良好ではなかった。戦後ドイツ(西ドイツ)で慎重な政治的立場を取ろうとしていたホルクハイマーは、ハーバーマスを危険なマルクス主義者と思い込んで、社会研究所から排除しようとさえしていた。実際、そのことによって、ハーバーマスは一九五九年には社会研究所を辞職することになる。これ以降、ハーバーマスとフランクフルト大学ないし社会研究所の関係は、いささか錯綜した経緯をたどる。

一九六四年、ホルクハイマーが退職したあと、ハーバーマスはホルクハイマーの講座を引き継ぐ形でフランクフルト大学の教授に就任するが、一九六〇年代後半の学生運動高揚期には、「見せかけの革命」「左翼ファシズム」ときっぱり断定して、過激化する学生運動を批判し、一九七一年にはフランクフルト大学を離れて、マックス・プランク研究所の所長に就任する。当時、フランクフルト学派は、そのメンバーのひとりだったマルクーゼが新左翼の偶像としてもて囃されていたこともあって、あたかも新左翼過激派の理論的支柱のように見なされていた。学生運動が最も高揚を見せていたさなかの一九六九年、アドルノは心臓発作で死去する。ハーバーマスがフランクフルト大学に復帰するのは、主著となる『コミュニケイション的行為の理論』(一九八一)を刊行したのちの、一九八三年のことである。

ハーバーマスはマルクーゼの戦闘的な思想にかつてのフランクフルト学派の面影を感じていたとはいえ、当時の新左翼の姿は、ハーバーマスの思想とは根本的に相容れないものだった。ハーバーマス自身のちには、自分がフランクフルト学派に分類されることを必ずしも好まず、フランクフルト学派の代名詞ともなる「批判理論」についても、一九三〇年代のホルクハイマーの思想に限定して使われるべきだと発言したりすることになる。一九八三年にフランクフルト大学に復帰して以降、ドイツの再統一と湾岸戦争にいたる一九九〇年前後を経て、一九九四年の退職にいたるまで、ハーバーマスはフランクフルト大学にとどまって、文字どおり健筆を揮うことになる。

ハーバーマスの著作活動を見ると、教授資格論文として書き上げた『公共性の構造転換』(初版六二、新版九〇)を事実上の皮切りにして、以降、幅広いテーマにまたがる膨大な著作を刊行して、現在にいたっている。以下では、『コミュニケイション的行為の理論』を中心に、ハーバーマスの著作を紹介する。

❶『公共性の構造転換』

ハーバーマスは現在、コミュニケーション的行為の理論、討議倫理、公共性論などのテーマで知られているが、ハーバーマスの事実上の第一作『公共性の構造転換』は、すでにそのようなハーバーマスの後半生の課題を内包していたといえる。

この本の前半でハーバーマスは、十八世紀から十九世紀にかけて、ヨーロッパで「市民的公共性」が形成されていった経緯を跡づける。その時期、社交界のサロン、喫茶店(コーヒー・ハウス)、読書サークルなどをつうじて、身分差を越えてひとびとが集い、語り合う場が成立してゆく。そういう場で自由に発言し合うためには、貴族もまた一般の市民と同等であることを望んだのである。文学について、政治について、社会について、身分差を越えて議論し合うそういう集りから、次第に、パンフレット、ミニコミ誌のような小さなメディアも発行されるようになっていった。ひとびとはそういうメディアをとおして、たがいの意見を交換し合うことを始めたのである。

その事情をハーバーマスは、『公共性の構造転換』において、イギリス、フランス、ドイツにそくして掘り起こしている。これ以降のハーバーマスの著作の多くは抽象的な理論に偏重するところもあるのだが、この著作は、各国のサロンの形態や発行メディアへの具体的な論及があって、その点でも読みやすく、その記述に興味深いエピソードがたくさん登場するのも魅力である。

この本の後半では、そのようにして成立した自律性をもった市民的公共性が、十九世紀後半からの国家による介入と巨大なマスメディアの成立によって、喪失されてゆくさまが描かれている。社会をどのように形成するかについては、国家が主導権を握り、市民の生きる場は「社会圏」と「親密圏」という両極に分解されてゆく。それによって、かつての「文化を論議する公衆」は「文化を消費する公衆」へと姿を変えたとハーバーマスは分析している。もちろん、ハーバーマスの最終的な関心は、そういう「構造転換」を経たのちの現在において、市民的公共性をどのようにして再興できるか、というところにあった。

この本がアクチュアルなのは、私たちが直面している問題が基本的にいまも変わっていない、と思えるからである。経済的な社会体制の変革にまだ期待が寄せられていた時代には、何かもっとドラスティックな変容が想定されえたかもしれない。しかし、どんな経済体制のもとであれ、市民の自由がほんとうに保証されるためには、小さなサロンから始まるような「市民的公共性」が不可欠だといまでは考えざるをえない。現在のようなインターネットの普及は「市民的公共性」にとってどのような意義があるのか、その功罪を検討するうえでも、この本でのハーバーマスの議論を私たちは参照することができるはずである。実際、この著作は、一九九〇年の新版の刊行を経て、いまも欧米で、また日本で、盛んに参照されている。

『公共性の構造転換』以降、ハーバーマスは、『理論と実践』(六三)、『認識と関心』(六八)など重厚な理論的著作を刊行する。『理論と実践』は、アリストテレス以来の政治哲学、自然法と革命、博士論文以来のシェリングの後期哲学の社会哲学的視点からの解明、マルクスの思想の批判的な捉え返しなど、理論と実践のあいだの理論的な解明をめざした大きな論集である。ハーバーマス自らこの本の序言で「社会科学における理論と実践の関係の体系的究明のための歴史的予備研究」と呼んでいる。一方、『認識と関心』は、カント、ヘーゲル、マルクスというドイツの社会哲学を軸としながらも、アメリカ合衆国のプラグマティズムの積極的な意義を組み込むとともに、ハーバーマスがその後あまり採り上げないフロイトに立ち入って論及している点でも興味深い。そして、この著作はさまざまの立場からの批判も生んだ。一九七三年に刊行された第二版の後記で、ハーバーマスはそれらの批判に対してひとつひとつ応答を試みている。その姿は、のちのハーバーマスの学者としてのスタイルを先取りしている。

ハーバーマスはそれらの理論的な著作をまとめるだけでなく、さまざまな哲学者の肖像を描いた『政治的・哲学的プロフィール』(初版七一、増補版八一)を刊行して、批評家としての鋭敏さも見せる。フランツ・ローゼンツヴァイクへの言及を含む「ユダヤ系哲学者たちのドイツ観念論」という貴重な論考から、ハイデガーに始まって、ヤスパース、ゲーレン、プレスナー、ブロッホ、アドルノと続くハーバーマスのここでの記述は、彼の思想的バックグラウンドをよく伝えてくれる。ここにすでにウィトゲンシュタインとアーレントに関する優れたプロフィールが収められているのも、ハーバーマスの当時の関心の広さを伝えてあまりある。

❷『コミュニケイション的行為の理論』

その後のハーバーマスの膨大な著作のなかで、主著と目されるのはやはり『コミュニケイション的行為の理論』(八一)である。一九七〇年代初頭からすでに予告されながら、ようやく一九七七年になって執筆が開始され、一九八一年にいたって全二巻、あわせて一二〇〇ページに達する大著として刊行されたものだ。

『コミュニケイション的行為の理論』は、「第一部　行為の合理性と社会的合理化」で、ウェーバーからルカーチを経てアドルノにいたる合理化論を再構成し、「第二部　機能主義的理性批判」で目的を志向する合理的活動(戦略的行為)から、了解を志向するコミュニケーション的活動へのパラダイム・チェンジを描き、最終的にシステムと生活世界の関係を批判的に捉えるという、壮大な研究である。この著作のなかに、ハーバーマスは師アドルノ(とホルクハイマー)への批判をも組み込んだ。『コミュニケイション的行為の理論』、とくにそこで論じられているシステムと生活世界の問題に立ち入る前に、この著作にいたる前提として、まず二点を確認しておきたい。

ひとつは、一九六八年に刊行された『イデオロギーとしての技術と科学』である。比較的短い論考五篇を収めた、ハーバーマスにしては小著と呼ぶべきものだが、とりわけその巻頭に収録されている「労働と相互行為――ヘーゲル『イエナ精神哲学』への註」は、ハーバーマスの『コミュニケイション的行為の理論』にいたる過程を考えるうえで重要なステップである。ここでハーバーマスは、『精神現象学』(一八〇七)の刊行にいたる直前の、ヘーゲルのイエナ大学での講義にそくして、言語的記号表現、労働、相互行為の弁証法的な連関を指摘しつつ、労働に還元不可能なものとしての相互行為について、繰り返し言及している。この三つの連関がその後の『精神現象学』では精神の自己展開・自己産出という、それ自体生産的なパラダイムの構成のなかにかき消されてしまっている、という批判である。

このイエナ期ヘーゲルへの着目は、現在のフランクフルト研究所の所長で、フランクフルト学派第三世代を代表するホネットにも引き継がれてゆくという点でも重要である。ホネットはハーバーマスと同様に、『精神現象学』ではなくそれに先立つヘーゲルのイエナ期の講義に焦点をあてて、『承認をめぐる闘争』(九二)を著わすことになる。

もう一点は、さきに指摘したとおり、ハーバーマスが『コミュニケイション的行為の理論』のなかに、ホルクハイマーとアドルノへの批判を組み込んでいる、という問題である。ハーバーマスによるホルクハイマーとアドルノへの批判は、『コミュニケイション的行為の理論』の刊行直前に行なわれた、さきのホネットも参加者のひとりとする座談のなかで率直に表明されている。この座談会の記録は、著作としては『新たなる不透明性』(八五)に収められているが、そこでハーバーマスは、アドルノとホルクハイマーの「批判理論」の弱点を、「規範的基礎」「真理概念と科学への関係」「民主主義的法治国家の伝統の過小評価」という三点に絞って述べている。

「規範的基礎」は、『啓蒙の弁証法』の批判的記述はどのような理性に基づいてなされているのか、という問いと関わる。『啓蒙の弁証法』は「神話は啓蒙である」と「啓蒙は神話に退化する」という二つのテーゼに依拠している。この二つのテーゼに基づいて、ファシズムにいたったヨーロッパの歴史を根底から批判的に見据えようとするのが『啓蒙の弁証法』である。しかし、理性がもしもファシズムのような野蛮を最初から胚胎しているのならば、そういう批判はどのような理性ないし規範に基づいてなされているのか、というのがハーバーマスの問いかけである。

「真理概念」については、ホルクハイマーとアドルノは「強い真理概念」に固執して、個別科学の成果を活かせなかった、とハーバーマスは指摘する。確かに『ミニマ・モラリア』に登場するアドルノの有名な言葉に「生それ自体が偽りであるとき、正しい生などありえない」というアフォリズムがある。つまり、社会全体が間違っているなかで、個人が正しい生き方を選択することなど不可能だ、ということである。これを字義どおりにとれば、およそ正しい社会、あるいは真理に満たされた社会が実現されないかぎり、個別的な真理も存在しえない、ということになる。こういうアドルノの発想をハーバーマスは「強い真理概念」と呼んで批判し、もっと狭い真理概念にとどまって、個別科学と対話すべきだと冷静に述べている。

総じてハーバーマスは、ホルクハイマーとアドルノは主観と客観の対立を軸とする意識哲学のパラダイムに依拠していた、と批判する。これに対して、ハーバーマスは、主観と客観の対立図式に基づくのではなく、相互主観的な関係を前提にした、コミュニケーション的行為を基軸に据える。人間の理性には、対象を認識し操作する、認知的・道具的な側面だけではなく、相互の了解をめざすコミュニケーション的理性が内在しているのであって、アドルノ、ホルクハイマーらの「道具的理性の批判」という立場は、人間の理性を認知的・道具的な理性に限定してしまっているというのが、ハーバーマスの批判の骨子である。そして、理性を道具的理性と同一視してそれを全面的に批判するという態度が民主主義的法治国家の伝統に対する過小評価をも生み出した、と彼は述べている。

アドルノとホルクハイマーが理性を道具的理性と同一視しているというハーバーマスの批判には明らかに誇張がある。まさしくそのような道具化している理性のありかたを批判するのが彼らの立場だからである。しかし、それならそのような「批判」はどのような理性によってなされているのか、という問いをハーバーマスは投げかける。『啓蒙の弁証法』はこれに対して「理性の自己批判」としか答えられない。それは結局のところ自己撞着ではないかとハーバーマスは繰り返し問いかけるのである。

とはいえ、ホルクハイマーやアドルノとハーバーマスの関係は、断絶においてだけ捉えられてはならない。ホルクハイマーやアドルノの思想のいわば真骨頂は、マルクスとフロイト、ニーチェなど、一般には水と油のように異質な思想家と見なされている者たちの思想を、自在に統合してゆくところにあったといえる。ハーバーマスは『コミュニケイション的行為の理論』にいたるうえで、オースティン、サールらの英米の言語行為論とアメリカ合衆国のパーソンズの社会システム論を貪欲に吸収していった。英米の分析哲学の伝統や社会システム論は、アドルノらがきちんと向き合うことのなかった思潮である。カント、ヘーゲル以来のドイツ観念論の伝統、『啓蒙の弁証法』も重要な背景としていたウェーバーの近代批判、そこに英米の言語行為論や社会システム論を組み込むということは、先行世代が果さなかった異質な思想の統合を新たな時代において行なうことにほかならない。このハーバーマスの振る舞いは、その精神においてきわめてフランクフルト学派的であるといえる。

とりわけ、パーソンズの社会システム論を組み込んだところに、ハーバーマスの優れた特徴がうかがわれるだろう。アドルノの場合には、同世代のパーソンズに対して「社会工学」という決めつけめいた批判を繰り返すばかりで、対決にはほど遠いものがあった。それに対してハーバーマスは「こんにち、パーソンズの理論と何らかの関係をもたない社会理論をまじめにとることはできない」と記して、自らの社会理論の中心部にパーソンズの社会システム論を組み込んだ。そして、パーソンズのシステム論を組み込むことで、ハーバーマスは『コミュニケイション的行為の理論』の後半で、「システムによる生活世界の植民地化」という、きわめて重要なテーゼを提出することになるのである。

生活世界は、フッサールが晩年の『ヨーロッパ諸学の危機と超越論的現象学』で提示し、シュッツらの現象学的社会学に引き継がれていった重要な概念である。平たく言えば、家族やコミュニティなど、私たちが通常生きているこの世界のことである。例えば、理論物理学者は世界を最終的には電子と陽子、あるいはもっと小さな単位からなるものと理解しているかもしれないが、それでも、ひとりの市民として日常生活を送っている。分子生物学者は、あらゆる生命現象を究極的にはたんなる物質の移動として理解しているかもしれないが、家庭ではひとりの母あるいは父として、自分や家族のことをたんなる物質の移動や集積とは捉えていない。それが私たちの生きている生活世界であって、そこではけっして学術的な専門用語が中心ではなく、主として日常的な言葉が使用される。

従来のウェーバーらの理解社会学の立場は、まさしくそのような生活世界を舞台にした合理的行為を分析してきた。しかし、ハーバーマスは目的を志向する合理的行為に了解を志向するコミュニケーション的行為を対置するだけでなく、私たちの生きている社会を生活世界とシステムの二層構造として把握することを提唱する。ハーバーマスがパーソンズから継承しているシステムとは、具体的には政治システム(行政機関、最終的には国家)と経済システム(市場)である。これらのシステム(サブシステム)の領域では、生活世界とは違ったありかたでことが運ばれる。生活世界では、言語ないしは言語的なものを媒体としたコミュニケーションをつうじて社会の統合がなされているが、システムにおいては、言語とは異なった制御媒体をつうじて、システム統合がなされていると見なされる。つまり、政治システムにおいては「権力」が、経済システムにおいては「貨幣」がそれぞれメディア(制御媒体)の役割を果たしているとされる。

四辻で警官が交通整理にあたっていれば、ドライバーは黙ってその指示に従う。その場では警官の「権力」が承認されているからである。スーパーでお金と商品を差し出せば、誰でも必要な物品を購入できる。「貨幣」が社会的に信用されるメディアの役割を果たしているからである。政治システム、経済システムにおいては、それぞれ権力というメディア、貨幣というメディアをつうじて、面倒な言語行為を介さずとも、スムーズな相互行為が可能となっている。権力にしろ、貨幣にしろ、従来の批判的な社会理論では否定的に見られがちだったものだ。システム論の視点からそれらの積極的な意義をハーバーマスは冷静に肯定するのである。

とはいえ、政治システム、経済システムが自立を遂げるとき、それらは私たちの生活世界をおびやかすものともなりうる。私たちが生きているうえでどのような価値を志向し、人生にどのような意味を見出しているかは、本来、生活世界におけるコミュニケーション的行為をつうじてしか明らかになりえない。にもかかわらず、政治システム、経済システムは、自らの効率的な拡大発展のみを「価値」として「意味」として、私たちの生活世界に押しつけることにもなる。元来私たちがたがいの相互行為を効率よく行なうために打ち立てたはずのシステムそれ自体が、価値と意味の独占的な担い手となって、私たちを酷使するようにもなる。それこそ、ハーバーマスが「システムによる生活世界の植民地化」と呼ぶ事態である。

一方で、このような生活世界の強調は、頑迷な保守的発想につながりかねないところがある。まずもって私たちの生活世界を織りなしているのは、さまざまな伝統的価値だからである。そもそも生活世界こそは日常的な差別と抑圧の温床ではないか、という批判的な視点は不可欠である。ハーバーマスもまた単純素朴に生活世界の伝統的な価値を擁護しているのではない。ハーバーマスが焦点に置いているのはむしろ「合理化された生活世界という難しい概念」である。

そもそも生活世界が合理化されることによってはじめて、政治システム、経済システムもある程度自立化を遂げるのだが、ハーバーマスがさらに考えているのは、生活世界のコミュニケーション行為それ自体が「合理化」されてゆく方向である。ウェーバーは合理化の進展による「意味喪失と自由喪失」を近代の宿命と考えた。社会が合理的に整除されればされるほど、人間がそこに意味や自由を見出してゆくことは困難になる、とウェーバーは見なした。そういうウェーバーの宿命的な時代診断に抗して、ハーバーマスは、生活世界の合理化を積極的に肯定しようとする。

その際ハーバーマスは、生活世界の合理化を、近代における三つの文化領域、すなわち客観的世界、道徳的世界、主観的世界の分化にそくして、体系的に説明している。そのつどのコミュニケーション的行為のなかの発言が、この世界の客観的事実に関わる言明か、こうすべきだという倫理的・道徳的世界に関わる言明か、自分の好悪や感情に関わる審美的な言明か、近代の発展とともにそれらを明瞭に区別できるようになる、ということである。例えば、地域の自治会(生活世界)で自治会長に女性は不向きであるという発言があれば、それは事実としての客観的世界についての言明なのか、道徳的世界における規範についての言明なのか、主観的世界における好悪についての言明なのかを問うことができる。さらにその言明が客観的世界に関わるものであればその「真理性」が、道徳的世界に関わるものであればその規範の「正当性」が、さらに主観的世界に関わるものであればその発言の「誠実性」が、それぞれ妥当性の基準として設定される、ということになる。

このような生活世界の合理化を積極的に肯定しようとするハーバーマスに対して、ヨーロッパの合理性を絶対視したヨーロッパ中心主義である、という批判が繰り返しなされてきた。しかし、ハーバーマスはそれぞれの妥当性の基準に照らしてその根拠の正当性を判定するのは当の生活世界の構成員であると考える。その際、ルーマンなど社会を一元的にシステム論で捉える論者が「観察者」の立場から見るのに対して、生活世界における社会統合はあくまで「参加者」の立場から考察されねばならない、というのがハーバーマスの考えである。

とはいえ、問題は単純ではない。そもそも「生活世界」の範囲をどのように画定するのか。家族、地域社会といった小さな単位から、国家さらには地球、ひょっとすれば宇宙にいたるまで、その範囲は無限に拡大しうるものである。環境問題を考えるならば、現に地球規模での取り組みが不可欠であって、その場合、その生活世界の構成員は地球上の人類すべてにおよぶ。ハンス・ヨナスという哲学者が『責任の原理』(七九)という本で提唱して以来、未来世代に対する責任も議論されている。私たちはそのつどの生活世界の構成員をどのように考えればいいのか。お前は構成員ではないと、当の生活世界から私たちが排除されるような局面は生じないのか。その場合、私たちは自分が構成員であることを、根拠をあげて論証しなければならないのか。しかし、その論証はどのような場においてなされるのか。排除されているということは、まさしくそういう論証の場から排除されている、ということではないか……。

いずれも一筋縄ではゆかない問題である。しかし、ともすれば実体的に閉じる傾向をもっていたり、ヨーロッパ中心主義に傾斜しかねない側面をもっていたりする、ということ自体をふたたび自己反省的ないし自己省察的に繰り込みながら、生活世界の合理化をめざしてゆく以外に、私たちには選択肢がないのではないか。いずれにしろ、愛情にしろ、友情にしろ、私たちが積極的に価値と考えているものは、生活世界のなかにしかありえない。それらの価値をシステムによる植民地化からまもってゆくこと——。このアイディアは、いまも基本的に有効だといえる。

❸『事実性と妥当性』

ハーバーマスは『コミュニケイション的行為の理論』以降も精力的な活動を続けてきた。ひとつには、古くからの友人であった哲学者アーペルとともに彼は「討議倫理学」を提唱してきた。伝統的な価値規範が失われ、さまざまな文化を背景とするひとびとが共同で社会生活を営むうえでは、どのように行為すべきかを、集団的な討議によって決定するほかないからである。ただし、そこで多数者による少数者の排除・抑圧が生じないようにするためには、そうとう複雑で困難な手続きが必要になる。したがって、ハーバーマスの討議倫理は具体的な行為の規則を定めるよりは、そういう討議を可能にする普遍的な条件を探ることを課題としてきた。

さらにハーバーマスは、一九九二年には第二の主著というべき『事実性と妥当性』という大著を刊行した。この著作のサブタイトルは「法と民主的法治国家の討議理論に関する研究」である。ここでハーバーマスは、『コミュニケイション的行為の理論』以来の「討議」

に関する議論を、「法」ないし「権利」(ドイツ語では同じ「レヒト」)というカテゴリーを軸にして、民主主義の理念と関わらせて論じている。ハーバーマスからすると「法・権利」は、システムと生活世界を結びつけるきわめて重要なカテゴリーでもあって、『コミュニケイション的行為の理論』で提唱されたシステムと生活世界の関係が、ここではさらに踏み込んで検証されている。

『事実性と妥当性』以後も、ハーバーマスの著作活動は衰えることなく継続される。主なものでも、多文化社会の政治理論として出版された『他者の受容』(九六)、遺伝子操作や臓器移植などバイオエシックスをめぐる難問にハーバーマスの立場から議論を投げかけた『人間の将来とバイオエシックス』(二〇〇一)、バイオエシックスに象徴される科学主義と宗教的原理主義の台頭が表裏の関係にあることを指摘する『自然主義と宗教の間』(〇九)と、相変わらずハーバーマスの関心はアクチュアルな世界の動向に向けられている。

❹論争家ハーバーマス

最後に、ハーバーマスが優れた論争家であることを確認しておく必要がある。

二十四歳のハーバーマスがハイデガーの『形而上学入門』を批判してその名を知られることになったのは、すでに触れたとおりだが、その後もハーバーマスは、数々の論争をくぐりぬけてゆく。一九六三年、アドルノと科学哲学者ポパーのあいだで実証主義論争が交わされるが、実質的な対決は、ハーバーマスとポパーの教え子に相当するアルバート(Hans ALBERT, 1921-)のあいだでなされた。それに続く、解釈学の大家ガダマーとの解釈学論争、一九七〇年代には、パーソンズを継承するドイツの世界的なシステム論者ルーマンとの論争が継続されてゆく。一九八六年には、ナチズムの罪過を軽減しようとする歴史家の動きにハーバーマスが警告を発して「歴史家論争」が引き起こされ、ドイツ再統一に際してはナショナリズムの高揚を厳しく批判する議論をハーバーマスは展開した。一九九一年に刊行された『事実性と妥当性』では、ロールズの『正義論』に対する批判が組み込まれていて、それは『正義論』刊行以来の、合衆国におけるリベラリズムとコミュニタリアニズムへの論争に対するハーバーマスの立場からの介入ともなった。

これらの論争におけるハーバーマスの優れた特質は、とりわけ重要な学問的論争においては、論争相手から学ぶという姿勢を堅持してきたことである。それは、若き日のハイデガー批判が「ハイデガーに抗してハイデガーとともに考える」と題されていたときから、ルーマンとの論争、ロールズへの批判にいたるまで、一貫している。そのようなハーバーマスの姿勢はゆたかな可能性を秘めている。

一例をあげれば、一九八三年にハーバーマスはパリのコレージュ・ド・フランスで、フーコー、デリダらのポスト構造主義を批判する講義を行ない、それを『近代の哲学的ディスクルス』(八五)にまとめる。その際のハーバーマスの批判の骨子は、アドルノ、ホルクハイマーに対する批判と同じである。例えばフーコーが知への意志を力(権力)への意志として暴くとき、それを行なっている知それ自体はどのように位置づけることができるか、という問いかけである。ハーバーマスはそのような批判はそれ自体アポリアに陥らざるをえないと執拗に批判している。とはいえ、まさしくハーバーマスがそのような批判を展開しているさなかに、フーコーからハーバーマスに対して、カントの「啓蒙とは何か」をめぐる共同討議への呼びかけがなされたのである。フーコーが急死したことによって、この共同討議は実現しなかったとはいえ、ハーバーマスの側に異質な思想家を受け入れる素地がなければ、そもそもフーコーが共同討議を呼びかけることはなかったに違いない。

そして、奇しくもフーコーからの呼びかけのちょうど二〇年後、アメリカ合衆国を中心とした多国籍軍によるイラクへの空爆から二か月後の二〇〇三年五月三十一日、その空爆を批判するとともに、ヨーロッパの再生を呼びかけるデリダとハーバーマスの共同声明がフランス語とドイツ語で同時に発表された。ふたりは敵対し合っている思想家と見なされていただけに、驚きの声もあがった。その声明は、すでに病床にあったデリダがハーバーマスの起草した文章に署名したものだが、ハーバーマスとデリダのなかに異質な他者へのセンシビリティがなければ、実現しえない試みだったに違いない。暴力の連鎖が断ち切られることなく続く二十一世紀の時代に、ふたりの哲学者の連帯の姿はおそらく長く私たちの記憶にとどめられることだろう。

主要著作　＊原書刊行順

▼『公共性の構造転換』細谷貞雄訳、未來社、一九七三。
▼『理論と実践』細谷貞雄訳、未來社、一九七五。
▼『認識と関心』奥山次郎ほか訳、未來社、一九八一。
▼『イデオロギーとしての技術と科学』長谷川宏訳、紀伊國屋書店、一九七〇。
▼『哲学的・政治的プロフィール』全二巻、小牧治・村上隆夫訳、未來社、一九八四－八六。
▼『コミュニケイション的行為の理論』全三巻、河上倫逸ほか訳、未來社、一九八五－八七。

▼『新たなる不透明性』河上倫逸監訳、松籟社、一九九五。
▼『近代の哲学的ディスクルス』全二巻、三島憲一ほか訳、岩波書店、一九九五。
▼『事実性と妥当性』全二巻、河上倫逸・耳野健二訳、未來社、二〇〇二－〇三。
▼『他者の受容』高野昌行訳、法政大学出版局、二〇〇四。
▼『人間の将来とバイオエシックス』三島憲一訳、法政大学出版局、二〇〇四。
▼『自然主義と宗教の間』日暮雅夫ほか訳、法政大学出版局、二〇一四。

［細見和之］

フランクファート、ハリー・ゴードン

❖Harry Gordon FRANKFURT　1929-

プリストン大学名誉教授。現代の自由意志論において両立論を擁護する一方で、デカルト研究でも大きな業績がある。著書に、『デーモン、ドリーマー、マッドマン――デカルトの省察における理性の擁護』(一九七〇)、『私たちが配慮するものの重要性――哲学論文集』(八八)、『ウンコな議論』(二〇〇五)、『不平等論――格差は悪なのか?』(一五)などがある。

〔國領佳樹〕

ボードリヤール、ジャン

❖Jean BAUDRILLARD　1929-2007

フランス・マルヌ県ランス出身の思想家。もとは小作農であり、彼の父の代から下級官吏となった家庭環境で育つ。パリ大学ソルボンヌ校に進み、ドイツ語の教授資格(アグレガシオン)を取得後、一〇年間リセにてドイツ語を教える。これと並行して、マルクス主義者であるアンリ・ルフェーヴルのもとで助手を務め、マルクスやエンゲルスの著作の仏訳に従事した。また、この間にサルトルが主宰する『現代(レ・タン・モデルヌ)』誌に文学的な記事を寄稿している。一九六六年には、のちに出版される『物の体系』(一九六八)のもととなる博士論文を提出。その後、パリ大学ナンテール校において社会学講座を受け持ち、一九八六年まで同校教授を務めた。

ボードリヤールの思想をまずもって特徴づけているのは、『物の体系』や『消費社会の神話と構造』(七〇)に代表される記号論的な消費社会論である。彼はマルクス経済学やフロイトの精神分析、ロラン・バルトを経由したソシュール言語学の影響下で、モノを差異の記号として捉え、これがその物質性において消費されるのではなく、記号としての関係性のうちで消費されることを示した。そのため、このようなモノの消費には限度がなく、ひとびとは欲求の充足を果たしえないまま、記号化されたモノのネットワークのなかに絡めとられている。つまり、人間とモノとの関係は、人間主体が客体であるモノの生産や消費を管理するというものではなくなり、むしろわれわれから独立したシステムとしてのモノに支配されているのである。これが現代消費社会の最大の特徴であることをボードリヤールは暴き出し、記号としてのモノがヴァーチャルな全体性をつくりだすことを論じた。

その後も彼の消費社会論は、主著『象徴交換と死』(七六)や『シミュラークルとシミュレーション』(八一)などにおいてラディカルな視点からさらなる展開を遂げる。『象徴交換と死』では、近代社会が前提とする等価交換の原則に対し、ジョルジュ・バタイユやマルセル・モースらの論じたポトラッチに代表される「象徴交換」を提起した。そして、近代の生産中心主義を根底から揺り動かし破壊する「理論的暴力」としての

「死の象徴交換」が唱えられ、その復権が目指された。また『シミュラークルとシミュレーション』では、オリジナルとそのコピーという二項対立を超えたものとして「シミュラークル」が語られ、現実とその表象との境界線が曖昧になるどころか、その双方を超越した「ハイパーリアル」を生産する現代社会のシミュレーション化したありようが記号の優位性という観点から描き出された。

一九九〇年代以降では、目に見えないかたちでシステム内部につきまとうウィルス的な悪と自己免疫性の喪失が述べられた『透きとおった悪』（九〇）、ハイパーリアリティの完璧な実例として湾岸戦争が論じられた『湾岸戦争は起こらなかった』（九一）など、時事的な出来事を取り上げながら論じたものが目立つ。二〇〇三年の来日講演の際にも九・一一のアメリカ同時多発テロを俎上に乗せ、暴力とグローバリゼーションの問題について意見を述べるなど、高齢となってもなお精力的な活動がなされた。

〔横田祐美子〕

イリガライ、リュス

❖Luce IRIGARAY　1930-

ベルギー出身の哲学者。シクスー、クリステヴァと並び、ポストモダン・フェミニズムを代表する思想家。「男性的」なものとの対比によってではなく、「女性的」なものそのものを明らかにし、そこから女という主体の理論を構築することを試みる。著作に『検視鏡、もう一人の女性について』（一九七四）、『ひとつではない女の性』（七七）、『性的差異のエチカ』（八四）など。

〔中澤瞳〕

ガタリ、ピエール＝フェリックス

❖Pierre-Félix GUATTARI　1930-1992

フランスの分析医、哲学者、社会活動家。オワーズ県のヴィルヌーヴ＝レ＝サブロンで誕生。パリのリセ・コンドルセを卒業後、家族の勧めで薬学を勉強するものの、生来の文学や芸術への強い関心が高じて哲学に転じる。左派的活動の一環として参加していた「青年の家」で出会ったフェルナン・ウリに、その弟であるジャン・ウリを紹介される。フランソワ・トスケルの下で制度論的精神療法を実践していたジャンからジャック・ラカンを読むように言われ、その著作から大きな影響を受けるとともに、ラカンのセミナーを聴講するようになる。六五年に制度論的研究グループ連合（F.G.E.R.I.）を創設。さらにこの活動が公的ないし私的な組織体と研究契約を結ぶことを目的とした制度論的教育・研究・養成センター（C.E.R.F.I.）を設置。六八年五月革命の直後、ジャン＝ピエール・ミュイヤールを介してジル・ドゥルーズと出会う。ドゥルーズとの共著の成功で名声が高まり、八一年五月に誕生したミッテラン政権では、文化大臣となったジャック・ラングのブレーンとして活躍した。

八三年に芸術と文化の監督官に任命される。しかし社会党が当初の政策を軌道修正するにつれて距離を置くようになり、自らの理論的・実践的活動の重心をエコロジー運動に移す。とりわけ緑の党やエコロジー世代と連携しつつ、各派横断的な展開を模索した。ロワール＝エ＝シェール県のラボルドにあり、生涯を通じて活動の拠点としていたクリニック内の仕事部屋で急死。ドゥルーズと再会の約束をしていた日の前夜のことだった。

やや冗長に伝記的事実を紹介したのは、理論的領域と実践的領域の不可分な交錯こそ、ガタリの最大の特徴だからである。ラボルドのクリニックで制度論的精神療法を実践し、その経験を踏まえて精神分析批判としてのスキゾ分析を理論的に彫琢し、その成果を敷衍してエコロジー運動も含む実践的活動に従事する。この繰り返しから彼の仕事は構成されている。そしてそこに一貫して流れていたのが「主観性の生産」という旋律である。

「主観性の生産」はスキゾ分析、言語学的考察、機械論（マシニスム）、新たな政治的・経済的・社会的展望を開くエコゾフィーの提言など多角的に構想されている。とりわけ最初期から制度論的精神療法の実践と並行して練り上げられてきたスキゾ分析は、主体－客体関係の一元的固定化からの脱却による複数の社会性の創出を主眼とする。具体的には、クリニック内でさまざまな作業グループを作り、患者、医者、看護師の三者が各々のグループ内で異なる役割を分担しつつ共同作業を行なうことで、一方向に傾きがちな人間関係に多方向の線を描くのである。この試みは、『機械状無意識』（一九七九）第二部における『失われた時を求めて』の読解で、サロンを、主体的な登場人物が交流し合う場ではなく、そのつど異なる交流を通じて登場人物の主体性が造形される場と位置づける議論を彷彿させる。ガタリによれば、プルーストは主体と客体を横断する機械状のもの（ここでは嫉妬）の分析をもくろんだのであり、過去の想起に端を発する記憶の探求に取り組んだのではない。ここから、プルーストの企図を、リトルネロ（時間）と顔貌性（空間）からなる二つの構成要素によって織りなされる「言表作用の集合的作動配列」（主観性の生産）の絶えざる生成と解体の運動、と評価するガタリの独創性が引き出されてくる。

この読解には二つの含意がある。ひとつは、フロイトの精神分析に残滓する近代的主観性への依拠を廃棄しながらも象徴界を現実界と想像界の存在論拠とみなすことで無意識の解釈という姿勢を崩さないラカンへの批判、もうひとつは、ソシュール的なシニフィアンとシニフィエの二項対立から脱却しながらも言語における意味形成の問題を記号学的構造のみに還元するのをやめないチョムスキーのような構造主義的言語学への批判である。ガタリは「主観性の生産」という発想に基づき、前者に対しては無意識の生産を、後者に対しては意味の形成を言語的要素と非言語的要素（身振り、口調、情況など）の力関係から考察する記号論を提唱する。いずれの主張においても、何らかの深層構造への遡行的な接近ではなく、相互に異質なものの接触と浸透から何かが生み出されるプロセスに注目する点は変わらない。こうしたガタリの視点はドゥルーズとの共著にも反映されることになる。

ガタリはさらに、その創造的システムを「機械」と呼び、そこに四つの関手（流れ、領土、系統流、世界）を見出した上で、それらの混成と連接の仕方を「地図作成法」として展開する『スキゾ分析的地図作成法』（八九）を著わす。そして晩年には、どのように振れるかわからない集合的作動配列を脱資本主義の方向に誘うため、環境のエコロジー、社会のエコロジー、精神のエコロジーの三つの網の目からなる「エコゾフィー」を構想するに至る（『カオスモーズ』九二）。こうした歩みは、個々の生を芸術作品の創造になぞらえ、その特異な集合と離散の反復から美学の社会化をめざす『分子革命』（七七）の飽くなき追求の軌跡とみなすことができる。

〔増田靖彦〕

ジュネット、ジェラール

❖Gérard GENETTE　1930-

ジェラール・ジュネットは一九三〇年、パリに生まれた。エコール・ノルマル卒業後、国立科学研究センター研究員を経て、国立社会科学研究院教授に就任。一九八五年には、フランス政府派遣文化施設として来日し、各地で講演を行なった。ジュネットの功績のひとつとして物語論の展開を挙げることができるだろう。物語論とは、物語が語られる時の表現形式についての理論である。いくつかの物語を並べて、物語の中に登場する人物をタイプ分けしたり、プロットによって整理したりすることができる。ジュネットは、物語を、物語内容、物語言説、語りの行為を分けて、それらの関係を分析したりすることから、個々の物語の固有性を明らかにすることを試みた。物語論はジュネットによって展開される以前からあり、フランスにおいては、ロシア・フォルマリストの研究が、一九六〇年代にレヴィ＝ストロースによって紹介されたのが最初とされる。それから、レヴィ＝ストロース自身の研究や、ロラン・バルトの研究、トドロフの研究があり、ジュネットはそれらに影響を受け、みずからの理論を構築した。ジュネットは、物語の内容を研究対象とする「テーマ論的物語分析」に対置させ、みずからの行なう、物語内容、物語言説、語りの行為を分けて、それらの関係を分析する方法を形式的物語論と呼んだ。（『方法論の試み』『文明研究18号』東海大学文明学会一九九九）。

〔中澤瞳〕

セール、ミシェル

❖Michel SERRES　1930-

フランス南西部、アジャン出身の哲学者。ガロンヌ河にほど近い生家で、砕石工場を営む両親のもと、スペイン内乱や第二次大戦の影響を蒙りながら混迷の時代に幼少期を送る。十五歳のとき、ヒロシマに投下された原爆に強い衝撃を受ける。

その後、海軍兵学校に入学し、当初は数学科に籍を置くが、自然科学と原爆などの暴力の深い結びつきに疑念を抱くようになり、哲学への志向が抑えがたくなる。やがて海軍兵学校を辞め、高等師範学校に入学。ギリシア・ラテンの古典に傾倒する一方で、当時勃興しつつあったブルバキの構造主義的数学にも刺激を受けた。またそのなかで、ライプニッツの学問の先駆性に目を開かれ、以後その研究が彼の思想の基盤を形作ることになる。五二年に文学、五三年に哲学の学位を取得。ガストン・バシュラールの指導を受けた。

兵役やクレルモン・フェランでの教歴などを経て、六八年『ライプニッツのシステムとその数学的モデル』で国家博士号を授与され、翌年からパリ第一大学教授となる。八五年に『五感』でメディシス賞を受賞、前年からスタンフォード大学の正教授をも兼任する。九〇年にアカデミー・フランセーズ会員となる。フランスにおける国民的な知識人として幅広く活躍し、文芸や絵画の批評も含む旺盛な執筆活動を展開して現在に至っている。

セールは、実証主義の伝統を色濃く継ぐフランスのエピステモロジーにライプニッツ的な多元主義を持ち込み、バシュラールにまで見られた人文学と自然科学の分離に異を唱え、階層性なき諸学問の融和を唱えた。初期の理論的著作ヘルメスI〜V巻にすでにこうした方向が明瞭に現われている。とりわけII巻の『干渉』では、同時代の諸学問には、すでに特権的な「女王-学問」が見られず、相互に概念を輸入しあい、翻訳しあう多極的な状況にあるとし、これを「ライプニッツ的状況」と呼んだ。彼は学問の対象を、諸々の学的なアプローチが合流する仮設的な結節点として捉え、こうした対象と複数のアプローチのあいだに一対多の干渉・競合関係を見出す。このとき中心に置かれている対象=学問は、異なる状況のもとでは他の中心にアプローチするための方法を主体的に提供し(翻訳)、一対多関係における多の役割を担うことになる。このような一対多関係が、相互に干渉しあいながらゆるやかに結びつき、形成される流動的なネットワークとして諸学問の全体がある、というのが彼の思想である。中心と周縁、対象と主体の関係もまた、そこでは可換的であり、主客の二項対立は実際には見られない。

彼のこうした学問観は、最初期からの研究テーマであるライプニッツの決定的な影響のもとに生まれたものだが、状況の展望のみにとどまらず、彼はみずから諸学問を相互に干渉させつつ思考する仕事を以後も精力的に結実させてゆく。八〇年の『パラジット』以降、彼の表現のスタイルはエセーが主流となるが、対象とそれに対する複数の主体的アプローチの流動的な状況を、準-客体(quasi-objet)という概念で捉える立場が、同書ですでに明らかにされている。

主客の二項対立を、一対多関係という観点を導入することで克服しようとする彼の思想は、自然と人間文化の二項性を超えようとする多種多様な思索となって展開された。複数の人間主体の競合、闘争とそれがもたらす暴力は、媒体的な自然を可視化し、そこに能動的な役割を与えることなくしては融和させることができない、とするのが彼の立場であり、そこから『自然契約』などの著作が著わされた。自然科学や技術が人間主体どうしの闘争に従属してしまうことに、彼はつねに警鐘を鳴らし続けている。その一方で、学問や人間の共同体が成立するそもそもの始めに、自然および人間による暴力や闘争が大きな役割を果たしていたことにも強い関心を抱き、人類の文明のなりたちを考察する幾つもの労作がある。該博な古典的教養を背景に、ジョルジュ・デュメジル、ルネ・ジラールらの神話学、宗教論を導入したこれらの書物もまた、多くの示唆に富む。

九〇年代以降は、彼の提示した準－客体(quasi-objet)に触発されつつブリュノ・ラトゥールがアクター・ネットワーク論(ANT)を提唱し、ピエール・レヴィが情報哲学を展開するなど、後続世代の活躍に触発されるように彼自身も言及の対象を拡げた。二〇〇〇年代からは人類の「大きな物語」を描いた連作が発表されるなど、その意欲は衰えることがない。彼の理論の影響は、ラトゥールを経由して現在の多自然論的な人類学(ヴィヴェイロス・デ・カストロ、マリリン・ストラザーン、フィリップ・デスコラなど)、また思弁的実在論を唱道するグレアム・ハーマンにも及んでおり、結果としてポスト・ポスト構造主義の諸思潮を直接・間接に準備するものであったと言えるだろう。

〔清水高志〕

デリダ、ジャック

❖ Jacques DERRIDA　1930-2004

ジャック・デリダは一九三〇年、フランス植民地であったアルジェリアのエル・ビアールにおいて、同化ユダヤ人の家系に生まれる。一九四九年、高等師範学校受験のためパリに移住。ル・マンの高校教員、ソルボンヌ大学の助手、高等師範学校助教、国際哲学コレージュの初代の長を経て、一九八四年に社会科学高等研究院教授となる。二〇〇四年、膵臓癌のためパリで死去。

ジャック・デリダの膨大かつ多彩な著作について語るためには、その多様性と同時に、彼の一貫した問いかけ、すなわち哲学的な問いそのものへの問いの独自性を浮き彫りにする必要がある。デリダが独自な思想家「デリダ」となったのは、一九六七年に『声と現象』『グラマトロジーについて』『エクリチュールと差異』という三冊の書物を矢継ぎ早に出版することによってであり、これらが「差延」「痕跡」「代補」「脱構築」「間隔化」「パレルゴン」などの一連の用語の発明と流通をもたらした。デリダはいかにして「デリダ」となったのか。その動機を三つ挙げることができる。

第一は、超越論的現象学に対する「距離」。とりわけ『声と現象』におけるフッサール現象学批判は「現前の形而上学」の批判者として「デリダ」を確立した。後に彼は、このような現象学からの離脱はかならずしも後悔を伴わないわけではなかったと述懐するが、だからこそこの現象学に対する「距離」に、以後のデリダ思想を導くものを見出すことができるだろう。そしてフッサールを別のかたちで乗り越えようとしたハイデガーやレヴィナスなどに対する距離も重なって、デリダ哲学の中軸が形作られていく。

第二は、「自己固有の言語」に対する距離。「アルジェリア生まれのユダヤ系フランス人」と形容されてしまうデリダは、実際にはアルジェリア社会、ユダヤ思想の伝統、フランス共和国という三つの共同体から距離を取ることを強いられ、一九四〇年にはヴィシー政権下で一時フランス市民権を剝奪された。この三者に引き裂かれ、デリダは、唯一自分のものであるはずのフランス語に暴力を加えることを選択する。だから彼の独特の文体は、たんに同時代の文学的実験との共鳴というだけではなく、フランス語、さらには言語一般に対する暴力を言語化し、とりわけ西洋哲学の概念体系に揺さぶりをかけるような言語行為を追求することから生まれた。そうして彼は、いわゆる支配的な言語・文化・制度が強いる枠付けをいわば軋ませ、内部と呼ばれているものの自明性に空隙を穿とうとする。

❖ Jacques DERRIDA

このことと相関して第三に、デリダにはみずからの自己同一性を保証してくれる起源の記憶も欠けている。あるいは後に検討するように、その記憶は、けっして現在であったことのない過去の傷としての記憶なのである。けっして現在でない過去とは、主体の意識や無意識のなかに保存されるものではなく、みずからを保存＝忘却しつつ反復される過去である。そのような記憶を語る哲学言語はいかなるものになるのか。フロイトとその後継者たちの精神分析的な言説とどのように交差し、すれ違うのか。そしてこのような起源の不在から出発して、どのように未来や他者や正義の到来を語ることができるのか。

超越論的現象学に対する距離、自己の言語に対する距離、そして現前しない記憶の反復、こうした三つの動機から出発して、どのように歴史の記憶を語り、来たるべき他なるものを「歓待」することができるのか。これがデリダ思想を貫く中軸のひとつなのである。

I――初期デリダの現象学

このような試みとしてデリダ思想を捉えるためには、『声と現象』に先立つ一九六二年のフッサール「幾何学の起源」の翻訳に付けられた長文の「序説」を参照するのが有益である。すでに制度化された幾何学や科学から出発して、それらの（事実上の起源ではなく）超越論的起源へと遡ること、そしてそれがどのように経験化・言語化され、反復可能な理念的で間主観的な意味になるかを辿ること、これがフッサールのジグザクな「遡行的問い」であった。デリダの哲学言語のスタイルは、この「遡行的問い」に対する問いによって決定的に規定される。

とりわけ重要なのは、フッサールにおける「カント的理念」の位置づけである。フッサールにおいて「カント的理念」とは、無限性の明証性として、理性の目的論を権利上保証するものである。この点に関してデリダは、この理念そのものはけっして主題化されることも現象化することもなく――後に検討する「文字」と同じように――「見えるものを通して聞く」[01]ことができるだけだと言う。デリダにとって超越論的な歴史性や間主観性を真に支えているのは、理念の無限性と有限な意識の「間隙」[02]であり、この闇の内で理性の光はその源を汲み取るのである。

ここで忘れてはならないことは、この間隙はあくまでフッサール的な超越論的な現象学が、そのテロス（目的、終焉）を充実させようとする究極の瞬間に垣間見られることである。フッサールの現象学的還元という方法や、目的論一般が否定されているわけではなく、テロスが到達されようとする現象学の極北において、無限の理念が有限性や歴史と混じり合うような間隙が開けるということである。だからこそデリダは、自分は現象学の方法の厳密性はけっして放棄しなかったと言うことができる。いやむしろその厳密性を「誇張」し、ロゴスに対してロゴスを衝突させ、目的や終わりを複数化させるのである。

この間隙を考慮したとき、フッサールの無限の理念は、理性の「責任」を保証するだけではなく、それ自体根源的に歴史的なものとなる。そのとき理念と歴史、無限と有限、超越論的なものと経験論的なもの、責任と無責任、現象学と存在論は、異質なものにとどまりつつ、互いを含み合う。これら対立する二項の間隙における「移行（パッサージュ）」こそが「絶対的」である。しかしそれは、例えば言語化や文字化による「忘却」といった「危険」を本質的に孕んだ絶対性なのだとデリダは言う。[03]

こうしてこの序説の最後に登場するのが「差異」と「遅れ」すなわち「差延」の主題である。フッサールは、理念と事実、無限性と有限性の共通な起源を「生き生きとした現在」という時間論の主題の下に追求した。それは超越論的主体そのものの「現在」の作動の探究であり、「流れつつ、とどまること」と規定される。現象学的反省はこの「流れ」すなわち上記の「移行」に対して本質的に遅れてしまっている。

デリダによれば、このことは「生き生きとした現在」という絶対的起源が、もうひとつ別の起源の「痕跡」にたえず先立たれていることを意味している。「生き生きとした現在」は、事実と権利、存在と意味の共通の起源でありつつ、「自己自身との同一性においてつねに他なるもの」である。なぜならそれは、休みなくみずからを差異化する＝遅らせることによってのみ現在であるからだ。この「差延」が真に超越論的なものであり、この純粋な「差延」を還元しようとする純粋意識のたえまない「不安」もまた超越論的なのだとデリダは結論する。[04]

だから「差延」とは超越論的観念論の極北にあえて名を与えたものであり、「概念」ではないとデリダは言う。それはむしろ概念の輪郭を描き、それを可能にすると同時に、その限界を内側から分割し、概念を非概念へと開くようなものでもあるからだ。同じように、この差延において、超越論的なものはつねに経験論的なものと混淆する。だから差延の運動を後のデリダは「準－超越論的な」働きと呼ぶことになるだろう。

I――「差延」から出発して（一九六〇年代末のデリダの哲学）

一九六七年の『声と現象』でデリダはフッサールに対する批判的な立場をあらわにする。「現象学的な言説全体は、あえぎながらも倦むことなく差異を派生なものたらしめようとする、現前の形而上学の図式にとらわれている」[05]と彼は断定し、「差延」から出発して思考することを選ぶ。そのとき「生き生きとした現在」は、「超越論的な生」に入り込む不純なものを力尽くに排除する運動と見なされる。こうしてデリダは現前から「差延」を思考するのではなく、反対に「差延」から出発することによって現象学を「現前の形而上学」の「閉域（クロチュール）」へと閉じこめる。その身振りは以後けっして取り消されることはない。

こうしてフッサール研究者であったデリダは独自な思想家「デリダ」となる。このフッサールの閉じこめには二つの動機があったと思われる。

(1) 第一は、言語という媒体への注目である。フッサールは言語一般の本質に関する省察を延期し続け、現象学的還元において用いられる超越論的言語の問題を回避したとデリダは言う。だがフッサールにおいて超越論的な言語は「現前と不在の戯れの媒体」であり、「生」と「理念性」を結合する場として暗黙の内に働いている。[06] そしてこの結合を保証するのが、「声（フォネー）」としての息の精神性である。

それに対して「差延」から出発して思考するならば、この超越論的な声の自己現前の直中において、「差異」と「遅れ」が働いていることに気づかれる。この「差延」を「文字（グランメー）」として、準-超越論的な文字として取り上げ直すのが後で詳しく検討する『グラマトロジーについて』の出発点である。それはけっして現在ではなかった過去の「痕跡」であり、口頭言語の時間的線状性に一種の空間性を挟み込み、現在という点を分割するような「移行」の場である。それをデリダは「間隔化（エスパスマン）」とも呼ぶ。

ただし彼はたんに声に対して文字を特権化するのではない。そうではなく、声と文字の伝統的対立を揺るがし、両者を可能にする「差延」の働きを見えるようにすることで、声の持つ超越論的な優位を相対化すると同時に、そのような優位が生じてくるプロセスを暴き出すことをデリダは「脱構築（デコンストラクション）」と呼ぶのである。

(2) 現象からの離脱の第二の動機は「生」ないしは「生命」概念に対する不審である。デリダは「現象学は生の哲学である」と断言したうえで、フッサールの「超越論的な生」の概念は、現前と非現前、自己と他者の「差異」を消し去ろうとするものだと言う。だからデリダにおいて差延概念はつねに「死への関係」として語られることになる。「私が」という発話において、すでに「私は死んでいる」

ということが構造的に含まれている。「私の死」の可能性、つまり私の消滅の可能性は、イデア性とその無限の反復可能性を蝕み、同時にそこに隠れつつ働いているのだ。「無限な差延は有限なのである[07]」。だから超越論的な生に死の偶発性が遅いかかるのではなく、「生を痕跡として考えなくてはならない（中略）。生とは死なのである[08]」とデリダは言う。

2——文学言語との関係と「散種」

このような「差延」の概念から出発して、六〇年代終わりから七〇年代初頭以降のデリダは、フーコー、レヴィナス、ヘーゲル、ハイデガー、ルソーなどの哲学、フロイトやラカンの精神分析、ソシュール以後の言語学、レヴィ＝ストロースの人類学などと対決することで、みずからの思想を練り上げていく。そしてそれと同時に、多義的な読解を要求するような、難解で誇張された文体を紡ぎ出し始める。

よく知られているように、デリダ哲学は文学言語と密接な関係を持つが、それゆえ曖昧で厳密性を欠いたものとして批判されることもあった。しかしながら彼が取り上げるアルトー、バタイユ、ツェラン、ポンジュ、ジュネ、マラルメ、カフカ、ブランショ、ソレルスなどは、いずれも文学という「制度」には収まりきらない言語の発明者である。デリダは文学を文学たらしめるもの、フィクションをフィクションたらしめるものこそを探究しているのであり、フィクションと現実の対立を自明なものとは考えていないという点が重要である。文学が文学であるのは、それがそれ自身から逸脱するからなのである。

そればかりではなく、一九七二年の『散種』以降のデリダは、みずからのテクストをほとんど読解不可能なほどまでに難解なものとしていく。これはもちろんヘーゲル以後の哲学大系の構築に抗う実践である。このことに関して注目しておきたいのは、すでに「幾何学の起源」への「序説」において、フッサールの「厳密な哲学」に、ジェイムズ・ジョイスの言語実践が対置されていたことである。フッサールが言語的表現の一義性を重視し、その理念的同一性を超越論的な伝統の条件と考え、経験的歴史に縛られた理念性の多義性を還元しようとするのに対して、ジョイスは共通の意味の核を捨て去り、あえて曖昧さの総体を引き受ける。こうしてジョイスは「文化の迷宮的な領野に決然と身を置き」、あらゆる言語を同時に貫いて循環し、それらのひそかな共鳴を実現し、歴史的な深い距離を可能な限り顕在的に共時化することで、「経験的文化一般の全体の構造的統一を現わさせる[09]」のである。

だがデリダはたんにジョイス的な多義性を称揚するのではなく、フッサールとジョイスがいわば相補的であることも強調する。経験的多義性は理念的一義性を地平としているからだ。デリダの難解な言語は両者の交差点に書き込まれる。超越論的な生の一義性のテロスが実現されようとする瞬間を内側から蝕む差延の痕跡、これを排除する代わりに肯定し、みずからの言語活動に組み込むことで、語り得ないもの、読み得ないものをその都度新たに読解せしめるような言語を紡ぎ出すこと、それをデリダは「散種」と呼ぶのである。

3――『グラマトロジーについて』と代補の論理

こうした哲学的な背景のもと、独自の思想を強く打ち出したのが、初期の代表作『グラマトロジーについて』である。グラマトロジーとは文字や書記行為の「学（ロゴス）」のことであるが、ロゴス中心主義として現前の形而上学を語るデリダにとっては、文字から出発するような新たな学問の「基礎づけ」といった発想はありえない。そこでデリダは形而上学の「終わり」ではなく「閉域（クロチュール）」について語る。たんに西洋的な諸学の向こう側にグラマトロジーが始まるのではない。それは、少なくともプラトン以来の哲学にすでに痕跡として書き込まれていると同時に、つねにこれから来たるべきものとして、「現在」に到来するはずのものである。「点」としての現在は、過去の痕跡と来たるべきものの両方に引き裂かれている。この現在という点において学問が創設されることはないだろう。しかしデリダはこれをアイロニカルに「学」と呼ぶことによって、形而上学の此岸と彼岸に同時に位置しつつ、その境界にいわば間道を、すなわち前述の「間隔化」の時空間を穿とうとするのである。

だから問題はたんに経験的な文字言語を復権することではない。プラトンは『パイドロス』において、文字という発明品は、父なるロゴスの魂への直接の現前を補うものとしてはよい技術のひとつであるが、それを学ぶと記憶力の訓練がなおざりにされると言う。文字はあちらこちらへと徘徊し、真の記憶を妨げる危険な技術でもある。ロゴスや声の自然な補いであるはずのものが、不純な慰みへと取って代わってしまうことにプラトンは危険を感じ取る。

プラトンのこの音声中心主義に対してデリダは、言語一般がすでにエクリチュール（文字、書記行為）であると応答する。すなわちエクリチュールは、無垢で自然な言語であるパロール（口頭言語）に外から侵入するのではなく、つねにすでにパロールを蝕んでいる。

ただしそれは経験的で物質的な文字ではなく、意味が生き生きとしたまま自己へと現前しようとする瞬間に、その現前を遅らせ、妨げるような、準－超越論的な「遊び（ジュ）＝隙間＝働き」として働くものである。このような「原－エクリチュール」の根源的暴力によって、経験的なパロールとエクリチュールの階層構造を打ち崩すような「差延」が生起するのである。

ここでデリダは、エクリチュールがパロールの充実性を補い、その反復の可能性を保証しようとする瞬間に、それに取って代わり、父なるロゴスを変質させる危険な技術とされることに注目し、これを「代補の論理（シュプレマン）」と呼ぶ。パロールのロゴスは自然で充実したものであり、補いを必要としないはずである。たしかにエクリチュールは不在の他者に伝達するために有益であり、記憶を補う有益なものでもある。しかしながらそれは「何かの代わり」に使用されるものとして危険なものでもある。それが危険とみなされるのは、充実しているはずのパロールに欠如があることを暴露しかねないから、そして純粋な意味の反復を、他なるものへの変質の連鎖へと変えかねないからだ。このように過剰な現前と欠如の両方に関係するような働きをデリダは「代補の論理」と呼ぶのである。

4——デリダと構造主義

六〇年代後半のデリダは構造主義の思想家に分類されたが、本人の否認を受けて「ポスト構造主義」さらには「ポストモダン」の思想家とされた。たしかに初期のデリダは、レヴィ＝ストロース、ラカンやソシュール学派の理論、とりわけそれらの記号理論とのすりあわせによって思考を錬磨していた。

そこで構造主義と直接に対決している一九六六年の「人間諸科学の言説における構造、記号、遊び」を検討しよう。デリダはレヴィ＝ストロースが自然と文化の対立を問題視し、構造や神話論理の名の下に、中心、主体、絶対的な起源などを放棄したことを評価する。しかしながらデリダは、レヴィ＝ストロースがこれらの概念の歴史の厳密な問いただしを行なわないがゆえに形而上学的概念大系にとどまり、哲学の外へ踏み出すことができないことを批判する。

とりわけ問題になるのは、レヴィ＝ストロースが経験科学として神話論理を再構成する際に、有限の情報に基づいて図式を作り上げる根拠、すなわち全体化の不可能性を正当化する根拠についてである。デリダによれば、これは対象の無限の豊かさを有限な経験科学がくみつくしえないからではない。もっと原理的な根拠がある。たしかに構造において中心は不在である。しかしその全体化が不可能なのは、この不在の場に中心を代補する意味が付け加えられ、統御不能な過剰なものとなっているからなのだ。これが構造の全体化を内側から不可能にする。

だからデリダは、いわば王の首を切り落とすように超越論的主体などの中心の超越性を消し去るのではなく、むしろそこに過剰な増殖の可能性を見て取るべきだと言う。というのも、構造主義やいわゆるポストモダン思想のように中心の欠如を過度に強調することは、現前性の回復というノスタルジーへと変じかねないからである。またしてもデリダは、この全体化のノスタルジーが出現しようとする瞬間にそれを遮断する。「代補」が作り出す「遊び＝隙間」の領域は現前と不在の対立の彼方において、無限の交替の連鎖を作り出すべきものである。ソシュールの記号概念に基づいた構造主義は、この代補の論理を組み入れなければ形而上学の閉域に留まることだろう。それは歴史性を放棄することによってみずからを確立した人間諸科学一般が払うべき代償なのである。デリダは「真理の配達人」[10]でも、ラカンの構造主義的な精神分析に対して同様の批判を突きつけるだろう。

5——代補の論理と亡霊的他者たちのシステム

興味深いことに、この代補の論理は構造主義と一見無縁な立場にあると思われるエマニュエル・レヴィナスに対する批判においても活用されている。一九六四年の「暴力と形而上学」である。そこでデリダは、レヴィナスの批判に対してフッサールの『デカルト的省察』の第五省察の他我構成論がどこまで耐えうるかを検証している。

レヴィナスが他者の他性を全体性に対する無限の超越に見て取るのに対して、フッサールの他我構成論は、けっして他者の超越性や他性を消し去るものではなく、いわば現出と非現出によって織りなされた「システム」を問題にするものだとデリダは言う。他者としての他者は自我に根源的に現前せず、けっして主題化できないが、にもかかわらずその現出のシステムを問題にしたのがフッサールである。

「フッサールが私たちに語っているのは、このシステム、すなわちこの現われと、他者を生身で主題化することの不可能性のシステムである」[11]。言い換えるならば、他者は根源的に自己に対して不在なものであり、けっして現われない「もう一人の自己（アルテル・エゴ）」であり、亡霊のごとき分身である。しかし他者は同時に自己をすでに包囲してしまっており——後のレヴィナスの言葉を使用するならば——、自己を「人質」にし、自己に置き換わる根源的に暴力的な存在でもある。根源的に不在であるとともに、つねにすでに自己に先だつ亡霊の系列として現前しているようなもの、それが他者なのである。

したがって他者の「現出と非現出のシステム」は「代補のシステム」のひとつである。というのも、代補のシステムは、根源的に現前しない他者と自己の間にあって、自己の分身であるような他者たちの系列を生み出すとともに、自己をその系列のひとつにしてしまうからである。自己固有の場がこうして他者に簒奪される可能性を持つことによって、他者の現出の可能性が開かれるのである。

そして興味深いことに、この代補のシステムの問題こそが、「歴史の可能性」とかかわっている。『全体性と無限』のレヴィナスは、全体性と歴史の「彼方」について語る。彼にとって歴史は有限な全体性であり、無限に無限なるものによって乗り越えられなければならない。

それに対してデリダはむしろ「全体性と無限の差異」にこそ、歴史の可能性を見出す。「おそらく示さなければならないのは、〔中略〕歴史が全体性と無限の差異に位置していること、それこそがレヴィナスが超越とか終末論などと呼ぶものだということだ。ひとつのシステムは有限でも無限でもない。構造的全体性は、その働き＝隙間（ジュ）においてこの二者択一から免れる。それは始原論と終末論から逃れ、それらをこの構造的全体性の内に刻み込む」[12]。このような全体性と無限の差異の働き＝隙間こそが、他者としての他者の現出を媒介し、始原論でも終末論でもない歴史へと、構造を開いているのである。

6——秘匿された言語とコンテクストの飽和不可能性

それではこのとき「意味」は他者にどのように伝えられるのだろうか。後に論じる『死を与える』などの後期の著作で、デリダは「秘匿」された言語の伝達可能性について語る。秘匿された言語とは、根源的に伝達不可能でありながら、そのようなものとして伝達可能なものである。根源的に伝達不可能であるというのは——エクリチュールと同じように——、この言語が発言者の「意図（インテンション）＝志向」のテロスを充実することはなく、むしろ発言者の不在や死、そしてそれを受信するものの不在や死の可能性を構造的に孕んでいることを意味する。

だがそのようなものとして——つまり発信者に戻らず、また受信者に到達しない可能性を孕んだものとして——、秘匿の言語は両者の間で「生き残り」、反復可能なものである。秘匿された「意味」はいわば自己反復しながら自己変容する。このように反復可能性と変容可能性をともに含むものをデリダは、理念的な「永続性」と区別して、「反復可能性（イテラビリテ）」と呼ぶ[13]。それは無限でも有限でも、共時的でも歴史的でも、構造論的でも発生論的でもない場において働く準‐超越論的な原理である。

このような場は、けっして自己と他者の共通の場、両者の言語的「コミュニケーション」の「コンテクスト」となることはない。発話一般は、それが置かれたコンテクストから引き離され、引用されて別の意味を持つ可能性を構造的に孕んでいなければ発話たりえず、その可能性がコンテクストそのものを書き換えるからだ。それはつねに決定不可能な場に開かれており、変容する可能性を構造的に孕んでいる。そこにおいて、自己はこの秘匿された意味をそのまま保持する。いや、秘匿こそが「自己の言語」を可能にしているのだから、自己の言語はこの秘匿に保持＝保護されているのだ。

　伝達不可能な秘匿された言語の伝達可能性が、コンテクストのたえざる書き換えの可能性に結び付いているというこの指摘は、デリダの言語活動がユダヤ人共同体やフランス国家を含め、いかなる共同体や国家にも帰属しようとしないことを示唆しているだろう。

7――法の力

　こうしてデリダは、原＝エクリチュールの問題、差延の問題を、文字から書き込まれたマーク一般や政治的署名へ、そして文化や制度一般、さらには経験一般の領域へと拡張していく。とりわけ一九九〇年代に彼は倫理的＝政治的な問題へと踏み込んでいく。その直接的な動機としては、一九七〇年代の「哲学教育研究グループ」の活動の過程における、哲学という制度についての考察、さらには制度一般の制度化とその侵犯についての考察があり[14]、また一九八二年の講演「先入見――法の前に――」における、カフカの『掟＝法の門前』[15]の読解を通した法概念の脱構築もあっただろう。しかしながら「幾何学の起源」への「序説」はすでにフッサール的な「責任」概念に対するもうひとつの責任の可能性を示唆しており、また『グラマトロジーについて』のルソー読解も、社会契約という起源への問いへの問いであり、それは政治的であると同時に倫理的な問い（進歩と堕落の問題など）であった。だからこれらはすでに倫理の問い、いや「道徳性の起源であると同時に非道特性の起源でもあるもの」[16]に対する問い、倫理の非倫理的で暴力的な開けへの問いと規定されていたのである。晩年のデリダは、初期の言語論を政治思想に応用したのでもなく、そこに根本的な思想的飛躍があったわけでもないのだ。

　その原理的な立場を明確にしたのが一九九四年の『法の力』である。法という制度もまた差延に蝕まれている。だから、法を執行（エンフォースメント）する力は法に外から加わる力ではなく、むしろ法の可能性そのものに宿っている「力の差異」「差延の力」なのであり、その意味で法はつねに脱構築可能である。このような法概念から出発して、いかにその決定や決断を、そしてその正義を語ることができるのだろうか。一方で法というものが有限な規則の体系であり、計算可能な装置であるものだとしたら、決定不可能な差延から出発して、どのように正義の決断を語り、自己を人質にしている他者に対して、どのように無限の責任を取ることができるのだろうか。

この正義の可能性をデリダは、三つのアポリアとして提示する。第一は規則のアポリアである。ある行為が正義であるためには、その行為は規則から自由で、場合によってはそれを侵犯するものでなくてはならない。しかし同時にそれがひとつの決断として制度化され、認知されるためには、何らかの法や規則に書き込まれなければならない。正義の決断は、まさにそれが下される瞬間において、規則づけられると同時に規則から自由でなくてはならない。それは法を維持すると同時に、それを破壊したり宙吊りにしたりしなければならないのである。ただしこの「瞬間」はけっして現前しない準－超越論的瞬間であり、ある決断について「それは正義である」と言うことはできない。

第二のアポリアは、決定＝決断不可能なものに関わる。それは二つの決断の間で揺れ動き、決定を延期することではない。決断がその名に値するものになるためには、それが規則の体系に則ったものでないように、決定＝決断不可能な場においてなされなければならない。決断という瞬間そのものが、「非決定性の試練」を通過し、それに取り憑かれつつ行なわれなければならないし、またその記憶を本質的な痕跡として留めていなければならない。

第三のアポリアは、すでに「幾何学の起源」への「序説」について説明した「カント的理念」にかかわる。正義の理念や他者への責任も無限の理念であるが、これはカント的理念とも、一神教的なメシア主義とも、ヘーゲル・マルクス主義的な目的論とも区別されなければならない。それはたんに来たるべき現在として待機されたり直観されたりするものではない。決断は現在という瞬間において直ちに行なわれなければならないからだ。「無限な差延が有限である」のと同じように、無限の正義の決断も、予測不可能な他者や切迫する未来にせき立てられるようにして行なわれなければならないという意味で有限なのである。

この決断の瞬間は一種の狂気の瞬間であるとデリダは言う。それは決断であるかぎりつねに能動的であり、未来にせき立てられて行なわれるがゆえに過剰なほどに能動的であるが、同時にそれは、予測不可能な他者を「歓待」し、あたかも他者に由来するかのようにして行なわれる決断であり、あらゆる受動性よりも受動的であるからだ。

だから「責任（レスポンサビリテ）」とは、決断を導く他者たちへの「応答可能性」でもある。ただしこの場合他者への責任とは、経験的な他者の声に耳を傾けるといったことではなく、規則と不規則、自己とその他性の間で生起する準－超越論的な「出来事」を歓待することであることに注意すべきであろう。無限の正義の理念に関する決断が有限なのは、経験的な状況に基づくものではない。規則に従うと同時にそれを侵犯し、能動的に行なわれると同時に現前しない他者たちに導かれるという、準－超越論的で構造論的な原理に基づくのである。

このように正義の決断をめぐるアポリアを検討することでデリダは、差延の概念を規則の創出や制度の書き換えの可能性へと結びつけていると言えよう。そこに差延や決断の準－超越論的な暴力がある。しかし同時に、決断は、無知や無規則の闇をくぐり抜け、準－超越論的な他性に対する歓待や応答を孕みつつ、新たな規則や制度を再構築することを要求する肯定的なものでもあるのである。

8――贈与の主題

こうした正義論を軸にデリダは、アパルトヘイト、パレスチナ問題、移民問題、ヨーロッパ論、マルクス主義の「終焉」、死刑制度、ジョージ・ブッシュの「ならず者国家」発言などをめぐって、相対的に直接的な言説を繰り広げていく。それと平行して、かつて「グラマトロジー」を取り巻いていた用語群が、「証言」「赦し」「亡霊学＝憑在論」「友愛」「アポリアの経験」「宗教の回帰と信」「メシア的なもの」「犠牲」「来たるべき民主主義」「コーラ」などへと変換されていく。そのひとつひとつに立ち入ることはできないので、ここでは「贈与」の問題のみを取り上げる。『法の力』では、正義の理念は「交換することなく贈与すること」であると言われていた。交換なき贈与とは何であろうか。

一九九一年に出版された『時間を与える』においてデリダは、贈与の主題は初期の思想をいわば総括するとともに、以後の主題を方向づけるものだと述べる。その哲学的背景としては、晩年のハイデガーの「それが存在を与える」「それが時間を与える」という存在者の現前化についての思索や、「性起の出来事（Ereignis）」という語をめぐる存在史的思索に対する距離があると思われる。

贈与はまず円環に対立する。円環とは、贈与が与える負債の意識に基づくお返しという交換のシステムである。この場合、贈与は交換の一部になってしまう。それに対してデリダは、もし贈与としての贈与が可能であるとしたら、円環が閉じようとする瞬間に、円環の断絶が生じてしまっていなければならないと言う。贈与という瞬間が、みずからの現在性を引き裂く。だとすると、贈与者にとっても被贈与者にとっても、贈与は贈与として現前しない。それは贈与として意識されても記憶されてもならない。存在者の存在化、時間の時間化の働きそのものが贈与を破壊してしまうからだ。

さらにデリダは、贈与はそれが生起した瞬間に忘却されなければならず、またフロイト的な無意識のように、抑圧されたものとして回帰してもならないという。忘却はみずからを忘却する。しかし原‐エクリチュールや秘匿された言語と同じように、それはみずからの記憶を自己忘却するかぎりにおいて、回帰することなく「生き残る」のである。

こうして贈与は、円環を不可能にすると同時に意味の「反覆可能性」を可能にするような「暴力」であるとデリダは言う。それは円環における中断や欠如であると同時に、円環の継続を可能にするような過剰なものなのだ。贈与は代補性のシステムを起動させるのである。

この贈与の問題系は、キルケゴールの『おそれとおののき』を読解した一九九九年の『死を与える』において宗教的責任の主題へと結びつけられる。「死を与える」とは直接にはアブラハムが神に息子イサクを捧げることであるが、またみずからに死を与え、犠牲となること、すなわち他者の代わりに死ぬという政治的‐倫理的行為とも関係する。アブラハムは神に対する絶対的な責任の主体、信仰の証言者として、誰にも言わずにイサクを神の犠牲にしようとするのだが、その道程で不審に思ったイサクの質問をはぐらかし、嘘をつくことなく応答する。この応答なき応答は、宗教的な共同体の言語とは異質な「秘匿された言語」であり、アブラハムはこれを保持すると同時に、この言語に保持される。

これは独自の他者論と関係している。デリダは『死を与える』で「あらゆる他者(tout autre)はまったく他なるもの(tout autre)である」あるいは「まったく他なるものはあらゆる他者である」という表現を提示する。これは一見同語反復的な命題の直中に異他性を挟み込むものだ。すなわち超越的な神などへの無限の責任と、隣人などの経験的な他者たちの間の「遊び＝隙間」の非決定性を示す。アブラハムの決断はこの非決定性の試練を経て行なわれるのである。

このようにデリダは、一般には公共性や公開性を前提する責任概念の中核に秘匿された言語を組み込む。イサクの奉献は倫理を越えた、それゆえほとんど無責任であるような特異で誇張された責任であるが、これは同時にきわめてありふれたもの、あらゆる他者たちとの関係において生起する普遍的出来事でもあるのだ。

9――デリダ思想の可能性

こうしたデリダの独自な思想はいまださまざまな現場における応用の可能性を秘めているだろうが、ここでは彼の哲学に内在しつつ、現在における再読の可能性を探ってみよう。

(1) デリダの哲学は、フッサール的な超越論的哲学の歴史論、間主観性論を通過しつつ、それがカント的理念のテロスの直観や生き生きとした現在において自閉することを遮断し、準-超越論的な差延から出発することを選択した。そしてこの「差延」を誇張的な言語を媒体に作動させ、新たな歴史論や他者論として展開した。こうしてデリダは超越論的言語の「不安」を、秘匿された言語や根源的な受動性を孕んだ、責任ある言語へと書き換え続けてきたのである。

このようにデリダの思想がフッサールの「遡行的問い」をモデルにしていること、このことは彼の思想が、すでに制度化されたものから出発して、起源ならざる準-超越論的な働きを見えるようにすることを意味している。その結果として、媒体としての準-超越論的言語が特権化されている。

このことはデリダの思想が、自他のコミュニケーションから国家に至る、現在すでに制度化されている支配的な諸制度の境界と内的根拠を揺るがすのに、とりわけ有効であることを意味する。とはいえそれに対して「多文化性」や「ノマド性」を称揚するのでもない。彼の哲学はむしろ、文化や制度の内部と外部の「間隙」や「間隔化」に過剰な代補の論理を組み込み、内部の中核に外部を歓待すると同時に、この中核を外部の飛び地へ接続することで、それらの対立を揺るがす「間文化的」な準-超越論的哲学として力を発揮する。準-超越論的な哲学的言語の特権化は、そうした間隙について「語る権利」の要求として必須なのである。そうした間隙のひとつに問いを投げかけること、それがデリダの思想である。

しかしながら、そのようにミクロであったりマクロであったりする諸文化・諸制度における差延の働きは、相互にどのような関係を持つのだろうか。また差延が超越論的現象学の目的論の不可能性の根拠であると同時に、その可能性の根拠であるとしたら、差延から出発していかなる新たな実践や制度が可能なのか。例えば、決断や他者の絶対的な歓待を諸制度に書き入れたときの「自己のテクノロジー」や「他者の統治＝統御」(ミシェル・フーコー)はどのようなものとなるのか、そしてこの自己が通過する「アポリアの試練」はどのように実践的に分節化されるのだろうか。

言い換えるならば、デリダはさまざまなレベルにおいて制度を脱構築し、新たな責任概念をもとに、来たるべき正義の切迫を指摘した。それら諸制度の相互関係の問題、制度とその境界のあり方の諸様態の問題、そして差延の作動を制度的な諸実践にいかに接続するかという問題が、私たちの課題となるだろう。

(2) デリダの代補の論理は、自然と文化・制度の対立とは無縁なものであり、何よりも起源に無垢なる自然を想定することを禁ずるものであった。だが文化や制度に多様な様態があるように、自然についても多様な理解がありうるはずである。自然をかならずしも原初的で無垢な起源、あるいはたんなる科学の対象と捉えるのではなく、代補の論理を支える前-客観的な野生の事実性として考えることはできないのか。そしてまた、自然的なもの一般の多次元性を語ることはできないか。文化と自然を横断する準-超越論的な多次元性の交差点に実践的活動が切り開かれるのではないか。

こうした問題にデリダがあまり踏み込まなかったのはおそらく、彼が言語をモデルとする構造主義との対立で思考を練り上げていったからであり、また、自然概念の多様性についての議論が十分に考慮されなかったからでもあるだろう。現代の学問状況においては、生命の次元をも考慮に入れた情報理論や、「受動的総合」(フッサール)の問題、感性的・知覚的なものの意味論などを取り上げ直しながら、代補の論理を練り上げなおす必要があるだろう。

情報一元論に対して「情報」概念そのものの脱構築をすること、その一方で感性や知覚が孕む記号作用に差延を導入すること、それは「準-超越論的な現象学的システム論」ないしは「システム論的な準-超越論的現象学」への呼びかけとなるだろう。こうした課題をデリダは私たちに残してくれている。

註

01 Edmund Husserl, *L'origine de la géométrie*, traduction et introduction par Jacques Derrida, Paris, PUF, 1962, p. 155(フッサール『幾何学の起源 新装版』、二二〇-二二一頁)。

02 *Ibid.*, p. 154.(同書二二〇頁)

03 *Ibid.*, p. 165-166.(同書二四五-二四六頁)

04 *Ibid.*, p. 171.(同書二五〇-二五一頁)

05 Jacques Derrida, *La voix et le phénomène*, Paris, PUF, col. « Épiméthée », 1967, p. 114.(『声と現象』高橋允昭訳、一九三頁、林好雄訳、二二八頁)

06 *Ibid.*, p. 9.(同書、高橋允昭訳、二一頁、林好雄訳、二〇頁)

07 *Ibid.*, p. 114.（同書、高橋允昭訳、一九四頁、林好雄訳、二二九頁）
08 Jacques Derrida, *L'écriture et la différence*, Paris, Éd. du Seuil, col. « points », 1967, p. 302.（『エクリチュールと差異〈新訳〉』、四一一頁）
09 *L'origine de la géométrie, op. cit.*, p. 104-105.（前掲『幾何学の起源 新装版』、一五〇頁）
10 « Le facteur de la vérité » in Jacques Derrida, *La carte postale*, Paris, Aubier-Flammarion, 1980.（「真実の配達人」清水正、豊崎光一訳、『デリダ読本』所収、『現代思想臨時増刊号』、一九八二年）
11 *L'écriture et la différence, op. cit.*, p. 181.（前掲『エクリチュールと差異〈新訳〉』、二四〇頁）
12 *Ibid.*, p. 180.（同書、二三九頁）
13 Jacques Derrida, *Limited inc.* Paris, Galilée, 1990.（『有限責任会社』）
14 Jacques Derrida, *Du droit à la philosophie*, Paris, Galilée, 1990.（『哲学への権利 一』）
15 Jacques Derrida, « *Préjugés, devant la loi* », in J. Derrida et al. *La faculté de juger*, Paris, Minuit, 1985.（「先入見——法の前に」）
16 Jacques Derrida, *De la grammatologie*, Paris, Minuit, 1967, p. 202.（『グラマトロジーについて』（上）、二七七頁）

主要著作

＊題名の後の数字は原著の刊行年

- フッサール『幾何学の起源 新装版』（一九六二）、デリダ翻訳および「序説」、田島節夫、矢島忠夫、鈴木修一訳、青土社。
- 『声と現象 フッサール現象学における記号の問題への序論』（一九六七）高橋允昭訳、理想社。『声と現象 フッサールの現象学における記号の問題入門』林好雄訳、筑摩書房、ちくま学芸文庫。
- 『グラマトロジーについて』（一九六七）（上・下）足立和浩訳、現代思潮新社。
- 『エクリチュールと差異〈新訳〉』（一九六七）合田正人・谷口博史訳、法政大学出版局。
- 『哲学の余白』（上・下）（一九七二）高橋允昭・藤本一勇訳、法政大学出版局。
- 『散種』（一九七二）藤本一勇・立花史・郷原佳以訳、法政大学出版局。
- 「先入見——法の前に」宇田川博訳、デリダ他『どのように判断するか』（一九八五）所収、国文社。
- 『有限責任会社』（一九九〇）高橋哲哉・増田一夫・宮崎裕助訳、法政大学出版局。
- 『哲学への権利 一』（一九九〇）西山雄二・立花史、馬場智一共訳、みすず書房。
- 『法の力』（一九九四）堅田研一訳、法政大学出版局。
- 『アポリア：死す——「真理の諸限界」を［で／相］待-機する』（一九九四）港道隆訳、人文書院。

▼『信と知――たんなる理性の限界における「宗教」の二源泉』(一九九四)湯浅博雄・大西雅一郎訳、未來社。
▼『死を与える』(一九九九)廣瀬浩司・林好雄訳、筑摩書房、ちくま学芸文庫。

ジャック・デリダ講義録

▼『獣と主権者[I][II]』全二巻(二〇〇八、二〇一〇)西山雄二ほか訳、白水社。二〇〇一～〇二年、二〇〇二～〇三年に行なわれた講義。
▼『死刑[I]』(二〇一二)高桑和巳訳、白水社。一九九九～二〇〇〇年に行なわれた講義。

参考文献

▼ペータース『デリダ伝』(二〇一〇)原宏之・大森晋輔訳、白水社、二〇一四。

[廣瀬浩司]

ブルデュー、ピエール

❖Pierre BOURDIEU　1930-2002

ピエール・ブルデューは、一般的な学問分類に従えば「社会学者」であって、言葉本来の意味における「哲学者」ではない。したがって、その名前を『哲学者事典』の目次に加えることの妥当性については議論の余地があると思われるが、多方面にわたる業績全体を俯瞰してみれば、彼が単なる社会学者の枠を大きくはみ出したひとりの思想家であることが実感される。じっさい、彼は人文社会科学の広汎な諸分野にわたって旺盛な活動を展開した「総合的人間学者」とでもいうべき存在であり、同年生まれの友人であり良きライヴァルでもあったジャック・デリダらとともに、二十世紀後半のポスト構造主義時代を代表する思考者として、現代思想の見取り図のなかに揺るぎない地位を占めている。一貫して厳密な実証的調査に基づいた分析を実践しながらも、これを常に原理的考察と有機的に結びつけることを怠らなかったその姿勢からして、彼を「哲学者」の範疇に含めることは十分に正当化されうるだろう。

ピエール・ブルデューは一九三〇年、南仏ベアルヌ地方(現在のピレネー＝ザトランティック県)、ダンガン村の慎ましい郵便局員の家庭に生まれた。少年時代、故郷に近い地方都市ポーのリセの寄宿生となり、図抜けた秀才ぶりを発揮する。教師の勧めで一九四八年からはパリの名門高校であるルイ＝ル＝グラン校の高等師範学校受験準備学級で学び、一九五一年にパリの高等師範学校に入学した。デリダは彼の一年下級生にあたる。

一九五四年に哲学の教授資格を取得した後、五五年に兵役でアルジェリアへ渡り、これを契機として民族学・社会学研究の道に進む。一九五八年アルジェ大学助手、六〇年には帰国してパリ大学文学部助手となり、六一年から三年間のリール大学助教授を経て、一九六四年には社会科学高等研究学院教授・研究主任となった。六八年に彼が創立した「教育文化社会学センター」は、のちに「ヨーロッパ社会学センター」と改称し、一九七五年からは研究誌『社会科学研究学報』を刊行している。一九八一年、ブルデューはレイモン・アロンの跡を襲って、知的ヒエラルキーの頂点ともいうべきコレージュ・ド・フランスの社会学講座教授に就任した。名実ともに、フランス社会学界の頂点に立ったことになる。その後も精力的な執筆活動を展開する一方、一九九〇年代からは社会的弱者を擁護する「行動する知識人」としての色彩を強め、しばしば一般市民や労働者とともにデモに参加したり、反グローバリゼーション運動を主導したりするなど、常に庶民の側に立って政治的・社会的活動にも積極的にコミットした。二〇〇二年、癌のため死去(享年七十一)。

❖ Pierre BOURDIEU

ブルデューの著作は単著・共著を含めて膨大な量にのぼり、対象とする領域も多岐にわたるが、全体は大きく六つの系列に分類できる。

①アルジェリアをフィールドとした人類学的・民族学的研究：『アルジェリアの社会学』『アルジェリアの労働と労働者』『根こそぎ』『資本主義のハビトゥス』『実践感覚』など。

②教育制度の社会学的分析：『学生とその学業』『遺産相続者たち』『教師と学生のコミュニケーション』『再生産』『ホモ・アカデミクス』『国家貴族』など。

③文化と階級の社会学的研究：『写真論』『美術愛好』『ディスタンクシオン』『話すということ』『芸術の規則』『男性支配』『結婚戦略』など。

④社会学の認識論・方法論：『社会学者のメチエ』『社会学の社会学』『構造と実践』『実践理性』『リフレクシヴ・ソシオロジーへの招待』など。

⑤哲学的・理論的考察：『ハイデガーの政治的存在論』『パスカル的省察』など

⑥政治的・社会的実践にともなう著作：『世界の悲惨』『メディア批判』『市場独裁主義批判』『住宅市場の社会経済学』『政治』など。

これらの全領域を万遍なく網羅することは不可能に近いし、無理にそうしようと思えば総花的な解説に終わってしまう恐れがあるので、以下では多様なブルデューの仕事のなかでもとりわけ重要と思われる②と③のカテゴリーに焦点をしぼって記述する。

一九六四年の『遺産相続者たち』は、教育制度をめぐる社会学的分析としては最初のまとまった成果である。本書はブルデューと同年生まれの社会学者ジャン＝クロード・パスロンとの共著であるが、内容的にはブルデュー色がきわめて濃厚で、彼にとって初期の代表的な仕事といって差支えない。「学生と文化」というサブタイトルからもうかがえるように、ここでは高等教育レベルでの文化的不平等がいかにして生じるのかという問題が扱われている。

従来、学生間の文化的不平等は、親の収入に起因する経済的不平等に還元されるか、さもなければ生まれつきの才能の差という運命論的要因に回収されるかのいずれかであった。しかしブルデューらはそこに別の要因が作用している可能性を想定し、学生の出身階層と、学業成績、教養知識、言語能力、進路選択等との相関関係を実証的に分析する。

その結果、学生たちのなかには、家庭において両親からさまざまな形で文化的蓄積を継承する機会に恵まれた「遺産相続者たち」と、そうした（抽象的な意味での）相続遺産をもたない者が存在することが明らかになる。これを踏まえて著者たちは、両者を隔てる社会構造的な差異にこそ教育機会の不平等の主因があること、そして学校という制度はこの文化的不平等を縮小するどころか、むしろ選別と排除の機制によって拡大する傾向があることを論証してみせた。

『遺産相続者たち』で提示された観点を継承・発展させたのが、同じ二人の共著になる一九七〇年の『再生産』である。ここではのちにブルデューの最も重要な鍵概念のひとつとなる「文化資本」というタームが初めて導入されているので、まずはその概略を確認しておこう。

本書では必ずしも明確な定義が与えられているわけではないが、一連の記述を参考に要約するならば、文化資本とは、数字的に定量化することはできないものの、社会生活において資本として蓄積され相続されうる種々の文化的要素、すなわち知識、教養、趣味、感性、技能、財物、肩書、等々を指す。ブルデューはのちに『社会科学研究学報』に掲載した文章（「文化資本の三つの姿」、一九七九年）で、その具体的な様態として「身体化された文化資本」「客体化された文化資本」「制度化された文化資本」という三種類の形を提示している。

身体化された文化資本とは、一定の時間をかけて文字通り「身につけられた」知識や教養、幼少時から血肉と化した趣味や感性、身体で覚えた技能などのことで、上品なしぐさや優雅な言葉遣いなどもこれに含まれる。これらは意識的な学習によっては獲得することのむずかしいもので、家庭環境のなかで自然に親から子へと伝達される側面が大きい。

客体化された文化資本とは、書籍、絵画、道具など、具体的なオブジェ（客体＝物）として所有された文化的財のことで、蔵書や書画骨董のたぐい、家具調度品などを思い浮かべればよい。しかしこれらはもちろん、この種のオブジェを有効に活かすだけの知識や教養があって初めて価値をもつので、文化資本として相続するにはそれにふさわしい身体化の作業が前提となる。

制度化された文化資本とは、能力を判定したり選別を行なったりする社会的制度（例えば試験）によって公式に付与された資格のことで、いわゆる学歴はその典型である（ブルデューは「学歴資本」というタームも用いている）。これは定義からして相続不可能なものであるが、一般に高学歴の親をもつ子どもほど学歴が高くなる傾向が見られるので、この場合は他の文化資本から学歴資本への転換が生じているものと解釈できる。

以上の前提を踏まえた上で『再生産』に話を戻すと、これはタイトルの通り、文化資本の相続による階級構造の再生産という、ブルデューの最も基本的なテーマを検証することを目的とした著作である。ここでは「文化的恣意」及び「象徴的暴力」という二つの概念を中心に、その内容を瞥見しておこう。

「文化的恣意」とは、それ自体が真理である客観的根拠は存在しないのに、あたかもアプリオリに絶対的・普遍的な真理であるかのごとく意味づけられ価値づけられたもろもろの知識や教養のありようを指す。例えばナポレオンは偉大な英雄であるとか、『モナリザ』は不朽の名画であるといったことは、実際はいつでも変更を迫られる可能性のある「恣意的」な命題にすぎないが、付与されたさまざまな知識や教養が疑問の余地のない価値体系として一方的に伝達され、教えこまれてゆく。

にもかかわらず、誰もが認める不変の真理として無条件に通用し、広く共有されている。そして学校という場では、こうして正統性を

いっぽう「象徴的暴力」とは、著者自身の言葉を借りれば「さまざまな意味を押しつけ、しかも自らの力の根底にある力関係を覆い隠すことで、それらの意味を正統であるとして押しつけるにいたる力」のことである。「暴力」というタームはいささか刺激的であるが、これは要するに、可視的な物理的暴力と違って、人々の思考や感性を見えない形で形成してゆく不可視の強制力と理解しておけばよい。

以上二つの概念設定を踏まえていえば、本書で問題化されているのは、無根拠な「文化的恣意」の押しつけによって教育行為の「象徴的暴力」が及ぼす支配的価値観の刷りこみ効果であり、その結果として反復・継続されてゆく既成の階級構造の再生産過程である。ここで注意しなければならないのは、さまざまな選別システムが結果的に、文化資本に恵まれない家庭環境に育った人々を、初めから競争への参加をあきらめてしまう方向に誘導するという形でも働いているということだ。こうした暗黙の「自己排除」という現象もまた、階級再生産の要因として無視することはできない。

このように、教育は基本的に階級構造の現状を固定化する方向に作用するので、職業カテゴリーはどうしても閉鎖的になる傾向がある。医者の子弟が医者になり、職人の子弟が職人になる、といった現象が見られるのは、別にフランスに限ったことではない。その意味で、豊かな文化資本の遺産相続者とはいえない郵便局員の息子からコレージュ・ド・フランスの教授になったブルデュー自身は、教育制度そのものを通して職業再生産の壁を乗り越えることに成功した例外的な存在であるといえよう。

『再生産』から十数年を経て、ブルデューは『ホモ・アカデミクス』（一九八四）で大学教員たちの世界を分析した後、一九八九年には教育社会学分野での集大成ともいうべき大著、『国家貴族』を公にした。タイトルの「国家貴族」とは、高等師範学校（エコール・ノルマル・シュペリユール）（ブルデュー自身の出身校）をはじめとするグランド・ゼコールの卒業生を指す。

エリート選別システムにおいて、試験が果たす役割が格別に大きいことはいうまでもない。フランスでは、バカロレア（大学入学資格試験）に合格しさえすれば通常の大学には自由に進学できるが、グランド・ゼコールに入学するには、まず名門リセの準備学級で学んだ後、非常に厳しい入学試験を受けて合格しなければならない。あらゆる試験がそうであるように、この試験においても偶然性や恣意性を排除することはできず、合否を分かつのは紙一重の差にすぎないが、結果として合格した者と不合格になった者のあいだには、その後のキャリアにおいて決定的な差がつく。そしてこの線引きは、あたかも両者の本質的な差異を示しているかのように

機能するのである（ブルデューはこの作用を「国家の魔法」と呼んでいる）。
だからひとたびこの関門を突破すれば、その学生はエリート中のエリートとして公認され、国家の中枢で活躍する道を歩みはじめることになる。なかでも文部省が管轄する高等師範学校や、防衛省が管轄する理工科学校（エコール・ポリテクニック）、内閣府が管轄する国立行政学院（エナ）などの学生たちは、入学すると国家公務員の地位を与えられ、学費が無料であるだけでなく、毎月給与を支給されるという特権に与ることができる。まさに文字通りの「国家貴族」として聖別されるのである。

本書では例によって膨大な統計資料に基づきながら、教育制度によって選別された国家貴族としての少数エリート集団が、特に一般的な省庁の外にあって諮問機関的な役割を果たす高級官吏職団（グラン・コール）（国務院、財政監察局、会計検査院など）を形成してゆくプロセスと、彼らが自律性を保ちながら国家権力の担い手としての地位を維持してゆくメカニズムが分析されている。エリート養成学校群の世界と権力の世界の構造を対比しながら、「前者が後者に、構造的相同関係によって、また、この関係を通じた極めて特異な形態の因果的相互依存関係によって結びついている」ことを論証するのが著者のねらいであるが、ブルデュー自身、このもくろみを「いかにも大それた構想」と呼んではばからない。しかし本書では社会学者ならではの厳密な科学的実証性と、深い人文的素養に裏打ちされた哲学的思考があいまって、この果敢な企図がみごとに達成されている。

以上に概観した教育社会学の分野と並んで、あるいはそれ以上にブルデューの概念装置が有効性を発揮するのが、文化と階級の関係を探求した社会学的研究においてである。一九六五年の『写真論』（原題は『中間芸術』）では写真、翌年の『美術愛好』では絵画を調査対象としてとりあげた彼は、それから十余年を経て一九七九年に刊行された主著、『ディスタンクシオン』において趣味一般の階級性を論じ、この方面の研究をまとまった形で完成させた。

タイトルの「ディスタンクシオン」（distinction）という単語は、本来は単に「区別」の意であるが、同時に「品位」とか「上品さ」といった意味もあり、本書では自らを他者から区別して際立たせること、すなわち「差別化」もしくは「自己卓越化」といったニュアンスで用いられている。

社会的存在としての人間は、いわゆる文化資本、なかでも特に制度化された文化資本の典型である学歴資本や、なんらかの利益をもたらす人間関係のネットワークである「社会関係資本」（これはいわゆる「人脈」という概念に近い）を利用しながら、少しでも自分を他者から差別化して優位に立とうとする戦略を意識的・無意識的に実践している。その結果、もっぱら経済的要因に基づく従来の階級構造とは異なり、何が洗練された正統的な趣味とみなされるか、すなわち「文化的正統性」を差異化の原理とした新たな階級構造が描き出されることになる。

この構造のなかでは、「趣味の良さ」の度合いに従ってあらゆる実践や表象が序列化される。例えば、純文学は大衆文学よりも高尚であり、クラシック音楽はポピュラー音楽よりも上品である、といった具合で、この種の通念は、それ自体は本質的に無根拠な「文化的恣意」であるにもかかわらず、普遍的な価値観として広く共有されている。だからこそ、「通俗的」とか「下品」といった負のレッテルを貼られた文化の側からは、既成のヒエラルキーを転倒しようとする対抗戦略も生まれてくるのである。

したがって現代社会で繰り広げられているのは、資本家対労働者という古典的な二項対立に基づいた実体的な「階級闘争」ではなく、さまざまな文化的価値をめぐる覇権争い、すなわち関係論的なレベルでの「象徴闘争」にほかならない。本書では、こうした階級分化と象徴闘争の複雑なメカニズムが、実証的かつ理論的に浮き彫りにされていく。

ブルデューはまず、経済資本と文化資本という二種類の資本を基本的指標として設定し、両者の配分比率を横軸に、両者を併せた所有総量を縦軸にとった座標平面を想定する。この平面は「社会空間」と呼ばれるが、ここで「空間」とはもちろん通常の意味でのそれではなく、紙の上で抽象的に構築された差異の体系を指している。

次に彼は、縦軸と横軸に沿って種々の職業カテゴリーの「社会的位置」を画定し、この平面上に配置してみせる。どのような人間も経済資本と文化資本の両方を一定量所有しているが、例えば一般的に大学教授は配分比率としては文化資本の方が優位であり、実業家は逆に経済資本の占める比率のほうが高い。またこれらの職業カテゴリーは資本の所有総量という点ではいずれも社会の上位に位置するが、零細な商店主や単純労働者は相対的に下位に位置する。

実際に図表の形で可視化されたこの空間では、経済資本の比率が高い職業ほど平面の右側に、逆に文化資本の比率が高い職業ほど左側に位置づけられ、所有総量が大きいほど平面の上部に、小さいほど下部に位置づけられる。例えば商・工業経営者は座標平面の右側上部に配置され、小学校教員は座標平面の左側中間部に配置されるといった具合である。

さらにブルデューは、これと二重写しに「生活様式空間」を描きだす。これは、好きな音楽ジャンルは何か、美術館にはどれくらいの頻度で行くか、普段はどんなスポーツをやっているか、どんな料理を日常的に食べているか、等々のアンケート調査に基づいて、どの職業の人々が実際にどのような生活様式を実践しているかを視覚的に図式化したものである。

調査対象となっているのは一九六〇年代から七〇年代にかけてのフランスなので、あくまでも時代的・地理的な限定つきではあるが、これを見ると、社会空間の左側(文化資本の比率の高い側)に位置する人々は一般にクラシック音楽を好む傾向が強く、全体として下部(資本総量の小さい側)に位置する人々は美術館にはほとんど行かないというように、職業カテゴリーと生活様式空間とのあいだにはきわめて密接な照応関係が見られることがわかる。すなわち、社会的位置と生活様式は正確な相同性によって結ばれている。

このように、普通は全面的に個人の自由にゆだねられているかに見える主観的な趣味や生活様式の領域、さらには私たちが日常的に反復している種々の行為全般(ブルデューの用語では「プラティック(pratique)」=実践あるいは慣習行動)にも、社会空間の客観的な構造が濃厚に投影されているというのが、『ディスタンクシオン』の提示する基本的なテーゼである。

しかしこの認識は当然ながら、決定論的な色彩を帯びざるをえない。誰もが文化資本と経済資本の配分状況によってアプリオリに一定の社会的位置を割り振られており、自分の意思で選択していると信じている趣味や行動もすべてその位置によってあらかじめ規定され方向づけられているのだとすれば、私たちが主体的に判断を行なう余地はなくなってしまうからである。

運命論的ニヒリズムに帰着してしまいかねないこの種の危惧に対してブルデューが用意している回答が、「ハビトゥス(habitus)」という概念である。この用語はラテン語のhabere(持つ)に由来し、英語のhaveやフランス語のavoirと語源を同じくする。つまり本来は「所有」の観念と結びついた概念であるが、ブルデューはこれを単なる所有物ではなく、身体化のプロセスを通して統一的な「存在」そのものにまで昇華した行動原理を指すために用いている。彼自身の言い方によれば、「ハビトゥスとは存在(être)と化した所有(avoir)である」。

したがってハビトゥスは、プラティックを規定するもろもろの無意識的な性向、ブルデューの用語でいう「ディスポジシオン(disposition)」(思考様式や心的傾向、身体所作や振舞い方など)のシステムとして定義される。換言すれば、これは私たちの日常生活を方向づける知覚・判断・行動図式の体系であり、それ自体がひとつの一貫性・統一性を備えた心身の基本的な「構え」とでもいったものである。

ハビトゥスは幼少時から家庭環境のなかで刷り込まれる側面が大きいことから、必然的に階級性を帯びている。同じ階級に属する者どうしはたいてい共通のハビトゥスをもっているが、異なる階級の者どうしはハビトゥスを異にしている可能性が高い。その結果、恋愛や結婚でさえ、その類似もしくは相違によって規定されることになる。「類は友を呼ぶ」といった表現に見られるように、ハビトゥスは類似した者どうしを接近させるが、逆に異質な者どうしは遠ざけるのである。

けれどもそれだけであれば、ハビトゥスは単なる惰性的な「習慣（habitude）」と変わるところがない。つまりそれは、すでにできあがった潜在的傾向の体系として自由意思による決定を阻害し、私たちを一方的に拘束し制約する「構造化された構造」にすぎないことになってしまう。じっさいブルデューに対しては、既成の社会構造を実体として固定化しフェティッシュ化しているのではないか、という批判がしばしば加えられてきた。

これに対してブルデューが強調するのは、ハビトゥスが種々の局面において絶えずみずからを再構築しながら、さまざまな実践や表象の生産原理としても機能するという能動的側面である。この観点からすれば、それは幼少時に獲得された一次的傾向の残存効果をただ受動的に継続するのではなく、不断の自己更新を繰り返しながら、過去には見られなかった知覚や判断や行動を臨機応変に生み出してゆく「構造化する構造」でもあることになる。つまり、構造そのものを作り変えていく創造性をそなえた柔軟で強力な生成母胎であるという点が、ハビトゥスの最も重要な特性なのであり、そこに単なる習慣との本質的な差異がある。

それゆえハビトゥスとは、主体と客体との根源的な矛盾を超克するための媒介概念であるといえる。あえて図式化するならば、すべてが主体の自由な選択と決定にゆだねられているとするサルトル的な「主体の哲学」の主観主義と、すべてが既成の構造によってあらかじめ規定されているとするレヴィ＝ストロース的な「構造主義」の客観主義との対立を止揚するためのキーコンセプトとして、ハビトゥスは構想されているのである。ブルデューはしばしば自らを「生成論的構造主義者」と規定しているが、これは静的な構造と動的な実践を統合しようとする自分の立場を、以上のような現代思想のパースペクティヴのなかに位置づけているからにほかならない。

そもそも人間というのは、自分が他者と異なっていると同じになろうとするが、他者と同じであると本能的に自分をそこから差別化しようとする存在である。つまり私たちは避けがたく差異と欲望の循環に巻き込まれているのであり、この運動には終わりがない。ブルデューは本書において、もろもろの概念装置を総動員しながら社会構造の現状を描き出すとともに、この構造自体が生成変化する不断の運動のメカニズムを、説得的かつ徹底的に分析してみせた。

『ディスタンクシオン』で定義された社会空間の概念を、現代社会から十九世紀のフランスに移し替えて適用した歴史的応用編とでもいうべき著作が、文化社会学の分野におけるもう一冊の主著である『芸術の規則』（九二）である。

本書では「シャン（champ）」という言葉が主要な役割を果たしているが、これはすでに他の著作でもしばしば用いられていた概念で、簡単にいえば、ある領野における行為者集団、およびそれに付随する諸要素（組織、価値観、規則など）によって構成される社会的圏域を指す。相対的自律性をもった世界というスタティックな側面に注目すれば、「界」という訳語があてはまるであろうし、象徴闘争が繰り広げられるフィールド(戦場)というダイナミックな側面を強調すれば、「場」という訳語が適切であろう。

いずれにせよ、本書で分析されているのは十九世紀フランスの芸術界(芸術場)、特に文学界(文学場)であるが、この書物の野心的な意図は、「芸術の規則」というタイトルに集約されている。そもそも芸術に規則などないというのが、一般的な社会通念であった。芸術家は言葉では説明できないある種の霊感の訪れによって作品を受胎し、天賦の才能によってこれに永遠の生命を与え、読者や鑑賞者にこれを贈与する特権的な存在であるから、その創造行為は合理的な解説の試みや論理的な理解の努力を受けつけない超越的な営みでなければならず、定義からして「規則」という制度的概念とは相容れないものである、というわけだ。

ところが、文化生産のあらゆる局面を象徴闘争の場とみなすブルデューは、芸術もまた一定の社会的条件のなかで初めて可能になる現実的営為であり、文化的正統性の覇権をめぐる一種の社会的ゲームであるから、「ゲームの規則」ならぬ「芸術の規則」の制約をまぬかれないという立場をとる。このような視点に立つならば、これまで芸術作品の創造行為を根拠づけてきた「作者の才能」というロマン主義的神話は解体され、個性とか独創性といった観念も失効することになるであろう。これはある意味で偶像破壊的な試みであり、伝統的な芸術擁護者からすれば、およそ許容しがたい暴論に思われるにちがいない。

けれどもブルデューは、そうした批判を先取りするかのように、本書の分析が最初のうちは創造者の唯一性を無化するように思えたとしても、創造者自身が含まれている社会空間の構造が再構築されれば、その時点で彼(女)の唯一性はふたたびより明確な形で見出されるはずだと述べる。つまり彼は、作者の独自性そのものを否定しているわけではなく、これを他の創造者たちとの相関性の網のなかに置き直し、関係論的な文脈のなかで客観的に位置画定することによって、再度浮上させることを目指しているのである。

確かにいかなる創造者も無垢ではありえず、作品生産の場に参入する以上は、多かれ少なかれその場の構造によって規定されることをまぬかれない。しかしその規定性を踏まえて初めて、他の作者では置き換えのきかない創造行為の独自性が明らかになるのだというのが、彼の基本的な姿勢である。

こうした狙いを達成するために、ブルデューはともすると作者の人格と関連づけながら作品を解釈しがちであった従来の主観的な文学評論や芸術批評に替えて、厳密な手続きによって実践される客観的な「作品科学」を提唱する。そしてその具体的な応用の試みとして、ギュスターヴ・フローベールの『感情教育』を俎上に載せるのだが、そこでは主要な登場人物たちが「芸術と金銭」、すなわち文化資本と経済資本の配分状況に従って当時の社会空間のなかに位置づけられ、各々の行動や発言が彼らの社会的位置との相同関係によって明快に解読されている。これはいわゆる文芸批評家の側からは絶対に出てこない読み方であり、この部分だけ取り出してみても、文学研究の分野に大きな一石を投じるユニークな作品論となっている。

このように、本書はブルデューが社会学者の枠を越えて、しかしながらあくまでも社会学者としての知見を踏まえながら、彼一流の視点から文学・芸術を論じた独創的な著作であり、その重要性は『ディスタンクシオン』に比べても劣るものではない。

以上、教育と文化の両分野に限定してブルデューが遺した主要な作品の概要を記してきたが、これだけでも彼の関心領域の広さは十分にうかがうことができるだろう。言及することのできなかった他の著作も含めて、彼の仕事の幅広いスペクトルを貫く姿勢をあえて手短に要約すれば、社会の客観的な構造と生成のメカニズムは基本的に厳密な科学的・実証的分析によって説明可能であるということ、そしてその可能性を放棄することなく最大限に追求することが、最終的には人間をさまざまな不自由から解放する契機をもたらすことにつながるということである。

この強固な信念は、初期の研究から一貫して見られたものだが、とりわけ晩年の政治的・社会的実践にともなう著作群において、ひときわ明確に浮上してくるような印象を受ける。おそらくこれは、ブルデューにとってはほとんど「身体化された」倫理観であったにちがいない。そしてこの純粋な倫理観そのものこそが、まさに彼の「哲学」のエッセンスであるといえるだろう。

主要著作

＊著作名の後の括弧内は原著刊行年

▼『遺産相続者たち』（J＝C・パスロンとの共著、一九六四）石井洋二郎監訳、藤原書店、一九九七。
▼『教師と学生のコミュニケーション』（原題『教育学的関係とコミュニケーション』、他二名との共著、一九六五）安田尚訳、藤原書店、一九九九。
▼『写真論』（原題『中間芸術』、他三名との共著、一九六五）山県熙・山県直子訳、法政大学出版局、一九九〇。
▼『美術愛好』（A・ダルベルとの共著、一九六六）山下雅之訳、木鐸社、一九九四。
▼『社会学者のメチエ』（他二名との共著、一九六八）田原音和・水島和則訳、藤原書店、一九九四。
▼『再生産』（J＝C・パスロンとの共著、一九七〇）宮島喬訳、藤原書店、一九九一。

▼『資本主義のハビトゥス』(原題『アルジェリア六〇』、一九七七)原山哲訳、藤原書店、一九九三。
▼『ディスタンクシオン』(一九七九)石井洋二郎訳、藤原書店、一九八九-九〇。
▼『実践感覚』(一九八〇)今村仁他訳、みすず書房、一九八八-九〇。
▼『社会学の社会学』(原題『社会学の諸問題』、一九八〇)田原音和監訳、藤原書店、一九九一。
▼『話すということ』(一九八二)稲賀繁美訳、藤原書店、一九九三。
▼『ホモ・アカデミクス』(一九八四)石崎晴己訳、藤原書店、一九九七。
▼『構造と実践』(原題『言われたこと』、一九八七)石崎晴己訳、藤原書店、一九八八。
▼『ハイデガーの政治的存在論』(一九八八)桑田礼彰訳、藤原書店、二〇〇〇。
▼『国家貴族』(一九八九)立花英裕訳、藤原書店、二〇一二。
▼『芸術の規則』(一九九二)石井洋二郎訳、藤原書店、一九九五-九六。
▼『リフレクシヴ・ソシオロジーへの招待』(原題『回答』、L・ヴァカンとの共著、一九九二)水島和則訳、藤原書店、二〇〇七。
▼『世界の悲惨』(編著、一九九三)。
▼『実践理性』(一九九四)加藤晴久他訳、藤原書店、二〇〇七。
▼『メディア批判』(原題『テレビジョンについて』、一九九六)櫻本陽一訳、藤原書店、二〇〇〇。
▼『パスカル的省察』(一九九七)加藤晴久訳、藤原書店、二〇〇九。
▼『市場独裁主義批判』(原題『迎え火』、一九九八)加藤晴久訳、藤原書店、二〇〇〇。
▼『男性支配』(一九九八)坂本さやか・坂本浩也訳、藤原書店、二〇一七。
▼『住宅市場の社会経済学』(原題『経済の社会的構造』、二〇〇〇)山田鋭夫他訳、藤原書店、二〇〇六。
▼『政治』(原題『政治界について』、二〇〇〇)藤本一勇他訳、藤原書店、二〇〇三。
▼『結婚戦略』(原題『独身者たちの舞踏会』、二〇〇二)丸山茂他訳、藤原書店、二〇〇七。

〔石井洋二郎〕

テイラー、チャールズ・マーグレイヴ

❖Charles Margrave TAYLOR 1931-

カナダの哲学者。アラスデア・マッキンタイアー（Alasdair MACINTYRE, 1929-）と並んで、コミュニタリアニズム（共同体主義）の代表者とされる。二〇〇八年、多文化主義に基づく社会哲学を構築したとして第二十四回京都賞（思想・芸術部門）受賞。著作には、『エクスプラネーション・オブ・ビヘイビアー』（一九六四）、『ヘーゲルと現代社会』（八一）、『オーセンティシティーの倫理』（九一）などがある。〔中澤瞳〕

ドゥボール、ギー

❖Guy DEBORD 1931-1994

フランスの文筆家、映画監督。政治・芸術運動の団体「アンテルナシオナル・シチュアシオニスト」の創設者。一九六七年に出版された『スペクタクルの社会』は、現代の大量消費によって成立する高度資本主義の社会においては、メディアの発達によってすべてが表象的原理としての「スペクタクル」によって動かされ、一方では誰もが観客としてしか関わりえないという状況を批判的に示しており、六八年五月革命を予言する書物として知られることになった。また同名の映画作品が一九七三年に製作されている。一九八八年の『「スペクタクルの社会」への註解』においては、「監視」の問題に特に焦点が当てられている。〔本郷均〕

マラン、ルイ

❖Louis MARIN 1931-1992

フランスの哲学者。カリフォルニア州立大学サンディエゴ校、ジョンズ・ホプキンス大学などで教鞭をとり、一九七七年、社会科学高等研究院教授に就任。また、『批評』誌の編集委員を務めた。著作には『絵画の記号学』（一九七一）、『ユートピア的なもの』（七三）、『絵画を破壊する』（七七）、『語りは罠』（七八）、『声の回復』（八一）、『王の肖像』（八一）、『食べられる言葉』（八六）など多くのものがある。記号論的方法によって、絵画や言語、文学、社会などのさまざまな領域に関して分析を行なっている。〔飯盛元章〕

ローティ、リチャード・マッケイ

❖Richard McKay RORTY 1931-2007

アメリカの哲学者。ニューヨークに生まれ、シカゴ大学で学ぶ。一九五六年にイェール大学で博士号を取得。ウェルズリー大学、プリンストン大学、ヴァージニア大学で教鞭をとり、一九九八年よりスタンフォード大学で比較文学の教授を務める。二〇〇五年に退官。ローティは、はじめ分析哲学やホワイトヘッドの哲学から出発して、やがてデューイを中心とするプラグマティズムへと傾倒し、その立場から、一九七九年に最初の主著である『哲学と自然の鏡』を著わす。この著作でローティは、人間の

精神を自然がそのまま映される「大きな鏡」とみなす西欧の認識論的な哲学や、普遍的で絶対的な真理を求めるプラトン的な形而上学を批判し、ハイデガーやウィトゲンシュタイン、デリダやフーコー、さらにはクワインら現代の分析哲学もあげながら、そういった伝統的な哲学が終焉しつつあると述べる。ローティは、非歴史的な真理を求める従来の哲学的な欲望を相対化しつつ、客観的な基準をもたず偶然性をうけいれる、徹底して歴史主義的な〈脱－哲学〉の哲学を展開する。これこそプラグマティズムの本質的な帰結（「プラグマティズム的転回」）であり、真理や実在といった超時間的な存在をもはや追い求めることなく、そういった存在とはべつの動機でなされるこのような哲学に対して、ローティは「解釈学」という名前を与える。さらにそこから、個人が客観的な真理に頼ることなく実現する創造的な行為と、そういった行為に基づく公共的な〈連帯〉の重要性が説かれ、この二つの相反する契機を近づけ併存させる態度を、ローティは「リベラル・アイロニスト」と呼ぶ。これは、ローティの〈脱－哲学〉の哲学が、たんなる相対主義とは異なり、普遍的な真理を欠きながらも、ポジティブで建設的な社会性や人間性の理論を志向していたことを示している。著書は、『哲学と自然の鏡』や、『プラグマティズムの帰結』（邦題『哲学の脱構築』）、『偶然性・アイロニー・連帯』などが邦訳されており、そのほか四巻からなる哲学論文集がある。

〔八幡恵一〕

ヴィリリオ、ポール

❖Paul VIRILIO　1932-

ポール・ヴィリリオは一九三二年にパリに生まれた。ドイツ軍侵攻にともない難を逃れるために一家はパリを離れてナントに移住したが、この避難先で激しい英空軍爆撃を体験する。ヴィリリオ少年は造船工場群のあいだを歩きまわり、戦争の記憶をノートに書きとめる日々を送ったという。爆撃による破壊のすさまじい光景は、その後のヴィリリオの思想形成に大きな影響を及ぼすことになるだろう。ドゥルーズの『シネマ――運動イメージ』最終章では、ネオ・レアリズモの登場とともに、都市の内部に癌のように夥しい数の「曖昧な空き地」の映像があらわれはじめると言われている。ヴィリリオもまた『電脳世界』(一九九六)において、ロッセリーニをはじめとするネオ・レアリズモへの共感を告白しており、もはや古典的リアリズムでは捉えきれない「任意空間」の出現という主題は、たとえこの語が明示的に用いられてはいないにせよ、ヴィリリオにとっての根本問題であることに変わりはない。『パニック都市』(二〇〇四)では、彼の視線はそれ以後も破壊された都市の光景に執拗にそそがれてきたことが述べられている。「そうした破壊は自分の目で確認することができた。一九四三年には爆撃後のナント中心部で。一九五三年には、ハンブルクとフライブルクで。あるいは、もっと後になってからはベルリンでも……」。ヴィリリオにとっての「任意空間」とは、爆撃で破壊された都市の姿、人影のない砂漠化した風景のことであり、さらにはまた特定の場をもたぬ情報空間のことなのである。

少年時代の彼は絵を好んで描いたという。『ネガティヴ・ホライゾン』(八四)の緒言によれば、最初の写生の対象となったのはナントの市街を歩く女性であり、二番目はロワール河にかかる橋だったという。その後一九四五年にパリに戻って工芸学校に入学したヴィリリオは、ステンド・グラス制作を学ぶ。ジョルジュ・ブラックの助手となり、ノルマンディ地方ヴァランジュヴィルのサン・ヴァレリー教会で仕事をし、さらに南仏のサン＝ポール・ド・ヴァンスの礼拝堂ではマチスの助手として働いたが、いずれも二十世紀の画家が手がけたステンド・グラス制作の代表例となっている。ヴァランジュヴィルでの仕事が、戦争によって破壊された教会の修復作業の一環だったことは記憶にとどめてよい。

ステンド・グラスは窓であっても、アルベルティが語るような意味での「世界に開かれた窓」ではない。『危機的空間』(八四)においてヴィリリオ自身が指摘するように、それは光の通過と遮断を同時に行ない色彩豊かな形象を浮かび上がらせる点において、テレビ画面あるいは

❖ Paul VIRILIO

スクリーンに似ているといえる。ステンド・グラスや薔薇窓は彼にとって「ゴシック建築の特殊撮影」に相当するものなのだ。

ステンド・グラス制作の修業と平行して、一九五〇年代のヴィリリオはパリ大学でヴラディミール・ジャンケレヴィッチ、ジャン・ヴァール、レイモン・アロンの講義を聞き、哲学とゲシュタルト心理学を熱心に学んだ。ヴィリリオの知的形成にあって、モーリス・メルロ＝ポンティの講義に触れた点は重要な意味をもつと考えられる。ヴィリリオ自身もまた、ロトランジェ(Sylvère Lotringer, 1938-)との対談では、みずからの知的形成に関連して、終始一貫して現象学的立場をまもりつづけてきたと述べている。彼が自己の思想的基盤とするのはフッサールの「ゼロ地点」であり、そこから「極の不動」という表現によって示される彼自身の思想が導きだされる。そのような「現象学的方法」の発想をもたらす契機となったのが、メルロ＝ポンティとの出会いであった。この哲学者についての言及はヴィリリオの著作の随所に見出される。都市と建築に関する考察を基軸に据え、さらに「走行学（ドロモロジー）」(＝速度学)の名のもとに展開されるヴィリリオ独自の空間と主体の理論化、とくにその動態的なアスペクトの追求にあっても、「知覚の現象学」に起源をおく方法論的な影響を見出すことができるだろう。

その後、建築の分野に進んだヴィリリオは、一九六三年に建築家クロード・パランとともに「建築原理（アルシテクチュール・プランシプ）」グループを設立し、建築物から水平線および垂直線を追放する原理的模索と「斜線の機能」の擁護を謳う運動をたちあげる。このような「斜めの空間」の探求は、建築空間への動的要素の導入を意味していたと考えられるわけだが、具体的な作例としては、二人が共同で行なったヌヴェールのサント＝ベルナデット教会の建設(一九六三〜六六年)があげられる。

一九六八年五月革命の際にオデオン座の占拠に加わったヴィリリオは、まもなく学生に推挙され、パリ市建築専門学校(Ecole Spéciale d'Architecture)にポストを得る。一九七三年には同校の研究主任、一九七五年に同校の校長となってリーダーシップを発揮する。結果的に、一九九〇年代末に到るまで、同校は彼の活動の中心拠点となった。

著作活動に眼を向けると、一九七五年に、最初の著作となる『トーチカの考古学』を刊行し、以来四十年間にわたる期間のうちに世に送り出した著作は二十数点におよぶ。一九八七年には国民建築批評大賞(Grand Prix National de la Critique Architecturale)を受賞。そのほか一九六〇年代末から『エスプリ』誌、『コーズ・コミューン』誌、『クリティック』誌、『トラヴェルス』誌などの編集に積極的に関わった。一九七〇年代後半には作家ジョルジュ・ペレックと一緒に、ガリレ書店の「危機的空間」という叢書の刊行に携わった。一九七九年にはフェリックス・ガタリとともにラジオ・トマトという名のラジオ局を創設するなど、多彩な活動振りである。

ヴィリリオの思想

ヴィリリオが論じる対象は都市、建築、戦争テクノロジー、映像、メディア、サイバースペース、バイオテクノロジーなど多岐にわたる。一般的にはテクノロジーの分析と考察を主眼に据えた理論家とみなされているが、そのアプローチの特色は、一見するとかけ離れた要素と思われるものの接続と同期をはかり、現象と言説を効果的に結び合わせ、場合によっては独断的と思われかねないシンプルな命題の形式をもって主張の提示を行なう点にあり、特定のフィールドに精通した専門家がデータの収集と提示をベースとして重厚な議論を展開するという趣は薄い。ヴィリリオは、飛躍の多いその著述のスタイルもあって、数々の批判を浴びてきたことも事実である。なかでもアラン・ソーカルとジャン・ブリクモン共著の『知の欺瞞』(九七)は一章をヴィリリオに割いて鋭い批判を加えている。彼らがとくに問題とするのは、物理学、とくに相対性理論の扱いであるが、逆に政治や社会についての見解には共鳴するところが多いとも言っている。ヴィリリオは理論家という以上に、独学者に特有の遊動性、文明批評的な視線をそなえた思想家という点に本領があると見るべきではないか。ヴィリリオの著作にヴァレリーからの引用が数多くちりばめられている点もそのことと深く関係しているはずである。

一九七〇年代から今日に到るヴィリリオの思想的展開を彼自身の表現に従って「核爆弾」「情報化爆弾」「遺伝子爆弾」という三段階のステップを設け、戦争テクノロジー、情報テクノロジー、バイオテクノロジーに関する技術論の展開として通時的に記述することも可能だろうし、あるいはまたそれを「テリトリー」に関わる身体(惑星とエコロジーの身体)「社会的身体」「生物的、人間的身体」の三種類の身体に関する領土の再確定として記述することも可能であるだろう。しかしながら、ここではより一般的な視点に立って、その思想と実践を以下の五つの軸に沿って記述を試みることにする。以下の五つの項目はヴィリリオの思考のテリトリーをなすとともに、その進行に即して絡み合うネットワークの結節点となるものでもある。ヴィリリオの著作はじつに多岐にわたる主題を扱っているが、アフォリズムのような命題に結晶化するその思考の様態は根本的なところで驚くべき単純さを示してもいる。その命題とは、これを突き詰めるならば、現実感覚の崩壊と引き替えに進行する仮想現実の支配により、時空が変化し、人間がリアルタイムの瞬時性にさらされ、知覚の変容をこうむるというきわめて単純明解な図式に要約される。

❶都市と建築

ヴィリリオ自身は自分の仕事の中身を説明するにあたって、都市(計画)研究者という表現を繰り返し用いてきた。ただし、この都市計画という表現は、さまざまなテクノロジーが集中する場もしくは空間として都市を捉えた上で理解する必要があるだろう。ヴィリリオによれば、聖アウグスティヌスの『神の国』もまた、そのような地政学的な射程をもつ点において、都市計画の書だということになる。

すでに述べたように『トーチカの考古学』はヴィリリオの最初の著作であるが、まさに処女作について言われる一般論がみごとにあてはまる例となっている。同書には、ヴィリリオのすべて、あるいはまたその最良の部分が完璧なかたちで姿をあらわしているように思われるのである。一九五八年夏の休暇のあいだ、二十代のヴィリリオは海水浴の脱衣所として用いられていたコンクリート建造物にもたれながら、「トーチカのスキャンダル」という発想を得たという。

第二次大戦中ドイツ軍はオランダからスペインに到る大西洋岸に防護壁を築く計画を立て、これを「大西洋の壁」と命名した。現実には資材の不足もあって建設は難航したが、ロンメル陸軍元帥の指揮下にコンクリート製トーチカ、砲台、地雷原からなる「壁」が築かれる。ヴィリリオは一九五八年から六五年にかけて、このコンクリート建造物の写真を撮影し、現地調査を行なっている。『トーチカの考古学』は一九七五年十二月から翌年二月にかけてパリ装飾美術館で開催された同名の展示をもとに構成された著作であり、ヴィリリオ自身が撮影した写真がほぼ百点ほど用いられている。半ば砂に埋もれたトーチカの異様な光景を捉える写真群を目にするだけで、読者はヴィリリオがなぜこの建造物に惹かれたのか、その理由を想像することができるはずだ。異形のモノリス建造物の残存によって、自然の海岸線は消え去り、古典的な都市の景観とは相容れない風景が姿をあらわす。海に向かう最小限の開口部をそなえるだけの要塞は、戦争の終結とともにすでにその機能を失い、海岸線に放置され朽ちるままになっている。そこにヴィリリオは単なる戦略的な建築物だけでなく、すべての建築物に共通の運命、さらには砂漠化する都市そのものの運命を読み取っていたと考えることができる。そのようなトーチカの形状は、見ようによっては、ヴィリリオがクロード・パランと共同で建造したサント=ベルナデット教会を連想させる。あるいはまた『戦争と映画』(八四)において繰り返し喚起される映画館という名の建築物を思い起こしてもよい。「トーチカ」「教会」「映画館」は、少なくともヴィリリオにとってみれば連続性をそなえた特権的な建築なのである。

「大西洋の壁」に遮られて海が見えなかったとするヴィリリオの記述にはいくぶん誇張もありそうだが、人気のないラ・ボールの浜辺の描写には、特異な風景に惹きつけられる者の独自の感性が刻印されている。ブリエール平原をゆっくりと移動する車輛に身をおきつつみごとに晴れ渡った空の輝きを記述する者にとって、この風景はいかなる意味でも牧歌的なものではありえない。

『トーチカの考古学』の刊行からほぼ十年後、一九八四年に書かれた『危機的空間』では、ベンヤミンの『複製技術時代の芸術作品』に依拠しながら、建築と映画との関係が論じられている。建築と映画を重ね合わせる視点からベンヤミンを再読する試みは、ジュリアーナ・ブルーノあるいは鈴木了二などの近年の著作に認められるように、視覚と触覚の二分法的な対立関係を超えた地点で生起する触覚的受容の探求としてユニークな成果をもたらしているが、ヴィリリオはこうした試みに先だって、ベンヤミンの問題提起を都市とメディアが渾然となった空間の分析へと向け直す操作を行なう。ヴィリリオがまず着目するのは、「建築と映画は大衆の受容を一様な時間軸のもとに引き受けるような物質を提供する」点である。この場合の「物質」とは「光」を意味しうるとする展開はいささか強引だが、逆に電撃戦（Blitzkrieg）の強烈な記憶イメージの反映をそこに見出すことも可能だろう。大衆的な受容とは、ベンヤミンの用語法では「気散じ」に近い性質をもつが、それもまた光が引き起こす現象だというわけである。こうして建築的形態の知覚と映画的イメージの受容が重なり合うとき、「表面」から「インターフェース」の出現への変化の流れのなかで仮想現実の支配が始まると彼は言う。

このような光をめぐる強迫観念はヴィリリオの著作の随所に見出される。「映画の光は建築物質の不透過性に対立しない」というアフォリズム的表現もまたそのような独自の光学から生み出されるものである。であるならば『戦争と映画』において映画館への言及が頻繁になされるのも、そしてまた映画館のみならず「光の建築」が召還されるのも不思議ではない。ナチス・ドイツの建築家アルベルト・シュペーアは「廃墟を建築物のなかに見る」点でヴィリリオの強い関心の対象となる。この建築家のプロジェクトの最後を飾るのは、一五〇台のDCA投光器の放つ光線の柱に支えられ、ニュルンベルク党大会の会場に出現した「光の建築」だった。ナチス・ドイツは幻影を必要とする大衆のために映画スクリーンをヨーロッパ大陸の規模にまで拡大することを目論んだとヴィリリオは言うが、この「光の建築」もまたそのような意味での幻影の産物の最たるものだった。

『危機的空間』は一九六〇年代から、この著作が書かれた一九八〇年代前半にかけての都市の変貌を要約して示す著作となっている。同書には急速に危機的な要素を内部に含み込むことになった例としてフィラデルフィア、ベルリン、ベルファスト、ベイルート、デトロイト、セントルイス、ドルトムント、ダラスなどの都市名があげられている。固有名は旧大陸、新大陸の双方に及ぶが、ほぼ西欧圏内にある。さらに言うならば、ボードリヤールなどにも同じような傾向が認められるが、アメリカの大都市に徴候的な現象を見出し、移動の少ない旧大陸に対して、移動するノマド的主体として、アメリカをモデル化する視線を含み込んでいる点に特徴があるといえる。

場合によって国境線が都市内部に移動し、人種的、宗教的、あるいはその他さまざまな対立構造が持ちこまれることになる。それとともにとくにアメリカで進行する都市人口の減少による空洞化にも目が向けられており、都市空間の危機のさまざまな分析が行なわれる。ただし、ここでも、主要には都市の表面を媒介として現実に接するあり方から、インターフェースを媒介として仮想現実へ接するあり方へと変貌する過程にヴィリリオの視線が向けられていることはまちがいない。つまりヴィリリオの見立てにおいて、都市は空間的な座標軸であることをやめ、時間と空間の組織化の形式、さらには交通革命と情報革命によって加速化する二種類のネットワークそのものへと変貌を遂げるのである。二十一世紀に入るとともに、ヴィリリオが描く大都市の未来像は黙示録的なトーンをさらに強めることになるだろう。「グラウンド・ゼロ以後、アメリカという〈国家〉の境界線は、二十一世紀の主要都市の内部に移動する」とヴィリリオは言う。彼の都市像が場合によってはSF的ともいえる姿を強調するものであり、あまりにも強くアメリカ的なイメージに支配されていると指摘することは容易だが、都市が空洞化と砂漠化を経て、パニックあるいはカタストロフィの場となる負の地平に一貫してそのまなざしがそそがれているのはたしかなのだ。

❷戦争テクノロジー

ヴィリリオの名を一躍有名にしたのは、ドゥルーズ＝ガタリの『千のプラトー』における「戦争機械」に関連する言及だった。核抑止力のもとに成立する平和にあって、クラウセヴィッツの公式は転倒される。戦争機械はすでに国家が所有するものではなく、国家が戦争機械の一部にすぎないような状態へと転換がなしとげられる。まさにそこでは戦争機械そのものが作動を始めるのである。そのような現実を指摘するにあって、『千のプラトー』はヴィリリオを参照しつつ、「恐怖もしくは抑止」「技術や科学の資本化」「戦争機械そのものの恐怖」「不特定な敵への対応」「恐慌としての安全」の五点にわたる戦争機械の特徴を描き出していた。

ヴィリリオの思想の根幹には、すべてのテクノロジーは本質的には戦争と深く結びついた姿で発展を遂げてきたという歴史認識がある。

つまりテクノロジーとは、まずもって戦争テクノロジーのことなのである。これを要約して示すのが、とくに『トーチカの考古学』からロトランジェとの対話『純粋戦争』(八三)を経て『戦争と映画』に到る初期の著作の流れである。その数年後に勃発した湾岸戦争を題材として書かれた『砂漠のスクリーン』(九一)は、戦争とメディア報道の関係に焦点を絞って書かれているが、基本的な姿勢は変わっていない。

大西洋岸に残されたトーチカの残骸を扱う方法についてヴィリリオは次のように述べていた。「私の方法は考古学的である。この灰色の形態に執着しつづけ、それらが私にその秘密の一部を明かすまで、追求をやめないだろう……なぜ墳墓的アーキタイプと軍事的建造物のあいだにこのようなアナロジーが見出されるのだろうか」。アビ・ヴァールブルクならば「古代の残存」と呼んだにちがいない事柄がここにある。建造物の謎を解き明かそうとするヴィリリオは時間を超えるアナロジーに引き寄せられる。これに対して、「二十世紀の戦争における映画技術の組織的利用についての研究アプローチはいまだなお存在していないに等しい」とする『戦争と映画』では、ナポレオンの時代から今日に到るまでの戦争テクノロジー、戦闘形態、兵站術の変貌の過程がたどりなおされ、速度の支配とそれにともなう物質的現実の消失という二重構造がしだいに浮き彫りにされてゆく。

戦争の歴史における転換点がどこにあるのかという問題をめぐる彼の答えはきわめて明解なものである。戦時用投光器が初めてその姿をあらわし、旅順の丘を照射した一九〇四年という年がこれに相当するというのがその結論なのだ。そればかりでなく、それよりほぼ四十年後に広島上空で炸裂することになる原子爆弾の閃光さえも予告する徴がそこにあるとするのである。ナダールによる気球写真、エチエンヌ・ジュール・マレーの写真銃を端緒とする映像テクノロジーの新たな開発は、航空術と写真術がやがて結合することによって、新たな戦場の視覚的把握を可能にする流れを予告する。そこから兵器を操作するパイロットの手はカメラの撮影操作を行なう手でもあり、「兵器の機能は眼の機能でもある」という命題が導き出されるのである。ヴィリリオにとって映画と航空機は厳密な意味において同期するテクノロジーであり、無人偵察機の登場とともに「肉眼の捉える現実はもはや存在しない」状態になり、視覚的情報の収集とこれを戦争機械の中枢部におくるロジスティクスの確立と平行して「戦争」と「映画」を結びつける近代テクノロジーが完成するというわけだ。一九三〇年代から五〇年代初頭にかけてのRKO映画社のロゴマークであった地球の上に立つ巨大な鉄塔は、ヴィリリオの眼にはそのようなロジスティクスを象徴するものと映る。映像の兵站術に音響あるいは音楽の兵站術が加わり、地球の表面はメッセージで覆わることになるだろう。一九二八年にヴァレリーが「同時遍在性の征服」によって示した予想、すなわち、いながらにしてすべてを見る体験、すべてを聞く体験が現実のものとなる。戦争に関するペンタゴンの最終的なテクノロジーは、ヴァーチャル戦争のテクノロジーであり、情報戦争のテクノロジーであるとする認識から、インターネットはペンタゴン的戦略の結実だとする結論が導き出される。

ヴィリリオは、広島および長崎に投下された原子爆弾の核爆発の輝光のうちに写真の発明者ニエプスによる「光の版画」の遠い末裔を見てとっているが、ここにもまた彼独自の強迫観念がはたらいていると考えることができる。原子爆弾の閃光は人影を壁に焼き付けることによって都市の表層そのものを戦争フィルムに変えてしまったと断じる恐るべき認識のうちに潜んでいるのは、そのような光の強迫的支配であり、そこには終末論的あるいは黙示録的雰囲気が濃厚に漂っている。

❸速度と走行をめぐる思考

ヴィリリオが用いた新造語のなかで速度学もしくは走行学を意味するドロモロジーは最も有名なものだろう。これはギリシア語で「走ること」を意味するドロモスに依拠するもので、速度についての研究、さらには速度が文化とテクノロジーに及ぼす影響の研究を意味する。ドロモロジーの派生概念として、速度／走行体制［ドロモクラシー］、速度／走行光学［ドロモスコピー］、速度／走行圏［ドロモスフェール］などがある。

『トーチカの考古学』の軍事空間に関する断章には、すでに「速度」をめぐる考察が記されていた。『ネガティヴ・ホライゾン』ではこれをさらに発展させ、テクノロジーの歴史的展開の過程では速度の獲得こそが中心課題となるという認識とともに、女、馬、道路、鉄道、飛行機といった「乗り物」とこれに乗り込む主体の系譜学の追求がなされている。女を最初の乗り物とする視点はいかにも人を驚かせるに十分なものであるが、そこには出産は人間を無からこの世界へと運び込む手段であるとする見方がはたらいている。

権力は領土を管理する力を意味するが、ヴィリリオは走行と速度の考察を抜きにして政治的なるものの分析は不可能だという。こうして速度の獲得という視点から、「産業革命」の代わりに「走行体制の革命」が存在し、「民主主義ではなく走行体制が、戦略ではなく走行術が存在した」とする読み替えが行なわれるのである。

速度学の導入によって伝統的な地政学から時政学へのパラダイム転換が生じる。十九世紀と二十世紀は地図と座標軸によって画定される地政学の支配下にあったが、二十一世紀になると、古典的な遠近の感覚によって支えられた現実空間は消失し、リアルタイムが支配するヴァーチャルな空間が優位を占め、時政学の時代が到来するというのがそのシナリオである。

速度の獲得は新たな視覚体験をもたらす。そのモデルとなるのは、自動車のフロントグラスに映し出される連続的な光景である。フロントグラスもまたスクリーンに似るが、ここにたちあらわれるのは、ステンド・グラスのかぎりなく静的な視覚世界とは違って、飛来する動的イメージである。『ネガティヴ・ホライゾン』の一章では、移動する知覚の主体にむかって事物が一直線に飛び込んでくる状態が次のように語られている。「風景が生命をもちはじめる。遠近法の消失点が攻撃拠点になり、そこから新たな風景の輪郭が矢のように連続的に発射される」。

このような視点からするならば、自動車は移動の手段であるだけでなく視覚装置ともなる。ストロボスコープが急速な運動を行なう対象をスローモーションで動いているように見せる効果があるとすれば、その逆に走行光学装置は動かないものをきわめて激しく運動するものへと変貌させるのである。

ここで「建築原理」のマニフェストが水平線および垂直線の追放と斜線の擁護を謳うものであったことを思い出すべきではないか。斜線の導入は運動線の導入を意味していたはずだ。交通と通信の高速化は光の速度を現実のものとするなかで、われわれの日常的な行為もまた否応なく組織しなおされる。さまざまなテクノロジーによって高速化された独自の空間、そのような圏域をヴィリリオは走行圏(ドロモスフェール)の名で呼ぶ。『ネガティヴ・ホライゾン』の冒頭に置かれた自伝的記述の一節には、速度学から走行圏に到る思想の原光景を見出すことができるのではないか。「透明なものにも注目することができる人間ならうごかないものなどなにもないことを知っている。すべてが活動し、すべてがたえずうごいている。そして事物には、冷たい事物の形のなかには、ちょうど血管に血がながれているように、意味がながれている」。

❹事故の博物館

蒸気船や帆船の発明は難破の発明につながり、鉄道列車の発明は脱線事故の発明につながる。自動車の発明は、高速道路での玉突き事故の生産につながる。このようにテクノロジーの開発が新たなタイプの事故を発明するという発想はすでに『純粋戦争』において示されていたものであるが、ヴィリリオは二十一世紀に入ると『パニック都市——メトロポリティックスとテロリズム』(二〇〇四)あるいは『アクシデント——事故と文明』(〇五)などの著作を通じて、テクノロジーの陰画ともいうべき事故についての考察をさらに深めていくことになる。ヴィリリオによれば、新たなタイプの事故は、もはやタイタニック号の沈没や列車事故のような局所的なものではない。それは世界全体に関係する全域的な偶発事＝事故が問題となるのである。

ヴィリリオの事故についての思想は「事故の博物館」をめぐるプロジェクトというかたちをとって展開されてきた。二〇〇二年暮れにパリのカルチエ財団現代美術館において「九・一一」を主要な契機として開催された「事故の博物館」展は、インスタレーション作品、写真、ビデオ、テクストなどの展示物によって構成されたものだった。これに関係する『ル・モンド』紙のインタヴューでは、展示の構想、さらにその延長線上にあるパーマネントな「事故の博物館」の構想の起源には、一九七九年の「スリーマイル島原発事故」があると説明されている。

新たな博物館学として展開されるヴィリリオの思想を捉えるにあたって、一九八六年二月二十日の日付をもつ「事故の博物館」と題する文章は重要な参考資料となる。「展示する」、あるいは「身をさらす」を意味する exposer（エクスポゼ）という語の含みを効果的に利用し、「事故に身をさらさないために事故を展示する」と謳うそのスタイルからしてヴィリリオ独自のものだ。カルチエ財団の事故展はこの文章が書かれてから十六年後に実現する。事故という観点からすればこの二つの日付の違いはかなり大きい。テクノロジーの新たな展開とともに事故とカタストロフィもまた、かつてない破壊性をおびるように思われるからである。一九八六年に書かれた文章の末尾では、ＨＬＭ建築の爆破解体を捉えるテレビ放送の例が引かれていた。「事故の博物館はすでに存在する。それはテレビのモニター画面だ」というヴィリリオの命題はその後の時間の経過のなかで繰り返し確かめられることになるだろう。

❺情報エネルギー

ヴィリリオによれば、十九世紀から二十世紀にかけて「対物レンズ的＝客観的」（objectif）であった世界像は、今日では「望遠レンズ的＝遠隔＝対象的」（télé-objectif）なものに変化する。前者を作りだしていたのが写真や映画などの視覚装置であったとするならば、後者を生み出す装置はテレビとマルチ・メディアということになるだろう。別の言い方をすれば、写真や映画などの視覚装置がアンドレ・バザン的な意味におけるリアリズムを体現するのに対して、情報ネットワークによってもたらされる仮想現実的な世界は空間と時間の知覚を別のものに変える。ただしヴィリリオがここで切断という以上に連続性を想定しているように思われるのは、速度学という構想の下にその変化を見つめているせいだ。たしかに情報ネットワークの体験は光の速度をもたらした。それによって空間の消滅、瞬間の君臨、リアルタイムの普遍化などの主題がそれなりの現実味をおびて感じられるということがあるかもしれない。ただし、光速の達成の確認を機にしてヴィリリオの論点は、ある種のモラルの探求へと方向転換してゆくようにも見えるのである。テクノロジーの陰画としての事故あるいは災厄にそそがれるまなざしが初期の段階からヴィリリオにそなわっていたとするならば、モラルの探求は方向転換ではなく、ヴィリリオの思想の二重性を示す要素として捉えるのが妥当であるだろう。

『情報エネルギー化社会』はメディアと権力、メディアと民主主義、メディアと世界知覚、広告とプロパガンダ、情報の秘匿と共有などの現実的な問題を話題とするとともに、ヴィリリオ特有の高速トラヴェリングにも匹敵する手法をもってギリシア、十九世紀ヨーロッパを経て現代に到る情報技術の動態的な見取り図を示そうとする。そこには『トーチカの考古学』をもって開始されたヴィリリオの著作活動の集大成というべき姿が認められる。

ここで主題となる情報エネルギーには、いわゆる生政治の問題、さらにはバイオテクノロジーの問題もまた含まれることになる。ヴィリリオによればミクロの世界に迫るナノテクノロジーは「人間としての実体を構成する諸器官や内臓をも植民地化しようとしている」のである。この新技術の出現は、ある意味において光速度の実現に相当する究極のテクノロジーなのだ。リアルタイムの遠隔技術が時間差を消し去り、現実空間の消滅への道をひらいたとするならば、行き場を失った先端技術は、マイクロマシンを発明することにより、生体内の器官に侵入を試みる。

ヴィリリオは『情報エネルギー化社会』(九三)において肝臓移植手術をうけた一患者の話を引いている。患者の話から出発し「肉体内には生命に不可欠な重力場のようなものがあり、内臓間には重力のようなものが存在している」と述べ、「その重力が、患者の病気や治療や移植の状況をイメージとして描き出していた」と想像する。さらに器官内部に存在する重力が、生きた肉体にはたらきかける世界の外部重力と複合し、その世界が他の天体との関係において宇宙の引力場に置かれていることに思いを馳せる。ヴィリリオのバイオテクノロジー論は、ミクロコスモスからマクロコスモスへの無限の連鎖を想定するライプニッツ的な宇宙観のなかに置かれていることになるわけだが、これは同時に「望遠レンズ＝遠隔＝対象的」な世界観の別種のありようを示すことにもなるだろう。現実と表象の一体化、空間と時間の縮小、自然界の解体、肉体の消滅など、ひとまず現実感覚の消失というタームのもとにひとくくりにされる事態の進行に対して、ヴィリリオが警鐘を鳴らしているのは確かであるが、彼のモラルが自然的なものの復権という単純な形式におさまるものではないのも明らかだ。

以上の検討から見えてくるのは、ネットワーク的な思考のありようであるはずだが、最後にヴィリリオに特有の文章作法について語っておきたい。著作の随所に浮き彫りにされるパーフォーマティヴな身ぶり、それもまた彼の思想の重要な構成要素だと思われるからである。

テクノロジーに関係する主題群とは別に、「出現」(apparition)、「消失」(disparition)、「欺瞞」(déception)などの一連の系列の語によって導き出される位相がある。例えば「出現」の美学(絵画・彫刻)に対して、ニエプスとダゲールとともに「消失」の美学が登場するとヴィリリオは言う。一秒間に二十四コマの速度で投射される映像は、そもそも網膜の残像現象であり、「消失」という次元を考慮に入れずには成立しえないものなのだ。この場合の「消失」とは「姿が消える」という意味にひとしい。「消失の美学」という表現は一九八〇年に刊行されたエッセーのタイトルとして、さらには『ネガティヴ・ホライゾン』の一章のタイトルとしても用いられていた。後者は「戦闘部隊の姿を隠し、見分けがつかなくさせ、不意打ちを可能にする秘密を獲得する」という言葉で始まっているところからも、出発点において、戦闘において敵をあざむく技術が問題となっていることは明らかだといえよう。これに対して「化粧する」(maquiller)は「マキに逃げ込む」=「地下に潜る」という二重の意味作用をもっている。敵の視線を逃れ、欺くという点において、化粧と軍事的行動の平行関係が示される。ここにもまたヴィリリオに特徴的な対象の扱い、脱領土化の思想といったものを見出すことができる。

ヴィリリオの文章作法は独特なものである。数行単位の記述をひとつのブロックとして、これを完結させ、ブロックを並置し、組み合わせてゆく展開を好む傾向をそこに認めることができる。『ポール・ヴィリリオ辞典』の執筆者のひとりであるライアン・ビショップは、このような思考法と文体の特徴を説明するにあたって、ステンド・グラス制作にも通じるアッサンブラージュの手法をそこに見ている。このような類推の当否は別として、ヴィリリオの著作を理解するにあたって、独自の書法の問題はないがしろにできない。S・ロトランジェとの対話からなる『純粋戦争』では、この問題をめぐって自己分析がなされている。「ある考えを展開させ、ひとまずそこに何らかのものが示唆されたと判断すれば、その先の展開には気をとめることなく別の考えに飛び移る」という思考のプロセスの説明がなされている。「展開はエピソードでしかない」と断じるヴィリリオが求めるのは、論理的な構築よりも、かけ離れたものを同期させる瞬間的な接続であり、場合によって「電撃戦(Blitzkrieg)」というメタファーのもとに語りうる展開方法である。

展示という形式はヴィリリオの仕事において重要な要素をなしている。『トーチカの考古学』の出版に先立って、これに関係する展示がパリ装飾美術館で行なわれており、一九九一年にはカルチエ財団の企画でパリ南西部にある森の一角で「速度」と題する展覧会が開催されている。「トーチカの考古学」「速度」「事故の博物館」という三つの展覧会企画の流れを改めて眺め直せば、ヴィリリオの思想の核に相当するものがここにあることが容易に見て取れるだろう。いうまでもなく、展覧会の企画と組織とは、収集、展示、編集などの原理によっている。ヴィリリオの場合、展示という形式には、著作活動の補助以上の役割にとどまらない何かがある。むしろそこに彼自身の思考の本来的形式が見出せるのではないか。

「戦争は映画であり、映画は戦争なのだ」、「一九一四年以降ハリウッドではきわめて大胆にカメラの動きを複雑化するのに人々は余念がなかったが、同じ頃ソ連ではエイゼンシュテインがフィルムを前進させる動力の連続的爆発のことを語っていた」、「旅順の丘を照射したこの最初の〈戦時用投光器〉は、丘に向かって走る白い光束の輝きに歴史のなかで燃えつきたあらゆるたいまつ、戦争が燃やしたあらゆる炎を凝集していた」……。『戦争と映画』から拾い集めたこの三つの任意の文を特徴づけるのは、「同期」の思想とでも呼ぶべき何かである。往々にして説明抜きの断定に近いかたちで複数の要素が結びあわされる。共時的に並び立つかけ離れたものがモンタージュされ、同時代の現象の平行性が浮き彫りにされ、歴史のなかで繰り返しあらわれるものを凝縮する瞬間が示される。まさにヴィリリオの文章作法はコラージュ、アッサンブラージュ、モンタージュなどの二十世紀の視覚文化が用いてきた手法を応用しているともいえる。ヴィリリオ独自の引用の技もこの「同期」の思想の範疇にある。じつに幅広いコーパスから引用がなされるが、とくにヴァレリー、ユーゴー、マコーランなど、彼独自の読書の記憶から繰り返し浮かび上がる断片的テクストによってかたちづくられる風景はヴィリリオがまぎれもないスタイリスト＝文章家であることを証拠立てている。フランスにおいて技術を哲学的問題として扱った例としては、シモンドンの『技術的対象の存在様態』(五七)など、その例がないわけではない。ヴィリリオは現象学的発想をベースとして、テクノロジーの問題を扱う理論家として地歩を築いた。しかしながら、このように引用を重ねつつ、みずからアフォリズムに近い命題をつむぎだそうとするその書法には、むしろエッセイスト、あるいはモラリストに近い素養が感じられる。エッセイストという表現が誤解を呼ぶ可能性をもつならば、エッセイの思考と言い換えてもよい。

主要著作

▼*Bunker archéologie*, Paris : Editions du CCI, 1975.
▼*L'insécurité du territoire*, Paris : Stock, 1976.
▼*Vitesse et politique*, Paris : Editions Galilée, 1977.(『速度と政治——地政学から時政学へ』市田良彦訳、平凡社、二〇〇一)
▼*Défense populaire et lutte écologique*, Paris : Editions Galilée, 1978.
▼*Esthétique de la disparition*, Paris : Balland, 1980.
▼*Pure War*, New York : FAS, 1983.(『純粋戦争』細川周平訳、ユー・ピー・ユー、一九八七)
▼*Logique de la perception*, Paris : Editions de l'Etoile, 1984(『戦争と映画——知覚の兵站術』石井直志・千葉文夫訳、平凡社、一九九九)
▼*L'espace critique*, Paris : Bourgois, 1984
▼*L'horizon négative: essai de dromoscopie*, Paris : Editions Galilée, 1984.(『ネガティヴ・ホライズン——速度と知覚の変容』丸岡高弘訳、産業図書、二〇〇三)
▼*La machine de vision*, Paris : Editions Galilée, 1988.
▼*L'inertie polaire : essai*, Paris : Christian Bourgois, 1990.(『瞬間の君臨——リアルタイム世界の構造と人間社会の行方』土屋進訳、新評論、二〇〇三)
▼*L'écran du désert*, Paris : Editions Galilée, 1991. *Desert Screen : war at the speed of light*, London; New York: Continuum, 2002.
▼*L'art du moteur*, Paris : Editions Galilée, 1993.(『情報エネルギー化社会——現実空間の解体と速度が作りだす空間』土屋進訳、新評論、二〇〇二)
▼*La vitesse de libération*, Paris : Editions Galilée, 1995.
▼*Cybermonde, la politique du pire : entretien avec Philippe Petit*, Paris : Editions Textuel, 1996.(『電脳世界——最悪のシナリオへの対応』本間邦雄訳、産業図書、一九九八)
▼*Le paysage d'événements*, Paris : Editions Galilée, 1996.
▼*La bombe informatique*, Paris : Editions Galilée, 1998; *The information bomb*, New York : Verso, 2000.(『情報化爆弾』丸岡高弘訳、産業図書、一九九九)
▼*Stratégie de la déception*, Paris : Editions Galilée, 1999.(『幻滅への戦略——グローバル情報支配と警察化する戦争』河村一郎訳、青土社、二〇〇〇)
▼*La procédure silence*, Paris : Editions Galilée, 2000. *Art and fear*, London : Continuum, 2003.
▼*Crepuscular Dawn*, translated by Michael Taormina, Semiotext(e), 2002.
▼*Ce qui arrive. Naissance de la philofolie*, Paris : Editions Galilée, 2002.(『自殺へ向かう世界』青山勝・多賀健太郎訳、NTT出版、二〇〇三)
▼*Unknown Quantity*, translated by C. Turner and Jian-Xing Too, London : Thames and Hudson, 2003.
▼*The Accident of Art*, Sylvère Lotringer/ Paul Virilio, Translated by Michael Taormina, Semiotext(e), 2005.
▼*Ville panique. Ailleurs commence ici*, Paris : Editions Galilée, 2004.(『パニック都市』竹内孝宏訳、平凡社、二〇〇七)
▼*L'accident originel*, Paris : Editions Galilée, 2005.(『アクシデント——事故と文明』小林正巳訳、青土社、二〇〇六)

▼*L'art à perte de vue*, Paris : Editions Galilée, 2005.
▼*L'Université du désastre*, Paris : Editions Galilée, 2007. The university of disaster, Cambridge, UK ; Malden, MA : Polity, 2010.
▼*Le Futurisme de l'instant*, Paris : Editions Galilée, 2009.

参考文献

▼John Armitage（ed）, *The Virilio Dictionary*, Edinburgh : Edinburgh University Press, 2013.

〔千葉文夫〕

エーコ、ウンベルト

❖Umberot ECO　1932-2016

記号学の第一人者。中世美学・哲学の研究者、小説家、文芸評論家といった多彩な顔もつ博学の徒。イタリア北西部のピアモンテ州にあるアレッサンドリアに生まれ、幼いころはカトリック修道会の一つ、サレジオ会の教育を受け、トリノ大学では中世哲学と文学を学ぶ。一九五四年にトマス・アクィナスに関する論文で学位を取得。その後、イタリア国営放送協会(RAI)の文化番組の編集責任者の職を得て、ジャーナリズムの世界に入る。五六年に、処女作『トマス・アクィナスの美学的問題』を出版する。五九年には、第二の著作『中世における芸術と美』を出版し、その後、哲学・小説・文芸評論等々の著作を数多く世に送り出し、数々の賞を受賞し、晩年も精力的に執筆活動を続けた。

エーコのアカデミック・キャリアに関しては、六一年に、トリノ大学で講師を勤めてから、フィレンツェ大学、ミラノ工科大学を経て、七一年以降はボローニャ大学で記号学を教えることになる。それ以外でもさまざまな大学・研究機関に客員教授として招かれ、オックスフォード大学ケロッグ・カレッジの名誉フェローも務めた。

小説家としての活動では、後にショーン・コネリー主演で映画化される処女作『薔薇の名前』を八〇年に出版し、翌年にストレーガ賞を受賞し、八二年には仏訳によりメディシス賞外国作品部門を受賞。ほかにも『フーコーの振り子』(一九八九)、『前日島』(九五)等々を発表し、好評を得る。これらの小説は、中世・近世を中心にした神学・哲学・宗教に関するエーコの博学に基づいた作品になっている。

以上のように、エーコはさまざまな顔をもち、さまざまな分野で活躍をしている。しかし、やはり彼の諸々の活動の根底にあるのは、記号学ないし記号論(semiotics)である。エーコによれば、記号学という学問は、C・S・パースやチャールズ・モリスをその先駆者とし、記号とみなしうるものすべてに関わる。記号学は、ある特定の対象領域にあわせて何らかの学説を形成するというよりも、むしろ学問一般の方法論という側面が強い。というのも、そこでは、言語学や言語哲学では取り扱われない広範囲な文化現象としての記号一般を分析する方法論自体が探求されているからである。エーコに従えば、その主要な論点は、いかにしてコードが意味作用システムのルールを確立するのか、そして記号がどのように生まれ、解釈されるのかを説明することにある。このような問題に取り組む記号論の枠組では、記号は文化的な統一体として理解される。つまり、記号の意味は文化的な規約に関わるのであって、客観的な世界に必ずしも依存するものではない。

こうした発想のもと、エーコは、『記号論』『記号論入門』『記号論と言語哲学』といった理論書も多数出版し、当該学問の指導的立場として長らく活躍すると同時に、哲学・神学・美学に関する知識と、記号学(記号論)研究を応用して、自身の小説家・評論家活動につなげた。

〔國領佳樹〕

サール、ジョン・ロジャーズ

❖John Rogers SEARLE　1932-

アメリカの哲学者。ウィスコンシン大学マディソン校に入学。奨学金を得てオックスフォード大学へ留学。一九五九年、カリフォルニア大学バークレー校の講師に就任し、六七年から教授となる。論理実証主義の言語分析が、構文論と意味論に集中していたのに対し、言語とその使用者との関係を論じる語用論の視点から言語分析を行なったのがオースティンであり、彼は行為遂行的発言を分析したが、さらに発語内行為の分析を洗練させたのがサールである。サールによれば、意図のもつ志向的性質こそが行為の生起に関わる原因性の一部にほかならない。意図そのもののうちに、行為を引き起こすものが志向的内容として含まれている。行為が成功するならば、われわれは因果法則の存在を知ることなく、意図と行為との個別的因果的なつながりを知るのである。〔中澤瞳〕

ホール、スチュアート

❖Stuart HALL　1932-2014

ジャマイカ出身のイギリスの文化理論家。カルチュラル・スタディーズの代表的人物。マルクス主義に傾倒し、『ニュー・レフト・レヴュー』誌の編集にたずさわる。一九六八年から一九七九年まで、バーミンガム大学現代文化研究センターの所長を務める。一九七九年、オープン大学社会学教授に就任。著作には、『ザ・ポピュラー・アーツ』(一九六四)、『危機を取り締まる』(七八)、『カルチュラル・アイデンティティの諸問題』(九六)など、非常に多くのものがある。論文「コード化／脱コード化」(七三)は、メディア研究における基本文献に挙げられるものである。テレビの言説に注目し、メディア・メッセージがどのように生産、流通、消費されるかに関して理論的分析を行なった。〔飯盛元章〕

セン、アマルティア

❖Amartya SEN　1933-

インドの経済学者、哲学者。1998年、ノーベル経済学賞受賞。ハーバード大学教授。ケイパビリティ(潜在能力)という概念から、幸福について論じる。マーサ・ヌスバウムとともに、二〇〇四年、「人間開発とケイパビリティ協会」を設立。著作には、『経済的不平等について』(一九七三)など。〔中澤瞳〕

ネグリ、アントニオ

❖Antonio NEGRI　1933-

イタリアの政治哲学者。元パドヴァ大学政治社会科学研究所教授。左派の集合体「労働者の自律」(アウトノミア・オペライア)に所属。一九七九年、極左過激派の「赤い旅団」によるアルド・モーロ元首相誘拐暗殺事件にかかわった容疑で逮捕、投獄される。その後、フランスに亡命。一九九七年、フランスで暮らす亡命者に対する一括恩赦を求めて帰国し、再逮捕される。二〇〇三年に釈放され、現在は研究、執筆活動を行なっている。著作には『構成的権力』（一九九二）、『未来派左翼』（二〇〇六）など多数のものがある。またマイケル・ハートとの共著に『〈帝国〉 グローバル化の世界秩序とマルチチュードの可能性』（〇〇）、『マルチチュード 〈帝国〉時代の戦争と民主主義』（〇四）などがある。マルクスやスピノザの研究で知られる。現代の世界秩序を「帝国」と規定し、それに対抗する「マルチチュード」の理論を展開している。

〔飯盛元章〕

マシーセン、トマス

❖Thomas MATHIESEN　1933-

ノルウェーの社会学者。フーコーが近代社会に見出した「パノプティコン」を批判し、「シノプティコン」という概念を唱え、現代の監視社会を分析する。著書に『監視社会に向けて。ヨーロッパにおける監視システムの興隆』（二〇一三）など。

〔中澤瞳〕

ヴァルデンフェルス、ベルンハルト

❖Bernhard WALDENFELS　1934-

現代ドイツの哲学者、現象学者。エッセンに生まれ、ボン、インスブルック、ミュンヘン、パリで、哲学や心理学、古典文献学、歴史学などを学ぶ。一九五九年にミュンヘン大学で哲学の博士号を取得、一九六七年にはおなじくミュンヘン大学で哲学の教授資格を取得する。翌年からミュンヘン大学で教え、一九七六年にボーフム大学の教授に就任する。一九九九年に退官。このほか香港やニューヨークをはじめ、各地で客員教授を歴任している。ドイツ現象学会の創立者の一人であり、一九九四年から一九九六年には会長職についている。ヴァルデンフェルスは、現代ドイツを代表する現象学者であるが、教授資格論文である「対話の中間領域」から、フッサールの間主観性に基づく他者の現象学を独自の仕方で展開しており、対話や応答、そして「あいだ」といった概念をとりわけ重視しながら、〈他者との出会い〉について考察している。また彼は、ドイツでメルロ＝ポンティの哲学の普及に努めており、『行動の構造』をはじめとする著作の独訳者としても知られる。さらに、ドイツのみならずフランスの哲学や現象学にも通じており、メルロ＝ポンティやレヴィナスのほかにも、フーコーやデリダといった現代思想まで幅広く論じている。著書は多数あるが、『行動の空間』『フランスの現象学』『身体という自己』（邦題『講義・身体の現象学』）、『経験の裂け目』が邦訳されている。

〔八幡恵一〕

ゴドリエ、モーリス

❖Maurice GODELIER　1934-

フランスの人類学者。カンブレーに生まれ、サン＝クルーの高等師範学校で学ぶ。哲学の教授資格を取得し、高等研究実習院でブローデルやレヴィ＝ストロースに師事する。一九七五年に社会科学高等研究院の研究ディレクターとなる。一九八二年には、自ら設立に関与した国立科学研究センターの「人間と社会の科学」部門で研究ディレクターとなり、一九八六年まで在職。その後はふたたび社会科学高等研究院で研究ディレクターを務める。二〇〇一年に国立科学研究センターから金メダルを与えられるなど、フランスを代表する（マルクス主義および構造主義的な）人類学者として知られ、経済学や歴史学、社会学、哲学にも通じる。研究には、理論的な経済人類学に関するものと、フィールドワークに基づく未開社会に関するものがあり、それらを総合しつつ独自の路線を築いている。前者は、マルクス主義の立場にたちながら、従来の市場重視の経済学を批判的に捉え、生産関係において、とりわけ宗教的なイデオロギーが担う機能を分析、強調することで、マルクスの言う下部構造を、たんに（狭義の）経済に限定せず、さまざまな観念的、精神的な事象に開放して、より広い視野で人間の経済活動を理解しようとする試みである。後者は、主にニューギニアのバルヤ社会のフィールドワークから、家族、贈与、労働、性の問題などを考察する、より人類学的な試みである。またゴドリエには、地理的な特殊性に基づくとして貶められていた〈アジア的生産様式〉に、独自の価値と普遍性を認め、その復権に寄与したという功績もある。著書は、『経済における合理性と非合理性』『観念と物質』『贈与の謎』など多数ある。

〔八幡恵一〕

ジェイムソン、フレデリック

❖Fredric JAMESON　1934-

アメリカの比較文学者、文学理論家。デューク大学教授。著作には『サルトル——回帰する唯物論』（一九六一）、『弁証法的批評の冒険』（七一）、『言語の牢獄』（七二）、『政治的無意識』（八一）、『のちに生まれる者へ』（八八）、『時間の種子』（九四）、『カルチュラル・ターン』（九八）、『近代という不思議』（二〇〇二）、『未来の考古学』（〇七）など多くのものがある。マルクス主義の立場から文学・文化批評を行ない、文学、映画、建築、美術、思想などのさまざまな分野に関する研究を発表している。

〔飯盛元章〕

サイード、エドワード・ワディ

❖Edward Wadie SAID　1935-2003

パレスチナ系アメリカ人の比較文学研究者・文芸批評家。英国委任統治時代のエルサレムに生まれ、幼少時からアラビア語・英語・フランス語に親しむ。

一九四八年にカイロに移住して中等教育を受けた後、一九五〇年に渡米し、プリンストン大学で学士号、ハーバード大学で修士号と博士号を取得。一九六七年からはコロンビア大学で英文学と比較文学を講じ、終生同大学の教授職にあった。この間にアメリカの市民権を獲得している。一九九一年に白血病と診断され、長い闘病生活の末、二〇〇三年に死去。享年六十七。

文学研究者としてのサイードは、イギリスのコンラッドやナイポール、フランスのフローベールやカミュ、ドイツのゲーテなど、西欧文学の代表的な作家たちを幅広く論じている。しかし彼の名前を世界に知らしめたのは、なんといっても一九七八年に刊行された『オリエンタリズム』であろう。

それまで「オリエンタリズム」といえば、ひとつは伝統的な学問分野における東洋研究、もうひとつはエキゾティシズム交じりの東方趣味を漠然と意味する言葉であった。しかしサイードはそこに第三の意味を付け加える。すなわち、西洋が東洋を一方的に対象化し、これを「支配し再構成し威圧する」ために発明した概念として、この単語を再定義するのである。

西洋人による従来の「オリエント」のとらえ方（表象）及び語り方（言説）が、自らの優越性を前提として支配を正当化しようとする自文化中心主義的・植民地主義的意識の産物であるとする彼の議論は、ポストコロニアリズムを代表する刺激的な文化論として、即座に欧米の言論界や学問界に反響を巻き起こした。その影響はきわめて大きく広汎であり、爾後、ヨーロッパと中東地域との関係をテーマとした研究は、文学や歴史だけでなく、政治・宗教・芸術等の諸分野においても、サイードに言及せずに済ませることはほとんど考えられなくなっている。

彼の視点から見れば、「東洋（オリエント）」と「西洋（オクシデント）」いった区分もけっしてなんらかの実体を指示するものではなく、あくまで人為的に構成された観念であり、それ自体が政治的・経済的な力関係のなかで生み出されたイデオロギー的所産にすぎない。おそらく「ヨーロッパ」や「アジア」といった概念も、その例外ではないだろう。私たちが無意識のうちに依拠しているさまざまな「地域」の表象には、多かれ少なかれこの種のバイアスがかかっている。サイードはこの事実を明らかにすることにより、世に流通している多様な概念について、その自明性を根底から問い直すきっかけを与えた。

また、サイードは『文化と帝国主義』（一九九三年）において、西欧諸国によるアジア・アフリカへの帝国主義的進出と文学をはじめとする「文化」の関係を、支配者（宗主国）と被支配者（植民地）の両方の視点から分析している。彼はいずれの側にとっても「物語」が重要な概念であることを確認した上で、コンラッド、オースティン、ディケンズ、カミュなどの西欧作家たちの物語がいかに帝国主義的戦略に加担しているかを指摘するとともに、抵抗する側である植民地の知識人によって生み出された言説もまた、これを支える側面をもっていることを明らかにした。

権力に対しておもねることなく、知識人としての役割を毅然として貫いたサイードは、その出自からパレスチナ人・

アラブ人の権利擁護者として積極的に発言を行ない、著書も何冊か出版しているが、政治的立場は基本的にリベラルであり、ユダヤ人に対してもけっして敵対的ではなかった。それどころか、民族対立・宗教対立を超えて平和を希求するその真摯な姿勢はユダヤ系研究者たちからも高く評価されている。

彼は一方ですぐれたピアニストでもあり、音楽に造詣が深く、音楽評論をまとめた著書もある。イスラエル人の指揮者、ダニエル・バレンボイムと親しく、彼と協力してイスラエル人とアラブ人の若手演奏家たちを集めた管弦楽団を作り、音楽を通じて国際平和にも大きく貢献した。

主要著作（著作名の後の括弧内は原著刊行年）は次のとおりである。

『始まりの現象——意図と方法』（一九七五）山形和美訳、法政大学出版局、一九九二。

『オリエンタリズム　上・下』（七八）板垣雄三・杉田英明監修、今沢紀子訳、平凡社、一九八六／平凡社ライブラリー版、一九九三。

『パレスチナ問題』（七九）杉田英明訳、みすず書房、二〇〇四年。

『世界・テキスト・批評家』（八三）山形和美訳、法政大学出版局、一九九五年。

『パレスチナとは何か』（八六）島弘之訳、岩波現代文庫、二〇〇五。

『文化と帝国主義』（九三）大橋洋一訳、みすず書房、第一巻一九九八、第二巻二〇〇一。

『知識人とは何か』（九四）大橋洋一訳、平凡社ライブラリー、一九九八年。

『ペンと剣』（九四）中野真紀子訳、れんが書房新社、一九九八。

『遠い場所の記憶　自伝』（九九）中野真紀子訳、みすず書房、二〇〇一。

『サイード音楽評論一・二』（二〇〇七）二木麻里訳、みすず書房、二〇一二。

〔石井洋二郎〕

ヴァッティモ、ジャンニ

❖Gianni VATTIMO　1936-

イタリアの哲学者、政治家。トリノ大学でルイジ・パレイゾンに、またハイデルベルク大学でカール・レーヴィットやハンス・ゲオルク・ガダマーに師事。一九六九年、トリノ大学教授に就任。新聞・雑誌の論説委員や、欧州議会議員を務める。著作には『ハイデガー入門』（一九七一）、『差異の冒険』（八〇）、『主体の彼方』（八一）、『弱い思考』（ピエル・アルド・ロヴァッティとの共編著、八三）、『近代の終焉』（八五）、『透明なる社会』（八九）、『解釈を超えて』（九四）、『哲学者の使命と責任』（同書所収のフランカ・ダゴスティーニによる解説「弁証法、差異、解釈学、ニヒリズム」は、ヴァッティモ思想のコンパクトな整理となっている。二〇〇〇)など多くのものがある。また、ガダマーの『真理と方法』の翻訳も手がけている。ヴァッティモは、フランスのポスト構造主義の多くの論者や、イタリアの「理性の危機」に関する論者たちが、なおも形而上学へのノスタルジーにとらわれている点を批判する。そのうえで、徹底的にニヒリズム的な観点から、ポストモダンをとらえようとする。ヴァッティモが唱えるのは、近代を「強い思考」によって批判的に乗り越える「超剋」(Überwindung)の論理ではなく、「弱い思考」による「屈曲」(Verwindung)の論理である。「屈曲」とはハイデガー哲学の用語であり、ヴァッティモの解釈では「ねじれ」を意味する。そして彼は「屈曲」の論理の先駆者を、「事実などというものはなく、あるのはただ解釈にすぎない」と喝破したニーチェのうちに見出す。

〔飯盛元章〕

コルバン、アラン

❖Alain CORBIN 1936-

フランスの歴史学者。カーン大学卒業後、歴史の教授資格を取得して一九七二年にトゥールのフランソワ・ラブレー大学の教授となり、一九八七年からはモーリス・アギュロンの後任としてパリ第一大学教授を務めた。現在は同大学名誉教授。

コルバンは一般に「感性の歴史学」の開拓者として知られるが、もともと人間の感情生活や情動を歴史学の対象としてとりあげる必要性を提唱したのは、雑誌『アナール』の創始者であるリュシアン・フェーヴルであった。ただし、フェーヴルが感性の歴史学をあくまで「心性史」の一部として構想していたのに対し、コルバンは嗅覚や聴覚などの諸感覚をも感性のカテゴリーに含め、身体という契機を歴史学の要素として取り込んだ点に新しさがある。つまり彼は、感性を心性の下位カテゴリーとして従属させるのではなく、身体感覚の領域まで包摂する広義の概念として再定義し、歴史学のフィールドを「心性史」から「身性史」へと拡大したのである。

その嚆矢となった代表的な仕事は、一九八二年に刊行された『においの歴史』である。原題を『瘴気と黄水仙』というこの書物は、それが示す通り「瘴気=民衆的悪臭」と「黄水仙=ブルジョワ的芳香」との社会的葛藤をめぐる嗅覚的想像力の歴史であり、その意味では最もコルバン的な著作といえる。

ともすると視覚の優位性のみがクローズアップされがちな近代の西欧、特に十八世紀後半から十九世紀前半にかけてのフランスにおいて、一種の嗅覚革命ともいうべき現象がパリを舞台として進行していたことに、著者は注目する。まだ墓地も下水道も整備されていなかった大革命前の都市に澱む屍骸の腐臭や排泄物の悪臭の描写から始まり、さまざまな汚染源にまつわる医学的・衛生学的・文学的言説を渉猟しつつ、消毒や香水の使用による公共空間の脱臭化・芳香化のプロセスの記述へといたるこの書物において、一貫したライトモチーフとして流れているのは、人間の身体感覚への強烈な関心である。

嗅覚に次いで、聴覚を分析対象とした『音の風景』（一九九四）は、『大地の鐘』という原題が示しているように、音一般ではなく、さりとて音楽でも騒音でもなく、フランスならどんな農村でも必ず聞かれる教会の鐘の音を分析対象とした書物である。それは村人たちにとって、起床から就寝にいたる一日の生活リズムを律するのみならず、誕生から死にいたる人間の生涯の節目をしるしづけ、火災や戦争などの変事を告知し、祭りや宗教儀式などの行事を彩る、不可欠の音響装置であった。つまり人々のあらゆる日常実践（プラティック）は、鐘の音によって時間的に分節され、空間的に秩序だてられていたのであり、彼らの身体は日々の聴覚的経験を通して構築され編成されていた。

このほかコルバンは、公刊された最初の大著である『娼婦』（七八）では第三共和政初期における公娼制度の変遷を探求し、『浜辺の誕生』（八八）ではリゾート空間としての浜辺をめぐる集合的感性の消長を跡づけているが、前者は昂進する性欲の管理、後者は病の治癒や保養が主題であるから、これらの著作もやはり一貫して身体への関心に裏打ちされている。前者の延長線上には『快楽の歴史』（二〇〇七）が、後者の延長線上には『レジャーの誕生』（一九九五）が、それぞれ位置づけられるだろう。

彼はその一方で、『記録を残さなかった男の歴史』（九九）では偶然にまかせて抽出された無名の木靴職人の生涯を再構成してみせ、『知識欲の誕生』（一一）ではひとりの小学校教師がある小村で行なった連続講演会を再現してみせるというように、直接的な記録資料が残されていない対象をとりあげて歴史学の限界に挑戦する「ミクロヒストリー」の斬新な試みも行なっている。

コルバンはミシェル・フーコーから直接的・間接的な影響を受けているが、彼自身は「思想家」というよりも、あくまでも身体を媒介項として民衆の集合的感性の変容をたどろうとする「歴史家」であるというのが、おそらく適正な評価であろう。

主要著作（著作名の後の括弧内は原著刊行年）は次のとおりである。

『娼婦』（一九七八）杉村和子監訳、藤原書店、一九九一／新版二〇一〇。

『においの歴史——嗅覚と社会的想像力』（一九八二）山田登世子・鹿島茂訳、新評論、一九八八／新版、藤原書店、一九九〇。

『浜辺の誕生——海と人間の系譜学』（八八）福井和美訳、藤原書店、一九九二。

『人喰いの村』（九〇）石井洋二郎・石井啓子訳、藤原書店、一九九七。

『時間・欲望・恐怖——歴史学と感覚の人類学』（九一）小倉孝誠・野村正人・小倉和子訳、藤原書店、一九九三。

『音の風景』(九四)小倉孝誠訳、藤原書店、一九九七。

『記録を残さなかった男の歴史――ある木靴職人の世界 一七九八－一八七六』(九八)渡辺響子訳、藤原書店、一九九九。

『レジャーの誕生』(九五)藤原書店、渡辺響子訳、二〇〇〇。

『感性の歴史家 アラン・コルバン』(二〇〇〇)小倉和子訳、藤原書店、二〇〇一。

『風景と人間』(〇一)小倉孝誠訳、藤原書店、二〇〇二。

『空と海』(〇五)小倉孝誠訳、藤原書店、二〇〇七。

『快楽の歴史』(〇七)尾河直哉訳、藤原書店、二〇一一。

『知識欲の誕生』(一一)築山和也訳、藤原書店、二〇一四。

〔石井洋二郎〕

ソレルス、フィリップ

❖Philippe SOLLERS 1936-

フランスの作家。ヌーヴォー・ロマンの流れを汲む作品『公園』(一九六一、メディシス賞)で知られる。一九六〇年に雑誌『テル・ケル』を創刊(ロラン・バルトやデリダ、クリステヴァらが参加し、文学・思想の前衛を担う)。共産主義、マオイズムなどを経験するが、ローマン・カトリックに回帰。『テル・ケル』を継ぐかたちで『ランフィニ』誌を主導。『楽園』(八一)、『女たち』(八三)、『遊び人の肖像』(八四)、『時間の旅人たち』(二〇〇七)などの作品の他、『例外の理論』(八五)、『神秘のモーツァルト』(〇一)など評論も多い。

〔本郷均〕

ハッキング、イアン

❖Ian HACKING 1936-

カナダの哲学者。トロント大学名誉教授。専門は科学哲学。著書に、『確率の出現』(一九七五)、『言語はなぜ哲学の問題になるのか』(七五)、『表現と介入』(八三)、『偶然を飼いならす』(九〇)、『知の歴史学』(二〇〇二)などがある。『確率の出現』や『偶然を飼いならす』では、確率概念の歴史的発展に関して哲学的な考察を行なっている。二〇〇一～〇六年、コレージュ・ド・フランス教授を務めた。

〔飯盛元章〕

ヘルト、クラウス

❖Klaus HELD 1936-

ドイツ・ヴッパタール大学名誉教授。フッサールとハイデガーの研究で知られる。フッサールの後期における「生き生きした現在」の分析を徹底的に追求した『生き生きした現在』(一九六六)によって、現象学研究に大きな貢献をもたらしている。また『ヘラクレイトス、パルメニデスと哲学と学問の始源』(八〇)などでは、ソクラテス以前の古代ギリシア哲学のうちにすでに原創設されている学問の理念を、フッサールが、特に『ヨーロッパ諸学の危機と超越論的現象学』のなかで再創設している、という観点を明らかにしている。またマルクス、アーレントについても論じており、政治哲学の書『政治的世界の現象学』(二〇一〇)を著わしている。

〔本郷均〕

アール、ミシェル 1937-2003

❖Michel HAAR

パリ第四(ソルボンヌ)大学元教授。主にニーチェ、ハイデガーについて研究と翻訳を行なった。著書に、『ハイデガーと人間の本質』、『歴史の断層 ハイデガーに関する十二の小論』、『現象学と形而上学の間のフランス哲学』などがある。〔本郷均〕

グリュックスマン、アンドレ 1937-2015

❖André GLUCKSMANN

フランスの哲学者。ブローニュ=ビヤンクールで、ナチスの迫害からフランスに逃れてきたユダヤ系ドイツ人の両親のもとに生まれる。両親は、パレスチナ闘争にも参加した共産主義者であったが、父親は、フランスでも始まったユダヤ人迫害を受け、イギリスに向かおうとして、英仏海峡で乗っていた難民船がドイツ軍から爆撃され沈没、溺死する。母親は、フランスに残ってレジスタンス活動をつづけたが、グリュックスマンは母親のもとを離れ、名前も変えて施設にかくまわれ、収容所送りを免れる。早くから共産党員として活動するが、ハンガリー動乱やアルジェリア戦争をめぐって党の方針と対立し、やがて離党する。その後、サン=クルーの高等師範学校にて学び、哲学の教授資格を取得して、国立科学研究センターの研究員となる。そこでは、主に戦争や戦略理論について研究を行ない、それが一九六七年に『戦争論』として結実する。その後、〈六八年五月〉を経験して、毛沢東主義を掲げた闘士となり、極左組織であるプロレタリア左派の指導者も務めたグリュックスマンは、ベルナール=アンリ・レヴィとならび、いわゆる〈新哲学派(ヌーヴォー・フィロゾフ)〉のひとりに数えられる。ソルジェニーツィンからソ連の実情を知り、さまざまな政治的体験のなかで、革命やマルクス主義について(失望と批判も含む)思索を重ね、刻々と変わる状況にそのつど激しく(ときに暴力をともなって)応答しながら、『料理女と人喰い』(邦題『現代ヨーロッパの崩壊』)や『思想の首領たち』といった話題作を発表。現代の圧政や悪、欺瞞に対する徹底した告発と抵抗をくりかえし主張して、〈新哲学派〉を代表する人物となる。著書は、以上に挙げた三著に加え、『フランスにおける戦略と革命』(邦題『革命の戦略』)、『第十一の戒律』が邦訳されており、そのほかにも多数の哲学・政治論がある。〔八幡恵一〕

シクスー、エレーヌ 1937-

❖Hélène CIXOUS

アルジェリア出身の作家、哲学者。イリガライ、クリステヴァと並び、ポストモダン・フェミニズムを代表する思想家。エクリチュール・フェミニンを提唱。著作は『メデューサの笑い』(一九七六)、『ヴェール』(ジャック・デリダとの共著、九八)のほか、『内部』(六九、メディシス賞)や『狼の愛』(二〇〇三)など数多くの小説や、

『偽証の都市、あるいは復讐の女神たちの甦り』(九四)などの戯曲も手がける。〔中澤瞳〕

ジャニコー、ドミニク

❖Dominique JANICAUD 1937-2002

フランス・ニース大学元教授。『フランススピリチュアリズムの系譜』(一九六九)から始め、ヘーゲルに関する研究で博士号を取得、その後、ハイデガー研究に向かう。一九八五年の『理性的なものの力』では、ハイデガーの技術論に基づきながら、ヒロシマを念頭に置きつつ現代の科学-技術について問いを投げかける。一九九一年に刊行した『フランス現象学の神学的転回』は当時のフランス現象学の方向性に関する論争を呼び起こした。『フランスにおけるハイデガー』(全二巻、二〇〇一)では、多くのインタビューと博捜をもとに、ハイデガーが〈フランスの哲学者〉となる過程を丹念に描き出した。また、ホワイトヘッド『過程と実在』の仏訳監訳など、多方面で活躍。〔本郷均〕

ネーゲル、トマス

❖Thomas NAGEL 1937-

ユーゴスラビアのベオグラード出身のアメリカの哲学者。一九六三年、ハーバード大学で学位を取得。カリフォルニア大学バークレー校、プリンストン大学で教鞭をとり、八〇年、ニューヨーク大学の哲学・法学の教授に就任する。著作には、『コウモリであるとはどのようなことか』(一九七九)、『どこでもないところからの眺め』(八六)、『哲学ってどんなこと?』(八七)などがある。専門は、他者論、認識論、心の哲学、倫理学、社会哲学など多岐にわたっている。心の哲学においては、反還元主義者として知られる。〔飯盛元章〕

バディウ、アラン

❖Alain BADIOU 1937-

フランスの哲学者。モロッコのラバトに生まれ、家族とともにフランスに移住して、パリ高等師範学校やソルボンヌで哲学を学ぶ。一九六〇年に哲学の教授資格を取得。一九六一年からランスのリセで教え、一九六五年からランス大学の助手、六八年の前後には、アルチュセールの影響を受け毛沢東主義者として活動する。フーコーの招きで一九六九年から一九九〇年までパリ大学ヴァンセンヌ校(パリ第八大学)の助教授、一九九〇年からは教授となり、国際哲学コレージュでも教鞭をとる。一九九九年には高等師範学校の哲学科教授となり、現在は同校の名誉教授である。バディウは、現代のフランスを代表する哲学者だが、毛沢東主義者として、ときにラディカルな政治行動に出ることでも知られている。また、小説や戯曲を書き、数学に通じ、映画の評論まで手がける。まさに知の巨人たる人物であり、広大なる領域を横断的に思考していくバディウであるが、哲学者としては、主著である『存在と出来事』で、プラトンから出発し、さらに数学をモデルとして、新たな存在論と〈出来事の哲学〉をめざすところが、主軸のひとつとなっている。この〈存在＝出来事〉の哲学は、プラトニズムと数学的な集合論を背景に、存在の〈一〉と〈多〉を考え、そこから、存在論（＝数学）ではとらえることのできない「出来事」の特異性と、真理（あるいは哲学）の条件を、「状況の多様性」およびそれに付随する（数学、愛、政治、詩という）「類生成的な過程」のなかで特定していく作業、ということができる。この思想にさらに「現出」の理論を加えた新たな展開が、『存在と出来事』の続編である『世界の論理』でなされている。著書は、上記のものを含め多数あるが、『哲学宣言』『聖パウロ』『世紀』『サルコジとは誰か？』『コミュニズムの仮説』などが邦訳されている。

〔八幡恵一〕

ベーメ、ゲルノート

❖Gernot BÖHME　1937-

ダルムシュタット工科大学名誉教授。ヘルマン・シュミッツの新現象学の立場に立って、美学を、その語源的な意味である感性論、すなわち感覚的認識の理論として捉え返そうとしている。著書に、『雰囲気』（一九九五）、『感覚学としての美学』（二〇〇一）、『建築と雰囲気』（〇六）、『意識の諸形式』（一三）などがある。

〔本郷均〕

ラリュエル、フランソワ

❖François LARUELLE　1937-

パリ第十大学名誉教授。著作には『テクスト機械──脱構築とエクリチュールのリビドー』（一九七六）、『差異の諸哲学──批判的導入』（八六）、『哲学と非‐哲学』（八九）、『非‐哲学の原理』（九六）、『アンチ・バディウ』（二〇一一）など多くのものがある。ニーチェ、ハイデガー、ドゥルーズ、デリダらの批判的解釈から出発。「非‐哲学」の概念で知られる。

〔飯盛元章〕

エンブリー、レスター

❖Lester EMBREE　1938-2017

アメリカ・フロリダ・アトランティック大学元教授。アロン・グールヴィッチ（Aron GURWITSCH, 1901-1973）、ケアンズ（Dorion CAIRNS, 1901-1973）に現象学を学ぶ。現象学に加えて、文化科学理論、考古学にも造詣が深い。著書に、『反省的分析（邦題：使える現象学）』（二〇〇三）、『環境、技術、正当化』（〇九）、『アニミズム、予兆、意志、智慧』（一二）などがある。編著として、『現象学百科事典』（一九九七）、『現象学美学ハンドブック』（一〇）などがある。

〔本郷均〕

ノージック、ロバート

❖Robert NOZICK　1938-2002

ニューヨーク、ブルックリンに移民の子として生まれる。高校時代は社会党の青年組織に加。コロンビア大学卒業後の一九五九年、プリンストン大学大学院に進学。カール・ヘンペルに師事。一九六三年、同大学にて博士号取得。後に、オックスフォード大学に留学し、帰国後の六九年よりハーバード大学で教鞭をとる。主著のひとつ『アナーキー・国家・ユートピア』で、ロールズの提唱した正義の二原理のうち、格差原理（自由競争によって生まれる不利益を被る少数者を人格の平等性の名のもとに救い出すための原理）における人格概念の抽象性を厳しく批判する。ロールズとノージックはハーバード大学哲学科の同僚であるが、理論の内容などにおいて対照的な面が多く、ノージック自身は、リバタリアニズム——個人とその選択の自由を問題にする立場——へと向かった。〔中澤瞳〕

マシュレ、ピエール

❖Pierre MACHEREY　1938-

フランスの哲学者。二〇〇三年より、リール第三大学名誉教授。著作に『資本論を読む』（ルイ・アルチュセールらとの共著、一九六五）、『文学生産の理論』（六六）、『文学生産の哲学——サドからフーコーまで』（九〇）など。『文学生産の理論』ではマルクス主義文学理論を展開して、ある叙述を文学的叙述とする条件を考察した。〔飯盛元章〕

レーガン〔リーガン〕、トム

❖Tom REGAN　1938-2017

ノースカロライナ州立大学名誉教授。動物の権利に関する理論の専門家。一九八三年の『動物の権利の擁護』において、人間以外の動物も道徳的権利を有するとする立場から、動物実験などにも反対した。〔本郷均〕

トドロフ、ツヴェタン

❖Tzvetan TODOROV　1939-2017

フランスの哲学者。フランス国立科学研究センターに所属。文芸理論誌『ポエティック』の編集委員を務めた。著作には『小説の記号学』（一九六七）、『象徴の理論』（七七）、『象徴表現と解釈』（七八）、『言説の諸ジャンル』（七八）、『他者の記号学』（八二）、『われわれと他者』（八九）、『個の礼讃——ルネサンス期フランドルの肖像画』（二〇〇〇）など多数のものがある。ロラン・バルトの指導のもとで『小説の記号学』を発表し、構造主義的文芸批評の先駆となった。また、『他者の記号学』では、スペイン人とインディアンとの関係から、他者に関する問題を考察している。〔飯盛元章〕

クリステヴァ、ジュリア

❖Julia KRISTEVA　1940-

ブルガリアで生まれ、フランスに留学（一九六五年）し、リュシアン・ゴルトマン、ロラン・バルトのもとで学ぶ。『テル・ケル』誌主筆のフィリップ・ソレルスと結婚（六七年）し、同誌の活動に参加。パリ第七大学文学部の教員となり（七三年）、現在は名誉教授。

クリステヴァは、記号論、なかでもテクスト理論から出発した（『セメイオチケ』一九六九）。それまでの記号学が、言語の生成過程に目を向けずに、生成されたテクスト（現象のテクスト）のみを扱ってきたのに対して、彼女はそうしたテクストが生成すること自体のテクスト性（生成のテクスト）に注目した。例えばあるテクストを小説として記述するとき、そのテクストは「このようなものが小説である」というテクスト性を生成している。クリステヴァは、現象のテクストの上に生成のテクストが書き込まれており、テクストはそれ自身の生成を語っているとする立場から、意味や意味作用をテクストの静的構造において捉えようとする構造主義を批判し、「意味生成性」をテクストの生成局面において捉えることを求めた。そしてこのような意味生成性が最も活発に働いている場が文学テクストの詩的言語であるとした。また、ミハイル・バフチンから引き継いだ、あるテクストはつねに他のテクストと対話を交わしているという「間テクスト性」の概念を提唱した。

クリステヴァは、七〇年代に入ると、J・ラカンのセミネールに参加するようになったのをきっかけに、テキスト理論の成果を精神分析に発展させた（『詩的言語の革命』七四など）。彼女が言う「記号象徴態（サンボリック）」とは、生成されたものの秩序を指し、「原記号態（セミオティック）」とはそうした生成することそのものの秩序を指し、これまで「サンボリック」なプロセスだけが重視され「セミオィテック」なものは注目されてこなかったことを問題にする。フロイト理論で言えば、父を殺して子が成長していくサンボリックなプロセスだけが注目されており、セミオティックな秩序としての父や母への注目を呼びかけたのである。

ここから父性原理としての法や言語を批判して、母性原理としての無意識の解放を主張することになる。精神分析とフェミニズムの結びつきは、当時は理解されず、フェミニストの一部から非難を受けたこともあった。しかし、クリステヴァがフェミニズム理論やジェンダー理論に与えた影響は大きい。

クリステヴァが母‐娘関係の理論を作り上げるのにあたって手がかりとしたのが、M・クラインの理論である。クリステヴァは、H・アーレントおよびコレットとならんで、クラインを『女性の天才』三部作の一冊として取り上げ、母を「創造性」の源とみなし、母殺しの場を作り出すことが精神的な発達の基盤であるというクラインの理論の重要性を明らかにしている（『メラニー・クライン』二〇〇〇）。これがクリステヴァの「アブジェクシオン」

理論に大きな影響を与えた（『恐怖の権力』一九八四）。アブジェクシオンとは、いまだ対象とならずに一体化している母という前対象が、癒合の快楽で誘惑しながら、しかし同時に嫌悪を誘発するおぞましいもの（アブジェクシオン）となって棄却（アブジェ）されることを表わしている。クリステヴァはこのメカニズムのなかに、母子融合の密着状態から母子分離へと推移するための動機を見出す。

彼女の著作は、以上のほか、言語学、記号学、文学、精神分析、哲学などの領域にまたがっている。また『サムライたち』（九〇）、『憑依』（九六）、『ビザンチウムの殺人』（〇四）などの小説や、『外国人』（八八）などの政治評論も発表している。著作の多くが邦訳されており、評伝もある（西川直子『クリステヴァ』、講談社、九九）。

なおクリステヴァは、メルロ＝ポンティをしばしば引用し、「精神分析家はメルロ＝ポンティを想起しなければならない」（『内的反抗』、九七）と高く評価している。

〔松葉祥一〕

クリプキ、ソール・アーロン

❖Saul Aaron KRIPKE　1940-

アメリカの哲学者。一九六二年にハーバード大学で学士号を取得し、一九七六年からプリンストン大学の教授に就任。同大学名誉教授。クリプキは多くの影響力のある考察を行なった。例えば、確定記述と固有名を区別し、固有名はいかなる可能世界においても同じ個体を指す固定指示子であるとする固有名の意味に関する議論や、規則についての議論である。後者はウィトゲンシュタインが『探求』において展開した議論を取りあげ直し、行なわれた。〇から始まって二ずつ加えていく数列を書き出せと言われた生徒が、一〇〇〇までは常に二を、二〇〇〇までは四を加えていくという指示と理解する場合があったとしても、そのように理解された規則性を不合理だとは言えない。一般に「規則のパラドクス」と呼ばれるもので、この議論を通じて、規則性が一義的には確定できないということが明らかにされた。著書に、『名指しと必然性——様相の形而上学と心身問題』、『ウィトゲンシュタインのパラドックス——規則・私的言語・他人の心』など。

〔中澤瞳〕

ドゥブレ、レジス

❖Régis DEBRAY　1940-

フランスの哲学者、作家。パリで弁護士の父と政治家の母のあいだに生まれる。一九六〇年にパリ高等師範学校に首席で入学。在学中にキューバを訪れ、カストロをはじめキューバの指導者と交わる。すでにマルクス主義に関心をもっていたが、帰国後に共産主義学生同盟に加入。さらにアルチュセールと出会い、マルクス主義とラテン・アメリカの理論的な研究に没頭する。六二年にはベネズエラのゲリラ地区へ旅行し、ゲリラの戦士と行動をともにする。学校を休学してラテン・アメリカ諸国をめぐり、現地で政治や経済の状況を調査。六三年に帰国し、哲学の教授資格を取得、ナンシーのリセで教師となる。六五年にキューバ政府に招かれハバナを訪問。ハバナ大学で哲学を教える。カストロと議論を行なうなどしながら、『革命のなかの革命』の執筆を始め、六七年に刊行。同年にはチェ・ゲバラにインタビューを試み、ゲリラ戦に参加しようとするが、治安警察に逮捕される。軍事裁判にかけられ、懲役三〇年の刑に処せられるも、サルトルらを巻きこんだ国際的な運動がおこり、一九七〇年に釈放。しばらくはチリで過ごし、七三年に帰国、以後は執筆に専念し、多くのエッセイや小説を発表する。八一年から八五年までミッテラン政権で外交顧問を務め、九三年にダゴニェの指導のもと博士号を取得。九九年からリヨン第三大学で哲学の教授、二〇一一年にはゴンクール賞の選考委員となる。ドゥブレは、まずはキューバ革命の理論家として知られ、とくに『革命のなかの革命』は、ラテン・アメリカのゲリラ戦争に理論的な基盤を与え、さらにその本来の意義を伝えるものとして、各国でベストセラーとなる。さらに近年では、いわゆる「メディオロジー」の提唱者となっており、九六年には『カイエ・ド・メディオロジー』を創刊している。メディオロジーとは、「高度な社会的機能を伝達作用の技術的構造との関係で扱う学問」であり、宗教やイデオロギー、文学、芸術といった人間の象徴的な活動を、それを保管し流通させる〈メディア〉の働きのなかで考察する、ドゥブレ独自の学問である。著書は多数あるが、『革命のなかの革命』をはじめ、『イメージの生と死』『メディオロジー宣言』などが邦訳されている。

〔八幡恵一〕

ナンシー、ジャン＝リュック

❖Jean-Luc NANCY　1940-

フランス、ボルドー近郊の町コデラン生まれの哲学者。パリのルイ＝ルグラン高校の進学準備学級で学んだ後、ソルボンヌ大学に進学、一九六二年に哲学の学士号、翌六三年に修士号を取得、修士論文は『形象と真理――ヘーゲルの啓示宗教分析における表象の問題』、指導教授はポール・リクール。一九六四年、哲学の教授資格を取得。一九六七年、アルザスのコルマールの高校の準備学級で教鞭を執っていたとき、ストラスブール大学講師だったフィリップ・ラクー＝ラバルトと出会い、公私ともに緊密な協働関係に入る。一九六八年、ナンシーがストラスブール大学に着任して以降、二人は長きにわたり共同で授業を行なっただけでなく、『文字の資格』(一九七二)、『文学的絶対』(七八)、『ナチ神話』(九一)などの著作を共同執筆、さらには一九九三年ストラスブール作家会議など多くの学術会議を組織した。一九七三年、カントに関する論文で博士号(指導教授はリクール)を取得し、助教授に昇格。一九八七年、トゥールーズ大学で国家博士号を取得し、教授に昇格。一九九〇年ごろ、心臓疾患のために活動が停滞したが、一九九一年、心臓移植手術を受けて回復、それまで以上に旺盛に活動し、二〇〇四年に定年で退官するまで長きにわたって勤め上げ、ストラスブール大学の哲学科の名声を高らしめた。その間、ベルリン自由大学、カリフォルニア大学バークレー校などの招聘教授、国際哲学学院の院長(一九八八〜九〇年度)などを歴任。名誉教授となった後も、旺盛な執筆活動や講演活動を続けている。ジャン＝リュック・ナンシーはきわめて多産な哲学者であり、これまでに刊行した著作は、小冊子が多いとはいえ、優に百冊に達し、現在も次々と新作を出版している。それゆえ、ここに記述するのはあくまでも進行中の思想の概要ということになる。

ナンシーの基本的な立ち位置は、デカルト、カント、ヘーゲル、ニーチェ、ハイデガーといった過去の重要な哲学者と格闘・対話しながら、古典的かつ現代的な問題系(自由、共同体、贈与等々)にアプローチするという正統的なものである。とはいえ、彼の関心と仕事は狭い意味での哲学にとどまることなく、きわめて広範囲に及んでいる。最初の著作『文字の資格』(ラクー＝ラバルトとの共著、七三)は、ラカンと精神分析をめぐるものであり、初期の仕事である『文学的絶対』(ラクー＝ラバルトとの共編著、七八)はドイツ・ロマン派の文学理論についての清新な翻訳・紹介・研究であった。そのほか、文学、造形芸術、音楽、ダンスなどに関する論考も数多く発表している。このようなナンシーの多岐にわたる仕事は、便宜的に大きく五つに分けて考えることができる。

❖ Jean-Luc NANCY

第一は、思想史的なアプローチによる、オーソドックスな読解の仕事で、比較的初期に集中している。一九七六年の『失神（シンコペーション）のディスクール』と一九八三年の『定言命法』はカントに関するもの。この二著の間に発表された一九七九年出版の『エゴ・スム』は、デカルトのテクストを貫通する主体という主題をめぐってなされる論考である。一九九七年には、『ヘーゲル、否定的なものの不安』を発表。このカテゴリーで最も重要であり、ナンシーの主著のひとつと言えるのは、ハイデガーとの全面的な対話のうちで、自由に関する考察が展開される『自由の経験』（八八）である。

第二は、アクチュアルな問題を独自な視点から扱ったテクスト群である。神話的同一化を切り口とした『ナチ神話』（ラクー＝ラバルトとの共著、九一）、湾岸戦争という状況下でコミュニズム以後を問い直した『共出現』（バイイとの共著、九一）、自らの心臓疾患をきっかけに広い意味での他者を論じる『侵入者』（二〇〇〇）などがそれにあたる。過去の哲学者の主要概念と格闘するよりは、現代のさまざまな問題に取り組むために、過去の哲学のさまざまな問題系や用語を援用しつつ、独自な見解が展開される。なかでも、バタイユとブランショのテクストが反響する『無為の共同体』（八六）は、その代表であり、『複数にして単数の存在』（九六）などは、その延長線上に位置する。

第三は、一連の政治に関する論考である。ナンシーは、ラクー＝ラバルトと「政治的なものに関する哲学研究会」（一九八〇〜八四）を共同主宰し、既存の民主主義の修辞をつなぎ合わせるのではなく、政治を根底的に再検討することを目指した。クロード・ルフォール、ジャン＝フランソワ・リオタールなどの講演を企画運営し、それらの講演はナンシー本人のものも含め『政治的なものの再現動』（八一）、『政治的なものの退隠＝再描』（八三）といった論集として刊行された。その後も、『民主主義の実相』（〇八）、『政治とその彼方』（一一）といった論考で政治を主題的に扱っているだけでなく、多くのテクストのうちに政治的なものへの関心は見え隠れしている。

第四は、おおまかに芸術論と捉えることができる。一九九四年に発表された『ミューズたち』を皮切りに、美術、さらには芸術一般に関する論考を矢継ぎ早に発表している。西欧絵画における表象の問題を扱った『肖像の眼差し』（〇〇）やキリスト教絵画の読解『訪問』（〇一）、アッバス・キアロスタミ監督について論じた『映画の明らかさについて』（〇一）、裸性をテーマとした『Nus sommes 私たち＝裸がある』（フェラーリとの共著、〇二）、さらにはダンスをめぐる論考『アリテラション』（モニエとの共著、〇六）、どれも刺激的なイメージ論、芸術論である。なかでも『イメージの奥底で』は、視覚とイメージの問題に踏み込んだ重要な作品である。

第五は、二十世紀に入ってから明確に形をとることになった独自の問題構成、キリスト教の脱構築をめぐる著作である。「キリスト教の脱構築」(1)(2)と副題されて刊行された『脱閉域』（〇五）と『アドラシオン』（一〇）、グローバリゼーションの核にある問題を剔り出す『世界の創造、あるいは世界化』（〇二）もその系列に数えられよう。

もちろん、便宜的に分けた五つのカテゴリーは相互に密接かつ有機的に結びついており、それらを通底する関心があることを忘れてはなるまい。さらに、ナンシーは同時代の重要な出来事にきわめて迅速に応答しており、『フクシマの後で』（一二）では、三・一一の福島の原発事故（二〇一一年）について反応している。その一方で、『恋愛について』（〇八）など、子ども向けに哲学的な問いを具体的に解説した講演も数点刊行されている。ナンシーにおいて繰り返し考察される主題としては、共同体、自由、イメージ、宗教、脱構築、意味などがあるが、以下、ほぼ時系列に沿って主要著作を紹介するかたちで、その思想の概要を追うことにしよう。

I——共同体

一九八六年刊行の『無為の共同体』（九〇、増補）は、共同体論にきわめて斬新な視点を導入した書として注目を浴びた。ジョルジュ・バタイユの思想を出発点とし、モーリス・ブランショの思想と対話する形で進められる一連の論考において、ナンシーは、共同体（コミュノテ）の問題を、語源を等しくする一連の言葉、「共同の（コマン）」、「交流（コミュニケーション）」などと絡めながら問い直し、現代における共同体の問題点を多角的に考察した。一般に、血縁など自然の所与の絆に基づく前近代的な「共同体」が解体されることで、自律した個人からなる「近代社会」が成立したと考えられることが多い。その場合、自然により近い共同体はしばしばある種の郷愁を伴って語られるが、ナンシーは、そのようなノスタルジーの神話を錯視として斥け、過去の理想的な共同体は、むしろ近代になって生み出された幻想だと指摘する。共同体を考察する際の蹉跌は、人間の本質という内在性を前提としていることであり、このような内在性を回避することなくしては、正しい検討はできないというのがナンシーの主張の要点のひとつである。その一方で、理想の共同体を最終的な目的に掲げる共産主義（コミュニズム）という全体主義に対しても根底的な批判がなされる。共産主義の考える人間とは、労働し生産する存在、すなわち、営み（ウーヴル）＝作品を産み出すことに力点が置かれ、労働によって財産をつくることが肯定されている。これに対してナンシーは、ブランショを援用しながら、共同体における営み＝作品ではなく、むしろ「無為（デズーヴルマン）」を強調する。「無為の共同体」と題された所以である。共同体の成員は、なんらかの共通性なり、財産を共有するのではなく、むしろ死を分有する共存在なのだ。死は共同体と切り離しえない。というのも、死をとおしてはじめて共同体は開示されるし、またその逆に共同体をとおして死が開示されるからだ。その意味で、ナンシーが切り開こうとする共同体の問題は、人間の有限性と密接に関わっている。共同体は個体の有限性という欠如を補うがゆえに必要とされてきたのである。ところで、共同体は、個人のあり方に意味を与えることを担保するがゆえに、共同体への犠牲や献身を迫ることもある。そのような回収のメカニズムを利用し、構成員を囲い込むのがナショナリズムや全体主義の原理である。とはいえ、共同体をひたすら否定するのではなく、その根源にまで掘り下げる周到な作業が行なわれる。

　共同体に関して、ナンシーはなんらかの既存の共通項を基にするのでも、共有財産を問題にするのでもなく、「共同性」に力点を置く。つまり、その基盤にあるのは、コミュニケーションの問題、そしてハイデガーが提起した「共存在」の問題である。共存在は、ハイデガーから受け継いだ重要な概念であり、ナンシーの思想を貫くものだが、ハイデガーが共存在をもっぱら民族とその歴運という次元で捉えることをナンシーは批判して、その点に留保をつけることも忘れない。

　一方、共産主義批判に関して言えば、ナンシーが批判するのはレジームとしての共産主義であり、コミュニズムという語には新たな意味を与えようとしており、それを「民主主義の真理」とも言っている。共産主義以降の共同体のあり方について考察することは、その後、『共出現』でも課題として受け継がれていく。いずれにせよ、共同体の幻想の起源を明らかにし、来るべき別の共同体＝共同性の可能性を探ることが、ナンシーの目指すところである。そこで、用いられるのが「分有（partage）」という言葉である。死は各自の有限性を曝しだすことによって、一人ひとりの存在を決定的に分離すると同時に、無媒介的に結びつけもする。ただ、それは私と他者が死を分有しているということではない。むしろ、有限性という限界に曝され、その限界を分有することによって、私が特異なものとしての私となる。つまり、共存在するということそのものが、分有によって可能となるのである。このように、『無為の共同体』には、後にナンシーが全面的に展開することになる現代社会における哲学、社会、政治、宗教の諸問題が凝縮した形で素描されているという意味で、重要な作品である。

　『無為の共同体』の続篇と言える『共出現』では、文学と共同性の関係が全面的に問われる。「なぜ共同なるものはまず文学において、また文学として前面に出てくるのか、なぜ文学は、共同なるものを共同化＝伝達することに捧げられているように思われるのか。また、なぜ文学は、共同なるものの空間そのものとして、自らを贈り与えるように思われるのか」といった問いに対して、ナンシーは、文学こそが「通常のもの（オルディネール）」を「途方もないもの（エクストラオルディネール）」のうちに現前させることを可能にするからだと答える。文学は「共通のもの」を「出来事」にする。このことで、文学を介さなければ気づかれることもない共通な分有をコミュニケートするのである。ただ、哲学的言説とは異なり、文学はこの分有をひとつの理念として「見える」形で与えるのではなく、その共出現の非‐理念性を伝播する。この意味で、文学は「共同のもの」を完全に埋もれていながら、「完全に抗しがたいほどに現前する記憶として贈り与える」。いわば、絶対的な想起（アナムネーズ）の記憶喪失（アムネジー）だと言うのである。そして、このように解された文学に特権的に結びつく言葉、それが「無為」である。ナンシーは、「われわれの世界は文学の世界である」とまで言っている。文学という語が示すのは、「共に」ということについて語る多様な声の開かれのことである。一九九六年刊行の『複数にして単数の存在』では、共存在の問題がさらに精緻に展開され、「われわれ」と語ることの根拠が問われる。共存在は、「共出現」として、同じ時、同じ場所を分有するわけだが、そのような現前化の出来事が、「われわれ」のようなもの、実体的でも、排他的な自己同一性でもないような「われわれ」である。もはや素朴な本性に依拠することはできない。「われわれ」の根拠となる本質＝自然はないからである。

2――自由

共同体と個人は表裏一体の関係、相互支持の関係にあり、近代社会を成立させたのは、自立した個人だとされるが、『自由の経験』では、個人の特質だとみなされる自由の問題が俎上に載せられ、カント、シェリング、ハイデガー、サルトルらの思想が批判的に検討される。とはいえ、自由という概念なりその定義の変遷をたどることが目的ではない。自由についてのさまざまな定義は、本質的な自由から我々を遠ざけることはあっても、自由について何も教えることはない、とナンシーは考える。なぜならば、自由とは、概念でも観念でもなく、なによりも経験だからである。自由とは獲得されるべき価値などではなく、独自の経験であり、この経験は思考することと密接に関わっている。「自由の経験とは、自由が経験であるということの経験である。それは経験の経験である。しかし、経験の経験とは、経験それ自体以外のなにものでもない」。したがって、自由の概念規定するのではなく、むしろ、自由（リベルテ）という言葉が織りなす意味連関の網の目を彷徨することで、自由そのものに迫らねばならない。『自由の経験』が序論・本論・結論という形を取らず、独立した一四章からなるのはそのためであろう。「自由」と「経験」という言葉が担ってきた意味を根底から問い直すことによって、思想史の文脈からこれらの言葉を解放しつつ伝承しようというのだ。

近代哲学において自由は、しばしば自由意志の問題として展開され、決定論と非決定論の対立の相のもとにおいて捉えられてきた。

デカルト、スピノザ、ルソー、カント、ヘーゲル、マルクスまで、自由を巡る考察は、意志の自由、偶然と必然、因果律と自律、決定論に対する自由意志などさまざまで論じられてきたが、一見多様に見えるこれらの思想に共通な了解がある。それは自由を主体と結びつけ、もっぱらそこから考えている点である。そこに自由に関する思考の隘路がある。自由の根源に戻るならば、主体とも個人とも直結しない形で捉えなければならない。ナンシーは、ハイデガーの自由論の変遷をていねいに追いながら、その論旨に従いつつも、それに対抗し、それを越える形で自由と思考とが等価であり、共属的なことを確認する。自由とは主体がもつひとつの能力ではない。むしろ、自由とは「根拠の根拠」であり、根拠づけの経験そのものであるとされる。さらにカントに遡りつつ、自由が非条件的な因果性であり、自己措定的であることが確認される。じっさい、私の自由とは、他者の自由が始まるところで終わるようなものではない。むしろ他者が存在することが、自由であることの必然的条件であるという意味で、「世界内存在」と「共存在」が自由の根幹にある。世界内存在とは、たんに私が世界のなかにいるということを意味するのではなく、私が世界であり、世界が私であるということだ。さまざまな実存からなるこの世界は、関係の総体であり、主体に向かい合う客体＝対象としての世界ではないのだ。さらに、古代ギリシアの自由（エレウテリオテス）が、「鷹揚さ（générosité）」という徳や贈与と関連していたことにも着目しながら、「自由」という語の新たな意味連関を紡ぎ出す。このように、近代的な自我や主体を批判し、脱構築しようとする意図がここにも見てとれる。そのなかで、例えば、自由が直接的に平等と結びついていること、より正確に言えば自由が平等に等しいことも指摘される。自由には共通の尺度はないが、まさにこの尺度がないことこそ自由の共通性であり、平等の根底にあり、兄弟愛＝友愛（fraternité）の根源にあるとされる。

3——イメージ

ナンシーは一九九〇年代から芸術や絵画を主題とした考察を数多く発表するようになる。「なぜひとつではなく、複数の芸術があるのか」という問いから始まる『ミューズたち』（九四）、絵画と哲学の主題＝主体に関する重要な論考である『肖像の眼差し』（二〇〇〇）、キリスト教絵画をモチーフとした『訪問——イメージと記憶をめぐって』（〇一）、イランの映画監督アッバス・キアロスタミの映画を論じた『映画の明らかさ』（〇一）、アウシュヴィッツにおける表象（不可能性）の問題を扱った論考などを含む『イメージの奥底で』（〇三）、キリスト復活とマグラダのマリアの場面を描いた作品に触れる『私に触れるな——ノリ・メ・タンゲレ』（〇三）、さまざまな作家の肖像写真にコメントをつけた『作者の図像学』（〇五）など、どれも美術史的研究や美学とは一線を画した哲学的アプローチによるイメージ論である。

イメージをめぐるナンシーの立論は、基本的にはドゥルーズやデリダなどと近い。伝統的に、イメージは、模倣、影、表象＝再現前という形で捉えられ、オリジナルに対して一段劣るもの、コピーに過ぎないと考えられがちであったが、このような発想は批判され、イメージは何かの表象なのではなく、むしろ自分自身を示すものだとされる。つまり、イメージは表象（ルプレザンタシオン）＝再現というよりは呈示（プレザンタシオン）なのである。こういった点を前提とした上で、イメージの成立の構造、そしてイメージが見る者に及ぼす魅惑の謎の解明が試みられる。

イメージに関する西洋の思考には少なくとも三つのパラダイム変換が見られる、とナンシーは指摘する。最初のパラダイムはギリシアで、思考法の根幹には光があり、光のうちに眺めがあった。ところが、キリスト教によって大きな変換がもたらされる。「初めに言葉ありき」という有名な文に端的に示されるように、目に見えるものの位置が退き、言葉、ロゴスが前景化し、言表行為が優位となる。ところが、ルネサンスに、先行する二つのパラダイムを綜合する形で第三のパラダイム変換が起こり、「眺め（ヴュー）」が言葉のように機能し、言表によって視覚が遂行されることになる。「ルネサンスから十九世紀にかけて、ヨーロッパ的思考は、タブローから投影スクリーンへ、表象（ルプレザンタシオン）から呈示（プレザンタシオン）へ、イデアからイメージへ、（略）空想（ファンタジー）や幻想（ファンタスム）から想像力へと急転換した」。つまり、存在論から現象学へと、存在から現われへと、形相から形成作用へと、つまり質料から力へ、イデアから構想（コンセプション）へ、見られたものから見ることへと急転換したのだ」。つまり、虚偽としてのイメージからイメージとしての真理へと転回するのだ。

ところで、ナンシーは、このようなイメージとロゴスの綜合の端緒をカントに見てとり、その「構想力」を、ある種のイメージ喚起能力を言い表わした近代最初のものだと評価する。構想力とは、ある事物をその不在において表象する能力のことではなく、不在から現－前の形態を引き出す力であり、つまり「自己を現前化〔呈示〕する力なのだ。

イメージという問題構成がなぜ重要なのかといえば、本質と仮象、「叡知的なもの」と「感性的なもの」との関係が収斂するからであり、芸術が注目されるのもそのためである。「芸術」作品という感性的な与件のうちで、開かれた不在の現前化こそが問題となっている。表象という言葉は、何かの代理表象と考えられるべきではない。「表象は模造（シミュラークル）ではなく、オリジナルの代理物でもない。じっさい、それは何らかの事物と関係をもつものではない。表象とは、すでに与えられ完成された（あるいは完遂された状態で与えられた）ひとつの現前へと要約できないものの現前化であり、あるいはまた、叡知的な実在（あるいは形相）を、感性的な実在の形式的媒介によって現前させることである」（『イメージの奥底で』）。

イメージが事物の類似物だとしても、その類似とは単なる写しではなく、イメージによってこそ、事物は現われる。イメージとは事物の類似であり、その類似性において、事物はそれ自体から引き離される。イメージは「事物そのもの」なのだ。ナンシーによれば、イメージの特徴は、まさに物と違うことであるが、このまったく違うものが、それにもかかわらず、類似によって、同じであるという事実に、イメージを視る者は快楽を覚える。「それは〈こちら〉にあるのではなく〈あちら〉に、遠くに、遠ざかりのうちにある」。しかし、このように退却しながらも、その強度のうちで、自らをかき集め、類似のイメージとなり、その意味で、模倣(ミメーシス)が分与(メテクシス)を含んでいるのであり、だからこそ、イメージはひとを魅了する。このことは、『肖像の眼差し』でも、明確に述べられる。ふつう肖像画はモデルに類似していると考えられるが、モデルと肖像画との同定・識別的なアプローチは厳しく斥けられる。肖像は何らかの記憶可能なアイデンティティを思い起こすのではなく、見る者を内奥に、内奥のほうに招集し、導く。このような観点から見たとき、美術史的観点とは異なり、肖像画は、愛され尊敬された人たちの想い出を呼び起こすこととは無縁になる。哲学的に見た場合、肖像画の発生は、むしろ、「主体を主体自身へと呼び戻し＝呼び起こすため」、つまり「主体が無限の自己回帰を実行するため」に現われたのだ。

ハイデガーの『カントと形而上学の問題』を精読しつつ、ナンシーはイメージの発生に見られる一種のキアスム、あるいは巻き込みに注目する。像(ビルト)の奥底には、我々へと向けられた眼差しとして〈自己を示す〉ところの〈自己を示すこと〉としての、像それ自体の写像(アップビルト)があることになるだろう。その意味で、「最初のイメージは、我々へと向けられた眼差しとして〈自己を示す〉。イメージは、ある眼差しに似ることでイメージを喚起する」。したがって、「最初のイメージとは、つねに、あるイメージ（示し）のイメージ（類似）である。このように、イメージを発生させる「巻き込み」が作動しているのである。イメージは、見ることに類似することで自らを見るべきものとして与え、可視的なものは、それ自身が見ることをもつことで自己を呈示する。最初のイメージはつねにひとつの眼差しのようでもある」。

カントが「第一批判」で図式と名づけたものは、あらゆるイメージに先立った、あらゆる表象とあらゆる形象化に先立った自由な像、「形象的でない像とでも呼ぶべきもの」なのだ。感性的なものを統一し、統一を感性化するこの眺めは、図式機能を形成しているが、この機能が、「イメージのような何か」（ハイデガーの表現では「図式－像」）へと関係づけられる。図式論は「あたかもイメージであるような」によって機能し、準－イメージと同時にイメージのイメージをも構成する。イメージは自らに先行しており、この先行するものをイメージ化するのが、想像力(イマジネーション)である。この想像力こそが、自らの前かつ外で眺めを見るのであり、この眺めが我々に呈示され、この眺めのおかげで我々は自らを表象することができる。つまり、ここで問題となっていることは、単なるイメージ論ではなく、存在の現われの問題と言える。「存在するものは、むしろ、まず何かの〈似像〉という形で自己を呈示＝現前化する」とナンシーは言う。したがって、いかなるものもそれ以外の仕方で自己を呈示することはない。自己を現前化しつつ、自己に類似するにいたり、それゆえ、自己自身であるにいたる。自己に類似すべく、事物は自己を結集する。しかし、自己を結集するためには、事物はその外部から退隠しなければならない。ようするに、イメージの発生の根源には、自己呈示（現前）の問題があるのだ。

イメージがキリスト教との関係でとりわけ西洋世界で発展したことは偶然ではない。文字を知らぬ人びと（民衆）にキリスト教の教理を教えるために、教会が絵画や彫刻といった視覚的手段を好んで用いたことは確かな事実であるとしても、キリスト教が聖書の挿し絵として、イメージを発達させたという考えにナンシーは疑義を呈する。イラストならば、本文、つまり精神としての言葉が想定され、それを補助するという構造をとるが、キリスト教絵画とは、そのような言説の理解を補助するための手段ではない。「キリスト教絵画とは、キリスト教的な主題についての表象ではない。むしろ事態は逆であり、キリスト教こそ、あるいは、絵画における、絵画としてのキリスト教的な何かこそが、絵画を描く」。キリスト教が、絵画を孕み、絵画を誕生させつつ、絵画のうちで、絵画として、自らを告げ知らせているのだ。

4——キリスト教の脱構築

二十一世紀に入ったころから、ナンシーは明示的な仕方で「キリスト教の脱構築」という主題に取り組みはじめた。むろん、このような自覚にいたる前から、扱われる多様なトピックスを通底するものとして、伏流してはいたが、明示的な形でこの主題を扱った論考を集めたのが、「キリスト教の脱構築」(1)(2)と副題されて刊行された『脱閉域』（〇五）と『崇拝（アドラシオン）』（一〇、邦題『アドラシオン　キリスト教的西洋の脱構築』）である。

しかし、無神論が主流と思われる現代の西洋型文化においてなぜまたキリスト教なのか。「キリスト教の脱構築」が目指すのは、宗教の復活でも、その最終的な死の宣告でもない。有神論か無神論かという偽りの二項対立的な思考を粉砕することである。有神論と無神論は単純に対立するのではなく、お互いに支え合っており、相互に嵌入しているからだ。また、この問題はキリスト教世界のみに関わるものではなく、より普遍的な射程をもった主題である。ハイデガーが「世界の西洋化」と呼び、デリダが「世界ラテン化」と呼んだ状況、すなわち世界の西洋化、世界化とも密接に結びついている。したがって、問題になっているのは狭い意味での宗教の問題というよりは、現代世界のあり方そのものだ。社会のいたるところ、一見キリスト教とは無縁にも見える要素のなかにもキリスト教が深く刻み込まれているのだとすれば、世俗化しながら不可視の形で広がりつつあるキリスト教的枠組みを注意深く考察する必要がある。かつてのように宗教的信念の「真理性」に焦点をあてて宗教批判を行なうのではない。潜在的にキリスト教的であるような言語および思考法が世界的に拡散伝播する状況を検討する必要がある。じっさい、キリスト教は単なる一宗教以上のものであり、キリスト教は、西洋文化から分離不可能である。キリスト教は西洋文明に対して偶発的な存在ではないし、不意に到来したものでもない。キリスト教は、単なる宗教以上のものであり、地中海世界に、法と都市国家と理性というシステムが配置されたところに、あたかも神経系のように必要不可欠なものとして入り込んだ。それはなぜか。古代においては信じられていた、存在の根拠における確証が消滅したからである。近代になって、理性がキリスト教にとって代わったように見えるのもまたそのためだ。じっさい、キリスト教の後退は、社会が合理化され、世俗化が進み、物質化され、現代化されたという形で説明されることが多い。しかし、このような説明には論点の先取りが見られるだけでなく、近代そのものがキリスト教の生成変化であることが見逃され、忘却され、否認されている。現代世界がキリスト教に準拠しているかぎり、この事実を否認することで、まさに現代世界は自らを理解できなくなっている。ナンシーは、カントの『純粋理性批判』第二版序文の「私は信仰に席を与えるために知識を廃棄しなければならなかった」という言葉を引きながら、真理は別の次元に属するのであり、反対の次元にあるわけではないと明言する。キリスト教が内的に解体したがために、西洋社会が彷徨状態に陥ったわけではない。キリスト教の宗派間に見られる葛藤や、他の一神教との葛藤が問題なのでもない。むしろ、キリスト教の根幹に固有な葛藤があり、それこそが現代社会が直面する諸問題の原因なのだ。西洋文明とは、先行するさまざまな文化を継承したものであり、その全遺産のうちにはユダヤ、ギリシア、ラテンとともに、キリスト教的なものが含まれている。いやむしろ、キリスト教のうちにこそ先行するさまざまな文明が統合され組み込まれ、それが西洋文明の中核をなしている。

ナンシーは、「脱構築」をハイデガー、デリダから継承しつつ、それを自らの哲学的挙措の中心に置くが、「脱構築」とは哲学の一方法でも、名称でもなく、従来の西洋思想を内側から問い直す運動を意味する言葉だと自ら解説する。脱構築とは、「解体＝解明し、脱接合化し、接合にいくらかの遊び＝緩みを与えて、この接合の各部品のあいだに何らかの可能性が自由に戯れるままに」することだ。こうして、存在、人間、歴史、科学、また自由、平等、友愛といったすでに規定済みと見なされる言葉が再び問い直されることになるのだが、ここで着目すべきは、脱構築がキリスト教のうちにもともと潜んでいたという指摘である。

キリスト教はその根幹に目的=終焉の予告があるために、脱構築の対蹠物、否認、排除ではある。だが、その一方で、キリスト教は、その起源からして脱構築的でもある。さらに言えば、脱構築はキリスト教自身にそもそも内在していたのである。あたかも起源のうちにはつねに遊び=緩み(ジュ)があり、開放性へと関係づけられるように、キリスト教は、自身の起源へと関係づけられているからである。その意味で、キリスト教と脱構築はきわめて逆説的な関係にある。一方でキリスト教は、脱構築の母型(マトリクス)をなしているが、他方で脱構築を否認する。要するに、キリスト教(一神教)を脱構築することとは、キリスト教そのものが無視し、抑圧し、否認しつつ、秘め隠しているものを、キリスト教に逆らって、解き放つことなのである。

ニーチェ、ハイデガー、アドルノ、グラネル、デリダ、バタイユ、ブランショ、ロラン・バルト、ミッシェル・ドゥギーなど多様な思想家への言及のある論文や口頭発表を集めた『脱閉域』の表題ともなっている「脱閉域」とは、文字通り囲い地を開くこと、閉域を解除することを意味する。従来の形而上学、啓蒙の理性、進歩を標榜する理性は外部を閉ざして、自閉して、閉域を作り上げてきたが、その閉域を解除することが急務なのだ。そして、それはキリスト教を脱構築することで、またキリスト教が自ら脱構築することによって可能になろうが、それによって現われる開かれた世界とは神話も偶像もない世界である。じっさい、キリスト教と同様、形而上学も自己を脱構築することが可能だろうし、自己脱構築することで、自己のうちで理性(レゾン)=根拠に基礎を置いた世界の現前性と確実性を脱閉域化するだろうとナンシーは説きつつ、無神論の世界を分析する。

無神論の原理とは、なによりも神的な原理の否定である。つまり、我々が生きる世界から決定的に分離された存在(神)がいて、その存在が世界の第一原因と最終目的を担っているとする原理を否定する態度、これが無神論である。無神論によって、ひとは世界の外に原因や目的を求めることをやめるか、原因や目的そのものを求めることをやめてしまう。ところで、原因や目的を超越者に帰することをやめ、それらを内在的なものとすることで、我々は一見自由で、自律した存在になったような気がする。主体は自己原因的であり、自己目的となるからだ。しかし、それらの孤立した自由な主体は、主体にとって唯一可能な居場所(エートス)を脅かされることになる。脅かされているのは、唯一の尊厳であると同時に、共同的なるものの次元、「共に」という次元に他ならない。これこそ、まさに我々が生きている困窮の状況である。他方、究極の原因や目的の探求をやめ、原因や目的を技術や科学的なもの、つまり、物理的世界に限ることによって、人生そのものはいかなる根拠も目的も持たなくなり、ひとは自由だが、まったく無根拠で無目的な存在になってしまう。

ところが、我々はそのような非原因論的で非目的論的な思考に耐えることができないし、そのような形で思考する能力もない、とナンシーは指摘する。こうして、無神論と個人主義の結合によって、現代社会において人間は垂直方向でも水平方向でも寄る辺なき者となっている。

したがって、神が退隠した地平、神が不在の地平こそが、現代の地平であることを引き受けねばならない。神を欠いた、「神なき思考」の可能性が問われなければならないのだ。それは、ニーチェが理解した意味でのニヒリズムをあらためて検討することだろう。ニヒリズムからの脱却は、ニヒリズムを通じて、それを起点とすることによってのみ可能だろう。ところが、これまでニヒリズムは自らの無（ニヒル）をひたすら反復するばかりだった。人間中心主義（ユマニスム）もまた無神論であった。それは神の本質を人間の本質へと反転させたにすぎない。人間中心主義は存在－（無）－神論の構築をなんら変えなかったし、人間性という原理にふさわしい位置に自らを高めることもなかったと、ナンシーは断じる。このような窮乏状況からの脱却が、これまでの思考からの脱却が、脱却の思考こそが必要だが、そのためには同一論理（トートロジー）を変容し、異化論理（ヘテロロジー）を創出しなければならない。

キリスト教的構築を接合し、脱接合するものが、意味の地平であり、地平の裂開としての開放性であり、開口性であるのだが、脱構築においては、問いとしての地平、有限性の固有名としての地平そのものは、消滅すると同時に出現するのである。

5——一神教と脱構築

このように、脱構造そのものがキリスト教と緊密な関係にあることを強調しながら、キリスト教のみならず一神教が脱構築の可能性を孕んでいることを、ナンシーはいくつかの特徴を挙げて分析する。一神教はその原理において、逆説的にも有神論を解体し、世界の意味を担保する力を解体する方向に進む。つまり、現在の無神論的な思考の構造の起源は、キリスト教にあるとナンシーは断言する。無神論者は森羅万象の背後に神を見ることを拒否するが、これはキリスト教における「信（フォワ）」の構造と酷似している。信仰とは異なる「信」というカテゴリーは、なによりも不在性に対する忠実さである。あらゆる保証が不在なところでこの忠実さに確信を抱くことである。したがって、無神論者は逆説的にも、通常の信者よりも「信」に近いところにいる。現代の無神論的状況とはキリスト教のこの「信」を極限にまで現実化したものであるとも言えるのだ。つまり、無神論はキリスト教の衰退によってではなく、キリスト教を極限にまで推し進めることによって現われる。第二に、キリスト教には、「脱神話化」の傾向があり、自己解釈的な歴史がある。さらに言えば、自己解釈的なありかたこそがキリスト教の本質のうちにある。キリスト教は神話的言語から理性的な言語へと自己翻訳を行ない、具体的な事例から抽象的な概念へと進み、神学大系を作り上げた。こうして、範例的物語（創世記、モーセ、イエス、その復活など）は、人間理性、人間の自由、人間の尊厳、他者との関係といった理念へと変換され、宗教的な徴や聖性を消し去り、「単なる理性の限界内の宗教」へと移行した。その意味で、キリスト教的なものと合理主義との間に断絶よりはむしろ継承がある。人権や連帯といった民主主義的な倫理そのものが、このようなキリスト教的な地層から生まれ出たとナンシーは分析する。

第三の特徴は、キリスト教が歴史的にも教義的にも、複合的構成物（コンポジション）であることだ。キリスト教の中核が「福音」の教えだとしても、じっさいには複合的な要素をまとめ上げたものである。キリスト教は、ユダヤ教を源とし、それから離脱して発展しただけでなく、ギリシア哲学やラテン世界の知を継承した。このことは政治と存在論の両次元で見られる。キリスト教において「信」と「知」、「啓示」と「理性」の関係には、自己解釈の可能性があるために、宗教であるにとどまらず、別の体制を形成している点でイスラームなどとは異なる。その一方で、キリスト教は「神の言葉が肉となった」という中心的な理論を核として構築されている。イエスのペルソナは人間であり神であるという「神秘」だが、それは神話的な特徴を持たず、人間精神に語りかける。キリスト教においては、分割された統一性が重要で有り、これこそが唯一なる神の統一性をなしている。

第四の特徴は、キリスト教が、自己を探求するなかで、自己への関係を問題にすることであり、これこそ主体という形で立ち現われる。自己への関係こそが主体を定義づけるのであり、古代世界とキリスト教－西洋的世界との区切りとして現われるのもまた主体の構造なのである。「この主体は、同一性、確実性、および応答責任の審級であるかぎりでの自己である。だがその構造の法則は、自己は、最初にそれ自身が自己へと関係づけられていなければ、自己へと与えられることはないという点にある」。現在の法制上の人格の基盤は、キリスト教に包摂されたローマ法を淵源としており、このような「自己」のコンセプトのうちに成立している。ただしナンシーは、自己の自己への関係はつねに無限なものでしかありえない点を強調する。一方で、自己は時間的な次元を帯び、他方で、最終的に自己自身から逃れ去らざるをえない。創造者である神の生と、被造物である私の死は、思考空間では結びあわされる。有限性という意味において、この両者が無限による触発をこうむる。両者は相互嵌入的なありかたであり相互に触発される、とナンシーは説明する。

第五の特徴は、キリスト教がその始まりから、永続的な自己修正ないしは自己超克というプロセスをなしていることであり、そこに、純粋な起源への回帰を目指す自己回顧＝自己省察が頻繁に見出されることである。キリスト教は、無限に遡行される先行するものと、無限な将来とのあいだで引っ張られている。そのため、移行と現前との間で引っ張られている。人間のうちへの神の移行（受肉）から、人間への神の現前（キリスト再臨）まで、整合性がある。そして、この移行から現前へのながれこそが、「意味＝方向（サンス）」と呼ばれるものだ、とナンシーは説く。キリスト教は、このサンスという語の二重の意味、意味作用に関する意味と方向指示に関する意味の境位のなかにある。キリスト教徒は何よりもこの二つの意味の結合なのだ。つまり、内容としての意味の到来に向けての緊張［志向］ないし指向性としての方向だ。それゆえ、問われるべきは、キリスト教の意味＝方向というよりは、意味＝方向の次元としてのキリスト教である」。したがって、脱構築という問題構成の背後にはもうひとつ「意味＝方向＝感覚（サンス）」という大きな問題が控えている。

6――意味

キリスト教の脱構築というモチーフを支える「サンス」とは何か。フランス語のsensは、感覚、知覚、感覚器官、官能、分別、認識能力、センス、意味、意義、方向など多様な意味をもった言葉で、ナンシーはこれらの多義性を込めて、この言葉を用いるが、「自由」の場合と同様、問題になっているのは、ひとつの概念ではない。ナンシー自身は、デリダが「差延（ディフェランス）」について言葉でも概念でもないと述べたことを援用しながら、「サンス」も「言葉でも概念でもなく、シニフィアンでもシニフィエでもなく、むしろ送り返しであり、隔たりであり、まさにそれゆえに、エクリチュールの所作なのだ」と説明する。とはいえ、このサンスは、意味作用（シニフィカシヨン）とは異なるものとして用いられる。さらにヘーゲルにおけるSinnというドイツ語を参照しつつ、その二重性に着目する。「サンスとは「驚くべき」言葉だ。それは「直接的把握の諸器官」を指し示すのと同様に「事柄の意義、思考、普遍」をも指し示す。それゆえ、この語がもつ二つの意味（サンス）は、それらの区別において、そして、この区別によって提示される対立において、同じ一つの意味（サンス）を持っているはずである。それゆえ、サンスという語の意味は、二つの意義（シニフィカシオン）の一方から他方のうちへの移行（パッサージュ）のうちにあるわけである。この移行そのものは、独立した第三の意義としては把握されえない」（『ヘーゲル』）。

ナンシーが世界の意味について繰り返し語るとしても、それはもちろん世界に究極的な意味があると考えているからではない。

意味の意味などはない。「意味」においても、「イメージ」と同じような構造をみてとることができる。つまり、イメージが物の表象でないのと同様に、「意味」は事物や物の背後にあるようなものではないのだ。

意味は「共同なるもの」の次元に属しているとはいえ、もはや意味の分有(パルタージュ)はなされていない。これが現代のキリスト教の状態だが、それは意味一般の運命でもある。この現状をナンシーは「イデオロギーの終焉」と呼ばれているもののうちに見てとる。すなわち「約束された意味の終焉」「志向された意味」「目的としての意味」「成就されるべき意味」といった形での約束が終わっている。キリスト教と西洋をめぐるこのような状況において、キリスト教は脱構築されねばならないのだ。

『哲学の忘却』(八六)において、ナンシーは、「意味への意志」「意味の転位」「意味作用された意味」「意味作用の汲み尽くし」「意味、それはわれわれだ」といった明示的に名指された章だけでなく、全篇を通して、「意味」をめぐる問いかけを続ける。『世界の意味=方向』(九三)においても、伝統的に哲学が問題にしてきた「真理」に代わる場所として「サンス」を提起する。「意味(サンス)と真理」と題された章でナンシーは、真理が点(ポワン)であるのに対して、意味は連鎖(アンシェーヌマン)=脈絡だと述べている。語源的には「突くこと」を示す点(ポワン)はひとつの提示であり、指し示し、穴をあけるものだという形で真理と結びつく。それに対して連鎖は、むしろ次元を開き、読点と読点の間に空間を開くと分析している。「移行」にしても「連鎖」にしても、必然的に二項を前提とするが、その二項を対立させるのでも、弁証法的に綜合するのでもなく、むしろ両者を浮かび上がらせる装置なのである。

その上で、分有されたものとしてのみ意味は存在する、とナンシーは断言する。なぜなら、この分有において分割され、自己から分離されるものだけが、分有されるからである。さらには、分有されうる意味は、自己から分離された意味であり、最終的=目的論的な意味作用のなかで完成するようなものではないからである。「サンス」は、生命、人間、世界、歴史、実存の意味を示すのであるから、実存と意味とは共軛である。実存が意味をなしているのだが、意味なくしては実存は実存しえない。つまり、意味は実存するところのものであり、実存させるところのものであって、それがなければ意味は意味たりえないのである。

ナンシーの哲学において、イメージ、文学、芸術が重要な位置を占めることもこの点と関係している。文学が、神話の中断から始めて、その中断において語り、中断のうちで、なんらかの意味(サンス)をなすからである。文学や芸術は、意味作用(シニフィカシオン)の外に、意味(サンス)を形成し交換するための方法なのである。かくして、ナンシーの思想は、哲学、宗教、政治、文学、芸術などの諸要素が複雑に絡みながらも、渦のように大きな思考の波を構成しているところに特徴がある。

主要著作

▼『エゴ・スム〈思考の響応〉』庄田常訳、朝日出版社。
▼『声の分割〈パルタージュ〉』加藤恵介 訳、松籟社。
▼『無為の共同体』西谷修他訳、以文社。
▼『哲学の忘却』大西雅一郎 訳、松籟社。
▼『神的なさまざまの場』大西雅一郎他訳、ちくま学芸文庫。
▼『自由の経験』澤田直訳、未來社
▼『有限な思考』合田正人訳、法政大学出版局。
▼『ナチ神話』守中高明訳、松籟社［ラクー＝ラバルトとの共著］。
▼『共出現』大西雅一郎・松下彩子訳、松籟社［バイイとの共著］。
▼『共同体』大西雅一郎訳、松籟社。
▼『複数にして単数の存在』加藤恵介訳、松籟社。
▼『ヘーゲル　否定的なものの不安』大河内泰樹訳、現代企画室。
▼『遠くの都市』小倉正史訳、青弓社。
▼『肖像の眼差し』岡田温司・長友文史訳、人文書院。
▼『侵入者いま〈生命〉はどこに？』西谷修訳、以文社。
▼『訪問　イメージと記憶をめぐって』西山達也訳、松籟社。
▼『映画の明らかさ』上田和彦訳、松籟社［キアロスタミとの共著］。
▼『世界の創造、あるいは世界化』大西雅一郎他訳、現代企画室。
▼『イメージの奥底で』西山達也・大道寺玲央訳、以文社。
▼『私に触れるな――ノリ・メ・タンゲレ』荻野厚志訳、未來社。
▼『哲学的クロニクル』大西雅一郎訳、現代企画室。
▼『作者の図像学』林好夫訳、ちくま学芸文庫［フェラーリとの共著］。
▼『脱閉域　キリスト教の脱構築I』大西雅一郎訳、現代企画室。
▼『ダンスについての対話　アリテラシオン』大西雅一郎・松下彩子訳、現代企画室［モニエとの共著］。
▼『水と火』吉田晴海訳、現代企画室。

▼『思考の取引＝交流、書物と書店と』西宮かおり訳、岩波書店。
▼『眠りの落下』吉田晴海、イリス社。
▼『恋愛について』メランベルジェ眞紀訳、新評論。
▼『アドラシオン　キリスト教的西洋の脱構築』メランベルジェ眞紀訳、新評論。
▼『フクシマの後で　破局・技術・民主主義』渡名喜庸哲訳、以文社。

参考文献

▼ジャック・デリダ『触覚　ジャン＝リュック・ナンシーに触れる』松葉祥一・榊原達也ほか訳、青土社。
▼澤田直『ジャン＝リュック・ナンシー　分有のエチュード』白水社。

〔澤田直〕

ブーヴレス、ジャック

❖Jacques BOUVERESSE　1940-

フランスの哲学者。エプノワに生まれ、一九六一年にパリ高等師範学校に入学。ジュール・ヴュイユマンからウィトゲンシュタインを知る。一九六五年に哲学の教授資格を取得。一九六六年にソルボンヌで助手、ついでパリ第一大学で講師となり、一九七一年から国立科学研究センターの研究員を務める。一九七五年に、パリ第一大学でウィトゲンシュタインに関する博士論文を提出。同年からパリ第一大学の講師、助教授を務め、一九七九年にジュネーブ大学の教授に就任する。一九八三年にはパリ第一大学の教授となり、一九九五年にコレージュ・ド・フランスの教授に選出される。二〇一〇年に退官。ブーヴレスは、当時のフランスではめずらしいウィトゲンシュタインの研究で知られ、ほかにも（やはりフランスでは盛んでない）英米系の分析哲学や科学哲学を専門とする。コレージュ・ド・フランスでの彼の講座は、〈言語と認識の哲学〉と題されており、彼はそこで、ボルツマンやゲーデル、そして知覚の問題について講義を行なっている。さらに（ボルツマンを含む）近現代ドイツ・オーストリアの比較的マイナーな思想にも通じ、またポストモダニズムが隆盛をきわめた八〇年代にあって、フランス現代思想に見られる「自食的」な傾向——架空の敵（合理性）をつくって戦い、結果として自己の基盤そのものを危うくする——を強烈に批判したことも、ウィトゲンシュタイン研究と並ぶブーヴレスの特色のひとつである。著書は、『内面性の神話』などウィトゲンシュタインに関するものから、『自食する人々のなかの哲学者』（邦題『哲学者の自食症候群』）、『合理性とシニシズム』など現代思想批判まで多数あり、『言うことと、なにも言わないこと』『アナロジーの驚異と眩暈』（邦題『アナロジーの罠』）などが邦訳されている。

［八幡恵一］

ラクー＝ラバルト、フィリップ

❖Philippe LACOUE-LABARTHE　1940-2007

トゥール生まれのフランスの文学者・哲学者。ル・マンの高校の進学準備学級でジェラール・ジュネットに、ボルドー大学でジェラール・グラネルに師事。一九六三年に大学教員資格取得。一九六七年ストラスブール大学講師（後に助教授、教授に昇格）となり、当時コルマールの高校の進学準備学級で教えていたジャン＝リュック・ナンシーと出会い、公私ともに緊密な協働関係に入る。六八年にナンシーがストラスブール大学に着任して以来、二人は長きにわたり共同で授業を行なっただけでなく、「政治的なものに関する哲学研究会」（一九八〇〜八四年）を共同主宰した。さらに、『文字の資格』（一九七三）、『文学的絶対』（七八）、『ナチ神話』（九一）などの著作を共同執筆したほか、一九九三年ストラスブール作家会議を組織。その間、バークレー大学招聘教授、国際哲学学院の院長（一九八八〜九〇年度）などを歴任。

文学者としては、ドイツ・ロマン派、ヘルダーリン、ニーチェ、ベンヤミン、パウル・ツェランなどの翻訳に従事したのみならず、ミシェル・ドイチュらとストラスブール国立劇場を拠点に旺盛な演劇活動を行ない、一九七七年には『ヘルダーリン、ソフォクレスのアンティゴネー』、八二年にはエウリピデスの『フェニキアの女たち』の翻訳や上演にも携わった。

思想的には、ハイデガーを出発点とし、その批判的読解を行なったが、その過程で、ある種の共感をもってジャック・デリダと出会い、大きな影響を受けた。その一方で、バタイユ、ブランショ、ラカンなどの仕事にも刺激を受け、哲学と文学(芸術)の境界に位置づけられる言説を領域として思考を展開した。近代的な意味での文学の揺籃と言えるロマン派、ヘルダーリンとニーチェを参照項として、ラクー゠ラバルトは芸術、哲学、宗教が、政治的とも不可分な形でいかなる世界像を生み出していくかを考察する。『経験としての詩』(八六)や『虚構の音楽』(九一)で、ドイツとフランス、音楽とポエジー等々というさまざまな境界へと、彼の思考が向かったことは偶然ではない。ロマン主義と思弁的観念論によって作り上げられた図式が、ニーチェ、ワーグナー、ハイデガー、ナチス・ドイツまでひとつの流れとして、「ドイツ的夢想」という形で繋がっていくさまを、ラクー゠ラバルトはさまざまな側面から描き出していくのである。

『ハイデガー　詩の政治』(二〇〇二)などの著作で、ハイデガーのヘルダーリン解釈に異議を唱え、詩が神話を作るのではなく、詩における神話的なものを破壊するのだと述べる立場に端的に表明されるように、「ミメーシス」「神話」「形象」「主体」「固有性」といった概念に繰り返し立ち戻りつつ、同時に哲学的でも文学的でも政治的でもある考察をなすのがラクー゠ラバルトの特徴である。

この関心が典型的に現われるのが「アレーテイア」(真実)と「ミメーシス」(模倣゠表象)の関係という問題構成である。通常、真理と虚構は対立するものと見なされるし、ハイデガー自身も基本的にこのような立場を取るが、ラクー゠ラバルトは、二つの関係をむしろ共通の根源をもつものとして捉えなおす。こうして、ルネ・ジラールやベンヤミンなども参照しつつ、西洋美学の根幹にあるミメーシスを問い直し、ミメーシスとは単なる模倣ではなく、純粋な起源の不可能性から、起源すらひとつの反復であるような「根源的な再現前化」としてのミメーシスであり、それゆえにこそ、アレーテイアに似たものだとするのである。このように、ラクー゠ラバルトの思索において、詩、演劇、音楽などの芸術論、哲学、さらにはナチス問題をはじめとする政治論は截然と切り離すことはできず、相互に支え合っている。一九八七年にヴィクトル・ファリアスによって起こったハイデガー論争が起こったとほぼ同時に、しかし比較できない思想的な厳密さをもって、ラクー゠ラバルトは『政治という虚構』(八七)でハイデガーと政治的な問題を俎上に載せた。

そして、通常とは異なり、政治的なものこそハイデガーの第一の関心事だと明言した。一九三四年のハイデガーの「転回(ケーレ)」は、ナチズムへの荷担、失望、美学への撤退という変化ではなく、撤退においていっそう政治的なものが発動しているというのだ。その一方で、ナチズムに関しても、ヒューマニズムとの関係で再考察し、ナチズムもまた、起源なき起源の構制としての西欧的な主体の形而上学のひとつの現われであり、「ひとつのヒューマニズム」である、としている。

一九五六年のハンガリー動乱に大きな衝撃を受けて以来、現実の政治状況に立脚した考察を展開したラクー＝ラバルトは、自らの信条を政治的実践にも反映し、晩年にいたるまで極右勢力に対する反対運動や、サン・パピエと呼ばれる難民の救済活動にも積極的に従事した。ここでもまた、政治と思想に境界はなかったのだと言える。〔澤田直〕

ランシエール、ジャック

❖Jacques RANCIÈRE 1940-

アルジェに生まれ、高等師範学校(エコール・ノルマル・シュペリユール)に進む。E・バリバールらとともに、アルチュセールの『資本論を読む』(一九六六)の共著者となり、注目されるが、『アルチュセールの教え』(七四)で師を厳しく批判した。パリ第八大学哲学科の教員(一九六九〜二〇〇〇年)を務めるかたわら、労働者の散文や創作を発掘し読解する作業に取り組んだ。成果は、博士論文「フランスにおける労働者思想の形成」(八〇)や『プロレタリアートの夜』(八一)などにまとめられた。また『論理的叛乱』誌を主宰(七五〜八二年)、独自の活動を展開した。国際哲学院のプログラムディレクター(八六〜九二年)を務め、一九九〇年頃から活発な著作活動を再開した。

ランシエールの政治哲学への寄与は次の四点にまとめられる。

第一に、政治概念の再定義である。ランシエールはコンセンサス形成の制度という通常の意味での政治を「ポリス」と呼ぶ(『不和』九五)。その前提になっているのが、共同体の成員が感性的なもの(アイステーシス)＝美学をどのように共有しているか、つまり何を聞くべきもの、見るべきものとみなしているかである。この安定した「感性的なものの布置」が崩れることがある。語るべきものとみなされていなかった人々が語り出すときである。これが政治と呼ばれる。つまり、政治とは、分け前なき者とされた人々、「語る可能性も能力も否定されている人々」が、「結局のところどのような語る存在とも平等であると考えて、感性的なものの分割＝共有を再配置すること」である。彼が、このように政治概念の再定義をするのは、政治が感性的なものの布置を基盤としていること、および政治が平等を原理とする活動だということを明らかにするためである。

第二に、政治的実践の再定義である。ランシエールの考える政治的実践は革命でも改良でもない。つまり新たなポリス的制度の創造でもなければ、現行のポリスの制度内改革でもない。それは、

「社会的論理の変化」、あるいは感性的なものの布置の変化である。それは、必然的に社会的係争を生む。それは根源的な差異があるとされているところに、平等の関係を創設しようとすることだからである。すなわち、語る資格を与えられているがゆえに価値をもち、分け前を与えられている人々と、語る可能性も能力も否定されている人々のあいだに、平等の関係を創設することになるからである。それは、係争という形で「分け前をもたない者の分け前」を明らかにすることによって、ポリス的秩序のなかに亀裂を生じさせ、人間の平等という基盤を露呈させることである。したがってそれは永遠に更新される作業になるだろう。

第三に、政治哲学の再定義である。ランシエールの言う政治は、原理に基づく理想主義的な政治哲学でも、政治と並走する契約主義的な政治哲学でも、政治をメタレベルで批判する革命主義的な政治哲学でも捉えられない。またコミュニケーションとそれに基づくコンセンサスを前提とする政治哲学では、語る権利をもたないもの、役割をもたないものを自らが除外していることを、原理上、問題にしえない。政治哲学の役割は、この感性的なものの布置を明らかにすることのはずである。

そして最後に、平等概念の再定義である。ランシエールが明らかにするのは、まず政治の可能性の条件としての正義は算術的平等ではないということである。政治が始まるのは、人々が利益と損失の均衡をとることができると考えるのをやめ、共同で所有しているものをどのように分配するかということが問題になるとき、幾何学的平等が問題になるときである。さらにランシエールは、言葉をもつという存在の平等へと移行しなければならないと言うのである。

ランシエールの著作は、政治哲学だけでなく、『マラルメ』(九六)、『無言の言葉』(九八)、『語の肉』(九八)等の文学論、『イメージの運命』(二〇〇三)、『美学の居心地の悪さ』(〇四)等の美学論、『映画的寓話』(〇一)などの映画論、『無知な教師』(九一)等の教育論、『歴史の名』(九二)などの歴史論といった多領域にわたっているが、そこにおいても政治哲学的な指向性は一貫している。

〔松葉祥一〕

ルース、マイケル 1940-

❖Michael RUSE

フロリダ州立大学元教授。生物学の哲学(特にダーウィニズム)、科学哲学を専門とする。『生物学の哲学』(一九七三)、『社会生物学』(七九)、『ダーウィンとデザイン』(二〇〇三)、『ダーウィン主義者はクリスチャンであり得るか』(〇一)、『無神論』(一五)など多数。

〔本郷均〕

キャリコット、ジョン・ベアード 1941-

❖John Baird CALLICOTT

アメリカの哲学者。環境倫理学という分野の開拓者。近代的世界観に基づく環境理解を越えて、ポストモダン思想に基づく環境倫理の構築を試みる。著作に『地球の洞察』(一九九四)など。

〔中澤瞳〕

グールド、スティーヴン・ジェイ

❖Stephen Jay GOULD　1941-2002

ハーバード大学元教授。地質学、古生物学、進化生物学を専門とする。学問的な業績としては生物進化の「断続平衡説」に対する貢献が顕著であるが、一般には、科学エッセイの著者としてよく知られている。『個体発生と系統発生』（一九七七）、『パンダの親指』（八〇）、『人間の測りまちがい』（八一）、『ワンダフル・ライフ』（八九）など多数。

〔本郷均〕

シヴェルブシュ、ヴォルフガンク

❖Wolfgang SCHIVELBUSCH　1941-

ドイツ、ベルリン生まれ。フランクフルト大学、ベルリン大学で文学、哲学、社会学を学ぶ。十九世紀の鉄道が人々の日常生活や経済活動、技術に与えた影響を検討する『鉄道旅行の歴史』（一九七七）、嗜好品が近代の人間の歴史に及ぼした影響を香辛料、チョコレート、コーヒーや紅茶やタバコ、そしてアヘンから明らかにした『楽園・味覚・理性』（八〇）、バロック時代から近代までの照明技術の歴史をランプ、ガス灯、電灯から描き出していく『闇を開く光　十九世紀における照明の歴史』（八三）をはじめ、ナチスの足音が聞こえる一九二〇年代のフランクフルトの相貌を思想家、新聞、そしてホルクハイマーらが属した「社会研究所」などから描き出す『知識人の黄昏』（八五）、繰り返し破壊にさらされたベルギーのルーヴァン大学を描いた『図書館炎上——二つの世界大戦とルーヴァン大学図書館』（八八）、そして戦前、戦後、冷戦時のさまざまなベルリンの姿を追う『ベルリン文化戦争』（九五）など多岐にわたる著作がある。

〔中澤瞳〕

デュピュイ、ジャン＝ピエール

❖Jean-Pierre DUPUY　1941-

フランス出身の哲学者。エコール・ポリテクニク名誉教授。スタンフォード大学教授。フランス放射線防護原子力安全研究所倫理委員会委員長。著作には『物の地獄』（ポール・デュムシェルと共著、一九七九）、『秩序と無秩序』（八二）、『犠牲と羨望』（九二）、『ありえないことが現実になるとき——賢明な破局論にむけて』（二〇〇四）、『ツナミの小形而上学』（〇五）、『チェルノブイリ——ある科学哲学者の怒り』（〇六）などがある。政治哲学や科学哲学など幅広い領域についての論考を発表している。『ありえないことが現実になるとき』では、ウルリッヒ・ベックやアンソニー・ギデンズなどの「リスク」概念が、予測・制御可能なものとされている点を批判した。核の脅威や環境破壊といった、グローバル化によって多様化したリスクは、もはや計算不可能なものである。デュピュイは、計算可能な「リスク」概念に代わって「破局」の概念を提起し、「賢明な破局論」を展開するのである。

〔飯盛元章〕

ドーキンス、クリントン・リチャード　1941-

❖Clinton Richard DAWKINS

オックスフォード大学教授。ネオダーウィニズムの立場にたつ動物行動学者。『利己的な遺伝子』(一九七六)で一般に知られる。同書では、生物の遺伝子(gene)の類推から、文化の遺伝子(meme)という概念も提唱した。著書に『盲目の時計職人』(八六)、進化論の立場から無神論を主張する『神は妄想である』(二〇〇六)など。〔本郷均〕

ペルニオーラ、マリオ　1941-

❖Mario PERNIOLA

イタリアの美学者、哲学者。ローマ大学第二トル・ベルガータ教授。学生時代、トリノ大学でルイジ・パレイゾンに師事し、美学を研究。おなじ門下に、ウンベルト・エーコやジャンニ・ヴァッティモがいる。著作には『芸術的疎外』(一九七一)、『バタイユと否定的なもの』(七七)、『シミュラークルの社会』(八〇)、『ハイデガー以後』(八二)、『エニグマ』(九〇)、『無機的なもののセックス・アピール』(九四)、『二十世紀の美学』(九七)、『通過』(九八)、『コミュニケーションに抗して』(二〇〇四)など多数のものがある。美学研究を出発点にして、文化や社会、政治、宗教などの広範な領域に関して考察を行なっている。ペルニオーラは、「通過」、「モノ性」といった概念をもちいて、美的なものや感性的なものを、緊張や葛藤の相のもとで思考する。〔飯盛元章〕

ルイス、デイヴィッド・ケロッグ　1941-2001

❖David Kellogg LEWIS

アメリカの哲学者。当初、大学では化学を専攻したが、ギルバート・ライルの影響で哲学に転向する。進学したハーバード大学では、クワインの指導のもとで博士号を取得。カリフォルニア大学、プリンストン大学で教鞭をとった。ルイスの可能世界論や反事実的条件の分析は分析哲学に大きな影響を与え続けており、また一九七〇年代から、ルイスはオーストラリアの学会に毎年参加し、ゆえにそこからスマート、アームストロング、ジャクソン、チャーマーズといった、ルイスの影響を受けた多くのオーストラリアの哲学者が生まれた。ルイスの思想は、「様相実在論」と「ヒューム主義的スーパーヴィーニエンス(付随性、随伴性)」に特徴づけられる。様相実在論とは、この現実世界と同様に、他の可能世界が実際に具体的に存在し、この現実世界は他に実在する可能世界の一つであるという理論である。ヒューム主義的スーパーヴィーニエンスとは、この現実世界には物理的対象しか存在せず、それらは完全に自然な性質の配置のなかでに実現されて居る。そして、この世界のあらゆる事柄はそれらの局所的な性質の配置に付随しているにすぎないという考え方のことである。著書に『反事実的条件法』『世界の複数性について』(一九八六)など。〔中澤瞳〕

レイコフ、ジョージ

❖George LAKOFF　1941-

アメリカ合衆国ニュージャージー州ベイヨン生まれ。カリフォルニア大学バークレー校で教鞭をとる、認知言語学の代表的研究者。もともとは生成文法の研究者として出発したが、次第に生成文法とは異なる理論へと移行していった。レイコフは認知科学の知見を取り入れ、より広範な言語現象を捉える認知意味論を探求する。認知意味論は、人間の認知活動全体を研究する、認知科学の一分野である。従来の認知科学のモデルは、人間の認知を、自立的で、論理的で、脱身体的な活動であると仮定してきた。こうした従来の認知科学のモデルに対し、レイコフの理論は従来のモデルが認知に関与しないとしたものを積極的に認知過程に導入する点に特徴がある。その一つが身体、知覚運動システムである。人間の概念システムや推論は、身体、知覚運動システムから生じてくるとレイコフは考える。人間の使用する意味は、人間が身体的なあるいは想像的な構造を介して意味を了解しているやり方と非常に密接な関係を結んでいると主張し、一九八七年には主著のひとつ『認知言語学』を刊行して人間の身体性を重視した言語論を展開した。著書に、『肉中の哲学――肉体を具有したマインドが西洋の思考に挑戦する』(マーク・ジョンソンとの共著)、『認知意味論――言語から見た人間の心』など。〔中澤瞳〕

アガンベン、ジョルジョ

❖Giorgio AGAMBEN　1942-

イタリア・ローマ出身で、現代イタリア哲学を代表する思想家。ローマ大学で哲学と法律を学び、シモーヌ・ヴェイユの政治思想に関する博士論文を提出。一九六六年および六八年には、マルティン・ハイデガーがフランスのル・トールで開催したセミナーに参加。後にパリで国際哲学コレージュのプログラムディレクターを務め、イタリアのマチェラータ大学、ヴェローナ大学、ヴェネツィア建築大学などで哲学や美学を講じた。ヴァルター・ベンヤミンのイタリア語版全集の編者としても知られている。アガンベンが考察する対象は多岐にわたるが、とりわけ彼の思想を支えているのは美学と政治哲学である。美学に関する研究としては処女作『中味のない人間』(一九七〇)や『スタンツェ』(七七)などが挙げられる。前者において、アガンベンは美学を感性論に限定するような議論を批判的に受け止め、ニーチェやハイデガー、ベンヤミンらに依拠しつつ、いかにして美的・芸術的なものが営まれてきたのかを人間の生そのものとの連関において捉えようとした。表題である「中味のない人間」とは芸術家のことであり、彼は自己を否定する否定的な力を表象することによって芸術をなす。そのような絶えざる否定や分裂のなかで生きる者としての人間がここでは描き出されている。『スタンツェ』においては、詩や芸術作品を介して、「部屋」や「住まい」を意味すると同時に詩の技法を表わす「スタンツァ」のもつ逆説的な働きが注目される。例えば、所有しえないものに対する愛を詩によって歌いつづけることのうちには、同化しえないものへと限りなく接近する可能性、つまり排除と包摂といった二項対立の同時的な働きがみられる。それは第三項を形成するような弁証法の運動では決してなく、否定が肯定へと回収されないままにとどまっている両極的な運動である。したがって、「中味のない人間」も「スタンツァ」もまた、こうした二項の境界線上である「閾」を問うモチーフとして論じられており、アガンベンは美学研究を通してこの否定性の問題に取り組んできたといえる。それは『幼児期と歴史』（七八）や『言葉と死』（八二）のなかで言語や死との関係から語られると同時に、アリストテレス以来の「潜勢力」の問題にもつながっており、のちの彼の研究の源流ともなっている。

美学的な見地から考察されたこの否定性や「閾」の思考は、アガンベンが一九九〇年代から主に論じるようになる政治哲学の研究においても重視すべきものである。主著『ホモ・サケル』（九五）から始まる同名のプロジェクトにおいて、彼は主権理論や法を取り上げながら、そのような政治的領域と生の領域とが分断されると同時に密接に結合しあう逆説的な状況を描き出している。ここでアガンベンが思考の出発点としているのは、ミシェル・フーコーが「生政治」と名づけた政治のありようであり、古代ギリシアにおける「ゾーエー」と「ビオス」との区別である。「ゾーエー」は全生物が共有する「生きているという事実」を指し、「ビオス」は任意の個体や集団における生き方を指す。フーコーによれば、「ビオス」の営まれる場が政治的領域であったのに対し、近代では政治がこの「ゾーエー」を自らの統治下に置くようになったとされる。だが、アガンベンは古代ローマにおける「ホモ・サケル」という事象を取り上げ、政治がその起源からして「生政治」であったことを示す。「ホモ・サケル」とは、処罰として世俗の法の外に投げ出された者であり、そのため誰もが罪に問われずこの者を殺害できるのと同時に、神と同類であるとみなされるがゆえに犠牲化不可能な存在とされた。アガンベンはこうした存在の「剝き出しの生」と主権権力のありようを同様の例外状態とみなし、法から排除されることによって包摂される生の領域と、政治的領域との不可分な関係を提示した。上記の考察を起点とする「ホモ・サケル」プロジェクトでは、つづく『アウシュヴィッツの残りのもの』（九八）で倫理と政治の交差点が語られ、『例外状態』（二〇〇三）で主権と例外状態とがより詳細に検討された。そして、『王国と栄光』（〇七）や『いと高き貧しさ』（一一）など、その後も新たな続編が執筆されている。

美学であれ政治哲学であれ、対立する二項の同時的な分断と結合の関係性を問うことをアガンベンはその思想の核としており、彼はこのふたつの領域ないしはさまざまな学問分野の往還運動のなかで「閾」の思考を展開しているといえる。［横田祐美子］

インワーゲン、ピーター・ヴァン

❖Peter van INWAGEN 1942-

ノートルダム大学教授。専門は分析形而上学と哲学的神学。自由意志論において非両立説の代表的論者。形而上学的ニヒリズムの議論でも知られる。著書に、『自由意志論』(一九八三)、『物質的存在』(九〇)、『形而上学』(九三)、『悪の問題』(二〇〇六)など多数。〔國領佳樹〕

グレーシュ、ジャン

❖Jean GREISCH 1942-

パリ・カトリック学院元教授。ハイデガー、リクールを専門とする宗教哲学者。著作に、『解釈学とグラマトロジー』『「存在と時間」講義　総合的解釈の試み』『ポール・リクール　意味の道程』、宗教哲学の歴史を五つのパラダイムで考察する大著『燃える芝と理性の光』(全三巻、二〇〇二―〇四)など。〔本郷均〕

スピヴァグ、ガヤトリ・チャクラヴォーティ

❖Gayatri Chakravorty SPIVAK 1942-

インド、西ベンガルのカルカッタ生まれ。カルカッタ大学からコーネル大学大学院に進学し、修士号を取得。ポール・ド・マンの指導のもとイェイツをテーマとした博士論文に取り組み、「脱構築」の方法論を学ぶ。一九七六年、ジャック・デリダの『グラマトロジー』の英訳を出版。コロンビア大学で教鞭をとり、ベンガル語の小説家モハッシェタ・デビの作品を英訳紹介。八〇年代半ばからはアントニオ・グラムシの用いた概念「サバルタン」を用いた研究に着手する。サバルタンとは、属官、副官を意味する軍隊用語だが、ここからやがて階級的な従属状況を分析する概念として使用されることになった。従来のサバルタン研究が女性存在を看過したことを批判し、女性としてのサバルタンをいかにして描き出せるかを『サバルタンは語ることができるか』で考察した。〔中澤瞳〕

ダスチュール、フランソワーズ

❖Françoise DASTUR 1942-

フランス・ニース大学名誉教授。現象学、およびビンスワンガーやボスによる現存在分析についての研究を主とする。現存在分析フランス学会名誉会長。言語と存在の問題を主題系とした考察を中心として、死の問題についても考察している。著作に、『ハイデガーと時間の問題』、『時間を語る　現象学的クロノ-ロジー素描』、『死とともにいかに生きるか』、メルロ=ポンティ論『肉と言語』、『死　有限性に関する小論』、『ハイデガー、ロゴスの問い』などがある。〔本郷均〕

チャーチランド、ポール

❖Paul CHURCHLAND 1942-

カルフォルニア大学サンディエゴ校名誉教授。専門は心の哲学、

科学哲学、認識論、認知科学の哲学、神経科学の哲学。消去主義的唯物論の代表的な哲学者。著書に、『心の可塑性と実在論』（一九七九）、『物質と意識』（八四）、『認知哲学――脳科学から心の哲学へ』（九五）などがある。〔國領佳樹〕

デネット、ダニエル・クレメント

❖Daniel Clement DENNETT　1942-

アメリカ、マサチューセッツ州ボストン生まれ。ハーバード大学哲学科を主席で卒業した後、オックスフォードの大学院に進み、ギルバート・ライルの指導のもとで博士号を取得した。デネットの名を広く知らしめた著作のひとつが『解明される意識』である。この書で、デネットはヘテロ現象学と名づけられた立場（一人称的記述と三人称的プロセスの双方を見ながら、両者の一致と齟齬などを調べることを方法論とする立場）から、多元的草稿モデルという意識のモデルを提示した。このモデルによれば、知覚をはじめ、心的活動はどのようなものも、脳の中の感覚入力を解釈したり、推敲したりする互いに並行したプロセスによって遂行されている。このプロセスにおいて、神経系統に入ってくる情報は、常にすでに編集、改竄されていると考えられるため、私たちは自分の感覚器官を通して外界を直に体験しているのではなく、その体験は多くの編集プロセスから生まれたものであるという帰結が導かれることになる。〔中澤瞳〕

バリバール、エティエンヌ

❖Étienne BALIBAR　1942-

フランスの哲学者。アヴァロンに生まれ、一九六〇年にパリ高等師範学校に入学。一九六一年にはアルジェリア戦争に反対して共産党に入党する（一九八一年に党の政策を批判して除名される）。ソルボンヌで哲学を学び、一九六三年にカンギレムの指導のもと高等研究免状を取得。一九六四年に哲学の教授資格、一九八七年におなじく哲学の博士号を取得する。一九六五年から二年間アルジェリアのアルジェ大学で助手を務め、帰国して高校の教員、パリ第一大学の助手、助教授を経て、一九九四年からパリ第十大学の教授、政治哲学や道徳哲学を教える。二〇〇二年には同大学の名誉教授となり、さらに二〇〇〇年からカリフォルニア大学アーヴァイン校の教授も務めている。バリバールは、二〇代のころアルチュセールが主催した『資本論』のゼミに参加し、一九六五年にアルチュセールやランシエールらと共著で『資本論を読む』を発表したことで知られる。以後もアルチュセールの継承者として、マルクス主義や史的唯物論について研究を重ね、また現代的な問題にも積極的に介入、発言を行なっている（近年ではパレスチナ問題に関心を寄せ、労働移民や市民権の問題について論じている）。ほかにも、ホッブズとスピノザを材料に新たな政治哲学の可能性を模索するなど、多岐にわたる活躍をみせている。バリバールの手がけた著書は、『資本論を読む』をはじめ多数あるが、

『史的唯物論研究』『スピノザと政治』『マルクスの哲学』『われらヨーロッパ市民?』(邦題『ヨーロッパ市民とは誰か』)や、ウォーラーステインとの共著である『人種・国民・階級』などが邦訳されている。

〔八幡恵一〕

ブロック、ネド・ジョエル

❖Ned Joel BLOCK 1942-

ニューヨーク大学教授。ヒラリー・パトナムの指導のもと、ハーバード大学にて博士号を取得する。心の哲学、認知科学の哲学の分野——とりわけ意識とクオリアの研究——において大きな業績をあげている。現象的/アクセス意識の区別の提唱や、逆転地球の思考実験などで知られている。著書に、『意識・機能・表象——論文集　第一巻』(二〇〇七)のほか、多数の論文がある。

〔國領佳樹〕

マクダウェル、ジョン・ヘンリー

❖John Henry McDOWELL 1942-

南アフリカ出身、アメリカ・ピッツバーグ大学教授。一九九四年の『心と世界』では、ローティとセラーズの影響下で、いわゆる心の自然化の傾向に対して「露骨な自然主義」として反論し、理性を「第二の自然」として捉え返すことで自然主義を修正しようとした。

〔本郷均〕

アタリ、ジャック

❖Jacques ATTALI 1943-

フランスの思想家、経済学者。アルジェリア出身のユダヤ系フランス人。一九八一年、ミッテラン大統領の特別顧問となる。一九九一年、欧州復興開発銀行の初代総裁に就任。エマニュエル・マクロンを見出し、史上最年少のフランス大統領を誕生させたことでも知られる。著作には『アンチ・エコノミクス』(一九七四)、『カニバリズムの秩序』(七九)、『時間の歴史』(八二)、『所有の歴史』(八八)、『歴史の破壊』(九二)、『ノイズ——音楽・貨幣・雑音』(九五)など多数。

〔飯盛元章〕

イーグルトン、テリー

❖Terry EAGLETON 1943-

イギリスの文芸批評家。ソルフォードで貧しいアイルランド移民の家に生まれる。教育熱心な父母のもとで勉学に励み、ケンブリッジ大学に進学。レイモンド・ウィリアムズに師事して博士号を取得する。その後、ケンブリッジ大学、オックスフォード大学の研究員、オックスフォード大学、マンチェスター大学の教授を経て、二〇〇八年よりランカスター大学の教授。活動は多岐にわたり、いわゆる文芸批評のほかにも、現代思想の潮流やイデオロギー論まで幅広く(批判的に)論じ、テロリズムやアイルランド文化に関する著作もある。小説も手がけており、さらに近年では、倫理や宗教（キリスト教）を扱う傾向が目立つ。アルチュセールの影響を受けたマルクス主義者としても知られ、批評の多くはマルクス主義の思想のもとに書かれている。当初は、ポスト構造主義やポストモダンの思想を理論的に受けいれたが、差異を称揚し普遍性を否定する相対主義的な思考からは距離をとり、やがて批判に転じる。一九八三年に出版された『文学とは何か』は、いまなお文学理論ないしは文芸批評の第一級の入門書、概説書とみなされるが、イーグルトンの行なう「（マルクス主義）批評」は、たんに文学や思想と呼ばれるものにとどまらず、より広く現実的な領域（政治や社会、文化、歴史など）に踏みこみ、それらと文学とのつながりを新たな配置のなかで明らかにする、あるいはそういった領域に批評を通じて働きかけ、抑圧からの解放や社会の変革を促そうとする、積極的で実践的な試みである。著書は、『文芸批評とイデオロギー』『イデオロギーとは何か』『マルクス主義と文芸批評』ほか多数。〔八幡恵一〕

ジャクソン、フランク・キャメロン　1943-

❖Frank Cameron JACKSON

オーストラリア国立大学名誉教授。専門は心の哲学、認識論、形而上学、言語哲学、倫理学など。とりわけ、心の哲学で「メアリーの部屋」という思考実験を提出したことで知られる。著書に、『知覚——表象主義的理論』（一九七七）『形而上学から倫理学へ——概念分析の擁護』（九八）、『心・方法・条件法』（九八）など。〔國領佳樹〕

リシール、マルク　1943-2015

❖Marc RICHIR

ベルギー王国エノー州シャルルロワ生まれの哲学者、現象学者。母語はフランス語。青年時代から自然科学に深い関心を示し、高校時代は地質学の調査結果がベルギー地質学会で評価される。高校卒業後、リエージュ大学に進学し物理学を専攻する。卒業後、リエージュ天体物理学研究所で分子生物学の研究に従事する。同じころ、デカルトの『方法序説』と『省察』、そしてカントの『純粋理性批判』序文に感銘を受け、哲学研究を志す。一九六五年にブリュッセル自由大学修士課程に入学し、フッサールの『イデーン』第一巻に関する修士論文を一九六八年に提出。一九七三年にドイツ観念論に関する論文で博士号を授与される（一部未公刊）。博士課程在籍中に指導教員のマックス・ロローとともに『テクスチュール』誌を創刊。この雑誌には、クロード・ルフォール、コルネリウス・カストリアディス、マルセル・ゴーシェなど、ベルギーのみならずフランスからも執筆者が集う。博士課程終了後、ベルギー王立科学研究所主任研究員の身分のまま、南フランスのボンジャンに移住。パリ第七大学、第一二大学、ブリュッセル自由大学客員教授を経て、以後は『現象学年報』誌の主幹として思索と執筆を続けた。

リシールは、フッサールの著作と遺稿を丹念に読み解きつつも、その諸概念の臨界点から新たな現象学の構築を試みた。一九八〇年代前半に出版された『現象学研究』（I-V）において、彼はフッサール現象学における「明証性」という概念に異議を唱え、カント的な意味における「錯覚」を導入した。いわば現象学という超越論的哲学に弁証論を導入することで、この現象学者は、明証性に含まれる「無」と「仮象」を暴き出し、両者が展開する様を現象学的な視点から記述したのである。一九八八年に出版された『現象学と象徴的制度化』のなかで、彼は現象学の出発地点を、認識と学問の基礎づけという理念（リシールの用語で「制度」）ではなく、それが無化される特殊な契機――すなわち「崇高」――に置き直した。フッサール現象学に内在しつつ、その彼方に現象学の新たな可能性を模索する試みが、一九八〇年代のリシールの仕事の主な特徴である。

このリシールの試みは、フッサールの現象学の破壊や脱構築を目指しているわけではない。オイゲン・フィンクは『第六省察』でフッサールの現象学を一つのシステムとして「構築」しようとした。フィンク（そしてカント）の方向性に触発されつつ、一九九〇年代以降のリシールは、フッサール現象学の彼方で発見された諸概念を、人間の経験を支える一つのシステムとして再構築しようとした。彼はこのシステムの構築方法を「建築術」と命名し、その構築作業を現象学の「鋳直し」と称した。『現象学的省察』（一九九二）と『思考することの経験』（九六）から現在までの諸著作・諸論文に、その成果が垣間見られる。

現象学的建築術の重要な転機は、一九九〇年代後半におとずれた。フッサールは、遺稿『空想・像意識・再想起』（フッサール全集第二三巻）のなかで、準現在の諸経験（空想、想像、想起、夢、等々）を入念に分析している。リシールは、これらの諸経験のなかでもとりわけ微細な「空想」という現象に着目することで、建築術完成の方途を得た。この成果が二〇〇〇年に公刊された『射影する現象学』である。この著作のなかで、彼はフッサールの遺稿から三種類の空想――多型的な現出を生み出す空想、純粋空想、「知覚的」空想――を取り出し、フッサール現象学において特権化される「知覚」という作用とは別の水準で展開する、主体の生の構造を示した。

リシールの現象学的建築術は、病理と政治の問題も視野に収めている。『空想・想像・情動性』（二〇〇四）において、彼は、空想の内実が空虚化したケース（「ファントム身体」）として、精神病理学・精神分析領域で分析された精神疾患（神経症、倒錯、精神病）を論じている。政治に関して彼は、フランス大革命以後のテロルの時代のなかに（『政治における崇高について』、九一）、あるいは古代の部族共同体における僭主の誕生のなかに（『僭主の偶然性』、一四）、現象学の諸概念が制度へと固定化される事態を読み取っている。こうしたアプローチは、現象学的人間学と呼ばれる。

かたや一九八〇年代から、リシールは、ジェローム・ミヨン出版社の「危機（クリジス）」叢書で編集主幹を務めていた。この叢書の創刊により、フッサールの重要な遺稿（『受動的総合』、『間主観性の現象学』〔抄訳〕、『空想、像意識、再想起』、『ベルナウ時間草稿』、フィンク『第六省察』、等々）の数多くがフランス語に翻訳され、フランス語圏の読者にアクセス可能となった。

〔澤田哲生〕

オデラ・オルカ、ヘンリー
❖Henry ODERA ORUKA　1944-1995

ケニアの生まれ。スェーデン・ウプサラ大学にて数学や天文学を学び、のちに哲学を専門とする。アメリカ・ウェイン州立大学にて学んだ後、ナイロビ大学にて教鞭を執る。著書『賢者の哲学』(一九九四)において、「賢人哲学」を唱える。これは、「書かれたもの」としての哲学テクストに対して、アフリカ各地における口承による伝承に見られる叡智を、文化人類学的な方法論を参考にしつつ、土着の知として取り上げて批判的に吟味するという特徴がある。〔本郷均〕

クルティーヌ、ジャン=フランソワ
❖Jean-Francois COURTINE　1944-

パリ第四(ソルボンヌ)大学名誉教授。一九八六〜二〇〇九年まで、パリのフッサール・アルヒーフ所長を務める。ハイデガーの存在-神-論批判の立場からスアレスについて論究した大著『スアレスと形而上学の体系』(一九九〇)、ハイデガーにおける「存在の歴史」と現象学、他者の問題を論じた『ハイデガーと現象学』(九〇)、古代・中世哲学における存在の問題を追及した『存在の諸範疇』(二〇〇三)、フッサール、ハイデガー、パトチカによって、存在の論理と文法のさらに古層を探究する『アルケオ-ロジク』など、大きな射程を持った存在論の歴史に関する思索を続けている。〔本郷均〕

ジェイ、マーティン
❖Martin JAY　1944-

アメリカの歴史学者、思想史家。ニューヨークに生まれ、ユニオン・カレッジで学ぶ。一九七一年、ハーバード大学でスチュアート・ヒューズの指導のもと歴史学の博士号を取得。フランクフルト学派を主題とする博士論文は、綿密な調査やフィールドワークに基づく貴重な資料を含み、のちに『弁証法的想像力』として出版される。現在はカリフォルニア大学バークレー校で歴史学の教授を務める。フランクフルト学派の「批判理論」の研究者として知られ、特にアドルノの哲学の研究や紹介に努め、〈アメリカ・フランクフルト学派〉と呼ばれる。近現代ヨーロッパの思想史や社会思想を専門として扱っており、多岐にわたる活躍をみせる。「視覚」というテーマからフランス現代思想を批判的に読み解く試みも行なっている。著書には、『弁証法的想像力』に加え、『マルクス主義と全体性』『アドルノ』『永遠の亡命者たち』『力の場』『文化の意味論』『暴力の屈折』など。〔八幡恵一〕

ダマシオ、アントニオ
❖Antonio DAMASIO　1944-

ポルトガルのリスボン生まれ。アメリカの神経学者・心理学者。アイオワ大学教授を経て南カリフォルニア大学「脳と創造性研究所」を設立。さまざまな水準での意志決定において情動的な身体反応が必要だとする「ソマティック・マーカー仮説」を提唱。著書に、

『デカルトの誤り』(一九九四)、『感じる脳――情動と感情の脳科学 よみがえるスピノザ』(二〇〇三)など。〔本郷均〕

ノートン、ブライアン 1944-

❖Bryan G. NORTON

アメリカの哲学者。自然環境の価値を市場価値からのみ捉える経済学の立場でもなく、人間が付与する価値から独立した価値のみを自然の中に見出していく立場でもなく、多元論の立場から、プラグマティックな環境の価値を考える。著作に『持続可能性――適応的生態系管理の哲学』(二〇〇五)など。〔中澤瞳〕

ハラウェイ、ダナ・ジャンヌ 1944-

❖Donna Jeanne HARAWAY

カリフォルニア大学サンタクルーズ校名誉教授。生物学的フェミニズムの立場から活動。一九八五年、機械と生物の混合体としての「サイボーグ」概念によって現代の人間を捉え、男女の性差を脱構築する「サイボーグ宣言」を発表して注目された。〔本郷均〕

ベック、ウルリッヒ 1944-2015

❖Ulrich BECK

ドイツの社会学者。現代社会を自然災害や人為的危険という観点から分析するリスク社会論を展開したことで知られる。チェルノブイリ原子力発電所事故が起こった一九八六年に『危険社会』を出版。『世界リスク社会論――テロ、戦争、自然破壊』(二〇〇三)などの著作がある。〔中澤瞳〕

マフェゾリ、ミッシェル 1944-

❖Michel MAFFESOLI

フランスの社会学者。ストラスブール大学でジュリアン・フロイントの指導のもと、哲学修士を獲得。一九七三年、グルノーブル大学でジルベール・デュランの指導のもと、社会学の博士号を取得。一九七八年、審査官ジュリアン・フロイント、ジョルジュ・バランディエ、ジャン・デュヴィニョー、ピエール・サンソーのもとで、論文「社会的ダイナミックス」で国家博士号取得。その後、パリ第五大学教授、想像力研究センター共同責任者も務める。来日し、各地で講演も行なっている。ベルリンの壁が崩壊し、東西ドイツの再統一が果たされ、東欧諸国が民主化を求めて激しい運動を起こし、ソビエト連邦が解体した激動の時代の文脈のなかで考察され、九二年に発表された『小集団の時代――大衆社会における個人主義の衰退』で、マフェゾリはイデオロギー的統一、国民国家の理想に基づく政治がひとびとの心を惹きつけなくなり、代わって小集団、部族化の時代が到来していると指摘し、共通の価値観や、それに対する情緒的で粘性の強いつながりで結ばれた部族、小集団のあり方の分析を行なった。〔中澤瞳〕

ハーク、スーザン

❖Susan HAACK　1945-

マイアミ大学教授。専門は、論理学の哲学、言語哲学、認識論、形而上学、科学哲学、プラグマティズム。認識論では基礎整合説を提唱。著作に『論理学の哲学』(一九七八)、『証拠と探求』(九三)、『哲学を働かせる――探求と文化におけるその位置』(二〇〇八)。〔國領佳樹〕

ホフスタッター、ダグラス・リチャード

❖Douglas Richard HOFSTADTER　1945-

アメリカの科学哲学者。父親はノーベル物理学賞受賞者のロバート・ホフスタッター。スタンフォード大学を卒業後、オレゴン大学で学位取得。インディアナ大学教授。著作には、『ゲーデル、エッシャー、バッハ――あるいは不思議の環』(一九七九、ピュリツァー賞)、『マインズ・アイ――コンピュータ時代の「心」と「私」』(ダニエル・デネットとの共編著、八一)、『メタマジック・ゲーム――科学と芸術のジグソーパズル』(八五)など。人工知能の研究が専門で、自己同一性、意識、自由意志といった問題を扱っている。〔飯盛元章〕

リフキン、ジェレミー

❖Jeremy RIFKIN　1945-

アメリカの経済、社会理論家。IoT(Internet of Things：モノのインターネット化)によって、経済は大きな転換を迎え、資本主義から共有型経済へと移行すると述べる。著作には、『限界費用ゼロ社会〈モノのインターネット〉と共有型経済の台頭』(二〇一四)など。〔中澤瞳〕

ゴーシェ、マルセル

❖Marcel GAUCHET　1946-

パリ社会科学高等研究院の名誉ディレクター、哲学者、歴史家。歴史家ピエール・ノラと雑誌『デバ』を創刊。『民主主義と宗教』(一九九八)では民主制と宗教の関係、特にフランスにおけるライシテ(政教分離)の問題、また国家と祭祀の問題などを通じて、民主主義の政治が論じられている。著作には、『民主主義の将来』(二〇〇七)、『何をすべきか』(二〇一四、アラン・バディウとの対談)などがある。〔本郷均〕

シンガー、ピーター

❖Peter SINGER　1946-

オーストラリア、メルボルン生まれ。メルボルン大学を経て、オックスフォード大学にてリチャード・マーヴィン・ヘアの指導のもと学位を取得。同大学で修士を取得。モナシュ大学、プリンストン大学、メルボルン大学教授などを歴任。シンガーの業績のなかで特に影響力が大きなものに、功利主義の理論を適用させた動物解放論がある。動物、特に哺乳動物のもつ感覚能力は、快苦を十分に感じうるとみなされる。ゆえに、苦痛をもたらし、人間

中心主義に基づく搾取を行なう動物利用(動物実験、食肉用を生産するために過酷な状況と徹底した管理のもとで大量に動物を飼育することなど)は禁じられねばならない。また、シンガーは肉食を止め、種差別を乗り越えることを提唱する。従来の人間中心主義の伝統のなかでは看過されてきた動物を道徳の対象とし、人間対自然という二項対立図式を動物という観点から再検討させた点、人間による動物の搾取を鋭く批判した点、そして動物解放を市民運動にまで拡張した点に影響力の大きさがうかがわれる。〔中澤瞳〕

マリオン、ジャン=リュック 1946-
❖Jean-Luc MARION

フランスの哲学者。戦車のエンジニアの父と国語教師の母との間に、パリ近郊ムードンに生まれる。エコール・ノルマル・シュペリウール出身(リセ・コンドルセの準備学級でジャン・ボーフレに学ぶ)、一九八一年にポワティエ大学、一九八八年パリ・ナンテール大学(現・パリ西大学)、一九九五～二〇一二年パリ第四(ソルボンヌ)大学教授。一九八一年よりフランス大学出版局のエピメテ叢書(イポリットが創設した哲学専門の叢書)の監修を務めている。二〇〇八年、アカデミー・フランセーズ会員となる。

若い頃には文学青年で詩(ロンサール、ボードレール、マラルメ、シャールなど)に親しみ詩作も試みた。しかし、哲学は「概念」、文学は「語」によって規定されるもので、論理が異なるゆえどちらかを選ばなくてはならない。よって、概念的文学はよろしくない文学であり、非概念的哲学はよろしくない哲学である、としている。

マリオンの思想は、デカルトを中心とする哲学史的研究、神学、現象学の三本の柱からなっている。また、タンタン(エルジェによる漫画)や絵画についての著書もある。

マリオンの哲学的キャリアの出発点となっているのはデカルト研究である。アリストテレスと比較することでデカルトの存在論を探究する『デカルトの灰色の存在論について』(一九七五)、アナロギアの議論のもとでデカルトの形而上学を考察する『デカルトの白い神学』(八一)、この二著を受けてデカルトの形而上学の限界点を探究する『デカルトの形而上学的プリズム』(八六)、この三部作は、タイトルからも明らかなように、デカルトを現代哲学——現象学やハイデガー——の視点、形而上学・存在論の視点から読み抜き、哲学史的にも前世代のジルソンなどを刷新するものである。

このデカルト研究と並行する形で進められた神学的な著作、『偶像と隔たり』(七七)と『存在なき神』(八二)は、マリオンの仕事全体における要をなすと言ってよい。「神の死」を神の形而上学的偶像の破壊と黄昏とを証するものと解し、神を至高の存在としてきた従来の神学に対して、それ自体が偶像として機能してしまう「存在」——その解明の途上で、ハイデガーに依拠しつつハイデガーに逆らって、存在の思惟を「二重の偶像崇拝」と捉え——この存在から神を解放する。このとき、われわれにとって

「神は贈与として出来する」。

この「贈与」がマリオンの現象学における最重要概念となる。『還元と贈与』(一九八九)、『与えられると』(九七)、『余剰 飽和した現象についての研究』(二〇〇一)、『エロス的現象』(〇三)、『与えられたもの再論』(一六)などの著書で、この「贈与(与え donation)」の問題系を通じて自身の現象学を深めていく。

マリオンは現象学を、ニーチェによる形而上学の完成後の、新たな始まりの企てとして捉える。この神学と現象学の接点は、(聖体の秘蹟における)「神」の贈与が「人間の意識の現在に依存する」ものとされる点に見られる。むろん現象学についての議論のなかで、このような神学的議論そのものは持ち込まれることはない。原則的には、あくまでも現象学の規定――「われわれに対して直観のうちで根源的に提示されるすべてのものは、それが己を与えるとおりに[…]受け取られなければならない」(フッサール『イデーンI』)――に立脚しこれを「根源的贈与」として捉える。その上で、フッサールによる第一の還元(超越論的還元)とハイデガーによる第二の還元(実存論的還元)の後に、マリオンの第三の還元(呼びかけの/への還元)が、呼びかけそのものに基づいて発生する。「還元が進めば進むほど、贈与がある」。現象は与えられる限りにおいて現象する。一方、贈与の性格について、「直観が概念を越え出る」という「飽和した現象」――これ自体は現象学における地平性の議論と相関する形で語りうる――について、それをさらに「啓示の現象」として語ろうとするとき呼び出されるのは〈イエス・キリストの顕現〉である。この議論の背景ないし向こう側に神学的なものが控えていることを、うかがわせている。

この第三の還元においては「我」も還元され、贈与を〈受け取るもの〉へと主観(主体)性のあり方を変様させられている。呼びかけられることにおいてのみ、その証人として、私は私になるのである。そのことから、飽和した現象における直観の超過は、予見不能なものという性格を持つ。根源的な贈与によって現象が直観を越え出た不意を突いた出来事として与えられ、その出来事に立ち会いつつ驚く私が存在する。驚きに哲学の始まりがあるとすれば、マリオンの贈与の現象学はその始まりに立ち会おうとする。

この贈与の概念をめぐってマリオンはデリダと論争を交わしている。デリダは、一九八三年の『時間を与える』のなかで、贈与は「贈与として現前しないことによってしか、贈与としての贈与ではありえない」としている。一九九七年の討論でもこの立場は基本的には変わらない。その相違点は、デリダが贈与の問題をモースの思考に倣うかたちでエコノミーの問題との関連下で考えていくのに対して、マリオンはこの議論には乗らず、この贈与の問題がこれまで考えられてもいなかった幾多の現象を現われさせる最も極限的な問題に関わっているのだ、と主張している。

ちなみに、ジャニコーによる「神学的転回」との批判に対して、「そもそも〈現象学の神学的転回〉などなかった。というのも現象学はそもそもの初めから神学的主題を扱っていたのだから」

と言う。こうしたことも含め、現象学と哲学の有り様について、根本的に考えることを迫る哲学であるといえよう。〔本郷均〕

スローターダイク、ペーター

❖Peter SLOTERDIJK　1947-

ドイツの哲学者。一九九二年、カールスルーエ造形芸術大学教授に就任。著作に、『シニカル理性批判』(一九八三)、『魔の木』(八五)、『方法としての演技――ニーチェの唯物論』(八六)、『「人間園」の規則』(九九)、『大衆の侮蔑』(二〇〇〇)など。非常に多作な作家であり、また扱う主題も多様性に富んでいる。『「人間園」の規則』は、クローン技術をめぐる優生思想に関して、ユルゲン・ハーバーマスとのあいだに論争を巻き起こした。〔飯盛元章〕

ソーテ、マルク

❖Marc SAUTET　1947-1998

パリ郊外のシャンピニー生まれ。ソルボンヌ大学を卒業後、ナンテール大学非常勤講師を経て、一九九〇〜九六年までパリ政治学院哲学教授を務める。退職後、市中に哲学相談所を開設。開設された哲学相談所では、哲学カウンセリングを行なった。また、パリのバスチーユ広場のカフェ・デ・アールに集まる人々と哲学談義を行なう。日曜日ごとカフェで行なわれる哲学セッションは、カフェ・フィロと呼ばれ、彼が創始者とされている。カフェ・フィロでは、日常的な疑問から思弁的な問いまで、必ずしも哲学教育を受けてきたわけではない一般の人々と、自由に議論された。こうした哲学カフェは、本国フランスをはじめとして、ヨーロッパやアメリカに広がった。一九九六年秋には来日し、東京でも哲学カフェを行なう。一九九八年に病気のため五十一歳で急死するが、哲学カフェはその後、日本でも活発に開催されている。〔中澤瞳〕

ヌスバウム、マーサ・クレイヴン

❖Martha Craven NUSSBAUM　1947-

アメリカの哲学者、政治哲学者、倫理学者。シカゴ大学エルンスト・フロインド法学・倫理学特別功労教授。アマルティア・センと一九八〇年代から共同研究を行ない、ケイパビリティ・アプローチの提唱で知られる。センとともに、二〇〇四年、「人間開発とケイパビリティ協会」を設立。一六年、京都賞(思想・芸術部門)受賞。著作に『女性と人間開発――潜在能力アプローチ』(二〇〇五)など。〔中澤瞳〕

ネフ、フレデリック

❖Frederic NEF　1947-

フランス社会科学高等研究院(EHESS)教授。著作には『ある対象――対象の存在論についての研究』(一九九八)、『ライプニッツと言語』(二〇〇〇)、『形而上学とはなにか』(〇四)、『非哲学(と哲学)のための存在論概論』(〇九)、『真空の力——形而上学についての試論』(一一)など。論理学と形而上学を研究対象としている。〔飯盛元章〕

ノリス、クリストファー 1947-

❖Christopher NORRIS

イギリスの哲学者、文芸批評家。ウェールズ科学工科大学英文学講師を経て、同大学哲学教授に就任。著作には『ディコンストラクション』(一九八二)、『脱構築的転回』(八三)、『デリダ——もうひとつの西洋哲学史』(八五)、『ポール・ド・マン——脱構築と美学イデオロギー批判』(八八)などがある。一九八〇年代、ノリスはジャック・デリダとポール・ド・マンの影響を受け、脱構築批評を中心的に研究した。『脱構築的転回』では、脱構築的理論を分析哲学のテクストに適用しようと試みた。近年は、科学哲学、哲学的意味論に関する研究を行なっている。〔飯盛元章〕

フランク、ディディエ 1947-

❖Didier FRANCK

パリ第十(ナンテール)大学名誉教授。フッサールの身体論を読み抜くことでフランスにおけるフッサール・ルネサンスの先駆けとなった『身体と肉体』(一九八一)、ハイデガーにおける「手」の概念に着目してハイデガーの身体について論究した『ハイデガーと空間の問題』(八六)、現象学についての論文集『現象学を超えて』(二〇〇一)、レヴィナスの『存在するとは別の仕方で、あるいは存在することの彼方へ』を徹底的に読解することでそのさらに彼方を示そうとする『他者のための一者』(〇八)などがある。ミニュイ社の雑誌『哲学』を創設した。〔本郷均〕

ラパポート、ハーマン 1947-

❖Herman RAPAPORT

オランダ生まれ。一九五〇年代に家族とともにアメリカに移住。一九七八年、カリフォルニア大学アーヴァイン校で英語の博士号を取得し、シカゴのロヨラ大学、アイオワ大学を経て、サウサンプトン大学を経て、ウェイクフォレスト大学の教授に就任。専門領域は、批判理論、哲学、精神分析、美学。一九八九年に発表された『ハイデガーとデリダ』では、ハイデガーの時間概念とその脱構築への関係が検討されている。ハイデガーとデリダそれぞれ両者の思想の連続性、相違点、影響関係をハイデガーの「転回」、デリダのハイデガーに対する評価、および時間、言語という視角から論じられている。〔中澤瞳〕

ロドリゴ、ピエール 1947-

❖Pierre RODRIGO

ブルゴーニュ大学名誉教授。「生産者と労働者　マルクスとハイデガーにおけるその存在論の射程」で博士号取得。以後、現象学の立場から、ハイデガー、メルロ＝ポンティの哲学および美学について研究。『アリストテレス　形相的なものと現象学』（一九九五）、『創造的志向性』（二〇〇九）など。〔本郷均〕

ウェグナー、ダニエル・マートン 1948–2013

❖Daniel Merton WEGNER

ハーバード大学元教授。社会心理学者。思考抑制の逆説的効果（シロクマについて考えないよう教示されるとかえって強く考えてしまう）による「皮肉過程理論」、組織におけるトランザクティブ・メモリーの理論などを提唱。『暗黙の心理学』（一九七七、共著）、『シロクマと望まざる思考』（八九、共著）、『意識的意志という幻想』（二〇〇二）など。〔本郷均〕

ギャラガー、ショーン 1948-

❖Shaun GALLAGHER

メンフィス大学教授。現象学、認知科学の知見を背景に、身体化された認知の研究を行う。コペンハーゲン大学教授のダン・ザハヴィと、学術誌『現象学と認知科学』を共同編集している。著作に『現象学的な心――心の哲学と認知科学入門』（二〇〇八）。〔中澤瞳〕

ド・リベラ、アラン 1948-

❖Alain de LIBERA

コレージュ・ド・フランス「中世哲学講座」教授。『マイスター・エックハルトにおける存在の問題』（一九八〇）、『マイスター・エックハルト　御言の形而上学と否定神学』（エミール・ツム・ブリュンと共著、八四）などにより知られるエックハルト研究の第一人者。さらには、中世哲学史を広く渉猟し、『主体のアルケオロジー』（全三巻、二〇〇九－一四）などを著わしている。〔本郷均〕

ルノー、アラン 1948-

❖Alain RENAUT

フランスの哲学者。ナント大学、カーン大学で教鞭をとり、ソルボンヌ大学教授に就任。著作には、『個人の時代』（一九八九）、『サルトル、最後の哲学者』（九三）などがある。また、リュック・フェリーとの共著に、『六八年の思想』『六八年－八六年――個人の道程』（八七）、『ハイデガーと近代人』（八八）、『反ニーチェ』（九一）などがある。〔飯盛元章〕

レヴィ、ベルナール＝アンリ 1948-

❖Bernard-Henri LÉVY

フランスの哲学者。アルジェリアでユダヤ系の家庭に生まれ、一九六八年にパリの高等師範学校に入学、デリダやアルチュセールに学ぶ。一九七一年に哲学の教授資格を取得。同年からバングラデシュに滞在し、日刊紙『コンバ』に独立戦争の報告を寄せる。一九七三年からストラスブール大学、高等師範学校で教え、さらにフランソワ・ミッテランの顧問も務める。その後は、さまざまな雑誌に寄稿するかたわら、一九七七年に『人間の顔をした野蛮』を刊行、いわゆる〈新哲学派（ヌーヴォー・フィロゾフ）〉の主導者として話題を呼ぶ。一九八〇年には、ジャック・アタリらと〈飢餓に反対する国際運動〉を創設するなど、人権や人種差別に関する団体にも積極的に関与し、政治的な発言、行動を行なう（ボスニアの内戦では現地に赴きルポルタージュ映画を製作している）。ベルナール＝アンリ・レヴィは、グリュックスマンとともに〈新哲学派〉の代表的な人物とされ、とくにソルジェニーツィンからソ連の実情を知って以後は、マルクス主義的な思想や社会主義的な体制への批判にまわり、雑誌やテレビなどのマスメディアを利用しながら、数々の論争を引き起こす。一九八一年の『フランス・イデオロギー』では、フランス共産党の歴史的な反ユダヤ主義を（なかば強引に）告発し、左右両派から反発を招く。ベルナール＝アンリ・レヴィは、歴史に対してつねに悲観主義的な態度をとり、その暗部を暴き、いつわりの理想や純粋さを拒否するが、その裏には、民主主義や人道主義に対する熱烈で現実的な希求がある。また彼は、政治や哲学だけでなく、美術にも造詣が深く、みずから映画や小説を手がけており、サルトルのあと現代の知識人と呼ぶにふさわしい人物である。著書は、一九七〇年代後半からほぼ毎年のように刊行されているが、そのうち『人間の顔をした野蛮』『フランス・イデオロギー』『危険な純粋さ』などが邦訳されている。〔八幡恵一〕

ジジェク、スラヴォイ

❖Slavoj ŽIŽEK　1949-

スロヴェニアの哲学者。リュブリャーナで生まれ、同地の大学で哲学を学ぶ。早くからドイツ哲学や現代フランスの思想にふれ、学士号と修士号を取得するものの、政治的な理由により大学でポストを得られず、共産党指導部のスピーチ原稿を執筆する職につく。一九七九年にリュブリャーナ大学の社会科学研究所で研究員となったあと、一九八一年に哲学の博士号を取得。翌年にパリでジャック＝アラン・ミレールと知りあい、彼の働きかけによりパリ第八大学に客員教授として迎えられる。一九八六年には同大学で精神分析の博士号を取得。その後は、リュブリャーナ大学の研究員を続けるかたわら、アメリカなど各国で講演を行ない、多数の著作を著わしている。ジジェクは精神分析、なかでもジャック・ラカンの研究と、その多方面（とくにサブカルチャー）への自由かつ斬新な応用で知られる。ヘーゲルや主体の問題など哲学的な研究もある一方で、マルクス主義、グローバル化、ポストモダン、大衆文化といったきわめて多様な政治的・現代的テーマを扱い、さらにデヴィッド・リンチやヒッチコックをはじめ、映画に関する著作も多い。デリダやドゥルーズ、バディウらフランスの思想家ともつながりが深く、現代ヨーロッパを代表する哲学者とされる。著書は、『厄介なる主体』『否定的なもののもとへの滞留』『イデオロギーの崇高な対象』など多数ある。〔八幡恵一〕

スタンジェール、イザベル

❖Isabelle STENGERS 1949-

ベルギー・ブリュッセル自由大学教授。科学哲学とホワイトヘッド哲学の研究で知られる。散逸構造で著名な化学者プリゴジンとの共著『混沌からの秩序』(一九七八)では、機械論的な自然観から変化を軸とした現代の自然観の展望を描く。著作に、『科学と権力』(九七)、『ホワイトヘッドと共に考える』(二〇〇二)など。

［本郷均］

デスコーラ、フィリップ

❖Philippe DESCOLA 1949-

フランスの人類学者。パリに生まれ、サン＝クルーの高等師範学校で哲学を学び、ついでパリ第十大学と高等研究実習院で民族学を学ぶ。国立科学研究センターに勤めながら、一九七六年から一九七九年にかけてエクアドルのアシュアール族という先住民のもとでフィールドワークを行なう。一九八三年にレヴィ＝ストロースを指導教員として民族学の博士号を取得。エクアドルのキト大学で教えるなどして、一九八四年には社会科学高等研究院の助教授、一九八九年には研究ディレクターとなり、比較人類学のセミナーを行なう。二〇〇〇年にコレージュ・ド・フランスの〈自然の人類学〉講座の教授に就任。その後もさまざまな研究グループに参加し、各国の大学に客員教授として招かれるなど、旺盛な活動を行ない、二〇一二年には国立科学研究センターから金メダルを授与されている。デスコーラは、人類学において文化と自然の対立を根本から問いなおすことをみずからの課題のひとつとする。例えば彼は、人間と自然の関係のあり方(連続性や非連続性)から、社会を四つの図式(アニミズム、トーテミズム、類推主義、自然主義)により段階的に区別し、近代の自然主義にいたって文化と自然の決定的な対立が確立されたことを主張する。アニミズムが、自然に人間の精神性を付与しつつ、物質性においては両者を区別するのに対して、自然主義では、人間と自然は物質的には連続しながら、文化によって切り離される。著書には、博士論文である『飼いならされた自然』をはじめ、『黄昏の槍』『自然と文化をこえて』『自然の多様性、文化の多様性』『他者の生態学』などがある。

［八幡恵一］

フィガール、ギュンター

❖Günter FIGAL 1949-

ドイツ・フライブルク大学教授。現象学と解釈学を主たる専門としている。著作に、『ソクラテス』(一九九五)、『理解の意味』(九六)、『対象性』(二〇〇六)、『非顕現性　現象学の空間』(一五)など。

［本郷均］

ホネット、アクセル
❖Axel HONNETH 1949-

フランクフルト大学教授。フランクフルト学派の第三世代を代表する社会哲学者。「承認」の問題を中心とした考察を行なっている。著書として、『承認をめぐる闘争』（一九九二）、『正義の他者』（二〇〇〇）、『権力の批判』（〇〇）、『自由であることの苦しみ』（〇一）、『見えないこと』（〇三）、『物象化』（〇五）など多数ある。〔本郷均〕

マッギン、コリン
❖Colin McGINN 1950-

イギリス生まれ。アメリカのラトガース大学教授を務めた後、マイアミ大学教授に就任。心の哲学の専門家で、意識のハードプロブレムに対し、コグニティブ・クロージャー説を唱えたことでも知られる。コグニティブ・クロージャー説とは、われわれにとって意識の問題が難解であるのは、人間の認知能力が脳と意識が結びつくメカニズムに対して閉じられているので、理解することができないとする考え方である。二〇〇四年の『マインドサイト』においては、想像力とはなにか、イメージはどのような働きをするのかという問題意識のもと、イメージと知覚との違いを指摘したうえで、イメージの空間性や、夢、妄想といったトピックを考察し、想像力に特徴的な点が描き出されている。〔中澤瞳〕

サランスキ、ジャン＝ミシェル
❖Jean-Michel SALANSKIS 1951-

パリ第十（ナンテール）大学教授。フッサールと同じく数学に関する研究で教授資格を取得した後、現象学に関する研究へと向かう。数学のエピステモロジー研究に際してハイデガーの解釈学に依拠している点にその特質がある（『形式解釈学』一九九一）。さらにこの立場を推進する途上でレヴィナスとの関連が深化していく。著書に、エピステモロジー関連では『超準構成主義』（九九）や『数学の哲学』（二〇〇八）など、また、『生けるレヴィナス』（〇六）、『現象学の現代的使用』（セバーと共著、〇八）、『二十世紀におけるフランス哲学と分析哲学』（一六）などがある。〔本郷均〕

フェリー、リュック
❖Luc FERRY 1951-

フランスの哲学者。カーン大学教授。著作には『政治哲学』（一九八四－八五）、『ホモ・エステティクス』（九〇）、『エコロジーの新秩序』（九二）などがある。また、アラン・ルノーとの共著として『六八年の思想』『六八年－八六年――個人の道程』（八七）、『ハイデガーと近代人』（八八）、『反ニーチェ』（九一）などがある。『エコロジーの新秩序』によりメディシス賞を受賞。専門は政治哲学。〔飯盛元章〕

クレティアン、ジャン=ルイ

❖ Jean-Louis CHRÉTIEN 1952-

パリ第四(ソルボンヌ)大学教授。現象学とキリスト教神学とに跨がり、言葉と身体の問題を中心とした思索を行ない、『裸の声　約束の現象学』(一九九〇)における身体論はキリスト教の「栄光の身体」と地続きになる形で展開されている。『呼びかけと応答』(九二)、『身体の象徴学　雅歌のキリスト教的伝統』(二〇〇五)、『内的空間』(一四)などの多くの著作がある。キリスト教信仰に裏打ちされた彼の著作は、形而上学的独断と批判されもするが、デリダやマリオンによって好意的に評価されている。〔本郷均〕

スティグレール、ベルナール

❖ Bernard STIEGLER 1952-

フランスの思想家。フランス国立社会科学高等研究院(EHESS)にて博士号取得。アルス・インダストリアル協会会長、ポンピドゥ・センター・リサーチ・イノベーション研究所(IRI)所長。ロンドン大学(ゴールドスミス校)教授、コンピエーニュ工科大学客員教授、チューリヒ理工科学校などでの教授職と別に、国際哲学コレージュのプログラム・ディレクター、一九九三年に創立した「認識、組織、技術システムの研究連合」のディレクター、国立視聴覚研究所(INA)副所長、IRCAM(現代音楽と音響についての研究所)所長、ポンピドゥー・センター文化開発部長も務める。消費市場の大量化やグローバル化をサポートするマーケティングとメディアによって規模を拡大しつづける「現代資本主義社会(ハイパーインダストリアル社会)」から生じる人間の「生きづらさ」に対し、そのよって来たる理由と原因を哲学的に分析して、個々の人間の個体性(特異性)を奪回し、世界への配慮と関心を抱く生き方を可能とする思想を模索し、実践している。

スティグレールには、人間の存在の仕方に関する根本的な認識がある。人間には本源的ナルシシズムが備わっており、人間の欲望はこの本源的ナルシシズムに根差している。人間が自分を愛することができるためには、自分が絶対的に唯一の特異な存在、すなわち個であるという揺るがない確信がなければならない。自分が唯一の存在で、自分は他者と違うという内奥の確信があってこそ、自己愛が生まれ、自己愛に基づいて他への欲望が生まれる。個の存在の特異性は時間によって与えられる。個としての私の時間(ディアクロニー、通時性)は絶対的に単独のものであり、他者の時間に還元できない。

しかしそれでいて、個としての「私」は同時に、ファンタスムとして、自分の時間が他者の時間に還元できることも望んでいる。この点についてスティグレールは、ジルベール・シモンドン(一九二四〜一九八九年)の理論を導入する。シモンドンが作り上げた個体化の概念は、心的であると同時に集団的でもあるプロセスとして考えられている。「私」と「われわれ」は、同じプロセスの両面であり、それらの隔たりがプロセスの原動力である。シモンドンの理論に従えば、その個体化とはいつもすでに、私がそこに向かって話しかけているグループ、そしてそうすることで私がまさに属しているそのグループの個体化でもある。すなわちこのように話しかけることによって、私はそのグループの個体化(特異化)に参加している。ディアクロニックな緊張は常に来たるべきものであり続けるシンクロニー(共時性)としての「われわれ」の個体化の条件である。そしてその緊張とはまた、「わたし」と「われわれ」の不一致であり、それが両者の存在の条件なのである。

本源的ナルシシズムに基づくこうした人間本来の存在の仕方が、規模の経済を目指す現代資本主義によって阻まれている。本源的ナルシシズム(自己愛、個体化)は、技術革新の成果である記憶装置(記録され、加工・放送しうる記号に一時的に変換された時間的なもの、つまり録音や映画、ラジオ・テレビ番組やCMなど)に支えられて、消費者の時間をシンクロさせ、本質的に「規模の経済」をめざす現代資本主義によって、構造的に、組織的に、破壊されている。なぜなら、大量消費財を購入し、消費するということは、消費者が他の消費者との差異を抹消されることを意味するからである。人間の意識は、物によって規定されている。その物が、異なったものであれば、おのずから個々人の意識も異なった存在となり、意識の特異性は保たれる。しかし、物が大量生産された差異を持たない大量消費財であるがゆえに、それを消費する消費者の意識は、異質性を失い、単なる特殊性に還元されてしまう。本源的ナルシシズムが破壊されると、自分に対する敬意を払うことができなくなり、あらゆる違反行為が可能となる。「私」の特異性が失われると、「私」たちが形成すべき「われわれ」(集団的個体化)も消失し、差異を見失った「みんな」になってしまう(ハイパーシンクロニー)。そこから「われわれ」の「生きづらさ」が生じている。

マーケティングとメディアは、消費者の異質性を特殊性に効率的に還元する補助テクノロジーとして機能している。規模の経済を本質とする現代資本主義の一翼を担うマーケティングとメディアによって、現代の消費者は新製品を消費せよという至上命令に従属してしまっている。

欲動を野放しにしないための昇華の新たな方法を模索し、世界への配慮と「関心」を抱く生き方と、利己的で恥知らずな配慮を欠いた生き方という、二通りの生き方がある。

自らを個とするとは、自分の言葉に象徴的な一貫性をもたらせようと努めることを意味する。しかし自分が徐々に個となる(つまり自分の個体性の「ポテンシャル」を強化する)ことができるとしたら、それは自分の言葉によって他者が自分と共に個となろうとしてくれたときだけである。といっても、自分と他者が同じやり方でということではない。互いに一致しないにもかかわらず、その不一致にこそ基づいて、「そう、この不一致そのもののなかに、いくばくかの未来がある」と言えるし、また言わねばならないという点については同意できる、それが「われわれ」のチャンスである。

問題は抵抗することでも適応することでもなく、新たなものを創り出すことである。生成はわれわれが決して支配することができないプロセスであり、われわれにできるのは生成と交渉することだけであり、それは支配とは全く違うことである。「われわれ」のチャンスをいかすためには、生成という変化してゆく運動をよく理解しなければならない。

いかなる場合も、相手の傾向を排除することが問題なのではなく、まさに二つの傾向が組み合うということが重要である。対立相手を悪の根源とみなすべきではない。ただある支配的な傾向にとらわれてその傾向の仲介やスポークスマンとなっているだけであり、しかもほとんどの場合、彼ら自身悪意を抱いて行動しているつもりはまったくないのだ。

むしろ、悪とは何よりもまず、悪を告発するだけで思考しなくなることであり、「われわれ」というものの未来を憂えるような「われわれ」を「われわれ」があきらめてしまうこと、批判や新たなものの創出、すなわち取り組んで戦うことを「われわれ」が放棄してしまうことなのだ。

著作に、『技術と時間1　エピメテウスの過失』『技術と時間2　方向喪失（ディスオリエンテーション）』『技術と時間3　映画の時間と〈難‐存在〉の問題』『テレビのエコーグラフィー　デリダ〈哲学〉を語る』（ジャック・デリダとの共著）、『愛するということ　「自分を、そして「われわれ」を』『現勢化　哲学という使命』『象徴の貧困I　ハイパーインダストリアル時代』『偶有（アクシデント）からの哲学　技術と記憶と意識の話』といった邦訳のほか、『テレクラシー対デモクラシー　政治家たちへの公開状』などがある。

〔伊藤泰雄〕

セヴェーリ、カルロ

❖Carlo SEVERI　1952-

イタリア生まれで、現在パリ社会科学高等研究院人類学講座教授。アメリカ大陸やオセアニアの先住民を対象とした口承による記憶の継承における言葉やイメージについて研究し、「記憶の人類学」を提唱する。著書に『人類学の諸理念』（一九八八、共著）、『儀礼的記憶』（九三）、『ナヴェン、あるいは見せること』（一九九四、共著）、『キマイラの原理』（二〇〇四）、『個人的‐対象　視覚的信の人類学』（一七）などがある。

〔本郷均〕

ティエルスラン、クロディーヌ

❖Claudine TIERCELIN　1952-

コレージュ・ド・フランス教授。専門はC・S・パースの哲学、形而上学、認識論。フランスにおけるプラグマティズム研究の第一人者。著書に、『事物の絆——科学的・実在論的形而上学の入門的概論』（二〇一一）、『問題となる懐疑』（一六）などがある。

〔國領佳樹〕

デランダ、マヌエル
❖Manuel DELANDA　1952-

プリンストン大学建築学部助教授。著作には『機械たちの戦争』（一九九一）、『強度の科学と潜在性の哲学』（二〇〇二）、『社会の新たな哲学——集合体、潜在性、創発』（〇六）、『実在論の興隆』（グレアム・ハーマンとの共著、一七）などがある。ドゥルーズの解釈で知られる。『社会の新たな哲学』では、「集合体」の概念を軸に「実在論的な社会存在論」を展開。また哲学だけでなく、メディア・アートの制作も手がけている。〔飯盛元章〕

フクヤマ、フランシス・ヨシヒロ
❖Francis Yoshihiro FUKUYAMA　1952-

アメリカの政治学者。日系二世の父と日本人の母をもつ。ジョンズ・ホプキンス大学高等国際問題研究大学院教授。一九八九年、ブッシュ政権下で国務省政策企画局次長に登用される。著作には『歴史の終わり』（一九九二）、『「大崩壊」の時代』（九九）、『アメリカの終わり』（二〇〇六）など。一九八九年、『ナショナル・インタレスト』誌に、論文「歴史の終わり」を発表して話題となる（一九九二年に増補し、書籍化）。フクヤマは同論文において、コジェーヴのヘーゲル解釈を援用して、ソ連や東欧諸国が政権崩壊した当時の世界状況を論じ、リベラルな民主主義のもつ本来的な進歩性を主張した。〔飯盛元章〕

マクベス、ダニエル
❖Danielle MACBETH　1952-

ハヴァフォード大学教授。専門は、言語哲学、心の哲学、形而上学、認識論、論理学の哲学。フレーゲの論理学の哲学の新解釈を提出した。著書に、『フレーゲの論理学』（二〇〇五）、『理性を実現する——真理と知ることの物語』（一四）。〔國領佳樹〕

ウェスト、コーネル
❖Cornel Ronald WEST　1953-

アメリカの哲学者・政治思想家。アメリカにおける人種問題を歴史学的分析を用いて論じる。十七歳でハーバード大学に進学し、ロバート・ノージック、スタンリー・キャベルに師事。プリンストン大学大学院にて哲学博士号を取得後、イエール大学の神学校、ハーバード大学、ハーバード神学校教授を歴任。二〇〇二年以降はプリンストン大学で教鞭をとり、アフリカン・アメリカン・スタディーズの教授。主要著書『民主主義の問題』（二〇〇四）では、現在のアメリカを帝国主義的なものと捉え、批判し、民主主義を取り戻すことを主張する。ジョン・デューイやリチャード・ローティに大きな影響を受けながら、個人を作り出す社会のあり方に関心を払った。著書に『人種の問題』（〇八）、『コーネル・ウェストが語るブラック・アメリカ』（インタビュー集、一五）など。映画『マトリックス』の出演者としても知られる。〔中澤瞳〕

サンデル、マイケル

❖Michael J. SANDEL 1953-

アメリカの政治哲学者。一九八八年、ハーバード大学政治学教授に就任。二〇〇二年から二〇〇五年まで、大統領生命倫理評議会の委員を務めた。コミュニタリアニズムの代表的な哲学者。著作には『自由主義と正義の限界』(一九八二)、『民主政の不満』(九六)、『公共哲学』(二〇〇五)、『完全な人間を目指さなくてもよい理由』(〇七)、『これからの「正義」の話をしよう』(〇九)、『それをお金で買いますか』(一二)などがある。ジョン・ロールズの『正義論』によって切り開かれた政治理論の分野では、ロールズらのリベラリズムとロバート・ノージックらのリバタリアニズムが対立していたが、サンデルの『リベラリズムと正義の限界』発表以降は、コミュニタリアニズムが注目を集めるようになった。リベラリズムとリバタリアニズムは、国家による再分配の可否に関して対立していたが、諸個人が分離・独立した主体であるという前提は共有していた。サンデルによれば、ロールズにおいては、「無知のベール」に覆われた「負荷なき自己」が、宗教的信念やコミュニティ感覚から独立して、特定の善に依拠せずに正義を選びとるのだとされた。しかしサンデルは、「負荷のかかった自己」同士の契約による正義の構想こそが、多元性の承認につながるのだとし、コミュニティへの同胞愛や個別的な善の議論が重要であるとした。

〔飯盛元章〕

ディディ゠ユベルマン、ジョルジュ

❖Georges DIDI-HUBERMAN 1953-

フランス、リヨン近郊のサン゠テティエンヌ生まれ。リヨン大学で美術史と哲学を学び、一九七四年に哲学で学士を取得。美術史に専攻を変えて一九七六年に修士を得たあと、パリの社会科学高等研究院で博士号取得。ルイ・マラン、ユベール・ダミッシュらのもとで美術史研究を行なう。演劇の世界にも深く関わり、国立ストラスブール劇場やコメディ・フランセーズなどで劇作助手を担当。一九九〇年、パリの社会科学高等研究員の助教授に就任。二〇〇〇年に発表した『時間の前で　美術史とイメージのアナクロニズム』ではパノフスキーを批判し、美術史の批判的考古学を試みている。

〔中澤瞳〕

ボルツ、ノルベルト

❖Norbert BOLZ 1953-

ルートヴィヒスハーフェン生まれ。マンハイム、ハイデルベルク、ベルリンで哲学、ドイツ文学、英文学、宗教学を学び、一九七七年、ベルリン自由大学で、解釈学と宗教学(ユダヤ神学)の講座教授であった宗教哲学者ヤーコプ・タウベスのもとで、『美的なものの歴史哲学——アドルノの「文学ノート」の解釈学的再構成』で博士号を取得。一九八八年『批判理論の系譜学——両大戦間の哲学的過激主義』で教授資格を獲得した。その後、メディア論へ転向し、九二年からエッセン大学コミュニケーション理論講座の教授。二〇〇二年、ベルリン工科大学教授に就任。ボルツは、『批判理論の系譜学』において、批判理論、とりわけアドルノの著作が生産的な思考を発展させることができないものであるとして糾弾する。同書では、アドルノ、ひいてはフランクフルト学派から袂を分かつために、アドルノの理論をハイデガー、ベンヤミン、シュミット、ルカーチといった同時代の思想家と比較検討し、批判理論に対する新たな見方――ボルツいわくハーバーマスとは対照的な見方――を提示している。〔中澤瞳〕

ロゴザンスキー、ヤコブ 1953-

❖Jacob ROGOZINSKI

ストラスブール大学教授。「カントにおける法の問題」で博士号取得、その後現象学へと向かい、二十世紀哲学を「自我殺し」として特徴づけて「我」を根本的に再建しようとする『我と肉』（二〇〇六）、アルトー論『生を癒やす』（一一）などの著作がある。〔本郷均〕

ワイルズ、アンドリュー・ジョン 1953

❖Andrew John WILES

プリンストン大学教授を経て、オックスフォード大学教授。数学者。一九九五年、三六〇年以上証明されなかった「フェルマーの最終定理（フェルマー予想）」（「3以上の自然数nについて、自然数x、y、zで$x^n+y^n=z^n$となるものはない」という定理）を証明した。〔本郷均〕

アンジェル、パスカル 1954-

❖Pascal ENGEL

フランス社会科学高等研究院（EHESS）教授。著書として、『真なるものの規範――論理学の哲学』（一九八九）、『デイヴィドソンと言語哲学』（九四）、『哲学と心理学』（九六）、『討論――分析哲学入門』（九七）、『真理がなんの役に立つのか？』（リチャード・ローティとの共著、二〇〇五）などがある。デイヴィドソンなどの著作の翻訳も手がけ、フランスにおける分析哲学普及の主導的な役割を果たしている。〔飯盛元章〕

シャヴィロ、スティーヴン 1954-

❖Steven SHAVIRO

ウェイン州立大学教授。著作には『ドゥーム・パトロール――ポストモダニズムについての理論的フィクション』（一九九七）、『基準なし――カント、ホワイトヘッド、ドゥルーズ、美学』（二〇〇九）、『ポスト映画的情動』（一〇）、『モノたちの宇宙――思弁的実在論とは何か』（一四）などがある。『モノたちの宇宙』では、ホワイトヘッドを思弁的実在論の観点から論じている。二〇一〇年に、グレアム・ハーマン、レヴィ・ブライアント、イアン・ボゴストらとともに、シンポジウム「オブジェクト指向存在論」を開催した。〔飯盛元章〕

テンゲイ、ラズロ

❖László TENGELYI 1954-2014

ドイツ・ヴッパタール大学元教授。ブダペスト生まれ。カントの倫理学をテーマとして博士号取得。その後、現象学の研究を精力的に推進していた。著書に『経験と表現』（二〇〇七）、『フランスにおける新しい現象学』（一二）、『世界と無限性』（一四）など。〔本郷均〕

ケペル、ジル

❖Gilles KEPEL 1955-

フランスの宗教社会学者。ヨーロッパの人々と、ヨーロッパに生きるイスラム系住民とのより良い共生の形を考察する。著作には、『宗教の復讐』（一九九二）、『ジハード——イスラム主義の発展と衰退』（二〇〇六）、『テロと殉教』（〇八）など。〔中澤瞳〕

ソーカル、アラン・デイヴィッド

❖Alan David SOKAL 1955-

ニューヨーク大学教授。物理学者。一九九六年、ポストモダン思想系の社会科学研究の学術雑誌『ソーシャルテキスト』に偽論文を投稿し、論文が掲載されたあとにその事実を公表した。のちに「ソーカル事件」と呼ばれるこの騒動は、数学・自然科学の用語をしっかり理解せずに乱用する人文社会科学系の研究に一石を投じた。著書に『知の欺瞞』（ジャン・ブリクモンとの共著）など。〔國領佳樹〕

バルバラス、ルノー

❖Renaud BARBARAS 1955-

フランスの哲学者、現象学者。パリ第一大学教授。大学における高度な研究の発展を促進する機関、フランス大学学院のメンバー。現代フランスを代表するメルロ＝ポンティ研究者の一人としても知られる。著作に『現象の存在について』や「超越論的現象学批判「本原的なものの二重化」などがある。〔中澤瞳〕

バトラー、ジュディス・パメラ

❖Judith Pamela BUTLER 1956-

アメリカ、オハイオ州クリーブランド生まれ。ヘーゲル研究者として出発し、一九八四年、イェール大学で博士号取得。その名を世界的に知らしめることとなったのは一九九〇年に刊行された『ジェンダー・トラブル』であろう。一般に、身体的な性差、性欲望、性役割には、「自然」で一貫した関係があると考えられている（つまり、女の身体をしていれば、男に対して性欲望をもつのが「自然」であり、女らしい振る舞いや行動をして「当然」であり、したがってそれ以外のものは不自然で変なものとされ、社会の周縁に置かれてしまう）。バトラーは、その一貫性を疑い、むしろ男女の二元化されたジェンダーがまずあって、それを当然のものとするために異性愛主義に基づく性欲望や身体的性差が必要とされてくると論じた。竹村和子は、この著作のフェミニズムにおける意義を、「女」というカテゴリーの本質性を生物学的性差にさかのぼって否定し、異性愛主義を徹底的に疑問に付し、ジェンダーをパフォーマティヴとみなしてアイデンティティの政治を退けたことの三点にあると指摘している。〔中澤瞳〕

フェラーリス、マウリツィオ

❖Maurizio FERRARIS　1956-

イタリアの哲学者。近代哲学の認識論の枠組みを批判し、カント由来の反実在論とも、従来の実在論とも異なる仕方で、新たな実在論である新実在論を構築することを試みる。〔中澤瞳〕

レヴィ、ピエール

❖Pierre LÉVY　1956-

北アフリカのチュニジア生まれ。ミシェル・セールの指導のもと、ソルボンヌ大学で科学史の修士号を取得。フランス国立社会科学研究院（EHESS）ではコルネリウス・カストリアディスの指導のもと、一九八三年に社会学の博士号を取得する。九一年にはグルノーブル大学で情報とコミュニケーションの化学の博士号を取得。九〇年以来、ミシェル・オティエらとデジタル機器により可能となる知へのアクセス方法を研究し、ネット空間における検索や、質問によって自動的再構成し、内容を豊かにしていく百科事典「コスモペディア」のためのソフト開発に着手。パリ第八大学教授就任を経て、カナダのオタワ大学で教鞭をとる。〔中澤瞳〕

ロドリック、ダニ

❖Dani RODRIK　1957-

トルコ出身の経済学者。『グローバリゼーションは行き過ぎか？』（一九九七）で注目される。『グローバリゼーション・パラドクス——世界経済の未来を決める三つの道』（二〇一一、邦訳一三）では、グローバル化、国家主権、民主主義が同時には成り立たないトリレンマを指摘し、グローバル化への制限の必要性を提言する。〔中澤瞳〕

オンフレ、ミシェル

❖Michel ONFRAY　1959-

フランスの哲学者。アルジャンタンに生まれ、カーン大学で哲学の博士号を取得する。その後、一九八三年からカーンの実業高校で教鞭をとるが、二〇〇二年に職を辞し、同じくカーンに市民大学を設立する。入学資格を必要としない自由な大学で、より幅広い層の人びとに対し哲学の教育が行なわれている。オンフレは、古代の哲学から現代思想、文学まで多岐にわたって論じ、政治や社会、宗教に関する問題にも積極的にかかわる（メディアの露出も多い）が、彼自身の思想を特徴づけるのは、なにより快楽主義（ヘドニズム）である。キュニコス派のディオゲネスやエピクロスをはじめとする古代ギリシアから、スピノザやニーチェ（さらに知られざる無数の思想家たち）などを経て現代までうけつがれる〈快の思想〉の系譜を、彼は一貫して重視し、その本来の意義〈身体を苦痛から解放すること〉を強調しながら、みずから辿りなおそうとする。そしてその思想に基づいて、学生の自発性をうながす自由な教育を実践し、ときに社会や宗教に対する過激な批判も行なう。著書は、主著とされる『反・哲学史』のシリーズをはじめ多数あるが、そのうち『哲学者の腹』（邦題『哲学者の食卓』）、『〈反〉哲学教科書』『怒れる炎の軌跡』（邦題『哲学者、怒りに炎上す。』）が邦訳されている。〔八幡恵一〕

マラブー、カトリーヌ　1959-

❖Catherine MALABOU

フランスの哲学者。アルジェリアで生まれ、独立戦争にともないフランス本国に移住。フォントネーの高等師範学校で学ぶ。一九九四年に哲学の博士号、二〇〇二年に哲学の教授資格を取得。国際哲学コレージュで教え、パリ第十大学の助教授を経て、イギリスのキングストン大学の近代ヨーロッパ哲学研究センターで教授を務める。マラブーは、ジャック・デリダのもとでヘーゲルに関する博士論文を書いており、その後もデリダの脱構築やエクリチュールの思想を批判的に継承し、ヘーゲルやハイデガーといったドイツ哲学も織り交ぜながら、独創的な研究を行なっている。そこで中心となるのは、「可塑性（プラスティシテ）」の概念である。マラブーは、博士論文である『ヘーゲルの未来』で、この「可塑性」を用いて、ヘーゲルやハイデガーの時間論を独自に解釈している。可塑性とは、いわば〈形を与えること〉と〈形を受けとること〉の両義性あるいは統一性であり、この概念をさまざまに変奏させ、主体の〈変形〉あるいは〈形成〉に焦点をあてながら、とりわけヘーゲルの弁証法の哲学を肯定的にとらえなおすこと、これがマラブーの出発点である。マラブーは、そこから脳や神経組織へと可塑性の理論を拡張し、ニューロサイエンスの分野に自身の「形（フォルム）」の思想——これはデリダの「痕跡（トラス）」の思想に対置される——を応用する。さらに、可塑性の概念がもつ社会的で政治的な意義も模索している。著書は、博士論文やハイデガーを主題とする教授資格論文のほか多数あり（近年では可塑性に加えジェンダーの問題を扱う著作も発表されている）、『ヘーゲルの未来』『私たちの脳をどうするか』が邦訳されている。〔八幡恵一〕

クリッチリー、サイモン　1960-

❖Simon CRITCHLEY

イギリス・エセックス大学教授。フランス・ニース大学で博士号を取り、一九九二年に『脱構築の倫理学　デリダとレヴィナス』として刊行。著書に、『ヨーロッパ大陸の哲学』（二〇〇一）、『哲学者たちの死に方』（〇八）などがある。〔本郷均〕

ハート、マイケル　1960-

❖Michael HARDT

アメリカのワシントンDC（メリーランド州ベセスダ）生まれ。哲学、文学理論研究者。ワシントン大学で比較文学を修めた後、フランスに留学。パリ第八大学でアントニオ・ネグリに師事した。ネグリ（スピノザやマルクスの研究で知られるイタリアの哲学者。一九六〇年代のイタリアの労働運動「ポテーレ・オペライオ」の理論的指導者で、八〇年代前半には投獄され、釈放された一九八三年以後はフランスへと亡命した）のもとでハートは政治哲学を学び、二〇〇〇年に、ネグリとの共著『〈帝国〉 グローバル化の世界秩序とマルチチュードの可能性』を出版。この著作でハートはネグリとともに、グローバル時代においては、これまでの主権の担い手と考えられていた国民国家に代わって、グローバルな主権が登場しているとし、新しい主権を「帝国」と名づける一方で、この帝国に抗うありとあらゆる人々をマルチチュードと名づけ、分析を行なった。〔中澤瞳〕

ミサック、シェリル

❖Cheryl MISAK 1961-

トロント大学教授。専門は、プラグマティズム、分析哲学の歴史、医療の哲学、政治哲学。著書に、『検証主義――その歴史と展望』（一九九五）、『真理、政治、道徳』（二〇〇〇）、『アメリカのプラグマティスト』（一三）、『ケンブリッジ・プラグマティズム――パースとジェームスからラムジーとウィトゲンシュタインへ』（一六）など。〔國領佳樹〕

ドゥプラズ、ナタリー

❖Natalie DEPRAZ 1964-

ルーアン大学教授。フッサールと現象学の研究者。現象学（主観性）をグノーシス主義（霊性）と認知科学（ヴァレラとの共同研究）（科学的客観性）に接続し、経験の限界と限界を超えるもの（他者性）を探究している。近年は、フッサールにおける「注意」論に依拠しつつ、現代の情報化社会における問題に対して、「注意と用心」の倫理を提唱している。邦訳文献に、「肉的感覚の超越論性――伝播性の仮説」「現象学的形而上学を求めて ミシェル・アンリとマイスター・エックハルト」「認知科学とグノーシス的形而上学の試練を受けて――超越論的経験論としての現象学の実践的転回」など。〔伊藤泰雄〕

プラデル、ドミニク

❖Dominique PRADELLE 1964-

パリ第四（ソルボンヌ）大学教授、二〇〇三年よりパリ・フッサール・アルヒーフ所長を務める。フッサール、ハイデガーの現象学、カント周辺のドイツ哲学、さらに数学の哲学にも詳しい。著作『世界のアルケオロジー』（二〇〇〇）、『コペルニクス的展開の彼方』（一二）、『理性の系譜学』（一三）などの他、ハイデガー、フッサールの仏訳がある。〔本郷均〕

ブラシエ、レイ

❖Ray BRASSIER　1965-

ベイルート・アメリカン大学哲学科教授。著作には『解き放たれた虚無——啓蒙と絶滅』(二〇〇七)がある。また、アラン・バディウやジャン゠リュック・ナンシー、カンタン・メイヤスーの著作の英訳を手がけている。ブラシエがグレアム・ハーマンにメイヤスーの『有限性の後で』を紹介したことがきっかけとなり、二〇〇七年にワークショップ「思弁的実在論」が開催された。

〔飯盛元章〕

ロンボルグ、ビョルン

❖Bjørn LOMBORG　1965-

デンマークの政治経済学者。『環境危機をあおってはいけない——地球環境のホントの実態』(二〇〇一)で、これまでの環境保護論が誇張されていることを指摘し、論争を引き起こした。著書に、『五〇〇億ドルでできること』(〇六)、『地球と一緒に頭も冷やせ！温暖化問題を問い直す』(〇七)など。

〔中澤瞳〕

カタン、エマニュエル

❖Emmanuel CATTIN　1966-

パリ第四(ソルボンヌ)大学教授。エマニュエル・レヴィナス・センターディレクターを務める。ドイツ観念論、ハイデガー、宗教哲学を専門とする。著書に、シェリング論である『形而上学の変様』(二〇〇一)、『哲学する決意』(〇五)、『単純性の方へ。ヘーゲルの現象学』(一〇)、『放下　エックハルト、シェリング、ハイデガー』(一二)など。

〔本郷均〕

ザハヴィ、ダン

❖Dan ZAHAVI　1967-

コペンハーゲン大学教授、主観性研究センターディレクター。フッサールを従来の定型的な解釈から解放した新たな読み直しと、主観性や自己性の問題などについて多くの可能性を開拓している。著書に、『志向性と構成』(一九九二)、『フッサールと超越論的間主観性』(九六)、『フッサールの現象学』(一九九七、二〇〇一)、『自己意識と他性』(九九)、『現象学的な心』(ギャラガーとの共著、〇八)などがある。

〔本郷均〕

セバー、フランソワ゠ダヴィド

❖François-David SEBBAH　1967-

パリ第十(ナンテール)大学教授。デリダ、レヴィナスを中心として現象学の研究を進めている。著書として、『限界の試練』(二〇〇一)、技術論『テクノサイエンスとは何か』(一〇)などがある。

〔本郷均〕

チャーマーズ、デイヴィッド・ジョン 1966-

❖David John CHALMERS

オーストラリア出身の哲学者。アデレード大学で数学とコンピューター科学を学ぶ。一九八二年、国際数学オリンピックで銅メダルを獲得。ローズ奨学金を受け、オックスフォード大学数学科に留学するが、その後はインディアナ大学に移り、哲学と認知科学の学位を取得。カリフォルニア大学サンタクルーズ校の哲学教授を経て、現在アリゾナ大学の哲学教授。著作には、『意識する心』(一九九六)、『意識の性格』(二〇一〇)、『世界をつくる』(一二)などがある。心の哲学、認知科学を専門とする。チャーマーズが中心的に扱うテーマは、意識とは何かという問題である。〔飯盛元章〕

メイヤスー、クァンタン〔カンタン〕 1967-

❖Quentin MEILLASSOUX

フランスの哲学者。パリ第一大学哲学科准教授。著作には『有限性の後で』(二〇〇六)、『数とセイレーン』(一一)、『形而上学とサイエンス外世界のフィクション』(一三)がある。『有限性の後で』の序文は、学生時代の指導教官であったアラン・バディウが執筆している。この著作がきっかけとなり、二〇〇七年にロンドンのゴールドスミス・カレッジにて、グレアム・ハーマン、レイ・ブラシエ、イアン・ハミルトン・グラントらとワークショップ「思弁的実在論」を開催。メイヤスーは、われわれが接近できるのは思考と事物の相関関係だけであるとする「相関主義」に対して、認識から独立した絶対的なものとして「事実性」を提示する。世界の根底的な偶然性を主張し、そこから自然法則の変化の可能性を指摘する。〔飯盛元章〕

ロマーノ、クロード 1967-

❖Claude ROMANO

パリ第四(ソルボンヌ)大学准教授。ハイデガーの影響を受けつつ、「出来事」を思索の主題として、「出来事の解釈学」を遂行する。『出来事と世界』(一九九八)、『出来事と時間』(九九)、『ある』(二〇〇三)、フォークナー論『生の歌　フォークナーの現象学』(〇五)、『色について』(一〇)、そして大著『理性の核心において、現象学』(一〇)などがある。一九九九年には小説『光』も発表している。〔本郷均〕

グラント、イアン・ハミルトン 1968-

❖Iain Hamilton GRANT

西イングランド大学ブリストル校上級講師。著作には『シェリング以後の自然哲学』(二〇〇六)、『観念論——哲学の歴史』(ジェレミー・ダナムらとの共著、一一)などがある。また、ボードリヤールやリオタールの著作の英訳を手がけている。二〇〇七年にロンドンのゴールドスミス・カレッジで、カンタン・メイヤスー、グレアム・ハーマン、レイ・ブラシエらとともにワークショップ「思弁的実在論」を開催した。〔飯盛元章〕

ハーマン、グレアム

❖Graham HARMAN　1968-

南カルフォルニア建築大学特別教授。『道具存在』(二〇〇二)、『ゲリラ形而上学』(〇五)、『思弁的実在論にむけて』(一〇)、『四方対象』(一一)、『カンタン・メイヤスー』(一一)、『実在論の興隆』(マヌエル・デランダとの共著、一七)などの著作がある。レヴィナスの英訳などで知られるアルフォンソ・リンギスのもとで修士号を取得。ハイデガー研究から出発し、「オブジェクト指向哲学」という独自の哲学的立場を展開。ハーマンによれば、哲学は日常的な対象(オブジェクト)を、なんらかの根源へと還元する試みとして始まった。彼は、こうしたタイプの哲学を「下方解体」(undermining)の哲学と呼んで批判する。下方解体の哲学は、オブジェクトを取るに足りないものとみなし、それを成り立たせている根源によってすべてを説明してしまうのである。他方で、オブジェクトをその性質や関係性に還元してしまう哲学は、「上方解体」(overmining)の哲学と呼ばれる。上方解体の哲学は、オブジェクトそのものを無用の長物とし、それに由来するはずの性質や関係性だけですべてを説明してしまうのだ。ハーマンは、こうした下方解体・上方解体の哲学に対抗して、オブジェクトそのものを哲学の中心に据えた、オブジェクト指向の哲学を構築する。この哲学において、個体的な統一性をもつものはどんなものであれ、オブジェクトとして扱われる。人間も、軍隊も、サルも、腎臓も、ハンマーも、ダイヤもすべてがみな等しくオブジェクトであるとされる。それらは、外側からは汲みつくしえない、個体としての深みを有しているために、直接的に関係することはできず、ただ感性的な媒介(感覚的オブジェクトと呼ばれる)を通して間接的にのみ関係しあうことになる。オブジェクト指向哲学には、一方でハイデガーからの影響として、現前からの退隠(withdrawal, Entzug)という要素が、また他方でホワイトヘッドやラトゥールからの影響として、脱人間中心主義という要素が取り入れられている。二〇〇七年には、ロンドンのゴールドスミス・カレッジにおいて、カンタン・メイヤスー、レイ・ブラシエ、イアン・ハミルトン・グラントらとともにワークショップ「思弁的実在論」を開催し、話題を呼んだ。

〔飯盛元章〕

ブノワ、ジョスラン

❖Jocelyn BENOIST　1968-

パリ第一大学教授。著作には『フッサールをめぐって——自我と理性』(一九九四)、『対象なき表象——現象学と分析哲学の起源』(二〇〇一)、『実在論哲学の諸要素』(一一)、『実在的なもののありか』(一七)などがある。フッサール現象学の研究者。現象学だけにとどまらず、分析哲学、形而上学も研究対象としている。

〔飯盛元章〕

ピケティ、トマ

❖Thomas PIKETTY　1971-

フランスの経済学者。クリシーに生まれ、一九八七年にパリ高等師範学校へ入学、数学や経済学を学ぶ。二十二歳で社会科学高等研究院（および共同プログラムでロンドン経済学校）に博士論文を提出、経済学の博士号を取得する。一九九三年にマサチューセッツ工科大学の助教授、一九九五年に国立科学研究センターの研究員となり、二〇〇〇年から社会科学高等研究院の研究ディレクター、二〇〇七年よりみずからも設立に関与したパリ経済学校の教授に就任する。富の分配や所得格差など、経済的な不平等についての研究で知られ、ヨーロッパやアメリカで所得の格差や不平等がどのように推移したかを、統計的なデータをもとに明らかにしている。それによれば、戦後に縮小していた経済的な格差は、近年になってとりわけ富裕国で拡大傾向にあり、しかもそれは、資本主義や資産の世襲相続をはじめ、富の蓄積と集中をうながす近代の社会的・経済的なシステムそのものに由来しており、そのためピケティは、格差社会を是正するには、データに基づく経済的な分析が必要であると主張する。さらに彼は、二十一世紀では国家という枠組みが曖昧になり、従来のように国家が単一で主導する政策が困難となるため、「グローバル富裕税」の導入や、世界的な規模で行なう資産の再分配を唱える。ピケティの業績は、狭義の経済学を超えて各方面で大きな反響を呼び、とくに税制や社会保障の制度を論じるさいの重要な参照点となっている。著作としては、『不平等の経済学』『二十世紀フランスにおける高所得』のほか、共著や論文も多数あり、近年の代表作である『二十一世紀の資本』『ヨーロッパは救えるか』（邦題『トマ・ピケティの新・資本論』）が邦訳されている。

［八幡恵一］

ボストロム、ニック

❖Nick BOSTROM　1973-

スウェーデンの哲学者。物理学、人工知能、数理論理学、哲学の知見を背景に、オックスフォード大学で教鞭をとる。人間の能力増強を擁護するトランスヒューマニズムを提唱する。世界トランスヒューマニスト協会（Humanity+）を創設。著作としては、『ヒューマン・エンハンスメント』（二〇〇九）などがある。

［中澤瞳］

ガブリエル、マルクス

❖Markus GABRIEL　1980-

ボン大学教授。著作には『神話における人間』（二〇〇六）、『神話・狂気・哄笑——ドイツ観念論における主体性』（スラヴォイ・ジジェクとの共著、〇九）、『なぜ世界は存在しないのか』（一三）、『意義領野——新実在論的存在論』（一五）などがある。また、マウリツィオ・フェラーリスらが参加している論文集『新実在論』（一四）の編著者となっている。ガブリエルは、後期シェリングに関する研究から出発し、「新実在論」という自らの哲学的立場を打ち出している。彼の言う新実在論に従えば、伝統的な実在論が認める事物そのものも、また反実在論が認めるわたしたちの観点に依存した対象も、世界のうちに存在するものとしてともに認められることになる。

他方で、そうしたさまざまな存在するものが現われることを可能にしている世界そのもののほうは、存在しないのだとされる。世界そのものは、意味をもち規定された事物だけを残して、わたしたちの干渉のとどかないところへと退隠してしまうのである。

〔飯盛元章〕

結び目から見えてくるもの

本書『メルロ＝ポンティ哲学者事典』別巻には二〇の《肖像》が掲げられている。描かれた人物の顔触れをみると、哲学だけでなく、言語学、人類学、精神分析学、歴史学、社会学といった領域で仕事をした「外部」の哲学者たち[01]が多く含まれている。彼らの仕事は多様であり、関心は多岐にわたる。しかし《肖像》を通覧してゆくと、彼らの仕事や関心が出合い、交錯して、そこに共通の関心事が結び目のように現われる。例を挙げれば、「他者」「現象学」「構造」「社会主義」「民族」「ユダヤ」「ナチズム」「ナンテール」「メルロ＝ポンティ」……といった結び目である。読者の関心に従って、他に様々な結び目を発見することが可能であろう。そうした結び目はそれ自体が自ずから相互に連関し、ネットワークを形成してゆく。例えば「他者」は「民族」に、「民族」は「構造」に、「構造」は「他者」に、それぞれ結合し、それらの結合はさらに「ユダヤ」や「ナチズム」に、さらに「社会主義」に、あるいは「ナンテール」などにつながってゆく。どのような結び目から見てゆくかに従って、さまざまな仕方で《肖像》を観賞することが可能であろう。ここでは、そうした《肖像》鑑賞の一つの試みとして、「言語」という結び目をとりあげてみたいと思う。すべての《肖像》が「言語」で結びつくわけではないが、「言語」が多様な関心の交錯する結び目であり、発見に満ちた結び目であることが期待されるからである。

✣ソシュールと言語学的アンチレイシズム

《ソシュール》で関心を惹かれたのは、ソシュールがドイツとフランスで言語学を研究し、コレージュ・ド・フランスの教授職を約束されながらも、それを断ってスイスの大学に戻ったという話である。どういうことなのか。《ソシュール》によると、ソシュールが受容した当時の言語学の内容と言語学が果たした社会的な役割が、その理由に関わっているという。当時の言語学の主流は、通時言語学、つまり、各国語の祖語をまず発掘し、そこから各言語の歴史的変化を追究しようとする言語学である。そして、これに加えて、「祖語はそこから派生した言語より「完全」で「豊か」で「優美」であるという発想[02]があり、祖語に近い言語を話す民族が優れた民族だという差別的思想が、ドイツ人を源流として流布していた。だから通時言語学は、内容的に民族の優劣意識を学問的に基礎づける枠割を担っていたのである。フランス語を母語とするスイス人であるソシュールは、ドイツ留学時代、「ドイツ人の無根拠な優越感」を背景に論文の盗用を疑われたことがあった。「共時的現象を通時的現象にすり替えてきた言語学が、そのすり替えを利用して生み出し続けてきたのが複数の言語の優劣であり、それを語る民族、国民、そして国家の優劣だったとすれば、フランス語を母語としながらジュネーヴに生まれたソシュールには居場所がない」。言語の「通時態と共時態の断絶」を自覚するにいたったソシュールは、言語学という学問領域そのものに「居場所がない」と感じるにいたり、コレージュ・ド・フランス教授就任の条件として要求された「フランス国籍取得」の問題も重なって、フランスを離れることになったという。

《ソシュール》によれば、「「名詞」という共通性だけで」結ばれる「連合関係」こそが、「肯定的辞項なき差異」の領域をなしており、「これが『一般言語学』講義の最終的な到達点だった」。「肯定的事項なき差異」の言語学は、それぞれの言語が対等の共時的平面で働く共時言語学であり、民族の優劣に根拠を与える、当時主流であった通時言語学とは根本的に異なっている。つまり、共時言語学をソシュールが見出したということは、民族的差別への言語学的抵抗を意味していたと考えることもできそうである。

✣レヴィ＝ストロースの音韻論的スキーム

共時言語学と民族的（人種的）偏見という視点に立つと、《レヴィ＝ストロース》が重なって見えてくる。レヴィ＝ストロースは若い頃から「独自のカント哲学の読解」を行なっており、すでに『親族の基本構造』において、カント的な発想に基づくと考えうる思考過程が現われていたが、「構造主義のマニフェスト」とされる論文集『構造人類学』において、明確に、「先験的図式」を使って「現象」と「カテゴリー」とを媒介する考え方が示されている。つまり、レヴィ＝ストロースは、『純粋理性批判』における「先験的図式」の発想を使って、「人類学が対象としてきた「他者の思考」をとらえようとした」わけである。ところで、他方、この論文集に収められた「呪術と宗教」には、ソシュールの共時的言語論における音韻論の発想が導入されているということも指摘されている。「音韻構造はまさに音と意味、感性と知性を媒介する」。カントの先験的図式からソシュールの音韻構造に現象を理解するための図式が変化し、それに沿って図式の適用対象が、親族体系から神話体系に変化しているという重要な指摘である。ここで一つ疑問が生ずる。それは、カント的な先験的図式から差異に基づくソシュールの音韻論へと図式が変化したところに、何か根本的な変化があったのではないかという疑問である。たしかに、「実践の基底にある種の集合論的なシンプルなスキームを見出す」というレヴィ＝ストロースの当初からの思考法は一貫しているが、音韻論の発見と導入によって、スキーム自体の内容が変化している。

カントの先験的図式は、具体的には時間を意味しており、規定的判断力おいてはたらく。[03] 規定的判断力とは、普遍（規則、原理、法則）が与えられていることを前提に、時間を媒介として、その普遍の下に特殊（現象）を規定し、経験を構成する判断力である。これに対して、音韻論における差異は、先験的に与えられる普遍ではなく、むしろ経験において見出され、経験理解に調和するものとして、現われてくるものである。その意味で、音韻論おける差異は、『判断力批判』において見出される反省的判断力のほうにむしろ近いのではないか。反省的判断力とは、与えられた特殊に対して、その特殊に調和する普遍を見出さなければならない場合に統制的に働く判断力であり、カントによれば、「概念なくして、普遍的満足を与える」判断力である。例えば、庭に咲く薔薇を見て、薔薇って美しいよね、という仕方で他者に普遍的同意を求めたくなるような判断である。先験的図式によって裏打ちされる規定的判断力は、主観と客観の二項対立を前提として主観の側に先験性を認める主観的形相論の立場に立つものであり、近代哲学的認識論の枠組みに収まるものであるのに対して、反省的判断力は経験に調和する概念を客観の側に意味を求めようとするものであり、受動性の発想を含んでいる。レヴィ＝ストロースが神話の体系に見出した構造も、先験的に存在して現象を規定する図式というよりも、現象において見出され、現象を統制する仕方で現われる反省的図式と見ることができるのではないだろうか。もしそうであるならば、レヴィ＝ストロースがその神話研究において音韻論における差異の原理を採用したことは、レヴィ＝ストロースにおける他者理解の仕方に深い意味をもつことになるのではないだろうか。《ソシュール》に沿って見たように、差異の原理に立つ共時的音韻論は民族差別への抵抗を意味していたのであるとすれば、レヴィ＝ストロースは、共時的音韻論をスキームとすることによって、単に調査実践においてだけでなく、「実践の基底」において、「他者の思考」に近づくことになったのではないだろうか。

✣ラカンとリクールのコミュニケーション言語

他者理解とソシュールの音韻論という話でいうと、《ラカン》が浮かび上がる。ラカンは精神分析医として、患者の無意識の欲望を知ることを目指して、言語の共時性に注目し、「シニフィアン連鎖」を構想した。ラカンは共時的言語の発見をバンヴェニストから得たとされるが、もとを辿れば、ソシュールが「肯定的辞項なき差異」の領域として示した語の「連合関係」にゆきつくだろう。つまり、連合関係を通じて無数に分岐するシニフィアンは、そうした無数の分岐から成る巨大な網状構造を形成すると考えられる。ラカンは、その構造に基づいて生起する連鎖を、「シニフィアン連鎖」と名づけたのである。患者がその欲望に沿って発するシニフィアンは、シニフィアン連鎖を介して、さまざまなシニフィアンとして表現される。精神科医は、シニフィアン連鎖を逆にたどることによって、患者の「言わんとすること」を聴取し、欲望を解釈するわけである。

言語を語る主体の欲望という点から言語をみると、《リクール》も目に入ってくる。リクールは「語り」としての言語を強調して「言述」と言い、「誰かが何かについて何かを誰かに言うこと」としての側面を強調する。しかし言述の「言われたこと」としての側面はもちろん残るのであり、「言うこと」としての言述は消えてゆくのに対して、「言われたこと」はやがて「テクスト」となって生き残り、「第二次の指示作用」の担い手となるとされる。

✣ベンヤミンの「名づける言語」

《ソシュール》から出発して、《レヴィ＝ストロース》《ラカン》《リクール》と「言語」をたどってきたわけであるが、これらの《肖像》において発見された言語は、他者との広い意味でのコミュニケーションに関わる言語と言ってよいであろう。これに対して、コミュニケーションには還元されないものとして言語をとらえるベンヤミンの「名づける言語」というものも興味深い。《ベンヤミン》によれば、「名づける」という行為における言語は、「異質で共約不可能なものたちのあいだで呼び交わされる言葉として、つねに新たに生まれている」創造的言語である。新生児に親が固有名を与えることによって、この誕生を世界の出来事として証し立てるのであり、親と子とが共に生きる世界が開かれる。言葉は異質で共訳不可能なものに対する驚きへの応答であり、「みずからにおいて自己を伝える」媒体である。

ベンヤミンの「名づける言語」という考え方は、メルロ＝ポンティが『知覚の現象学』の言語論で示した「語る言葉」に接続するように思われる。既成の意味を表現する「語られた言葉」の場合は、語と意味との間に外面的指示関係が成立するが、「世界－において／へと－ある」身体が、「生まれつつある状態」の「無言の経験」を語ろうとする「語る言葉」においては、言葉自体が「思惟の身体」となり、語が意味そのものとして現われるのである。

✣ウィトゲンシュタイン、クワイン、デイヴィドソンの言語分析論

これまで見てきた《肖像》において語られた言語観は大なり小なり言語に積極的意味を認め、その側面を探求してきたと言えるであろう。言語においてこそ何かが真に経験されるとするベンヤミンの言語観は際立った仕方でその側面をとらえている。こうした言語観に対して、いや、言語はわれわれの思考を「邪魔」してくるのであり、「邪魔者である言語によりだまされる知性を正気に戻さなければならない」と主張するのが、ウィトゲンシュタインである。今度はこうした言語観に目を転じてみよう。ウィトゲンシュタインのような考え方を徹底してゆけば、言語から意味を切り離そうとする考え方が出てくるであろう。ウィトゲンシュタインは『論理哲学論考』において、語とそれが示す事物との間に必然的関係を認め、意味の実在性を認めていた。しかし、思考が言語によって邪魔されるのは、言語に意味という厄介なものを結合するからであって、言語を無意味な記号として、数式のように、形式的に扱うことができれば、問題は生じないと考えることもできる。こうした発想は《クワイン》で描かれた「ホーリズムの言語観」につながるであろう。「ホーリズムによれば、ことばを「理解する」ことは、そのことばの「意味を知る」ことではない」とされる。

クワインの助手を務め、クワインの発想を行為論において展開したと見られるデイヴィドソンの《肖像》を見ると、デイヴィドソンの場合は、意味を排除するというよりは、言葉の意味を判明化することで哲学の問題に答えるという、言語分析本来の立場に戻る方向に向かったように思われる。すなわち、彼は、ある特定の行為について、何かしらの欲求と信念がその行為を引き起こす場合があることは認め、その限りでは、欲求と信念が一般に行為の原因である場合があることを認めるが、その場合、適切な欲求と信念が行為をひき起こす場合とそうでない場合とを、事実として、区別することによって、行為の「理由」という概念の意味をはっきりさせた。これは確かに分析哲学の一つの成果と言えるであろう。デイヴィドソンは、この分析を踏まえて「非法則的一元論」を提唱した。これは、「ある種の物的一元論」として、行為における因果性を認めつつ、同時に、行為の特定の原因と結果との結合における非決定性も確保する考え方であり、「心の自由(自律性)を確保する」ことによって、近代哲学の難問であった心身問題に一つの答えを示すものである。

✣形而上学的ナンセンスと日常的知覚をつなぐ「倫理」

言語分析によって命題の意味をクリアにし、思考をクリアにすることができる。その意味で、確かに言語分析に有効性を認めることができるであろう。しかし、『論理哲学論考』におけるウィトゲンシュタインのように、「すべての哲学は「言語批判」である」と

言い切ってしまうことに対しては、とりあえず違和感が感じられる。まして、言語批判の果てに、「自然科学の命題」だけを語ることが哲学の「ただひとつの厳密に正しい方法」だということになると、もともと哲学に何を求めているのかという話になるであろう。この点についてメルロ＝ポンティは、次のように述べていた。

「論理実証主義の主張に従って、一義的な意味を示さない用語をすべて哲学から排除してみよう。その場合、この排除粛清は、ほかのすべての粛清と同様に、難局をまねくことにならないだろうか。一義的意味で作られた一見明晰な領域をひとまず整えたとしても、周囲一面に存在する問題提起にふたたび誘い込まれてしまうはめにならないだろうか。正確にいうと、精神の透明な領域とだんだん不透明になってゆく経験の領域とが対照をなすということ、つまり、意味に対して無意味が圧力を加えてくるということによって、論理実証主義は明晰なものと曖昧なものとを区別する基準を考え直すように迫られるのではないだろうか。そうした歩みこそ、プラトンが語っていたように、哲学の歩みそのものだったのではないだろうか」(「実存と弁証法」、『メルロ＝ポンティ哲学者事典』第三巻所収)。

《ウィトゲンシュタイン》で指摘されているように、ウィトゲンシュタインは、無論こうした事態を承知したうえで、「すべての哲学は「言語批判」である」と言っているのである。哲学が「知識」を求めるのであれば、メルロ＝ポンティの言う「精神の透明な領域」を確定し、そこから哲学は出るべきではない、というのがウィトゲンシュタインの主張である。メルロ＝ポンティの言う「だんだん不透明になってゆく経験の領域」に踏み込むのは、「人間の精神にひそむ傾向」として「敬意」を払うべきであるが、それは「有意義な言語」の「限界」に逆らい、「限界」を超えるという意味で「ナンセンス」(無意義)なことだ、というのがウィトゲンシュタインの「言わんとすること」なのだ。《ウィトゲンシュタイン》によれば、「これこそ、ウィトゲンシュタインが、凡百の分析哲学者(とくに「論理実証主義者」)とは異なるところだ」ということである。

哲学は、ナンセンスを避け、「考えることのできる境界を定めると同時に、考えることのできないものの境界を定めること」が哲学の仕事であるとするウィトゲンシュタインの発想は、純粋理性批判に基づくカントの形而上学批判の姿勢に重なるように思われる。この点は研究者によって指摘されていることだろう。与えられた「感覚の多様」を悟性が秩序づけ統一することによって対象の認識が成立すると考えるカントは、悟性の統一機能を支える根本概念を「カテゴリー」(ウィトゲンシュタイン流に言えば、「有意義な言語の限界を確定する」もの)と呼び、そもそもカテゴリーはいかにして対象と関係することができるのかということを問題にした。[04] カント自身、この問題には「非常に多くの難しさが伴う」と言い、この問題を論じた「概念の分析論」を『純粋理性批判』第二版において大きく書き改めている。ここで詳細を論じることはできないが、いずれにせよ、「有意義な言語の限界」とその外部との境界を確定することは、たやすいことではないであろう。

こうして見ると、メルロ＝ポンティとウィトゲンシュタインは、その哲学観を異にしているように思われるのだが、しかし、面白いことに、ウィトゲンシュタインは、晩年、『哲学探究』第二部（一九四八）で、メルロ＝ポンティと同調するかのように、ゲシュタルト心理学に関心を寄せている。これは、形而上学の言葉を「その形而上学的用法から、ふたたび日常的な用法へと連れ戻す」という、『哲学探究』第一部において語られた姿勢の延長線上にあるように思われる。ウィトゲンシュタインは、形而上学の言葉を語るのを拒否する初期の姿勢から、形而上学の言葉を日常的用法へと連れ戻すことで形而上学的問題を解消する姿勢へと転じた。日常的な言語の用法には、それに対応する知覚世界の構造（「アスペクト知覚」）が対応しているということを認めたのである。そして、その知覚世界の構造をウィトゲンシュタインに提示したのが、ゲシュタルト構造であろう。そうだとすれば、その考え方は、メルロ＝ポンティとそれほど違わないであろう。言語が現実界の構造を「写している」という意味では、『哲学探究』の哲学が「前期と地続き」であると見ることもできるかもしれないが、そもそも現実界を知覚世界と見、知覚世界の構造が一義的に決定される科学的世界の構造とは異なるということを認めた点で、根本的な変化があると見ることもできるのではないだろうか。

ウィトゲンシュタインとメルロ＝ポンティの考え方が重なるという話に関連してもうひとつ、「倫理」に関するジャンケレヴィッチの思索が両哲学者の間をつないでくれるように思われる。《ジャンケレヴィッチ》によると、「倫理」はウィトゲンシュタインにとってのみならずジャンケレヴィッチにとっても「語りえないもの」であった。ジャンケレヴィッチにとって、倫理は、それについて語るべきものでなく、「英雄的行為」であり、「誰かを「存在させること」」としての「創造的贈与」である。この「英雄的行為」という言葉は、メルロ＝ポンティが『知覚の現象学』の末尾に引いた、「君は君の行為そのもののうちに宿っている」というサン＝テグジュペリの言葉に接続する。メルロ＝ポンティによれば、世界との関係を最後まで行為において生き抜くのは英雄であり、哲学は英雄になり代わって語ることはできないし、語るべきでもない。哲学は、世界を絶えず新たな仕方で発見し、自由な行為を促す方法にとどまるのである。ウィトゲンシュタインとメルロ＝ポンティは、言語に対する考え方は異なるものの、いずれも、「倫理」という領域が単なる言葉の領域（「ベルクソンが嫌った「口達者な人」」）にでなく、行為の領域に属すると考える点で通ずるものがあると言えるであろう。

✣デリダとナンシーの脱構築的センセーション

言語に一義的な意味を求める実証主義的言語論に対して、「差延」の論理に依拠し、「差延」の「痕跡」を「みずからの言語活動に組み込むことで、語りえないもの、読みえないものをそのつど新たに読解せしめるような言語を紡ぎ出すこと」を目指したデリダの哲学は、「語りえないものについては沈黙しなければならない」とする論理実証主義的な言語観を、根底から突き崩すように思われる。《デリダ》によれば、哲学者「デリダ」を成立させた動機の一つとして、「アルジェリア社会、ユダヤ思想の伝統、フランス共和国という三つの共同体から距離を取ることを」強いられるという事情があり、そこからデリダは「自己固有の言語」すなわちフランス語、さらには「言語一般に対する暴力を言語化する」に至った。デリダのこうした事情は、「通時態と共時態の断絶」を自覚したソシュールの話を想起させる。ソシュールはフランス語に暴力を加えたわけではないが、先に見たように、言語学から距離を取らざるをえなかったという事情が、「肯定的辞項なき差異」という「『一般言語学』講義の最終的な到達点」へといたる道程の背景にあった。《デリダ》には紹介されていなかったが、デリダは「差延」と題された論文において、『一般言語学講義』の一文を引用し、「差延」の原点が、「言語の本質は差異である」というソシュールの命題におかれていることを明らかにしている。[05] そう考えると、ソシュールとデリダが展開した差異の論理は、単に学問上の「発見」であるだけでなく、ソシュールとデリダに共通する背景のもとで生まれてきたようにも思われてくる。それは単に、言語に対する距離の取り方という問題にとどまらず、なにかもっと大きな背景であるのかもしれない。

そういう意味で、「脱構築」に関する《ナンシー》の議論は興味深い。ジャン＝リュック・ナンシーは、「差延」の論理に基づいて展開されたデリダの「脱構築」の背景はもともとキリスト教に潜んでいたと考えている。「脱構築」の論理は、「従来の西洋思想を内側から問い直す運動」であり、そうした意味での「脱構築」の背後に、キリスト教をキリスト教たらしめている「サンス」すなわち「意味＝方向」という問題が控えているという。キリスト教における、「人間のうちへの神の移行（受肉）から人間への神の現前（キリスト再臨）への流れ」、この流れこそが「サンス（意味＝方向）」であり、「意味作用に関する意味と方向指示に関する意味」という、二重の意味での「サンス」によって「脱構築」は可能なのである。したがって、「脱構築」は「サンス」としてのキリスト教にもともと潜んでいたのであり、つきつめれば、「脱構築」はキリスト教の「自己脱構築」であるというのが、ナンシーの考えである。

✣哲学者的なるものをめぐって

「言語」という結び目をたどりながらいくつかの《肖像》を観賞してきたが、ここまでのところで触れることのなかった《肖像》が多く残っている。こうした《肖像》に言及するには、他の結び目を見る必要があるだろう。例えば、「六十八年」や「ナンテール」という結び目から見てゆくと、そこに《アルチュセール》《リオタール》《ドゥルーズ》《フーコー》《ハーバーマス》《ブルデュー》《ヴィリリオ》といった《肖像》が連結し、《リクール》《ジャンケレヴィッチ》の《肖像》も、「言語」から見たのとは別の姿で現われてくる。同じ「六十八年」でも、それぞれの《肖像》に描かれた哲学者たちのかかわり方の違いが垣間見えるはずである。《レヴィナス》は当然ながら「他者」という結び目の重要な視点を提供し、冒頭で述べたように、他の多くの《肖像》へと接続してゆく。

さまざまな哲学者がいて、さまざま哲学が語られてきた。未来の哲学者はどのような哲学を語ることになるのだろうか。人間が、自分を、存在に対して、どう位置づけるのかという問いを追い続ける限り、哲学はどこにでも「我が家」を見つけるだろう、とメルロ＝ポンティは述べていた。メルロ＝ポンティが哲学者と哲学の未来について語った文章を掲げて、《肖像》鑑賞をひとまず終えることにしよう。

「困難な条件のもとで意欲をうしなう哲学者がでてきてしまうかもしれないが、別の哲学者が現われて、彼らを哲学に呼び戻すにちがいない。みずからへの疑心暗鬼に押しつぶされてしまったり、世界がみずからを実験材料にして自滅するようなことがあれば話は別だが、そうでないかぎり、われわれは、自然と歴史の鍵をにぎって勝ちほこるような哲学をもはや信じることなく、厳密さを、批判を、普遍性を、困難にむかって挑戦する哲学を、呼び求める時代が到来すると、大いに期待することができる。時代は、その困難によって、哲学に呼びかけ続けるのである（「実存と弁証法」、『メルロ＝ポンティ哲学者事典』第三巻所収）。

〔伊藤泰雄〕

註

01 「本来の意味での『哲学者』ではないが、二十世紀の哲学史に一役買うことになった著者たち」を、メルロ＝ポンティは、「『外部』の哲学者たち」と呼んでいる。『メルロ＝ポンティ哲学者事典』第三巻を参照。

02 以下、「　」で示す引用文はほとんど各《肖像》からなされている。それ以外の引用は文脈から出所がわかるように配慮した。

03 カントにおける判断力について、《カント》（『メルロ＝ポンティ哲学者事典』第二巻所収）を参照。

04 カントにおけるカテゴリーについて、《カント》（『メルロ＝ポンティ哲学者事典』第二巻所収）を参照。

05 この論文はフランス哲学界における講演（一九六八年一月二十七日）がもとになっており、のちに論文集『哲学の余白』に収録された。デリダが論文「差延」で引用しているのは、『一般言語学講義』第二編「共時言語学」第四章「言語価値」第二節「資料の角度からみた言語価値」の冒頭部分と、第四節「全体としてみた記号」の冒頭部分である。

『メルロ=ポンティ哲学者事典　別巻』《肖像》一覧〔Portrait Sources〕

- ▼ソシュール　Ferdinand de SAUSSURE――Public domain photo
- ▼ウィトゲンシュタイン　Ludwig Josef Johann WITTGENSTEIN――Public domain photo
- ▼ベンヤミン　Walter BENJAMIN――Public domain photo
- ▼ラカン　Jacques-Marie Emile LACAN――©Gamma-Rapho/Getty Images
- ▼ジャンケレヴィッチ　Vladimir JANKELEVITCH――©PHILIPPE WOJAZER/AFP
- ▼レヴィナス　Emmanuel LEVINAS――©Sipa Press/amanaimages
- ▼クワイン　Willard van Orman QUINE――©K. Kelly Wise（*The Time of My Life: An Autobiography*）
- ▼メルロ=ポンティ　Maurice MERLEAU-PONTY――©Topfoto/amanaimages
- ▼レヴィ=ストロース　Claude LEVI-STRAUSS――©AFP PHOTO/JOEL ROBINE
- ▼リクール　Paul RICOEUR――©AFP PHOTO/MARTIN BUREAU
- ▼デイヴィドソン　Donald DAVIDSON――Courtesy of KAZUYUKI NOMOTO（*Inquiries into Truth and Interpretation*〔*Japanese edition*〕）
- ▼アルチュセール　Louis Pierre ALTHUSSER――©AFP
- ▼リオタール　Jean-Francois LYOTARD――©ZUMA Press/amanaimages
- ▼ドゥルーズ　Gilles DELEUZE――©Roger-Viollet/amanaimages
- ▼フーコー　Michel FOUCAULT――©Sipa Press/amanaimages
- ▼ハーバーマス　Jurgen HABERMAS――©Wolfram Huke
- ▼デリダ　Jacques DERRIDA――©AFP PHOTO/JOEL ROBINE
- ▼ブルデュー　Pierre BOURDIEU――©ZUMAPRESS/amanaimages
- ▼ヴィリリオ　Paul VIRILIO――©AFP PHOTO/DANIEL JANIN
- ▼ナンシー　Jean-Luc NANCY――©bridgemanimages/amanaimages

メルロ＝ポンティ哲学者事典　全3巻・別巻1

モーリス・メルロ＝ポンティ　編著
加賀野井秀一、伊藤泰雄、本郷均、加國尚志　監訳

第一巻　東洋と哲学　哲学の創始者たち　キリスト教と哲学
第二巻　大いなる合理主義　主観性の発見
第三巻　歴史の発見　実存と弁証法　「外部」の哲学者たち
別　巻　現代の哲学・年表・総索引

メルロ=ポンティ哲学者事典　別巻
現代の哲学・年表・総索引

二〇一七年一一月一五日　印刷
二〇一七年一二月一〇日　発行

監修者 ©
加賀野井秀一
伊藤泰雄
本郷均
加國尚志

発行者　及川直志
印刷所　株式会社三秀舎
発行所　株式会社白水社

東京都千代田区神田小川町三の二四
電話　営業部〇三（三二九一）七八一一
　　　編集部〇三（三二九一）七八二一
振替　〇〇一九〇-五-三三二二八
　　　郵便番号　一〇一-〇〇五二
http://www.hakusuisha.co.jp
乱丁・落丁本は、送料小社負担にてお取り替えいたします。

株式会社 松岳社

ISBN978-4-560-09314-6

Printed in Japan

監修者略歴

加賀野井秀一
かがのい・しゅういち

1950年生まれ。中央大学文学部仏文科卒業後、同大学院、パリ第8大学大学院に学ぶ。現在、中央大学理工学部教授。専攻は哲学、言語学、文学、メディア論。著書に『メルロ＝ポンティ触発する思想』『猟奇博物館へようこそ』（白水社）、『メルロ＝ポンティと言語』（世界書院）、『20世紀言語学入門』『日本語の復権』『ソシュール』（講談社）、『日本語は進化する』（NHKブックス）、『日本語を叱る』（筑摩書房）など。

伊藤泰雄
いとう・やすお

1950年生まれ。学習院大学大学院（博士課程）満期退学。大学非常勤講師。著書に『神と魂の闇　マルブランシュにおける認識と存在』（高文堂出版社）、『哲学入門 第二版 身体・表現・世界』（学研メディカル秀潤社）。共著に『真理の探究　17世紀合理主義の射程』（知泉書房）など。共訳にメルロ＝ポンティ『見えるものと見えざるもの』（法政大学出版）など。

本郷均
ほんごう・ひとし

1959年生まれ。早稲田大学大学院文学研究科哲学専攻後期課程満期退学。現在、東京電機大学教授。主要著書に『概説　現代の哲学・思想』（共編著、ミネルヴァ書房）、『現代フランス哲学に学ぶ』（共編著、放送大学教育振興会）、主要訳書に、ディディエ・フランク『現象学を超えて』（共訳、萌書房）、メルロ＝ポンティ『フッサール「幾何学の起源」講義』（共訳、法政大学出版局）など。

加國尚志
かくに・たかし

1963年生まれ。立命館大学大学院文学研究科西洋哲学専攻博士後期課程修了（文学博士）。現在、立命館大学文学部教授。著書に、『自然の現象学』『沈黙の詩法』（晃洋書房）など。訳書に、マルク・リシール『身体――内面性についての試論』（共訳、ナカニシヤ出版）、ジャック・デリダ『触覚、ジャン＝リュック・ナンシーに触れる』（共訳、青土社）など。

執筆者略歴

飯盛元章
いいもり・もとあき
1981年生まれ。現在、中央大学大学院文学研究科哲学専攻博士後期課程所属。主要論文に「断絶の形而上学――グレアム・ハーマンのオブジェクト指向哲学における『断絶』と『魅惑』の概念について」(『中央大学大学院研究年報』第46号、2016年)、「他性と実在――レヴィナス、ハーマン、ホワイトヘッドをとおして」(『プロセス思想』第17号、日本ホワイトヘッド・プロセス学会)など。

石井洋二郎
いしい・ようじろう
1951年生まれ。東京大学大学院人文科学研究科・パリ第4大学修士課程修了。東京大学大学院総合文化研究科教授を経て、同名誉教授。専攻はフランス文学・フランス思想。主な著書に『差異と欲望』、『科学から空想へ』(以上藤原書店)、『ロートレアモン　越境と創造』(筑摩書房)、『フランス的思考』(中公新書)など。主な訳書にブルデュー『ディスタンクシオン』、同『芸術の規則』(以上藤原書店)、バルト『小説の準備』(筑摩書房)など。

小田智敏
おだ・ともはる
1962年生まれ。立命館大学文学部卒業。広島大学大学院文学研究科単位修得退学。西洋哲学専攻。現在、広島修道大学ほか非常勤講師。訳書にエルンスト・ブロッホ『世界という実験』(法政大学出版局)。

柿木伸之
かきぎ・のぶゆき
1970年生まれ。上智大学大学院哲学研究科博士後期課程満期退学。現在、広島市立大学国際学部准教授。専門領域は二十世紀ドイツ語圏の哲学と美学。著書に『ベンヤミンの言語哲学――翻訳としての言語、想起からの歴史』(平凡社)、『パット剝ギトッテシマッタ後の世界へ――ヒロシマを想起する思考』(インパクト出版会)などがある。論文に«Geschichte aus dem Eingedenken: Walter Benjamins Geschichtsphilosophie»(*Tetsugaku: International Journal of the Philosophical Association of Japan* Vol. I, 2017)などがある。

柏端達也
かしわばた・たつや
1965年生まれ。大阪大学大学院人間科学研究科博士後期課程単位取得退学。単位取得退学。博士(人間科学)。現在、慶應義塾大学文学部教授。専門は行為論、形而上学。著書に『現代形而上学入門』、『自己欺瞞と自己犠牲』(以上、勁草書房)、『コミュニケーションの哲学入門』(慶應義塾大学出版会)ほか、共訳書としてデイヴィドソン『主観的、間主観的、客観的』、『真理・言語・歴史』(以上、春秋社)など。

合田正人
ごうだ・まさと
1957年生まれ。東京都立大学大学院中途退学。琉球大学専任講師、都立大学助教授を経て、現在、明治大学文学部教授。専門西洋思想史。

郷原佳以
ごうはら・かい
1975年生まれ。パリ第7大学大学院博士課程(テクストとイメージの歴史と記号学)修了。現在、東京大学大学院総合文化研究科准教授。著書に

『モーリス・ブランショ　文学のミニマル・イメージ』(左右社)など。

國領佳樹

こくりょう・よしき

1977年生まれ。立教大学兼任講師。首都大学東京大学院人文科学研究科博士課程単位取得退学。専門は現象学、フランス哲学、知覚の哲学。共著に『メルロ=ポンティ——哲学のはじまり/はじまりの哲学』(河出書房新社)。論文に「メルロ=ポンティにおける知覚経験の規範性」(『現象学年報』28号)。訳書に『知覚の哲学入門』(勁草書房)。

澤田哲生

さわだ・てつお

1979年生まれ。パリ東大学人文社会科学研究科博士課程(哲学および認識論)修了。現在、富山大学人文学部准教授。主要著書に『メルロ=ポンティと病理の現象学』(人文書院)、論文に"Pseudo-idéalisme et sublime négatif. Sur le rationalisme morbide de la psychose", *Annales de phénoménologie*, n° 15, Association pour la promotion de la phénoménologie, 2016など。

澤田直

さわだ・なお

1959年生まれ。パリ第1大学哲学科博士課程修了(哲学博士)。現在、立教大学教授。専攻は現代哲学とフランス語圏文学。主な著書に『〈呼びかけ〉の経験』(人文書院)、『新・サルトル講義』(平凡社)、『ジャン=リュック・ナンシー』(白水社)。主な編著に『サルトル読本』(法政大学出版局)、主な訳書に、サルトル『言葉』、『真理と実存』(人文書院)、『自由への道』(共訳、岩波文庫)、『主体性とは何か?』(共訳、白水社)、ジャン=リュック・ナンシー『自由の経験』(未來社)など。

清水高志

しみず・たかし

1967年生まれ。名古屋大学大学院博士後期課程満期退学。現在、東洋大学総合情報学部准教授。主要著書に『ミシェル・セール——普遍学からアクター・ネットワークまで』(白水社)、『実在への殺到　Real Rush』(水声社)、主要訳書に『作家、学者、哲学者は世界を旅する』(水声社)など。

慎改康之

しんかい・やすゆき

1966年生まれ。社会科学高等研究院(EHESS)修了。現在、明治学院大学教授。訳書にミシェル・フーコー著『知の考古学』(河出書房新社)など。

杉村靖彦

すぎむら・やすひこ

1965年生。京都大学大学院文学研究科博士課程研究指導認定退学。現在、京都大学大学院文学研究科教授(宗教学専修)。専門は宗教哲学、現代フランス哲学、京都学派の哲学。著書に『ポール・リクールの思想』(創文社、1998年)、共編著に*La philosophie japonaise. Le néant, le monde et le corps* (Paris, J.Vrin, 2013年、共編著)、主な論文に「死者と象徴——晩年の田辺哲学から」(『思想』1053号、2012年)、« Traduire l'Europe. L'enjeu herméneutique de la «philosophie japonaise» », (Jean Greisch, *les trois âges de la raison*, Paris, Hermann, 2016 所収)、等がある。

互盛央

たがい・もりお

1972年生まれ。東京大学大学院総合文化研究科博士課程修了。博士(学術)。現在、講談社勤務。著書に『フェルディナン・ド・ソシュール』(作品社)、『エスの系譜』『言語起源論の系譜』(講談社)、『日本国民であるために』(新潮社)。

田中一之

たなか・かずゆき

1955年生まれ。カリフォルニア大学バークレー校大学院博士課程数学専攻 Ph.D.。現在、東北大学大学院理学研究科教授。専門は、数学基礎論。著書に、『数学基礎論講義』(日本評論社)、『数の体系と超準モデル』(裳華房)、『ゲーデルと20世紀の論理学』全4巻(東京大学出版会)、『原典解題 ゲーデルに挑む 証明不可能なことの証明』(東京大学出版会)、『チューリングと超(メタ)パズル』(東京大学出版会)など。訳書に、フランセーン著『ゲーデルの定理 利用と誤用の不完全ガイド』(みすず書房)など。論文は、海外専門誌に多数。

丹治信春

たんじ・のぶはる

1949年生まれ。東京大学大学院理学系研究科(科学史・科学基礎論)博士課程単位取得退学。現在、日本大学文理学部教授、東京都立大学名誉教授。博士(学術)。専門は科学哲学、言語哲学、心の哲学。著書に、『言語と認識のダイナミズム』(勁草書房)、『クワイン』(平凡社)、『論理学入門』(筑摩書房)がある。

千葉文夫

ちば・ふみお

1949年生まれ。早稲田大学大学院文学研究科満期退学。パリ第一大学博士課程修了(博士)。早稲田大学名誉教授。20世紀フランス文学・イメージ論専攻。著書に『ファントマ幻想』(青土社)、『クリス・マルケル 遊動と闘争のシネアスト』(共著、森話社)。訳書に『ミシェル・レリス日記』(みすず書房)、『マルセル・シュオッブ全集』(共訳、国書刊行会)など。

中澤瞳

なかざわ・ひとみ

1976年生まれ。日本大学大学院文学研究科博士後期課程(哲学専攻)修了。博士(文学)。現在、日本大学通信教育部助教。主要著書に『ケアの始まる場所 哲学・倫理学・社会学・教育学をつないで』(共著、ナカニシヤ出版)、論文に「フェミニスト現象学から考える男女共同参画」(『理想』第695号、理想社)、訳書にジョナサン・コール『スティル・ライヴズ 脊髄損傷と共に生きる人々の物語』(共訳、法政大学出版局)など。

中村昇

なかむら・のぼる

1958年生まれ。中央大学大学院文学研究科博士後期課程単位取得退学。現在、中央大学文学部教授。主要著書に『いかにしてわたしは哲学にのめりこんだのか』(春秋社)、『小林秀雄とウィトゲンシュタイン』(春風社)、『ホワイトヘッドの哲学』(講談社)、『ウィトゲンシュタイン ネクタイをしない哲学者』(白水社)、『ベルクソン=時間と空間の哲学』(講談社)、『ウィトゲンシュタイン『哲学探究』入門』(教育評論社)など。

原和之

はら・かずゆき

1967年生まれ。パリ第四(パリ=ソルボンヌ)大学博士課程修了。博士(哲学)。現在、東京大学大学院総合文化研究科地域文化研究専攻准教授。専門はフランス思想・西洋思想史・精神分析学。著書に*Amour et savoir: études lacaniennes* (Collection UTCP)、『ラカン 哲学空間のエクソダス』(講談社選書メチエ)、共訳書にフーコー『主体の解釈学』(筑摩書房)、ラカン『無意識の形成物』(全2巻・岩波書店)、J・ウリ『精神医学と制度精神療法』(春秋社)がある。

廣瀬浩司
ひろせ・こうじ
1963年生まれ。東京大学大学院総合文化研究科博士課程中退。パリ第一大学博士課程(哲学)修了。博士(哲学)。現在、筑波大学人文社会系教授。フランス思想・現象学専攻。著書に『後期フーコー　権力から主体へ』(青土社)、『デリダ　きたるべき痕跡の記憶』(白水社)、共著に『デリダ』(講談社選書メチエ)、『現象学のパースペクティヴ』(晃洋書房)など。

細見和之
ほそみ・かずゆき
1962年生まれ。大阪大学大学院人間科学研究科博士後期課程修了。現在、京都大学人間・環境学研究科教授。ドイツ思想専攻。著書に『アドルノ』(講談社)、『アドルノの場所』(みすず書房)、『「戦後」の思想』(白水社)、『ベンヤミン「言語一般および人間の言語について」を読む』(岩波書店)、『フランクフルト学派』(中公新書)など。訳書に、アドルノ『哲学のアクチュアリティ』、ベンヤミン『この道、一方通行』(以上、みすず書房)など。

堀千晶
ほり・ちあき
1981年生まれ。早稲田大学大学院文学研究科人文科学専攻博士課程満期退学。現在、早稲田大学ほか非常勤講師。著書に『ドゥルーズ　キーワード89』(共著、せりか書房)、訳書にジル・ドゥルーズ『書簡とその他のテクスト』(共訳、河出書房新社)、ダヴィッド・ラプジャード『ドゥルーズ　常軌を逸脱する運動』(河出書房新社)など。

本間邦雄
ほんま・くにお
1951年生まれ。東京大学大学院人文科学研究科比較文学比較文化博士課程満期退学。パリ第8大学大学院フランス政府給費留学。駿河台大学名誉教授。著書に『リオタール哲学の地平』(書肆心水)、論文に「説き起こされることば――道元の思考」(『道元思想大系』第17巻所収、同朋社出版)など。訳書にガストン・バシュラール『火の詩学』(せりか書房)、ジャン＝フランソワ・リオタール『ハイデガーと「ユダヤ人」』(藤原書店)、『リオタール寓話集』(藤原書店)、ポール・ヴィリリオ『電脳世界』(産業図書)、ジャック・デリダ『言葉にのって』(共訳、ちくま学芸文庫)など。

増田靖彦
ますだ・やすひこ
1967年生まれ。早稲田大学大学院文学研究科博士後期課程修了。博士(文学)。現在、龍谷大学経営学部教授。著書に『21世紀の哲学をひらく　現代思想の最前線への招待』(共編著、ミネルヴァ書房)、『ドゥルーズ／ガタリの現在』(共著、平凡社)、訳書にアンリ・ベルクソン『笑い』(光文社古典新訳文庫)、ジル・ドゥルーズ＋クレール・パルネ『ディアローグ　ドゥルーズの思想』(共訳、河出文庫)、ヴェルナー・ハーマッハー『他自律　多文化主義批判のために』(月曜社)など。

松葉祥一
まつば・しょういち
1955年生まれ。同志社大学大学院文学研究科哲学専攻博士後期課程満期退学。現在、同志社大学嘱託講師。主要著書に『哲学的なものと政治的なもの』(青土社)、『現象学的看護研究』(共著、医学書院)、『哲学者たちの戦争』(近刊、法政大学出版局)など。主要訳書にJ・ロゴザンスキー『我と肉』(共訳、法政大学出版局)、J・ランシエール『民主主義への憎悪』(インスクリプト)など。

村上靖彦

むらかみ・やすひこ

1970年生まれ、パリ第7大学で博士号取得(基礎精神病理学・精神分析学博士)。現在大阪大学大学院人間科学研究科教授。主な著書に*Lévinas phénoménologue*(2002), *Hyperbole – pour une psychopathologie lévinassienne* (2008),『自閉症の現象学』(2008)、『治癒の現象学』(2011)、『傷と再生の現象学　精神医学とケアの現場へ』(2011)、レヴィナス　壊れものとしての人間』(2012)、『摘便とお花見　看護の語りの現象学』(2013)、『仙人と妄想デートする　看護の現象学と行為の哲学』(2016)、『母親の孤独から回復する』(2017)。

八幡恵一

やはた・けいいち

1981年生まれ。トゥールーズ第二大学博士(哲学)。現在、関東学院大学講師。論文に、「間主観性と形而上学：メルロ＝ポンティ「小説と形而上学」について」(『年報地域文化研究』、第19号)、「老いと出来事——シャルル・ペギーの歴史哲学」(『年報人間科学』、第37号)など。訳書に、ミシェル・フーコー編『ピエール・リヴィエール——殺人・狂気・エクリチュール』(共訳、河出文庫)など。

横田祐美子

よこた・ゆみこ

1987年生まれ。現在、日本学術振興会特別研究員DCおよび立命館大学大学院文学研究科人文学専攻博士後期課程所属。主な論文に「ジョルジュ・バタイユの盲目的視覚——マーティン・ジェイの視覚論を起点として」(『立命館大学人文科学研究所紀要』、第108号、立命館大学人文科学研究所、2016年)など。また、主な翻訳にジャン＝リュック・ナンシー&ボヤン・マンチェフ「変容、世界」(『人文学報　フランス文学』、第513-515号、首都大学東京人文科学研究科、2017年)など。

渡辺公三

わたなべ・こうぞう

1949年生まれ。東京大学社会学研究科文化人類学博士課程修了(博士・文学[立命館])。現在、立命館大学大学院先端総合学術研究科教授、立命館副総長、立命館大学副学長。著書に『レヴィ＝ストロース』(講談社、現代思想の冒険者たち20)、『闘うレヴィ＝ストロース』(平凡社新書)、『司法的同一性の誕生』(言叢社)、『身体・歴史・人類学I、II』(言叢社)、共編著に『異貌の同時代』(以文社)、『国際秩序と国民文化の形成』(柏書房)、訳書に『やきもち焼きの土器つくり』(レヴィ＝ストロース著、みすず書房)、共訳書に『食卓作法の起源』(レヴィ＝ストロース著、みすず書房)、『ホモ・ヒエラルキクス』(デュモン著、みすず書房)他。

メルロ=ポンティ哲学者事典［別巻］

総索引

［凡例］

＊『メルロ＝ポンティ哲学者事典』全巻の総索引として、各巻の索引を五十音配列で統合した。

＊㊀㊁㊂は巻数を示す略号で、その後ろに続いている「スラッシュもしくは段落末」までの数字がその巻の頁番号であることを表わす。

＊別巻には略号を設けず、別巻／㊀／㊁／㊂の順で収録した。

＊同姓の区別が必要な人物にはファーストネームも記した。

＊太字の人名は立項項目である。

＊太字の数字は立項頁を表わす。頁番号の太字は二種類あり、**明朝体**のほうは《哲学史要覧》に、**ゴシック体**のほうは《肖像》にアクセスできる。

か

さ

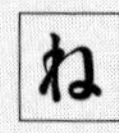

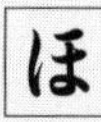

み

む

め

れ

[索引協力]――――荒木次元・筒井一穂
[編集スタッフ]――荻野哲矢・中村健太郎
[編集主幹]――――和久田賴男

年　表

［第一巻］BC 800 ► AC 1400

［凡例］

＊本事典で《肖像》および《顔触れ》として収録された哲学者たちのライフスパンを把握できるよう年表としてまとめる。

＊帯状のライフスパンの数字は生没年を、併記される「㊀㊁㊂㊙および数字」は「収録巻・頁番号」を表わす。

＊生没年における略号として、c.は凡そ（＝circa）、Cは世紀（＝Century）、BCは紀元前（＝Before Christ）、ACは紀元後（＝After Christ）、{ は上限と下限、？は不明や諸説あることを示す。

タレス㊀131 c.640

BC 800 BC 700

●BC 800年頃 ギリシアでポリス成立

●BC 770年 春秋時代（～BC403）

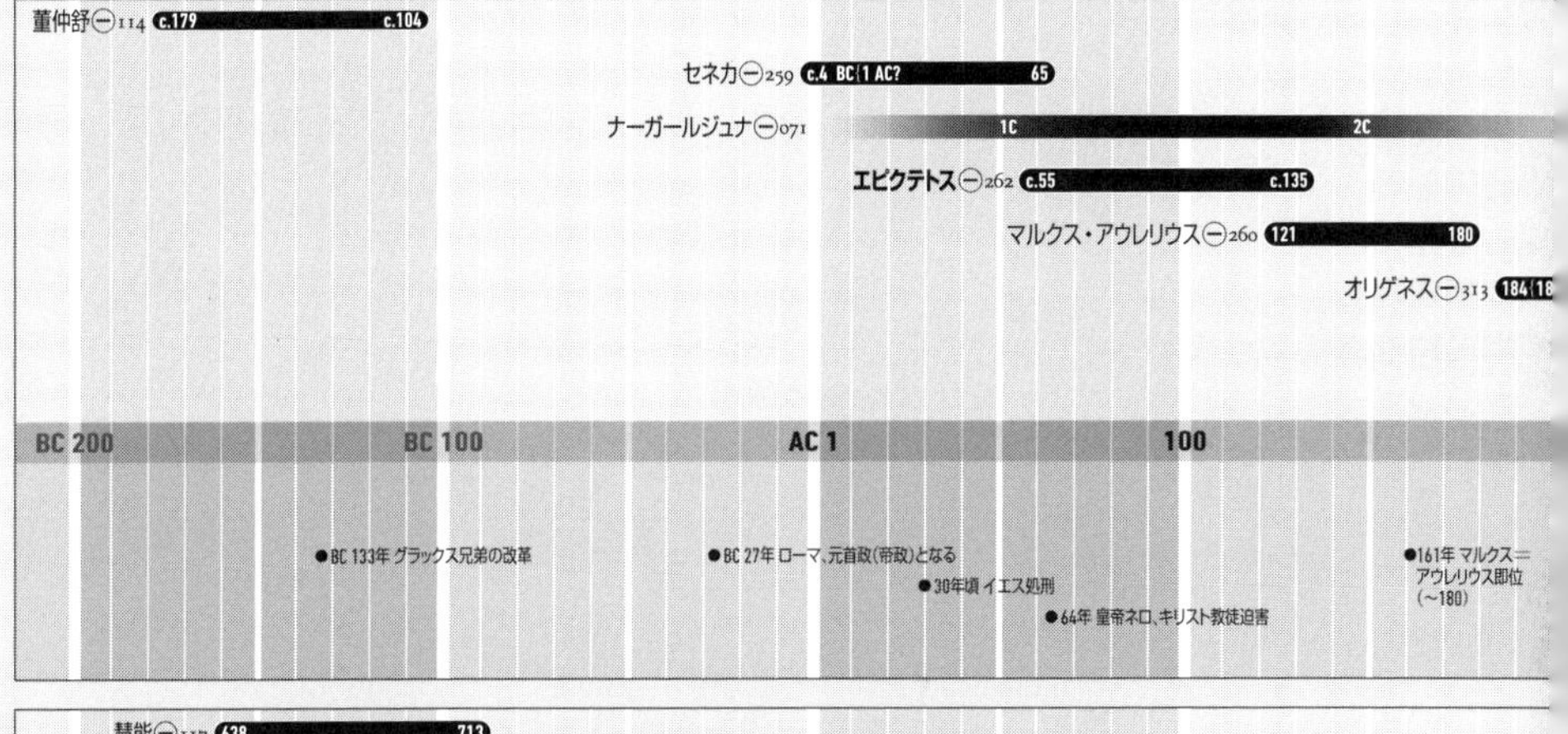

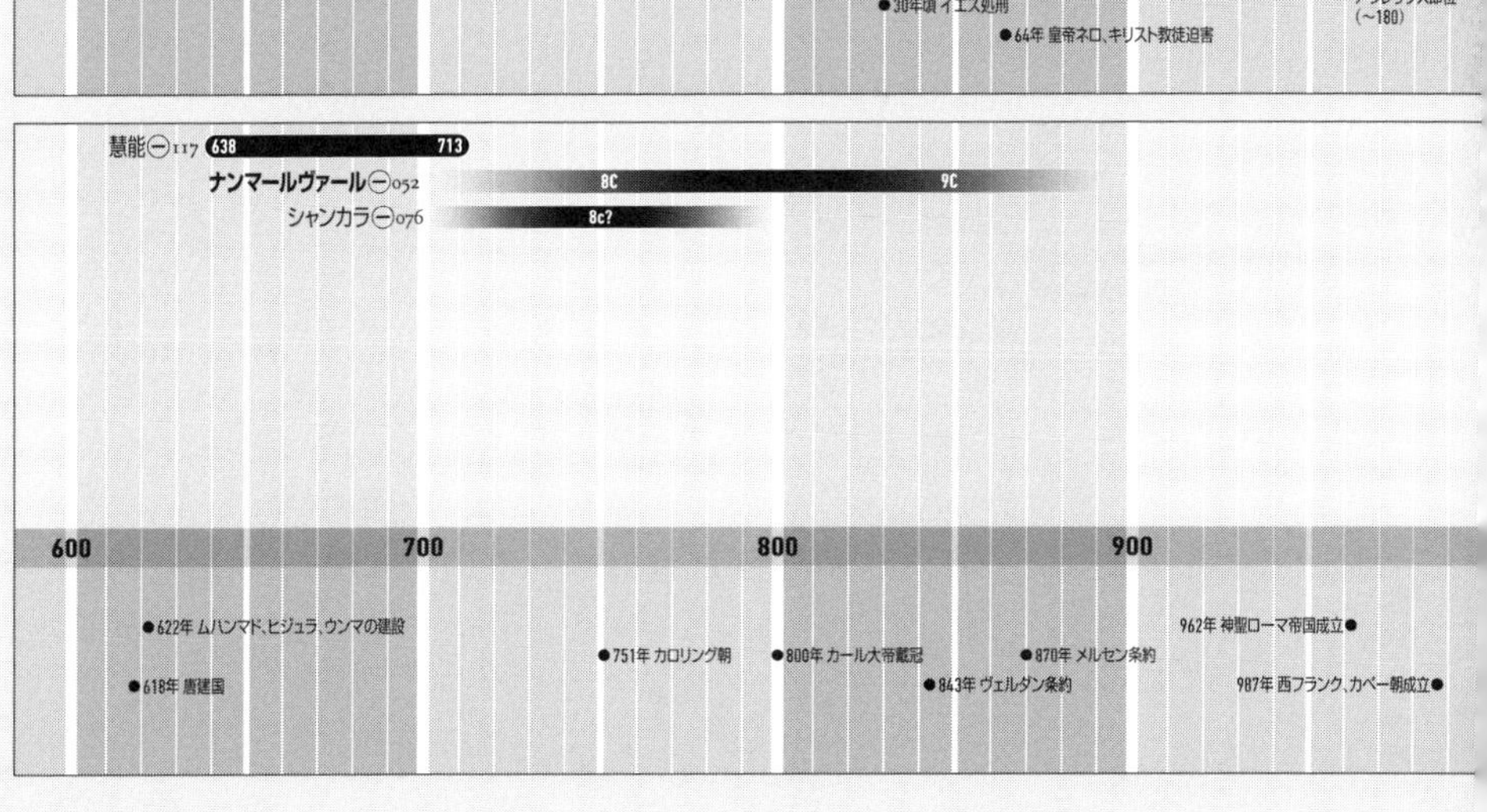

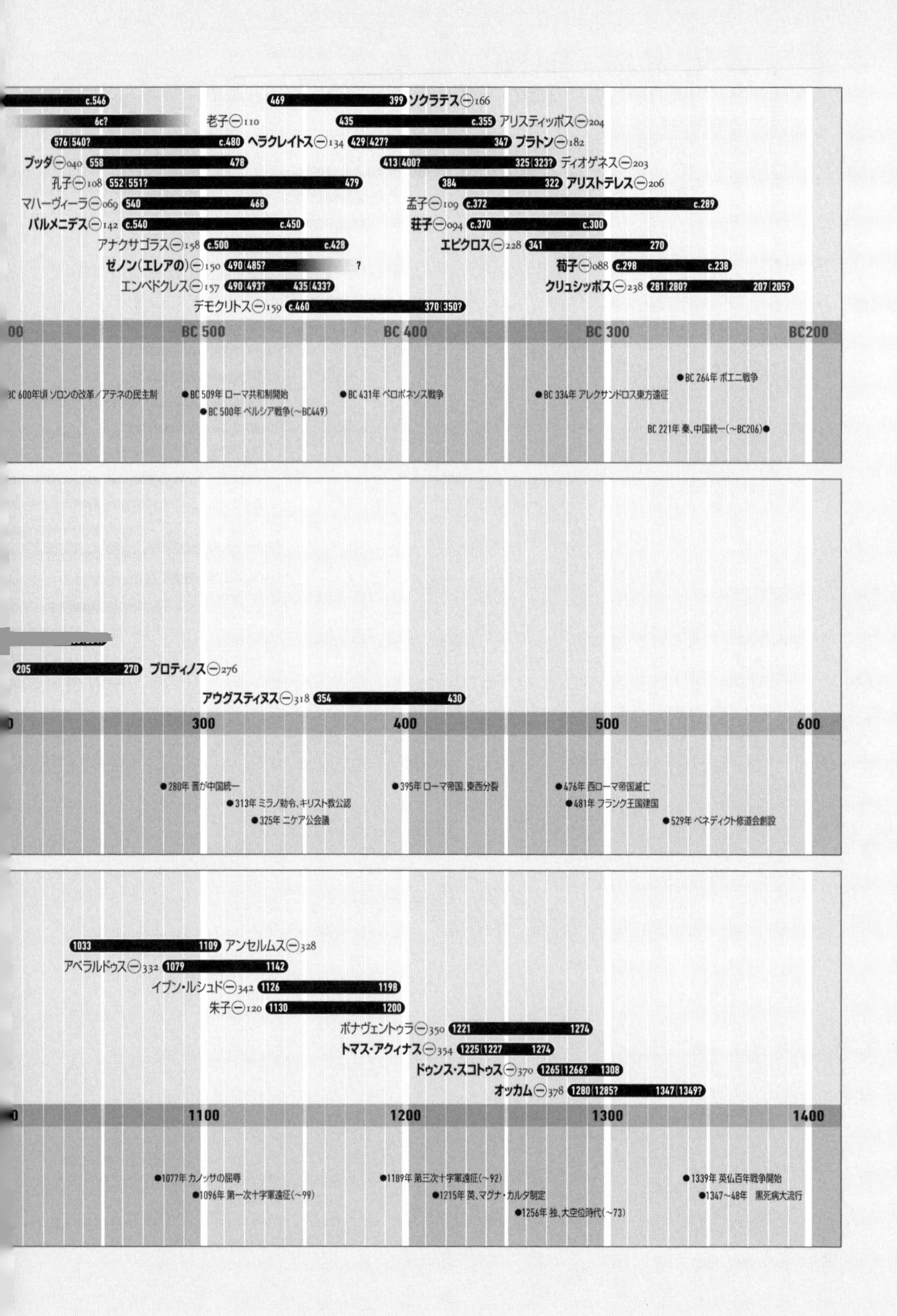
c.546
469 399 ソクラテス㊀166
6c? 老子㊀110
435 c.355 アリスティッポス㊀204
576(540? c.480 ヘラクレイトス㊀134
429(427? 347 プラトン㊀182
ブッダ㊀040 558 478
413(400? 325(323? ディオゲネス㊀203
孔子㊀108 552(551? 479
384 322 アリストテレス㊀206
マハーヴィーラ㊀069 540 468
孟子㊀109 c.372 c.289
パルメニデス㊀142 c.540 c.450
荘子㊀094 c.370 c.300
アナクサゴラス㊀158 c.500 c.428
エピクロス㊀228 341 270
ゼノン(エレアの)㊀150 490(485? ?
荀子㊀088 c.298 c.238
エンペドクレス㊀157 490(493? 435(433?
クリュシッポス㊀238 281(280? 207(205?
デモクリトス㊀159 c.460 370(350?
BC 500
BC 400
BC 300
BC200
BC 600年頃 ソロンの改革／アテネの民主制
BC 509年 ローマ共和制開始
BC 500年 ペルシア戦争(～BC449)
BC 431年 ペロポネソス戦争
BC 334年 アレクサンドロス東方遠征
BC 264年 ポエニ戦争
BC 221年 秦、中国統一(～BC206)
205 270 プロティノス㊀276
アウグスティヌス㊀318 354 430
300
400
500
600
280年 晋が中国統一
313年 ミラノ勅令、キリスト教公認
325年 ニケア公会議
395年 ローマ帝国、東西分裂
476年 西ローマ帝国滅亡
481年 フランク王国建国
529年 ベネディクト修道会創設
1033 1109 アンセルムス㊀328
アベラルドゥス㊀332 1079 1142
イブン・ルシュド㊀342 1126 1198
朱子㊀120 1130 1200
ボナヴェントゥラ㊀350 1221 1274
トマス・アクィナス㊀354 1225(1227 1274
ドゥンス・スコトゥス㊀370 1265(1266? 1308
オッカム㊀378 1280(1285? 1347(1349?
1100
1200
1300
1400
1077年 カノッサの屈辱
1096年 第一次十字軍遠征(～99)
1189年 第三次十字軍遠征(～92)
1215年 英、マグナ・カルタ制定
1256年 独、大空位時代(～73)
1339年 英仏百年戦争開始
1347～48年 黒死病大流行

［第一巻・第二巻・第三巻］AC 1400 ► 2000

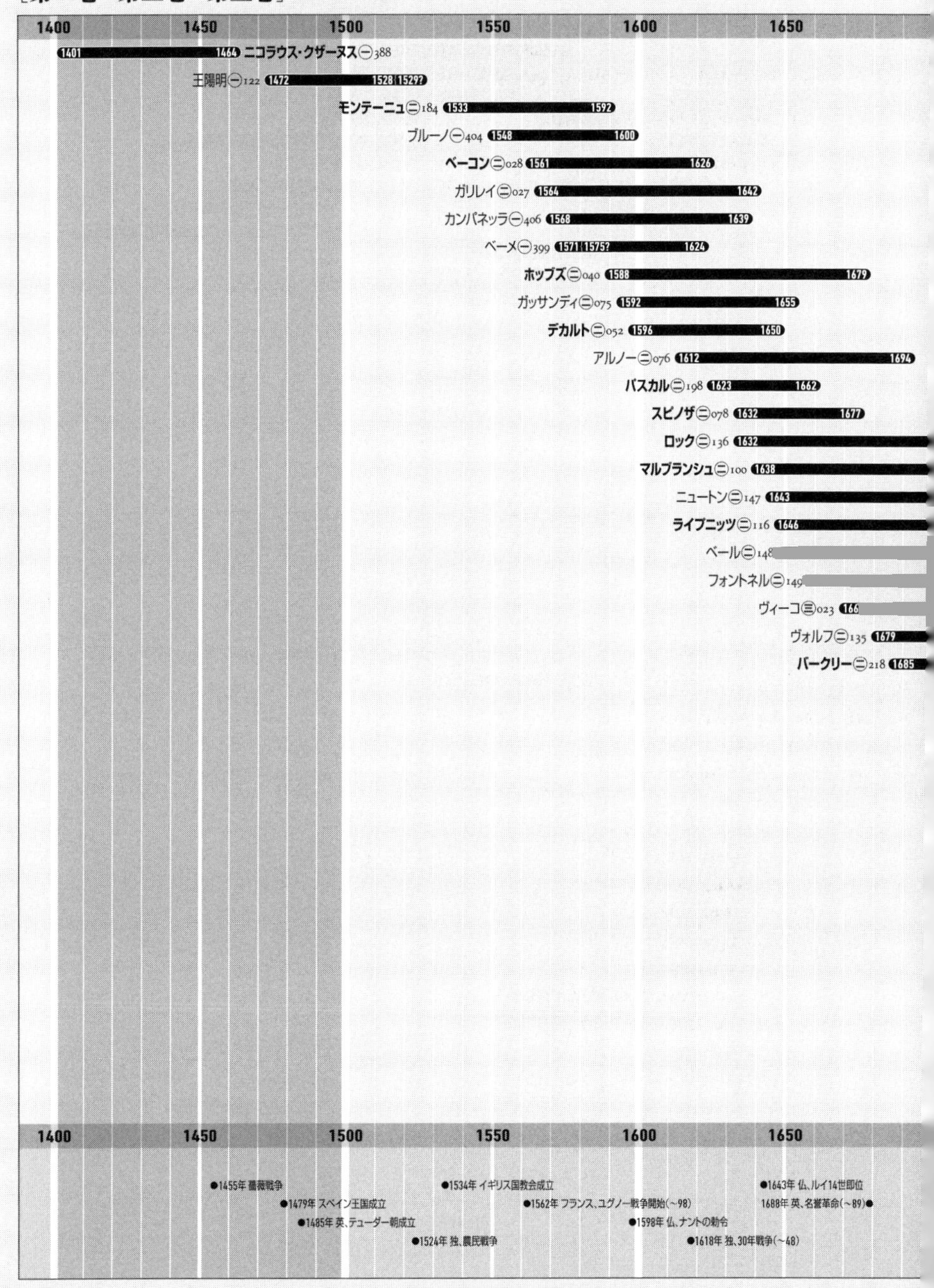

1400
1450
1500
1550
1600
1650
1401 1464 ニコラウス・クザーヌス㊀388
王陽明㊀122 1472 1528｜1529?
モンテーニュ㊁184 1533 1592
ブルーノ㊀404 1548 1600
ベーコン㊁028 1561 1626
ガリレイ㊁027 1564 1642
カンパネッラ㊀406 1568 1639
ベーメ㊀399 1571｜1575? 1624
ホッブズ㊁040 1588 1679
ガッサンディ㊁075 1592 1655
デカルト㊁052 1596 1650
アルノー㊁076 1612 1694
パスカル㊁198 1623 1662
スピノザ㊁078 1632 1677
ロック㊁136 1632
マルブランシュ㊁100 1638
ニュートン㊁147 1643
ライプニッツ㊁116 1646
ベール㊁148
フォントネル㊁149
ヴィーコ㊂023 166
ヴォルフ㊁135 1679
バークリー㊁218 1685
●1455年 薔薇戦争
●1479年 スペイン王国成立
●1485年 英、テューダー朝成立
●1524年 独、農民戦争
●1534年 イギリス国教会成立
●1562年 フランス、ユグノー戦争開始(〜98)
●1598年 仏、ナントの勅令
●1618年 独、30年戦争(〜48)
●1643年 仏、ルイ14世即位
1688年 英、名誉革命(〜89)●

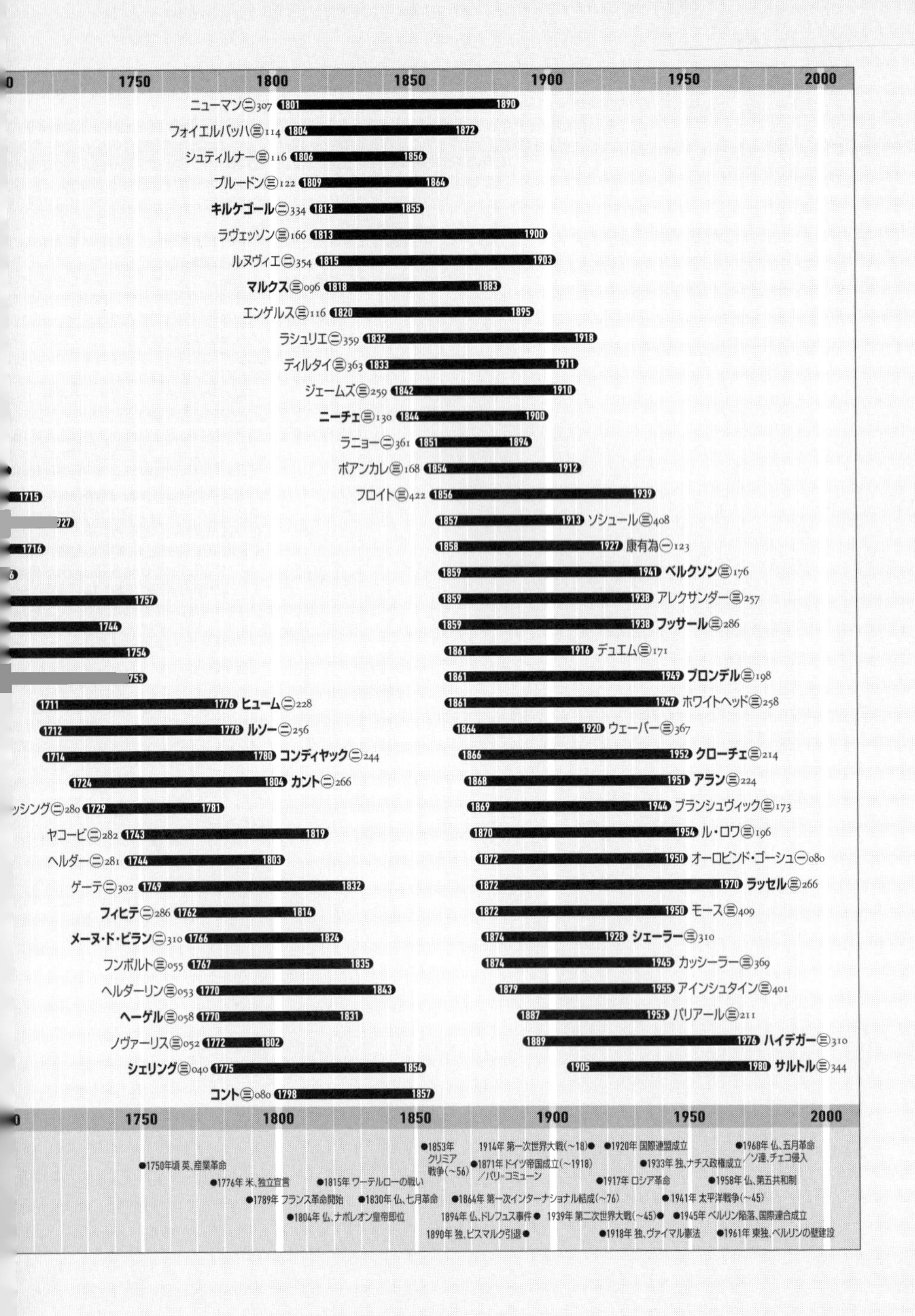

1750
1800
1850
1900
1950
2000
ニューマン㊂307 1801 1890
フォイエルバッハ㊂114 1804 1872
シュティルナー㊂116 1806 1856
プルードン㊂122 1809 1864
キルケゴール㊂334 1813 1855
ラヴェッソン㊂166 1813 1900
ルヌヴィエ㊂354 1815 1903
マルクス㊂096 1818 1883
エンゲルス㊂116 1820 1895
ラシュリエ㊂359 1832 1918
ディルタイ㊂363 1833 1911
ジェームズ㊂259 1842 1910
ニーチェ㊂130 1844 1900
ラニョー㊂361 1851 1894
ポアンカレ㊂168 1854 1912
フロイト㊂422 1856 1939
1715
727
1716
6
1757
1744
1754
753
1857 1913 ソシュール㊂408
1858 1927 康有為㊀123
1859 1941 ベルクソン㊂176
1859 1938 アレクサンダー㊂257
1859 1938 フッサール㊂286
1861 1916 デュエム㊂171
1861 1949 ブロンデル㊂198
1861 1947 ホワイトヘッド㊂258
1864 1920 ウェーバー㊂367
1866 1952 クローチェ㊂214
1868 1951 アラン㊂224
1869 1944 ブランシュヴィック㊂173
1870 1954 ル・ロワ㊂196
1872 1950 オーロビンド・ゴーシュ㊀080
1872 1970 ラッセル㊂266
1872 1950 モース㊂409
1874 1928 シェーラー㊂310
1874 1945 カッシーラー㊂369
1879 1955 アインシュタイン㊂401
1887 1953 バリアール㊂211
1889 1976 ハイデガー㊂310
1905 1980 サルトル㊂344
1711 1776 ヒューム㊁228
1712 1778 ルソー㊁256
1714 1780 コンディヤック㊁244
1724 1804 カント㊁266
ッシング㊁280 1729 1781
ヤコービ㊁282 1743 1819
ヘルダー㊁281 1744 1803
ゲーテ㊂302 1749 1832
フィヒテ㊁286 1762 1814
メーヌ・ド・ビラン㊁310 1766 1824
フンボルト㊂055 1767 1835
ヘルダーリン㊂053 1770 1843
ヘーゲル㊂058 1770 1831
ノヴァーリス㊂052 1772 1802
シェリング㊂040 1775 1854
コント㊂080 1798 1857
1750
1800
1850
1900
1950
2000
●1750年頃 英、産業革命
●1776年 米、独立宣言
●1789年 フランス革命開始
●1804年 仏、ナポレオン皇帝即位
●1815年 ワーテルローの戦い
●1830年 仏、七月革命
●1853年 クリミア戦争(〜56)
●1864年 第一次インターナショナル結成(〜76)
●1871年 ドイツ帝国成立(〜1918)／パリ=コミューン
1890年 独、ビスマルク引退●
1894年 仏、ドレフュス事件●
1914年 第一次世界大戦(〜18)●
●1917年 ロシア革命
●1918年 独、ヴァイマル憲法
●1920年 国際連盟成立
●1933年 独、ナチス政権成立
1939年 第二次世界大戦(〜45)●
●1941年 太平洋戦争(〜45)
●1945年 ベルリン陥落、国際連合成立
●1958年 仏、第五共和制
●1961年 東独、ベルリンの壁建設
●1968年 仏、五月革命／ソ連、チェコ侵入

［別巻］AC 1850►

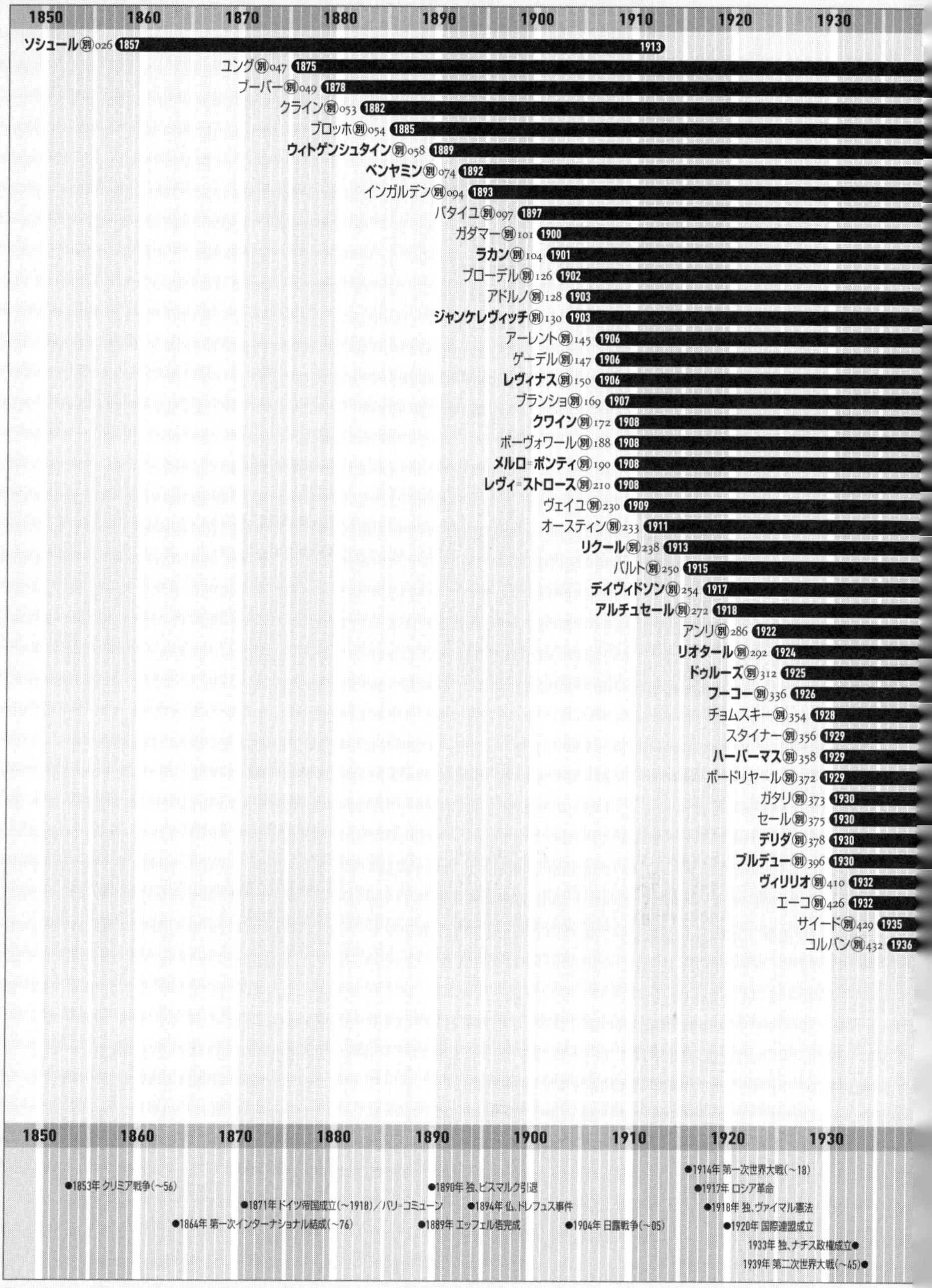

1850 1860 1870 1880 1890 1900 1910 1920 1930

- **ソシュール** 別026 1857–1913
- ユング 別047 1875
- ブーバー 別049 1878
- クライン 別053 1882
- ブロッホ 別054 1885
- **ウィトゲンシュタイン** 別058 1889
- **ベンヤミン** 別074 1892
- インガルデン 別094 1893
- バタイユ 別097 1897
- ガダマー 別101 1900
- **ラカン** 別104 1901
- ブローデル 別126 1902
- アドルノ 別128 1903
- **ジャンケレヴィッチ** 別130 1903
- アーレント 別145 1906
- ゲーデル 別147 1906
- **レヴィナス** 別150 1906
- ブランショ 別169 1907
- **クワイン** 別172 1908
- ボーヴォワール 別188 1908
- **メルロ＝ポンティ** 別190 1908
- **レヴィ＝ストロース** 別210 1908
- ヴェイユ 別230 1909
- オースティン 別233 1911
- **リクール** 別238 1913
- バルト 別250 1915
- **デイヴィドソン** 別254 1917
- **アルチュセール** 別272 1918
- アンリ 別286 1922
- **リオタール** 別292 1924
- **ドゥルーズ** 別312 1925
- **フーコー** 別336 1926
- チョムスキー 別354 1928
- スタイナー 別356 1929
- **ハーバーマス** 別358 1929
- ボードリヤール 別372 1929
- ガタリ 別373 1930
- セール 別375 1930
- **デリダ** 別378 1930
- **ブルデュー** 別396 1930
- **ヴィリリオ** 別410 1932
- エーコ 別426 1932
- サイード 別429 1935
- コルバン 別432 1936

1850 1860 1870 1880 1890 1900 1910 1920 1930

- ●1853年 クリミア戦争（～56）
- ●1864年 第一次インターナショナル結成（～76）
- ●1871年 ドイツ帝国成立（～1918）／パリ＝コミューン
- ●1889年 エッフェル塔完成
- ●1890年 独、ビスマルク引退
- ●1894年 仏、ドレフュス事件
- ●1904年 日露戦争（～05）
- ●1914年 第一次世界大戦（～18）
- ●1917年 ロシア革命
- ●1918年 独、ヴァイマル憲法
- ●1920年 国際連盟成立
- 1933年 独、ナチス政権成立●
- 1939年 第二次世界大戦（～45）●

1950
1960
1970
1980
1990
2000
2010
1961
1965
1960
1977
1951
1970
1962
2002
1981
1985
1969
1985
1975
1978
1995
2003
2000
1986
1961
2009
943
1960
2005
1980
2003
1990
2002
1998
1995
1984
2007
1992
2004
2002
2016
2003
940 クリステヴァ㊖439
940 ナンシー㊖442
940 ランシエール㊖462
940 2007 ラクー＝ラバルト㊖460
1942 アガンベン㊖466
1943 2015 リシール㊖471
1946 マリオン㊖476
1952 スティグレール㊖484
1950
1960
1970
1980
1990
2000
2010
●1941年 太平洋戦争(~45)
●1945年 ベルリン陥落、国際連合成立
●1958年 仏、第五共和制
●1961年 東独、ベルリンの壁建設
●1968年 仏、五月革命／ソ連、チェコ侵入
●1975年 ベトナム戦争終結
●1985年 ソ連、ペレストロイカ
●1986年 ソ連、チェルノブイリ原発事故
●1989年 ベルリンの壁崩壊、冷戦終結／天安門事件
●1991年 ソ連消滅
●1999年 EU、域内単一通貨ユーロ導入（2002年使用開始）
●2001年 米、9.11同時多発テロ
●2003年 イラク戦争(~2010)
●2008年 リーマンショック
●2010年 EU、ギリシャ危機
●2011年 日本、3.11東日本大震災
●2016年 英、EU離脱決定